KB260688

역사의 공간

역사의 공간

소수성, 타자성, 외부성의 사건적 사유

이진경 지음

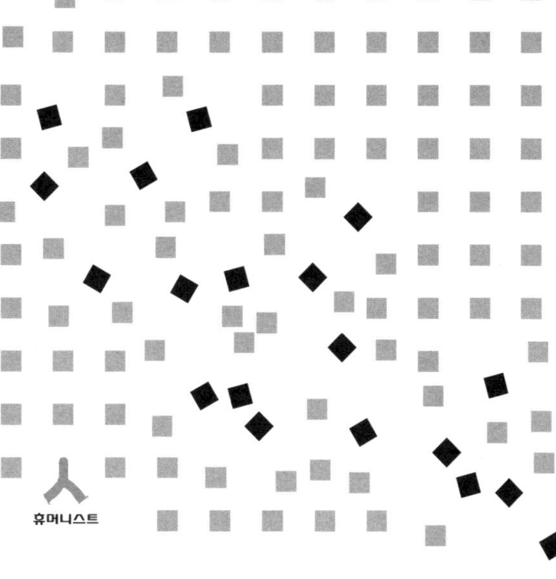

휴머니스트

차례

6장 근대적 영토 개념의 탄생
― 〈독립신문〉, 〈대한매일신보〉에서의 영토적 공간 개념

7장 근대적인 역사 개념의 고고학
― 〈대한매일신보〉에서 역사적 시간의 개념

11장　유령과 소수자, 두 개의 외부
― 한국의 사회운동에 대한 산야 강연

12장　저무는 제국의 막차를 타다
― 한미 FTA, 혹은 생존과 생명의 권리

13장　세 개의 비-정치적 정치학
― 이명박 정부의 경제-정치학

저자 서문

I

이 책에 실린 글들은 상이한 시기에 상이한 계기에 의해서 쓰인 것들이다. 그래서 다루는 주제나 글의 성격, 심지어 글의 길이나 스타일에 이르기까지 아주 다르다. 진지하고 무거운 학술 논문에서 강의나 강연을 위한 원고, 그리고 정세 분석적인 글에서 칼럼 같은 글들이, 상이한 상황에서 상이한 독자나 청중을 대상으로 쓰였기 때문이다. 그래서 전체적으로 글들의 요철이 매우 큰 편이다. 그럼에도 불구하고 이 글들을 하나의 책으로 모으게 된 것은, 일단은 모두 한국의 과거나 현재에 대한 글이라는 아주 평범한 '공통성' 때문일 것이다. 그러나 그러한 공통성보다 더 중요하다고 생각하는 것은 모은다는 것에 의해 만들어지는 어떤 '공동성'이다. 이 이질적인 글들을, 그 요철마저도 그대로 둔 채 하나로 모음으로써, 그 글들이 함께 모여서 만들어내는 어떤 공동의 것이 있을 거라고 믿기 때문이다. 물론 그것은 글을 쓰거나 모으는 것 이외에 읽는 독자의 행위가 또한 함께 모이면서 만들어지는 것이기에, 읽는 방식에 따라 달라질 수 있는 것임이 분명하지만 말이다.

그 공동의 것이 무엇인가를 미리 정할 수는 없을 테지만, 아마도 거기에는 몇 가지 성분이 포함되어 있을 거라고 생각한다. 역사, 시간, 정치, 소수자, 타자성, 외부성 등등이 그것일 것이다. 결국 '공동의 것'이란 이런 개념들로 표현되는 사유의 공간일 것이고, 그로부터 나름의 색깔을 갖고 나름의 선을 그리는 상이한 사유들이 그려지는 공간일 것이다. 역사를 통해서 외부성과 소수성, 타자성을 사유하는 그런 공간. 나는 그 공간이 흔히 말하는 역사, 대문자 '역사'에 의해 지워지거나 가려져 보이지 않게 된 것들에 눈을 돌리고 그것들을 볼 수 있는 공간이 되길 바란다. 그래서 들리지 않는 목소리를 듣고, 생각할 수 없는 것에 대해 생각하며, 말할 수 없는 것에 대해 말할 수 있게 되기를 바란다. 역사라는 이름으로 묶이는 이런저런 주제들에 반복하여 소수자나 외부성, 타자성이라는 개념을 끼워 넣고 그 안에서 작동하게 하고자 했던 시도가 읽는 이들과 함께 새로운 공동성을 생산할 수 있게 되기를 바란다. 그럼으로써 역사의 공간이 비가시적인 것이 가시화되고, 자격 없는 자들이 말할 수 있게 되기를 바란다. 이럼으로써 역사의 공간은, 혹은 역사 자체는 비로소 정치적인 것이 될 수 있으리라고 믿는다.

II

전지구화(globalization)라는 말을 듣지 않기 힘들게 된 지금의 시대가 '이주의 시대'라는 것은 긴 설명이 필요 없을 것 같다. 한국과 더불어 세계에서 가장 '민족적 단일성'에 대한 환상이 강하고, 그런 만큼 민족적 배타성이 강한 나라라고 해야 할 일본에서도 '천만 명의 이민자'들을 받아들이는 것이 국가나 독점자본의 공식적 전망이 되고 있다는 사실이 이를 단적으로 보여주는 것 같다. 2008년 일본 집권당이던 자민당의 보고서는 천만 이민자들의 시대를 전망하면서 '이민청'을 만들어야 한다고 제안하고 있으며, 두 달 뒤 나온 경단련의 보고서는 이런 상황에서 일본 국민들의 '민족적 배타성'이 큰 문제가 되리라고 예측하면서 '다문화주의'를 장려해야 한다고 제안하고 있다. 이 보고서들의 진의가 무엇이든 간에, 분명한 것은 지금까지 국가와 손을 잡고 작동하던 일본의 민족주의가 이제는 국가로부터 분리된 독자적 행보를 시작하게 되리라는 점인 것 같다. 왜냐하면 국가가 '다문화주의'를 장려한다고 해서 민족주의나 배외주의적 감정이 쉽게 사라지는 건 아니기 때문이다. 그걸 입증하려는 듯, 이미 부모가 필리핀으로 추방당한 뒤 홀로 남은 아이 집 앞에 모여서 "너도 나가!"라고 시위하는 사람들, 자이니치 코리안들의 '특권'—세상에!—을 비난하며 그들을 자기 나라로 추방하라고 요구하는 사람들이 생겨나기 시작했다.

한국은 이를 좀 더 조악한 형태로 반복하는 것 같다. 체류 기간이 지난 이른바 '불법' 이주 노동자들을 색출하여 추방하는 것을 유일한 정책으로 삼고 있던 한국 정부도 이제는 외국의 노동력을 더욱 대대적으로 수입하지 않으면 안 되리라는 예측 속에서 이른바 '해외 동포'들의 전면적인 수입을 구상하고 있는 것 같다. 끈질긴 민족주의가 전면적 이민의 필요성 앞에서도 '동포'들을 이용하고 착취하는 기묘한 형태로 끈덕지게 살아남는 것 같다. 한편 '다문화주의'는, 비록 아주 조악한 방식으로지만, 이미 정부가 적어도 입으로는 장려하는 정책이 되었다. 이는 좋든 싫든 간에 이주 노동자와 함께 살아야 한다는 생각이 '단일민족'이라는 일반화된 환상에 균열을 만들며 끼어들어가고 있음을 보여주는 것 같다.

그런데 얼마전 한국에서 '불법체류자'로서 19년을 살았던, 이주 노동자 록밴드 '스탑크랙다운'의 가수이자 이주 노동자 방송국의 대표였던 네팔인 미누(미노드 목탄)가 체포되었을 때, 그의 추방을 막으려는 수많은 사람들의 노력이 있었다. 그 외중에 "불법체류자는 추방해야 한다."는 목소리가 있음을 확인해야 했는데, 정작 놀라운 것은 그런 사람들이 무대포의 우익들만은 아니었다는 사실, 촛불집회에 밤새 워 참가했던 젊은 사람들 가운데 '불법체류자의 추방'을 주장하는 사 람들이 등장하였다는 사실이다. 아마도 이주 노동자의 존재를 비정규 직 노동자들의 상황을 악화시키는 경쟁자로 대립시키는 구도가 만들 어진다면, 이는 좀더 우려스런 사태로 이어질 것 같다. 나쁜 짓을 하 는 것은 자본이지만, 그 책임은 어이없게도 최대의 피해자인 이주 노 동자에게로 돌려지는 사태.

이주의 시대에 새로운 양상으로 출현할 이 反-이주적 태도들은, 이주자들의 자리를 사회의 주변 한구석에 할당하고 그 안에 가두며 거기서 벗어나는 것에 대해선 강력한 절단의 칼로 잘라내고 추방하려 는 '치안(police)'의 대중적 판본이다. 치안이 경찰에 의해서만 이루 어지는 게 아니라 대중 자신에 의해 이루어진다는 것은 단지 지금 시 대만의 특징은 아니다. 가령 자크 동즐로는 19세기 후반에 가족이 새 로운 치안의 장치로 등장했음을 분석적으로 보여준 바 있다.[1] 시민단 체도, 노동자도, 심지어 노동운동도 주어진 자리를 유지하고 그 자리 에 할당된 몫의 '정당한' 분배에 몰두해 있는 한, 주어진 자리에서 이 탈한 자들을 시야에서 지우려 하는 한, 치안의 장치 안에 있는 것이다.

III

이주자들을 받아들이면서도 제한된 공간 안에 가두는 방식으로만

---

1 Jacques Donzelot, *La Police des familles*, R. Hurley tr., *The Policing of Families*, Pantheon Books, 1979.

받아들이는 것은, 그러한 공간적 제한을 통해 만들어지는 시간의 차이를 착취하기 위한 것이다. 시간이란 시계로 표상되는, 이미 주어져 있고 무얼 하든 동일하게 '흘러가는' 자연적 사실이 아니다. 그것은 공동의 리듬을 통해서, 혹은 동조된 리듬을 통해서 구성되는 것이다. 공동성이란 서로의 신체적인 움직임을 맞추어가는 리듬의 구성을, 그것을 통해 만들어지는 시간적 동조를 포함한다. 그렇기에 구성되는 리듬의 차이마다 다른 시간들이 존재한다.

맑스에 따르면 자본의 착취는 무엇보다 이런 시간의 차이를 착취하는 것이다. 화폐자본에서 상품자본, 생산자본을 거쳐 다시 화폐자본으로 돌아가는 자본의 순환은 자본의 생존의 리듬을 갖는다. 이 순환의 리듬을 맞추지 못하면 자본은 흑자 상태에서도 파산하는 경우가 있다. 이런 자본의 순환에 부분적으로 맞물려 있지만 이와 전혀 다른 노동력의 재생산의 리듬이 있다. 노동력을 제공하고 임금을 받아 그것으로 생활수단을 구매하여 소비하며 다시 이에 필요한 돈을 벌기 위해 노동력을 팔러 자본가에게 가야 하는 노동력의 순환이. 이 순환의 리듬을 맞추지 못하면 노동력은 재생산되지 못하고, 노동자는 죽는다. 자본의 시간과 노동력의 시간, 이 상이한 시간의 차이를 자본은 착취한다. 노동력의 순환에 필요한 노동시간의 최소치와 자본의 순환에 필요한 노동시간의 최대치의 차이를 맑스는 잉여가치라는 개념으로 정의한 바 있다. 역으로 잉여가치란 이러한 시간의 차이를 착취하는 것이라고 말할 수 있을 것이다.

이주 노동자들의 제한된 공간(이를 위해 산업연수생제도는 직장 이동을 금지했고, 그것을 대체한 고용허가제 또한 자본가의 동의하에 일 년에 1회, 총 3회만 허용했다), 그것은 이주 노동자들의 시간이 내국인 노동자들의 시간과 섞여 평균화되는 것을 저지하기 위한 것이다. 이로써 내국인 노동자의 시간과 다른 이주 노동자의 시간이 만들어진다. 이는 내국인 노동자의 시간을 착취하는 것 이상의 초과 착취를 가능하게 해준다. 이러한 시간적 격차의 유지는 이주 노동자들의 몫과 자격을 제한하고 관리함으로써 이루어진다. 체류 자격의 엄격한 관리, 체류 자격의 불법성에 대한 강력한 탄압만큼이나 '불법체류자'에 대한 대중의 비난과 억압, 이주 노동자들에 대한 멸시와 차별은 동일하게 치안의 메커니즘에 속할 뿐 아니라, 이러한 착취의 메커니즘의 일부를 이룬다. 민족적 동일성의 허구적 환상을 통해 계급적 공동성을 거절하고 분리하는 대중적 차별은 정확하게 치안과 착취라는 이중의 메커니즘의 일부인 것이다.

우리는 역사에 대해서도 마찬가지로 말할 수 있다고 믿는다. 역사란 명시적으로 시간적인 구성물이다. 그것은 구성되는 지대, 구성되는 양상마다 다른 시간을 갖는다. 하나의 민족으로 묶는 역사만큼이나 그것을 분할하는 다양한 집단들의 역사, 혹은 다양한 개체들의 역사가 있는 것이다. 그 모든 집단, 그 모든 개체들마다 각자의 시간, 각자의 리듬을 갖고 있는 것이다. 그러나 대문자로 쓰이는 '역사'는 언제나 이 상이한 시간들을 하나의 시간 안에 포획하거나 포섭한다. 수많은 이질적 시간들이 하나의 '민족'이나 '국가'의 시간, 하나의 '세계'의 시간, 하나의 역사의 시간에 의해 지워지고 보이지 않게 된다. 그러나 실제적 활동을 구성하는 공동의 시간들이 각자에게 존재하는 한, 상이한 시간들 자체가 소멸되는 것은 아닐 것이다. 이러한 삭제와 소멸의 형태로 사실은 상이한 시간 사이에 존재하는 차이를, 그 격차를 유지하며 착취하는 것이고, 그러한 착취가 보이지 않게 하는 것이다. 그런 착취를 지속하기 위해 시간의 차이를 유지하는 치안이, 다시 말해 사람이나 집단을 하나의 '통합'된 전체 안에서 특정한 자리와 위치를 할당하고 그것을 유지하도록 만드는 치안의 메커니즘이 작동한다. 이런 의미에서 우리는 역사의 개념에도 치안과 착취의 이중적 메커니즘이 존재하며 작동한다고 믿는다.

역사의 공간 안에서 보이지 않는 것을 보이게 하고, 자격 없는 자들이 말할 수 있게 만드는 것을 랑시에르라면 강한 의미에서 '정치'라고 말할 것이다.[2] 그것은 치안과 착취에 대항하여 대결하기 위한 출발점이고, 통합과 포획에 반하여 자신의 리듬, 자신의 시간 속에서 자신들이 원하는 삶을 살아가게 하기 위한 출발점이다. 따라서 역사의 공간은 이러한 상충되는 힘들이 작동하는 장이고, 이 상반되는 힘들이 대결하는 투쟁의 장이다. 역사의 문제를 소수자와 타자, 외부자의 문제로서 보는 것은 단지 또 하나의 역사를 구상하는 이론적 시도가 아니라 다른 삶을 만들고 다른 세계를 만드는 현실적이고 실천적인 문제인 것이다.

IV

예전에 일본의 시인이자 혁명가, 사상가인 타니가와 간(谷川雁)은 자신이 활동하던 큐슈를 '도마뱀의 머리'라고 지칭하면서 혼슈를 포함한 일본의 북부지역, 다시 말해 도쿄를 비롯해 일본의 중심이라고 간주되던 지역을 '도마뱀의 꼬리'라고 지칭한 적이 있다.[3] 촌구석의

---

2 Jacques Rancière, 양창렬 옮김, 《정치적인 것의 가장자리에서》, 길, 2008, 247~253쪽.

지방인 큐슈가 새로운 일본 역사의 중심이 될 것이라는 의미에서 그 랬던 것일 게다. 더불어 조선을 그 큐슈의 공범자로 불러낸다.[4] 물론 이처럼 자기가 사는 지역을 세상의 중심이라고 믿는 것은 흔히 보는 것이다. 그러나 적어도 타니가와가 이런 말을 했을 때, 이는 이런 소 박한 관념과는 아무 상관이 없다.

그가 모리사키 카즈에(森崎和江), 우에노 에이신(上野英信) 등의 동료들과 함께 활동하던 큐슈와 치쿠호는 당시 일본 최대의 탄광지대 였다. 그는 거기서 광부들의 노동운동에 참여했고, 노동자들이 직접 자신들의 글을 쓰는 서클들의 네크워크를 조직했으며, 광부들과 빈 농, 어민, 피차별 부락민, 그리고 조선이나 오키나와 출신 이민자 등 의 '유민(流民)'들의 코뮨을 만들어 함께 살고 함께 행동했다.[5] 그에 게 큐슈란 노동자와 빈농, 그리고 식민지 출신의 유민들이 모여들고 합류하는 지대였던 것이다. 큐슈가 역사의 새로운 중심이 되리라는 것은 그곳이 이질적인 사람들이 모여들어 공존하는 혼성의 지대고, 그런 점에서 이민족적 에너지들이 거대한 에너지가 잠재되어 있는 지 역이기 때문이었다. 그리고 조선·중국·대만·일본으로 둘러싸인 황해와 동지나해가 유럽·중동·아프리카로 둘러싸인 지중해처럼 이 이질적인 지역, 이질적인 사람들을 연결하며 새로운 세계, 새로운 문 화를 창조하는 모태가 되어주길 상상한다.[6] 조선을 큐슈의 공범자로

---

3 谷川雁, 〈ここはとかげの頭〉, 岩崎稔·米谷匡史 編, 《谷川セレクション Ⅱ: 原点の幻視者》, 日本經濟評論社, 2009.
4 谷川雁, 〈朝鮮よ, 九州の共犯者よ〉, 앞의 책.
5 米谷匡史, 〈'流民'のコミューンを幻視する〉, 《谷川雁 詩人思想家, 復活》, 河手書房新社, 2009.

불려낸 것은 이런 이유에서였다.

이는 또 다른 역사를 구성하는 새로운 역사의 공간을 상상하게 해준다. 타니가와처럼 큐슈에서 역사를 본다면, 큐슈에서 역사를 쓴다면 어떤 역사가 만들어질까? 그것은 필경 권력의 장소를 중심으로 쓰여지는 통상적인 역사와 전혀 다른 것이 될 것이다. 그렇다고 중심을 큐슈로 옮겨서 서술한, 그런 점에서 입지점을 달리하는 또 하나의 역사, 지역상대주의에 따른 또 하나의 지역사가 되리라고 생각한다면, 타니가와의 생각을 전혀 이해하지 못한 것이다. 큐슈에서 역사를 쓴다는 것은 그의 말대로 이질적인 사람들이 모이고 공존하면서 만들어지는 세계로서 역사를 본다는 것, 그런 양상이 펼쳐지는 시간적 계열화로서 역사를 쓴다는 것을 뜻하는 것일 게다. 그러한 이질성의 공존과 혼합이 만들어내는 새로운 삶의 방식, 새로운 문화의 창조를 가시화하는 것일 게다. 그리고 그러한 혼성을 저지하고 동질화하며 그려내기 위해 이질적인 것을 분리하고 배제하는 그런 힘과 대결하는 역사가 될 것이다.

그의 연인이자 동료였던 모리사키 카즈(森崎和江)에는 이를 좀 더 밀고 나간다. 그는 우리가 흔히 일본인 해적이라고 알고 있는 '왜구'를 통해 새로운 세계의 가능성을 찾는다.[7] 사실 왜구는 그 명칭과 달리 일본인 해적이 아니라, 일본인과 조선인, 중국인, 오키나와 인은 물론 베트남이나 인도네시아 등의 동남아인들까지 포함된 말 그대로

6　谷川雁,〈ここはとかげの頭〉, 159~160쪽.
7　森崎和江,〈民衆における異民族との接触の思想—沖縄·日本·朝鮮の出會い〉,《沖縄の思想》, 木耳社, 1974.

혼성적인 집단이었고, 대부분 자신의 국가에 의해 쫓겨나거나 거기서 살기 힘들어 벗어난 '탈주자'들이었다. 그들은 단지 '해적질'만 한 게 아니라 해상 교역을 하며 살아간 사람들이었다. 해양을 가로지르며 이른바 '동아시아'라고 불리는 지역을 연결한 바다의 노마드 집단이었던 것이다.

모리사키는 민중 속에서 평생 살았지만, 그렇기에 민중들에 대해 잘 안다. 민중의 내향성과 배타성을 파괴하기 어렵다는 점, 이런 전통적인 공동체적 감각이 이질적인 상대를 억압하거나 침략한다는 것을. 그는 이에 반하여 이질적인 시간성을 갖는 집단들 간의 만남을 더 밀고 나갈 것을 강조한다.[8] 거기서 새로운 공동의 시간이 구성될 때, 그에 비례하여 이질적 집단 간의 평등감이 만들어진다고 말한다.[9] 시간의 차이를 착취하는 것이 아니라 이질적인 것이 함께 공동의 리듬을 만들며 공존하게 되는 것, 이를 통해 새로운 공동의 시간이 탄생하는 것. 이를 그는 왜구에서 발견한다.

왜구의 입장, 왜구가 된 조선인의 입장에 서는 것만으로도 우리가 아는 조선의 역사, 혹은 그 이전의 역사는 그대로 유지되기 어려울 것이다. 일본의 일부라고 주장하면서도 사실상은 적이었던 미국 이상으로 더 참혹하게 동원하고 죽이고 묻어버린 오키나와 인에게 통상적인 일본의 역사라는 것이 받아들여질 수 없는 것처럼. 이처럼 이질적인 집단들이 모여서 새로운 공동의 시간을, 새로운 공동체를 구성하는 '왜구'를 통해, 이 비국가적이고 외부적이며 소수적인 입장을 통해

---

8 같은 책, 228~229쪽과 235쪽.
9 같은 책, 236쪽.

동아시아의 역사를 쓴다면, 혹은 일본의 역사나 조선의 역사를 쓴다면 어떨까? 그들의 시점에서 지금 우리를 관통하고 있는 사건들을 본다면 어떨까?

V

예전에 들뢰즈는 프롤레타리아트가 해양적인 기원을 갖는다고 지적하면서, 그 유동성과 가변성, 노마드적 성격을 강조한 적이 있었다. 이런 점에서 본다면 '왜구'야말로 이른바 '동아시아'를 해양적으로 횡단하면서 국가적인 삶의 방식, 자민족 중심적 삶의 방식, 배타적인 삶의 방식, 내부적인 삶의 방식에서 벗어난 다른 종류의 삶을 사유하게 해주는 해양적 프롤레타리아트라고 해야 할지도 모른다.

그러나 지금 어디서 왜구를 찾을 것인가! 그것이야말로 엄청난 시대착오 아닌가! 하지만 '왜구'를 특정한 집단을 일컫는 하나의 고유명사가 아니라, 어떤 삶의 방식, 어떤 사유방식을 표시하는 특이성의 이름으로 이해한다면, 블랑쇼 식으로 말해 '비인칭적 특이성'을 뜻하는 것으로 이해한다면, 왜구는 그런 특이성이 출현하는 곳이면 어디에나 있는 것이라고 해야 한다. 아니, 그런 종류의 특이성을 구성하고자 하는 곳이라면, 어디에나 새롭게 출현할 수 있는 것이라고 해야 한다.

이주의 시대, 동아시아만이 아니라 인도, 방글라데시, 네팔, 스리랑카에서 버마, 필리핀에 이르는 광범한 지역으로부터 시작된 이주자들의 흐름이 아시아 전체를, 혹은 세계 전체를 횡단하는 시대에, 자국을 떠나고 자국의 동일성 / 정체성을 버리며 이질적인 새로운 상대와 만나고 섞이며 살아가려는 사람들의 이 거대한 흐름에서 '왜구'라고 명명했던 어떤 특이성을 볼 수 있다고 나는 믿는다. 그렇다면 타니가와가 큐슈를 통해, 모리사키가 왜구를 통해 사유하고자 했던 것, 다시 쓰고자 했던 역사를 우리는 이 새로운 이주의 흐름을 통해 다시 사유할 수 있을 것 같다. 이미 우리가 사는 세계 전체를 적시고 있는 이주자들을 통해 다시 쓸 수 있을 것 같다. 그럼으로써 이 이주자들을 불러들일 수밖에 없으면서도 끊임없이 제한하고 분리하고 비가시화하려는 힘에 대항하며, 역사를 치안이나 착취가 아닌 정치가 가동되는 영역으로 만들 수 있지 않을까? 그동안 꽤나 오래 반복되어왔던 '동아시아'라는 상투화된 주제가 국가적 사유를 넘어 정치적으로 사유될 수 있다면, 바로 이런 방식을 통해서가 아닐까? 국경을 넘는 이주의 흐름이 범람하는 시기에 필요한 새로운 국제주의란 이런 것이어야 하지 않을까?

　나는 여기 실린 글들을 하나의 책으로 모으면서 이러한 몽상을 했다. 이런 몽상 속에서 새로운 삶의 가능성을 찾고 싶다. 이 몽상을 통해 "이주자들을 착취하는 개 같은 나라"에서 계속 살아갈 방법을 찾고 싶다. 그리하여 외부자, 소수자, 타자들이 우리의 삶에 끼어들 균열과 여백이 만들어지길, 그것을 통해 그들과 더불어 새로운 공동의 삶, 새로운 공동의 시간을 만들어낼 수 있게 되길, 그리하여 그들과 함께 우리의 삶이 변하게 되길 진심으로 소망한다.

VI

　나를 아는 독자라면, 여기 실린 글들의 적지 않은 것들이 다소 의외의 것일 수 있을 듯하다. 다루는 주제나 소재가 그동안 내가 해온 작업들과 매우 동떨어져 있는 것처럼 보일 것이기 때문이다(유명한 가수들의 음반처럼 'The Other Side of Yi-Jinkyung'이라는 부제를 다는 것이 좋았을지도 모르겠다*^^*). 그동안의 익숙한 모습과 이 책 사이에 존재하는 거리가 좀 더 흥미로울 수 있었으면 좋겠다. 이 거리는 여기 쓰인 글들의 많은 것이 타의에 의해, 아니 친구들과의 '공동성'으로 인해 뜻하지 않게 써야 했다는 사실에 기인한다.

　1부에 실린 글은 상대적으로 덜 생소한 글일 것 같다. 먼저 1장 〈두 가지 유형의 역사, 혹은 역사의 잉여가치〉는 2006년 '연구공간 수유+너머'에서 했던 '맑스주의의 기초 개념들'이란 제목으로 맑스주의의 기초 개념들을 변환시키려 했던 일련의 강의 중 하나다. 2장 〈소수적인 역사는 어떻게 가능한가?〉는 2006년 2월 일본 세이케이(成溪) 아시아·태평양연구소에서 발표한 글이다. 그때 나는 그 연구소 초청으로 약 두 달간 도쿄 생활을 했는데, 그때 있었던 동아시아 관련 심포지움에 참가했을 때의 약간은 곤혹스런 경험으로 인해 쓰게 된 글이다. 일본의 진보적 지식인과 자이니치 사이의 관계, 자이니치와 나 같은 한국인 지식인 사이의 관계에 대한 나름의 문제의식에서 시작하여, 일본에서의 복잡한, 그리고 오래된 관계에서 탈주선을 그리려고 시도한 글이지만, 서로의 '공동성'이 별로 없던 상태에서 여러 사람들을 불편하게 하는 결과만 빚고 말았던 것 같다.-.-;; 다른 사회적 상황 속에서, 다른 지적 지형 위에서 말한다는 것의 어려움을 알게 되었던 셈이다. 이것이 거꾸로 어떤 절실함 속에서 소수성의 문제, 소수적인 역사의 문제를 계속 사유하게 했던 것 같기도 하다. 돌아보면 미숙함과 성급함에 대한 미안함과 안타까움이 있지만, 그것을 쉽게 묻어버리기보다는 있는 그대로 안고 가는 것이, 그 시간을 함께했던 분들이나 이후 내가 함께할 시간에 더 충실한 것이 되리라는 생각에서 크게 고치지 않고 실었다. 3장 〈'진보' 개념의 미래〉는 2007년 말 노무현 정권 말기에, 자신이 '진보'라고 진심으로 믿고 있는 노무현 대통령과 이미 진보이길 그친 지 오래라고 믿고 있던 사람들 간의 큰 격차 속에서, '진보'라는 게 무언지 정리해보자는 《문학과 사회》의 제안으로 쓰인 것을 고치고 가필한 것이다.

가장 의외의 글은 2부 4장 〈시간적인 세계와 비시간적인 세계 사이의 시간〉일 것 같다. 이는 학술진흥재단에 박사후과정 신청을 했다가 떨어진 연구과제를, 대학에 취직한 후 다시 응모하여(재활용?^^) 연구비를 받고 쓴 글이다(2004년). 시간과 공간에 대한 관심은 오래전부터 지금까지 지속되고 있는 관심사이고, 근대적인 시간이나 공간에 대한 적지 않은 책을 썼는데, 이 글은 근대 이전의 시간, 근대 이전의 삶에 대해 접근해보려는 문제의식을 갖고 선택한 것이다. 이는 근대 이전의 삶에 대해, 인간의 눈에 보이지 않는 존재자들에 대해, 그들과 함께 사는 삶의 방식에 대해 많은 생각을 하게 해주었고, 이후 다른 뜻밖의 책을 쓸 생각을 하게 해준 글이기도 하다(후우, 이건 언제나 쓸 수 있을는지……). 〈독립신문〉이나 〈대한매일신보〉에 대한 네 편의 글 또한 의외의 글일 텐데, 이는 모두 '수유＋너머'의 동료들 가운데 한국 문학사나 역사를 공부하는 분들이 주도한 공동연구(이화여대 한국문화연구원과의 공동연구, 2003~2005)에, 박사학위를 가졌다는 이유로 끌려 들어가서 써야 했던 글이다.^^;; 일종의 개념사적인 연구 프로젝트였던 셈인데, 〈독립신문〉과 〈대한매일신보〉를 컴퓨터로 입력해준 '수유＋너머'의 여러 친구들 덕분에 쓸 수 있었다. 근대적인 시간 개념이 한국에서 어떻게 자리 잡게 되었는지, 그것에 필수적으로 수반되는 역사라는 관념이 한국에서는 어떻게 출현하게 되었는지 등에 대한, 푸코적인 의미에서의 '고고학적' 분석이라고 생각한다.

3부 9장 〈식민지 인민은 말할 수 없는가?〉는 2005년 코넬 대학의 국제 워크숍에서 발표한 글이다. 직접적으로는 '수유＋너머'의 몇몇 동료들과의 세미나 덕분에 쓸 수 있었지만, 간접적으로는 2004년 '수유＋너머'가 초대한 워크숍에서 요네타니 마사후미 씨가 발표한 '동아협동체론' 관련 논문으로 촉발된 것이기도 하며, 그에 대한 내 나름대로의 '응답'이기도 하다. 10장 〈'가족계획 사업'의 생명정치학〉은 2002년 성공회대학의 조희연 선배의 배려로 참여한 연구 프로젝트로 인해 쓰고 발표한 것이다. 11장 〈유령과 소수자, 두 개의 외부〉는 부제와 본문에 표시한 대로 2006년 도쿄의 요세바인 산야 관련 강연에서 발표했던 글이다. 이 글은 '바람의 여단'이란 멋진 이름으로 일본 전역을 돌면서 텐트로 무대를 만들어, 연극적 사건화를 통해 역사 속에 묻혀버린 소수자들을 불러내왔던 사쿠라이 다이조 씨로 인해 쓰이게 된 것이다. '수유＋너머'에 대해 관심이 있다면서 어느 날 갑자기 찾아왔고, 기회가 있을 때마다 들러서 사람들을 술과 담소로 적셔놓곤 하던 그가 2005년에 들고 온 한 편의 다큐멘터리 영화가 있었다. 그 영화를 함께 보고, 밤새 그 영화를 찍은 야마오카 씨의 안타까운 죽음에 대해 얘기를 들었다. 얘기 끝에 내가 2005년 말부터 두 달 정도 도쿄에 갈 거라는 걸 안 사쿠라이 씨가 2006년 2월에 야마오카 씨 작고 20주년을 추념하는 모임에서 강연을 해달라고 했고, 우정 어린 친구의 제안이었기에 산야도, 야마오카 씨도 잘 모르는 상태에서 일단 받아들인 게 강연의 직접적 계기가 되었다.

그 뒤의 세 편의 글은 한국에서의 정치적 상황에 말려들어 가 쓴 것이다. 12장 〈저무는 제국의 막차를 타다〉는 부제처럼 노무현 정권이 추진한 한미 FTA 반대투쟁을 하면서, 잘 기억나지 않는 어딘가에서 했던 강연의 원고다. 이 원고는 그 전에 써서 발표했던 한미 FTA를 둘러싼 정세 분석적인 글을 모태로 한다. 이명박 정권과 촛불집회에 대한 글은, 촛불집회를 전후해서 신문이나 잡지에 썼던 칼럼들을 모아 만든 것이다. 지금도 생생하게 남아 있는 그 사건적 현재성을 살리기 위해 그 당시의 글을 거의 고치지 않고 그대로 두었다.

마지막에 에필로그로 실은 글은 2007년 2월 '여수 외국인 보호소' 화재 때 썼던 글이다. 〈도그빌〉이란 영화를 보면서 갈수록 태산인 도그빌 주민들에 질린 기억이 있는데, 그 화재사건은 우리가 '외국인 노동자'를 착취하는 그 도그빌의 주민이 아닌가 하는 끔찍한 생각을 하도록 하기에 충분했던 것 같다. '역사'라는 제목의 책과 무슨 관계가 있으랴 싶을지도 모르지만, 소수적인 역사, 소수자들의 관점에서 역사를 사유하는 공간을 제안하려는 관심에 비추어본다면 이 책에서 나가는 출구로서 가장 적절하다고 생각했다.

얼마 전 친하게 지내던 네팔 친구 미누의 추방을 망연자실 보고 있을 수밖에 없는 현실이, 이주자들의 관점에서 볼 때 우리가 사는 세계는 도그빌과 전혀 다를 것 없을 거라는 생각을 다시 반복하게 했다. 마지막으로 하나 더 덧붙이면, 서문에 쓴 얘기의 중요한 부분은 '오키나와'가 나로 하여금 생각하게 해준 것이다. 직접적으로는 2009년 10월 말 요네타니 씨와 함께 오키나와를 여행하면서 오키나와에서 일본을 보는 경험을 했던 것이, 외부에서 어떤 역사를 본다는 것에 대해 다시 생각하게 해주었던 것 같다. 이 경험에는 오키나와를 사랑하는 요네타니 씨와의 우정 어린 토론이, 그리고 '오키나와의 사상'을 읽는 것으로 시작된 일본 친구들과의 세미나가 스며들어 있다.

　내가 생각해도 '나'와는 거리가 있는 이런 글을 쓰게 해주었던 것은 내 바깥에 있는 저 수많은 외부자들, 외부적 인연 조건들 덕임이 분명하다. 나로 하여금 뜻하지 않게 이런 글들을 쓰게 했고, 뜻하지 않게 이런 생각을 하게 했던 모든 분들에게, 그 글들을 가능하게 해준, 여기 제대로 언급하지 못한 많은 인연들에게 새삼 우정과 감사의 인사를 전하고 싶다.

2010년 1월 4일

이 진 경

1부

역사와 시간의 미시정치학

1장

두 가지 유형의 역사,
혹은 역사의 잉여가치

—

맑스주의와 역사에 대하여

맑스주의에서 역사라는 관념의 중요성을 굳이 상기시킬 필요가 있을까? 보수 내지 반동과 대비되는 진보, 혁명과 이행, 생산양식과 사회구성체 등과 같은 개념은 모두 역사의 관념을, 특정한 역사의 관념을 전제로 한다. 종국적 지향점을 향해 발전하는 역사, 그 종국적 지향점을 통해 진보적인 것과 반동적인 것으로 구별되는 역사, 그리고 지구상의 어느 곳이든 보편적으로 관철되는 하나의 법칙적인 역사 등등. 이러한 역사관념 아래서 '역사유물론'은 이러한 역사를 연구하는 '역사과학' 내지 '역사이론'이 되었다. 원시공산주의에서 노예제, 봉건제, 자본주의를 거쳐 다시 사회주의와 공산주의에 이르는, 인류의 역사 전체를 포괄하는 하나의 단일한 보편적 역사법칙은 아직도 이러한 역사관념을 구성하는 핵심적인 요인이다. 혁명은 이 역사 안에서 생산양식 내지 사회구성체 사이에 존재하는 문턱들이고, 진보란 뒤에 오는 사회구성체를 좀 더 빨리 오게 촉진하는 것이다.

반면 실증주의적 역사관념은 이와 정반대의 난점을 갖는다. 자료에 대한 성실하고 진지한 자세가 사실에 대한 순진한 믿음으로 넘어가면서, 해석 없는 역사가, 사실 그 자체로의 역사가 가능하리라고 본다는 점에서. 이런 이유에서 실증주의에서 역사학 역시 하나의 '과학'이라고 믿는다. 맑스주의가 법칙에 대한 연구라는 점에서 역사학이 하나의 과학이라고 생각했다면, 실증주의 역사학은 자료와 사실에 대한 객관적 연구라는 점에서, 하나의 과학이라고 생각한다는 점에서, 과학이란 말의 의미는 다르다고 해도 말이다. 실증주의적 역사관념의 가장 확고한 뿌리는 사실들의 실재성에 대한 신념이다. 소박한 실재론적 유물론만큼이나 확고한. 거기에 그러한 사실들로 구성되기에 역사 역시 실재적일 것이라는 신념이 더해진다. 통상적인 맑스주의에서 말하는 유물론이 사물이나 사실들의 실재성을, 그것을 있는 그대로 인식할 수 있다는 믿음을 뜻한다는 걸 안다면, 정반대처럼 보이는 이러한 입장이 의외로 강한 인접성을 갖고 있음을 짐작할 수 있다.

1. 초월성과 내재성

그러나 점들을 아무리 많이 모아도 그것은 선이 되지 않으며 그 점들을 아무리 많이 더해도 길이는 언제나 0일 뿐이다. 마찬가지로 사실들을 아무리 많이 모아도 그것은 역사가 되지 않는다. 역사란 어떤 방향을 가진 하나의 선이 아니면 안 되기 때문이다. 별 상관 없는 사실들을 나열한 연표가 역사가 될 순 없는 것이다. 역사란 점과 같은 사실들을 연결하는 선에 의해 정의되는 것이다. 역사적 통찰이나 역사적 사고란 별개의 동떨어진 점처럼 보이는 사실들을 하나로 연결하는 능력에, 점들을 선으로 잇는 능력에 있는 것이다. 그럼에도 불구하고 사실들의 나열을 통해 있는 그대로의 역사를 제시하고 있다는 생각은 그 사실들 사이를 잇는 선을 암묵적으로 가정하는 것일 뿐이다. 그것을 보면서 우리는 자신도 모르게 점들을 잇는 선을 그리고 있는 것이다.

따라서 그 자체로 실재하는 역사란 없다. 역사란 실재적 사실들을 연결하는 구성 작용의 산물이다. 즉 역사란 사실들로 구성된 하나의 이야기(histoire), 하나의 서사(narrative)다. 역사는 사실들의 서사적 구성물이고, 따라서 그것은 실재적 사실들로 만들어지지만 그저 실재적인 것만은 아니고, 구성적이지만 그저 허구적인 구성물만은 아니다. 역사는 실재와 허구 사이에 있다.

그렇다면 하나의 단일한 역사가 과연 있을 수 있을까? 심지어 모든 사실이 하나의 단일한 실재성을 갖는다고 해도, 그것을 연결하는 선은 그 사실들보다도 많다. 사실들의 계열화로서 사건들의 수는 사실들의 수를 초과한다. n개의 사실들로 만들어질 수 있는 사건들의 수는 그 사실들로 만들어지는 부분집합의 수 이상이기 때문이다($n < 2^n$). 따라서 하나의 단일한 역사란 있을 수 없다. 사실들은 그것으로 직조되는 직물들의 수만큼 많은 역사화의 선들을 향해 열려 있다. 따라서 사실들의 실재성과 같은 의미에서 역사의 실재성이란 존재하지 않는다. 역사란 실재적 사실들에 의한 제약 속에서 구성되고, 실재적 사실들이 만드는 균열이나 빈틈에 의해 해체되고 재구성되는 다양한 이야기들인 것이다.

'역사법칙'이란 개념은 비록 강한 의미에서 하나의 단일한 역사를 가정하는 것은 아니라고 말하는 경우에도, 최소한 다양한 역사적 선들이 하나의 법칙으로 수렴되리라는 것을 가정하고 있다. 즉 역사를 직조하는 수많은 이야기들이 결국은 오직 하나의 이야기로 귀착되고 수렴되리라고 말하고 있는 것이다. 역사의 '보편성'이란 이러한 수렴 가능성을 의미한다. 따라서 그것은 '결국(in the last instance)' 하나의 단일한 역사라는 관념을 표현하는 다른 방법일 뿐이다. 보편적 역사, 단일한 역사법칙이 존재해야 한다는 가정은 역사를 구성하는 하나의 방법, 역사라는 선을 그리는 하나의 방법일 뿐이다.

모든 나라, 모든 지역의 역사를 오직 하나로 통합하는 그런 역사법칙은 존재하지 않는다. 심지어 하나의 나라, 하나의 지역에서조차 이야기(histoire)의 발산을 막는 하나의 역사(Histoire)는 존재하지 않는다. 가령 맑스주의의 근본적 가정에서처럼 화해할 수 없는 적대적인 계급적 분열이 존재한다면, 자신의 역사/이야기를 직조하는 화해할 수 없는 적대적 역사화의 선들이 존재할 수밖에 없다. 프롤레타리아의 역사와 부르주아의 역사가 일치하리라고, 혹은 대칭적 형태로 짝을 이루리라고 어떻게 생각할 수 있을까? 요컨대 오직 하나의 역사만이 존재하리라는 가정은 적대에 관한 맑스주의의 공리와 양립될 수 없다. 나아가 역사가 맑스주의에서처럼 미래의 세계를 구성하려는 입장에서 쓰이고 구성된다면, 만들고자 하는 역사가 무엇인지, 현재의 중요한 과제가 무엇인지에 따라 역사는 다르게 쓰이게 마련이다. 더구나 우리는 그렇게 다르게 쓰인 수많은 사회주의 역사들에 대해서 이미 알고 있지 않은가!

　다른 한편 사실은 그 자체로 분리되거나 고립되어선 어떠한 의미도 갖지 않는다. 그것은 다른 사실들과 연결되는 경우에만 의미를 가지며, 그 연결되는 사실들이 무엇인가에 따라 다른 의미를 갖는다. 좀 더 정확하게 말하면, 사실은 너무 많은 의미를 갖기에 그것을 하나로 결정할 수 없다. 무엇과 계열화되는가에 따라서, 그 의미는 하나의 의미로 규정된다. 그러나 그 다의성은 다른 계열화의 선에 언제나 열려 있으며, 그것에 의해 다른 의미로 재규정된다. 가령 누가 언제 군사를 일으켰다는 사실은 어떤 사실들과 연결되는가에 따라 국가의 전복을 기도하는 반란이 되기도 하고, 새로운 국가의 시발점이 되기도 하며, 침략한 군대로부터 자기 마을과 가족을 지키기 위한 의병이 되기도 하고, 대의를 빌미로 사람들의 생명과 재산을 위협하는 마적이 되기도 한다. 실제로는 역의 방향으로 진행된다. 즉 무엇과 계열화할 것인가를 이미 염두에 두고서 사실을 찾고 '발견'하는 것이다.

사실들의 의미는 그것들을 연결하는 서사 안에서 그것의 위치에 의해 결정된다. 즉 어떤 점의 미분계수를 결정하는 것은 그 점을 둘러싼 이웃관계, 그 점을 포함한 채 구부러지는 선의 양상이듯이, 역사에서 사실들을 의미화하는 것은 그것과 연결되는 이웃 항들이고 그것을 연결하는 이야기다. 요컨대 역사는 특정한 서사를 통해서 사실들에 의미를 부여하는 것이고, 서사를 구성하는 '전체'의 관점에서 그 사실들의 가치를 평가하는 것이다. 따라서 역사는 언제나 특정한 평가의 척도를 항상-이미 함축하고 있다. 그 척도는 때로는 서사의 끝에 자리 잡은 도달점으로 가시화되기도 하고, 때로는 현재를 항상-이미 존재하는 빛나는 광채로 비추어주는 기원의 자리로 가시화되기도 한다. 혹은 시점과 종점을 잇는 하나의 역사법칙으로, 보편적인 역사적 논리로 제시되기도 한다.

역사는 궁극의 미래에 대해 말하기 어렵다는 난점으로 인해 많은 경우 역사적 서사는 위대한 기원의 형태로 평가의 척도가 자리 잡지만, 그 기원은 항상 작동하면서 현재를 미래로 잇는 선을 그린다. 때로 퇴락하기도 하고 고난에 빠지기도 하지만 결국은 회복되고야 말 위대한 기원-추동력으로서 말이다. 이와 달리 맑스주의에서 평가의 척도는 아주 명확하게 미래에, 궁극적 도달점에 자리 잡는다. '공산주의', 그것은 역사법칙의 귀결점이고, 모든 현재와 과거가 귀착되는 귀결점이며, 모든 사실의 의미를 평가하는 척도다. 역사란 공산주의라는 귀결점을 향한 운동이고 발전이며, 정해진 시점에서 어떤 사실이나 행위가 좋은가 여부는 그것이 역사법칙상에서 좀 더 나아가는가 여부로 결정된다. '진보'라는 단어가 '반동적인 것'과 반대로 긍정적인 가치를 갖는 것을 의미하는 평가적 관념이 되는 것은 바로 이런 차원에서다.

그래서 예를 들어 중국이 티베트를 무력으로 점령하여 통치하는 것은, 그것을 통해 노예제 상태에 머물러 있는 티베트 사회를 근대화시켜 사회주의로 밀고 가는 것이기에 '진보적인 것'이고 따라서 '긍정적인 것'이라는 평가를 할 수 있는 것은 이런 '역사적 평가' 덕분이다. 이런 관점에 따르면 아프리카나 아시아의 전자본주의 사회를 침략해도, 그것이 자본주의화를 촉진한다면 '진보적인 것'이다. 이것은 많은 경우 자본주의의 '의도치 않은 선행(진보성)'으로 간주된다. '자본주의라는 개척자(Pioneer of Capitalism)!' 이러한 평가는 봉건적인 아시아 사회나 원시적인 아프리카 사회가 자본주의적인 유럽과 마찬가지로 하나의 역사 안에서, 하나의 역사법칙을 따른다는 앞서의 가정들을 전제로 하고 있는 것이다. 혹은 자본주의의 공세로부터 사회주의를 보호하기 위해 모든 나라의 프롤레타리아로 하여금 자기 자신의 해방이 아니라 '사회주의 조국의 방어'를 위해 투쟁하도록, 아니 사회주의에 우호적인 자국 정부와 협력하도록 협상하는 소비에트 정부의 노력 역시 '진보적'인 것으로 평가된다! 사회주의를 자본주의로 되돌리려는 역사의 반동을 막기 위한 노력이기 때문이다.

이러한 역사관념은 결국 하나의 초월적(transcendent) 척도가 모든 세계, 모든 시간에 대해 작용하게 만드는 조건이고, 맑스주의자들로 하여금 심지어 어이없는 행동을 하게 하거나 정당화하게 만드는 조건이다. 여기서 맑스주의에 고유한 관계적-내재적 사유는 하나의 역사법칙, 하나의 척도로 귀착되는 초월성의 사유로 대체된다. 역사나 사유, 행동과 삶의 다양성은 법칙적인 단일성으로 대체되고, 각자에게 주어진 조건을 통한 외부성의 사유는 역사 안에 자리 잡은 내적인 발전의 논리로 대체되며, 타자성을 사유할 수 있는 공간은 사라지고 역사라는 이름의 동일자가 지배하게 된다.

이제 우리는 이러한 대체와 전도의 이유를 찾고자 한다. 그리고 그와는 다른 방식으로 역사를 사유할 수 있게 해줄 요소들을 찾아보려고 한다.

2. 시간과 역사

세계를 순환하며 사는 사람들이나 순환적인 세계 속에 사는 사람들은 역사를 쓰지 않는다. 순환적인 주기 속에서 삶은 반복되기 때문이다.[1] 중요한 것은 그 순환의 리듬을 아는 것이다. 그 순환의 리듬을 알기 위해 그들은 천문을 보고 읽는다. 지금은 과학자가 수행하는 예측의 역할을 그들 세계에서는 주술사들이 했다. 주술사들이란 자연과 인간을 연결하는 존재였다. 그들은 자연 속에서 시간을 읽고 그 시간의 리듬을 타는 법을 알려주는 존재였다. 자연의 리듬에 맞추어 인간의 신체를 움직이고 조절하는 것. 이른바 '인디언'의 사회에서나 우리의 '미신적' 사회에서 주술사가 많은 경우 치료자의 역할을 한 것은 이런 이유에서다. 〈원령공주〉에서 재앙신(타타리카미)을 죽이다가 상처를 입은 아시다카를 치료하고 근본적인 치유를 위해 갈 길을 제시하는 것은 주술사 할머니였다. 이런 '고대적인' 사회에서 추장과

---

1 기 드보르(G. Debord), 이경숙 옮김, 《스펙터클의 사회(La Société du spectacle)》, 현실문화연구, 1996, 107~109쪽.

별도로 언제나 주술사가 있는 것은 이런 이유에서였다. 추장이 사람들 사이에 벌어지는 갈등을 조정하며 조화로운 삶을 이끄는 자라면, 주술사는 인간과 자연 사이에서 벌어지는 '갈등'을 조정하며 조화로운 삶을 이끄는 자다. 이런 점에서 주술사는 무엇보다 자연의 리듬을 읽는 일을 한다.

'시간'이란 무엇보다 이처럼 각각의 사회나 문화에서의 자연의 리듬에 대한 개념이다. 대개는 순환적인 형식으로 취하는. 중국에서 사관(史官) 역시 무엇보다 먼저 이러한 일을 하는 사람들이었다. 우리에게 익숙한 이른바 명리학은 태어난 시간('사주四柱')을 통해 신체에 새겨진 이런 흔적을 읽는 것이고, 그 시간의 리듬 속에서 그 신체의 성향을 읽어냄으로써 이후 진행될 시간의 흐름 속에서 발생할 일들을 예측하는 것이다.

하지만 제국이 만들어지면서 사람들은 자신들의 행적을 기록하기 시작한다. 어디를 정복하고, 어디에 성을 쌓고, 새로 화폐를 주조하고, 새로운 법령을 공포하고 등등. 그리고 그러한 사실들의 연대기를 통해 시간을 선형적인 것으로 편다. 그 하나하나의 사건들은 되돌아올 수 없는 것이고, 되돌아오는 순환적 시간에 의해 무화되어선 안 될 것이기 때문이다. 연대기적 시간(chronological time)이 출현한다.[2] 순환하는 자연적 세계와 구별되는, 순환적 반복으로 되돌아갈 수 없는, 다시 말해 그런 순환 속으로 무화될 수 없는 사건들의 배열로서 역사

---

2 "연대기는 권력의 불가역적 시간의 표현이자, 이 시간의 임의적 진행을 선행했던 것들로부터 보존하는 도구이다. 왜냐하면 시간의 이런 불가역적 방향은 모든 특수한 권력의 몰락과 더불어 붕괴하고, 그런 뒤에는 순환적 시간의 무심한 망각으로 되돌아가기 때문이다."(기 드보르, 앞의 책, 111쪽)

가 탄생하는 것이다. 사마천의 전설로 전해지는 역사 기록의 '진정성'과 '신성함'은 모든 것을 무상함 속에서 소멸로 인도하는 시간의 힘에 저항하기 위한 하나의 상징적 사건이었을 것이다. 이제 사관은 자연의 리듬을 읽는 주술사가 아니라, 그 리듬 속으로 소멸되지 않도록 사건을 기록하고 전하는 '관리'가 된다.[3] 제국 이후 국가는 제국 안에서, 혹은 제국에서 빗겨나며 자신의 역사를 쓰기 시작한다.

마찬가지로 순환에 의해 무화되어선 안 될 것, 결코 소멸되거나 반복에 의해 의미가 경감되어선 안 될 것을 가진 세계관은 모두 역사를 쓰도록 요구한다. 기독교는 이런 경우의 대표적인 경우다. 천지창조, 혹은 대속과 구원이라는 카이로스적 사건, 그리고 최후의 심판, 이는 두 번 다시 반복되어선 안 되는 것들이다. 따라서 출발점으로서 창조의 시간은 오직 한 번 허용될 뿐이고, 대속과 구원의 사건도 유일무이하며, 최후의 심판의 역사도 단 한 번 있을 것이다. 따라서 이런 세계관 속에서 시간은 선형적이다. 결코 무화될 수 없고 순환으로 되돌아가서도 안 되는 시작과 끝이라는 두 점을 하나로 이어야 하기 때문이다. 이 두 점 사이에 존재하는, 무화될 수 없는 사건들, 혹은 그런 사건들의 기록, 그것이 역사가 된다. 이런 이유에서 기독교의 문헌들은 모두 '역사적'이며, '역사서'들이다. 창조와 구원의 역사를 집합적으로 공유하고 기억하기 위한 기록들이다. 이들은 자신의 신이 유일자라고 믿기에, 제국의 역사와 마찬가지로 자신의 역사가 하나의 보편

---

3 "하지만 그런 제국의 역사를 따라, 연대기적 시간의 역사를 쓰고 있는 《삼국사기》를 보면 쉽게 알 수 있듯이 천문을 보는 것과 말 그대로 역사를 기록하는 것은 오랫동안 분리되지 않았다." (김부식, 이강래 옮김, 《삼국사기》 1권, 한길사, 1998)

적 역사임을 믿고자 한다. 이것은 과거로 거슬러 올라가며, 혹은 다른 영역으로 역사를 확장해가며 사실들을 복음화하고자 한다.[4]

역사의 단일성에 대한 관념은 제국이나 기독교적 시간관 속에서, 특정한 사건들이 결코 무화될 수 없고 무화되어선 안 된다는 강박과 무관하지 않을 것이다. 그런 사건들이 갖는, 다른 것으로 대체 불가능한 결정적인 의미, 그런 사건들을 무화하는 순환성의 무심함으로부터 구해내려는 의지의 표현이었을 것이다.

한편 17세기 서구 역사가들에게 기사적인 영웅담과 구별되는 '진정한 역사'란 두 가지 종류가 있었다. 하나는 '오래된 역사'로서 성서적인 고대나 고전적인 고대를 다루는 고대사였고, 다른 하나는 당시의 관심과 결부되어 교양으로 읽힌 역사를 뜻하는 근대사였다. 어느 경우든 연대기와 더불어 역사적 이야기가 모두 포함되어 있었다.[5] 그들은 다른 방식으로 역사를 이용했다. 그것은 과거로부터 현재적인 교훈을 얻는 것이었다. 이를 위해 종종 역사적 사실을 변형하거나 반대로 말하는 경우도 있었다. 중요한 것은 "역사란 삶의 스승"이기에 교훈을 주는 스승의 역할을 위해 역사는 때론 그렇게 변형되거나 왜곡되어도 좋았던 셈이다. 역사란 일반화될 수 없는 것이라고 보았던 몽테뉴나 역사에서 보편법칙을 찾고자 했던 보댕 모두에게 역사란 교훈을 주는 삶의 범례들이었다.[6]

이러한 역사관념 위에서 역사의 '단일성'이라는 것이 가능할까? 가

---

4 필립 아리에스, 杉山光信 옮김, 《歷史의 時間》, みすず書房, 145쪽.
5 같은 책, 193쪽과 202쪽.
6 라인하르트 코젤렉, 한철 옮김, 《지나간 미래(Vergegangene Zukunft)》, 문학동네, 43~45쪽.

능하다면, 그것은 대체 무엇을 뜻하는 것이었을까? 그것은 기껏해야 하나의 동일한 직선상에서 점으로 표시되는 사실들의 단일성 이상일 수 없었을 것이다. 이런 역사관념 위에서 역사가 갖는 보편성이란 교훈의 보편성 이상일 수 없었을 것이다. 이런 역사관념 위에서 역사가 발전한다는 관념이 가능했을까? 역사가 자기 나름의 논리와 법칙을 갖고 스스로 전개되고 발전한다는, 우리에게 매우 익숙한 이런 관념이 과연 가능했을까?

3. 역사의 주체

18세기 후반에 이르면서 역사는 '삶의 스승'이 되어주는 '이야기'가 아니라 과거에 일어난 일 자체를 의미하게 된다. 그리고 그런 일이나 사건을 통해 강조되는 것은 어떤 교훈이 아니라, 그 일이나 사건을 다른 전후의 사건과 연결하는 내적인 논리나 법칙이 된다. 여기에서 또 하나 다른 것은, 역사의 교훈과 달리 역사적 질서를 뜻하는 역사법칙이란 객관적인 것이고, 또한 필연적인 것이란 점이다. '역사법칙'이란 말은 이런 근대적 관념을 표현해주는 말일 것이다. 사건의 사실성이 중요하게 되지만, 그 이상으로 중요한 것은 그런 사실의 연대기가 아니라 그 연대기 속에 숨은 어떤 질서라는 것이다. 나아가 이처럼 '필연성'과 객관성을 갖는 역사법칙은 이런저런 각자의 역사에 항상-이미 포함되어 있는 것이 된다. 그게 아니면 '법칙'이란 말은 무효화되고 말 것이다. 이는 개별적이고 구체적인 역사를 법칙성을 갖는 '역사', 대문자로 써야 마땅한 그런 역사(History)를 통해 개별적 역사를 포괄하며 통합하게 됨을 뜻한다. 헤겔이 잘 보여주듯이, 세계사는 이 하나의 단일한 역사를 뜻하는 것이 된다. 역사는 이제 교훈이나 어떤 주관적 목적을 위해 구성된 어떤 것이 아니라, 발생한 사실 그 자체(an sich, 즉자)로 존재할 뿐 아니라, 이처럼 이성적으로 포착된 객관적인 질서, 다시 말해 대자적 질서를 포함하는 것으로 존재하는 것이다. 18세기 후반에 출현한 이러한 역사의 관념을 코젤렉(R. Koselleck)은 '즉자대자적인 역사(History an-und-für-sich)'라고 명명한다.[7]

역사가 디드로와 달랑베르의 《백과사전(Encyclopédie)》에서 말하듯이 '공정하고 가혹한 심판관'이 되는 것은 이를 통해서였다. 왜냐하면 역사 자체가 심판관이 되기 위해선 역사 자체가 무언가에 대해 심판하고 판단할 논리와 근거를 자기 안에 갖고 있어야 하기 때문이다. 이처럼 내적인 논리를 갖게 되면서 역사는 이제 철학의 대상이 된다. 아니, 역사 자체가 철학적인 것이 된다. 이제 역사가 연대기를 따라가며 구성되는 게 아니라 연대기가 역사를, 역사의 철학적 논리를 따라가며 구성되어야 한다. 작은 역사들의 이야기는 이 거대한 하나의 논리, 하나의 서사 안에 통합될 때 비로소 진정한 역사적 의미를 획득하게 된다.

이로부터 '선험적 역사', 처음부터 항상-이미 논리적으로 준비된 역사, 따라서 도달해야 할 목적지 역시 처음부터 이미 준비된 역사가 가능하게 된다. 역사법칙이란 게 있다면, 그것은 정확하게 이 역사 자체의 내적인 논리, 따라서 필연적으로 관철될 수밖에 없는 이 논리의 다른 이름이 될 것이다. 헤겔의 역사철학은 정확하게 이런 관념의 거

---

7 같은 책, 57쪽.

대한 종합이고 극적인 확장이다. 이제 모든 것은 자기-전개되는 역사 안에, 역사의 이성 안에 존재하며 역사의 논리에 의해 할당된 지위와 역할을 부여받게 된다. 심지어 그 자신이 모르거나 부인하는 경우에조차. 헤겔뿐일까? 생물의 형태들을 하나로 연결하여 만들어낸 계통발생의 역사를 인간을 향한 '발전'의 역사로 배열하고, 개체발생조차 그 계통발생을 반복한다고 서술하는 생물학적 진화의 통념 역시 이러한 역사관념을 정확하게 공유하고 있다.

이러한 역사관념의 바탕에서 근대적인 시간관념을 발견하는 것은 아주 쉬운 일이다. 수량화된 시간을 좌표축으로 삼아 이질적인 사건들을 하나의 선형적인 순서로 배열하는 선형적 시간의 관념, 그리고 시간들이 더해지고 누적될 수 있는 것처럼 변화들 역시 더해지고 누적될 수 있으며, 그 누적에 따라 변화의 폭은 심화되고 발전될 것이라는 진화 내지 진보의 관념, 이러한 시간 개념 위에서 역사적 발전의 논리가 역사의 법칙으로 자리 잡게 되면, 이제 동시적인 시점에 존재하는, 비교할 수 없을 정도로 이질적이고 상이한 사건들조차 그 역사법칙을 기준으로 앞서거나 뒤처진 것으로 선형적으로 배열된다. 이질적인 것들은 이제 미개한 것과 문명화된 것, 멈춘 것과 움직이는 것, 느리게 나아가는 것과 빠르게 나아가는 것으로 분류되고 비교, 평가된다. 그리고 역사적 논리에 따른 변화를 가속하는가 감속하는가에 따라 진보와 반동, 혹은 진보와 보수가 구별되게 된다.

따라서 근대적인 방식으로 역사화하는 것은 이질적인 것을 포섭하는 이중의 논리적인 메커니즘을 작동시킨다. 먼저 그것은 모든 것을 단일한 보편적 역사 안에 포섭될 수 있는 형태로 동질화한다. 국가 없는 사회는 이유를 막론하고 국가조차 없는 미개한 사회가 되고, 주술적인 의례는 과학을 결여한 미개함의 징표가 되거나 유일신을 모르는 채 잡신들을 숭배하는 미개한 종교의 상징이 된다. 보편적 역사 안에 없지만 비슷한 것은 비슷한 것으로 포개고, 잘 포개지지 않는 것은 미개나 야만이라는 쓰레기통 같은 거대한 범주 안에 밀어넣는다. 영주도 장원도 없지만 왕이 있고 예속된 농민이 있다면 봉건제의 하나가 되거나 아니면 노예제의 하나가 된다.

다음으로 이렇게 포섭된 것들에 선형적으로 늘어선 사회나 문화, 사유의 발전 단계에 따라 하나의 자리를 할당한다. 쓰레기통에도 앞서거나 뒤처진 등급이 있는 것이다. 거기서 앞선 것은 좀 더 미개한 것이고, 뒤에 오는 것은 좀 더 발전된 것이다. 즉 평가를 함축하는 위계적인 서열이 선형적 시간을 따라 일렬로 배열된다. 선형적 위계화. 영주도 장원도 없지만 어떻게든 봉건제가 되지 않으면 안 되는 것은, 그게 아니면 아시아적 생산양식이라는 좀 더 후진적인 악명 높은 자리를 할당받기 때문이다. 자신의 과거나 현재가 '그들'처럼 근대에 채 이르지 못했다면 최소한 근대의 '맹아'들이라도 찾아서, 최소한 근대로 넘어갈 내적인 요소가 있었음을 증명해야 한다. 안 그러면 근대적인 사회로 이행할 동력을 결여한 사회, 정체된 사회가 되기 때문이다.

여기서 역사를 쓰는 자가 누구인가, 그 많은 이질적 역사들을 모아서 하나의 단일한 역사로 통합하여 배열하게 하는 '주체'가 누구인가 하는 문제가 중요하게 된다. 왜냐하면 그는 자신의 모습대로 역사를 쓰려고 할 것이고, 자신의 모습을 기준으로 다른 이질적인 것들을 재고 자리를 할당할 것이기 때문이다. 하나의 단일한 역사를 구성하는 순간, 그 역사의 정점, 그 역사의 종점에 할당된 것이 발전 정도를 재는 척도가 되고, 그것과 유사한 정도에 따라 진보된 것의 자리가 주어진다. 그 정체성을 깨뜨리는 것이라면, 그 미개함을 일깨우는 것이라면, 제국주의적 침략조차 문명화의 사명을 수행하는 이성의 담지자가 된다. 마치 이성의 빛이 어둠 속에 잠든 것을 깨우는 것이 그들을 위한 것인 것처럼, 이들의 침략 역시 결과적으로는 깨이지 못한 자들을 위한 것이 된다. 그리고 조금 뒤, 저 보편적 역사의 법칙을 이해하게 되면, 그들은 자기 스스로 나서서 문명의 빛을 향해 뛰어가려고 할 것이다. 이제 우리가 역사를 쓰는 경우에도, 사실은 우리 입을 통해 이런 역사관념을 만든 자들이 말할 것이다. 그게 역사의 주체다. 자기 스스로 존립하게 된 역사, 즉자대자적 역사는 이처럼 거대한 힘을 갖고 사람과 사물들을 움직이며 종점을 향해 발전해가고 있는 것이다.

19세기에 이런 역사의 주체로 등장한 것은 '국민／민족(nation)'이었다. '국민'이란 개념이나 '국민주의'가 프랑스 혁명에 대한 프로이센 등의 공격으로부터 혁명을 방어하려는 과정에서 출현했다는 것을 잘 알려져 있다. 혁명의 방어가 인민들을 끌어들이기 위해 '국민국가'를 방어하는 애국주의의 형태로 나타났던 것이다. 하지만 국민국가가 국가권력의 중심적 형태로 자리 잡게 되는 계기는 나폴레옹 전쟁이었다. 그 시기에 국민을 단위로 하는 국가는 유럽의 경우, 영국과 프랑스, 스페인밖에 없었고, 중부 및 동부 유럽의 대부분은 한편으로는 도시국가와 도시동맹체들, 다른 한편으로는 봉건적 영주나 '왕가' 단위로 분할된 지역적 형태를 취하고 있었다. 나폴레옹 전쟁에서 프랑스가 유럽을 석권할 수 있었던 것은 이런 스케일의 차이와 무관하지 않을 것이다. 국민적 스케일로 군인과 물자를 동원할 수 있는 프랑스와 도시국가나 봉건영주의 지배 지역 간의 대결에서 후자가 승리할 가능성은 매우 적다고 해야 하기 때문이다. 영토국가적 스케일을 갖는 러시아나 영국과의 전쟁에서 나폴레옹이 패했던 것은 반대의 방식으로 이를 보여준다.

패전의 경험은 이제 우리도 '국민국가'를 구성해야 한다는 이데올로기와 운동(민족주의/국민주의)을 만들어내고 확산시켰고, 그 결과 19세기 후반이 되면 이탈리아나 독일 등 대부분의 지역에서 국민국가적 통합에 도달하게 된다. 그러나 제각각인 도시나 지역적 단위로 분할되어 있던 사람들을 하나의 국가로 통합하는 것은 정치적 통합과는 다른 또 다른 통합을 필요로 했다. 무엇보다 먼저 상이한 언어들을 국민적 스케일로 통합하여 단일한 하나의 언어적 통일성을 만들어야 했다. 이를 위해 표준어를 정하고 다른 언어들을 '방언화' 했고, 이 표준어를 '국어'로 가르치는 과정이 진행된다. 또 하나 중요한 것은 서로 대립하거나 적대적으로 싸우고 억압했던 사건의 기억들을 지우고, 하나의 '국민적' 기억으로 통합해야 했다. 역사란 서사화된 과거의 기억이기에, 국민적 기억을 만드는 것은 대립되고 분열되어 있는 상이한 기억들, 이질적인 역사들을 지우거나 통합적 서사 속에서 변형시켜 하나의 통일된 기억, 통일된 역사를 만들어야 했다.[8] 이를 단적으로 잘 보여주는 것은 19세기 후반 출현한 이른바 '초등학교', 즉 이질적인 인민들을 하나의 통일적인 국민으로 만들어내는 학교에서 가르친 가장 중요한 과목이 수학과 더불어 국어와 국사(national history)였다

---

8 조제프 에르네스트 르낭, 신행선 옮김, 《민족이란 무엇인가?(Qu'est-ce que la nation?)》, 책세상, 2002.

는 사실이다. 이런 점에서 역사라는 기억의 단위는 국민이고, 역사가 서술하는 대상은 국민이며, 그 역사를 통해 활동하는 주체 또한 국민이었던 것이다. '국사'란 이런 변환의 결과물로 출현한 것이었을 터이다. 더불어 이른바 '세계사'조차 국민적으로 통합되고 동질화된 역사들을 시간적인 배열의 형태로 위계화하는 것이었음은, 역사적 통합의 중심적 단위가 무엇이었는지를 잘 보여주는 것이라고 하겠다.

4. 역사의 시간, 역사의 잉여가치

하나의 단일한 역사, 즉자대자적인 역사, 혹은 목적론적 역사를 비판하고 기각하는 것으로 근대적 역사관념에서 벗어날 수 있을까? 거대한 총체적 역사를 미시적인 파편적 역사로 대체한다고 근대적 역사관념에서 벗어날 수 있을까? 역사가 하나의 이야기고 서사인 한, 이야기 전체를 끌고 가는 목적 내지 종결의 관념을 역사적 서술 전체에서 완전히 떨어뜨릴 수 있을까? 하나의 역사를 복수의 역사로 대체함으로써 이런저런 이야기가 모두 가능하다는 식의 자유주의나 상대주의로 나아가는 것은 아닐까?

여기서 무엇보다 먼저 주의할 것은 역사 개념은 항상-이미 특정한 종류의 시간 개념이기에 그것이 전제하고 있는 시간 개념 자체와 대결하지 않고선 역사의 개념 자체를 변환시키기 어렵다는 사실이다. 직선적이고 양적이며 누적 가능한, 동시에 사건들의 좌표적 척도로서 기능하는 시계적 시간 개념, 이것을 넘어서지 못하는 한 역사 개념은 다시 근대적 역사관념 주변으로 회귀하게 될 것이다.

굳이 베르그손이나 하이데거를 인용할 것도 없이, 시간이란 자연과학자들이 t라고 표시하는 양적인 무정의(無正義) 개념이 아니며, 사건과 무관한 초월적 척도도 아니다. 따라서 그것은 모든 사건들을 포괄할 수 있는 절대적 좌표계를 뜻하지도 않는다. 시간이란 간단히 말하면 어떤 요소들이 동조하여 하나의 집합적 리듬을 만들어낼 때, 그 리듬과 더불어 탄생하는 것이다. 즉 시간은 사건이나 사물과 무관하게, 그것들에 항상 선행하여 존재하는 어떤 조건이 아니라, 하나의 사건이나 신체를 구성하는 요소들이 공시화(synchronization)됨에 따라 만들어지는 구성물이다. 따라서 그것은 어떤 요소들이 모여 어떤 신체를 구성하는지, 어떤 리듬으로 공시화되는지에 따라 다른 속도를 갖는 다른 시간이 만들어진다.

가령 타이의 맹그로브 숲에서 동시에 리듬을 맞추어 반짝이는 반딧불이는 그들의 공시화된 리듬을 통해 반딧불이 전체를 포괄하는 하나의 집합적 신체를 구성한다. 이때 주변의 다른 것들과 구별되는 하나의 시간이 이 집합적 신체를 통해 만들어지는 것이다.[9] 우리 몸의 약 100조 개에 이르는 세포들은 하나의 리듬에 동조됨에 따라 하나의 신체를 구성하는 것이며, 그런 한에서 하나의 생체적 시간을 갖고 있는 것이다. 물론 그 안에서 기관들마다 다른 리듬을 갖고 다른 속도로 움직이지만, 그 기관들 전체의 움직임은 신체 전체 안에서 동조된 단일한 리듬을 갖는다. 이 경우 다른 속도, 다른 양상으로 움직이는 심장과 위장이 하나의 신체를 구성한다고 하는 것과 동일한 의미로, 하나

---

9 이러한 시간 개념에 대해서는 이진경, 〈코뮨주의 : 코뮨주의적 존재론과 존재론적 코뮨주의〉, 《문화과학》, 2006년 가을호 참조.

의 시간 속에 있다고 말할 수 있다. 농부의 시간은 해와 달의 움직임과 맞추어 변화하는 계절의 리듬에 동조되어 있고, 이런 의미에서 그것들의 리듬에 따라 움직인다. 그들의 시간이 자연의 계절적 시간이라고 말하는 것은 정확하게 이런 의미에서다. 하나의 공동체를 구성하는 생태계나 사람들의 오래된 공동체들 역시 하나의 집합적 리듬을 공유하는 한 하나의 공통된 시간을 갖고 있다고 말해야 한다.

이처럼 복수의 요소들이 모여서 하나의 리듬을 통해 동조되어 움직일 때, 그 복수의 요소들은 모여서 하나의 개체로 '개체화'된다. 개체란 언제나 복수의 요소들이 하나의 리듬을 갖고 동조되어 작동하는 이러한 개체화의 결과다. 개체란, 분할 불가능한 것(in-dividual)이 아니라 분할 가능한 것(dividual)들의 복수적 집합체란 의미에서, 무리지어―사는―것이란 의미에서 항상―이미 중―생(衆―生, multi-dividual)이다.[10] 개체란 항상―이미 집합체인 것이다. 이 집합체를 하나의 개체로 존재하고 작동할 수 있게 해주는 것이 바로 '리듬'이다. 시간이란 복수의 요소들이 하나의 개체로서 공동으로 움직일 수 있게 해주는 이 리듬이 어떤 비평형적 항상성을 갖게 되었을 때 '존재한다'고 말할 수 있다. 흔히 '주체'라고 부르는 것은 이러한 복수의 요소들의 이러한 시간적 종합에 의해, 신체적 공조에 의해 탄생한다.

요컨대 세상에는 하나의 시간이 존재하는 것이 아니라 아주 많은 복수의 시간들이 존재한다. 나와 다른 리듬을 갖는 사람이나 생물들의 신체, 나와 다른 리듬으로 일하는 사람들의 신체는 다른 시간을 갖고 다른 속도로 움직인다. 동시에 의식하지도 못한 채 동일한 리듬으

---

10 이진경, 〈생명과 공동체〉, 《미―래의 맑스주의》, 그린비, 2006, 354쪽 참조.

로 움직이는, 동일한 시간을 공유하는 신체들의 집합 역시 존재한다. 그런데 시간은 신체들의 상호적인 동조에 따르지만, 일방적이고 강제적인 동조 또한 그에 못지않게 하나의 시간을 구성한다. 가령 기계의 움직임은 노동자의 신체의 리듬과 아주 다른 리듬을 갖고 있지만, 노동자가 기계의 움직임에 따르는 한 양자는 함께 하나의 신체를 구성하는 것이고, 그런 의미에서 그들을 관통하며 하나의 시간이 흐른다고 말할 수 있다.

여기서 결정적 중요성을 갖는 것은 개체화마다 다르게 구성되는 리듬과 달리, 모든 리듬을 하나의 동일한 것으로 맞추게 하기 위한 시계적 시간이라는 척도적 시간의 도입이다. 시계를 척도로 한 시간적인 동조의 요구, 그리고 시간적인 통제와 훈육은 상이한 리듬의 신체를 하나의 동일한 것으로 통합한다. 시계는 우리의 신체적 리듬과 무관한 리듬을 갖지만, 우리가 강제나 훈육에 의해서 시계의 리듬에 우리 자신의 행동과 사고를 동조시키게 된다면 우리는 시계적 시간을 통해 그것에 동조된 다른 신체들과 동조하여 하나의 공통된 시간을 구성할 수 있다. 물론 이러한 동조는 잘 알다시피 여러 종류의 처벌을 수반하는 강한 훈육을 통해서만 가능하다. 이는 멀리는 중세 도시로까지 거슬러 올라간다. 그때에도 파업을 하거나 대투쟁이 벌어질 때면 노동자들이 제일 먼저 달려가서 부수는 것이 작업시간을 알리는 종이었는데, 그래서 이 종을 부순 자는 사형에 처한다는 규정이 각 도시마다 있었다고 한다.[11]

시계적 시간에 노동자들을 동조하게 하기 위한 부르주아들의 집요

---

11 자크 르 고프(J. Le Goff), 유희수 옮김, 《서양 중세 문명》, 문학과 지성사, 1992, 46~47쪽.

한 노력은[12] '공장'이라는 장치의 출현과 더불어 시작되었지만, 이것이 본격화된 것은 산업혁명기였다. 산업혁명은 새로운 종류의 기계를 통해 노동의 흐름을 장악하려고 한 시도였고, 이로써 노동의 리듬을 부르주아가 장악하려는 계급투쟁이었다. 이는 이후 더욱 집요하고 강박적인 방식으로 진행된다. 노동자의 미시적인 동작 하나하나까지 자본가가 장악하고자 했던 테일러주의가 그것이다. 농촌에서 올라온 노동자들을 공장의 시계적이고 기계적인 시간에 맞추어내고자 했던 다양한 종류의 시간 규율, 학생들의 일상을 시계와 시간표에 맞추어내려는 시도는 신체적 리듬을 장악하려는 부르주아적 시도의 연장선상에 있다.

무엇인가를 완전히 장악한다는 것은 그것의 리듬을 장악하는 것이고, 자신의 시간 속에 포섭하는 것을 뜻한다. 이처럼 다른 시간, 다른 리듬의 신체를 포섭하여 하나의 시간 속에 통합하려는 힘과 권력 또한 존재한다. 따라서 적대관계 속에서 작동하는 자본주의에서 자본가의 계급투쟁이 가장 먼저 시간을 겨냥하여 진행되었다는 것은[13] 아주 시사적인 것이다. 계급투쟁은 주어진 주체의 이익을 다투는 투쟁이기 이전에, '주체성'을 구성하는 투쟁, 주체성을 생산하는 투쟁, 혹은 주체성을 장악하기 위한 투쟁이다. 이러한 투쟁이 리듬을 장악한 자들의 잉여가치를 위한 것이었음은 이미 맑스가 명확히 밝혀놓은 바 있다.

---

12 E. P. Thompson, *Customs in Common*, Merlin Press, 1991, 357~358쪽 ; 프리드리히 엥겔스, 박준식 외 옮김, 《영국 노동자 계급의 상태》, 두리, 1988, 219~220쪽.
13 칼 맑스, 김수행 옮김, 《자본론》 1권, 비봉출판사, 2001, 10장 6절.

역사적 시간 역시 이 점에선 다르지 않다. 역사란 사실들을 계열화의 선으로 연결하여 사건화하는 방식으로 구성되며, 그렇게 연결되어 구성된 이야기다. 이러한 계열화의 과정에 선형적 시간은 전제되지 않는다. 반대로 계열화를 통해, 그 구성된 이야기를 따라 각각의 시간성이 구성된다. 사실들을 일정한 리듬에 따라 배열하여 하나의 시간성을 갖도록 구성하는 것, 그리고 그것을 통해서 연관된 사람들의 삶에 일정한 속도와 방향을 갖는 리듬을 부여하는 것. 따라서 역사화의 선들이 그려지는 양상이 달라질 때마다, 혹은 다른 역사화의 선들이 그려질 때마다 다른 시간이 만들어진다. 그 시간들은 하나의 공통된 척도를 갖지 않는다. 시계적 시간, 혹은 특정한 '주체'가 구성한 척도적 시간을 따라 선형적으로 배열되고 비교될 수 없는 특이성을 갖는다. 상이한 이야기/역사가 자신의 특이성을 잃지 않으면서 하나의 리듬으로 합쳐지며 개체화되는 경우, 신체적 리듬이 그렇듯이 이는 하나가 다른 하나에 동화된다기보다는 어느 하나로도 환원되지 않는 또다른 리듬, 또 다른 시간이 만들어진다.

그러나 이러한 역사의 '통합' 또한 많은 경우 힘과 권력에 의해, 혹은 문명화와 계몽이란 관념에 의해 포섭과 포획의 형태로 진행되었음은 잘 아는 바와 같다. 그것은 마치 부르주아지가 노동자들의 신체를, 신체적 리듬을 시계적 시간을 보편화된 척도로 삼아 포섭하고 포획했다는 것처럼, 이미 척도의 자리를 확보한 시간에 포섭되고 포획된다. 이미 세계사 전체를 하나로 통합하는 거대한 '즉자대자적 역사'의 시간이 역사들의 포섭에 보편적 척도, 보편적 '역사'로서 작용한다. 문명화와 계몽이란 이름의 동일화와 포섭이, 수다한 이질적 역사들의 시간을 지우고 자신의 시간 안에 포섭한다.

제국주의적 권력의 명시적 침략 아래 진행된 이 일방적인 포섭이 착취와 수탈을 위한 것이란 사실을 모르는 사람은 이제 없다. 그렇다면 역사적 시간의 포섭 역시 역사의 '잉여가치'를 발생시키는 게 아닐까 의심해야 한다. 직접적인 침략과 지배 못지않게 각이한 신체적 리듬, 역사적 시간을 장악하여 영유하는 이 역사적 포섭이, 신체적 리듬의 장악처럼 잉여가치의 착취와 결부되어 있다는 것은 분명하기 때문이다. 결코 경제적인 것만으로 환원될 수 없는 거대한 잉여가치의 착취. 가령 역사라는 이름으로 포섭된 사람들의 삶을 장악하고 좌우함으로써 착취하는 다양한 활동들 속에서 '잉여가치'의 착취를 발견해야 하는 건 아닐까?

이는 단지 서구의 제국주의적 침략에 한정되는 것은 아닐 것이다. 복수의 이질적인 시간적 리듬을 하나의 척도적 시간이 포섭하여 동일화하는 한, 그것이 민족이나 국민국가의 이름으로 행해진다고 하더라도 본질적으로 사태는 다르지 않을 것이다. 제국적 포섭에 반하는 비서구의 국민적 역사의 저항조차도, 그런 척도적 동일화를 수반하는 한, 역사의 잉여가치를 착취하는 것이란 점은 분명하다. 그렇다면 역으로 대부분의 국민국가가 역사의 해석에 대한 권리를 장악하고 행사하려는 것은, 상이한 역사를 반복하여 자신의 역사 속에 포섭하려는 것은, 이를 위해 자신이 구성하는 역사조차 변경시켜가는 것은 '국민'들의 활동을 영유하는 이 잉여가치를 위한 것이라고 해야 하지 않을까? 혹은 상이한 역사적 관점에 대해 탄압조차 불사하는 것은, 혹은 상이한 역사관의 대결이 종종 심각한 투쟁으로 나아가는 것은 이와 무관하지 않을 것이다.

5. 두 가지 유형의 역사

역사가 상이한 리듬의 선들로 구성된다는 것은 하나의 통합된 역사조차 발산하며 분기하는 새로운 역사화의 선을 막을 수 없음을 뜻한다. 왜냐하면 리듬은 차이들이 제거되지 않으면서 어울리고 존재할 수 있는 여백을 충분히 포함하기에, 상이한 리듬적 요소들이 완전히 포섭되지는 않은 채 공존할 수 있기 때문이다. 마치 생물학적 신체의 내부에 그 신체로 귀속되지 않는 이질적 존재가 공존하고 공생할 수 있는 것처럼. 그 상이한 리듬적 성분이 강화되고 독립적인 흐름을 구성하게 되면, 복수의 리듬으로 인해 복수의 시간, 복수의 역사로 분할될 수도 있다. 아마도 다시 계급투쟁이, 역사의 잉여가치를 영유하기 위한 역사의 투쟁이 발생할 것이다.

역으로 상이한 양상, 상이한 속도와 리듬으로 움직이는 기관들이 하나의 집합적 신체를 구성할 수 있는 것처럼 복수의 역사들을 포괄하는 또 다른 역사 역시 가능하다. 가령 맑스에서 레닌, 스탈린으로 이어지는 정통적인 사상사의 선만이 아니라 로자 룩셈부르크나 그람시, 블로흐, 알튀세르 등을 그것이 분기하는 그대로, 혹은 이런저런 것들이 접속하고 뒤섞이는 그대로 포괄하는 맑스주의의 역사가 충분히 있을 수 있다. 물론 이와 달리 이 분기하는 선들을 오직 하나의 정통적 선을 척도로 자르거나, 아니면 어떤 하나의 선을 중심으로 동일화시키는 방식의 사상사도 있을 수 있지만, 이는 사실 그 가운데 오직 하나의 역사화의 선만으로 제한된 좁은 역사에 머무는 방식이 될 것이다. 전자가 분기하는 차이들을 포괄하는 방식으로 역사의 장을 확장하고 다양화한다면, 후자는 오직 하나의 줄기로 귀속되는 한에서만 가지들을 쳐내고 자르는 방식으로, 혹은 그 차이를 하나의 형상으로 동일화하는 방식으로 역사의 장을 협소화시키고 빈곤화시킨다고 말해야 할 것이다. 여기서 어떤 종류의 역사가 좀 더 나은 것인지 묻는다면, 우리는 다시 스피노자의 기준에 따라 대답할 수밖에 없다. 즉 그것이 포괄하고 싸안을 수 있는 이질적 선의 분지들의 폭에 의해 그 역사적 사유의 능력이 정의될 것이라고.

이런 점에서 우리는 다양한 복수의 역사들 속에서 두 가지 상반되는 유형을 구별할 수 있다. 하나의 정통적 선을 중심으로 동일화하고 통합하며 거기서 벗어나는 것은 쳐내고 분리해가는 역사와, 끊임없이 생성되는 새로운 분기 내지 접속의 지점들을 주목하고 그 분기 내지 접속의 조건과 양상을 이해하며 새로운 분기나 접속의 가능성을 찾는 역사. 오직 하나의 중심적인 줄기로 귀속되고 수렴되는 역사와 뜻밖의 지점에서 합쳐지거나 분기하며 탈중심화되는 역사. 아마도 들뢰즈/가타리의 개념을 빌려 전자를 '수목형의 역사', 후자를 '리좀형의 역사'라고 대비할 수도 있을 것이다. 공생을 통해 진행되는[14] 생명의 역사가 분기하던 선들이 다시 합쳐지기도 하는 리좀형의 역사를 만든다면, 19세기적 판본 속에서 수립된 '진화론'의 통념적 도식은 정확하게 수목형의 역사로 그것을 바꾸어버린다.

이 두 가지 유형의 역사는 당연하게도 상이한 평가의 방법을 갖는다. '진보'라는 말은 그러한 역사적 평가를 위해 가장 흔히 사용되는 단어다. 따라서 상이한 평가의 방법, 평가의 기준은 이 진보라는 개념

---

14 이에 대해서는 린 마굴리스(L. Margulis)/도리언 세이건(D. Sagan), 황현숙 옮김, 《생명이란 무엇인가?(What is Life?)》, 1999 참조.

을 통해서 쉽게 드러난다. 역으로 '진보'의 개념이 작동하는 양상을 비교한다면, 전혀 다른 종류의 진보의 개념이 정의될 수 있음을 확인할 수 있을 것이다. 먼저 전자의 경우, 정통성의 역사가 흔히 그러하듯이 진보란 정통성을 가진 항목들이 출현하는 데 기여하는 경우를, 그러한 항목들에 도달하는 데 좀 더 촉진적인 역할을 하는 요소들을 지칭한다. 그와 반대의 경우에 대해서는 '반동'이라는 평가가 쉽사리 주어진다. 예컨대 맑스주의의 정치경제학의 역사를 맑스의 사상 형성에 기여한 사상가들의 역사로 보고, 그에 기여한 정도에 따라 진보성/반동성을 평가하는 경우가 그것이다. 결국은 어느 하나로 수렴되는 역사를 위해, 역사의 수렴을 위해 기여한 것이 진보적인 것으로 평가된다.

반면 후자의 경우 기존의 선에서 벗어나는 탈주선을 그리는 지점마다 새로운 창안의 지점을 보며 그러한 창조적 분기점들 내지 접속점들이 늘어날수록 역사의 차원수(number of dimension)가 증가함을 안다.[15] 이 경우 역사에서 진보란 기존의 선에서 벗어나는 창조적 탈주선에 의해 정의된다. 예컨대 정치경제학의 역사를 비교해서 말한다면, 진정 새로운 창조적 분기점들이 확장되고 풍부화되는 과정으로 보며, 그 창조적 분기가 맑스의 경우처럼 아예 역사적 장 전체를 전변시키는 단절을 야기할 수도 있음을 볼 것이다. 이러한 관점에서라면 가령 예술의 역사를 리얼리즘이라는 '최고의' 양식에 도달하기 위

---

15 '차원수'란 점의 경우 0차원, 선은 1차원, 면은 2차원 등으로 늘어나는데, 프랙탈 기하학은 구부러진 선이나 면에 대해 차원수를 계산하는 방법을 알려준다. 여기서 나오는 것은 소수의 차원수인데, 이 수는 선의 '구부러짐'이, 다시 말해 선들의 접속이 늘어남에 따라 증가한다.

한 변증법적 발전 과정이 아니라 새로운 양식들이 만들어지고 분기되는 과정으로 볼 것이며, 그것을 통해 보이지 않던 것을 보이게 만들고, 들리지 않던 것을 들리게 만드는 정치적 변환의 과정으로[16] 볼 것이다.

복수의 리듬들을 하나의 척도적 중심으로 동일화하고 통합하는 역사적 계열화의 선과 복수의 리듬들의 차이를 새로운 차이의 생성자로서 긍정하는 역사적 계열화의 선, 이것이 사실들을 역사로 사건화하는 두 개의 상이한 방법이다. 그러나 단지 이 두 유형을 평면적으로 대비하는 것으론 충분하지 않다. 왜냐하면 앞서 말했던 것처럼 역사화를 둘러싼 힘과 대립, 혹은 적대와 투쟁조차 존재하기 때문이고, 역사화를 둘러싼 권력이 작동하고 있기 때문이다. 역사를 쓴다는 것은 단지 존재하는 두 유형 가운데 하나를 자유로이 선택하는 문제가 아니며, 어느 것으로 하든 큰 스케일과 포용력을 보이면 충분한 그런 문제가 아닐 것이다. 격렬한 투쟁과 대립이 역사화의 장에 존재하고 있는 것이다.

6. 역사와 반-역사

보편성이 실현되는 단일한 역사 대신에 다양한 역사화의 선들이 그

---

16 이에 대해서는 자크 랑시에르, 오윤성 옮김, 《감성의 분할(Le Partage Du Sensible)》, 도서출판 b, 2008 ; 자크 랑시에르, 주형일 옮김, 《미학 안의 불편함(Malaise Dans L'esthetique)》, 인간사랑, 2008 참조.

려지고 교차하며 충돌하기도 하고 분기하기도 하고 합쳐지기도 하는 장에 '역사'라는 단수의 이름을 부여할 수 있을 것이다. 그것은 하나의 보편사가 지배하고 통합하는 장이 아니라 다양한 역사들이 공존하고 충돌하며 명멸하는 장일 것이다. 이 경우 역사란 복수의 시간들, 복수의 이질적 흐름과 리듬들이 하나의 동시성 속에서 공존하고 교차하는 장이 될 수도 있을 것이다. 그러나 그런 단일한 역사의 장은 사실 발견하기 어렵다. 역사란 항상-이미 역사의 주체를 통해 쓰이고 가동되기 때문이다. 역사에서 단일성이란 이 역사적 주체의 단일성, 그것을 향한 통합과 항상-이미 짝해 있는 듯하다.

우리가 아는 역사란 대개 주변 지역들을 자신의 지배 아래 통합하려는 고대적 제국이나, 신이 유일하기에 신이 지배하는 세계 또한 유일해야 한다고 믿는 기독교, 혹은 실제로 정치·경제적 권력이 국지적인 영역들을 하나의 영역으로 통합하고 지배하는 근대 국민국가에 의해 쓰인 것이다. 자신의 모습에 따라 세계를 하나로 통합하려는 욕망이 역사 안에 존재한다. 보편주의는 이러한 욕망의 표현이다. 이 욕망은 실제 세계를 하나로 통합하는 것만큼이나 다양한 역사들을 하나로 통합하려 한다. 역사의 주체들이 역사를 통해 보여주려는 것은, 언제나 그것을 통해 가리고 은폐되고 보이지 않는 것을 수반한다. 이런 점에서 역사란 보이지 않는 것을 계속 보이지 않게 한다. 보이는 것, 보여주고 싶은 것만 보이게 한다. 랑시에르(J. Rancière) 식으로 말하면, 우리가 아는 대문자의 역사란 '국민'들에게 주어진 자리를 확인하게 하고 그 자리에 걸맞은 것을 요구하고 그에 부합하여 행동하게 하는 '치안(police)'의 장인 것이다.[17]

대신할 수 없는 것을 대신하고 대표할 수 없는 것을 대표하겠다는 이런 시도들을 통해 세계사적 '보편성'이나 국민적 '보편성'을 갖지 못한 소수자들의 역사는, 그리고 그들의 삶은 잊히고 지워진다. '인디언'의 입장에서 인디언의 목소리를 담은 미국의 역사가 어떻게 가능할 것이며, 흑인들의 입장에서 흑인들의 목소리를 담은 미국의 역사가 어떻게 가능할 것인가! 터키인의 목소리, 아랍인의 목소리가 담긴 유럽사가 어떻게 가능할 것인가! 르네상스와 휴머니즘, 그것을 근거 짓는 그리스와 로마의 위대한 문명이 있고, 근대 과학과 합리적 문명이 있는 것이고, 그것에 의해 미개와 야만을 개화시키고 계몽한 역사 아닌 유럽사가, 세계사가 있을 뿐이다.

따라서 단수의 역사를 쓴다는 것은 소수적인 역사들을 지우는 것이고, 단수의 보편적 역사를 구성한다는 것은 소수자들의 삶을 망각의 어둠 속에 밀어넣는 것이다. 그러나 소수자들 역시 자신의 목소리를 갖고 있으며 자신의 이야기/역사를 쓸 수 있다. 다수성의 이름, 다수자들의 역사에 의해 지워진 것들을 다시 불러내고 그것을 통해 다수적 역사에서 벗어나는 역사화의 선을 그릴 수 있다. 다수자의 역사로 통합된 하나의 시간 속에 가려진 채 다른 시간들이 흐르고 있음을 보여줄 수 있다.

이런 의미에서 다수적 역사에 반하는 소수적 역사들이 있다고 말할 수 있다. 그것은 다수자들에 의해 잊히고 지워진 것들을 역사로 만들어내는 것이지만, 그것은 단지 잊힌 과거의 상처를 끄집어내는 신경증적 기억이 아니다. 그것은 차라리 역사라는 이름으로 강제되고 강

---

17 자크 랑시에르, 양창렬 옮김, 《정치적인 것의 가장자리에서(Aux bords du politique)》, 길, 2008 참조.

요되는 기억에 대항하는 반-기억(counter-memory)이고, 보편성의 형식으로 주어지는 역사를 거부하는 반-역사(counter-history)다. 또한 그것은 하나의 과거를 다른 과거로 대체하려는 투쟁이 아니라, 현재를 지배하는 과거의 힘에서 벗어나 새로운 미래를 만들려는 투쟁이다. 그것은 강박적으로 반복하여 되돌아오는 과거의 트라우마가 아니라, 역사라는 권력에 의해 지워지고 배제된 현재의 삶을 가시화하고 그것에 도래할 시간을 부여하려는 투쟁이다.[18]

다수적 역사에 대한 소수적 역사의 투쟁은 언제나 기록이나 서적으로 존재하는 역사에 대해 또 다른 서적이나 기록으로 대항하는 것만은 아니다. 또 동일화하는 편협한 목적론적 역사와 대비되는, 차이화하는 역사를 구성하는 방식으로 대항하는 것도 아니다. 많은 경우 소수자들의 역사는 그럴 여유를 갖지 못한 채 사유하고 행동해야 하기 때문이다. 이런 조건으로 인해 많은 경우 소수적 역사의 선은 다수적 역사와 대항하는 행동과 선언문으로 쓰이기도 하고, 때로는 다수적 역사를 반박하는 적대적 편협함을 전면에 내세우게 되기도 한다. 그것은 종종 또 다른 종류의 동일화의 선을 그리기도 한다.

그럼에도 불구하고 그것은 다수적 역사의 매끄러운 단일성에 봉합하기 힘든 균열의 선을 그리고 거대한 통합의 권력이 작동하기 곤란한 사건들을 역사의 전면에 떠오르게 한다는 점에서, 그리하여 역사화하는 척도 자체를 흔들고 위협한다는 점에서 다수적 역사와 구별된

---

18 다수적 역사에 반하는 소수적 역사의 문제를 가장 잘 보여주는 것은 마야족 인디언의 무장봉기로 시작된 사파티스타의 경우일 것이다. 이에 대해서는 이 책의 2장 〈소수적인 역사는 어떻게 가능한가?〉 참조.

다. 아메리카 원주민의 토지에 대한 강탈을 근대적 소유권의 형태로 불러내는 것만으로도 헌법을 포함한 모든 미국의 정당성이, 역사 전체가 근본적 궁지에 빠지게 된다. 정신대 문제를 다루는 가상의 법정이 일본이 구성하려는 아시아 역사 전체를 근본적 의문에 몰아넣고, 스페인 내전에서 혁명적 대중과 소련군과의 대립을 드러내는 영화 한 편이 소비에트의 역사 내지 맑스주의의 정통적 역사 전체를 동요하게 한다. 통합된 '역사'의 선으로부터 새로이 분기되는 발산적 역사의 선들이 비어져 나오게 한다.

소수적 역사들이 만들어지고 쓰이는 이러한 양상들은 결국 단일한 역사 안에서, 그것으로, 그 역사의 내적 논리로 환원 불가능한 외부를 찾아내고 드러내는 것이라고 해도 좋을 것이다. 다수적 역사가 사실들을 역사 내부화한다면, 그리하여 역사적 논리 안으로 포섭한다면, 소수적 역사는 내부화할 수 없는 외부를 드러내고 그 외부를 내부적 역사의 논리와 충돌하게 한다. 이런 점에서 소수적 역사를 '쓴다'는 것은 어렵지만 쉬운 일이다. 그것이 어려운 것은 권력에 의해 강제되고 이성적이고 논리적인 자명성을 갖는 지식으로 수용되어 동일시되기 때문이지만, 그것이 쉬운 것은 다수적 역사를 대체할 또 하나의 거대한 이야기를 구성하지 않아도, 다만 그 내적 논리로 환원될 수 없는 것을 드러내는 것만으로도, 그 자명성을 국지적으로라도 궁지에 빠뜨리는 사건을 하나 부각시켜내는 것만으로도 충분히 유효성을 가질 수 있기 때문일 것이다.

그렇다면 맑스주의에서 역사란 대체 어떤 것이어야 할까 다시 질문해야 한다. 원시시대부터 자본주의 이후까지 모든 것을 책임지고 하나로 통합할 수 있는 장대한 보편적 역사, 모든 공간을 포괄하고 지구상의 모든 사회에 대해 정연할 논리를 제공할 수 있는 하나의 단일한 역사가 정말 맑스주의적 역사일 수 있을까? 너무도 근대적이고 너무도 다수적인 이런 종류의 역사를 맑스주의가 반복해야 하는 것일까? 다양한 종류의 소수적 이탈을 염려하거나 보편법칙의 이름으로 단죄하는 역사를 모든 다수적 권력의 지배를 전복하고자 꿈꾸는 맑스주의자들이 써야 하는 것일까? 반대로 거대한 서사를 구성하고 그것에 하나의 단일성과 통일성을 부여하며 모든 것을 그것으로 포섭하려는 역사 전체와 대결하며 그 역사 안에 균열을 만들어내고 그 역사의 외부를 드러내는 그런 역사야말로 지배적인 세계의 전복을 꿈꾸는 우리에게 어울리는 역사가 아닐까? 모든 것을 통합하는 수렴적 사유의 역사가 아니라, 거기서 이탈하는 수많은 탈주선들을 그리게 하고 그것들이 활발하게 운동하게 하는 것이 맑스주의자들이 사용해야 할 역사적 사유의 방법이 아닐까?

7. 역사와 혁명

예전에 고생물학자 굴드(S. J. Gould)는 19세기적인 진화론의 통념을 비판하면서 선언한 바 있다. 진화는 진보가 아니라고. 즉 진화란 어떤 기준을 척도로 '점점 좋아지는 것'이 아니라는 것이다. 이는 입장이 어떠하든 간에 지금이라면 생물학적 진화의 역사를 연구하는 사람들 모두가 인정하는 것이 되었다. 진화가 '진보'일 거라는 믿음, 좀더 완전하고 완성된 모습을 향한 발전일 거라는 신념은, 사실은 다윈마저 충분히 벗어나지 못했던 19세기 서양인들의 공통된 인식론적 지반이었다.

역사의 진행이 '진보'고 '발전'일 거라는 우리의 관념, 특히 맑스주의자들이 대개 공유하고 있는 그 신념은 이를 아주 소박할 정도로 동일한 양상으로 반복하여 보여준다. 역사가 좋아지거나 발전하는 게 아니라면 역사 속에서 산다는 것이 허무주의를 의미한다고 믿어서 그런 것일까? 그러나 허무주의의 냄새를 피하고 싶다면, 차라리 진화가 아니면 퇴락이고 후퇴일 거라는 믿음 자체가 너무도 우직한 일방향의 선형적인 역사의 관념을 전제로 한다는 점을 정확하게 자각하는 게 더 낫지 않을까?

굴드의 말을 다시 하나 인용하면, 그는 생물들의 진화의 역사 전체를 마치 비디오테이프 돌리듯 처음부터 다시 진행된다고 할 때 지금 시점쯤에 인간이란 종이 나타나서 살고 있을 가능성은 거의 0에 가깝다고 말한 바 있다. 생물들의 역사라는 게 조건들에 너무도 민감하게 의존하고 있기에, 그리고 그 분기와 접속의 양상이 지극히 다양한 방향으로 열려 있기에 동일한 생물 종들이 출현할 가능성은 거의 없다는 것이다.

그런데 인간의 역사라면 어떨까? 그걸 베이징원인이나 호모 에렉투스, 호모 사피엔스 등에서 시작하여 다시 진행시킨다고 했을 때, 원시공산주의 사회에서 노예제와 봉건제를 거쳐 자본주의가 출현하는 역사를 다시 반복할 거라고 믿을 수 있을까? 인간이란 종이 어떤 생물 종들보다도 다양성이 부족하고 외부 조건에 둔감하여 어디 갔다 놔도 똑같이 살 거라는 니힐(nihil, 허무)한 믿음 없이 그게 과연 가능할까? 그렇다면 우주 어딘가에 인간과 비슷하게 사고하고 생산하는 존재가 있다면, 거기에서도 역시 원시공산제에서 노예제, 봉건제를 거쳐 자본주의에 도달하는 동일한 역사가 존재하리라는 믿음 또한 어찌 불가능하다고 말할 수 있을까? 생산하는 한 생산력 발전은 있을 것이고, 잉여생산이 있을 것이니, 역사법칙에 따라 발전하는 역사가 존재할 게 분명하다! 이런 관점에서 본다면, 아메리카나 태평양, 아프리카의 수많은 부족들이 19세기가 지나 20세기가 되도록 원시적 사회에 머물러 있다는 사실은 자신의 법칙을 의심하게 하는 놀랍고 경이로운 사실이 아니라, 아직도 채 본격적인 역사를 시작하지 못한 우둔함과 미개함의 징표로 보일 뿐일 것이다. 마치 영장류가 거대한 문화를 이루며 존재하는 시기에 아직도 아가미로 숨을 쉬는 둔감하고 진화되지 못한 동물들이 있으니, 이해하지 못할 일은 결코 아닐 것이다.

이런 관점에서 본다면, 20세기에 들어와서도 돌도끼를 쓰는 부족에게 그보다 생산성이 열 배는 좋은 쇠도끼를 가져다주었을 때 그걸로 열 배의 식량을 생산하는 게 아니라 10분의 1만큼만 일하고 쉬는 원시적인 부족들을 어떻게 이해할 수 있을까? 인디언 담당자들이 총을 가져다주어도 그건 집에 걸어두고 여전히 활로 사냥을 하던 보로로족 인디언들 역시 마찬가지일 게다. 그들은 생산력 발전의 기초적인 요소도 이해하지 못하는 머리 나쁘고 게으른 미개인들에 불과한 것이다.

그러나 그 고집스런 역사 발전의 도식에서 벗어나서 본다면, "왜 열 배나 많이 생산해야 하는데? 우리는 이거면 충분한데?"라고 반문하는 저 '미개인'들은 그 무지한 머리로 맑스주의자들이 갖고 있는 생산력 발전이라는 관념을 단번에 날려준다. 잉여를 생산할 이유가 없다면 잉여생산물은 발생하지 않는다! 잉여생산물을 사용하지 않고 다른 방식으로 사용하려는 사람들만이, 즉 착취적 영유가 존재하는 경

우에만 잉여생산물은 발생한다는 것이다. 이런 점에서 생산력 발전은
생산성 증가의 선형적 과정과 전혀 다른 것이다.

알다시피 맑스주의에서 역사의 선형적 관념에 가장 일차적 기초를
제공해주는 것은 바로 이 생산력 발전이란 개념이다. 많이 생산할수
록 좋기에 능력만 있다면 많이 생산할 거라는 관념이 생산력 발전의
역사를, 생산물과 잉여생산물이 점점 증가하는 그런 역사를 상정하게
하는 것이다. 이처럼 선형적인 생산력 발전의 역사를 상정할 수 없다
면, 아시아적 생산양식, 노예제 생산양식, 봉건제 생산양식 같은 상이
한 형태의 생산양식에 발전과 진보의 순서를 어떻게 매길 수 있을까?
그건 차라리 맑스가 서술했듯이 '자본주의에 선행하는 형태들', 그것
도 맑스가 알 수 있었던 몇몇 형태들에 지나지 않는 게 아닐까? 그걸
하나로 연결하여 생산력 발전을 축으로 역사 발전의 논리와 법칙으로
연결하는 게 정말 가능한 것일까?

사회주의에서 공산주의로 이행의 논리에서도 역시 생산력 발전은
유사한 문제를 일으킨다. 레닌이 정식화했듯이 사회주의는 자본주의
에서 공산주의로의 이행기고, 능력에 따라 일하고 일한 만큼 분배받
는 사회다. 즉 가치법칙이 여전히 존속하며 작동하는 사회다. 그렇지
만 생산력이 충분히 발전하여 생산물이 가져가도 남을 정도로 충분하
다면 능력에 따라 일하고 필요한 만큼 가져가는 공산주의 사회가 되
리라는 것이다. 그러나 잉여생산물이 부족해서 자본주의가 공산주의
사회로 이행하지 않는 것은 아니다. 사용되지 않는 잉여생산물도 소
유할 이유가 있다면, 잉여생산물이 있다고 추가적인 잉여생산물을 거
절하는 일은 발생하지 않는다. 많으면 많을수록 좋은 게 잉여생산물
이기 때문이다. 그걸 무엇에 쓰든 간에. 그렇다면 생산력 발전이 크게

진전이 된다고 해도 남들이 잉여생산물을 필요한 만큼 가져가라고 하는 일은 발생하지 않는다. 반대로 그것은 소유자의 손에서 좀 더 많은 재산을 불리는 수단이 될 것이다. 사적 소유가 존재하던 이전의 다른 사회와 마찬가지로. 따라서 생산력이 발전한다고 해도 사회주의에서 공산주의로 자동적으로 이행할 가능성은 없다. 결국은 또다시 불연속적 단절을 만드는 혁명이 있어야 한다고 해야 하지 않을까?

그러나 혁명을 단지 역사 발전을 위한 이행의 지점으로 파악하는 것은 역사의 관념 안에 혁명을 가두는 것이 될지도 모른다. 혁명이란 새로운 세계를 창안하는 사건이고, 새로운(!) 역사를 창조하는 사건이다. 그것은 우리의 삶을 장악하고 있는 기존의 시간 안에서 그것을 이탈하는 새로운 시간의 선을 만들어내는 것이고, 거대한 역사적 동질성 안에 이질적인 새 구멍을 뚫는 것이다. 그것은 주어진 세계의 외부를 창조하는 것이고, 주어진 역사의 외부를 창안하는 것이다. 따라서 혁명은 그 안에서 또 다른 시간의 선을 분기하는 사건이고 그것을 통해 역사의 장 전체를 변화시키는 사건이다. 혁명을 역사 내부의 이행의 시점으로 보는 것은 그것을 역사 안에서 역사 발전의 속도를 다그치거나 하나의 단계에서 다음 단계로 넘어가는 것으로 규정하는 것이고, 역사 내부에 위치 짓는 것이다. 이런 식으로 혁명은 '역사'의 발전에 기여하고 그것의 발전을 추동하는 역사 내부적 사건이 된다.

이런 관념을 통해서 혁명의 꿈조차 역사 속으로 내부화된다. 그리고 역사의 심판에 자신을 맡기는 순진한 피고가 된다. 다른 한편 이러한 역사관념 안에 좋은 자리를 잡지 못하는 활동은 역사적으로 무의미한 것으로 간주하게 된다. 즉 역사 안에서 역사의 발전을 다그치는 하나의 전체적 이행과 변혁이 아니라면, 그래서 아무리 새로운 세계를 창안하는 것이라고 해도 국지적인 것에 머물 뿐이라면 자족적 섬을 만드는 무의미한 시도로 간주하게 된다. 이러한 관념 안에서는 전체를 바꿀 수 없다면 아무것도 바꾸지 못하는 것이다! 물론 여기서 국지적인 섬과 대비하여 '전체'라고 불리는 단위는 크든 작든 '국민 국가'다. 혁명은 국민국가 단위에서의 변혁인 것이다. 여기서도 다시 역사의 주체로서 국민국가가 아직까지 건재함을 확인할 수 있다. 이 런 수준에서 혁명이 되는 게 아니라면, 차라리 한없이 미래로 연기되 는 한이 있어도, 전체를 바꾸는 혁명을 준비하는 것이 낫다! 이런 식 으로 우리는 현재의 삶을 오지 않는 미래에 대한 기다림으로 변형시 킨다.

소수적 역사를 다수적 역사가 사후적으로 포섭하고 포괄하는 것을 막을 수는 없는 일이다. 그런 식으로 소수적 역사들은, 혹은 역사적 탈주선들은 거대한 다수적 역사 안에 자신의 자취를 남긴다. 그런 식 으로 다수적 역사를 변형시키고 바꾸어버린다. 그러나 그것은 언제나 사후에 찾아오는 '주인'일 뿐이다. 그가 소수적인 역사를 포섭하여 대문자 역사의 일부로 만들어버리는 것은, 소수적 역사의 창안을 포 기할 이유가 아니라 다시 시작할 이유이고, 끊임없이 다시 시작할 이 유일 것이다. 혁명 역시 그러할 것이다. 거대한 역사의 '물결', 단일 한 역사의 리듬에 길들고 포섭되지 않으려면, 그 주인의 역사가 다가 올 때마다 다시 새로운 리듬을 만들고, 다시 새로운 시간을 구성하는 혁명이 시작되어야 할 것이다. 역사의 혁명.

2장

소수적인 역사는 어떻게 가능한가?

—

소수자와 반역사적 돌발

소수자에 대한 정치학 내지 윤리학은 두 가지 통상적인 형태로 나타난다. 하나는 '고통 받는 얼굴'로 표상되는 '고통과 동정의 윤리학'이고, 다른 하나는 '비장한 얼굴'로 표상되는 '정체성(identity, 동일성)의 윤리학' 내지 '정체성의 정치학'이다. 이 모두에 공통된 것은 소수자란 '고통 받는 자'이고 무언가 '결여된 자'이며, 따라서 동정과 연민이 필요한 존재라는 표상이다. 소수자와 역사의 관계를 다루기 이전에 우리는 먼저 이러한 소수자의 표상에 대해 말해야 한다.

1. 소수자란 어떤 존재인가?

소수자는 고통 받는 존재인가? 아마도 그럴 것이다. 그래서 아주 빈번하게 레비나스 식의 이미지로, 다시 말해 "고통 받는 얼굴"의 타자로서 표상된다.[1] 이런 존재로서 소수자는 동정과 연민의 대상이다. 물론 레비나스는 '동정'이 아니라 '타자성'이라고 말한다. 그러나 타자성이 굳이 '고통 받는 얼굴'로 명명된다면, 그 얼굴로 '주체'의 한계를 넘어서게 한다면, 그 넘어섬이 동정이나 연민과 어떻게 무관할 수 있을까? 결국 레비나스의 윤리학은 다수자(majority)의 양심을 향해, 고통 받는 타자들의 얼굴을 잊지 말라고, 그게 윤리학의 제1명제

---

1 레비나스는 타자의 표상 불가능성에 대해 말하기 때문에, 여기서 '표상'이란 말은 부적절하다고 할지도 모른다. 그러나 고통 받는 얼굴의 타자가 표상 불가능하다는 말의 어의적인 당착은 그만둔다고 해도, 그것이 표상되지 않는다면 어떻게 윤리학을 가능하게 할 수 있을까 의문이다.

라고 실질적으로 말하는 것이다. 극단적인 고통의 얼굴인 프리모 레비가 레비나스 윤리학의 긴밀한 짝으로 빈번히 불려 나오는 것은 이런 이유에서일 것이다.[2]

그러나 이 윤리학은 '누구의' 윤리학일까? 그 윤리학적 시선이 자리 잡고 있는 '위치'는 대체 어디일까? 명확하게 그것은 고통 받는 타자를 마주 보는 자리, 고통 받는 존재를 타자로서 대면하는 주체의 윤리학이다. 소수자와 마주하는, 따라서 소수자와 반대편에 있는 자인 다수자(majority)의 윤리학이다. 이러한 윤리학 안에서 그 '타자'는 무엇을 해야 할까? 즉 이 윤리학에서 타자 내지 소수자에게 요청되는 윤리학은 어떤 것인가? 다수자인 주체의 타자성을 대면하고 그걸 통해 자기를 넘는 그런 것은 아닐 것이다. 왜냐하면 그렇게 되면 타자는 주체와 대칭적인 것이 되고, 결국 레비나스 문제 설정의 요체인 주체성으로 환원 불가능한 타자성은 다시 주체성으로 귀속되고 말기 때문이다.

이런 점에서 레비나스의 윤리학에서 타자**의** 윤리적 자리, 타자의 윤리학은 없다. 그것은 타자**에 대한** 윤리학일 뿐이다. 그렇지만 이 윤리학에서 타자에게 요구되는 역할이 없다고 할 수는 없을 것이다. 그것은 주체로 하여금 타자성을 강하게 받아들이게 하는 것, '고통 받는 얼굴'을 확실하게 주체에게 각인시키는 것이다. 따라서 타자는 고통 없는 존재여야 한다. 그에게서 고통이 사라지는 순간, 그의 타자성도 사라지기 때문이다. 결국 그가 주체성으로 귀속되지 않는 타자려고 하는 한, 그는 계속 고통 속에 있어야 한다. 이는, 레비나스가 아무

---

2 서경식/다카하시 테츠야, 《단절의 세기, 증언의 시대》, 삼인, 2002, 35쪽 이하와 104쪽 이하.

리 그렇지 않다고 부인한다고 해도, 결국 다수자의 동정을 구하는 윤리학이 되고 마는 게 아닐까?

이것이 레비나스 식 윤리학, 혹은 '고통 받는 타자'의 정치학에 함축된 실질적인 소수자의 이미지다. 그것은 주위를 둘러볼 줄 아는 양심적 다수자의 시선 속에 있는 타자이고, 그가 표상하는 소수자, 그가 대신 말해주는 소수자다 : 결여와 고통으로 시달리는 불쌍한 존재, 혹은 말하지 못하는 존재. 소수자를 고통 받는 존재로 표상한다는 것은 정확하게 이를 의미한다.

레비나스에게 고통 받는 타자 없는 윤리학이 가능할까? 불가능하다. 그의 윤리학이 가능하기 위해선 고통 받는 타자가 있어야 한다. 신의 능력은 그가 제압하는 악의 존재에 의해서만 증명되듯이, 타자를 배려하는 양심의 존재는 그가 배려하는 고통의 존재에 의해서만 증명되기 때문이다. 따라서 그의 윤리학은 타자들이 근본적으로 고통 속에 머물러 있을 것을, 그리고 자주(자신들이 잊지 않도록) 고통 받는 얼굴 표정을 지어주기를 요구하는 것이다. 스피박(G. Spivak)이 계속 대신 말하기 위해선 서발턴(하위 주체)들이 계속해서 침묵 속에 갇혀 있어야 하는 것이다. 그 고통스런 얼굴에다 레비나스처럼 '신'이라는 거룩한 이름을 붙여준들 무엇이 달라질까?

덧붙이면, 서발턴을 '말할 수 없는 존재'로 표상하게 하는 스피박의 주장에[3] 대해서 동의할 수 없는 것도 동일한 이유에서다. 그는 자신이 말하기 위해, 서발턴 전체를 벙어리로 만들고 있는 것이다. 이

---

3 G. Spivak, "Can The Subaltern Speak?", Grossberg ed., *Marxism and the Interpretation of Culture*, University of Illinois Press, 1988.

정치학은 서발턴에게 무엇을 하라고, 어떻게 살라고 말하는가? 이 정치학에서, 말할 수 없음을 반복해서 상기시키는 것 말고, 누군가 "이게 문제지?" 하고 말하면 그게 아니라며 고개를 젓는 벙어리의 행동 말고, 이 말 못하는 서발턴들이 할 수 있는 게 대체 뭐가 있을까? 말로 표현 못할 타자성을 드러내기 위해 말없이 침묵하고 있는 것.

서발턴은 원래 말할 수 없는 존재가 아니다. 원래 말할 수 없는 자는 없다. 문제는 말해도 들리지 않는 것이고, 말해도 들리지 않게 만드는 것이며, 말할 자격을 박탈하여 말할 수 없게 만드는 것이다. 말할 수 없음은 그런 조건, 그런 배치에 의해 야기된 결과일 뿐이다. 필요한 것은 말할 수 없는 서발턴과 대면하여 그들의 말할 수 없음을 드러내고 말할 수 없음에 대해 말하는 게 아니라, 말할 수 없게 만드는 권력에 대항하고, 말할 자격을 박탈하는 권력의 배치를 전복하거나 바꿔버리는 것이다. 말할 수 없는 자들이 말할 수 있게 만드는 것, 말할 자격이 없는 자들이 자격 없이 말하기 시작하는 것, 혹은 말할 수 있게 만드는 것이 중요한 것이다. 그것은 정확히 정치적 실천의 문제인 것이다. 랑시에르라면, 말할 수 없는 자로 하여금 계속 말할 수 없는 위치를 지속하게 하는 것, 혹은 고통 받는 타자로 하여금 계속 그런 타자의 자리를 지키게 만드는 것은 '치안(police)'이라고 말할 것이다.[4]

나는 이런 식의 '타자의 윤리학'에 동의하지 않으며, 이런 식으로

---

4 J. Rancière, "Who is the Subject of the Rights of Man?", in *South Atlantic Quarterly* 103, 2/3 (2004), 303~304쪽 ; 자크 랑시에르, 양창렬 옮김, 《정치적인 것의 가장자리에서》, 길, 2008, 133~138쪽.

소수자나 타자, 서발턴을 정의하는 것에 전혀 동의하지 않는다. 나는 소수자란 고통이나 결여에 의해 정의되는 존재가 아니라 충만함과 과잉에 의해 정의되는 존재라고 믿는다. 물론 고통을 피할 순 없었지만, 오히려 그 고통으로 인해 그게 없었다면 볼 수 없었을 것을 보고 들을 수 없었을 것을 듣는 존재, 그 고통으로 인해 자신의 고통만이 아니라 타자들의 고통에 마음을 열고 이해하려는 존재, 또한 그 기쁨도 이해할 수 있게 된 존재, 자신 아닌 수많은 타자들을 향해 손을 내밀 수 있게 된 존재, 자신과 다른 타자들에게 새로운 삶을 촉발할 수 있게 된 존재라고 믿는다. 그렇기에 편안하게 살고 있는 '다수자'에게 그들이 잊고 있는 것, 보지 못하는 것을 보고 듣고 생각하게 촉발하는 존재라고 믿는다.[5] 소수자가 중요한 것은 그들이 무력하고 도움이 필요한 존재가 아니라, 다른 종류의 **능력**을 갖고 있는 존재, 자기 아닌 타자들에게 도움을 줄 수 있는 존재이기 때문이라고 믿는다.

그러나 소수자가 언제나 그런 것은 아니며, 또한 권력을 가진 자나 다수자 또한 그들이 계속 그럴 수 있도록 그냥 두지 않는다. 이제 이러한 관계의 역학을 '역사'라는 개념을 가로지르며 좀 더 구체적으로 살펴볼 것이다.

---

5 "바닥에 있는 자들은 꼭대기에 있는 자들의 관점을 상상하기 위해 많은 시간을 소비하며 실제로 그들에게 마음을 쓰는 반면, 반대의 일은 거의 일어나지 않는다."(데이비드 그레이버D. R. Graeber, 황희선 옮김, 〈역순의 혁명〉, 《R 1.5》, 그린비, 2008, 46쪽) 그레이버의 이 글은 여러 가지 사례를 통해 다수자는 소수자를 이해할 수 없지만 소수자는 다수자를 이해할 수 있는 비대칭성을 잘 보여준다.

2. 역사와 기억

우리가 '역사'라는 말을 할 때, 아주 다른 두 가지 용법이 있음을 미리 지적하며 시작하자. 하나는 어떤 사실도 그것을 둘러싼 '역사적 조건'에 따라 그 의미나 효과가 달라진다고 말할 때의 역사다. 통상 '역사성'이라는 말로도 지칭되는 이런 역사의 개념에서 역사는 과거의 사건들의 집합으로 저기 따로 존재하는 어떤 것도 아니고, 어떤 사실의 의미나 가치를 항상-이미 특정한 양상으로 규정할 준비가 되어 있는 준거틀도 아니다. 그것은 차라리 어떤 하나의 사실이 특정한 의미를 갖는 사건이 되도록 만드는, 그 사실의 의미나 본성을 끊임없이 다르게 만드는 '외부'의 다른 이름일 뿐이다. 맑스가 어떤 한 사람을 노예로 만드는 것은 그를 둘러싸고 있는 '특정한 관계'라고 하면서 '역사유물론'을 정립했을 때, 거기서 사용된 '역사'라는 개념은 정확하게 이런 의미를 갖는다.

반면 우리가 통상적으로 접하는 '역사'라는 말은 어떤 하나의 연속적 흐름에 통합된 지나간 사실들의 집합을 의미하며, 현재에 부단히 의미를 부여하고 그것에 미래적인 방향을 부여한다고 믿어지는 사실들의 연속체를 의미한다. 그래서 그것은 누구도 자의적으로 바꿀 수 없는, 저기 따로 존재하는 것으로, '실증성'을 갖는 사실들의 집합으로 다루어진다. 그리고 그러한 사실들은 대개 어떤 위대한 기원에서 시작하여 고난과 파란을 거치면서 결국은 다시 어떤 위대한 미래로, 위대한 종착점으로 향해 가는 하나의 서사로 구성된다. 그것이 민족의 위대한 과거와 희망찬 미래를 의미하는 것이든, 아니면 누구도 피할 수 없는, 해방된 사회를 향한 보편적인 발전 과정을 의미하는 것이든 간에 말이다.

　우리의 역사관념이 많든 적든 후자의 역사 개념에 크게 기대고 있다는 것을 길게 말할 필요는 없을 것이다. 이런 한에서 역사란 다양한 사실들, 사건들을 연결하여 만들어지는 하나의 이야기요, 하나의 서사다. 이러한 서사나 이야기를 이해하는 방식은 역사적으로(!) 달라져왔다. 우리에게 익숙한 역사관념은 18세기 말 이래 만들어지고 발전되어온 서구의 근대적 역사관념이다. 먼저, 아리에스(P. Ariès)에 따르면 17세기 역사가들에게 기사적인 영웅담과 구별되는 '진정한 역사'란 두 가지 종류가 있었다. 하나는 '오래된 역사'로서 성서적인 고대나 고전적인 고대를 다루는 '고대사'였다. 다른 하나는 당시의 관심과 결부되어 교양으로 읽힌 역사를 뜻하는 '근대사'였다.[6] 하지만 거기서 그들이 역사를 이용하는 방식은 "과거로부터 현재적인 교훈을 얻는 것"이란 점에서 동일했다. 심지어 이러한 교훈을 강조하기 위해 종종 역사적 사실을 변형하거나 반대로 말하는 경우도 있었다.[7] 중요한 것은 "역사란 삶의 스승"이었기에, 교훈을 주는 스승의 역할을 위해 역사는 때론 그렇게 변형되거나 왜곡되어도 좋았던 셈이다. 역사란 일반화될 수 없는 것이라고 보았던 몽테뉴나 역사에서 보편법칙을 찾고자 했던 보댕 모두에게 역사란 교훈을 주는 삶의 범례들이었다.[8] 이러한 역사관념 속에서 역사가 '하나'라는 게 가능했을까? 역사가 발전한다는 관념이 가능했을까?

6　필립 아리에스, 杉山光信 옮김, 《歷史の時間》, *みすず書房*, 193쪽과 202쪽.
7　라인하르트 코젤렉, 한철 옮김, 《지나간 미래》, 문학동네, 1998, 43~44쪽.
8　라인하르트 코젤렉, 앞의 책, 43~45쪽.

역사가 '이야기'가 아니라 과거에 발생한 사실 자체를 의미하게 되고, 연대기적 순서가 아니라 그 속에 숨은 내적인 논리나 질서를 의미하게 되는 것은 길게 잡아도 18세기 후반이다. 복수의 역사들과 구별되는 하나의 단수로서 역사(History), 이런저런 역사들을 포괄하고 통합하는 하나의 역사로서 역사 자체 내지 역사 일반이 등장하게 되는 것 역시 마찬가지다. 역사가 그 자체로 독립하여 실재성을 획득하게 되고, 어떤 교훈을 위한 '이야기'가 아니라 역사 자체를 위한 역사가 되며, 역사적 사건의 전개가 역사 내부에 존재하는 어떤 논리와 질서를 갖는 어떤 것이 된 것은 이처럼 근대에 이르러 새로이 탄생한 역사라는 관념, 코젤렉의 표현을 빌리면 '즉자대자적인 역사'라는 관념을 통해서였다.[9]

다양한 역사이야기를 하나의 역사로 통합하려는 이러한 발상은, 그것이 출현한 시기에 진행되던 국민국가의 형성과 무관하지 않을 것이다. 그것은 일차적으로 국민 내지 민족이란 이름으로 다양한 지방적 영토들을 하나의 국가적 영토로 통합하는 것이었지만, 그러기 위해선 상이한 지역에서 상이한 경험과 기억을 갖고 있는 사람들을 하나의 국민으로 통합해야 했다. 그런데 르낭이 말했듯이 다양한 인민들을 하나의 국민으로 통합하는 것은 상이한 인민들이 갖고 있는 기억들을 하나의 역사로 통합하는 것을 통해서만 가능했다.[10] 서로를 적대하게 하는 국지적인 충돌과 상처들을 지우고 하나의 '국민'이란 이름으로

---

9 같은 책, 57쪽.
10 조제프 에르네스트 르낭, 신행선 옮김, 《민족이란 무엇인가?》, 책세상, 2002, 61~62쪽, 80~81쪽.

하나의 역사를 공통의 기억으로 공유하게 하는 것, 그것은 이질적 언어를 하나의 언어로 통합하는 것만큼이나 근대의 국민적 통일성을 형성하는 데 결정적인 요인이었다. 역사와 국어가 19세기 후반에 본격화된 근대적 '국민교육'의 가장 중요한 과목이었다는 것은 이런 사태의 징표라고 할 것이다.

따라서 역사는 그러한 단일성, 통일성에 포함될 수 없는 것들은 지우거나 배제하며 쓰인다. 혹은 하나의 역사 속에 포함할 수 있는 형태로 해석하거나 변형시킨다. 변증법은 서로 대립하고 투쟁하는 것들을 하나의 역사로 포섭하는 철학적 기술을 제공했다. 그것이 아니었다면, 그토록 이질적이고 충돌하고 대립하는 사실들을 어떻게 하나의 역사 안에 담을 수 있었을 것인가? 더구나 '이성의 간교한 지혜(List der Vernunft)'는 사건의 당사자들의 의도나 목적과 무관하게 그것들을 역사라는 전체 안에 담는 만능의 해결사가 되게 한다.

3. 돌발과 포획

그러나 언제나 역사의 평탄한 선을 뚫고 나오는 돌발적인 사건들이 있게 마련이다. 그것은 안정적인 역사의 지반을 흔들며 출현하고, 항상 자랑스러운 표정을 짓고 있는 역사의 얼굴에 침을 뱉으며, 아니 피를 튀기며 나타난다. 이런 돌발적 사건들은 당시의 역사로선 매끄럽게 싸안을 수도 없고 적당하게 한 자리를 주어 잠재울 수 없는 것으로서 역사 안에 출현한다. 이런 점에서 그것은 역사가 쉽사리 봉합할 수 없는 균열의 지점이다. 그래서 대개는 배제해버리거나 지워버려서 소리 나지 않게 하려고 하지만, 그로 인해 지워진 소리가 끊이지 않고 발생하는 진원지가 된다. 즉 그것은 역사가 담을 수 없는 사건이지만 그렇다고 지워버릴 수도 없는 사건이란 의미에서 '역사적 이성'의 무능력의 지대를 형성한다. 그것은 역사화할 수 없는 사건이다. 이를 '반역사적 돌발'이라고 부르자.

우리는 이러한 사례를 멀지 않은 곳에서 빈번하게 찾을 수 있다. 가령 1970년 청계천에서 발생한 '노동자 전태일의 분신'이라는 사건이 그런 경우다. 이는 사실의 규모만으로 본다면, 얼마 안 되는 시간 동안 일어난 '조그만' 사건이고, 언론에 거의 보도되지도 않았으며, 그래서 당시에는 아는 사람도 별로 없는 사건에 불과했다. 더구나 그는 사회주의나 공산주의 같은 어떤 이념도 알지 못했고, "대학생 친구 하나" 갖지 못한 재단사에 불과했으며, 그가 스스로의 몸에 불을 지르며 외친 구호는 "근로기준법을 지켜라." 등의 소박한 요구에 불과했다.[11] 분신 이후 10년 가까이 지나도록 직접적인 투쟁을 야기한 것도 아니었다. 그런 점에서 정말로 아주 작은 사건에 불과했다.

그러나 그것은 '조국 근대화'로 치장된 역사로서는 결코 담을 수 없는 돌발적 사건이었고, 그 역사 전체를 뒤집는 반역사적 돌발이었다. 가리고 지워서 배제하려 했지만, 결코 그렇게 하지 못한 돌발적 사건이었다. 이로 인해 정치적 민주화로만 달려가던 저항적 투쟁의 흐름이 블랙홀에 빨려들듯 노동자들의 삶으로 갈라져 흘러가기 시작

---

11 이에 대해서는 조영래, 《전태일 평전》, 돌베개, 1991 참조. 이 책 자체가 바로 이 사건을 반역사적 돌발이 되게 만들었을 뿐 아니라, 저자 자신이 그것을 통해 또 다른 반역사적 돌발의 단속적 흐름 속으로 들어갔다는 점에서(이 책의 저자가 누구인가가 드러날 수 있었던 것은 그로부터 20여 년이 지나고 나서였다) '반역사적 돌발'의 상징적인 사례라고 하겠다.

했고, 이후 한국의 양심적 지식인 전체로 하여금 노동자의 삶에 주목하게 만들었으며, 한국 노동운동, 아니 한국 혁명운동의 기점으로 작용하게 되었다. '전태일'이란 이름은 한국 노동운동의 환유적 이름이 된다. 1970년대 이후 현대 한국의 역사 전체를 뒤집어놓는 거대한 사건으로 반복하여 출몰하게 된다. 그러나 그것은 강박증처럼 반복되는 과거의 기억(Trauma)이 아니라, 현존하는 착취와 억압에 저항하려는 현재적 투쟁에 의한 것이었다. 그것은 역사라는 과거의 기억에 반하는 투쟁이었고, 따라서 그것을 기억이라고 말하고자 한다면 정확하게 기억에 반하는 기억이었다고, 대항-기억(counter-memory)이었다고 말해야 한다.

물론 지금은 노동운동 내지 사회운동 전반의 '대항-기념'으로 인하여, 그리고 그러한 운동의 역사를 '민주화운동'이란 이름으로 국민의 역사 안에 밀리듯 담을 수밖에 없게 되었다는 점에서, 배제할 수 없는 사건의 위상을 갖게 되었지만, 여전히 국민의 이름으로 기념되고 기억되는 역사적 사건의 자리를 부여받고 있다고는 말하기 어렵다.

그러나 역사이성의 능력을 과소평가하는 것은 금물이다. 변증법은 이러한 반역사적 돌발조차 역사로 내부화하는 효과적인 방법을 제공하기 때문이다. 그러나 그 이성의 능력은 역시 헤겔이 스스로 잘 말해두었듯이 "밤이 이슥해진 이후에야 비로소 날개를 편다". 많은 시간이 흐른 뒤, 그리고 역사를 쓰는 담당자—국가적 통합의 담당자, 그 통합적 권력의 담당자—가 바뀌어 책임의 화살을 피할 수 있게 된 연후에야 그 이성의 지혜는 작동하기 시작한다. 돌발적 사건을 역사 안으로 포획하려는 국가이성의 작동이 시작된다.

1980년의 광주항쟁은 이러한 경우의 대표적인 사례를 제공한다. 알다시피 광주항쟁은 전태일 분신과 달리 한 도시 전체를 대중이 장악하여 국가의 군대와 싸운, 한 달 넘게 지속되었고 죽어간 사람만 수백 명에 이르는 거대한 사건이었다. 그것은 국가의 군대가 자국 '국민'들을 향해 총을 쏘며 학살한 비극적 사건이었다는 점에서 그 국가의 역사 안에 담을 수 없는 거대한 반역사적 돌발이었다.

그렇기에 국가이성은 이 지역을 폐쇄시키고 그 안에서 벌어진 어떠한 사건도 보도되지 못하게 지워버렸다. 그 봉쇄의 망을 뚫고 퍼져가는 소문에 대해서는 '유언비어'라고 비난하고, 그걸 전하는 사람은 체포했다. 그토록 거대한 규모로 벌어졌던 사건이 그토록 기이한 침묵 속에 갇히는 것은 참으로 생각하기 힘든 일이다. 기억의 표면으로 떠오르는 것을 지운다는 것이 거대한 폭력의 힘에 의해 진행되는 것임을 이보다 더 잘 보여줄 순 없다. 국민적 기억을 유지하기 위한 이 폭력을 기억의 폭력이라고 할 수 있다면, 정확하게 동일한 의미에서 이는 국민적 동일성/정체성을 유지하기 위한 역사의 폭력이라고 말할 수 있을 것이다.[12]

그러나 전태일의 경우와 달리 광주항쟁은 지금 국민적 역사의 한 장에 확고하게 자리 잡았다. 뒤늦게 날개를 편 역사의 이성은 광주항쟁이 민주화운동이었음을 인정해주었고, 피해자들에게 국가적 보상을 해주었으며, 광주항쟁의 상징인 망월동 묘지는 '국립' 묘지가 되었

---

12 1980년대 내내 광주 비디오나 '광주백서'를 본다는 것은 한편으로는 체포의 위험을 무릅써야 하는 것이었지만, 또 한편으로는 역사에 의한 망각과 투쟁하는 삶을 선택하는 것을 뜻하는 것이기도 했다. 1980년대 내내, 그리고 그 이후로도 얼마 동안은 "5월 그날이 다시 오면/우리 가슴에 붉은 피"라고 노래하며 외치던 수많은 사람들의 함성은, 국가적 기억에서 지워진 그 사건이 그 기억에 반하여 외치던 소리였고, 거대한 침묵 속에 묻힌 사람들이 강요된 침묵 속에서 말하던 소리였다.

다. 물론 그것은 오랜 시간의 격렬한 투쟁 때문이었고, 결코 지우곤 넘어갈 수 없는 거대한 규모이기 때문이었을 것이다. 또 한편으론 광주항쟁과 어떤 식으로든 연루되어 있었고 광주 및 호남지역 인민들의 꿈이 실려 있던 김대중이라는 인물이 있었기에, 그리고 그가 국가적 권력을 장악한 대통령이 되었기에, 광주항쟁은 쉽게 국가의 민주화를 위한 역사적 사건이 될 수 있었을 것이다.

어쨌건 광주항쟁이 역사 안에 자리 잡게 됨에 따라, 이제 광주항쟁은 일 년 중 가장 높은 긴장을 만들어내던 대중운동의 사안의 자리에서 빠져나갔고, 더 이상 운동의 동인도 목표도 되지 않게 되었다. 그리하고 운동하는 대중의 '기억'에서 점점 사라지게 된 것처럼 보인다. 대신 해마다 5월 18일이 되면, 정치인들, 심지어 광주항쟁을 비난하던 보수 정치인들마저 망월동 묘지에 참배를 하고 기념식을 행한다. 그것은 이제 광주항쟁이란 사건이 자리를 잡게 된 기억의 위치가 어디인가를 보여준다. 즉 그것은 이제 역사라는 이름의 망각, 국민적 기억의 망각에 대해 투쟁하는 민중의 대항-기억이 아니라 국가적 기억 속으로 들어가 그 국가의 민주화에 기여한 역사적 사건이 된 것이다.[13]

이런 식으로 역사의 이성은 반역사적 돌발을 역사화하고, 국민의 기억에 반하는 기억을 국민의 기억으로 포획하며, 역사의 외부를 역사의 새로운 내부로 포섭한다. 역사의 내부에서 이탈하며 그것을 균열시키는 사건을 '반역사적 돌발'이라고 한다면, 그것을 역사의 내부

---

13 이런 점에서 '기억의 치환'이란 단지 그 기억된 내용의 치환만이 아니라 기억의 형식 자체, 혹은 기억의 위상이나 기억되는 방식의 치환을 의미한다는 것에 주목할 필요가 있다. 그리고 그러한 기억의 형식이나 위상의 치환은 당연하게도 기억되는 내용의 치환을, 그것의 표현방식의 치환을 수반하게 된다.

로 끌어들여 역사의 일부로 만드는 것을 역사에 의한 포획이라고, '역사적 포획'이라고 명명하자. 이러한 포획은 역사의 폭력에 의해 상처 입고 억압되어온 피해자가, 국민의 바깥으로 배제되어 있던 피해자가 국민의 이름으로 보상받고 국민적 기억 안에 정당한 지위를 획득하게 되었음을 의미할 것이다. 그리고 그것은 불행한 상처들이 부분적으로라도 치유되는 과정이 시작되었음을 의미하는 것이기도 할 것이다. 그렇지만 그것은 동시에 그 돌발적 사건이 역사와 가졌던 고유한 긴장을 잃고 역사 안에 갇히는 것을 뜻하는 것이기도 하며, 국민적 동일성을 해체하고 변용시키려던 사건이 국민적 동일성으로 통합되는 것을 뜻하는 것이기도 하다. 이전에 광주 인민들이 국민적 동일성의 척도에서 벗어나 있다는 점에서 '소수자'였다고 한다면, 이제 그들은 국민이라는 '다수자'의 내부에 들어가게 된 것이다.

이는 역사의 척도에서 벗어나는 소수자들의 돌발이 역사화되는 순간 발생하는 아포리아를 잘 보여준다 : **그들의 돌발이 역사화되는 순간 다수적 역사의 일부가 된다**는 아포리아. 그것은 소수자들의 돌발이 역사화되는 것은 소수자 자신의 역사를 만드는 게 아니라, 다수적 역사의 일부가 되는 것을 뜻한다는 역설이다. 그것은 반-역사적 돌발이 역사화되는 순간, 반역사적 본성이, 역사 안에 균열을 만들고 역사를 동요시키는 힘이 소멸되고 만다는 역설이기도 하다. 그 결과 이제 그 사건은 그러한 다수자의 역사 안에서, 그 역사의 정해진 방향 안에서 해석되고 의미가 부여되게 될 것이다. 그럼으로써 광주항쟁이 갖는 다양한 의미들은 국민적 역사가 허용하는 범위 안에서 그 모든 잠재성을 박탈당하고 순치될지도 모른다.

이 역사의 역설 앞에서 우리는 이렇게 질문해야 한다. 다수적 역사의 일부가 되지 않는 소수자들의 역사, 소수적 역사는 불가능한가? 반역사적 돌발이라는 사건의 일회성을 넘어서 그 돌발적 사건의 힘이 다른 사건들과 접속하며 만들어지는 다른 종류의 '역사'는 불가능한가? 그 돌발적 사건의, 여러 방향으로 열린 잠재성이 거세되지 않는 '역사'는 불가능한가? 돌발이 돌발로서 지속되는 것은 불가능한가?

그러나 이 질문이 유효하게 되기 위해선 먼저 '소수자 자신의 역사'에 대한 통상적인 관념에 대해서 간단하게나마 언급해야 할 것이다. 왜냐하면 소수자들의 역사, 소수자들이 걸어온 역사, 투쟁해온 역사가 있고, 그런 사실들을 통해 구성된 '역사/이야기(histoire)'가 많이 있기 때문이다. 흑인들의 역사, 식민지 민족의 역사, '재일조선인'의 역사, 여성들의 역사 등등.

이런 방식으로 쓰인 '역사'는 대부분 반역사적 돌발을 다루기보다는 소수자 자신들의 지나온 과거를 하나의 연속적 서사로 만든다는 점에서 앞서 말한 근대적 역사관념 안에서 쓰인다. 그것은 대개 두 개의 양상을 갖고 있다. 하나는 다수자들, 다수적 역사의 폭력과 억압을 고발하고 그것에 의해 감내해야 했던 피해의 '역사'로 나타난다. 이는 소수자들에게 가해진 억압과 피해, 수탈과 착취의 고발이고, 그에 대한 저항으로 쓰이는 것이란 점에서, 다수자들의 역사 뒤편에 존재하는 폭력과 그늘을 드러낸다는 점에서 나름의 이유와 의미를 갖는 것은 분명하다. 그리고 그것이 다수자들의 역사로부터 분리된 거리로 인해 소수적 역사인 것처럼 보이기도 한다.

그러나 그런 식으로 구성되는 역사 속에서 소수자들이 만들어낸 돌발적 사건들은 그 피해와 억압의 역사라는 연속적 서사의 선 안에 평이하게 자리 잡게 되고, 그것이 함축하는 고유한 잠재력은 피해와 억압의 증거라는 일반성 속에 묻히게 되는 게 아닐까? 이런 식의 '소수자의 역사'에서 좀 더 근본적인 난점은 다수자의 악덕에 대한 고발이 소수자의 미덕의 증명이 될 순 없으며,[14] 피해와 억압의 부정적 역사가 소수자의 긍정적 잠재력을 보증해줄 수도 없다는 것이다.[15] 물론 레비나스의 생각처럼 고통 받는 '타자(소수자)'의 고발이 그 고통 받는 얼굴을 직시하는 양심(물론 다수자 속에 있는)의 호응을 야기할 수는 있겠지만, 거기에 머문다면 일종의 '고통과 양심의 공모관계'로 귀착될 수 있는 게 아닐까? 즉 그것은 의도와 무관하게 고통 받는 자는 계속 고통 받는 자로서 지속되게 만들 것이고(그렇지 않으면 양심은 자신을 증명할 수 없기에), 역으로 양심적인 자로서는 소수자에 대한 관심과 애정을 양심 이상으로 밀고 나가기 어렵게 될 수 있지 않을까? 서로가 적절하게 필요로 하게 되는 지점에 관계가 안주하게 되지 않을까?

다른 하나는 다수자들의 억압에 대한 저항과 투쟁의 역사, 그것을 통해 다수자와 구별되는 고유한 정체성이 형성되어온 역사를 구성하는 방식으로 나타난다. 이는 소수자를 피해자가 아니라 저항하고 투쟁하는 존재로서 정의한다는 점에서 긍정적이고, 독자적인 정체성을 통해서 다수자의 역사에서 스스로를 분리하여 그것과 대항하는 대결의 지점을 확보하려는 것이라는 점에서 적극적인 의미를 갖는다. 그

---

14 니체라면 이러한 관점을 '노예의 도덕'이라고 정의할 것이다. 프리드리히 니체, 김정현 옮김, 〈도덕의 계보〉, 《니체 전집 14 : 선악의 피안·도덕의 계보》, 책세상, 367쪽 이하.

15 피해와 억압의 사실을, 다수자의 역사가 수용할 수 없는 것으로 변형시키는 저항이 있을 수 있으며, 이런 저항을 통해 지나간 어떤 특정한 사실이 새로운 반역사적 돌발의 지점이 될 수 있음을 지적해두자. 정신대 문제가 아마도 그런 경우의 사례일 것이다. 여기서도 중요한 것은 그런 피해를 입었다는 사실뿐만 아니라, 그런 피해를 다수자의 역사로서는 봉합하기 힘든 사건으로 변환시키는 저항이요 투쟁이라는 점이다.

러나 그 분리된 소수자의 역사에 다수자의 역사와 맞먹는 위상을 부여하기 위해 대개는 다수자의 역사와 대칭적인 방식으로 쓰인다. 하나의 인종에 반하는 또 하나의 인종, 하나의 민족에 반하는 또 하나의 민족……. 역사는 그 소수자의 정체성을 공고히 해가는 서사를 그리게 되고, 그 정체성은 다수자와 대칭적인 자긍과 영광의 색깔로 채색된다.

여기서도 돌발적 사건은 그 역사의 선 안에서 투쟁의 일반화된 연속성 안에 자리 잡게 되며, 결국은 '민족'이나 '인종', '성'과 같은 또 다른 범주로 재영토화된다. 좀 더 근본적인 것은, 이럼으로써 소수자 안에 존재하는 충만한 잠재성, 돌발 가능성, 그리고 다른 소수자와의 접속 가능성이 정체성의 경계 안에서 하나의 동일성으로 귀착되고 만다는 것이다. 그 정체성/동일성 안으로 포섭될 수 없는 돌발은 자신의 역사에서 배제하는 방식으로 밀쳐내게 된다. 그들만의 정체성/동일성은 자신들의 내부에서조차 이질적인 행동이나 변형을 재단하는 또 하나의 척도가 된다.[16] 그리고 그 투쟁과 역사는 다른 누구도 넘보아선 안 될, 자신들만의 투쟁과 역사로 내부화된다. 역사는 그들만의 소유물이 된다. 그것은 **소수자가 쓰는 다수적 역사**지 돌발을 돌발로서 지속하게 하는 소수적인 역사가 결코 아니다. 그러나 그렇기에 그것은 또한 자신들의 역사 안에서 발생하는 또 다른 반역사적 돌발을 피할 수 없을 것이다.[17]

---

16 백인들과 대항하며 만들어진 흑인들의 공동체가 이런 식으로 변형되는 양상에 대해서 토니 모리슨(T. Morrison)은 자신의 소설 《파라다이스(Paradise)》(김선형 옮김, 들녘)에서 탁월하게 비판하고 있다.

이러한 반역사적 돌발을 개념화하기 위해 우리는 반역사적 돌발의 지대를 만들고 작동시켜온 두 가지 사례를 간단히 살펴볼 것이다. 하나는 일본의 역사 안에서 그 돌발의 지대를 창안했던 '자이니치' 혹은 '재일조선인'의 경우이고, 다른 하나는 백인들의 역사 안에서 봉합 불가능한 돌발의 지대를 창안했던 사파티스타의 경우다.

4. '자이니치', 혹은 역사의 틈새

일제의 식민지 병합 이후 조선인들이 때로는 자의에 의해, 때로는 타의에 의해 일본으로 이동함에 따라 형성되기 시작한 재일조선인은 일제의 착취와 억압에 더해 민족적 차별에 대항하면서 자신의 고유한 '역사'를 만들어왔다. 종전(終戰) 이전부터 지속된 투쟁과 저항은 종전 이후의 일본에서도 지속되었다. 식민지기의 불령선인은 냉전기가 되면서 '빨갱이'와 동일한 존재로 간주되었다. 포섭하려는 일본 정부의 조치나 정책이 있었던 것도 아니지만, 그렇다고 쫓아낼 수도 없었고, 게다가 포섭이나 순치는커녕 일관되게 저항과 항쟁의 길을 선택한 이들 재일조선인은 분명히 일본 안에 살고 있었지만 일본인 바깥

---

17 가령 디트로이트의 흑인 빈민가에 산, 흑인들보다 더 못살고 흑인보다 더 흑인적인 삶을 산 백인 래퍼의 이야기를 다룬 커티스 핸슨의 영화 〈8마일〉은 '소수자' 개념의 안정성과 '정체성'을 뒤흔드는 반역사적 돌발의 사례를 보여준다. 즉 흔히들 다수자라고 생각하는 백인 빈민이 흑인들 사이에서 '소수자의 소수자'가 되는 '소수적 돌발'을 통해 특정한 특징이나 성질, 상태에 의해 소수자를 정의하고 그 정체성을 유지하려는 태도를 크게 동요시킨다. 또 흑인 여성을 '흑인 중의 흑인(Niger of the Niger)'이라고 함으로써 소수자 안에 그들에 의해 다시 소수자가 만들어지는 역설을 드러낸 존 레넌의 노래 역시 이런 맥락에서 이해할 수 있을 것이다.

에, 일본의 역사 바깥에 존재하는 곤혹스런 외부였을 것이다. 일본에 살지만 결코 일본인이 되지 않았던, 일본인 속에 숨는 안이함을 거부한 존재였다. 그들은 일본의 차별과 착취의 피해자였지만, 단지 피해자에 그치지 않는, 저항과 투쟁을 통해 다수자 일본인과의 거리를 확보한 적극적 의미에서의 소수자였다.

저항이나 투쟁을 통해 만들어지는 이 거리가 '재일(자이니치)'과 '조선인' 사이의 근친성을 만들어냈을 것이다. 일본 안에 존재하는 다른 민족들이 다수 있었지만, 재일은 언제나 재일조선인을 의미하게 된 것은 이로 인해서였을 것이다. 그러나 거기서 '재일'은 민족의 이름이 아니란 점에서 복수화될 가능성을 갖는 말이기도 했다. 그러나 그것은 단지 '일본이라는 땅에 산다'는 어의적인 의미만으로 사용될 수 있는 그런 일반성은 아니었다. 오키나와 인이 '재일'이라는 말에 가까워졌다가 멀어지는 과정은 이를 잘 보여준다.

종전 이전, 강요되는 군사적 규율과 '생활 개선'을 통한 지위 상승, 그리하여 생활상의 필요라는 목적 합리성과 문명인으로서의 일본인이라는 가치 합리성의 결합 속에서 일본인이 되기를 선택했던 오키나와인들은[18] 자신을 식민지인과 구별하기 위해 조선인이나 대만인 등을 차별하는 전면에 나섰다.[19] 즉 일본인과의 거리를 최소화하고 식민지인들과의 거리를 최대화하는 것이 그들의 전략이었다. 그러나 전쟁이 끝나고 미 점령군의 통치가 시작되자 오키나와의 고도의 자치를 꿈꾸

---

18 도미야마 이치로(富山一郎), 임성모 옮김, 《전장의 기억》, 이산, 2002, 2장.
19 토베 히데아키(戸邊秀明), 〈〈在日沖繩人〉, その名乗りが照らし出すもの〉, 同時代學會編, 《占領とデモクラシーの同時代史》, 日本經濟評論社, 2004.

면서, 해방의 계기로서 '비일본인'임을 수용하게 되었고, 이런 과정에서 자신들과 **일본인과의 거리**를 표시하기 위해 '재일 오키나와 인'이란 표현을 사용한다. 그러나 자치의 전망이 어두워지는 한편 구식민지 출신자처럼 일본 국민으로서의 지위가 부정될 것을 두려워하게 되면서 '재일'이라는 표현은 사라진다. 그것은 또한 '조선인＝공산주의자＝위험한 집단'이라는 등식이 부상하는 것과 동시에 진행되었다.[20]

　요컨대 오키나와 인은 일본인과의 거리를 확보하려고 할 때에는 '재일'이라는 말을 사용했지만, 반대로 그 거리를 제거하고자 할 때는 그 말을 버렸다는 것이다. 이는 '재일'이라는 말이 일본인과의 거리를, 일본인에 대한 저항을 표시하는 단어임을 명확하게 보여준다. 일본인 역시 모두 일본에 살지만 '재일'이라고 하지 않으며, 미국이나 중국에도 조선인들이 살지만 그 나라와의 이런 거리를 표시하는 의미로 '재미'나 '재중'이 사용되지는 않는다는 사실은, 이 '재일'이라는 말에 담긴 역사성을, 그 말이 작동시키는 정치적 의미를 방증하는 것이다.

　오키나와 인의 사례가 이미 보여주듯이, 이런 점에서 '재일'은 일본인과 동일화되는 것에 대해 저항하고 일본인의 이름으로 서술되는 역사로부터 거리를 만들어내고자 하는 태도를 표시하는 개념이라고 할 수 있다. 그것은 무엇보다 먼저 재일조선인들에 의해 만들어진 거리와 균열을 표시하지만, 조선인뿐만 아니라 다른 어떤 소수자도 그러한 태도를 취하며 일본의 외부로서 일본에 사는 것을 선택하는 경

20　토베 히데아키, 앞의 글과 〈複數の〈在日〉とポスト東アジア〉, 國際ワークショップ, 〈東アジアの歴史と主体を考える〉, 發表論文 참조.

우 누구나 영유할 수 있는 개념이다. 이런 점에서 '재일', 아니 '자이니치'는 재일조선인을 일본인과 대립되는 하나의 민족의 명칭에서 탈영토화되어, 일본인이 되는 것을 거부하고 일본의 역사 안에 포섭되는 것을 거부하는 **저항의 징표**라고 할 수 있지 않을까? 다수자이길 거부하고 기꺼이 소수자가 되고자 하는 소수―화의 징표가 아닐까? 비민족적인, 즉 어떤 민족의 이름으로 환원되지 않는 저항의 지대, 그렇기에 **여러 '민족'이나 소수자들의 돌발적인 만남이 발생 가능한 지대**의 이름이라고 해도 좋지 않을까?

가령 김시종이 '자이니치'라는 틈새에서, 일본으로도 조선으로도 회수될 수 없는 그 균열된 틈새에서 살고 사유하고자 할 때 그가 하고자 했던 것이 바로 이런 것이었을 것이다. 그는 일본은 물론이고 남한으로도 북한으로도 회수될 수 없는 고유한 정치와 삶의 장으로서, 그의 말을 그대로 빌리면 "또 하나의 조선으로서" '자이니치'를 정의하며, 그리하여 자신들이 '조선인'도 아니고 '한국인'도 아닌 '자이니치 인'임을 선언한다.[21] 따라서 그는 '자이니치'를 '조국'과 격리되어 사는 존재의 약점(195쪽)으로 생각하지 않는다. 가령 생활어가 일본어기 때문에 발생하는 '모국어'와의 괴리에서 그는 어느 하나의 언어에 갇힌 것과 다른 '미지의 가능성'을 본다. 그것을 창조하는 것이 자이니치의 과제 중 하나라고 말한다(199쪽). 좀 더 분명하게 그는 두 개의

---

21 김시종(金時種), 〈連帶ということについて〉, 《在日のはざまで》, 平凡社, 2001, 197쪽(이하에서 김시종의 인용은 본문에 쪽수만 표시한다). 이런 이유에서 그는 "우리가 지향하는, 우리가 매달릴 수 있는 나라가 없음에도 불구하고, 매달릴 수 없는 그 나라가 우리 '자이니치'에 앞서 왜 이리도 존중받아야 하는지" 물으면서 자이니치의 근거는 '조선'이나 한국 어느 하나가 아닌 '자이니치' 자체임을, 차별과 편견에도 불구하고 계속 체류하고자 하는 '자이니치' 자체에 있다고 말한다.(198~199쪽)

국적에서 자유로운 자이니치의 '특권'에서 "한국인이자 한국인이 아닌 한국인이 될 존재성"을 발견한다. 조국 없는 존재, 그렇기에 의식과 발상, 언어에서 혼성적인 감각을 갖고 사는 존재로서의 이 자이니치에겐 '민족 차별' 조차 절망이나 모욕이 아니라 다수자인 일본인 자신의 서글픈 치부로 보인다.(201쪽)

그래서 그는 자이니치에게 연대의 손을 내미는 일본인의 양심에게, 강요된 불행을 동정하고 원조하려는 것 이상 나아가지 못하는 것에 대해 불만을 표시한다. 이런 관계에서 자이니치의 존재는, 그 고통의 존재는 일본인의 양심을 비추는 거울에 지나지 않는다고, 그들의 **양심의 존재 증명**에 지나지 않기 때문이다.[22] "지원을 받는 것만으로는 결코 연대가 아니다."(같은 책, 207쪽) 오히려 일본인은 조선인과의 관계를 통해서 **무엇을 얻을 것인가**를 고민하라고 말한다(207쪽). 주는 자와 받는 자의 일방적인 관계에서 벗어나, 자이니치를 통해서 일본인 자신이 새로운 주체적 의지를 찾으라고, 그것을 주고 싶다고. 그때에만 비로소 '연대'라는 말이 그 이름에 값하는 것이 될 거라고 말한다.(204쪽)

원래의 '조국'과 자신이 현재 살고 있는 '일본'(혹은 다른 나라라도)과의 사이, 그 **틈새**에서 '재일'을 살며 어디로도 회수될 수 없는 고유한 삶의 방식을 창안하려 한다면, 상이한 삶이 섞이는 혼성의 지대를 창안하고자 한다면, 더 나아가 그것을 통해 일본인이라는 다수자의 삶에 대해서도 무언가를 주고자 하는 존재, 그것이 '자이니치 인'인 것이다. 그렇다면 그와 같은 방식으로 살려는 누군가가 있다면, 그의

---

22 같은 책, 202쪽. 여기서 우리는 앞서 말한 레비나스 식 타자 개념에 대한 아주 적절하고 예리한 비판을 발견할 수 있다.

'조국', 그의 '국적'이 무엇이든 마찬가지로 '자이니치를 사는 자'라고 말할 수 있는 게 아닐까? 그런 존재들이 만나고 혼성되며 연대하는 긍정적 창조의 지대, 그것이 바로 '자이니치'라고 선언하고 있는 게 아닐까?

물론 이와 반대로 재일조선인이 투쟁을 통해 만들어낸 그 거리를 '조선인'으로, 하나의 민족의 이름으로 귀속시키려는 태도가 사실은 훨씬 더 일반적일 것이다. 그것은 분명히 역사적인 이유를 갖고 있는 것이기도 하다. 조선인의 저항과 투쟁이 없었다면, 그리고 그 저항과 결부된 억압과 폭력이 없었다면 '재일'이란 말은 그런 의미를 가질 수 없었을 것이기 때문이다. 그렇지만 그 경우 '재일조선인'에 새겨진 그 역사성은 너무도 쉽사리 '민족의 역사'의 일부로, 혹은 '민족사'의 한 형태로 귀착되고 만다. 다시 말해 그 저항의 기표는 일본인과 조선인의 대립에 국한된 의미에 갇히게 되고, '재일'은 '조선인'이 아니고는 영유할 수 없는 독점적 소유물이 되어버린다. '재일'이란 이름의 항쟁의 역사성은 '일본에 사는' 다른 소수자, 다른 타자들과 공유할 수 없는 조선인만의 고유한 역사에 귀속되고 만다.[23] 그 저항의 명칭에 대해 공감하는 일본인들의 접근은 물론, 다른 타자들의 접근 또한 '자이니치를 소비'하는 것으로 간주되고, '자이니치'는 단지 조

---

23 이는 "재일조선인의 고통은 겪은 사람이 아니면 모른다."라는 방식으로 자신의 체험을 특권화하는 태도와 밀접하여 결부되어 있다. 그러나 그것은 말더듬이의 고통은 당해보지 않은 사람은 모른다는 식의 또 다른 고통의 체험을 특권화하는 것(김학영金鶴泳, 하유상 옮김, 《얼어붙는 입》, 화동출판사, 1992)을 막을 수 없으며, 결국은 각자의 고통은 자기 말고는 누구도 모른다는 식의 실존주의적 태도로(다케다 세이지竹田青嗣, 《在日という根據》, 筑摩書房) 귀착되는 것을 피할 수 없다. 그것은 연대 내지 접합을 불가능하게 하는 체험이다.(도미야마 이치로, 《전장의 기억》, 100쪽)

선인의 저항과 고통을 표상하는, 조선인에 부가되는 관형어에 머물게
된다. '조선인'이, 그것과의 근접성이 고통과 저항을 표상하는 그 자
랑스러운 역사에 접근하는 유일한 척도가 된다.[24]

이것이 앞서 말했던 '소수자가 쓰는 다수적 역사'의 일종이란 것을
굳이 다시 말할 필요가 있을까? 그러나 이 경우 좀 더 안타깝고도 난
감한 사태가 그 역사 뒤에서 기다리고 있는 게 아닐까? 즉 민족으로
서 '조선인'을 척도로 삼게 되었을 때, 스스로가 '재일조선인'이라는
사실을 '약점'으로 느끼게 된다는 사태가. 고통을 감내하며 그토록
저항했지만 그래도 조선말보다는 일본어가 더 익숙하고, 조선의 습속
보다는 일본의 습속에 더 익숙한 자신을, 그래서 스스로 '조국'과 분
리된 '재일'이란 조건을 '약점'으로 느끼는 사태가. 이런 식으로 '조
선' 내지 '조선인'을 기준으로 "'재일'의 실존을 측량"하려고 할 때,
이러한 발상으로부터는 '재일'을 주동적으로 살아가는 사상이 생겨
날 리 없다. 왜냐하면 그것은 본국과 비슷하게 살아가려는 의태로서
'재일'을 위치 짓는 것이기 때문이다.[25]

---

24 이런 관점에 따라 말하면, '자이니치'는 '재일조선인'과 다른 것이고, 또한 구별되어야 한다.
그러나 '조선인'에 강조점이 부가된 '재일조선인'이 그 고통과 투쟁의 '역사'라는 과거의 시
간 속에 멈추어 있다면, '자이니치'란 조선인의 '역사'나 '조국'으로부터도 탈영토화되어 소
수적 삶을 선택한 모두에게 적용될 수 있는 현재의 시간 속에 있는 개념이다. 즉 '재일조선
인'과 '자이니치'는 다른 의미를 가질 뿐 아니라 다른 외연을 갖는 개념이다.

25 김시종, 앞의 글, 200쪽. 결국 그들이 이런 민족의식을 갖고 자신의 '조국'에 돌아갔을 때, 그
고통과 저항을 뚫고 살아온 '재일'의 신체를 '귀포'(북한에서 사용된 '귀국동포'라는 차별적인
말)나 '반쪽바리'로 취급하는(정대성, 〈한국에게 재일동포란 무엇인가〉, 《재일조선인 그들은 누구
인가》, 삼인, 53~55쪽) '조선인'/'한국인'의 어이없는 민족주의 앞에 무력하게 대면하게 된
다. 정말 안타까운 것은 이들이 갖고 있는 '조선인'이라는 척도가, 재일을 약점으로 느끼게
하는 재일조선인의 '조선인'이란 척도와 사실은 동일한 것이라는 점이다.

자신들의 고통, 자신들의 저항마저도 자신만의 것으로 하는 게 아니라, 다른 모든 타자들이 공유할 수 있는 것으로 변환시키는 것, 이를 통해 다수자들과 거리를 느끼고 간극을 만들기 시작한 모든 이들을 자신들이 창안한 저항과 돌발의 지대로 유인하는 것, 그리하여 "우리는 모두 자이니치다!"라고 말할 수 있게 하는 것. 이를 위해서라면 일부에 의해 '자이니치'가 소비되는 것 정도야 뭐가 그리 큰 문제일 것인가! 어떤 저항과 투쟁이 사람들의 공감을 얻고 그 공감이 공명되며 확대되어갈 때, 그리하여 또 다른 커다란 돌발의 흐름이 만들어질 때, 그것을 소비하는 속물들이 출현하는 일이야 어디서나 피할 수 없는 '조그만 불행' 아닌가. 그 조그만 불행을 피하기 위해 자기들만의 순수한 세계로 되돌아가는 것, 그것이야말로 그 조그만 불행을 큰 불행으로 만드는 것이 아닐까?

5. 사파티스타, 미래시제의 역사

아메리카의 역사란 알다시피 '인디언'들의 미개하고 야만적인 삶이 백인들의 현명한 신의 인도를 받아, 그리스와 로마의 고전적 '휴머니즘'의 세례를 받아 문명으로 거듭나는 과정이었다. 그 과정에서 수많은 사람들이 죽고 노예가 된 것이 유감스럽게도 사실이지만 그거야 어쩔 수 없는, 일부 악덕 모리배 때문에 발생한 사고일 뿐이다. 덕분에 '인디언'은 문명화되었지만, 대신 90퍼센트 가까운 인민이 죽어야 했고, 그들이 살던 땅과 그들의 삶 자체마저 탈취당해야 했다. 그리고 이들은 역사 속에서 지워졌다. 지울 수 없는 것은 역사의 한쪽

구석에 보이지 않게 처박아두었다.

이런 점에서 '인디언'들에게 역사란 기억이 아니라 정확하게 기억의 반대물이다. 그것은 지배자들의 기억 아래 망각되는 것이고 지워지는 것이다. "죽는다는 것은 어쩔 수 없다고 해도 잊힌다는 것은 참으로 가슴 아픈 일이었습니다."[26] 이처럼 강요된 망각은 분명한 현실적 이유를 갖는다. 그것은 그들이 존재한다는 사실 자체가 역사를 장악한 자들을 불편하고 난감하게 만들기 때문이다. "저들에게 문제가 되는 것은, 저들을 골치 아프게 하는 것은 단지 그들[원주민들]이 존재한다는 사실, 그들이 말하고 사람들이 그들의 말에 귀를 기울이는 순간 그들이 당혹스럽게도 신자유주의가 빠뜨린 것을 생각나게 한다는 사실입니다."(519~520쪽)

사파티스타는 이 죽음과도 같은 삶을 떨쳐버리기 위해, 역사라는 망각 속에서 벗어나기 위해 봉기한다. 그러나 그들이 망각에 대항해서 투쟁한다고 할 때, 그것은 역사 속에 자신들의 이름을 다시 새겨넣기 위한 것이 아니며, 기억을 위해 투쟁한다고 할 때, 그것은 또 하나의 '역사'를 쓰기 위한 것이 아니다. 그들이 말하는 '기억을 위한 투쟁'이란 차라리 역사라는 이름으로 기록된 기억에 반하는 투쟁이고, 그 매끈한 역사의 흐름에 거친 **틈새를 내기 위한 것**"(433쪽, 강조는 인용자)이며, 정연하게 배열된 기억들 사이에 난데없고 '반시대적인 것'(die Unzeitgemäßen—때 아닌 것, 반시간적인 것)을 끼워 넣는 것이다. 그것은 정확하게 '반역사적 돌발'이라고 명명되어 마땅한 투쟁이다.

---

26 마르코스, 후아나 폰세 데 레온 편집, 윤길순 옮김, 《우리의 말이 우리의 무기입니다(Our Word is Our Weapon)》, 해냄, 2002, 486쪽. 이후 이 책의 인용은 본문 중에 쪽수만 표시한다.

그것은 기억을 둘러싸고 벌어지는 투쟁이란 점에서 과거에 관한 투쟁처럼 보이지만 현실을 둘러싼 투쟁이고, 새로운 현실을 만들려는 투쟁이란 점에서 정확하게 현재의 시제를 갖는 투쟁이며, 좀 더 나은 삶, 좀 더 나은 현실을 만들고자 하는 투쟁이란 점에서 미래의 시제를 갖는 투쟁이다. "우리가 과거를 지키고 있는 것처럼 보여도, 실은 라 레알리닷에서 우리는 내일을 지키기로 했답니다."(561쪽) 이런 점에서 그들이 '얻고자' 하는 기억은 비참하고 가슴 아픈 어제의 기억이 아니라 즐겁고 기쁜 내일의 기억이고, 그들이 쓰고자 하는 역사—그런 걸 쓰고자 한다면 말이지만—는 과거의 역사가 아니라 내일의 역사, 도래할 역사(histoire à venir)다. "우리는 …… 더 나은 **내일의 기억**을 만들 것입니다."(472쪽, 강조는 인용자)

망각에 대항하는 그들의 투쟁이 "우리를 기억해달라."고 요구하는 게 아니라 '존엄(dignity)'을 선언하는 것으로 나아가는 것은 정확하게 이런 이유에서다. 그것은 다른 누군가에게 기억해줄 것을 요구하는 투쟁이 아니라 가장 먼저 무능력을 강요받고 살아왔던 원주민 스스로 자신의 힘과 능력을 신뢰하고 그 힘과 능력을 증대시키기 위한 투쟁이기 때문이다. 따라서 그것은 자신들만을 위한 자신들만의 투쟁이 아니다. 전 세계의 타자들, 망각의 위협 속에서 살며 근대 문명의 지배적인 가치 척도에 부합하지 못하는 모든 타자들의 존엄성을 위한 투쟁이다.

여기서 사파티스타가 말하는 '존엄'이란 단지 추상적이고 보편적인 인간의 존엄성도 아니며, 그렇다고 구체적으로 원주민 자신들만의 존엄성도 아니다. 그것은 지배적인 가치 척도에 의해 배제되고 망각되며 억압당하는 모든 타자들, 모든 소수자들과 관련된 좀 더 적극적이고 긍정적인 개념이다. 즉 존엄이란 "우리에게는 우리의 고유한 자리가 있다는 것, 즉 다른 피부색, 다른 말, 다른 문화를 갖고 있는 척하지 않고 우리 모습 그대로 존재할 권리가 있다는 것"(423쪽)을 표현하는 개념이다. 즉 존엄성이란 요구는 모든 인간이 똑같이 '존엄하게' 대우받아야 한다는 보편적 평등주의가 아니라, 망각의 위협 속에서 **다수자의 척도로 환원 불가능한 소수자의 고유한 위치**를 만들어내는 것을, 그러한 과정에서 창출되는 소수자들의 연대와 동맹을 의미한다.

이처럼 망각의 위협에 맞서 함께 투쟁하고 함께 살고자 하는 사람들은 피부색이 달라도 모두 '원주민'이며 '사파티스타'다. 왜냐하면 원주민을 정의하는 것은 피부색이 아니라 존엄을 위해 함께하는 투쟁이기 때문이다. "함께 투쟁하는 사람들은 피부색이 달라도, 어려서 배운 언어가 달라도 모두 형제자매입니다."(218쪽) 백인인 마르코스(Marcos)가 어떤 유보도 없이 원주민을 자처하는 것은 정확하게 이런 이유에서다. 원주민-되기가 원주민을 정의하는 것이며, 소수자-되기가 소수자를 정의하는 것이다. 이런 방식으로 존엄을 위한 존엄한 투쟁을 통해 원주민 자신이 변한다. 이제 "우리는 더욱 많은 색깔로 이루어지고, 우리가 말하는 언어는 더욱 많아졌습니다."(219쪽) 이처럼 존엄을 위한 투쟁을 통해서 비원주민은 원주민이 되고(devenir), 원주민 또한 다른 타자가 된다. 그리고 원주민이든 백인이든, 아메리카 인이든 아시아 인이든 함께 외치게 한다. "우리는 모두 사파티스타다!" 이렇게 서로 다른 것이 되며 하나로 엮인 타자들의 집합을 우리는 새로이 '도래할 민중'이라고 부를 수 있을 것이다.

요컨대 사파티스타는 아메리카의 역사 전체에 메울 수 없는 근본적 균열을, 역사에 반하는 돌발을 만들어낸다. 그 역사의 이성이 무능력을 드러내는 지대를 봉기의 형태로 창안한다. 또 하나의 대안적 서사를 만드는 방식으로 쓰인 역사가 아니라, 저항으로서, 행동으로서, 내러티브 바깥에서 벌어지는 사건으로서, 다수적 역사를 전복하는 돌발적 사건을 만들어낸다. 이를 통해 그들은 백인이라는 다수자와의 사이에 메울 수 없는 거리를 만들어낸다. 그리고 그 거리를 통해 다른 소수자들과 만나는 연대의 공간을 구축하며, 그 만남을 통해 다수자와 대결하려는 모든 타자들이 하나임을 선언하면서 동시에 자신 스스로 그 만남 속에서 변이된다. '사파티스타'라는 명칭은 이제 봉기한 마야 제국의 잊힌 후손을 지칭하는, 그들만의 배타적 소유물이 아니라 수많은 타자들이, 수많은 차이들이 만들어지고 공존하는 공동의 세계를 표시하는 징표이고, 그 세계에 들어가고자 하는 자라면 누구나 공유할 수 있는 공동의 이름이 된다.

6. 소수적인 역사

여기서 역사에서 벗어나는 이러한 돌발이 역사적 의미의 결여나 부재가 아니라 반대로 그것의 과잉 내지 범람으로 특징지어진다는 것을 강조할 필요가 있을 것이다. 그것은 멕시코 정부나 백인 지주들과 마야 인들의 직접적인 충돌 속에서 시작된 돌발이지만, 아메리카 역사 전체와 대결하는 돌발이고, 신자유주의로 명명되는 자본의 권력과 대결하는 돌발이기도 하며, 그렇기에 서구 문명과 대결하려는 모든 이들의 새로운 돌발을 촉발하는 사건이고, 지배적 척도에 의해 억압받던 모든 소수자들이 모여들게 만드는 사건이기도 했다. 뿐만 아니라 그것은 그 돌발로 인해 야기되는 또 다른 만남들을 통해 증식되는 의미들의 발원지기도 하다 : 원주민과 백인 게릴라의 만남, 무장투쟁과 인터넷의 만남, 사파티스타와 멕시코 '시민사회'의 만남, 사파티스타와 전 세계 인민의 만남 등등.

만약 이 거대한 돌발에 역사 속에서 지울 수 없는 의미를 갖는다는 점에서 '역사적 사건'으로 기록하고자 한다면, 굳이 그것에 '역사'라는 이름을 부여하고자 한다면, 그것은 하나의 기원에서 목적에 이르는 단일하고 연속적인 통합적 역사가 아니라, 상이한 종류의 역사성을 갖는 인민들이 만나고 모이고 분기하면서 변이되며 전염되는 방식으로 증식되는 양상을 표시하는 지도(地圖), 결코 하나의 경계로 담을 수 없는 돌발적 선들의 만남과 분기를 표시하는 지도라는 새로운 종류의 역사 개념을 전제로 한다고 말해야 한다.

그렇다면 여기서 소수적 역사의 가능성을 볼 수도 있지 않을까? 반역사적 돌발을 역사의 매끈하고 연속적인 통합의 선 안에 끌어들이고 그 안에 어떤 한 자리를 할당하는 식의 역사가 아니라, **돌발의 지점에서 발생하는 만남과 변이의 양상을, 그것을 통해 만들어지는 새로운 분기의 양상을 표시하는 역사, 돌발적 사건의 범람하는 다의성을 통해 이미 '역사' 안에 자리 잡고 있는 사건들이나 침묵 속에 갇힌 사건들과 새로이 접속하면서 그것들을 '역사'의 바깥으로 불러내는 역사**, 그리하여 모든 사건을 하나의 방향으로 통합하려는 다수적 '역사'를 발산시키며 그 '역사'와 다른 수많은 역사의 선들이 존재함을 보여주는 역사, 그렇지만 그 스스로를 다양한 방향으로 분기되고 발산될 가능성에 대해 열어두고 다른 역사의 선들과 만나고 교차하며 스스로 방향을 바꾸는 역사.

소수자의 역사, 소수적인 역사는 그 '역사'를 거쳐온 특정 소수자의 역사가 아니라 그 돌발의 지점에서 만나는 모든 소수자들의 역사가 된다. 사파티스타의 돌발을 통해 우리 자신이 사파티스타가 되듯이. 돌발이 함축하는 의미의 과잉은 이처럼 주어진 소수자의 정체성/동일성을 범람하며 그것을 함께 공유하고 나누어 갖는 만남과 연대에 의해 현재화되는 것이다. 따라서 다수적 역사는 누구의 역사도 아니지만, 소수적 역사는 거기서 만나는 우리 모두의 역사인 것이다.

소수적인 역사란 소수자들이 역사 속에서 올바른 가치를 인정받고 제대로 된 지위를 할당받게 만드는 양심적 역사가 아니라, '역사' 속에서 역사화될 수 없는 사건을 역사로부터 돌발하게 하고 이로써 역사 안에서 다른 돌발의 지점들이 만들어지도록 촉발하는 역사다. 그리고 그러한 이탈을 통해서 만들어지는 '반역사적' 민중이 역사 속에 출현하게 하고, 침묵 속에 매장된 민중의 힘이, 그것의 창조적 능력이 드러나게 한다. 그 이탈의 성분들, 이탈하게 만든 창조적 능력과 힘을 찾아서, 그것으로써 현재의 조건 속에서 새로이 작동하게 한다. 그리고 어떤 소수자의 문제가 그 소수자만의 문제가 아니라 투쟁하려는 인민 모두의 문제임을 보여줌으로써, 그리고 그것을 통해 다른 인민들이 이탈하게 촉발함으로써 새로이 '도래할 민중'을 구성한다. 이런 의미에서 소수적 역사란 그 도래의 시간을 구성하는 방식으로 현재를 구성하는 것이다. 따라서 소수적 역사는 과거의 시제를 갖는 게 아니라(그게 아무리 수정된 과거라 해도), 현재의 시제, 아니 미래의 시제를 갖는다.

아마도 그것은 필경, 특히나 투쟁과 구성이 성공적일수록, 다시 '역사'에 의해 포섭되고 영유될 가능성을 갖는다. 그러나 그 경우에도 그것은 적어도 기존의 '역사'에 동요와 변형을 가하면서 포섭되고 영유될 것이다. 하지만 좀 더 중요한 것은 그렇게 반복해서 포섭된다고 해도 새로운 이탈의 지점, 그 역사의 외부는 또다시 발생할 수밖에 없다는 사실이다. 혹은 또다시 '역사'로 회수될 수 없는 역사의 외부를 창안해야 한다는 사실이다. 소수적 역사 내지 반역사는 역설적인 성공에 안주하는 게 아니라, 그 '성공'의 순간에 "그럼 또다시" 하면서 끊임없이 새로 시작해야 한다. 역사의 외부는 영원히 계속되어야 할 혁명의 운명을 갖고 있으며, 소수적 역사는 그 '영원회귀' 내지 '영구혁명'의 시간성 속에 존재하는 것이다.

3장

'진보' 개념의 미래

—

맑스주의와 진보의 이념

맑스주의에서 진보(progress)라는 말만큼 실재적 힘을 갖는 개념이 또 있을까? 맑스주의자들은 자신의 입장을 막론하고 자신이 진보적임을 믿으며, 그래서 '진보'라는 말 아래 쉽게 하나의 자리에 선다고 믿는다. 무엇이 옳은가 그른가를 가르고 어떤 행동이 적절한가 아닌가, 어떤 생각이 타당한가 아닌가를 가를 때, 진보라는 개념은 과학 이상으로 빈번하게 잣대로 등장한다. 진보적인가 반동적인가? 진보인가 퇴보인가? 혹은 진보할 것인가 정체되고 말 것인가? 등등. 이러한 진보의 개념이 사회나 역사라는 개념과 결합하여 사회나 역사 전체의 발전을 정의하게 되는 총체적 개념이 되었음은 따로 지적하지 않아도 잘 알려진 것이다.

1. '진보'의 진보

그러나 이런 진보의 개념이 단지 맑스주의자들만의 것이라고 생각해선 곤란하다. 굳이 로스토(W. W. Rostow) 같은, 이미 거의 잊힌 근대화론자의 낡은 이름은 그만둔다고 해도, 그런 진보의 개념을 사회·역사적 개념으로까지 확장하여 적극 사용한 사람들이 19세기의 부르주아 사상가들이었음은 지적해두는 게 좋을 듯하다. 헤겔이나 콩트, 스펜서 같은 사람들이 그렇다. 그들은 혁명이 아닌 '질서'를 위해 진보의 개념을 사용하고자 했고, 그런 진보의 개념으로 역사를 총체화하려고 했다. 진화의 개념이 다윈 이전에 이미 그런 관념을 통해 산출된 것이며, 사실은 전혀 다른 종류의 '진화' 개념을 생각한 다윈조차 그런 통념과의 타협을 피하지 못했으며,[1] 그것이 이른바 '사회진화론'을 과학적으로 지지하는 것으로 귀착된 바 있음을 상기해두는 것도 좋을 것이다.

이런 진보의 개념은 베르그손 식으로 말하면 "공간화된 시계적인 시간관념"의 산물이었다.[2] 시계를 통해 수량화된 시간, 그리고 더해지고 빼질 수 있어서 누적되면 양적으로 증가하는 시간, 그것이 변화의 누적을 통해 정의되는 19세기적 진보 개념의 전제였다는 것이다. 혹은 푸코(M. Foucault) 식으로 말하면 "근대적인, 너무나 근대적인" 에피스테메의 산물이었다. 모든 미래를 담고 있는 씨앗인 기원에 의해 추동되어 어떤 목적의 완성을 향해, 혹은 항상-이미 존재하는 종말을 향해 필연적으로 치달리는 역사, 그것이 19세기의 수많은 담론들을 한계 짓고 있는 인식론적 지반이었다는 것이다. 콩도르세나 콩트, 헤겔이나 리카르도는 물론, 다윈이나 맑스 또한 벗어나지 못한 인식론적 배치였다는 것이다.[3]

그렇다면 우리가 말하는 진보의 개념은 이러한 전제, 인식론적 한계에서 얼마나 벗어난 것일까? 대중의 삶에 관심을 갖는 '진보진영'의 강력한 반대에도 불구하고, 그들 모두를 '교조적 진보'라고 비난하며, 자신의 모든 것에 반대하고 방해하던 재벌이나 부르주아지가 기이하게도 전적으로 지지해주는 정책 하나에 자신의 말년을 걸겠다는 어이없는 고집을 무슨 순교자적 희생이라도 되는 양 자임하면서

---

1 P. Bowler, *Invention of Progress*, Basil Blackwell, 1989, 154쪽 이하; 스티븐 제이 굴드, 이명희 옮김, 《풀하우스(Full house)》, 사이언스북스, 2002.
2 앙리 베르그손, 최화 옮김, 《의식에 직접 주어진 것들에 관한 시론(Essai sur les donnees immediates de la conscience)》, 아카넷, 2001.
3 미셸 푸코, 이광래 옮김, 《말과 사물(Les Mots et les Choses)》, 민음사, 1986, 305~310쪽.

'유연한 진보'라고 자칭하는 사태까지 '진보'라는 개념이 책임을 져야 하는 것은 아닐 것이다. 이론이나 개념이 무지나 오용에 대해서까지 책임을 져야 하는 건 아니기 때문이다. 그게 아니어도 누군가 "약간의 차이가 있지만, 나는 당신과 한편"이라고 주장하는 게 아주 당혹스런 경우가 있다. 그와 함께 묶여 분류되느니 차라리 '진보진영'을 떠나는 게 더 나을 것 같은 경우가 말이다.

물론 그것은 자신의 정파적 기원을 상기시키는 단어겠지만, 진보라는 말처럼 조건에 민감한 단어는 기원의 흔적이 그 반대의 사실을 지칭하는 경우가 흔하다는 것에 유념하는 게 좋은 것이다. 레닌이 다음의 문장으로 '변증법'을 요약했을 때(이건 사실 변증법은 아니다), 그가 말하고 싶었던 것도 그것이었을 것이다 : "어떠한 조건에서도 대립물로 전화하지 않는 것은 없다." 그 자리에 그대로 서 있었는데, 그래서 자신은 예전과 다름없다고 믿고 있는데, 조건이나 상황, 혹은 예스런 단어를 빌리면 '주요 모순'이 변하여 자신이 믿고 있는 곳과 다른 곳에서, 자신이 생각하는 것과 아주 다른 일을 하고 있는 경우가 정치에서는 흔한 일이다. 그럴 경우 자신은 진보라고 믿지만 실제로 하는 일은 그 반대가 되게 된다. 이 경우에 대해서까지 진보 개념에 대해 다시 생각해보자고 할 필요는 없을 것이다. 거기서 문제는 진보 개념 이전의 것이기 때문이다.

오히려 문제는 오래된 이념이나 조직, 운동방식을 지키고 유지하는 사람들이 대중의 삶에 대한 자신의 관심을 지칭하기 위해 전통적으로 사용되는 '진보'라는 말을 사용할 때, 우리의 진보 개념 역시 저 오래된 시간 속에 멈추어 선 그대로는 아닌지 하는 것이다. 이 경우 '진보'라는 말이 문제가 되는 것은 그것이 오용되고 있기 때문이 아니라 정확하게 사용되고 있기 때문이다. 그렇다면 정확하게 사용되는 그 '진보'란 대체 무엇인지, 진보를 사유한다는 것은 무엇인지, 진보의 이념을 갖는다는 것은 무엇인지, 그것이 적절하게 사유되기 위해서는 어떤 장애들을 넘어야 하는 것인지를 물어야 한다. 그것 없이 진보 개념은 더 이상 진보하지 못할 게 분명하기 때문이다.

2. 근대적 진보 개념과 맑스주의

역사를 진보 내지 발전으로 보려는 시도는 계몽사상가들에게서 직접적인 연원을 찾을 수 있다. 우리가 익히 아는 진보라는 말이 19세기 이래 문명화 내지 계몽이란 말과 매우 근친적이었다는 사실은 이와 무관하지 않다. "역사가 우리를 심판하리라."는 흔한 말에서처럼 역사가 '공정하고 가혹한 심판관'이 된다는 관념이 처음 나타난 것도 디드로와 달랑베르의 《백과사전》에서였다. 그러나 계몽의 관념이 진보와 잇닿아 있다고 해도, 그것이 그대로 진보를 개념화했던 것은 아니다. 가령 볼테르는 풍속과 습관에 따른 역사적 현상의 다양성을 지적하면서도 인간의 본성은 항상 동일하며 변하지 않는다고 보았다. 이러한 동일성이 역사의 근저에 자리 잡고 있다고 보았다. 역사적 변화란 역사의 본성이 아니라 파생적이고 관습적인 것이었다고 보는 것이고,[4] 이런 점에서 발전과 진보를 통해 역사를 개념화했다고는 결코

---

4 에른스트 카시러(E. Cassirer), 박완규 옮김, 《계몽의 철학(The Philosophy of the Enlightenment)》, 민음사, 1995, 291~292쪽.

말할 수 없을 것이다.

돌바흐나 디드로, 달랑베르에게서도 진보는 변화의 내적 원리가 아니었다. 그들은 시간에 따라 진보하고 변화하는 역사의 관념을 갖고 있지 않았다. 그들에게 진보란 백지와 같은 인간의 본성이 미신이나 나쁜 관습에 의해 악한 것이 되는 것을 막기 위한 규범적 개념에 가까웠다.[5] 그들 사상의 집약체인 《백과사전》에서는 역사적 변화로서 진보보다는 이상적인 상태의 역사적 불변성이 더욱 중요했다. 그들로서는 "'무시간'의 근본적 진리가 존재한다는 믿음"[6]이 더욱 근본적인 것이었고, 그들의 백과전서적 지식은 시간을 뛰어넘어 전 세계의 모든 사람을 위한 법칙과 질서를 제공해주리라고 믿었기 때문이다. 즉 당시 최고의 지식을 명확한 명칭들의 체계에 따라 배열한 《백과사전》은 정확한 언어, 정확한 지식을 통해 농부들도 철학자 이상으로 사물의 진위를 정확히 판단할 수 있게 해주리라는 믿음이 그것이다. 여기서 진보는 항목화된 단어들의 배열에 의해, 그리하여 지식의 법칙적인 전개와 변위가 이루어지는 자연스러운 경로를 표시하는 것이었고, 이런 한에서 시간적인 것이라기보다는 차라리 공간적인 것이었다.[7]

진보를 개념화하는 데 결정적으로 기여한 사람은 콩도르세(M. Condorcet)였을 것이다. 그에게 진보란 '인간 지성의 무한한 자기완성 능력'으로 인해 야기되는 것이었다. 앞서 튀르고는 어떤 사회의 특

---

5 Bury, *The Idea of Progress: An Inquiry into Its Origin and Growth*, Dover Publishers, 1955, 163~176쪽.

6 G. J. 휘트로(G. J. Whitrow), 이종인 옮김, 《시간의 문화사》, 영림카디널, 1998, 246쪽. 그렇기 때문에 그들의 《백과전서》에서 진보에 관한 항목은 단 열 줄도 할애받지 못했다.(도미니크 르쿠르D. Lecourt, 〈근대적 개념의 쇠퇴〉, 막스 갈로M. Gallo 외, 홍세화 옮김, 《진보는 죽은 사상인가》, 당대, 1997, 100쪽)

7 미셸 푸코, 이광래 옮김, 《말과 사물》, 민음사, 1986, 249쪽.

징이 그 사회의 과거가 빚어낸 불가피한 결과라고 주장함으로써 사회
적 변화를 **과거의 누적된 변화 속에서** 정의하는 관점을 처음으로 제시
했다. 그의 영향 아래서 콩도르세는 이러한 변화의 누적을 가능하게
해주는 것이 바로 과학과 기술의 힘이라고 하면서, 이로 인해 인간의
진보가 필연적일 것이라고 보았다. 역사를 몇 개의 단계로 나누어 구
분하고는 현재를 그 중 어디에 위치 짓는 서술방식을 처음 제시한 것
도 그였다. 그는 역사를 열 개의 단계로 나누고 각 단계는 전 단계에
마련된 여러 조건의 결과라고 보았으며, 원시적 상태에서 시작된 인
류는 당시 프랑스에서 데카르트 철학과 공화정의 수립으로 아홉 번째
단계에 이르렀고, 과학자가 통치하는 마지막 10단계로 나아가고 있다
고 보았다.[8]

현재를 과거의 누적으로서 설명하고, 그러한 변화의 연속 속에서
미래를 정의하는 것, 그리고 그러한 누적의 과정을 '진보'라는 원리
에 의해 정의하는 것, 그것이 19세기에 완성되어 이후 지배적인 것이
된 역사와 진보 개념의 공통된 성분이다. 이러한 성분이 결합되면서
역사는 자신의 내적인 발전 논리를 갖고 그 자체로 존립하는 실체가
된다. 이를 코젤렉은 헤겔적인 용어를 빌려 '즉자대자적인 역사'라고
명명한 바 있다.[9]

이미 말했듯이, 이러한 역사 및 진보 개념의 바탕에서 근대적인 시
간관념을 발견하는 것은 아주 쉬운 일이다. 수량화된 시간을 좌표축
으로 삼아 이질적인 사건들을 하나의 선형적인 순서로 배열하는 선형

---

8 베리, 앞의 책, 206~210쪽 ; 휘트로, 앞의 책, 239~240쪽.
9 라인하르트 코젤렉, 한철 옮김, 《지나간 미래》, 문학동네, 1998, 43~44쪽.

적 시간의 관념, 그리고 시간들이 더해지고 누적될 수 있는 것처럼 변화들 역시 더해지고 누적될 수 있으며, 그 누적에 따라 변화의 폭은 심화되고 발전될 것이라는 진화 내지 진보의 관념이 그것이다. 이러한 시간 개념 위에서 역사적 발전의 논리가 역사의 법칙으로 자리 잡게 되면, 이제 동시적인 시점에 존재하는, 비교할 수 없을 정도로 이질적이고 상이한 사회나 사건들조차 그 역사법칙을 기준으로 앞서거나 뒤처진 것으로 선형적으로 배열된다. 가령 중국은 서구보다 덜 진보된 것이고, 원시 부족들은 중국보다도 더 정체된 것이 된다. 진보의 척도로 자리 잡은 서구 문명과의 이질성의 폭이 진화의 종착점인 서구로부터의 거리를, 즉 미개한 정도를 의미하기 때문이다. 이질적인 것들은 이제 미개한 것과 문명화된 것, 멈춘 것과 움직이는 것, 느리게 나아가는 것과 빠르게 나아가는 것으로 분류되고 비교, 평가된다. 그리고 역사적 논리에 따른 변화를 가속하는가 감속하는가에 따라 진보와 반동, 혹은 진보와 보수가 구별되게 된다.

맑스주의에서, 혹은 그런 성향의 사람들에게서 사회나 사태를 평가하는 척도로서 '진보'라는 개념이 이와 동형적이라는 것을 부정할 수 있을까? 이에 덧붙여 맑스주의에서 진보라는 말은 이질적 사회나 문화 사이를 넘나들며, 혹은 계급적 차이 내지 대립을 넘어서 어떤 것이 더 좋고 나쁜지 평가하기 위해 또 하나의 기준이 필요했다. 부르주아 사상과 대립적인 또 하나의 사상이라는 상대적 위치를 넘어서, 계급적 위치들의 상대성을 넘어서 프롤레타리아트의 입장이 부르주아지보다 낫다는 것을 말할 수 있어야 했기 때문이다.

계급적 상대성을 넘어서 좀 더 나은 것과 그렇지 않은 것, 다시 말해 진보적인 것과 그렇지 않은 것을 말할 수 있기 위해선 그들이 서 있는 지점을 넘어서는 어떤 준거 내지 기준이 필요했다. 두 계급을 발생케 했고, 두 계급이 사라져갈 과정이 그러한 준거가 되었다. '역사'가 그것이다. 그렇다면 그 역사 속에서 그 역사를 촉진하는 자와 저지하는 자를 구별할 수 있다면, 상대적 대칭성에서 벗어나 '일관된' 평가를 할 수 있을 것이다. 물론 그것은 헤겔적인 역사관념을 통해 쉽게 이루어질 수 있는 것이었지만, 그것은 앞서 본 것처럼 콩도르세 등처럼 역사의 단계를 설정하면서 역사 자체의 존재를 인정한 19세기적 역사관념에 공통된 것이었다. 그러나 그렇다고 헤겔처럼 자의적인 '종점'을 평가의 근거로 제시하는 것은, 이미 역사의 실현이란 관념을 비판한 사람으로선 불가능했을 것이다.

두 계급이 서 있는 위치 바로 거기에서, 두 계급에 대해 평가하기 위한 공통의 척도로 맑스가 채택한 것은 '생산력'이란 개념이었다. 역사 속에서 생산력의 지속적인 발전 과정을 가정할 수 있다면, 혹은 발견할 수 있다면, 그 생산력 발전을 촉진하는지 저지하는지를 분석함으로써 역사에서 진보적 역할을 하는지 반대의 역할을 하는지를 말할 수 있을 것이기 때문이다. 이는 심지어 하나의 계급에 대해서도 그것이 진보적인지 반대인지를 판단할 수 있는 척도를 제공한다. 잘 알다시피 자본주의 초기에 부르주아지는 생산력 발전의 담당자였기에 진보적이었지만, 나중에 그것을 가로막게 되면 반동적 계급이 된다.

이런 의미에서 '생산력'은 생산관계의 질적 차이를 넘어서, 그리고 화해할 수 없는 계급적 대립을 넘어서 좀 더 진보된 것과 좀 더 퇴행적인 것을 구별하는 척도가 되었다. 이는 확실히 역사의 종점을 기준으로 하는 목적론적 평가와 비교하면 좀 더 내재적인 기준을 도입하려는 시도였음이 분명하다. 굳이 목적 개념을 가정하지 않고도 주어진 시점에서 진보와 보수, 반동을 구별할 수 있게 해주기 때문이다. 그리하여 생산력의 사회화를 감당할 수 없는 부르주아지와 대비하여 사회적 생산력의 담당자로서 프롤레타리아트가 좀 더 진보적인 위치를 가짐을 확인한다. 이로써 계급 상대주의에서 벗어나 좀 더 우월한 입지점을 적어도 스스로에 대해서는 이론적으로 확보할 수 있었다.

그러나 생산력 발전의 정도를 기준으로 상이한 사회와 문화를 하나의 선형적인 시간적 순서에 따라 배열한다는 점에서 생산력이란 기준 역시 또 다른 초월적 척도라는 건 접어둔다고 해도, 비교 가능한 양적 개념으로 생산력 개념을 사용하려는 순간, "생산력이란 인간과 자연과의 관계"라는[10] 중요한 정의를 포기하고 그 개념을 결국은 투입량과 산출량의 비율로 표시되는 생산성으로 축소하는 대가를 지불해야 했다. 이는 자본주의와 사회주의, 혹은 공산주의 간에도 생산력이란 동질적이고 연속적인 것으로 보는 것을 뜻한다. 사회주의 혁명을 통해 "자연과 인간 간의 관계"가 변하지 않고 연속한다면, 그것이 진정 혁명이라고 할 수 있을까? 그러나 우리가 보기에 매우 중요한 이 질문이 거의 던져진 적이 없는 것은 정확히 이런 이유에서였을 것이다. 이는 생산력이란 개념을 계급적 입장이나 생산양식, 그리고 역사 전체를 넘어서는 동질적이고 초월적인 개념으로 정의한 결과다. 역으로 생산력 개념 역시 초월적 역사 개념을 이미 함축하고 있음을 뜻하는 것이다.

---

10 칼 맑스/프리드리히 엥겔스, 〈독일 이데올로기〉, 《칼 맑스, 프리드리히 엥겔스 저작집》 1권, 박종철출판사, 1990, 197쪽. 《자본》에서는 이와 상응하는 생산과정의 개념을 "인간과 자연의 대사 과정"으로 정의한다. (칼 맑스, 김수행 옮김, 《자본론》, 비봉출판사, 2001, 235쪽)

이런 관점에서 보면, 잘 알다시피 러시아 나로드니키처럼 자본주의에서 그 이전의 공동체 사회로 회귀하려는 입장은 반동적이다. 반면 농촌을 붕괴시키는 한이 있더라도 공업 발전, 그것도 공업의 기초가 되는 중공업 발전을 촉진하는 것은 진보적인 것이 된다. 아프리카나 아메리카 원주민들의 비극이 불행하고 안타깝긴 하지만, 침략자가 가져온 자본이 자본주의를 촉진시킨다면, 그것은 진보적인 것이다. 전자본주의적 공동체가 해체된 것은 안타까운 일이지만, 그것을 통해 자본이 생산력의 해방을 급속히 밀고 나간 것은 진보적인 것이 되듯이. 레닌이 테일러주의에 대해 호의를 가졌고, 가스체프가 대장장이의 노동을 분석하여 과학적 관리를 도입한 것이 진보적이라고 평가받았던 것은 이런 점에서 쉽게 이해할 수 있는 일이다. 농민들의 생존이나 하층민들의 삶이 망가진다고 해도 생산력의 발전이나 자본의 경쟁력 발전을, 자본의 자유로운 활동을 보장하는 혁신적 개방 체제의 진보성을 중국공산당 정부가 확신하는 것이 논리적 이유를 갖는다면 이런 것 때문인지도 모르겠다. 붕괴 속에서 드러난 바 있는 사회주의 사회의 근대성이 이와 무관하다고 할 수 있을까?

이와 달리 루카치(G. Lukács)는 프롤레타리아트의 진보성을 보편성을 통해 확보하고자 했다. 그는 "자본주의 사회에서 사회적 존재는, 부르주아지에게나 프롤레타리아트에게나—직접적으로—동일한 것이라는 명제는" 변함이 없다고 인정한다. 진보성 여부는 어차피 대칭적인 그 객관적인 위치만으론 말할 수 없는 것이다. 그러나 "이 동일한 존재[조건]가 계급 이해라는 동력을 통해 부르주아지를 직접성에 붙박여 있도록 사로잡는 반면, 프롤레타리아트는 이 직접성을 넘어서도록 추동한다."는[11] 사실을 통해 그 차이를 발견한다. 쉽게 말하면,

부르주아지는 자신의 존재 조건을 유지하는 것으로 삶이 충분하고 좋기에 그 직접성에 안주하지만(가상적인 주체성, 물화된 주체성을 진정한 주체성으로 착각하지만), 프롤레타리아트는 그렇지 못하기에 자신의 주어진 조건을 넘기 위해 자신의 사회성을 자각하고 주체와 객체의 분열을 넘어서 총체성을, 보편성을 회득하는 데까지 나아가게 된다는 것이다.[12]

그러나 직접성에 안주하는 부르주아지와 일종의 자기의식을 통해 총체성에 매개된 존재로 고양되는 프롤레타리아트의 이러한 대비는, 잘 알려진 것처럼 정신의 발전 과정으로서 역사라는 헤겔의 도식에 매우 충실한 것이다. 즉 즉자대자적 역사, 자기 발전하는 역사라는 거대한 역사의 초월적 도식 없이는, 모든 이질적인 것을 재는 초월적 척도로서의 보편성이라는 관념 없이는 성립할 수 없는 것이다. 하나의 초월적 기준에 의해 진보와 보수, 반동을 재는 이러한 시도들은, 이질적인 것들을 하나로 통합하는 거시적 역사, 즉자대자적으로 존재하는 거대한 전체로서의 역사라는 관념을 통해 상이한 사회, 상이한 문화를 하나의 직선상에 배열한다. 여기에서 19세기적인 역사의 관념, 19세기적인 시간의 관념을 다시 지적하는 것은 필요 없는 일일 것이다.

이에 대해 약간 다른 차원에서 이러한 보편성이 정말 실재적 가능성을 갖는지 질문할 수도 있을 것이다. 쉬운 예로 말하면, 가난한 사람은 가난하다는 직접성에 안주하기 힘들기 때문에 가난이란 사태를 넘어서기 위해, 가난이라는 사회적 상황을 극복하기 위한 사회적 인

---

11 게오르크 루카치, 박정호 외 옮김, 《역사와 계급의식》, 거름, 1986, 257쪽.
12 같은 책, 259~261쪽.

식의 '매개'에 도달할 수도 있지만, 이와 반대로 그 직접성에서 벗어나기 위해 돈을 벌어 부유하게 된다는 부르주아적 인식의 '매개'에 도달할 수도 있다. 전자는 계급적 조건에 기인하는 '객관적 가능성'이고, 후자는 물화된 의식, 이데올로기에 기인하는 허구적 가능성이라고 말하겠지만, 우리는 이 허구적 가능성이 '객관적 가능성' 이상으로 더 강력하며 현실적 힘을 갖는다는 것을 잘 안다.[13] 두 가지 가능성 가운데 전자가 객관적으로 우위를 갖는다고, 즉 헤겔적인 의미에서 '현실성'을 갖는다고 말하려면("이성적인 것이 현실적인 것이다."), 역시 헤겔적인 의미에서 '이성'이 그쪽 편에 있음을, 보편법칙이 그쪽 편에 있음을 선험적으로 가정해야 한다. 이는 증명해야 할 것을 가정하는 것인데, 이러한 순환논리의 방식으로 애초에 가정된 '보편적' 척도가 처음부터 가동되고 있음을 의미하는 것이다.

이는 가난과 부의 관계만이 아니라, 주체와 객체의 분리와 통일이라는 문제를 갖고 말해도 마찬가지일 것이다. 주체와 객체의 분리라는 물화된 직접성이 양자의 종합으로서 총체성으로 나아가리라는 것은 양자의 통일이 좋은 것이라는, 사물과 대비되는 인간의 형상을 모델로 하고 있는 가치판단을 척도로 삼고 있는 것이기 때문이다. 반대로 기계적이고 '객체적인' 노동의 추상화가 노동이나 활동을 숙련 없는 구성 가능성으로, 그리하여 노동 간의 문턱을 제거하는 방향으

---

13 이를 위해 알튀세르나 지젝의 이데올로기 개념을 인용하는 '것은, 노동자들의 경험적 현실을 끌어들이는 것만큼이나 진부한 것이 될 것이다. '신자유주의'라고 불리는 최근의 자본주의는 모든 것을 '증권화'하면서 대중의 욕망을 '펀드열풍' 같은 부르주아적 증식욕으로 인도하는 축적 체제를 가동시키고 있음은 이런 맥락에서 주목해야 한다. 용인할 수 없는 직접적 조건에서 매개로 '상승'하는 방향은 한 가지가 아니라 여러 가지라는 것을 잊어선 안 될 것이다.

로 인도할 가능성 또한 그 이상으로 '객관적'이며, 그런 인간중심주의를 넘는 또 다른 '매개적 사유'와 연결되어 있음을 간단히 지적해두자.

3. 진보의 미시적 개념

하나의 척도적인 직선을 따라 동질화되고 양화된 시간, 그리고 그러한 시간적 변화의 누적과 통합을 통해 정의되는 진보의 개념은, 굳이 이런 표현을 써도 좋다면, '적분적(積分的, integral)'이다. 또한 그것은 때론 전진하지만 때론 후퇴하기도 하면서 진행되는 모든 국지적인 변화를 '진보'라는 하나의 방향 안에 포섭하고 통합한다는 점에서, 그리하여 역사 전체를 포괄하는 거대한 변화 속에 통합한다는 점에서 '거시적(macro)'이다. 생산성으로 치환된 생산력 발전의 개념을 통해 포착되는 맑스주의적 진보의 역사조차도, 혹은 주체와 객체의 분리를 극복하는 새로운 종합의 가능성이라는 루카치의 관념 또한 이러한 거시적이고 적분적인 역사관념 안에 있다. 이러한 통합의 메커니즘을 통해 이질적인 변화의 요소들, 상이한 방향성을 갖는 벡터들은 전체 역사 안에 포섭되고 통합된다. 심지어 '이성의 간교한 지혜'라는 말이 잘 보여주듯이, 전체적인 방향에 역행하는 경우에조차 전체의 발전에 기여하는 기이한 운명에 처하게 된다.

이러한 통합과 포섭의 힘은 수학적 적분보다 훨씬 강력해서, 적분 불가능한 모든 불연속적 지점들을 하나의 연속적 진보의 과정 안에 매끄럽게 종합한다. 가령 북아메리카 인디언들이 죽으면 죽었지 '노동'을 하지 않으려고 했던 것은, 그리고 토지에 대한 소유관념을 갖고 있지 않았던 것은 결국 사라져 마땅한 무지와 몰이해로 간주된다. 그러나 전사적 문화 속에서 살았던 유목민족이 경작을 거부하는 것이 당연하고 토지 소유의 관념이 없는 것은 당연한 것이었다. 그들이 보기에 '노동'이란 대가(임금)를 얻기 위해 타인을 위해 일을 하는 것인데, 그들로서는 타인을 위해 일을 한다면서 대가를 바라는 것은 더없이 부도덕하고 치욕적인 것이었던 것이다. 이런 '인디언'들의 무지를 깨주기 위해 미국이나 캐나다 정부 관리는 '노동'의 신성함과 시간의 소중함을 가르치기 위한 강연을 반복했다. 그런데 흔히 '에스키모'라고 불리는 이누이트족을 대상으로 한 강연에서 강사가 "시간은 금이다."라고 말하자, 통역자는 당황하여 멈칫하다가 이렇게 통역했다 : "시계는 비싸다."[14] 이유는 그런 종류의 추상적인 시간을 표현하는 단어 자체가 없었던 것이다. 이 얼마나 미개한 언어인가!

처음엔 콰키우틀족에게서 발견되었지만 북미 인디언 부족 전반에 있다고 알려진 포틀래치는 이런 이질적인 요소들이 어떻게 '포섭'되고 '통합'되는지를 보여준다. 알다시피 포틀래치는 받은 것보다 더 많은 선물로 되갚는 일종의 '선물게임'이다. 다른 사람이 능가할 수 없는 선물을 하거나 그 정도의 거대한 부를 보란 듯이 파괴해버리는 사람이 최고의 권위를 갖게 된다. 이런 이들이 추장이 되는 경우가 많다. 서양인이 보기엔 어이없는 파괴와 낭비에 불과한 이 행위는 사실 한편으로는 선물을 통해 구성원들을 하나로 묶어주는 메커니즘이기도 했고, 다른 한편으로는 경제적 부와 정치적 권위가 하나로 결합되

---

14 움베르토 에코, 〈시간〉, 에른스트 H. 곰브리치 외, 김석희 옮김, 《시간 박물관》, 푸른숲, 2000.

는 것을 저지하는 메커니즘이기도 했다. 이는 이른바 '인디언'들이 백인들에 의해 복속되고 포섭된 20세기 후반에도 지속되었다고 하는데, 거대한 물자의 낭비를 막기 위해 캐나다 정부는 포틀래치를 금지하는 법안을 만들었다. 근대적 합리성의 통합과 포섭의 힘은 이처럼 자신이 이해할 수 없는 이질성을 용인하지 않는다. 이로써 전혀 다른 원리로 작동하는 세계를 완전히 파괴하게 된다. 그것이 그들이 말하는 '진보'인 것이다. 미개와 야만에서 문명으로의 통합.

이러한 진보의 개념은 단지 지나간 역사를 추스르고 통합하는 것만이 아니라 현재진행형의 사태, 아니 아직 오지 않은 사건조차 자신의 거대한 역사 안에 통합한다. 다양한 과거들에 하나의 방향을 부여함으로써 얻어진 궁극적 지점은 목적론적 원인이 되어 현재를 추동하며, 나아가 현재시제의 역사적 벡터들이 갖는 다양한 방향들에 대해 평가의 척도로 작용하는 초월적 기준이 된다. 그 기준에 따라 우리는 하나의 사건이나 시도들에 대해 진보적/반동적이라는 이항적 절단기를 작동시킨다. 이런 점에서 이 거시적 진보의 개념은 목적론적일 뿐 아니라 초월적인 위상을 갖는다.

이와 다른 진보의 개념은 불가능한가? 일단 대개념을 구성하는 방식으로 시작해보자 : 우리는 적분적 진보의 개념과 대비되는 미분적 진보의 개념이, 거시적 진보의 개념에 반하는 미시적 진보의 개념이 있을 수 있음을 상정할 수 있지 않을까? 연속성에 반하는 불연속적 진보의 개념이, 하나의 척도로 모든 것을 동질화하는 진보와 달리 이질적 성분들의 만남을 포착하며 사건을 구성하는 이질적 진보의 개념이, 하나의 초월적 기준을 통해 포착되고 평가되는 진보와 달리 내재적 관계에 의해 포착되고 평가되는 내재적 진보의 개념이 있을 수 있지 않을까?

적분적인 진보의 개념이 시간의 누적을 통해 변화를 하나의 결과로 통합하는 것과 달리, 미분적 진보의 개념은 주어진 조건 속에서, 그 조건을 밀고 가는 관성적인 벡터와 다른 이탈의 벡터를 가동시킴으로써 그 조건을 변혁하려는 성분에 의해 정의될 수 있다. 그 조건을 구성하는 요소들의 잠재적 포텐셜(potential)을 포착하여 새로운 방향적 성분으로 변환시키거나, 아니면 다가오는 잠재적 사태와 현재의 사태를 잇는 새로운 계열화의 선을 그림으로써 현재를, 혹은 과거조차 변환시키는 것이다. 진보란 주어진 조건의 관성적 지속에 의해 이루어지는, 이미 처음부터 내장된 것이 펼쳐지는 '전개/발전(Entwicklung)'이 아니라, 이미 주어진 것을 유지하는 말 그대로 '보수적' 성분에 반하여 전복 가능성을 실험하는 변환의 벡터에 의해 가능하리라는 것이다(비록 '충분조건'은 아니라고 해도, 그것 없이는 진보란 있을 수 없을 것이다). 이미 존재하는 관성적 벡터를 밀고 가는 것과, 거기서 이탈하는 포텐셜을 가동하는 것의 차이를 안다면, 이 두 가지 진보의 개념은 상반되는 것이라고 해야 할 것이다.

예를 들어 생각해보자. 맑스주의라면 자본이 생명공학을 통해 생명력 자체를 이용하게 될 사태에 대하여 생산력 발전이라는 척도상에서 '진보'라로 지지하고 찬양해야 할까? 이는 생산력 개념을 통해 통합된 거시적 역사 개념에서는 피하기 어려울 것 같다. 다만 자본의 착취를 비판하는 말을 덧붙이는 걸 잊지 않는다면, 생명공학적 가공은 진보적인 것이 될 것이 분명하다. 착취나 착취적 생산관계는 생산력에 대해 외면적이어서 하려고만 하면 쉽게 떨어뜨릴 수 있는 부가물이라도 되는 것일까? 이는 테일러주의에 대한 레닌의 긍정적 평가와 소비에트에서의 실질적 도입을 다시 생각하게 한다. 테일러주의는 생산력과 결부된 것이기에, 자본의 착취가 아니라 사회주의를 위해 사용하면 '사회주의적 테일러주의'가 되리라는 생각.[15] 테일러주의 그 자체는 자본의 착취와 무관한 '과학'이라는 생각. 이는 러다이트 운동에 대한 맑스주의의 고전적 평가에서 이미 보았던 것이기도 하다. 그러나 산업혁명의 참혹한 결과 앞에서 기계들에 대해 벌인 노동자들의 투쟁(이른바 '러다이트 운동')을 생산력에 반하는 것이란 이유로 반동적인 것이었다고 평가하는 전통적 맑스주의의 관점이란 얼마나 단순하고 안이한 것인가! 그것은 또 기계에 대한 상이한 적대감들을 '기계적 생산력에 반한다.'는 오직 하나의 색깔로 단순화시키고 있는 것은 아닌가? 그것은 산업혁명이야말로 노동자의 신체, 노동자의 노동 자체를 장악하려는 부르주아지의 계급투쟁이었다는 사실을 잊고 있는 것이 아닌가?

물론 기계에 대한 반대가 진보적이라고 말하는 것도 적절하다 하긴 어려울 것이다. 이유는 기계의 의미, 기계에 대한 투쟁의 의미가, 어떠한 방향으로 나아가며 무엇을 하고자 하는지, 어떤 것과 계열화되는지에 따라 달라지기 때문이다. 어떠한 사태나 사건도 오직 하나의 의미나 방향을 갖는 경우는 없다. 무엇과 계열화되는가에 따라 그 방향을 달리하며 의미가 달라진다. 심지어 생산력을 척도로 삼는 경우에도 그렇다. 산업혁명조차 한편에서는 장인들의 코드화된 비기

---

15 V. I. Lenin, "A Scientific System of Sweating", *Collected Works*, vol.18, Progress Publishers; V. I. Lenin, "The Taylor System: Man's Enslavement by the Machine", *Collected Works*, vol.20, Progress Publishers; R. Linhart, *Lénine, Les paysans, Taylor*, Seuil, 1976.

(秘技)를 탈코드화하여 단순화된 기계적 동작들의 복합체로 해체함으로써 7년 이상의 도제 수업을 거치지 않은 많은 사람들이 쉽게 다양한 종류의 작업에 접근할 수 있게 만들었다는 점에서 생산력의 외연(extention)을 급격히 확대하고 발전시켰지만, 작업 자체를 누구도 오랜 시간을 좋아서 하거나 몰두하기 힘들게 만듦으로써 생산능력의 강밀도(intensity)를 현저히 축소시켰다.[16] 즉 기계적 생산성의 발전은 생산능력의 발전과 축소라는 상반되는 방향의 벡터를 포함하고 있는 것이다. 여기서 어떤 것이 현실화되는가는 이 잠재성의 양태들을 무엇과 계열화시킬 것인가에 따라 달라진다. 테일러주의나 포드주의는 저하하는 강밀도를 억지로라도 보충하기 위해 시간 관리와 동작 관리 등을 이용해 노동의 외연적 강도를 높이는 방향으로 이 잠재성을 계열화했다. 그러나 그것이 가능한 유일한 길이라고 누가 말할 수 있을까?

인터넷은 좀 더 긍정적인 사례를 제공한다. 인터넷은 알다시피 군사적 목적으로 만들어졌지만 정보화와 생산의 탈영토화를 위한 매우 강력한 잠재성을 갖는 것이었고, 자본은 이를 재빨리 포착하여 전 지구적 범위에서 생산과 유통의 조직에 이용했다. 이는 군사적 기술과는 다른 방향으로 그것의 포텐셜을 밀고 나간 것이다. 반면 이와 정반대로 사파티스타나 반자본주의적 운동은 인터넷을 자본과 대결하기 위해, 혹은 카피레프트 운동을 위해 이를 이용했다. 정반대 방향의 이 두 포텐셜을 두고 어떤 것이 진보적이라고 말해야 할까?

---

16 이에 대해서는 이진경, 〈맑스주의에서 생산력 개념의 문제 : 일반화된 생산 개념의 이론적 요소들〉, 《마르크스주의 연구》 3권 2호, 2006 참조.

여기서 진보를 미분적 개념으로 정의하는 것으론 불충분하다는 것이 분명하게 드러난다. 미분적이고 내재적인 방식으로 새로운 잠재성을 찾아내고 그것을 현재화하는 것은 사실 모든 방향으로 열려 있기 때문이다. 그렇다면 이 다양한 방향성에 대해 '보수'와 '진보'를 구별할 수 있게 해주는 것은 무엇일까?

앞서의 예로 다시 돌아가면, 자본의 착취에 반하는 생명의 권리에 대해 주목하며 전혀 다른 방향으로 운동의 방향을 설정하는 것에 대해서도 생산력 발전에 반한다는 이유로 비난하는 것은 부적절하다. 여기서도 물론 상이한 방향의 선들이 그려질 수 있다. 생명공학에 대한 반대가 가령 신의 영역에 손을 대선 안 된다는 신학적인 계열화의 선을 그리고 있을 때와, 생명공학이란 생명력에 대한 착취에 직접 잇닿아 있고, 생명력을 잉여가치로 변환시키는 기술임을 지적하면서 자본의 착취로부터 생명을 구성하는 집합적 신체를, 공동체적 순환계를 보호하려는 투쟁으로 계열화되고 있을 때, 그 의미는 아주 상반된 게 될 것이다. 오래된 신학적인 관념의 유지와 고수가, 특별한 거시적 척도 없이도 '지키고 보존한다.'는 말의 정의에 부합하는 한, 보수적이라는 말을 하는 것이 가능하다면, 생명의 권리를 위한 투쟁은 아직 있지 않은 권리를 창안하는 투쟁이며 생명력의 착취라는 아직 보이지 않는 것을 드러내는 투쟁이라는 점에서, 새로운 창안의 선을 그리는 것이란 점에서 진보적이라고 단언할 순 없어도 진보적이기 위한 필요조건이라고는 할 수 있을 것이다.(보수적이라는 말에는 명백히 반한다)

'보수'란 말 그대로 지키고 보존하는 것이다. 무엇을? 기존의 상태를, 기존의 이득을, 기존의 지위를. 이런 점에서 보수란 단지 착취적인 계급적 위치나 정치적 권력의 소유로 환원 불가능하다. 즉 노동자 계급 역시 자신의 기존 상태나 이득 혹은 지위를 유지하고 보존하고자 한다면 정확하게 보수적이란 말에 부합하기 때문이다. 안정적 지위를 확보하고 그것을 유지하고자 하는 서구의 노동조합운동이 이런 의미에서 정확하게 보수적이라는 것을 부정할 사람이 있을까? 반대로 돈이 많은 부자라도 자신의 기득권을 유지하기를 포기하고 새로운 삶의 방식을 찾아 나선다면, 혹은 정치적 지배 권력과 대항하여 전복을 시도한다면, 누가 그를 보수적이라고 말할 것인가?

가던 방향을 계속 유지하고 보존하려는 관성적인 힘에서 벗어나지 못하는 한, 심지어 그 속도를 빠르게 촉진한다고 해도, 그것은 유지·보존하는 움직임에서 벗어나지 못할 것이며, 기존의 것을 지키는 보수적 성분에서 이탈하지 못할 것이다. 반대로 진보란 기존에 획득한 것에 머물지 않고 거기서 벗어나는 이탈의 벡터에 의해 정의되며, 기존의 것을 유지·보존하는 게 아니라 그것을 전복하거나 변형시키는 변환의 벡터에 의해 정의된다. 빠를 때는 느림으로, 직선으로 나갈 때는 슬며시 비틀며 도는 각운동으로, 빙빙 도는 원운동에서는 접선을 그리며 곧게 빠져나가는 직선운동으로 탈주선을 그리는 클리나멘(clinamen)들, 그것이 미시적인 진보의 벡터를 정의한다.

하지만 보수적 입장이 무능하게 기존의 것을 고집하고 고수하는 데서 벗어나지 못할 것이라고 믿는다면 너무 순진하고 안이한 것이다. 이런저런 변화 없이 무언가를 그저 지키기만 한다는 것은 불가능한 일이다. 반대로 진보적 입장이 무엇이든 지키는 것 없이 바꾸기만 한다고 믿는 것 역시 마찬가지로 어리석은 생각이다. 정착민도 이동하고, 유목민도 멈추듯이, 보수주의자도 무언가 바꾸는 것이 있고,

진보주의자 역시 지키는 것이 있게 마련이다. 차이는 **변화의 성분을 변환된 것으로서 보존의 벡터 안에 포섭하거나 포획하는가**, 반대로 **보존의 성분을 변환의 벡터 안에서, 변화되면서 지속되게 하는가** 하는 것이다.

그렇다면 이제 다시 묻고 대답할 수 있다. 모든 변화를 하나의 방향으로 통합하는 동질적이고 단일한 진보의 개념을 넘어서 진보를 다시 말할 수 있는가? 어떤 상태에서 가능한 다양한 방향의 잠재성을 긍정하는 방식으로 진보를 정의할 수 있다면, 그리하여 진보의 방향조차도 여러 가지 잠재성의 분기점들로 분할될 수 있음을 인정할 수 있다면, 오직 하나의 단일성만 허용하는 진보 개념을 넘어서 새로이 진보를 말할 수 있을 것이다. 모든 것을 이항적으로 평가하고 절단하는 초월적 척도 없이 진보를 말할 수 있는가? 주어진 조건이나 상태, 관성적으로 진행되고 있는 주류적인 움직임에서 벗어나는 탈주선을 그릴 수 있을 때, 그리고 이전의 것과 다음의 것을 잇는 내재적 관계의 선을 통해 그 탈주선의 방향성을 포착하고 판단할 수 있을 때, 우리는 모든 사태에서 벗어나 작동하는 초월적 척도 없이 진보의 여부에 대해 판단하고 말할 수 있을 것이다. 목적론적 진보의 개념을 넘어서 진보를 말할 수 있는가? 즉 목적 없는 진보란 가능한가? 주어진 것과 도래하는 것을 잇는 가능한 계열화의 선들을 통해서 변화의 잠재적 가능성을 찾아내고, 유지·보존이 아닌 변환·전복의 방향으로 도래할 사건을 추동할 수 있다면, 종말이나 목적의 관념 없이 진보를 말할 수 있을 것이다.

4. 진보의 이념을 갖는다는 것

맑스주의자가, 유물론자가 이념을 갖는다는 것은 가능할까? 이념이란 말이 수많은 사태들을 하나로 묶어서 통합해주고 모든 개별적 사실들을 하나의 원리로 묶어서 통일성을 부여하는 것이라면, 그것은 자가당착인 것처럼 보인다. 그 경우 이념이란 그것을 취하기만 하면 세상 모든 일을 정연하게 설명하고 해석해주는 관념론적 자동장치가 되기 때문이다. 맑스주의가 이런 종류의 이념이 되었을 때, 그래서 모든 것의 의미를 알려주고 모든 사태에 대해 대응하고 판단하는 '세계관'이 되었을 때 발생한 사태가 바로 이것 아니었을까? 문학이나 예술에까지도 무엇이 옳고 그른지를 자동으로 알려주는 편리한 만능의 이념. 플라톤의 이념이 그랬듯이, 그것이 완성된 형태를 취하면 취할수록 현실로부터 벗어난 실체가 되는 것으로서의 이념.

그렇다면 유물론자들이 이념을 갖는다는 것은, 진보의 이념을 갖는다는 것은 무엇을 뜻하는가? 차라리 그것은 이념보다는 하나의 일관된 사유와 행동을 가능하게 해주는 입장의 선택을 뜻하는 것이라고 해야 할지도 모른다. 프롤레타리아트의 입장에 선다는 것, 그 입장에서 이론적 내지 실천적 문제에 대해 해석하고 대처하는 것. 그러나 그것이 하나의 이념으로 환원되는 경우는 차치하고, 하나의 계급적 입장에 섬으로써 진보성을 확보할 수 있으리라는 생각이, 하나의 이념을 선택함으로써 그럴 수 있으리라는 것보다 덜 안이하다고 할 수 있을까? 노동자계급의 이해가 언제나 진보적인 것이 아닌 한(노동조합주의나 경제주의에 대한 엥겔스나 레닌의 비판을, 그리고 선진 자본주의 나라의 노동운동의 역사를 우리는 잘 알고 있다), 노동자계급의 입장에 선다는 것으로 진보성을 선험적으로 확보할 수 있으리라는 생각이야말로 가장 경계해야 할 어떤 것이 아닐까? 모든 진보진영이 반대하고 대부분의 보수주의자들이 지지하는 노무현의 '유연한 진보'가 그랬듯이, 자신이 진보적 입장에 서 있다는 선언이나 주장이 실제로 진보적이기는커녕 그 반대인 경우가 얼마나 흔한가?

이념이 무제약자로까지 상승하는 어떤 원리적 통일성은 아니라 해도, 삶이나 태도, 사유에 일관성을 부여하는 무엇이라는 것은 분명하다. 행동이나 사유에서 그런 일관성이 발견될 때, 우리는 그가 어떤 이념을 갖고 있다고 말하기 때문이다. 이 경우 언제나 하나의 선택지를 항상-이미 지시하는 이념이 아니라, 행동하고 사유하는 그때마다 그 행동과 사유의 방향에 일관성을 부여하는 미분적인 이념의 개념 또한 가능하다고 해야 하지 않을까? 그렇다면 진보의 이념을 갖는다는 것은 정해진 어떤 이익이나 내용을 항상 지지하고 선택하는 것이 아니라 그때그때마다 지배적인 척도에 반하여, 척도적인 것과 대결하며 새로운 것을 창안하려는 성분에 의해 정의되는 것이라고 해야 한다. 왜냐하면 척도적인 것이란 기존의 지배적인 삶의 방식이나 사고방식을 유지·보존하고 재생산하는 방향으로 우리의 삶과 행동을 규정하는 권력의 벡터를 포함하고 있기 때문이다.

경제성장이 모든 사람의 희망을 자처하던 시기에 자신들은 "GNP에 대항하기 위해 재즈를 한다."고 한 프리재즈 뮤지션의 발언이나, 경제성장이란 척도에 대항하며 자신의 몸에 불을 놓은 재단사의 외침은, 그가 어떤 이데올로기나 이론을 갖고 있는지와 무관하게 진보의 이념을 실행하고 있었던 것이라고 해야 한다. 생산성과 속도가 지배하는 시기라면, 그 생산의 속도에 저항하는 느린 삶의 창안이나 '게

으름의 찬양'이 진보의 이념에 부합한다. 노동이 인간답게 살기 위한 전제 내지 척도가 되어 있는 시대라면 노동하지 않는 삶, 노동 아닌 활동의 힘의 미덕을 말하는 것이, 노동하지 않는 자 또한 인간답게 살 수 있는 조건을 요구하는 것이 진보의 이념에 부합한다. 노동자계급이 제도 안에서 안정적 위치를 확보하고 또 하나의 주류적 입장이 된 조건에서라면, 단지 노동자의 이익을 지지하는 것이 아니라 노동자 주변에서 발생하는 또 다른 불안정한 층들, 이주 노동자나 비정규직화된 노동자들의 이익을 지지하는 것이 진보적이다.

요컨대 진보의 이념을 갖는다는 것은 활동과 사유의 벡터가 언제나 외부를 향해 있음을 뜻한다. 지배적인 것의 외부, 익숙한 것의 외부, 모두가 쉽게 수긍할 수 있는 것의 외부, 상식 내지 양식이란 이름의 통념들 외부, 의당 그렇게들 생각하는 것의 외부, 주류적인 것의 외부, 정규적이고 정상적이라고 간주되는 것의 외부, 한 사회의 성원으로 쉽게 인정되는 영역의 외부, 자본주의와 가치법칙에서 벗어난 자본주의의 외부, 근대적 삶의 방식에서 벗어난 근대의 외부. 그리하여 그 외부를 자신이 익숙하게 사는 지배적 삶의 방식 내부로, 지배적인 세계의 내부로 끌어들이는 것이고, 그것을 통해 자신이 사는 세계 자체를 변환시키는 것이다. 그리고 그것이 내부 안에 자리 잡고 내부가 된다면, 내부가 된 것에 안주하지 않고 다시 그 외부를 보고 다시 그 외부를 내부로 끌어들이는 것이다. 그럼으로써 어떤 세계로 하여금 내부에 안주할 수 없도록 그 내부를 끊임없이 동요시키고 변환의 벡터를 작동시키는 것이다. 진보의 이념을 갖는 자들이 쉽사리 변혁으로 혁명으로 나아가는 것은, 어떤 주어진 혁명의 '이념'을 구현하려는 생각에서라기보다는, 정확하게 이런 이유에서일 것이다.

이런 이유에서 진보의 이념은 주어진 세계에 쉽게 동화되지 못하는 외부자(outsider)들, 지배적인 가치를 쉽게 받아들이지 못하는 소수자들, 그리고 그 세계에서 추방되거나 배제된 타자들을 향하게 한다. 시장에서 가격 경쟁력이 없어서 보조금으로 버텨온 농민들에게 그만 염치 좀 있으라고 훈계하면서 결국은 농사를 포기하라고 말하는 게 아니라, 시장과는 다른 경쟁력, 시장 바깥의 삶의 가능성을 찾자고 말하는 것 ; 불법체류자니 자기 나라로 돌아가라고 말하는 게 아니라 현실에 존재하는 그들을 불법화하는 법에 대해 질문을 던지는 것 ; 난민적인 삶에 대해 동정하기보다는 거꾸로 난민적인 삶을 통해 난민들을 만들어내는 세계에 대해 의문을 던지고 투쟁하는 것 ; 그리고 자본주의 내부에 그것의 외부를 끊임없이 창안하고 그 외부를 통해 자본주의와는 다른 종류의 벡터들이 다양한 영역, 다양한 방향으로 작동하게 하는 것. 어떠한 '이념' 없이도 우리가 진보의 이념을 가질 수 있는 것은 이처럼 우리 자신의 삶을 잡아끄는 외부가 항상 존재하기 때문일 것이다.

2부

시간과 역사의 표상공간

4장

시간적인 세계와
비시간적인 세계 사이의 시간

—

조선 후기 〈세시기(歲時記)〉에서 사회적 시간의 시간성

일년을 주기로 반복되는 풍속의 집합을 세시풍속이라고 한다. 이러한 세시풍속은 보는 측면에 따라 신적인 세계와 인간이 접촉하고 관계하는 '제의'의 형태를 취하기도 하고, 사람들이 일정한 단위로 함께 모이고 어울려 노는 '축제'의 형태를 취하기도 하며, 오랫동안의 반복 속에서 습속화된 '풍속' 내지 '민속'이라는 문화적 형태를 취하기도 한다. 그런데 그것은 일 년을 주기로 되돌아오는 반복의 양상을 취하기 때문에 '세시'라는 말 그대로 시간이라는 개념과 밀접하게 결부되어 있다. 그것은 일 년이라는 주어진 역(曆) 안에서 특정한 시점에 할당된 풍속을 통해서 시간이라는 형식이 사람들의 생활을 관통하며 주형(鑄型)하는 과정으로 나타난다. 세시풍속에서 발견되는 사회적 시간이란 통상 이를 의미하는 것으로 이해된다.

그러나 좀 더 근본적인 차원에서 생각해본다면, 그러한 풍속이나 제의의 반복적 실행이 없다면 사회적 시간이란 있을 수 없는 것이라고 할 수 있다. 사회적 시간이란 그러한 반복적인 풍속 내지 제의를 통해서 구성되는 것이라고 할 수 있을 것이다. 이 경우 풍속 내지 제의들의 배열을 통해서 만들어지는 사회적 삶의 리듬이 바로 사회적 시간을 구성하는 것이다. 바로 이런 이유로 인해 한 사회의 사회적 시간은 그런 풍속이 달라짐에 따라 상이한 양상을 취하게 마련이다. 동일한 역을 사용하는 경우에조차, 풍속과 습속이 다른 경우 다른 사회적 시간을 갖는 것은 이런 이유에서다.

1. 세시풍속과 시간

이하에서는 이러한 관점에서 세시풍속이 갖는 시간성에 대해, 그리고 그것이 사회적 차원의 시간으로 연결되는 계기에 대해 살펴보고자한다. 즉 사회적 시간의 존재를 이미 주어진 것으로 가정하고 그것이 작동하는 양상을 보기보다는 그러한 시간이 어떠한 방식으로 구성되는지를 보고자 한다. 뒤에 보겠지만 이러한 시간의 구성은 일차적으로 시간적인 세계와 비시간적인 세계가 만나는 방식으로 진행되는데, 이로써 우리는 가시적이지 않은 세계가 가시적인 인간의 세계와 공존하는 양상에, 아니 좀 더 정확하게는 사람들의 집합적인 심성 안에 두 개의 세계가 공존하는 양상에 접근할 수 있을 것이라고 믿는다. 더불어 사회적 층위의 시간성이 제의의 구조에 어떤 식으로 포함되어 있는지, 그것이 사회적 시간으로 확장될 수 있는 것은 어떤 계기에 기인하는 것인지를 살펴볼 것이다.

이러한 시간성과 시간의식은 근대화 혹은 서구화 이후에 나타나는 시간성, 시간의식과 대비하여 '비근대적'인 것이라고 말할 수 있을 것이다. 굳이 '전근대적'이라는 말 대신 비근대적이라고 하는 것은, 전근대적이란 말이 흔히 근대 이전의 것, 따라서 근대보다 낡은 것, 뒤처진 것, 따라서 근대적인 것에 의해 대체되고 말 것이라는, 이미 그 자체로 근대적인 직선적인 시간, 직선적인 역사관념을 전제로 하고 있기 때문이다. 베버가 근대화를 탈신비화로 파악했을 때 그랬던 것처럼 이 비근대적인 세계는 신비적/비의적인 것, 혹은 미신적인 것, 비합리적인 것으로 간주되기도 한다. 그러나 근대화된 세계 또한 이전의 신을 대신하는 또 다른 신들이 인간의 삶을 지배하거나 영향을 미치는 시대기도 하다. 맑스는 화폐라는 '물신(fetish)'이 모든 활동이 상품화되고 모든 가치가 화폐화되는 자본주의의 새로운 신이 되었음을 보여준 바 있다.[1] 지멜(G. Simmel) 역시 화폐가 이전의 신을 대신해 근대의 새로운 신으로 존재하게 되었음을 보여준 바 있다.[2] 니체는 신이 죽은 뒤에도 인간들이 신을 대신하는 또 다른 신들을 모시게 되리라는 것을 보여준 바 있는데, 화폐 이외에도 '과학'이야말로 근대의 새로운 신이 되었음을 이해하는 것은 그리 어려운 일이 아니다. 이런 점에서 근대 또한 신이 사라진 세계가 아니라 다른 종류의 신들이 인간과 다른 양상의 관계를 맺고 있는 사회라고 해야 할 것이다.

서구가 '문명화'라는 이름으로 비서구적인 것을 모두 제거하여 자신의 모습대로 세상을 동일화했던 것과 마찬가지로, 근대 또한 비근대적인 모든 것을 제거하여 '근대화'한다. 자신과 다른 것을 소멸하여 마땅하다고 간주하는 무시무시한 권력이 근대 혹은 서구 문명에 장착되어 있는 것이다.[3] 비근대가 '전근대'가 되고, 전근대적 사고방식이 '미신적인 것'으로 간주되어 과학의 이름으로 제거되어 마땅한 것이 되었던 것을 가장 잘 보여주는 것이 여기서 다루려고 하는 근대 이전의 비가시적인 세계, 신들의 세계였다. 이들을 제거하는 것은 이들과 인간이 관계 맺는 방식, 그 가운데서 나타나는 시간성을 제거하는 것이고, 각각의 고유한 사회적 시간들을 지우는 것이었으며, 오래된 삶의 습속과 풍속, 인류학자들이 '문화'라고 부르는 것을 제거하

---

1 칼 맑스, 김수행 옮김, 《자본론》 1권, 비봉출판사, 2001.
2 게오르크 지멜, 안준섭 외 옮김, 《돈의 철학》, 한길사, 1983.
3 레비스트로스는 이를 매우 통렬하게 지적한다. 클로드 레비스트로스(C. Lévi-Strauss), 박옥줄 옮김, 《슬픈 열대》, 한길사, 1998, 9장 참조.

는 것이었다.

　이러한 제거의 과정에 결정적인 타격을 가한 것은 "초가집도 없애고 마을길도 넓히는" 박정희 시대의 새마을운동이었다. 장승도, 솟대도, 고목에 걸린 새끼줄과 천 조각들도, 마을의 제사도, 축제도 초가집과 함께 대부분 사라졌다. 하지만 이러한 제거의 과정이 시작된 것은 잘 알다시피 조선 말 개화파들에 의해서였다. 일본을 통해 본 서구 문명의 힘을 선구적인 위기감 속에 포착하면서 김옥균은 근대 문명이라고 불리는 새로운 가시적 세계를 만들어내기 위해 이 낡은 세계를 그것과 대립되는 것으로, 따라서 새로운 세계를 위해선 제거되어야 할 세계의 자리를 부여했다. 《치도약론》에서 순검(巡檢)이 관리하는 넓고 깨끗한 길로 요약된 이러한 관점은 〈독립신문〉을 통해 훨씬 확장되고 심화된 형태로 "되돌아온다". 그것은 피할 수 없는 것이었을 것이다. 그러나 피할 수 없다는 것이 당연하게 받아들이는 것, 자연적 필연성 속에서 망각하는 것을 뜻하는 것은 아닐 것이다.

　여기서 다루려고 하는 비근대적 시간성, 혹은 사회적 시간의식은 근대화에 의해 소멸되어간 하나의 세계다. 이전의 우리의 삶이 이루어지던 세계. 풍속과 시간성을 다루는 것이 단지 시간 개념에 대한 이론적 관심에 그치지 않는 것은 이런 이유에서다. 이는 다음의 장들에서 다루는 근대적 시간의식이나 근대적 표상공간과 대비되는 것이다. 근대적 삶의 방식이 이미 충분히 그 한계를 드러내고, 거기서 벗어나려는 시도들이 다양한 출구를 찾고 있는 지금, 비근대적 시간성에 대해 다시 살펴보는 것을 단지 근대 '이전의' 세계로 회귀하려는 향수 어린 복고주의라고 할 수 없을 것이다. 그것은 근대와 다른 세계를 사유하고, 근대 세계에서 잊힌 것들을 다시, 물론 다른 방식으로 사유하려는 시도의 일부라고 할 수 있을 것이다. '비동시적인 것의 동시성'이라는 블로흐의 유명한 개념은, 다양한 시제의 비동시적인 것이 지금 동시대적 삶의 일부일 수 있음을 보여준다. 역사에 의해 지워진 것, 역사 속에서 소멸되어버린 것을, 때 아닌(unzeitlich) 시간에 다시 불러내는 것, 그래서 뜻하지 않은 방식으로 변형되어 현재의 시간에 끼어들 수 있는 잠재성을 가동시키는 것, 그것은 역사에 의해 망각된 것을 다른 역사 속으로 불러들이는 것이며, 역사에 반하는 방식으로 역사를, 다른 종류의 역사를 만들어갈 가능성을 탐색하는 것이라고 해도 좋지 않을까?

여기서 수행하려는 연구를 위해 이하에서는 세시풍속에 대한 민속지들, 특히 조선 후기에 나타난《세시기》들을 중심으로 제의 내지 풍속에서 드러나는 사회적 시간 구조라는 관점에서 두 개의 세계가 관련되는 양상을 검토할 것이다. 일차적으로는 유득공의《경도잡지》, 김매순의《열양세시기》, 홍석모의《동국세시기》, 그리고 자신이《동국세시기》에서 다루었던 것을 한시로 표현한〈도하세시기속시(都下歲時記俗詩)〉등을 통해 이를 살펴볼 것이다. 더불어 아키바 다카시(秋葉隆)의《조선민속지》, 최남선의《조선상식》, 이능화의《조선무속고》, 무라야마 지쥰(村山智順)의《조선의 귀신》,《조선의 점복과 예언》등 일제강점기에 출판된 민속지적 저작 등을 참조할 것이다.

2. 두 개의 세계

다는 아니라고 해도 세시풍속은 대개 제의적 성격을 갖고 있거나 제의와 연관되어 있다. 물론 《동국세시기》나 《경도잡지》, 《열양세시기》가 모두에서 다루고 있는 궁중에서의 행사들처럼 단순히 신년 인사의 성격을 가진 것도 있지만, 민중들의 풍속은 심지어 연날리기나 줄다리기조차도 제의적인 성격을 갖고 있다.

통상 제의적인 성격이란 신령이나 귀신 등의 다양한 신들과 관계하는 것을 뜻한다. "잡귀를 쫓는다."거나 "액땜을 한다."거나 "복을 빈다."는 등의 표현이 보여주듯이 기원(祈願)이 어린 모든 풍속은 행운이나 액운, 풍작과 흉작, 병과 복 등에 연결된 어떤 신들과 결부되어 있다는 점에서 제의적이라고 말할 수 있다. 여기에는 당산제처럼 직접 신을 상대로 하는 경우도 있고, 쥐불놀이나 달맞이처럼 벽사(辟邪)나 기원(祈願)의 형태로 간접적으로 신이 관여된 경우도 있으며, 가면극처럼 애초의 기원(起源)에서 벗어나 유희적이고 예능적인 형태로 '속화'된 경우도 있다.

세시풍속에 대한 민속지적 서술을 넘어서 그것에 함축되어 있는 시간성을 분석하기 위해서는 그것이 직접적이든 간접적이든 제의적인 것과 결부되어 있음을 이해해야 한다. 세시풍속이 제의와 외연이 동일하다고 할 순 없겠지만, 적어도 기원(起源)적인 측면에서는 매우 근접한다고 할 수 있고, 풍속의 성격을 제의적인 것으로 환원할 순 없겠지만, 적어도 발생적인 측면에서 보면 제의적인 의미를 갖는 경우가 대부분이라고 말해도 좋을 것이다.

제의적인 행위나 행사는 신적인 것과 인간이 만나는 '사건'이다.[4] 그것은 신령이나 귀신들의 힘을 빌려 풍작이나 풍요, 혹은 부와 명예 등의 행운과 홍복을 빌기도 하고, 귀신들의 원한과 분노, 혹은 심술을 달래거나 위로하기도 한다. '가족'의 일부(!)인 신들에게 음식을 바치고 예를 올리며 그들의 존재를 인간들에게 상기시키기도 하고, 귀신들의 힘을 밟거나 눌러서 그들의 영향이 인간들의 삶에 침투하지 못하도록 제한하기도 한다. 그러나 신령들의 힘을 불러들이는 경우는 말할 것도 없고, 심지어 귀신들의 힘을 제한하고 가두는 경우에조차 이미 그것은 신적인 것들과 인간이 만나며 관계 맺는 하나의 방식이다. 미리 말해두면, 신적인 것과 인간들의 관계의 이러한 다양성이 제의나 제의적인 풍속들이 갖는 다양성의 원천이다.[5]

유념할 것은 어디나 제의는 존재하지만, 조선의 신, 혹은 동양의 신은 유일신의 관념이 지배하는 서구적인 신의 개념과 근본적으로 다르다는 점이다. 그것은 인간들의 세계 저편에서 인간들을 지켜보며 한 번의 심판으로 그의 삶을 평가하는 그런 종류의 초월적 존재자가 아니라, 인간들의 세계와 인접하여 존재하며 인간들의 삶에 영향을 미치는, 인간들만큼이나 다양한 그런 존재자들의 집합이다. 따라서 선한 성질을 갖는 신이 하나 있고, 그것의 대립자인 악마가 있는 게 아니라, 인간들만큼이나 천변만화하는 성질을 갖는, 따라서 때로는 선하고 좋은 힘을 발휘하지만 때로는 무섭도록 '악한' 힘을 행사하기도 하는 그런 존재자들이다.

인간들의 세계와 신들의 세계, 이 두 개의 세계는 하나의 뚜렷한 경계를 두고 접해 있다기보다는 서로 중첩되거나 포개져 있다. 신들은

---

4 여기서 사용하는 '사건(événement)'이란 개념은 사실이나 사실들의 접속 내지 계열화에 의해 그 사물이나 사실들이 어떤 의미를 갖게 되는 것을 의미한다. 이에 대해서는 질 들뢰즈, 이정우 옮김, 《의미의 논리(Logique du sens)》, 한길사, 1999와 이진경, 〈사건의 철학과 역사유물론〉, 《철학의 외부》, 그린비, 2002a 참조.
5 한국에서 신적인 것들과 인간들 간 관계의 다양성에 대해서는 무라야마 지쥰(村山智順), 김희경 옮김, 《조선의 귀신》, 동문선, 1990a 참조.

'현실'이라고 불리는 인간의 세계 저편에 있는 게 아니라, 그러한 인간의 세계에 아주 가까이 인접한 채 직접적인 영향을 미치기도 하고, 때로는 인간들이 사는 현실의 공간 안에 자기 자리를 차지하고 있는 그런 존재자기 때문이다. 이를 이해하기 위해선 집 안에 있는 신들의 중심인 '성주신(成造神)'이 집 안에 구체적인 공간적 위치를 차지하고 있으며, 마을의 지킴이 역할을 하는 성황신이 솟대나 장승, 신목, 혹은 성황당 같은 구체적인 형상을 빌려 존재하고 있다는 점을 상기하는 것이면 충분할 것이다. 역으로 귀신이나 신령들 역시 사람들의 행동에 의해 영향을 받아 행동한다고들 믿는다.

그런데 인간의 세계와 신들의 세계 사이에는 근본적인 차이가 있다. 그것은 인간의 세계가 시간적인 데 반해 신들의 세계는 시간이 멈추어 있다는 의미에서 '비시간적'이라는 것이다. 인간들은 시간에 따라 성장하고 노화하며 끊임없이 변화하지만, 신령이나 귀신들은 그렇지 않다. 신령들은 '늙지' 않으며, 필요에 따라 다양한 형상으로 나타나긴 하지만 그것은 단지 방편일 뿐이다. 사람이 죽어 생긴 귀신들의 경우도 마찬가지다. 그들은 죽은 시점의 형상에 고정된 채 머물러 있다. 즉 귀신이 되어 신의 세계에 들어간 바로 그 순간에 그에게는 시간이 정지한 것이다. 신들의 세계에는 시간이 멈추어 있기에, 그들이 인간세계의 상이한 시점에 들어오는 경우에도 대개는 동일한 형상, 동일한 성향을 갖고 나타난다. 오랜 시간이 지나 인간들이 그들의 존재를 잊어버린 경우에도 나타나고 죽은 시점에 멈춘 원한이나 감사 같은 기억들에 따라 행동한다. 산이나 신목 등에 깃든 자연신의 경우도 이런 점에서는 마찬가지다.[6]

제의란 저 비시간적인 존재자들과 인간이라는 시간적인 존재자가 만나는 장이라고 바꾸어 말할 수 있을 것이다. 즉 그것은 시간적인 세계와 비시간적인 세계 사이에서 그 이질적인 것들이 만나는 통로고 다리다. 이 통로를 통해 극히 비대칭적인 것, 즉 시간적인 것과 비시간적인 것이 소통한다. 아마도 그게 아니었다면, 비시간적인 방식으로 인간의 세계에 다가올, 쉽게 말해 '느닷없이(!)' 닥쳐올 뜻밖의 사건들 앞에 인간들은 아무런 대책 없이 그저 무력하게 노출될 수밖에 없을 것이다. 시간적인 존재의 한없는 무력감을 느끼게 하는 이러한 사태를 피하기 위해 인간들은 비시간적 존재자들과 소통하고 그들에게 자신의 소망과 마음을 전하고자 한다. 이로써 그들이 인간에게 영향을 미치는 것과 비슷하게 그들에게 영향을 미치고자 한다. 요컨대 제의란 **비시간적 세계와 시간적 세계 사이에 존재하는 비대칭성을 가로질러 두 세계가 조화롭게 공존하게 하고자 하는 행위들의 집합**이라고도 말할 수 있을 것이다.

여기서 신들의 세계는 인간의 세계와 근본적으로 다른 세계, 피안적인 세계가 아니라 인간들과 구별되면서도 함께 공존하는 역설적인 세계를 이루고 있음 또한 강조해야 한다. 이는 '성(聖)과 속(俗)'이라는 잘 알려진 종교학의 범주들[7]을 한국 내지 동양의 제의적인 현상에 그대로 적용해선 안 될 이유가 된다. 왜냐하면 성과 속이란 범주는 신의 세계와 인간들의 세계가 근본적으로 분리되어 있는 서구의 신 개념을 전제로 하여 만들어진 범주며, 따라서 그 각각이 비시간적 세계와 시간적 세계라고 할지라도, 그 양자 간 관계는 우리의 제의적인 사건들

---

6 무라야마 지쥰, 김희경 옮김, 《조선의 귀신》, 동문선, 1990a.
7 에밀 뒤르켐, 노치준／민혜숙 옮김, 《종교생활의 원초적 형태》, 민영사, 1992.

에서 양자가 갖는 관계와는 결코 동일할 수 없기 때문이다. 예컨대 이 이원론적 범주를 처음으로 제시한 뒤르켐(E. Durkheim)의 경우, 가령 금기와 같은 '소극적 제의 행위'의 기능을 성과 속을 시간 및 공간적으로 분리시키는 것이라고 말한다.[8] 물론 그 역시 '열등한 사회'의 제의를 분석하기 때문에, 양자를 명확하게 분리할 수 없다는 것을 알고 있다. 그러나 오히려 그렇기에, 다시 말해 성스러운 세계가 갖는 강한 전염성으로 인해 양자를 분리시키는 금기가 중요하다고 말하고 있다.[9]

그러나 앞서 조선이나 동양의 제의적 풍속에서 신들의 세계와 인간들의 세계 간의 관계를 본다면, 그러한 '분리'조차 사실은 구별되는 두 세계 간에 소통과 공존의 양상을 수립하기 위한 것이지, 단순히 양자를 분리하기 위한 것은 아니다. 지신밟기나 부적 등처럼 귀신이 인간들의 세계로 침투하는 것을 막기 위해 두 세계를 분리하는 경우도 있지만, 정반대로 제사나 당굿, 성주굿처럼 신을 인간의 세계로 불러들이거나 직접적인 신체(神體)를 만들어 인간의 세계 안에 별도의 공간을 제공하는 경우가 비일비재하기 때문이다. 솟대나 선돌로 '성소'를 표시하여 구분하는 경우에도 그것은 결코 분리된 공간을 만드는 것을 목표로 하는 게 아니라 **인간의 공간 안에서 그것의 존재를 가시화하기 위한 것**이기 때문이다. 그곳은 신의 대리자가 아니라 신 자체가 거하는 곳이며, 신이란 이런 식으로 인간과 함께 공존하는 것임을 가시화하기 위해 '성소'로 구별하여 표시하여 두는 것이다. 보이지 않기에 쉽게 잊히는 것들을 대체적인 대상으로 가시화하여 그것의 존재

---

8 에밀 뒤르켐, 앞의 책, 428~431쪽.
9 에밀 뒤르켐, 앞의 책, 444~447쪽.

를 잊지 않도록 만드는 것이다.

3. 제의의 시간적 유형들

신적인 것과 연관된 많은 금기나 금지는 성스런 세계와 속된 세계의 분리를 위한 것이 아니라, 신적인 것, 성스런 것이 우리가 사는 속된 세계 안에 존재하고 있음을 표시하기 위해, 저기 따로 신적인 것이 있음을 보여주기 위해 사용된다. 즉 그것은 속된 세계 안에 신적인 세계를 통합하기 위해 신적인 존재자가 '저기 따로 존재하고 있음'을 상기시키기 위한 것이고 비가시적인 것을 가시화하기 위한 것이다. 이러한 구별을 통해서 멈춘 시간의 세계는 흐르는 시간의 세계와 비스듬히 겹치면서 시간적인 세계의 일부가 된다. 시간적 세계에 속하지 않는, 시간적 세계의 일부. 이러한 역설적인 양상의 공존은 제의적인 사건을 통해서 시간적인 양상으로 펼쳐진다. 이것이 제의에 고유한 시간성을 구성한다.

《세시기》에 등장하는 세시풍속이나 그 밖의 다른 제의적인 행동은 신들의 세계와 인간의 세계, 비시간적 세계와 시간적 세계의 관계라는 면에서 몇 가지로 구별하여 분류할 수 있다. 이하에서는 크게 네 가지 유형으로 나누어 살펴보겠다.

1) 불러내기, 맞이하기

가장 빈번하게 등장하는 것은 신적인 것을 인간들의 세계로 불러내거나, 인간의 세계에 내려오는 신적인 존재자를 맞이하는 것이다. 영등맞이는 이런 경우의 대표적인 경우일 것이다.

> 영남지방의 풍속에 집집마다 신에게 제사지내는 것을 영등신(靈登神, 영
> 등할머니)이라고 한다. 그 신이 무당에게 내리면 그 무당은 동네로 나돌아
> 다닌다. 그러면 사람들은 다투어 맞이하다가 즐긴다. …… 제주도 풍속에
> 2월 초하루 귀덕, 금녕 지방에서는 장대 12개를 세워놓고 신을 맞이해다가
> 제사를 지낸다. 또 애월 지방에 사는 사람들은 나무를 말머리 모양으로 만
> 들어 채색비단으로 꾸며서 약마희(躍馬戲, 말뛰기 놀이)라고 한다. 신을 즐
> 겁게 해주기 위해서다. 이런 놀이를 보름까지 하다가 그만둔다. 이것을 연
> 등(영등)이라고 한다.[10]

여기서는 할매, 할머니라고 불리는 친숙하고 가까이 있는 신을 맞
이하여 그 신과 함께 즐기거나 아니면 신을 즐겁게 해준다. 신과 인간
이 공존하며 함께 산다는 것을 이처럼 명료하게 보여주는 경우는 찾
기 힘들다. 이는 여러 지방에서 행해지는, 나희(儺戲)라고도 불리는
나례(儺禮)에서도 비슷하게 나타난다.

> 고성 풍속에, 군(郡)의 사당에 매달 초하루와 보름에는 관에서 제사를
> 지낸다. 비단으로 신의 가면을 만들어 사당 안에 비치해두면 12월 20일 이
> 후에 그 신이 고을 사람에게 내린다. 그 신이 오른 사람은 그 가면을 쓰고
> 춤추며 관아의 안과 고을 동네를 돌아다니며 논다. 그러면 집집에서는 그
> 신을 맞이해다가 즐긴다. 그렇게 하다가 정월 보름 전에 그 신을 사당 안

---

10 홍석모, 《동국세시기》, 이석호 역주, 《조선세시기》, 동문선, 1991, 68쪽.

으로 돌려보낸다. 이 풍속이 해마다 있으며, 이는 나례신의 종류다.[11]

　신적인 것을 불러내거나 맞이하여 노는 것은 특정한 마을이나 특정한 제의에 해당되는 것이라기보다는 무속적인 형태의 모든 굿이나 제의에 공통된 것이다. 그 놀이의 양상이 언제나 저렇게 신과 '즐겁게' 노는 것만은 아니라고 해도, 이런 모든 풍속에 신을 맞이하여 사람들이 함께 어울려 노는 축제적인 성격이 있음은 굳이 길게 말하지 않아도 좋을 것이다.

　반면 유교적인 형식을 갖는 기제사나 향사(享祀)의 경우에는 놀이나 축제의 성격을 갖는다고 하긴 어렵다.[12] 그렇지만 유교적인 제의 역시 조상신을 맞이하여 예를 바치고 음복하는 것이란 점에서 불러내기 내지 맞이하기라는 형식으로 신적인 것과 인간이 관계를 맺는 또 하나의 방식이라고 할 수 있다. 설이나 한식, 추석 등에 지내는 절사(節祀)나 차례, 혹은 무속적인 방식으로 치러지는 고사 역시 이와 동일한 유형의 제의라고 하겠다. 이 밖에 집 안 신들의 중심인 성주신을 모시는 성주고사[13]나 백중날 죽은 부모의 혼을 부르는 제의[14] 역시 불

---

11 같은 책, 134쪽.

12 아키바 다카시는 가족적인 제사든 촌락 단위의 제사든, 조선의 제사에는 유교적인 의례에 따른 것과 무속적인 방식으로 행해지는 것의 두 유형이 있다고 말한다(아키바 다카시, 심우성 옮김, 《조선 민속지》, 동문선, 1993, 165~174쪽 ; 185~202쪽). 하지만 아키바는 조선의 제의가 대개는 무속적인 기반 위에 유교의 옷을 입힌 것이라고 본다.(같은 책, 185쪽)

13 "민간에서는 10월을 상달이라 하여 무당을 데려다가 성주신을 맞이하여 떡과 과일을 베풀어 놓고 빌어 집안의 편안함을 기원한다." (홍석모, 《동국세시기》, 이석호 역주, 《조선세시기》, 동문선, 1991, 115쪽)

14 "우리나라 풍속에 백중날을 망혼일(亡魂日)이라 한다. 대개 여염집 사람들은 이날 저녁 달밤에 채소와 과일, 술, 밥 등을 차려 놓고 죽은 어버이의 혼을 부른다." (같은 책, 108쪽)

러내고 맞이하는 방식으로 신과 인간이 만나는 사건화의 형식을 따라 행해지는 유형의 제의다.

이러한 유형의 제의에서 신적인 것은 인간의 세계 안에 들어와 자리를 잡고 인간의 세계의 일부가 된다. 다시 말해 이는 **비시간적인 것을 시간적인 세계 안에 끌어들이는 방식으로** 제의의 시간을 만들어낸다. 여기서 사람들은 신적인 것들과 호의적인 관계를 맺으면서 함께 어울려 놀기도 하며, 이로써 자신들이 사는 시간적 세계 안에서 신적인 존재자들이 시간적인 규칙을 넘어서 호의를, 선한 힘을 행사해주길 기대한다. 여기서는 비시간적인 것이 시간적인 세계 안으로 불려나와 그것과 공존하게 된다. 그것은 인간의 세계 속에 그토록 이질적인 것이 함께 공존하고 있음을 환기시키고, 가시적인 것들에 가려 쉽사리 망각하게 되는 비가시적인 세계의 존재를 상기시킨다.

2) 보내기, 버리기

이와 반대로 시간적인 세계에 존재하는 불안의 요소, 불행의 씨앗들을 비시간적 세계로 보내버리는 방식의 제의들이 있다. 연에다 액운을 실어 날리는 연날리기가 그런 경우다. "아이들이 '가구모생신액소멸(家口某生身厄消滅)'이라는 글자를 연 뒤에 써서 그 연을 띄우다가 해질 무렵 그 연의 줄을 끊어버린다."[15] 《열양세시기》에서는 이와 나란히 여자 아이들이 나무로 만든 호로(胡虜)를 차고 다니다가 버림으로써 액운을 함께 버린다고 쓰고 있다.[16]

---

15 홍석모, 《동국세시기》, 이석호 역주, 《조선세시기》, 동문선, 1991, 47쪽.
16 김매순, 《열양세시기》, 이석호 역주, 《조선세시기》, 동문선, 1991, 149쪽.

짚으로 사람 모양의 인형('제웅')을 만들어 액운을 그 안에 넣어 버리는 제웅치기 내지 타추희(打芻戲) 또한 이처럼 '버리기'의 형태로 액운을 방지하는 방법이었다.

남녀의 나이가 나후직성에 들면 추령(芻靈, 제웅)을 만든다. 이것을 사투리로 처용이라 한다. 짚으로 제웅을 만들면 머릿속에다 동전을 집어넣고 보름날 전날, 즉 14일 밤 초저녁에 길에다 버려 액을 막는다. 그리하여 이때가 되면 여러 아이들이 문 밖으로 몰려와 제웅을 내어달라고 한다. 그래서 그것을 얻으면 머리 부분을 파헤쳐 다투어 돈만 꺼내고 나머지는 길에다 내동댕이친다. 이것을 타추희(제웅치기)라 한다.[17]

비슷하게 직성(直星)을 만난 사람은 종이로 해와 달의 모양을 오려 나무에 기워 지붕의 용마루에 꽂거나, 달이 뜰 때 횃불에 불을 붙여 달을 맞이하기도 하며, 수직성(水直星)을 만난 사람은 종이에다 밥을 싸서 밤중에 우물에 던져 액을 막는다고 한다.[18] 이는 액운을 예방하고 방지하려는 것이지만, 부적 등과 달리 이미 닥쳐온 액운, 자신의 시간 속으로 들어온 액운을 '버리기'의 형식으로 자신의 시간에서 제거하려는 것이다.

보름날 하는 쥐불놀이 역시 농민들에겐 쥐를 태워 없앰으로써 일년의 액운을 없애버리려는 것이란 점에서 이러한 '버리기' 유형에 속한다. 설날 저녁에 빗질할 때 빠진 머리카락을 모았다 문 앞에서 태워

---

17 홍석모, 같은 책, 44쪽.
18 같은 책, 44쪽.

버리는 것[19]도 마찬가지다. 연이나 호로처럼 날리거나 버리기와 달리 불의 힘을 이용해 태운다는 점에서 다르지만, 그러한 차이는 아주 사소한 것이다. 불과 반대로 물을 이용하여 없애버리는 것도 있다. 단옷날 창포탕을 만들어 세수를 하거나 머리를 감는 것, 혹은 유둣날 동쪽으로 흐르는 물에 머리를 감아 불길한 것을 씻어버리는 것이 그것이다.

이처럼 때로는 허공에 날려 보내거나 길거리에 버림으로써, 때로는 물에 씻어버림으로써, 때로는 불로 태워버림으로써 자신들이 사는 세계에 존재하는 것들을 비시간적인 세계 속으로 보내버린다. 여기서 보내거나 버리는 것은 일차적으로 인간 자신의 삶 속에서 자기 자신이 부지중에 쌓고 만든 액운의 씨앗들이다. 별도의 성물(聖物)을 만들어 태우거나 버리기보다는 자기 자신의 머리카락을 태우거나 씻어버리는 것이다. 별도의 대체물을 만드는 경우에도, 이러한 시간성을 표현하기 위한 '약간의' 조치들이 더해진다. 가령 연날리기의 경우 날려 보내는 연은 그 전해의 10월 초부터 날리기 시작한다(김매순, 1991 : 149쪽). 여자 아이들의 호로 역시 그때부터 차고 다닌다. 이처럼 버릴 것을 일부러 석 달 가까이 **미리 묵히는** 것은, 지난해의 삶의 흔적을 연이나 호로에 싣기 위한 것이다. 이렇게 실린 이전 해의 삶이 남긴 액운의 요소들을 대보름날 연과 함께 날려 보내는 것이다.

이런 점에서 연을 날려 보내고, 머리카락을 태우거나 씻어버리는 것은 인간 자신에게 속한 것을 다른 세계로 떠나보내는 것이고, **자신의 삶에 속한 시간적인 것을 비시간적인 것의 세계로, 혹은 지나간 시간**

---

19 유득공, 《경도잡지》, 이석호 역주, 《조선세시기》, 동문선, 1991, 207쪽.

의 세계로 떠나보내는 방법이다. 물론 이렇게 보내지는 것에는 인간의 세계에 속한 시간적인 잔존물뿐만 아니라, 잡귀나 귀신 같은 비시간적 존재자들도 포함되어 있다. 그러나 그것은 새로운 해와 함께, 혹은 새로운 별과 함께 이미 현재의 삶 속으로 닥쳐온 것이고, 이미 시간적 세계의 일부가 된 것이라고 해야 하지 않을까?

3) 가두기, 밟기

이와 달리 비시간적인 것을 비시간적 세계에 가두어두는 방식으로 인간이 신들과 관계하는 유형도 있다. 가장 일반적인 방법은 나쁜 귀신, 잡귀들이 인간의 세계로 진입하는 것을 막는 부적을 사용하는 것이다. 부적을 사용하는 방법에는 직접 손바닥이나 발바닥 등에 어떤 글자를 적는 법도 있고, 종이에 써서 그것을 태운 가루를 먹는 방법도 있으며, 종이에 쓴 것을 몸에 지니거나 베개 속에 넣는 방법도 있지만, 가장 일반적인 방법은 종이에 쓴 것을 문이나 기둥, 천장 등에 붙이는 것이다.[20] 이러한 방법은 설날이나 입춘, 단오 등에 거의 모든 집들은 물론 대궐에서도 대대적으로 행해지면서 일종의 '세시풍속'이 되었다.

설날에는 도화서에서 수성(壽星), 선녀(仙女)와 직일신장(直日神將)의 그림을 그려 임금에게 드리고 또 그것을 서로 선물했는데 이를 세화(歲畵)라고 한다. 또 도끼를 든 험한 장군의 상을 그려 대궐문 양쪽에 붙였으니 이를 문배(門排)라고 한다.

---

20 부적과 그것의 다양한 사용 방법에 대해서는 무라야마 지준, 김희경 옮김, 《조선의 귀신》, 동문선, 1990a, 306쪽 이하 참조.

또 붉은 도포와 까만 사모를 쓴 상을 그려 궁전의 겹대문에 붙이기도 하고, 또 종규(鐘馗)가 귀신 잡는 상을 그려 문에 붙이기도 하며, 또 귀신의 머리를 그려 문설주에 붙이기도 한다. 이렇게 해서 액과 나쁜 병을 물리친다. 그러므로 여러 궁가와 척리의 문짝에도 모두 이것들을 붙이고 여염집에서도 모두 이를 본뜬다.[21]

궁전이나 세가가 아닌 통상의 항간에서는 닭과 호랑이 그림을 붙이기도 했다. 입춘 때도 다르지 않아서, 대궐에서도 춘첩자나 춘련을 붙였고, 관상감(觀象監)에서는 주사(朱砂)로 벽사문(辟邪文)을 써서 대궐에 올리면 대궐에선 그것을 문설주에 붙였다. '문신호령 가금불상(門神戶靈 呵噤不祥)'이나 '입춘대길 건양다경(立春大吉 建陽多慶)'을 비롯한 다양한 춘련들을 문이나 문설주, 기둥에 붙여 가까이 다가온 봄을 축하하는 한편 그것과 함께 올지도 모를 액운을 쫓거나 오지 않도록 하고자 했다. 단오의 부적도 이와 마찬가지다.

지신밟기처럼 터가 센 곳, 잡귀들이 올라오기 쉬운 곳을 마을 사람들이 모여 땅을 밟아 다짐으로써 잡귀들이 인간의 세계로 진입하는 것을 미연에 방지하는 풍속 또한 아직 오지 않은 것을 오지 못하게 하려는 방법이다. 동지 때 팥죽을 끓여 문짝에 뿌리는 것, 연말의 제석 전날에 궁중에서 포와 불화살을 쏘고 징과 북을 울리는 것, 연말에 폭죽을 터뜨리는 것 등 또한 이처럼 아직 인간의 세계에 침투하지 않은 귀신을 대상으로 하는 액막이다. 이는 구체적인 사물이나 소리, 불 등의 힘을 이용해 귀신을 막는 방법이란 점에서 글자의 힘을 이용하는

---

21 홍석모, 《동국세시기》, 이석호 역주, 《조선세시기》, 동문선, 1991, 20쪽.

부적과 다르고, 인간의 집단적인 힘을 이용하여 귀신의 힘을 누르고 가두는 것은 아니란 점에서 지신밟기와 다르다고 할 수 있다.

글자나 소리를 이용한 액막이의 방법이든, 지신밟기처럼 인간의 집합적인 힘을 모아 드센 곳을 밟아 다지는 경우든 공통된 것은 아직 인간의 세계에 들어오지 않은 귀신들이 계속하여 인간의 세계에 들어오지 못하게 하려는 것이란 점이다. 즉 **비시간적인 세계에 머물러 있는 그런 존재자들을 계속하여 비시간적 세계 속에 봉인해두기 위한 방법**이다. 그것은 이들 귀신에 관한 한 인간들 자신의 세계와 섞이지 않길 바라는 소망의 표현이고, 시간적인 것과 비시간적인 것의 거리를 확보하려는 바람의 표현이다.

4) 점치기와 모의전

또 다른 유형은 통상 '점세(占歲)'나 '점곡(占穀)'이라고 부르는 것과 결부된 것으로, 어떤 대체물이나 대체적 행동을 통해서 다가올 미래를 점치는 방식으로 미래의 복을 기원하는 풍속들이다. 여기에도 약간 다른 형태의 풍속들이 포함되는데, 먼저 언급할 것은 직접 점을 치는 것이다. 사주로 그해의 운수를 점치거나 오행점(五行占)을 치는 것, 혹은 '토정비결'을 보는 것 등이 이런 점세의 가장 진지한 방법일 것이다. 혹은 좀 더 가볍게 별과 일월을 보면서 점을 치기도 한다. 가령《열양세시기》에 따르면 2월 6일에 이런 '별점'을 본다고 한다.

농가에서 초저녁에 묘성(昴星)과 달과의 거리의 원근을 보아 그해의 일을 점친다. 이 별이 달과 나란히 가거나 촌척 이내의 거리를 두고 앞서가면 길하고 만일 앞이나 뒤로 너무 멀리 떨어져 가면 그해에는 흉년이 들어

어린것들이 먹을 것이 없다고 한다.[22]

대보름날 달맞이를 하면서 달빛으로 점을 치는 것도, 혹은 제웅치기에 관한 풍습에서 직성이 드는 것을 보는 것도 이와 유사한 방법이다.[23] 더 나아가 윷으로 점을 치는 것은 비록 거기에 주역의 괘사에 대응하는 점사들이 있다고는 해도[24] '놀이'의 성격이 강하다는 점에서 '오락점'이라고 해도 좋을 것이다.[25]

한편 곡식과 관련하여 한 해의 풍흉을 점치는 다양한 풍속들이 있다. 이는 대보름날 특히 집중되어 있다. "한 자가 되는 나무를 뜰 가운데다 세워놓고, 달빛이 자정 때가 되어 그 나무에 비치는 그림자의 길이로 그해 곡식의 풍흉을 점친다. …… 밤중에 재를 주발에 담아 지붕에 올려놓는다. 어떤 곡식의 씨가 하늘로부터 떨어지는가를 징험하기 위해서다. 다음 날 아침 그 주발 안에 떨어진 곡식의 씨를 보고 그 곡식이 올해에는 풍년이 든다고 한다. 꼭두새벽에 닭이 첫 번 우는 소리를 기다려 그 우는 횟수를 센다. 그리하여 열 번 이상 울면 그해는 풍년이 든다고 하는데, 이것이 곧 시골의 풍속이다."[26] 또 콩 열두 개에 열두 달 표시를 하여 수수깡 속에 넣고 우물에 집어넣고는 이튿날 새벽에 꺼내 콩이 붇고 안 붇는 것을 보아 그 달의 풍흉을 점치는 등의 풍속도 있다. 이 밖에도 콩이나 보리, 오곡의 곡식을 이용하여 풍

---

22 김매순, 《열양세시기》, 이석호 역주, 《조선세시기》, 동문선, 1991, 153쪽.
23 홍석모, 앞의 책, 49쪽.
24 이 64개의 점사들에 대해서는 유득공, 《경도잡지》, 이석호 역주, 《조선세시기》, 동문선, 1991, 204~206쪽 참조.
25 무라야마 지준, 김희경 옮김, 《조선의 점복과 예언》, 동문선, 1990b, 363쪽.
26 홍석모, 앞의 책, 51쪽.

흉을 점치는 다양한 풍속들이 있다.[27]

이와 달리 사람들이 두 패로 나뉘어 특정한 형태의 대결 내지 모의전을 치름으로써 그해의 일을 점치는 풍속들이 있다. 전국적으로 널리 분포되어 시행되던 줄다리기나 차전, 횃불싸움이 모두 이런 경우다. 대개는 이긴 쪽에 풍년이 들고 진 쪽에 흉년이 든다고 믿는데, 대결의 구도는 통상 촌락 공동체 간에 승부를 가리는 형식이지만, 줄다리기처럼 남녀 교합의 상징성이 강한 놀이에서는 공동체 안에서 남녀 간의 승부를 가리는 구도를 취하기도 한다. 이런 경우에는 여성이 이기면 풍년이 들고, 남성이 이기면 흉년이 든다고 하는데, 다양한 '반칙'을 허용하여 여성이 이기는 것으로 끝나는 경우가 대부분이다.[28]

이러한 모의전의 극한적인 형태는 양편이 "몽둥이를 들고 돌을 던지고 고함을 치면서 달려들어 접전을 벌이는" 편싸움 내지 석전(石戰)이다. 승부는 도망치는 쪽이 지는 것으로 결정 나는데, 심한 경우 "소리가 지축을 흔들고 머리를 싸매고 서로 공격하는데, 이마가 터지고 팔이 부러지고 피를 보고서도 그치지 않는다."고 한다.[29] 여기서도 승부는 풍흉의 점세와 연결되어 있다. 《동국세시기》에 따르면 이런 형태의 편싸움은 서울, 안동, 황해도와 평안도 등 전국 각지에 널리 퍼져 있었다고 하며, 관청에서 금지해도 계속 시행되었다고 한다.

풍흉을 점치는 것을 표면적인 목표로 하고 있는 이러한 풍속들의 경우에는 신적인 것들과 만나거나 헤어지는 구체적인 조치라는 성격

---

27 무라야마 지준, 앞의 책, 364쪽.
28 정승모, 《한국의 세시풍속》, 학고재, 2001, 76~87쪽.
29 홍석모, 앞의 책, 50쪽.

은 매우 약하다. 여기서는 신적인 것과 직접 상대하지 않으며, 다만 **그들의 비시간적 세계를 경유해서 다가올 시간을 미리 당겨 현재적 시간 속에 끌어들인다.** 즉 비시간적 존재자를 시간적인 인간의 세계에 끌어들이는 것이 아니라 오지 않은 시간을 현재의 시간 속에 끌어들이는 것이다. 신적인 것을 직접 상대하는 것이 아니란 점에서 이는 앞의 다른 유형에 비해 제의적 측면이 약하고 대신 인간들 간의 유희적이고 오락적인 측면이 강하다.

4. 제의와 제의력

1) 제의의 시간성

이상에서 우리는 《세시기》에 등장하는 제의 내지 풍속들을 시간적인 것과 비시간적인 것이 관계되는 양상의 차이라는 관점에서 네 가지 상이한 유형이 있음을 보았다. 비시간적인 것을 시간적인 세계 안에 불러들이고 맞이하여 함께하는 것, 시간적인 세계 안에서 만들어진 어떤 요소들을 시간적인 세계 밖으로 보내거나 버리는 것, 아직 시간적인 세계 안에 들어오지 않은 것을 비시간적인 세계 안에 계속하여 머물게 하고 가두는 것, 그리고 비시간적인 세계를 경유하여 오지 않은 시간을 현재의 시간 속에 끌어들이는 것. 이 유형들은 비시간적인 세계에 속하는 신적인 존재자들과 시간적인 세계 속에 사는 인간들이 만나는 방식의 차이를 보여주는 것이라고 말할 수 있을 것이다. 이처럼 다양한 방식으로 인간은 신적인 존재자들과 만나며 함께 산다. 심지어 귀신들을 비시간적인 세계 안에 가두고자 할 때조차도 그것은 그것들과 함께 살아가는 방식의 하나라고 해야 할 것이다.

다양한 제의들이 주기적인 반복의 형식으로 배열되면서 제의력이 만들어진다. 그러나 제의력이 구성되는 방식을 올바로 이해하기 위해선 먼저 제의의 고유한 시간성에 대해 먼저 살펴보아야 한다. 제의의 시간성이란 그것이 역을 구성하는 방식으로 환원할 수 있는 것이 아니기 때문이다. 시간이 상이한 성분들이 만나 공존하는 양상의 지속과 반복에 의해 만들어지는 것이라면, 시간성이란 그런 만남이라는 사건을 규정하는 동시성의 구성방식과 결부된 것이다. 따라서 제의에 고유한 시간성이란 흔히 생각하듯이 사건들의 순서적인 배열과 반복 이전의 문제고, 이미 주어진 어떤 시간적 배열 안에 개개의 제의들의 위치를 할당하는 것 이전의 문제다.

제의라는 사건을 구성하는 상이한 요소들의 만남은 제의가 행해지는 사건의 동시성을 규정하는 출발점이다. 제의가 신적인 것과 인간적인 것, 비시간적인 것과 시간적인 것이 만나는 사건이라면, 제의에 고유한 시간성이란 그러한 만남의 양상이 보여주는 고유한 특징을 통해 정의된다고 할 수 있다. 이와 관련해 이미 충분히 살펴본 것처럼 제의란 비시간적인 것과 시간적인 것이 만나는 방식으로 자신의 시간을 구성한다. 그 만남의 방식에 차이가 있다고 하지만, 비시간적인 것과 시간적인 것의 '종합'을 통해 하나의 사건이, 그 사건의 동시성이 규정된다는 점에서는 모두 동일하다. 다시 말해 제의의 시간성은 언제나 비시간적인 것과 관련 속에서 구성되는 시간이라는 것이다.

또 하나 중요한 것은 제의라는 사건에서 상이한 세계의 그 만남은 언제나 일회적이란 사실이다. 그것은 대개 반복되게 마련이지만, 반복될 수 있다고 하는 사실은 제의라는 사건을 가능하게 하는 조건이 아니다. 지난번에 제의를 행했다는 사실은 새로이 제의를 행해야 할 상황에 별다른 관계가 없으며, 지금의 제의 또한 다음에 행할 제의를 규정하는 조건이 아니다. 제의는 매번 새로이 행해져야 한다. 요컨대 제의란 신적인 것과 인간의, 혹은 비시간적인 것과 시간적인 것의 **일회적인** 만남에 의해 구성되는 사건이다. 따라서 제의는 그것이 이루어지는 사건의 시간성, 그 순간의 시간성이 결정적이며 제의 간 순서적인 배열이나 주기적 반복은 부차적이다.

반면 자연은 다른 종류의 시간성을 갖는다. 자연적 세계에서 사건이란 상이한 것들이 만나는 것이지만, 그 만남은 언제나 순환의 형식을 취한다. 오늘 뜬 저 해는 내일이면 또다시 뜰 것이고, 100년 뒤에도 마찬가지로 뜰 것이다. 지금 가는 봄은 내년이면 또다시 어김없이 찾아올 것이다. 자연이란 이런 주기적인 반복을 항상-이미 함축하는 만남이다. 따라서 자연의 시간성은 순환에 의해 특징지어진다. **순환이 함축하는 '회귀'는 자연적 시간성에 속하는 특성이지 제의적 시간성에 속하는 특성이 아니다.**

그럼에도 불구하고 제의가 어떤 주기로, 대개는 일 년 단위의 주기로 반복되는 것은 사실이 아닌가? 그러나 그것은 제의력이 구성되는 방식에서 개입하는 다른 요소에 기인하는 것이지 제의의 시간성 자체에 기인하는 것은 아니다. 제의와 제의력을 구별해야 하는 것은 바로 이런 이유에서다.

2) 제의력과 자연력

제의의 시간성이 구체적인 시간의 형식을 취할 때, 그것을 통상 제의력이라고 부른다. 그런데 역이란 시간 자체를 의미하는 것이 아니며, 시간성의 일반적 형식을 뜻하는 것도 아니다. 그것은 차라리 시간성이 반복적 리듬을 갖는 조건에서, 그 리듬이 일정한 순서로 펼쳐지고 배열되는 형식이라고 해야 한다. 그것은 리듬의 반복에 따른 주기를 가지며, 그 주기 안에서 사건들에 하나의 시점을 할당하여 하나의 순서로 배열하는 형식이다.

그런데 앞서 말했듯이 제의의 시간성은 그 자체로는 일회적이기에 역의 형태를 취하지 않으며, 특별히 역의 형태를 산출하지도 않는다. 비시간적인 것과 시간적인 것 사이에서 매번 새로운 사건이 만들어질 뿐이다. 그러나 역설적인 것은 그렇게 만들어지는 사건에는 언제나 시간적인 존재로서 인간이, 아니 인간의 시간이 이미 들어간다는 점이다. 이 경우 인간의 시간은 자연의 리듬에 따른 생활, 생업 활동에 의해 규정되는 시간이다. 따라서 제의적 사건에는 항상-이미 자연력이나 생업력[30] 등의 역이 접혀 들어가 있다. 그것은 본래 역과 무관하지만 역에 따라 펼쳐지고 진행된다. 각각의 제의는 자연력이나 생업력 안에서 시점을 할당하는 기제에 따라 어떤 시점을 할당받게 되며, 나아가 그러한 역의 주기를 따라 반복된다. 다시 말해 제의의 시간성이 구체적인 시간의 형식을 취하는 것은 인간들의 생활을 규정하는 자연의 순환적 리듬 안에서 어떤 위치를 할당받음으로써다. 이로 인해 제의는 자연력과, 그리고 생업력과 결합되고 혼합된다. 이로써 그러한 역들과 나란히 제의력이 만들어진다.

이런 점에서 제의력은 자연력이나 생업력에 한쪽 다리를 걸친 채,

---

30 생업력은 자연력 등과 같은 역을 따라 생업을 위한 활동의 리듬을 펼치면서 만들어진다. 즉 자연력의 시점과 생업 활동의 대응이 생업력을 구성한다.

그 리듬에 따라 구성된다고 할 수 있다. 제의는 순환성을 자신의 고유한 시간성으로 하지 않음에도 불구하고 처음부터 세시적인 순환 과정에 들어가게 된다. 이로써 제의에 '세시성'이 부여된다. 제의들은 이제 '세시풍속'이 된다. 이 세시풍속의 형식에는 파종에서 수확에 이르는 인간의 활동이, 그리고 그 활동의 성과가 스며들고, 자연적 순환이 계절마다 다르게 제공하는 자연물들이 또한 들어와 섞인다. 신에게 바칠 음식은 햇곡식을 이용하며, 계절마다 다르게 주어지는 열매나 꽃들이 이용된다. 나아가 시작과 끝이라는 역의 특징이 제의의 시점을 정하는 데 영향을 미치게 된다. 일 년이 시작되는 정월에 많은 행사들이 집중되어 있는 것은 이러한 이유에서일 것이다.[31]

이처럼 제의력은 자연력과 나란히 가며 그것과 섞이고 그것 안에 자리 잡는다. 이것이 제의력과 자연력을 쉽사리 동일시하고, 자연력과 생업력의 농경적 근접성 위에서 제의력을 다시 농경의 생업력으로 쉽게 환원하게 되는 이유일 것이다. 그러나 이것이 제의력과 자연력, 제의력과 생업력을 동일시하거나 하나를 다른 하나로 환원할 이유는 되지 않는다.[32] 왜냐하면 제의가 자연력이나 생업력 안의 어떤 시점에 할당되지만, 그렇다고 자연력이 제의의 시간을 직접 규정하진 않기 때문이다. 제의는 생업력과 달리 자연적 순환과 관련하여 특정한 위

---

31 제의력은 시간과 비시간 사이에서, 생업력은 자연적 시간 안에서 구성된다. 이런 점에서 제의력이 '더 나이를 먹었다.'고 할 수 있겠지만, 그것은 기원적이란 의미도, 일차적이란 의미도 아니다. 사실은 제의적 시간성에 관여하는 인간의 시간적 세계가 자연력에 의해 규정되어 있었다는 점에서 이미 자연력의 시간성이 제의적 시간성 안에 항상-이미 들어와 있으며, 이런 의미에서 제의적 시간에 선행한다고도 할 수 있을 것이다. 중요한 것은 어느 것이 일차적인가, 어느 것이 기원적인 것인가 하는 게 아니라 시간성의 차이를, 상이한 시간적 구성방식의 차이를, 그 환원 불가능성을 보는 것이다.

치에 고정되거나 할당될 이유가 없다. 가령 성주고사 내지 성주굿은 통상 정월 보름날 지신밟기 때 한다고 하지만,[33] 《동국세시기》에서는 10월에 한다고 쓰고 있으며,[34] 당제나 별신제를 할 때 하기도 하고, 이사를 하거나 새로 집을 짓는 경우에도 한다. 이는 '아무 때나' 할 수 있다는 의미일 것이다.

이상에서 언급한 사실들을 통해 제의의 시간성에 대한 엘리아데(M. Eliade)의 이론이 부적절하다는 점을 간단하게나마 지적할 필요가 있다. 《우주와 역사 : 영겁회귀의 신화》에서 엘리아데는 '성과 속'이라는 뒤르켐적 이분법을 원형과 실재, 카오스와 코스모스, 영원성과 시간성이라는 개념으로 바꾸어, 양자 사이의 관계 속에서 제의 행위를 설명하고 있다. 여기서 두 개의 세계는 창조 이전의 세계와 창조 이후의 세계처럼 시간적으로 대체되는 두 개의 계기로 간주된다. 제의란 카오스에서 코스모스로의 변환의 지점, 즉 천지창조의 사건을 반복하면서 지나간 시간을 소멸시켜 원형적 세계로, 영원성의 세계로 회귀하는 것이라는 것이다. 따라서 제의란 무엇보다 중심 내지 태초로 되

---

32 김택규는 제의나 풍속을 농경이라는 '근원'으로 환원하고, 제의력을 농경에 기초한 생업력으로 환원할 수 있다고 본다. 물론 제의와 농경이 갖는 연관이야 부정할 수 없는 것이라 해도, 전자를 후자로 환원하는 것은 제의나 세시풍속이 갖는 다양하고 이질적인 면들을 단일화하고 동질화하는 대가를 치르게 된다. 가령 그는 추석을 새로운 곡식을 천신하는 농경제의라고 하지만, 《동국세시기》나 《경도잡지》는 유리왕 시대의 길쌈 경연에서 기원을 설명하고 있으며, 김택규 역시 천신의례라는 문헌적 증거를 찾을 수 없음을 인정하고 있다. 이를 해결하기 위해 길쌈 대회를 천신의례 이후의 음복향연이라고 추측하거나 삼의 수확제의였을 것이라고 추측하기도 하지만(김택규, 《한국 농경세시의 연구》, 영남대출판부, 1991, 319~322쪽), 이는 매우 무리한 시도처럼 보인다.

33 정승모, 《한국의 세시풍속》, 학고재, 2001, 41쪽.

34 홍석모, 《동국세시기》, 이석호 역주, 《조선세시기》, 동문선, 1991, 115쪽. 정승모도 10월이 성주고사를 하기 좋은 달이라고 하고 있다.(정승모, 《한국의 세시풍속》, 학고재, 2001, 263쪽)

돌아가는 '천지창조의 행위의 반복'이다.[35]

따라서 제의란 신적인 행위의 모방이고 그런 모방을 통해서 신의 창조에 참여하는 것이다. 원시인들, 고대인들은 이처럼 원형의 모방을 통해서 플라톤적 세계로 반복하여 회귀하려던 플라톤주의자들이 되고, 원시적 존재론은 플라톤적 구조를 갖고 있는 게 된다.[36] 그것은 의미 없는 시간인 속된 시간, 변화나 생성의 시간을 소멸시켜 원형적 세계를 시작하는 것이다. 제의에서 보이는 정화(淨化)의 행위들은 카오스의 회복, 무시간적 영원성의 회복이고, 시간성에 반하는 순수 시간의 회복이다. 반대로 시간이 존재하는 것, 혹은 시간이 인식되는 것은 그 무시간적 세계에서 쫓겨나게 되는 '죄' 때문이다. 속죄의 의식으로 제의가 원형으로 돌아가는 것이란 점은 그것이 죄를 씻는 것, 즉 시간을 소멸시켜 원형적 세계로 돌아가는 것이다.[37]

먼저 이는 우리가 이미 지적한 몇 가지 오해에 의거하고 있다. 신적인 세계, 성스런 세계는 비시간적이지만, 그것이 창조주의 세계나 이데아의 세계처럼 원형적인 세계가 아니라 차라리 멈추어 선 시간의 세계라고 해야 한다는 점 ; 더욱이 시간적인 세계와 근본적으로 분리된 것도 아니란 점 ; 두 세계는 시간적 대체관계에 있는 게 아니라 차라리 공간적 인접 내지 병존 관계에 있다고 해야 한다는 점 ; 순환이나 회귀는 제의의 시간성에 고유한 게 아니라 역이 구성되는 과정에

---

35 미르체아 엘리아데, 정진홍 옮김, 《우주와 역사 : 영원회귀의 신화(Cosmos And History)》, 현대 사상사, 1976, 25쪽. 한편 김명자(〈세시풍속의 순환의미〉, 《한국 민속학》 16호, 1983)는 이를 수용하여 세시풍속의 순환성이 갖는 의미에 대해 설명하고 있는데, 그런 만큼 엘리아데와 동일한 오류를 범하고 있다.

36 같은 책, 58~59쪽.

37 같은 책, 124쪽.

서 그것에 들어가 섞이는 자연력의 특징이라는 점 ; 그리고 비시간적 세계로 "돌아가는"―사실은 그것과 만나는―사건은 시간의 소멸이 아니라 거꾸로 비시간적인 것을 시간적인 세계로 불러내며 시간을 구성하는 고유한 방식이라는 점 등이 그것이다.

이러한 오해의 근저에는 우리나 동양, 혹은 이른바 '원시사회'나 '미개사회'와 다른 서구 고유의 초월적 신의 개념이 자리 잡고 있다. 신이 세상의 존재 이유를 제공하는 유일한 초월적 존재인 서구와 달리 다양한 종류의 신령이나 귀신으로서 인간과 나란히 공존하며 인간처럼 행복과 불행과 기쁨과 슬픔에 부대끼는 세계에서 제의를 천지창조라는 원형적 행위를 반복하며 신적인 원형으로 회귀하는 것으로 정의하는 게 어떻게 가능할까? 더욱이 창조주의 세계나 이데아처럼 모방할 모델을 갖지 않는 우리로서는 모방을 통해 신적인 세계의 창조에 참여한다는 플라톤적 주장은 지극히 낯설고 어이없는 것이다. 이런 점에서 엘리아데의 이론은 너무도 플라톤적이고 너무도 기독교적이며, 따라서 너무도 서구적이다. 그것이 '원시사회'에 모델로 사용되면서 원시인들이 모두 '플라톤주의자'로 되어버리는 사태는 너무도 단순하고 너무도 무참한 것이다. 이런 식으로 그는 그러한 자신의 사고에 비서구, 고대의 모든 원시인들의 사고를 끼워 맞추어 포획하고 있는 것이다.

덧붙이면, 그는 일회적인 만큼 매번 다르고, 매번 새로울 수밖에 없는 제의를, 따라서 반복조차 차이의 반복으로서만 존재할 수밖에 없는 제의를 원형의 반복이라는 '차이 없는 반복'으로 치환함으로써 단순한 순환적 회귀의 관념에 복속시키는 것 또한 제의의 일회성은 물론 그것의 반복이 갖는 고유성을 오해하고 있는 것이다.

5. 제의의 절차와 사회적 시간

1) 제의 절차의 세 요소

아키바 다카시는 한국의 민속을 다루면서 집의 민속과 마을의 민속, 섬·산의 민속으로 분류하여 다루지만,[38] 일반적인 관점에서 집과 마을이 제의나 민속·풍속의 가장 중요한 단위라는 것은 분명하다. 즉 기제사나 절사, 혹은 성주고사처럼 가제(家祭)와 지역에 따라 성황제, 당산제, 산신제, 산천제, 동신제 등의 상이한 명칭으로 불리는 동제(洞祭)가 있다.[39]

가제나 동제, 혹은 유교적 절차의 제사나 무속적 형태의 굿이나 크게 두 가지 측면을 갖는다는 점에서는 공통된다. 하나는 제의를 주관하는 제관이 신에게 제문을 읽거나 소망을 빌며 신과 소통하는 과정이고, 다른 하나는 그 제의에 참가한 사람들이 제물을 함께 먹으며 노는 과정이다. 김택규는 굿을 분석하면서 전자를 '풀이', 후자를 '놀이'라고 명명하며 이런 구조를 '굿의 이중 구조'라고 부른다.[40]

---

38 섬나라 근성에 대해서는 일찍이(1894) 구메 쿠니타케(久米邦武)가 관심을 보인 적이 있지만, 섬나라(島國)와 산나라(山國)라는 말이 민속학의 개념으로 등장하게 된 것은 일본 민속학의 창시자 야나기타 쿠니오(柳田國男)로 인한 것이다. 이에 대해서는 오구마 에이지, 조현설 옮김, 《일본 단일민족 신화의 기원》, 소명출판, 2003, 128~133쪽과 278~289쪽 참조.

39 물론 '동제'가 주로 유교적인 제의를 지칭하고 무속적인 것의 경우에는 '동방(洞防, 아키바)' 이나 '당굿'(이두현, 《한국 민속학 논고》, 학연사, 1988, 146쪽 이하)으로 지칭하지만, 크게 동제라는 명칭으로 포괄해서 지칭해도 좋을 것이다. 한편 아키바나 김택규는 동제가 단지 유교적 절차로 환원할 수 없으며 오히려 무속적 제의에 부분적으로 유교적 절차를 도입한 것이라고 보아, 동제 자체의 바탕이 무속적인 것이라고 본다.(아키바 다카시, 심우성 옮김, 《조선 민속지》, 동문선, 1993, 185쪽 ; 김택규, 《한국 농경세시의 연구》, 영남대출판부, 1991, 365쪽)

40 김택규, 《한국 농경세시의 연구》, 영남대출판부, 1991, 460~463쪽

비슷하게 뒤르켐은 희생제의가 '봉헌'과 '영성체(음복)'란 개념으로 구성된다고 말한다. 그는 먼저 희생제의의 본질이 "무엇보다 음식을 통한 교제 행위"라는 스미스(R. Smith)의 이론을 받아들인다. 하지만 거기에 '봉헌'이라는 성격이 있음을 추가한다. "희생은 본질적으로 두 가지 요소로 이루어져 있다. 하나는 영성체〔음복〕고, 다른 하나는 봉헌이다. 신도들은 성스러운 양식을 먹음으로써 그의 신과 교통하며 동시에 그는 이 신에게 봉헌하는 것이다."[41]

그러나 사실 김택규가 '놀이'라고 부른 과정은 단지 제물을 나누어 먹으며 교제하는 것이란 의미에서 음복 내지 영성체의 범위를 넘는 또 다른 측면이 포함되어 있다. 그것은 제관인 무당과 모여선 사람들의 떠들썩한 말과 응수, 야유와 음담 등이 오가는 과정이고, 악기가 연주되고 춤과 노래가 이어지며, 때로는 함께하는 집합적인 행동이 길게 이어지는 과정이기도 하다.

이런 점에서 신과 제관이 소통하고 교감하는 과정을 김택규의 개념을 빌려 '풀이'라고 한다면, 종종 제관이나 신까지 끌어들이며 사람들이 함께하는 과정은 음식을 먹으며 교제하는 '음복'과 함께 어울려 노는 '놀이'로 구별하여 사용하는 것이 좋을 듯하다. 이는 간단히 음복에서 끝나는 것과 달리 유희적인 행사가 길게 이어지는 제의들이 있으며, 나아가 줄다리기나 가면극처럼 '풀이'나 '음복'이 생략되거나 거기서 분리되어 놀이의 측면이 비대화된 그런 풍속을 이해하는 데 중요하다.

'풀이'는 신을 불러내거나 내리게 하여 맞이하는 것이고, 그렇게

---

41 에밀 뒤르켐, 노치준/민혜숙 옮김, 《종교생활의 원초적 형태》, 민영사, 1992, 477쪽.

불러낸 신에게 소망을 기원하거나 신의 전언을 듣는 과정이다. 따라서 이는 대체로 제관이 혼자 수행하며, "주무(主巫)의 풀이의 소리와 춤과 도사(禱詞)의 소리, 그리고 재비의 주악 이외에는 일체의 잡음이 배제"된다.[42] 유교적 제의에서 이는 제관이 헌작(獻爵)하고 절한 뒤 축문을 읽는 등 음복 이전의 모든 절차가 이에 해당된다. 역시 엄숙함과 숙연함이 요구된다.

표면적으로 경배하고 숭배하는 형태로 진행되는 이러한 절차에 대해서 뒤르켐은 '봉헌'이라고 부른다. 봉헌의 이유는 자연적 흐름 속에서 신들이 쇠약해지기 때문이다. 즉 쇠약해지는 신들을 부양하고 돕기 위해 봉헌이 행해진다는 것이다.[43] 그런데 이는 사실 신 자체의 약화라기보다는 신들에 대한 믿음의 약화, 신들에 대한 표상의 약화를 의미한다. 성스런 존재들이란 그런 표상들 속에서, 그 표상들에 의해서만 존재할 수 있기 때문이다.[44] 봉헌이란 이렇게 약화되는 집합적인 표상을, 신을 불러내고 교감하는 절차를 통해 다시 새롭게 하는 것이다. 즉 "숭배는 성스런 존재들과 속된 존재들을 교통시키는 목적만 있는 게 아니라 성스런 존재들을 삶 속에서 유지시키고 그들을 회복시키며 끊임없이 갱생시키는 목적을 갖고 있다."[45] 이런 점에서 신에게 봉헌되는 것은 양식이나 피가 아니라 신도들의 의식이고 관념이다.[46]

---

42 김택규, 《한국 농경세시의 연구》, 영남대출판부, 1991, 462쪽.
43 에밀 뒤르켐, 노치준/민혜숙 옮김, 《종교생활의 원초적 형태》, 민영사, 1992, 480쪽.
44 같은 책, 481쪽.
45 같은 책, 482쪽.
46 같은 책, 482~483쪽.

풀이 내지 봉헌이란 이처럼 한 집단의 사람들이 공유하고 있는 공통의 표상, 집합표상을 환기시키고 갱신하여 그것을 공유한 사람들을 하나의 집단으로 묶는 사회적 의식을 만들어낸다. 신적인 존재자를 통해서 그와 마주 선 사람들이 단일한 집단에 속한 존재자임을 확인하게 한다는 것이다. 이로써 표상적인 차원에서 제의에 참가한 사람들의 집합성과 사회성을 만들어낸다. 그러나 이는 표상적이고 의식적인 만큼 추상적이고 미약한 집합성이다. 다른 이질적인 존재자, 이질적인 표상이 끼어들면 금세 동요하고 균열되는 집합성. 그렇기에 대개 이런 종류의 표상은 단일성과 통일성을 요구하기 십상이며, 웃음을 허용하지 않는 엄숙함을 요구하게 마련이다.

음복 내지 영성체란 앞서 스미스를 인용하여 뒤르켐이 지적했듯이 제물을 함께 먹으며 참가한 사람들이 교제하는 것이다. 희생물 내지 제물은 신에게 바쳐지지만 사실은 인간들 자신이 먹기 위해 스스로 바치는 것이고, 나누어지는 이 제물을 통해 참가한 사람들, 혹은 제의가 벌어지는 인근의 사람들, 마을의 사람들이 서로 인접한 존재요 함께 사는 존재, 함께 나누어 먹는 존재임을 '물질적으로' 환기하게 된다. 스미스에 따르면, 이러한 공동의 식사는 참석한 사람들 사이에 혈연관계를 만들어준다고 한다.[47] 하지만 그것은 인간과 신들 사이에 인위적 혈연관계를 만드는 게 아니라 그들을 원초적으로 묶고 있던 자연적 혈연관계를 새롭게 하고 유지해주기 위해 만들어진 것이다.[48]

요컨대 음복은 함께하는 식사라는 하나의 공통된 행위, 하나의 공

---

47 같은 책, 469쪽.
48 같은 책, 473쪽.

통된 사건에 독립적인 개체들을 '연루'시킨다. 이런 점에서 이는 표상적이라기보다는 물질적인 차원에서 제의에 직간접으로 참여한 사람들을 하나의 사회, 하나의 집합적 존재로 결속시키는 방법인 셈이다. 이러한 결속은 그 자체만 보면 동일한 신의 관념이나 표상 같은 단일성을 요구하지 않는다. 먹는 음식의 물질적 '단일성' 내지 공통성이 먹는 사람들을 소통하고 결속하게 한다.

풀이 내지 봉헌의 절차 이후에 음복으로 이어지고 유교적인 제사처럼 거기서 끝나는 경우도 있지만, 무속적인 제의의 경우에는 참가한 사람들이 제관이나 신과 어울리며 응수하고 다양한 종류의 추임새를 넣는 놀이가 이어지는 경우가 많으며, 수많은 민속놀이에서 쉽게 보는 것처럼 제의보다 놀이가 훨씬 더 길고 크게 발달한 경우도 많다. 혹은 고창군 우평리의 독실마을 줄다리기에서처럼 놀이가 선행하고 그것이 끝나면 당산나무에 줄을 감고 당산제를 지내는 경우도 있다.[49] 따라서 풀이와 음복은 순서가 정해져 있지만(제사가 끝나기 전에 음식을 먹는 것은 금기다), 놀이의 경우에는 반드시 순서가 고정된 것은 아닌 셈이다.

음식을 함께 먹지는 않으며, 그 자체로 독립된 놀이가 많다는 사실은 놀이가 음복과 구별되어야 한다는 것을 보여준다. 놀이는 제물을 나누어 먹는 식사가 아니라, 음복 이전이나 이후에 음악과 춤을 통해, 혹은 차전이나 줄다리기 같은 집단적인 대결이나 기(旗)세배 같은 집단적 인사, 가면극이나 탈춤 같은 연극적이고 가무적인 놀이를 통해 참가한 사람들을 하나의 집합적 신체로 묶어주는 별도의 절차다. 풀

---

49 정승모, 《한국의 세시풍속》, 학고재, 2001, 76~87쪽.

이 내지 봉헌이 집합성을 구성하는 표상적 방법이었고, 음복이 그를 위한 물질적 방법이었다면, 놀이는 참가한 사람들의 신체를 움직여서 집합적 신체를 만드는 것이란 점에서 집합성을 구성하는 '신체적 방법'이라고 말할 수 있을 것이다.

여기서 중요한 것은 사람들이 **공통의 활동, 공통의 신체적 움직임을 통해서 하나의 집합적 신체를 구성하게 된다**는 점이다. 이를 위해 반드시 있어야 하는 것은 음악이다. 징과 장구 같은 간단한 '편성'에서 대규모 농악대의 동원에 이르기까지 음악을 만들어내는 악기와 악사가 없는 굿이나 '놀이'란 상상할 수 없는 것이다. 그 이유는 독립적인 개인들이 모여서 하나의 집합적 신체를 이루기 위해서는 각각의 움직임이 **하나의 공통된 리듬**을 따라 움직여야 하는데, 바로 이 공통의 리듬을 만들어내면서 개별적인 움직임을 그 리듬에 따라 흐르게 하는 역할을 하는 것이 음악이기 때문이다.

2) 제의와 사회적 시간

이상에서 본 것처럼 풀이(봉헌)와 음복, 놀이는 제의의 절차를 구성하는 세 가지 기본 요소다. 이 세 가지 요소를 통해서 제의나 풍속의 성격을 구분할 수도 있을 것이다. 가령 유교적인 제의는 나무나 종이에 '글자'로 쓴 신주를 모시고, '봉헌' 내지 '풀이'와 음복이라는 두 가지 절차로 구성되며, 유희적 성격이 없고 엄숙하다. 신체적인 놀이는 물론 음악이나 춤, 추임새나 응수도 거의 배제되어 있다. 반면 무속적인 제의에서는 풀이와 음복, 놀이의 세 가지 요소가 모두 포함되어 있으며, 종종 풀이도 음복도 없는 경우도 있다. 전체적으로 신체적인 움직임과 놀이, 유희의 성격이 강하고 춤과 음악이 시종일관 시끄러울 정도로 사용되어 참가자 전원의 신명을 돋운다. 이런 점에서 유교적인 제의가 표상적인 성격이 상대적으로 강하다면, 무속적인 제의는 신체적인 성격이 강하다고 할 수 있다. 한편 줄다리기나 차전, 석전, 혹은 가면극 등은 풀이와 음복이란 요소는 거의 소실된 채 놀이라는 요소가 특별하게 비대화된 것이라고 할 수 있다. 직접적인 제의의 형식에서 분리된 대부분의 풍속들은 이처럼 제의를 구성하는 놀이라는 요소가 다른 요소와 분리·독립되어 만들어진 것이라고 할 수 있지 않을까? 축제가 제의에서 기원한다는 것은 잘 알려져 있지만, 모든 제의가 꼭 축제는 아니라는 점 또한 사실이다. 제의 가운데 음복과 놀이라는 측면이 강화되면서 상대적인 독자성을 획득하는 것이 제의가 축제로 변환되는 문턱이라고 해야 할 것이다.

한편 제의의 각 요소들이 갖는 특성에 대해서도 약간의 비교를 덧붙일 수 있을 것이다. 먼저 풀이는 제관이나 주무에 의해 개별적인 형식으로 진행되는 반면 놀이는 청중들을 포함한 모든 참가자에 의해 집단적으로 진행된다는 점에서 대비된다. 즉 풀이에서 놀이로 갈수록 집합성이 증가한다고 할 수 있다. 따라서 풍속이나 행사가 어디에 주안점을 두고 있는가에 따라 그 풍속의 집합성 내지 사회성의 정도를 구별할 수 있다. 가령 풀이나 음복에서 멈추는 유교적인 제의에 비해 음복과 놀이가 중요한 비중을 차지하는 무속적 제의가 좀 더 큰 사회성을 갖는다고 하겠다. 유교적 절차에 따른 차례나 절사에 그치는 설과, 동제적인 제의와 마을 전체의 범위에 걸친 음복, 놀이가 상대적으로 더 큰 비중을 차지하는 보름이 서로 다른 집단적 범위에 대응하는 상이한 성격의 풍속이라고 하는 사실[50] 또한 이런 관점에서 이해할 수 있을 것이다.

상관적인 집합성의 규모뿐만 아니라 영토성과 형식이란 면에서도
세 요소는 구별된다. 풀이는 정해진 장소에서 정해진 형식에 따라 매
우 제한적인 방식으로 행해지지만, 음복은 떡을 돌리고 음식을 돌리
는 데서 보이듯이 정해진 영토에서 벗어나는 탈영토화의 성분을 포함
하며, 놀이는 마을 전체로, 혹은 그 외부로까지 확장되면서 마을의 외
부자들에게까지 참여의 기회가 주어지기도 한다는 점에서 좀 더 큰
탈영토성을 갖는다. 진행의 절차와 규칙(코드)이라는 면에서도 풀이
에 비해 음복이나 놀이는, 나름의 규칙을 가지면서도 규칙의 변형이
나 위반이 폭넓게 허용된다는 점에서 상대적으로 좀 더 탈코드화되어
있다고 말할 수 있다. 다른 한편 풀이가 축문의 낭송이나 도사(禱祠)
처럼 선율적인 성격이 강하다면, 놀이는 함께 응수하고 함께 말하며
함께 움직인다는 점에서 리듬적인 성격이 강하다고 하겠다.

여기서 특히 중요한 것은 집합성과 리듬이다. 집합성이 제의가 갖
는 사회적 성격을 단적으로 표현한다면, 리듬은 그러한 집합성이 실
질적으로 작동하는 메커니즘을 제공하기 때문이다. 물론 놀이, 혹은
음복뿐만 아니라 풀이를 포함하는 제의 자체가 개인들을 집합적으로
모이게 하는 기능을 하기 때문에 그 자체로 사회적 성격을 갖고 있으
며 그것을 작동시킨다고 해야 한다. 뒤르켐이 지적했듯이, 풀이 내지
봉헌이라는 절차는 신과 결부된 집합적인 표상에 새로운 힘과 활기를
불어넣음으로써 집합성을 갱신하고 강화한다는 점 또한 이와 동일한
측면을 갖는다. 이는 제의가 어느 것이든 처음부터 개체를 넘어서 사

---

50 임재해, 〈설과 보름 민속의 대립적 성격과 유기적 상관성〉, 《한국민속학》 19호, 한국민속학
회, 1986.

회적 집합성을 구성하고 유지하는 기능을 한다는 것을 보여준다.

그런데 이와 다른 층위에서 음복에서 놀이로 가면서 점점 더 큰 비중을 갖게 되는 리듬이라는 요소는 이러한 사회성이 시간적인 성격을 갖는다는 것을 보여준다는 점에서 중요하다. 시간이란 어디 따로 있다가 여기저기 도입되는 별도의 실체가 아니라, **상이한 개체들이 만나면서 어떤 공통의 리듬이 형성될 때 만들어지는 것**이기 때문이다. 이런 점에서 시간이란 사실 상이한 개체들이 모여서 하나의 조화로운 움직임을 만드는 형식이고, 그렇기에 언제나 리듬을 통해서 표현되고 리듬을 통해서 구성된다. 리듬이 깨진다는 것은 하나의 시간적 형식 아래 조화를 이룰 수 있는 집합적 신체가 분열되고 교란된다는 것을 뜻한다.

이러한 리듬적인 성격이 실제로 작동하는 데 긴요한 것이 바로 음악이다. 공동의 리듬을 따라 개체들이 함께 움직이게 만드는 것이 바로 음악이기 때문이다. 이는 집합적인 행동이 발생하는 곳 어디에서도 리듬을 맞추는 음악적 성분이 반드시 나타난다는 점을 안다면 쉽게 이해할 수 있는 것이다. 깃발 없는, 혹은 심지어 언어 없는 집합적 행동은 있을 수 있지만 호흡을 맞추고 리듬을 맞추는 음악이 없이는 어떤 집합적 행동도 있을 수 없다. 세시풍속이나 제의에서 놀이라는 절차에 음악이 반드시 수반된다는 것은 바로 이런 이유에서다.

여기서 리듬과 시간 개념의 관계를 알기 위해 굳이 "음악이란 시간 예술이다."라는 식의 명제를 떠올릴 필요는 없다. 제의나 놀이에 사용되는 음악이란 꼭 어떤 형식화된 예술을 의미하는 건 아니기 때문이다. 다만 음악적 사건에서 '템포를 맞추는 것'이 중요하며, 템포(tempo)란 라틴계 언어에서 정확하게 '시간'을 의미하는 단어라는 것을 상기하는 것이면 충분할 것이다. 템포를 맞춘다는 것은 하나의 시간(템포)을 구성할 수 있도록 공동의 리듬을 형성하는 것을 뜻하는 것이다.

요컨대 공통된 리듬을 통해서 개체들은 하나의 집합적 신체 속에 공속하게 되며 하나의 집합적 신체의 일부를 구성하게 된다. 바꿔 말하면 **개체들이 모여 하나의 집합적 신체가 만들어질 때, 그 집합적 신체를 구성하며 움직이는 리듬이 바로 그 집합체의 삶과 행동을 규정하는 시간적 형식**이다. 이런 의미에서 제의는 그것을 통해 하나로 결속되는 집합체에 실질적인 신체적 '통일성'을 제공하는 시간적 메커니즘을 포함한다고 할 수 있다.[51] 좀 더 정확하게 말한다면 제의의 절차를 통해, 특히 그 놀이의 절차를 통해 사회적 시간이 리듬의 형태로 구성되고 작동하게 된다고 할 수 있을 것이다.

6. 비시간적인 것과 시간적인 것의 만남

제의는 신들의 세계와 인간의 세계, 비시간적 세계와 시간적 세계

---

51 그러나 이 신체적 '통일성'은 단일한 표상이 요구하는 '단일성', 이질성을 배제하는 그런 종류의 통일성이 아니다. 왜냐하면 리듬적인 통일이란 사실 부분적인 움직임의 차이를 포함하며 그 차이의 틈새로 이질적인 요소들이 끼어드는 것을 허용하는 통일성이기 때문이다. 표상적인 통일성이 이질적 표상의 개입에 의해 쉽사리 깨지는 것인 반면, 공동의 신체적인 움직임을 통해 형성되는 통일성은 공동의 리듬을 탈 수만 있다면 공동의 표상 없이도 가능한 것이고 상이한 표상을 갖고도 가능한 것이기 때문이다. 한편 인류학자 에드워드 홀은 한 번에 하나의 일만 하는 것을 모노크로닉한 시간이라고 하고, 한 번에 여러 가지 일을 하는 것을 폴리크로닉한 시간이라고 하는데(에드워드 홀, 최효선 옮김, 《생명의 춤(The Dance of Life)》, 한길사, 2000, 77~97쪽), 이와 동일한 것은 아니지만 일정한 상응성을 갖는다고 할 수 있다.

라는 두 개의 세계 사이에 자리 잡고 있다. 그것을 통해 사람들은 비대칭적인 두 세계의 존재자들이 서로 소통하고 공존할 수 있는 통로를 마련하고자 한다. 이런 점에서 제의는 신들과 인간이, 비시간적인 것과 시간적인 것이 만나는 사건이다. 그것은 시간적인 세계 속에 비시간적인 것을 끌어들이고 비가시적인 것을 가시적인 세계 속에서 가시화하는 조치들의 집합이다.

물론 이러한 조치들에 대해 인간이라는 시간적인 존재자들이 가변적인 세계 속에서 언제 닥쳐올지 모를 불행을 피하기 위해, 혹은 역으로 어느 날 자신들에게 닥쳐온 불행을 설명하기 위해 비시간적 존재자들의 힘을 빌리는 것이라고 말할 수도 있을 것이다. 그런 점에서 두 세계의 비대칭성을 넘어서려는 제의적 시도들에 대해 가변성의 불안을 불변적인 것을 통해서 넘어서려는 서구의 오래된 '형이상학'과 동형적인 것이라고 말할 수도 있을 것이다.(이런 점에서 서구인들이 말하는 '미신'이란 서구의 형이상학과 얼마나 가까이 있는 것인지!)

이는 표면적으로는 사실인 것처럼 보일지도 모른다. 그렇다고 하더라도 두 세계의 소통을 회복하려는 시도들을 통해서 인간은 세상에 오직 자신들만이 존재하며 세상은 오직 자신들을 위해 존재하는 것이라는, 누구나 갖기 쉬운 그런 '자기중심주의'에서 벗어나 비가시적인 영역에 존재하는 드넓은 세계를, 불가사의하지만 생각해야 할 다른 종류의 세계, 존중하며 배려해야 할 다른 세계, 다른 존재자들이 인접하여 존재한다는 것을 상기시키려 하는 것이란 점에서 그것은 피안에 있는 불변성의 세계에 안주하려는 형이상학과는 근본적으로 다르다.

그보다는 오히려 사냥이라는 불가피한 '대결'에 앞서 사냥될 동물들을 위해 위로하고 기도하며 용서를 구하는 '인디언'이나 '원시인'

들의 제의와 훨씬 더 가깝다고 해야 한다. 거기서 '원시인'들은 그 제의를 통해 인간들의 세계 '바깥', 인간들이 착취하지만 그런 만큼 기대고 있는 타자들의 세계가 존재함을 일깨우고 그것에 대한 경의와 존중, 배려를 잊지 않아야 함을 상기시킨다.[52] 이런 점에서 제의로 연결되는 두 개의 세계 사이에서, 이질적인 두 개의 세계가 공존하고 겹치며 하나의 세계를 구성하는 비이원적 이원성을 발견할 수 있다.

비시간적인 것과 시간적인 것의 종합을 의미하는 제의의 시간성은 이러한 역설적 '이원성'의 다른 표현이다. 거기서 비시간성은 시간이 흘러도 변하지 않는다는 의미의 '불변성'에 대한 소망보다는, 인간적인 삶으로 환원할 수 없는 이질적 존재자들의 존재를 고려하고 배려하려는, 그럼으로써 그들과의 조화와 상생을 추구하려는 그런 소망에 잇닿아 있다. 물론 그것은 인간 자신을 위한 것이기도 하지만 말이다.

그러나 이러한 역설적 세계상은 근대의 물결을 타고 덮친 서구적 시간의 파도에 휩쓸려 파괴되고 망실되었다. 한편에서 그 역설적 '이원성'은 불변성과 가변성, 피안과 차안, 신과 인간을 가르는 서구적 이원성에 포개졌고, 제의를 통해 인간의 세계 속에 불려오던 신들은 전능한 초월자인 그들의 신과 대비되어 왜소하고 열등한 것이 되었으며, 풍속이라는 이름의 일상에서 밀려나 '성스런(holy)' 시간과 공간 안에, 비일상적 지대 안에 유폐되었다. 다른 한편에서 모든 것을 계산 가능한 것으로 바꾸는 근대 과학과 경제적 합리성의 격자 속에서 그

---

52 이에 대해서는 베어하트, 형선호 옮김, 《인생과 자연을 바라보는 인디언의 지혜》, 황금가지, 1999 ; 나카자와 신이치, 김옥희 옮김, 《곰에서 왕으로 : 국가, 그리고 야만의 탄생》, 동아시아, 2003b 등 참조.

신들의 세계는 신비적 마술 내지 어리석은 미신이 되었고, 베버가 말한 대로 '탈마술화'의 절차를 통해서 분쇄되고 파괴되었다.

이럼으로써 인간의 세계, 그 시간적인 세계 안에 존재하던 비시간적인 세계는 제거되었다. 그러나 그것은 그저 소멸되어 사라진 것이 아니었다. 어떤 경우 그것은 서구의 오래된 형이상학적 사고방식에 따라 현실의 저편, 피안의 세계의 일종으로 변환되었고, 가변적인 삶의 불안으로 인해 빈번하게 우리가 기대게 되는 어떤 도피처가 되었다. 다른 경우 비시간적인 것은 시계를 모델로 하여 만들어진 '시간'이라는, 모든 것의 변화를 재는 잣대, 가변적인 세계와 항상 잇닿아 있지만 스스로는 결코 변해선 안 되는 것 속에서 새로운 생존의 자리를 마련하게 된다. 시간 속에 있는 변화하는 세계와 그것의 잣대인 불변적 시간의 이원성이 이전의 역설적 '이원성'을 대체하게 된다.

더불어 사회적 차원에서 집합성을 상기시키고 집합적 신체를 구성하는 제의의 메커니즘 역시 해체되거나 성격을 달리하게 된다. 탈마술화된 세계 속에서 제의는 가족적 범위의 제사나 절사로, 그리하여 흩어진 가족들을 정기적으로 불러모으는 절차로 변형되었다. 가족을 넘어서는 범위의 제의나 풍속들은, 특히 집합적 신체를 구성하는 놀이나 축제는 소멸되거나 일종의 '기념물(문화재!)' 내지 '관광상품'으로 명맥을 유지하게 되었음을 우리는 잘 알고 있다. 그렇게 존속하는 축제나 풍속, 혹은 제의는 사람들을 하나의 집합적 신체로 모으고 움직이게 하는 주기적 절차가 아니라 일종의 무대 위에서 낯선 시선들을 위해 '공연'되는 스펙터클(구경거리)이 되었다. 제의를 통해 작동하던 사회적 시간은 모든 사람의 행동을 규제하는 시계라는 척도적 시간으로 대체되었다. 정해진 시간에 많은 사람들이 동시에 무엇을 하지만 결코 하나의 집합적 신체를 구성하지는 않는 개별화된 공통성이 이전의 집합성을 대신하게 된다.

결코 피할 수 없었을 이러한 변화에 대해 말하는 것이 그렇게 파괴된 것들에 대한 어떤 향수를 부추기기 위한 것도, 혹은 근대적 삶의 방식에 대한 어떤 가시적 대체물을 은밀히 제시하려는 것도 아님을 말해두어야 한다. 다만 그러한 과정 속에서 사라진 것을 상기함으로써 현재 존재하는 것의 의미를, 그것의 그림자에 가려 보이지 않게 된 것이 무엇인지를 이해할 필요는 있을 것이다. 신들의 세계가 아니라 신들의 세계를 통해서 사람들이 환기하고 배려하던 것이 중요하다면, 이전의 세계로 회귀할 수 없는 지금 그것을 우리의 세계 속에서 상기하고 배려할 수 있는 새로운 방법을 상상해야 하는 건 아닐까? 아니, 그보다 먼저 지금 우리의 눈앞에는 보이지 않는, 그러나 우리가 고려하고 배려해야 할 이질적인 타자들의 세계가 존재한다는 사실을 상기해야 하는 건 아닐까? 그것은 근대적 삶의 외부를 상상하고 창안하는 데 고려되어야 할 중요한 하나의 세계라고 해야 하지 않을까?

5장

근대적 시간은 어떻게
'선험적 시간'이 되었나?

—

〈독립신문〉에서 근대적 시간-기계의 작동 양상

근대는 새로운 시간과 함께 온다. 근대가 세계 체제로서 정의된다고 하든, 아니면 제국주의적인 세계 체제를 수반한다고 하든, 그것은 이전에 고립되어 존재하던 국가들 간 교역과 왕래를 수반하기에, 그 교역과 왕래의 기준이나 척도가 되는 근대적인 시간과 함께 오게 마련이다. 이는 조선의 경우에도 정확하게 해당된다. 개국 즈음의 조선은 효종 때 수입한 태양·태음력〔이하 '태음력'〕인 시헌력을 사용하고 있었다.[1] 개항과 더불어 조선은 서양의 태양력(그레고리우스력)과 만나게 되었고, 기계적인 시계에 의해 측정되고 계산되는 새로운 종류의 시간과 만나게 된다. 아마도 개항장은 이러한 새로운 시간과의 만남이 본격적으로 발생한 최초의 장소였을 것이다.[2] 물론 이러한 만남이 인민들의 삶의 방식을 통해 규정하는 사회적 시간 자체와는[3] 아직 무관한 것이었다고 해도.

이후 조선 정부는 고종의 이름으로 1895년 9월 9일 "역법을 개정하여 태양력을 사용하고 개국 504년 11월 17일을 개국 505년 1월 1일로 삼으라."는 조칙을 내린다. 아울러 음력 11월 15일에 정삭을 개정하고 연호를 건양(建陽)으로 삼을 것을 결정했다.[4] 근대국가와 함께 온 새로운 시간이 정부에 의해 공인되는 순간이고, 동시에 중국의 오래된 역에서 벗어나는 순간이기도 했다.

---

1 시헌력 도입 과정에 대해서는 강재언, 이규수 옮김, 《서양과 조선》, 학고재, 1998 참조.
2 조현범, 〈한말 태양력과 요일주기의 도입에 관한 연구〉, 《종교연구》 17집, 한국종교학회, 1999년 봄, 237~240쪽 참조.
3 이에 대해서는 이 책의 4장 〈시간적인 세계와 비시간적인 세계 사이의 시간〉 참조.
4 정근식, 〈한국의 근대적 시간 체제의 형성과 일상생활의 변화 I〉, 《사회와 역사》 58집, 문학과지성사, 2000, 168쪽.

1. 근대적 시간과 신문

그러나 새로운 역(曆)을 도입한다는 것이 단지 날짜를 표시하는 숫자를 바꾸는 것을 뜻하는 것만은 아니었다. 그것은 역으로 요약되는 천문에 대한 지식의 변화를 요구하는 것이었을 뿐 아니라, 이전에 하늘과 땅의 기운의 움직임, 그리고 그 안에 사는 '귀신'들의 움직임 등 태음력과 결부된 대중적 우주관 내지 신앙, 그리고 제사와 제의 등과 정면으로 충돌하는 것이기도 했다. 특히 새로운 역에 따라 제삿날을 정할 경우, 조상의 귀신이 엉뚱한 날에 찾아올 것이기에 제사를 찾아 먹지 못할 것이라는, 지금이라면 웃으면서 농담 삼아 할 만한 고민이 이전의 역에 따라 중요한 기념일을 정하던 왕실의 가장 진지한 문제 중 하나였다.[5]

더불어 머리 깎고 양복 입는 것 정도는 아니라 해도, 역법을 바꾸는 것은 새로운 체제에 낯설던 많은 사람들의 저항을 야기했다. 역법을 바꾸는 것은 사회적 삶의 순환적 리듬을 바꾸는 것을 뜻했고, 따라서 그것은 사실 삶의 방식 전체를 바꾸는 것을 뜻했던 것이다. 물론 그것을 정확하게 의식했을 리 없다. 더욱이 역법을 새로이 도입한다고 해도, 대부분의 사람들은 이전의 순환적 리듬, 이전의 역법에 따라 사는 한, 역법의 도입은 실질적 효과를 가질 수 없게 될 것이다. 그러나 역법을 도입하는 당사자인 정부와 관리들로서는 자신들의 공식적인 제사나 기념일을 비롯해 중요한 사건들이 새로운 역법에 의해 변화되는

---

5 이에 대해서는 이창익, 〈민속적 시공간과 근대적 시공간 : 제의적 시공간의 변화〉,《민속학 연구》7호, 국립민속박물관, 2000, 172~173쪽 참조.

것을 처음부터 의식할 수밖에 없었다. 새로운 역의 도입을 비난한 학부대신 신기선의 상소와 그것을 둘러싼 떠들썩한 논쟁은 이러한 사태의 극적인 단면을 보여준다. 결국 건양 원년 7월 24일 "태묘(太廟), 전궁(殿宮), 각능(各陵), 원(園)의 제향(祭享)을 한결같이 구식에 따를 것이며, 무릇 대중소사의 월일은 아울러 구식을 쓰게 하라."는 조칙을 내리게 된다.[6]

양력과 음력 사이에서 동요하게 했던 게 단지 제삿날만은 아니었다. 1897년 연호를 '광무(光武)'로 고치고(8월 15일), 일본의 메이지 정부의 경우를 참조하여 국가적인 경축일을 제정했는데, 개력과 동시에 음력을 완전히 폐기한 일본과 달리 조선에서는 음력으로 경축일의 날짜를 정하고 그것을 양력으로 표시하는 방식을 채택했다. 가령 메이지 천황의 생일인 천장절을 모델로 하여 제정한 만성절은 음력 7월 25일로 정해져서 시행되었다. 즉 양력으로 표시하긴 하지만 실질적으로는 음력에 따라 경축일을 정했다는 점에서 이는 양력으로부터의 명백한 '후퇴'였다. 이는 1909년부터 국경일을 양력으로 고정하기로 결정한 1908년 7월까지 지속되었다.[7] 1910년대의 신문 일면은 양력과 음력을 병기함으로써 상이한 두 개의 역이 병존하는 이러한 사태를 직접적으로 보여준다. 가령 〈황성신문〉은 광무연호로 표시되는 양력과 동시에 음력을, 〈대한매일신보〉는 서력으로 표시되는 양력과 더불어 음력을 일면에 표시했다.[8]

이러한 과정은 태양력이라는 새로운 시간을 도입하는 것이 생각보

---

6 《고종실록》, 건양 원년(1896) 7월 24일.(정근식, 앞의 글, 169쪽에서 재인용)
7 정근식, 앞의 글, 187~192쪽.

다 어려운 난관과 저항을 수반했음을 보여준다. 표면적으로는 양력과 음력 간의 충돌로 나타나는 이러한 대립은 적어도 근대적인 개화를 꿈꾸었던 사람들에겐 '미래 지향성을 갖는' 근대 문명과 '과거 지향성을 갖는' 낡은 습속 간의 충돌이었을 것이다. 그들에게 새로운 역, 새로운 시간, 그것은 새로운 문명이고 새로운 미래를 뜻하는 것이었다. 그래서 그들은 근대적인 시간성을 도입하는 데 매우 적극적인 의지를 갖고 있었다. 가령 〈독립신문〉에서는 직접 1897년 달력을 만들어 대중적으로 보급하고자 했으며, 이는 이후 〈황성신문〉 등에서도 마찬가지로 이어졌다. 또한 양력이나 시계적 시간의 이점에 대한 선전과 음력 등에 대한 비난을 담은 글들이 그 신문이나 다른 잡지에서 빈번하게 발견된다.[9]

그런데 근대적 시간-개념이나 시간-기계를 적극 도입한다는 것은 대체 무엇을 뜻하는 것일까? 양력을 도입하여 달력을 걸고 근대적 시계를 도입하여 자시(子時), 축시(丑時) 등을 대신해 몇 시 몇 분으로 표시되는 새로운 시간을 도입하기로 선포하는 것으론 충분하지 못함은 이미 보았다. 그렇다면 근대적 시간은 어떻게, 어떤 경로로 사람들의 실질적인 의식 속으로, 그들의 생활 속으로 침투할 수 있었을까? 그렇게 채택한 양력이나 새로운 시간성은 어떻게 사람들의 일상 속으로 침투할 수 있었던 것일까? 다시 말해 근대적 시간은 어떻게 사람

---

8 이는 지금의 신문에도 아직까지 남아 있는 공존과 타협의 흔적이다. 추석과 설을 양력으로 쇠게 하려는 정부의 오래된 노력이, 일본과 달리 결국은 성공하지 못했다는 것은 이러한 타협의 불가피성을 보여주는 것이며, 비근대적 습속의 힘이 아직은 완전히 소멸하지 않았음을 보여준다.

9 이에 대해서는 정근식, 앞의 글, 171~174쪽 참조.

들의 삶을 실질적으로 규정하는 시간 형식이 될 수 있었을까?

이는 단지 양력이나 시계가 사람들에게 알려지고 그것이 '좋은 것'이라는 생각이 확산된 것으로는 해결되지 않는 문제다. 왜냐하면 이미 조선 황실이 '좋은 것'이란 생각에서 도입했다가 스스로 실질적인 생활방식에 따라 후퇴시켰던 사례가 잘 보여주듯이, 좋고 우수하다는 생각의 계몽이나 확산이 그것을 실제로 사용하게 하는 것은 아니기 때문이다. 그렇다면 어떤 방식으로 근대적인 시간성의 영역과 만나고 그것을 자신들의 삶의 조건으로, 일상생활의 일부로 받아들이게 되었던 것일까?

이에 대한 우리의 가설적인 대답은 신문이 거기서 핵심적인 역할을 했다는 것이다. 물론 학교나 교회가 그러한 역할을 했다는 것은 사실이지만, 근대적인 시간관을 갖는다는 것, 혹은 근대적인 시간을 일상생활에서 수용한다는 것은 단지 양력에 따라 날짜를 매기고 시간을 지키는 훈련을 한다는 것 이상의 좀 더 근본적인 사고방식의 변환을 요구한다. 그것은 무엇보다도 하나의 시간을 다양하고 이질적인 사건이나 영역들에 대해 단일한 기준 내지 척도로 적용하는 능력과 사고방식, 혹은 태도와 습속을 요구한다. 이를 통해 **이질적인 삶의 요소들을 하나의 시간적인 좌표계 안에서 통일하고 통합하여 파악하는 능력**이 획득된다. 그것이 없다면, 양력은 달력을 볼 때나 날짜 계산하는 데 사용되곤 그만일 것이고, 시계는 학교나 교회 등의 매우 제한된 영역에서 사용되곤 그만일 것이다. 그러한 국지적 사용으론 근대의 시간적 생활방식은 물론 근대적 시간관 또한 실질적으로 습득하여 사용한다고 말하기 힘들다. 왜냐하면 근대적 시간관을 형성하는 데서 정작 중요한 것은 **달력을 보지 않을 때도, 시간 약속을 하거나 지키지 않을**

때도, 하나의 단일한 시간적 좌표계 안에서 다양한 사건들을 포착하고 배열하며 관련짓는 것이고, 그러한 관련에 따라 개개의 사건이나 사실이라는 부분을 전체적인 시간의 '흐름' 속에 통합하여 사고하고 행동하는 능력이기 때문이다.

우리가 신문에 주목하는 이유는 그것이 새로운 시간관이나 시간 개념을 계몽하고 그것의 사용을 적극 주장했다는 이유 때문만은 아니다. 그러한 생각에 적극 동조하는 사람이라고 해도, 그런 종류의 시간관을 사용하고 다양한 사건을 하나의 시간적 좌표계 안에 통합하여 사고하고 행동할 수 있다고는 말할 수 없기 때문이다. 마치 수학이 중요하며 그것을 잘해야 한다고 적극 동조한다고 해서 수학을 실제로 잘하는 것은 아닌 것처럼. 반면 그런 생각을 명시적으로 하지 않아도, 실제 수와 계산이 지배하는 세계 속에서 사는 사람은 수학을 실질적으로 이용하는 데 근접하게 된다. 신문이 근대적 시간관을 습득하여 사용하는 실제적인, 그리고 핵심적인 조건이 되었다는 것은, 무엇보다 우선 그것이 근대적인 시간성이 작동하는 실질적인 장(場)을 형성했다는 이유 때문이다.

이런 의미에서 개화기의 신문은 근대적 시간관을 형성하여 사용하도록 만드는 '시간-기계'로서[10] 작동하기 시작했다고 말해도 좋을 것이며, 동일한 의미에서 이 글은 신문을 하나의 시간-기계로서 다루려는 시도라고 해도 좋을 것이다. 이를 통해 근대적인 시간관 내지

---

10 관념이나 개념과 구별되는 '기계'로서의 시간, '시간-기계'에 대해서는, 혹은 동일한 관점에서 공간-기계에 대해서는 이진경, 《근대적 시·공간의 탄생》(개정증보판), 푸른숲, 2002, 3장과 4장 참조.

시간성이, 이전의 무의식적 시간관 내지 시간성을 대체해가는 과정의 한 단면을 볼 수 있을 것이다. 혹은 근대적인 시간성의 형식이 이전의 것을 대신해서, 칸트라면 '초험적인 주체'에게 할당했을 일종의 '선험적 형식'으로 자리 잡게 되는 과정의 한 단면을 볼 수 있을지도 모른다. 그러나 그것은 초역사적인 것이 아니라 역사적으로 가변적인 것이었다는 점에서, 또한 이후 가변적인 것임을 뜻한다는 점에서 푸코의 말처럼 '역사적 선험성'이라고 해야 적절할 것이다.[11]

간단히 덧붙이면, 시간적 감각을 형성하는 하나의 선험적 형식이 다른 것으로 바뀌고 대체된다는 것은, 이전에 감지되던 것을 더 이상 감지할 수 없게 되고, 이전에 보이던 것이 더 이상 보이지 않게 됨을 뜻한다. 물론 반대로 이전에 감지되지 않던 것, 보이지 않던 것이 감지되고 보이게 되는 것을 뜻하기도 한다. 선험적 감성 형식이란 감성의 대상, 감각의 대상을 규정하는 것이고, 감각에 주어지는 것을 감지해야 할 대상과 그렇지 않은 것(비-대상), 볼 수 있는 것과 볼 수 없는 것으로 분할하는 것이기 때문이다. 이런 점에서 그것은 감지할 수 있는 것과 없는 것을 분할하는 분절의 체계다. 근대적 시간 형식이 자리 잡게 된다는 것은 이전의 시간 형식 속에서 감지되던 것들이 사라지고 근대적 감각의 대상들이 새로이 부각됨을 뜻한다. 따라서 근대적 시간 형식이 자리 잡는 과정이란 이전의 시간 형식이 와해되고 약화되는, 그리하여 점차 제거되는 과정을 뜻하는 것임을 상기해두어야 한다.

이하에서 우리는 최초의 근대적 신문인 〈독립신문〉을 통해 근대적 시간 형식이 사람들의 표상 형식으로 자리 잡게 되는 양상을 구체적

---

11 미셸 푸코, 이정우 옮김, 《지식의 고고학》, 민음사, 1992, 184쪽 이하.

으로 살펴볼 것이다. 〈독립신문〉은 이후의 근대적 신문의 실질적인 모델이 되었기에 근대적 시간성이 작동하는 장이 이후의 신문에서 이어지며 지속하게 되는 출발점을 이룬다는 점에서 특별한 중요성을 갖기 때문이다. 물론 그것이 흔히 지적되듯이 발행 부수나 구독 범위라는 면에서 매우 제한적이었다는 것은 사실이다. 그러나 여기서 우리가 드러내고자 하는 것은, 첫째, 그 영향력의 외연과 다른 차원에서 신문이 시간-기계로서 작동하였으며 그에 따라 신문은 적어도 그 주변에 근대적 시간성이 작동하는 힘의 장을 형성했다는 사실이다. 이는 그 장에 포섭된 사람들의 범위와 서로 독립적인 문제다. 둘째, 잘 알다시피 〈독립신문〉은 그 문체나 관심의 차이에도 불구하고, 이후 근대적 신문의 모델이 되었다는 점을 고려할 필요가 있다. 더욱이 〈독립신문〉에서 근대적인 시간-기계가 작동하는 양상—이는 사실 '일간신문'이라는 근대적 신문 형식 자체와 매우 밀접한 것인데—은 이후 다른 신문들에서도 약간의 차이를 수반하면서 반복되는 것이란 점에서, 단지 〈독립신문〉의 발행 부수나 구독 범위로 제한되지 않는다. 이런 의미에서 보면 〈독립신문〉을 통해 드러나는 근대적 시간-기계의 작동 양상은 〈독립신문〉만으로 국한되지 않는, 시간-기계로서의 근대적 신문-기계에 관한 일반적 입론이라고 말할 수도 있을 것이다.

2. 동시성과 현재성

1) 동시성의 시간 형식

① 일본 정부에서 조선에 보낼 새 공사를 정하였는데 새 공사의 이름

은 자작 오가베라. 오가베 씨는 본래 기시와다[에도막부부터 폐번치현 전까지 토쿠가와 가문을 보필하던 영주들인 '에도 300번' 중 하나][12] 제후인데 유신 이후에 정부에 벼슬을 하여 영국 런던 일본 공사관에 서기관으로 있다가 그 후에 외부협판을 하였고 지금은 상의원 의원인데 조선 공사로 명하였다더라.

② 향일[지난번] 아라사[러시아] 사관 부재다 씨가 밤 열두시 반쯤 되어서 경운궁에 순을 도는데 병정 파수는 여전하고 순검 파수는 정직하지 못하여 불 쬐는 자도 있고 포막에 있다가 뛰어나온 자도 있어서 부재다 씨가 경무서에 와서 신책하고 그 이튿날 경무관에게 이르기를 병정과 순검이 파수를 볼 때에는 일기[날씨]가 심히 차서 얼어 죽더라도 파수 보는 병정과 순검은 서서 얼어 죽는 법이요, 혹 불이 나서 타더라도 파수 보는 병정과 순검은 서서 타 죽는 법이라 하더라.

③ 이번 달 육일 각부 대신들과 현판들이 경운궁에 모여 삼호를 의논하여 정하는데 시호는 문성 왕후요 능호는 홍능이요 전호는 경효전이라고 하고 능소는 청량리에 완정이 되시고 인산은 사월 오일 초택이라더라.

④ 남대문 안에 고가와 방가 두 사람이 칠십여 세 된 노인으로 의지할 곳 없어 곤궁이 막심하여 그 정상이 극히 가긍한데 그 동리 쌀장사하는 손완근과 김재현이가 불쌍히 여겨 두 노인의 의복 일습을 지어 입히고 또 차차 구제한다 하니 손씨 김씨 두 사람은 참 칭찬할 만하더라.

⑤ 요사이에 경기 시골에 도적들이 우심한데 과천군 안양절에 도적이 들어와서 사람 셋을 찔러 하나는 죽고 둘은 중상하고 용인군에 한 사람이 말하기를 도적이 만일 우리 집에 들어오면 내가 도적놈 목을 찔러 죽이겠

---

12 인용문 가운데 [ ]로 표시된 부분은 이해를 돕기 위해 필자가 넣은 것이다.

다고 하였더니 도적놈이 곁에서 들었는지 그날 저녁에 도적놈이 들어와서 네가 내 목 찌르기는 새로에[커녕] 네 목 먼저 찔려 보아라 하고 그 사람 목을 찔러 죽여 논 개천으로 끌고 다닌다더라.

⑥ 삼청동 강계환의 집에서 잡박계를 설시하여 한 사람의 명하[명의]로 돈 닷 냥씩을 넣고 신통에 빠지는 대로 삼백이십 냥씩 가져다 먹는다는 풍설이 있으니 과연 그러한지 잡박계는 사람이 패가할 갓본이라 경무청에서 이러한 소문을 알면 엄히 금단할 듯하더라.❶

이상 6개의 사건은 1897년 1월 9일자 〈독립신문〉 잡보에 실린 것 중에 일부를 뽑은 것이다. ①은 한국에 파견할 일본 공사가 새로 선임되었다는 사건을, ②는 러시아 사관이 경운궁 순찰을 돌다 제대로 파수를 서지 않은 자들을 문책했다는 사건을, ③은 이달 6일 각부 대신들이 경운궁에 모여 죽은 민비의 장례와 관련된 회의를 했다는 사건을, ④는 쌀장사하는 두 사람이 남대문에 사는 두 노인을 보살펴주었다는 사건을, ⑤는 용인에서 도둑이 들면 목을 찔러 죽이겠다던 사람이 도둑에게 목을 찔려 죽었다는 사건을, ⑥은 삼청동 모씨의 집에서 잡박계를 한다는 소문을 알려주고 있다.

이 6개의 사건은 너무도 이질적인 것들이다. 일본의 공사 선임과 경운궁 파수꾼의 나태함, 민비 장례식 준비와 쌀장수들의 선행, 그리고 살인강도와 도박성 있는 계, 어느 것도 함께 다룰 공통성을 결여하고 있다. 어떤 것은 전언을, 어떤 것은 사실을, 어떤 것은 소문을 근거로 보도하고 있다는 점 또한 그러한 이질성의 폭이 지극히 넓다는 것을 다시 한 번 보여준다. 그런데 〈독립신문〉의 잡보는 이 이질적인 사건들을 하나로 나란히 묶어서 다루고 있다. 너무도 이질적인 사건들을 하나의 항목 아래 묶을 수 있는 것은 그것들이 하나의 시간대에, 지금이라면 너무 느슨하고 넓다고 느낄 법한, 하지만 당시로선 거의 동시적인 시간에 속한다고 보았을 하나의 시간대에 속한다는 이유 때문이었다.[13] 즉 앞서 6개의 사건들은 하나의 시간대에 속한다는 공통성을 갖는다는 이유에서 하나로 묶여 다루어질 수 있었던 것이다.

잡보라는 명칭은 이러한 사태를 아주 적절하게 표현하는 제목처럼 보인다. '잡스럽다'고 할 정도로 이질적인 사건들을, **오직 하나의 시간대에 속한 것이라는 이유만으로** 하나의 난(欄)에 모아서 다룰 수 있는 그런 제목이란 점에서.[14] 거꾸로 잡보는 이질적인 여러 사건들을 '동시성'이라고 부를 수 있는 하나의 시간적인 점에 대응시키는 기능을 수행한다. 이는 복수의 시점에 일어난 일들이 하나의 사건으로 계열화되면서 발생하는 '사건의 시간성'과 달리, 하나의 시간이라는 기준을 통해 복수의 사실 내지 사건이 하나로 묶이며 계열화된다는 점에서 상반되는 계열화의 양상을 보여준다.

이런 과정을 통과하면서 같은 날의 잡보에 속한 모든 사건은 시간적인 '동시성'을 구성하는 기능을 한다. 1897년 1월 9일이라는 시간은 앞서 말한 이런저런 사건들이 발생한 날을 뜻하는 것이다. 사실 그런 사건들이 없이는 동시성이 정의되지 않는다. 동시성이란 둘 이상의 어떤 사건들의 동시성이 아니라면 아무 의미도 없기 때문이다. 이

---

13 이는 잡보에만 해당되는 것은 물론 아니다. 〈독립신문〉의 경우, 1897년 잡보에서 분화되어 독립된 외방통신이나 각부신문도 이와 근본적으로 다르지 않으며, 〈독립신문〉 창간호부터 중요하게 다루어진 외국통신의 경우도 다르지 않다. 다만 잡보가 이런 형식을 가장 잘 보여준다는 점에서 우선적인 분석의 대상으로 삼았을 뿐이다.

14 이런 난(欄)으로서 잡보는 〈독립신문〉 이후 〈황성신문〉, 〈대한매일신보〉, 〈매일신보〉 등의 일간 내지 준 일간신문 모두가 공통적으로 채택하는 가장 중요한 난이 된다.

처럼 동시성을 통해 사건들이 하나로 묶이고 그렇게 묶인 사건들을 통해 동시적인 시간성이 구성되는 순환적인 과정이 잡보라는 표현 형식을 통해 매일 혹은 이틀에 한 번씩 이루어진다.

다른 한편 신문은 또한 이러한 시간적인 동시성을 전국 각지의 많은 사람들이 공유해야 한다는 것을 알려주며, 그것을 공유하는 방법을 보여주기도 한다. 가령 군주의 생일이나 크리스마스, 혹은 신문이 발간된 날과 같은 기념일은 많은 사람들이 공유해야 할 동시적인 사건이 된다.

> 내일은 자주 독립한 대조선 대군주 폐하의 제사십오 년 탄신이라. 이런 경축하는 날을 당하여[맞이하여] 조선 신민이 되어 나라 일을 생각할 만한 때라 **나라마다 제왕들이 계신 곳은 그 나라 님군의 탄일이 전국 인민의 경축하는 날이라**…….(《독립신문》 1897년 8월 21일자 논설)❷

이 논설은 군주의 생일을 함께 경축해야 한다고 주장함으로써 전국 인민이 제왕의 생일이라는 하나의 사건을 공유할 것을 상기시키는 동시에, 하나의 경축일을 공유하는 전국의 인민들은 그 사건과 대응하는 하나의 시간에 동시에 속한다는 것을 암묵적으로 환기시킨다. 뿐만 아니라 잡보를 통해 실제로 그 경축일을 공유하는 사건들을 보도함으로써, 하나의 사건, 하나의 시간을 공유하는 사람들의 행동에 집합적 단일성을 부여한다.

> 우리가 대단히 기쁜 것은 대군주 폐하 탄일에 **서울 인민들이 경사로운 줄들을 알고 각 처에 국기를 많이 달았으며 밤에 장등한 곳이 많이 있는지라.** 이

걸 보면 조선 인민들도 차차 님군도 사랑할 줄 알며 나라에 경사스러운 것을 인민이 즐거워할 줄도 아는 것 같더라. 이런 인민들이 많이 생길수록 조선은 잘 되어 갈 터이니 아무쪼록 나라 사랑하는 마음들을 제일 기르며 그 마음을 나타내는 풍속을 배우기를 간절히 바라노라.(〈독립신문〉 1897년 8월 24일자 잡보)❸

이 보도는 이후 며칠간 공간을 달리하는 다른 지역의 인민들이 동일한 시간에, 동일한 이유로 각각 경축 행사를 벌였다는 잡보의 기사들로 이어지면서(8월 26일자, 9월 2일자 등) 하나의 시간에 속한 복수의 경축 행사들을 대응시킨다. 이로써 하나의 시간대에 속한 복수의 사건들을 제시하는 방식으로 재차 동시성의 시간적 형식을 구성한다.

한편 크리스마스는 이와 다른 방식으로지만 하나의 시간에 속한 사건을 신문의 독자들 전체와 대응시키는 동시성의 형식을 작동시킨다. 이 경우에는 경축 행사라는 사건이 아니라, 신문이 간행되지 않는다는, 신문의 독자들이 공유할 수밖에 없는 그런 방식의 사건을 통해 하나의 시간을 복수의 사람들이 공유하게 한다.

요 다음 토요일은 예수 그리스도 탄일이라 세계 만국이 이날을 일 년에 제일가는 명일[명절, 국경일]로 아는 고로 이날은 사람마다 직업을 쉬고 명일로 지내는데 우리 신문도 그날은 출판 아니할 터이요 이십팔 일에 다시 출판할 터이니 그리들 아시오.(〈독립신문〉 1897년 12월 23일자 모두의 사고 社告)❹

잡보의 일반적인 형식이 다양한 사건들을 하나의 시간대에 대응시키는 방식으로 동시성을 구성했다면, 뒤에 언급한 이러한 방식들은 거꾸로 하나의 사건을 전국의 인민이나 적어도 신문의 독자들은 공유하게 하는 방식으로 동시성을 구성했다고 말할 수 있을 것이다. 전자가 사건들의 집합에 하나의 시간대가, 그리고 그것을 접하는 개개의 독자들이 대응한다면, 후자는 하나의 사건 내지 하나의 시간대에 그것을 접하는 복수의 독자들이 공유해야 할 행동의 집합들이 대응한다는 점에서 대칭적인 형상을 취한다. 한편으로는 다양한 사건들을 하나의 '시점(시간대)'에 대응시키고, 다른 한편으로는 다수의 사람들을 하나의 '시점'에 대응시키는 이러한 이중의 메커니즘을 통해서 잡보의 기사들은 동시성의 시간을 구성하며, 그 시간성 안에 이질적인 요소들을 통합하는 것이다.

2) 현재성의 시간 형식

이처럼 동시성의 시간 형식은 아무 관련이 없는 이질적인 사건들을 하나의 시간 속에 연결하고 통합한다. 이러한 동시성은 매일, 혹은 격일간 발행되면서 '오늘'의 날짜를 표시하는 신문 첫머리의 형식과 결합하여 '오늘'에 대응하는 시간이 된다. '현재성'의 시간으로 작동하게 된다. 다시 말해 동시성의 형식으로 잡보 안에 통합된 많은 사건들이 모두 '오늘'이라는 현재성의 형식 아래 포착되게 된다. 이로써 동시성은 현재성으로 변환된다.

이러한 '오늘'의 현재성을 상기시키는 가장 간단한 방식은 직접 '오늘'이라는 표현을 사용하는 것이다. 다음과 같은 기사들은 이것의 가장 간단한 형태를 보여준다.

우리 신문이 **오늘** 한 살이 되어 첫돌을 지내니 우리 신문 보는 이에게 우리가 이렇게 점점 자라가는 것을 치하하노라.(《독립신문》 1897년 4월 8일자 모두의 사고社告)

오늘 오후 두시에 종로에서 유명한 유지한[뜻있는] 이들이 좋은 연설을 한다고 뜻있는 군자들은 청하였다더라.(《독립신문》 1898년 3월 10일자 잡보)❺

단순한 알림의 형식이지만, '오늘'이라는 단어를 통해 신문의 전면에 표시된 날짜에 실제적인 현재성을 부여하며, 이를 통해 그 신문에 실린 것들에 현재적 시간성을 부여한다. 하지만 이러한 현재적 시간성이 좀 더 실질적인 것으로 되는 것은 구체적인 내용을 보도하는 기사의 형식을 통해서일 것이다.

조선 공사 민영환 씨와 일행이 **오늘** 제물포로 떠나는데 공사 일행도 장기[일본 큐수(九州) 나가사키]로 가 거기서 불란서 우편선을 타고 구라파로 향한다더라.(《독립신문》 1897년 3월 25일자 잡보)

오늘이 대정동 배재학당 협성회 제일 주년 돌날인데 오후 두시에 회원들이 모여 특별한 회를 열고 회기 되는 표를 기념하려고 연설들을 한다는데 재미있는 말이 매우 많이 있다더라.(《독립신문》 1897년 11월 30일자 잡보)❻

이러한 현재성의 표현 형식은 나와 무관한 외국인들의 행동이나 사건마저 신문을 보는 '내'가 서 있는 현재의 일부로 하나로 연결하고 통합한다.

오늘은 북미 공화 합중국 독립한 지 일백이십일 년 환갑이라 서울 있는 미국 인민들이 오늘 독립일 경축회를 대정동 배제학당 앞에서 할 터인데 여럿이 연설도 할 터이요 또 애국가로 노래할 터이라 이 경축회에 오라고 높은 내외 국민들에게 편지들을 하였고 오늘 저녁에는 미국 공사 시일 씨와 공사 부인이 내외국 친구들을 청하여 입회식을 한다더라.(1896년 7월 4일자 잡보)❼

이외에도 '이번에'나 '금번에' 등과 같이 모호하게 흐리면서 현재 안에 포함되게 만드는 표현도 이와 비슷한 효과를 갖는다. 가령 "**이번에** 감옥서 파수간 속 도배부비가 오십구 원 이 전이라더라."(《독립신문》 1897년 1월 14일자 잡보)거나 "교하군 남면 민발리 사는 전 판서 민영달 씨가 **금번에** 베 수백 석을 내여 그 동리에 빈민과 기호〔饑戶 : 흉년에 굶주리는 집〕를 구제하였다니 근래에는 백성을 불쌍히 여겨 전곡을 의리 있고 광채 있게 쓰는 재상들이 경향〔서울과 지방〕 간에 차차 생기는지라 우리는 구습을 버리고 의리를 돌아보는 재상들과 학대를 면하고 구제를 받는 백성들을 대하여 간절히 치하하노라."(《독립신문》 1898년 7월 8일자 잡보) 등이 그 예가 될 것이다.

이런 단어들은 그 범위가 모호하다는 점에서 지나간 것은 물론 아직 오지 않은 것을 모호한 현재성의 시간대에 포함시킨다. 가령 "대황제 폐하의 칙교로 법부에서 십삼도 재판소와 각 항구 재판소와 고등 재판소에 대소 죄인들을 다 적어 올리려 하는데 **금번에** 또 특별하옵신 사전〔赦典, 사면, 특별하옵신 사전은 특별사면에 해당〕이 나리실 듯하더라(《독립신문》 1898년 6월 30일자 잡보). 같은 기사에서 '금번'은, '죄인들의 이름을 적어 올리려 한다.', '사전을 내릴 듯하다.'라는, 지금이라면 당연히 '미래'라고 말할 것을 포함하고 있다. 하지만 이러한 모호성은 '오늘'의 외연을 규정하는 시간대가 느슨하고 그 범위가 넓음을 뜻하는 것이며, 이로써 '오늘'의 시간대에 좀 더 많은 사실이나 사건들을 포괄하게 한다. 이를 지금 우리가 익숙한 '과거, 현재, 미래'의 관념에 따라 다른 것을 혼동하여 표현한다고 비난해선 곤란하다. 오히려 이러한 모호성은 현재에 속한 범위를 확장하여, 현재성의 시간 형식을 좀 더 쉽고 유연하게 적용하는 장치들이 된다.

그렇지만 잡보에는 현재를 표시하는 부사뿐만 아니라 '어제'와 '그제', 혹은 '내일' 같은 과거와 미래를 표시하는 부사들도 사용되지 않는가? 그건 사실이다. 실제로 잡보 전체를 보면 '오늘(오늘)'이라는 부사는 134번 사용되는 데 비해, '어젹싀(어저께)'나 '어젓긔(어저께)'는 235번, '그젹싀(그저께)'나 '그젓긔(그저께)'는 298번 사용되며, '러일(내일)'은 47번, '모릭(모래)'는 2번 사용된다.[15] 여기서 미래를 표시하는 부사에 비해 과거를 표시하는 부사가 월등히 빈번하게 사용되고 있다는 것은 미래의 일을 알리는 것에 비해 과거의 사건을 보도하는 것이 잡보의 '본령'이라는 점에 기인하는 것일 게다. 시간이 지남에 따라, 다시 말해 신문이 분화되고 안정됨에 따라 과거를 표시하는 부사가 일관되게 점증하는 것 또한 이와 무관하지 않을 것이다.

---

15 '모릭'는 8번 사용되는데, 그 중 6번은 명사 '모래(砂)'를 뜻하는 단어다. 또 '오늘날'이란 단어는 '오늘'이란 단어의 수를 셀 때 제외했다. '어저께'의 경우 1897년까지는 '어젹싀'로 표기되다가, 1898년부터는 '어젓긔'로 표기되었다. 그저께의 경우도 동일하다. 내일은 '닉일'과 '러일'을 합한 수다. 이는 표 2의 논설에서도 동일하다. 또 하나, 〈독립신문〉은 1898년 7월 1일부터 격일간에서 일간으로 되었다는 점이 고려되어야 한다. 하지만 여기서 숫자를 평균해서 비교하는 것은, 신문기계의 영향력의 강도를 무시하는 것이 되리라는 점에서 또한 적절하지 않을 것이다.

【표 1】〈독립신문〉 잡보에서 시간부사의 사용 빈도

	1896	1897	1898	1899	합계
오늘	2	10	56	66	134
어젓긔	2	3	84	146	235
그젓긔	1	1	150	142	298
릭일	2	5	19	21	47
모릭	1	0	1	0	2

【표 2】〈독립신문〉 논설에서 시간부사의 사용 빈도

	1896	1897	1898	1899	합계
오늘	2	49	50	14	115
어젓긔	1	1	14	3	19
그젓긔	0	0	0	1	1
릭일	4	9	16	9	38
모릭	0	0	0	0	0

그럼에도 불구하고 '오늘'에 비해서도 '어저께'나 '그저께'가 훨씬 많이 사용된다는 점은[16] 앞의 논지에 반하는 듯이 보인다. 그러나 세심하게 살펴본다면 과거나 미래를 표시하는 부사들이 오히려 '오늘'의 현재성과 사실성을 만들어내는 데 기여하고 있음을 알 수 있다. 먼저 '오늘'과 '어저께' 등이 함께 사용되는 경우가 있는데, 이 경우 '오늘'이란 단어는 '어저께'나 '그저께', 혹은 '내일'이나 '모레' 등과 같은 과거나 미래를 표시하는 단어들과 결합되어 지나간 시간과 아직 오지 않은 시간을 현재성의 시간 안으로 끌어들인다. 그 부사들의 연

관만으로 오늘이 며칠인가와 무관하게 '오늘'에 속하는 사실은 '어저께'나 '그저께' 등에 속하는 사실과 시간적인 연관성을 획득한다.

전라북도 관찰사 리완용 씨는 **오늘** 전주로 떠나는데 제물포로 먼저 가서 거기서 해룡환을 타고 군산으로 가서 거기서 전주로 간다더라. 리씨가 외방으로 가는 까닭에 전라북도 인민에게는 다행한 일이나 독립협회 회원들과 그 외 리씨의 친구들이 다 섭섭히 여기며 **어저께** 독립협회에서 특별회를 하고 총대 위원을 명하여 리씨를 강두까지 가서 작별하게 하였다더라.(1898년 3월 24일자 잡보)[8]

전라북도 관찰사 이완용이 서울을 떠나 전주로 간다는 사실이 '오늘'이라는, 신문 일면의 날짜로 소급되는 부사를 통해 현재적 동시성을 획득하고 있으며, 이는 그를 송별하는 독립협회 회원들의 모임을 '어저께' 열렸다고 보도함으로써, 그가 배로 떠난다는 사실과 어저께 송별회를 했다는 사실은 하나의 시간적 관계 속에서 연결된다. 그리고 역으로 '어저께'는 송별회를 했다는 사실을 '오늘' 이전에 있었던 과거로 명시함으로써, 이완용이 전주로 떠나는 날인 오늘, 동시에 독자가 신문을 보고 있는 '오늘'의 현재성을 암묵적으로 환기시키며 그

---

16 이에 비해 논설에서는 과거를 표시하는 부사에 비해 현재를 표시하는 부사가 훨씬 많이 사용된다. 1896년 4월부터 1899년 12월까지 '오늘'은 115번 등장하는 반면, '어젯긔'/'어젯의'는 19번, '그젯긔' 등은 1번, '러일'은 38번 사용된다. 이는 사건의 보도보다는 현재의 삶에 대해 질타하고 미래를 향해 나아갈 것을 주장하는 논설 자체의 성격에 기인하는 것으로 보이는데, 이 점에서 잡보와 묘한 대조를 보여준다. 이는, 정도는 덜하지만, 과거를 표시하는 부사보다 미래를 표시하는 부사가 더 많이 사용된다는 점에서도 마찬가지다.

‘오늘’에 실재적인 현장성을 불어넣는다. 이런 점에서 ‘어저께’도 ‘그저께’도 ‘오늘’의 현재성에 좀 더 강한 실재성을 부여하는 방식으로 작용한다.

다음으로, 어저께나 그저께 같은 부사들은, 꼭 ‘오늘’이라는 부사와 동시에 사용되지 않는 경우에도, 오늘의 사실성을 상기시키는 기능을 한다. ‘어저께’ 같은 과거를 표시하는 표현이든, ‘내일’ 같이 미래를 표시하는 표현이든, 그것은 언제나 독자가 신문을 들고 서 있는 시점이 ‘오늘’임을 항상-이미 암묵적으로 상기시키기 때문이다. 오늘 없는 ‘어제’나 ‘내일’이 있을 수 없듯이, ‘어제’나 ‘내일’은 항상-이미 ‘오늘’을 전제하고 있기 때문이다. 다음의 예들은 이를 잘 보여주는데, 특히 마지막의 인용문은 어저께의 시점과 모레의 시점을 병치함으로써 양자 사이에 있는 오늘의 실재성을 좀 더 명료하게 가시화해준다.

어저께 오후 한시에 전 남별궁 안 명선루에 불이 나서 다 타버렸다더라.(〈독립신문〉 1898년 6월 18일자 잡보)

내일 오후 세시 반에 정동 청년회에서 남녀 간에 살림을 능히 할 만한 연후에 혼인함이 가함으로 작정하는 문제를 갖고 새 회당에서 연설한다 하니 그리로 가서 방청들 하시오.(〈독립신문〉 1898년 3월 24일자 잡보)

어저께 민회에서 의논하기를 우리가 오늘 민영기 씨를 고등재판소에 고발하였는데 **모래**까지만 기다려보아서 또 이리저리 밀고 재판 아니하거든 그때는 그 법관도 그대로 둘 수 없거니와 그 간흉을 우리 백성이라도 조처할 수 있는 대로 주선하자 하였다더라.(〈독립신문〉 1898년 12월 21일자 잡보)[9]

따라서 잡보에 게재되는, '어저께'와 '그저께'로 표현되는 지나간 사건들이나 '내일'과 '모레'로 표현되는 아직 오지 않은 사실들은, 그것을 떠받치고 있는 현재적 동시성의 시간을 부정하거나 저해하는 것이 아니라, 반대로 그것을 보충하고 그것에 좀 더 강한 사실성의 형식을 부여한다.

약간 덧붙이면, '어저께' 등과 같은 부사 이외에도 과거를 표시하지만 오늘이 '오늘'임을 상기시키는 표현들이 있다. 가령 **지나간 일요일** 배재학당 부교사 림인호가 진고개로 지나가다가 일본 여인 비녀 한 개를 길에서 얻었는데 모양은 둥글고 산호로 은잠에 꿴 것이라 주인을 찾다 못하야 진고개 마루턱 순사청에다 맡기고 주인을 잘 찾아주라고 하였다더라."(《독립신문》 1896년 11월 7일자 잡보)는 기사처럼 '지나간 일요일', '돌아오는 화요일' 등과 같은 표현이 자주 사용되고 있는데, '과거'나 '미래'를 표시하기 위해 사용하는 이러한 표현 또한 부지중에 신문을 읽는 현재의 시점을 환기시키는 것이란 점은 다시 말하지 않아도 충분할 것이다.[17]

다른 한편 보도되는 기사의 이러한 현재성이 반드시 '오늘' 등의 부사를 필요로 하는 것은 아니다. 가령 다음의 기사는 마치 지금 발생한 일을 직접 전해주는 듯한 표현처럼 읽힌다.

---

17 한편 '지난 XX일' 등과 같이 표현하지 않고 그냥 날짜만 '몇 월 며칠'로 표시하면서 보도하는 경우도 적지 않은데, 이는 특히 《독립신문》의 초기인 1896년의 잡보에서 많이 발견된다. 그런데 이런 식의 표현은 이듬해부터 급속히 줄어들어(이와 반대로 이때부터 잡보의 비중은 크게 늘어난다), 이후에는 매우 드물게만 나타난다. 확실히 날짜만 표기하는 식의 기사는 '동시성'의 시간성 안에 묶이는 것도 아니며, '지난 X일' 등과 같이 '오늘'과의 관련성을 표현하는 고리를 갖고 있지도 않다. 이는 《독립신문》이 초기에 가장 비중을 둔 것은 논설이었다는 점, 그리고 취재 능력의 한계와 무관하지 않은 것으로 보인다.

미국서 전보가 왔는데 이달 삼 일에 전국 인민이 투표하여 새 대통령을 뽑았는데 오하요[오하이오]의 소통령 맥킨늬 씨가 뽑혔다더라.(〈독립신문〉 1896년 11월 7일자 잡보)[10]

이는 꼭 이런 현장성을 드러내는 표현을 필요조건으로 하진 않는다. 날짜가 특정하게 명기되어 있지 않은 대부분의 기사들은, 그것이 과거나 미래를 표시하는 특별한 단어가 없는 한, 신문을 읽고 있는 '오늘', 아니 신문이 발행된 '오늘' 신문기사가 말하는 것을 함축하기 때문이다. 하나의 날짜를 앞에 달고 매일 혹은 격일로 발행되는 신문의 형식 자체가, 날짜를 확인하여 받아들고 읽는 순간을 항상-이미 '오늘'로 설정하는 언표 형식을 내장하고 있기 때문이다.

실제로 잡보의 많은 부분은 '오늘'이나 '이번에', '금번에'와 같은 단어들을 사용하지 않으면서, 그렇다고 날짜를 특정하지도 않은 채 단도직입적으로 사건이나 사실에 대해 보도하는 방식으로 쓰여 있다. 예를 들면, "아라사[러시아] 동양 수사 제독 일넥시스 씨가 아라사 군함 루릭을 타고 제물포에 왔는데 이 수사 제독이 일간에 서울로 올라와서 아라사 공관에 수일 머문다더라."(〈독립신문〉 1896년 11월 14일자 잡보) 등과 같은 기사는 날짜를 표시하지 않았지만 바로 그렇기에 신문이 발행된 '오늘'에 대응하는 현재적 사건이 된다. 이는 잡보뿐만 아니라 논설이나 외국통신, 외방통신 등 〈독립신문〉의 다른 난에 대해서도 마찬가지로 해당한다.

이처럼 명기되지 않은 '오늘'은 결국 신문의 첫머리에 있는 날짜로[18] 소급되고 확인될 것이다. 그것은 말해지지 않은 '오늘'에 객관적 형태를 부여한다. 그것은 기사에 날짜와 시간을 명기하지 않아도 좋은 근거를 제공하며, 명시하지 않기 때문에 '오늘'이라고 표상하게 되는 이유를 제공한다.

이처럼 이질적인 사건들을 동시성의 시간 안에 통합하고, 그것에 현재성의 형식을 부여하는 것은, 질적인 고유성의 형식으로 시간을 정의하던 근대 이전의 시간성과 달리, 하나의 시점에 이질적인 요소들을 대응시키는 양적 시간의 출발점을 이룬다. 즉 이전의 시간이 사건에 종속되어 있었다면, 동시성의 형식으로 사건에서 독립된 시간은 거꾸로 사건들에 대해 척도로서 제시되고 사건들은 그 시간이란 척도 아래 종속되게 된다. 그리고 거기에 현재성의 형식을 부여함으로써, 시간은 이제 그 현재라는 동시적 시점들의 선형적 연속체가 되게 된다.[19] 즉 현재는 지나가며 과거가 되고, 아직 오지 않은 시점들은 미래에 속한 것이 되는 방식으로 선형적 시간이 구성된다.

---

18 여기서 〈독립신문〉이 지극히 단호하게 단일한 방향을 취했다는 것을 다시 상기할 필요가 있다. 날짜를 표시하는 문제는 당연히 그 표기법으로서 역의 문제와 직결되어 있다. 가령 한문으로 발행되던 〈한성순보〉의 경우 조선 개국 연호 아래 음력으로 날짜를 표시했고, 그 옆에 '중국광서(中國光緒)' 연호를 표시했으며, 〈독립신문〉 이후 간행된 〈황성신문〉이나 〈대한매일신보〉가 양력과 음력을 나란히 병기했다. 이에 비해 〈독립신문〉은 건양 내지 광무라는 연호로 표시되는 양력만으로 날짜를 표기함으로써 현재적 시간으로서 '오늘'을 양력으로 일원화했다.

19 하이데거는 이른바 '통속적 시간관념'이 '지금–시간(Jetzt-zeit)'을 직선의 두 방향으로 연장함으로써 성립된다고 말했지만(하이데거, 이기상 옮김, 《존재와 시간(Sein und Zeit)》, 까치, 1998, 549~556쪽), 그러기 위해서는 이처럼 이질적인 사건들을 하나의 시점에 대응시키는 '동시성'의 개념이 선행되어야 한다는 점을 분명하게 하지 못했다. 지금–시간의 연장이 시계적 시간, 양적인 동질성을 전제로 하는 근대적 시간이 되려면, 그리고 그러한 시간이 사건에서 독립하여 '척도'의 지위를 확보하기 위해선, 나아가 그러한 시간이 내용이 되는 사건과 무관한 '텅 빈 순수 형식'이 되기 위해선 동시성의 시간 개념이 선행되어야 한다.

3. 선형적 시간의 구성

1) 흘러가는 '오늘'들

이상에서 본 것처럼 어저께나 그저께, 혹은 내일이나 모레 등과 같은 시간에 관한 표현들은 '오늘'이란 표현이 있든 없든 간에 오늘로 귀착되고 오늘로 수렴되는 성분을 내장하고 있었다. 여기서 '오늘'은 과거와 미래의 사건들이 수렴되는 부동의 중심이었다. 그리고 그 중심에는 신문을 보는 독자 자신이, 바로 '내'가 자리 잡고 있었으며, 이로 인해 그 '오늘'은 생생한 현재성과 현장성을 획득할 수 있었다.

이와 달리 내가 서 있는 시점인 그 '오늘'이 특정한 하나의 시점을 중심으로 이동하는 경우, 그 단일한 시점은 미래에서 현재, 과거로 이동하게 된다. 다시 말해 그 정해진 시점을 기준으로 볼 때 '오늘'은 과거에서 현재로, 그리고 현재(기준 시점) 이후로 점차 이동하게 된다. 〈독립신문〉의 경우 하나의 시점을 중심으로 '오늘'을 이동시키는 이런 일련의 표현 형식이 반복되어 발견된다. 가령 '대군주 폐하의 탄신일'('만수성절') 등의 중요한 기념일을 둘러싸고 연이어 나타나는 기사들이 그런 경우다.

1896년의 경우 고종의 생일 전날인 9월 1일, 〈독립신문〉은 논설의 모두에 큰 글씨로 다음과 같은 기사를 싣는다.

> **내일은 대군주 폐하 탄신이라** 우리는 경축함을 이기지 못하여 오늘 신문에 만만세를 미리 부르고 폐하의 성체가 안강하시고 조선 인민이 부강케 되기를 축수하노라.[11]

같은 날 잡보에서는 "대조선 서울 야소교회[예수교회]에서 **내일 대
군주 폐하 탄신 경축회를 하는데** 아침에는 예배당에서 대군주 폐하와
조선 인민을 위하여 하나님께 찬미와 기도를 할 터이요 오후 네 시에
모화관에 모두 모여 애국가로 노래하고 명망 있는 사람들이 연설도
할 터이라. 물론 누구든지 이날을 경축이 생각하는 이는 모두 모화관
에 와서 같이 애국가로 노래하고 연설도 들으시오."라는 기사를 실어
서 경축 행사를 미리 알려주고 있다.

당시 〈독립신문〉은 아직 격일간이었기에(혹은 그날이 국경일, 즉 휴일
이었기에?) 고종의 생일날은 신문을 발행하지 않았다. 다음 날인 9월 3
일 논설은 다음과 같이 시작되고 있다.

> **어저께** 모화관에서 서울 야소교회 교원들이 **대군주 탄신 경축회를 하였
> 는데** 사람들이 근 천 명이 모여 애국가를 하고 하나님께 기도하기를 대군
> 주 폐하의 성체 안강하심과 조선 인민의 부강함을 축수하고 전국 인민이
> 동심 합력하여 서로 돕고 서로 사랑하여 아무쪼록 조선이 자주 독립이 되
> 고…….⑫

여기서도 논설은 신문이 발생된 날인 '오늘'과 경축 행사가 있었던
고종의 생일을 시간적으로 관계 짓는 '어저께'라는 단어로 시작하고
있음이 시사적이다. 또 9월 5일에는 제물포의 각국 군함들이 고종의
생일을 축하하는 예포를 쏘고 경축 행사를 했다는 기사가 잡보에 게
재되었다.

이는 고종의 생일을 전후해서 해마다 반복된다. 1897년의 경우 8월
21일 잡보에서는, "이달 이십이일은 대군주 폐하의 탄신이라. 신민의

경축하는 날이요 국가에 매우 기꺼운 절일이라."면서 국기를 달아 군주에 대한 사랑을 표시하고, 그날 벌어지는 행사에 참여하자고 촉구하고 있다. 그리고 8월 24일 잡보에서는 "대군주 폐하 탄신 아침에 정부 관인들이 일찍 예궐하여 진하에 참례하고 십이시에 각국 공·영사들과 외교관들이 폐현하고 오후 삼시에는 외국 고문관들이 폐현하고 경축하는 하례를 말씀하였다더라."고 쓰고 있다. 또 8월 26일에는 "대군주 폐하 탄신에 제물포 룡동학당에서 예배당으로 모여 그날 오후 팔시에 예배한 후에 경축회를 여는데 그 모인 사람은 남녀노소 삼백여 명이라."면서 예배 장면을 보도하였고, 9월 2일에는 그날 평양에서 선교하는 백성 300여 명이 경축 행사를 했음을 알리고 있다.

이런 식의 기사들은 1898년에도, 1899년에도 동일하게 발견된다. 이러한 기사들에서 '오늘'은 가령 아직 오지 않은 1896년 9월 1일이나 1897년 8월 22일 등의 날짜를 예고하다가, 그날이 지나선 그날의 행사를 지나간 일로 보도함으로써 **'오늘'이 정해진 하나의 날짜를 중심으로 그 앞에서 뒤로 이동한다는 것**을 보여준다. 매일매일 시간이 흘러가듯이, '오늘'의 날짜로 표시되는 시점 또한 이처럼 지나가고 흘러가는 것이다. 이런 점에서 방금 살펴본 일련의 기사들은 발행된 날짜에 대응되고 고정된 '오늘'이 이동하고 흘러간다는 관념을, 그럼으로써 시간이 흘러간다는 관념을 표상하게 해준다. 아직 오지 않은 어떤 시점을 결국은 통과하여 지나간 시점으로 만드는 흐름 안에 오늘이 존재한다는 관념을.

그런데 신문은 '오늘'의 위치에 할당된 동시적 사건들의 집합을 **지면에 활자로 고정함으로써** 지울 수 없는 실재성을 갖는 것으로 표상하게 한다. 이런 점에서 신문은 현재라는 시간에 사건들의 집합을 대응시키는 방식으로 구체성을 부여할 뿐 아니라, 그것을 '덧없는 시간'이란 표상과 달리, 과거라는 지나간 시간의 심연으로 사라지는 그런 시간과 달리, 지울 수 없는 실재로서 재구성한다고 해도 좋을 것이다.

이렇게 실재로서 고정된 각각의 '오늘'들은 그것이 매일매일의 날짜로 표시된다는 사실로 인해, 날짜들은 비교되어 선후관계에 따라 **하나의 직선상에** 배열될 수 있게 된다. 이와 함께 그 날짜들에 대응되는 동시적인 사건들의 집합이, 그 날짜들의 선후관계에 따라 직선상에 배열될 수 있게 된다. 이제 '오늘'을 기준으로 그 이전의 날짜에 속한 사건들은 모두 과거에 속한 것이 된다. 이로써 현재성으로 이해된 동시성의 시간은 '지나간 현재들', 지나간 시점들로 이어지고 연장된다. '근대적 시간 '오늘'을 특징짓는 선형적 시간의 관념은 시점에서 시간으로, 현재에서 과거로 연장되는 이 '이동' 속에서 구체적인 형상으로 포착되고 형성된다고 할 수 있지 않을까?

이와 나란히 오늘 일어난 사건들, 그 지울 수 없는 실재적 현재는 어제의 사실들, 그저께의 사건들로 계속하여 이동한다. 따라서 그것은 '오늘'을 공유하는 사람들로선 의당 집합적으로 공유하게 될 공통의 기억을 이루게 된다. 통상 이런 공통의 기억을 일정한 사람들이 공유하는 공통의 과거라고 말한다. 즉 이런 식으로 과거가 구성되는 것이다. 지나간 날짜의 신문들, 그것은 그 날짜에서 이어지는, 그 신문을 뒤적이는 현재의 나에 잇닿은 나의 과거고, 내가 기억해야 할 과거다. 내가 경험한 적이 없는 사건들이라고 해도, 혹은 내가 기억하지 못하고 있는 사실들이라고 해도. 〈독립신문〉이나 개화기 신문들이, 혹은 그 이후의 신문들이 과거를 만들겠다는 의지를 갖고 있지 않았다고 해도, 그것들은 분명 '오늘'을 기록하면서 과거를 만들고 있었던 것이다. 매일의 날짜가 새겨진 과거들을.

2) 시간표와 예정된 미래

개항장에서 양력을 이용했던 것은 근대적 시간이 일종의 세계시간
으로서, 즉 교역을 하고 근대적 교통수단을 이용하기 위해선 누구나
따라야 하는 그런 시간으로 자리 잡고 있음을 보여주는 것이었다. 따
라서 그런 근대적 교통·통신 수단이 수입되고 확대된다면, 그것을 따
라 근대적 시간이, 그러한 시간의 규율과 강제가 수입되고 확대될 것
이라는 점은 불 보듯 뻔한 일이다. 물론 〈독립신문〉의 시기에는 아직
그런 신문명의 수단들이 그다지 널리 수입되지도 않았고, 그 영향력
의 폭도 매우 제한되었으며, 심지어 전차나 철도의 경우도 대중적으
로 이용되기 위해선 많은 시간이 더 필요했다.

그럼에도 불구하고 〈독립신문〉은 그런 시간표 자체에 대해 매우 중
요하게 여겼던 것이 분명하다. 그것은 아마도 근대적 문명과 동일시
되었던 근대적 시간, 그 시간-기계의 핵심이 포함되어 있었기에, 근
대적 시간에 대한 적극적 지지자로서는 그럴 만한 충분한 이유가 있
었던 셈이다. 그래서 〈독립신문〉은 창간호(1896년 4월 7일)부터 매우
눈에 띄는 세 개의 '표'를 별다른 차이 없이 반복해서 싣는다. 하나는
물가표인데, 1호부터 7호까지는 상업광고가 실린 신문의 말미에 싣다
가, 8호부터는 논설의 앞에 싣기 시작하며, 이는 28호까지 반복하여
게재된다. 다른 하나는 제물포 윤선(輪船) 시간표로서 1호부터 3호까
지 매번 싣는다.

사월 팔일에 흑가마루가 부산 고베 등지에 가고 사월 구일 견깨마루가

지부 천진 등지에 가고 사월 구일에 삿쥬마루가 가나가사기 행항 등지에
간다더라.[13]

또 하나는 한성 내외 지역의 우체 시간표인데, 1호부터 20호까지,
그리고 28호와 29호까지 매일 반복하여 실려 있다.

> 모이는 시간 오전 칠시 십시 오후 일시 사시
> 전하는 시간 오전 구시 정오 십이시 오후 삼시 육시
> 한성 인천 간 보내는 시간 오전 구시
> 오는 시간 오후 오시 삼십분
> 한성 개성 간 보내는 시간 오전 구시
> 오는 시간 오후 이시 삼십분
> 한성 유원 공주 전주 남원 나주 간 보내는 시간 오전 구시
> 오는 시간 오후 삼시
> 한성 충주 안동 대구 동내 간 보내는 시간 오전 구시 오는 시간 오후 삼
> 시[14]

물가표는 각지마다 다른 물가들을 서울의 물가에 해당될 것을 잡아
서 하나로 표시하고 있다. 이는 지역과 조건에 따라 다른 물가를 하나
의 수치로 표시함으로써 신문이 배포되는 지역에 하나의 표준을 제공
할 뿐 아니라, 그것의 변동을 하나의 시간에 대응되는 단일한 사건으
로 만듦으로써 '동시성'의 시간성을, 그리고 날짜로 표시되는 현재성
의 시간성을 경제적 영역에 대해서 작동시킨다.
시간표의 경우에는 이와 좀 다른 방식으로 작동한다. 윤선 시간표

나 우체 시간표는 그것을 이용하기 위해서는 누구나 따라야 할 시간적 조건을 명시하고 있다. 따라서 윤선 시간표는 양력을 채택한다는 선포가 영향력을 미치지 못했던 사람들에 대해서조차, 양력을 사용할 것을 요구하고 있는 셈이다. 그런데 이는 꼭 그것을 이용하지 않더라도, 시간표 자체만으로 양력의 사용을 현실적 문제로 보게 만든다는 점에서, 양력 사용을 암묵적으로 요구하는 일종의 '기사'라고 할 수 있다.

이는 우체 시간표의 경우에도 동일하게 해당된다. 윤선 시간표와 다른 것은 양력 날짜 대신 시계적인 시간의 사용을 요구하고 있다는 점이다. 이 시간표 또한 그 자체로 하나의 기사로서, 우편을 이용하려는 사람으로서는 좋든 싫든 따를 수밖에 없는 실재적 유효성을 함축하고 있을 뿐 아니라, 양력과 더불어 새로이 도입된 시계적 시간이 이전의 시간을 대신하여 일정한 영역에서 확고부동한 지위를 차지하고 있음을 보여준다. 이런 식의 '기사'들이 처음에는 인민들의 일상과 분리된 채 도입되었던 양력과 시계적 시간이 직접적으로는 교통이나 통신수단을 이용하려는 사람들을 근대적인 시간의 영향 아래 끌어들이리라는 것은 매우 분명하다. 더불어 그런 기사를 읽는 것만으로도 정해진 시계적 시간에 맞추어 행동해야 한다는 관념과 만나게 되고, 그것이 반복되는 만큼 그것에 익숙하게 되리란 것 또한 분명하다 하겠다.

한편 이러한 시간표는 그 자체로 시간의 흐름을 선형적인 형태로 배열하고 있을 뿐 아니라, 내가 이후(오늘 이후!) 배나 우편을 이용하고자 한다면 받아들여야 할 미래의 시간을 고정된 형태로 보여주고 있는 것이기도 하다. 이처럼 미리 고정된 형태의 시간표를 우리는 통상 '**예정**'이라는 관념으로 포착한다. 예정된 일정, 예정된 시간, 예정된 일들……. 이런 의미에서 시간표는 시간적인 형식으로 표현된 '예정표'다. 이처럼 예정된 시간의 형식에서 '**예정'으로서의 미래**, 혹은 '**예정된 미래**'라는 관념을 읽어내려 한다면 너무 지나친 것일까? 적어도 근대 문명의 중요한 환유였던 근대적 교통·통신의 영역에 관한 한, 미리 고정되어 일렬로 배열된 저 시간의 형식 속에서, 미래란 저렇게 객관적으로 예정되어 있다는 환상의 싹을, 미리 예측할 수 있는 것으로 존재하는 듯한 환상의 싹을 읽어내려 한다면 너무 지나친 것일까?

지금까지 주로 신문의 구성 형식이나 신문기사에서 사용되는 표현 형식을 통해서 근대적 시간 형식의 요소들이 어떤 식으로 사용되고 작동하게 되었는가를 보았다. 이는 시간을 대상으로 하는 직접적인 언급이 없는 경우가 대부분이다. 심지어 일종의 기사였던 '시간표'조차 시간에 대한 언급이라기보다는 직접 윤선이 떠나는 시간이나 우편물을 수집하고 배달하는 시간을 제시하는 것에 멈추고 있을 뿐, 그런 시간을 주어나 목적어로 하는 어떤 언급을 전하고 있지는 않다. 그러나 시계를 볼 줄 안다고, 심지어 시계적 시간에 따라 행동할 줄 안다고 근대적 시간관념을 가졌다고 할 순 없는 것이다. 그 시계적 시간에 따라 사실이나 사건들을 배열하고 그 시간적인 형식 속에서 그것들을 분류할 수 있을 때, 그리고 그것을 지금 자신의 신체, 자신의 행동과 시간적인 관계 속에서 이해할 수 있을 때, 시계를 보고 시계에 따라 행동한다는 것은 근대적인 시간관념이 되었다고 말할 수 있는 것이다.

시계나 서양력 이상으로 근대적 시간 형식이 조선의 인민들, 적어도 독자들의 표상 형식으로 자리 잡게 되는 데 〈독립신문〉이 중요했던 것은 이런 이유에서다. 〈독립신문〉은 일간신문으로서 이전의 표현 형식과 전혀 다른 언표 형식을 처음 만들어 사용했고, 이는 이후 신문의 모델이 되었다. 이러한 언표 형식은 그것을 읽는 행위 자체를 통해, 앞서 언급한 언표 형식들을 통해, 사실들을 독자가 위치한 현재를 기점으로 동시성과 비동시성, 과거와 현재, 먼 과거와 가까운 과거의 순서로 배열하는 훈련을 하게 했고, 복수의 시점들을 하나의 선형적 시간으로 연결하는 방식을 습득하게 했다. 이런 방식으로 근대적인 시간 형식은 신문을 접하는 사람들의 사고 속으로, 또한 생활 속으로 부지중에 침투한다. 이런 식으로 이전에 보이지 않던 것들을 보이게 하고, 이전에 보이지 않던 방식으로 보이게 한다. 예전과 다른 사실들의 계열화 방식이, 신문에서 사용하는 근대적 언표 형식 그 자체에 의해 가동되며, 그것을 읽는 독자의 감각을 근대적인 시간 형식, 근대적인 표상 형식에 길들이며 포섭하는 것이다. 이런 점에서 앞서 보았던 몇 가지 형식들은 근대적 시간관이 인민들의 생활방식 속에 침투할 수 있는 중요한 침로들이었다고 해도 좋을 것이다.

4. 생활방식과 시간성

　표현 형식과는 다른 층위에서 인민대중의 계몽을 직접적인 목표로 명시했던 이 시기 신문은 양력이나 시계적 시간의 이점을 선전하고 계몽하는 것은 물론, 그러한 시간을 척도로 삼아서 생활하는 방법을 소개하고, 그렇지 못한 생활방식을 비난하면서 근대적 생활방식을,

다시 말해 근대의 시간적인 생활방식을 문명이란 이름의 규범으로 제시한다. 즉 그것은 문명화된 방식으로 살아가는 가장 중요한 경로 중 하나로서 제시되고 계몽된다.

이런 방식으로 제시되고 계몽되는 생활방식이나 시간 개념은 앞서의 여러 형식을 통해 언급되지 않은 채 작동하기 시작한 근대적 시간 개념의 '내용'에[20] 해당된다고 할 수 있을 것이다. 앞서 근대적인 시간성을 작동시키는 표현 형식들이 무엇보다도 우선 잡보를 통해, 그리고 1897년 이후 잡보에서 갈라져 나온 외방통신이나 각부신문을 통해, 더불어 초기부터 외국의 소식을 전하는, 일종의 '외국잡보'인 외국통신 등을 통해, 사건을 보도하는 방식으로 진행되었다면, 그에 상관적인 '내용'으로서 새로운 생활방식이나 시간 개념을 계몽하는 것은 주로 논설을 통해서 이루어졌다.

이러한 근대적 시간의 내용적 측면, 혹은 생활방식으로서 근대적 시간성은 지금이라면 지극히 익숙한 관념일지도 모른다. 그 익숙한 관념이 〈독립신문〉에서 출발했다는 것 또한 길게 말할 필요가 없을 것이다. 그렇지만 이 역시 근대적 시간성이 작동하는 '장', 근대적 시간성의 장을 관통하는 내용적인 측면이라는 점에서 짚고 넘어가야 한다. 그 중 중요한 양상만 몇 가지 추려보면 다음과 같다.

---

20 물론 시간관념 자체가 생활의 형식이요 사고의 형식적 축을 이룬다는 점에서 이러한 시간 개념의 내용은 형식과 대립되는 것이라기보다는 형식으로 제시되고 존재하는 것이다. 아마도 들뢰즈/가타리라면 이런 관계를 '표현의 형식'과 구별되는 '내용의 형식'이라고 명명했을 것이다. 그런데 통상적인 내용과 형식의 관계와 달리 내용과 표현의 두 '지층'은 상응성이나 대응성을 갖지 않는다. 왜냐하면 표현이 형식 없이 존재할 수 없듯이 내용 또한 형식 없이는 존재할 수 없기 때문이다. (질 들뢰즈/펠릭스 가타리, 이진경 외 옮김, 《천의 고원(Mille Plateaux)》 1권, 연구공간 '너머' 자료실, 3장 : 이진경, 《노마디즘》 1권, 휴머니스트, 2002, 3장 참조)

1) 규율로서의 시간

먼저 근대적 시간관념이 갖는 현실성은 시간적인 생활방식, 다시 말해 시간을 정해놓고 그것에 맞추어 생활하고 행동하는 것이다. 이는 앞서 시간표에 내장된 채 제시된 것인데, 이러한 측면은 정확성의 상징, 정확한 기계의 상징으로 시계가 등장하는 새로운 은유에서 잘 드러난다. 가령 〈독립신문〉 1898년 2월 8일자 논설은 다음과 같이 쓰고 있다.

사람이 시계를 살 때에 사람마다 기계 속을 모르는, 즉 시계 좋고 아니 좋은 것을 아는 도리는 다만 전면에 바늘 둘이 시간과 분과 각을 옳게 가리키는지 안 가리키는지 하는 것을 가지고 아는지라. 그것과 같이 사람의 옳고 그른 것을 아는 것은 그 사람의 하는 생사를 가지고 아는 외에는 다른 도리가 없는 것이라. 설령 시계가 보기에 훌륭하고 금과 보석으로 꾸민 시계이나 그 시계가 시를 맞추지 아니할 것 같으면 그것은 시계가 아니라 일개 값진 물건이라. 금과 보석을 팔면 돈은 생길지언정 시계로 쓸 것은 못 되니 그것과 같이 사람도 외양이 좋고 의복을 잘 입어 보기에는 좋은 사람 같이 보이나 자기 맡은 직무를 못 할 지경이면 무용지물이라. 그러하기에 시계 살 때에 외양과 모양은 어떠하였든지 **시만 잘 맞추면 그 물건이 쓸데 있는 물건이요 사람도 지체가 없고 모양이 준수하지 않더라도 맡은 직무만 착락 없이 할 것 같으면 그 사람이 보배로운 사람이라.**[15]

시간을 잘 맞추는 것이 시계의 핵심적인 미덕인 것처럼, 사람 또한 직무를 정확하게 수행하는 사람이 제대로 된 사람이라는 것이다. 여기서 더 나아가 사람됨 자체를 시계에 비유하는 경우도 발견된다. 다음은 〈독립신문〉 1899년 10월 3일자 논설의 일부다.

사람의 사람됨이 시계의 기계와 같으니 바퀴와 유사와 태엽을 구비한 중에 한 가지만 없어도 병신이 되어 쓸데없을 것이요 사람이 사지백체와 이목구비 중에 한 가지만 병들어도 완전한 사람이 되지 못할지라. 기계가 각각 저 할 직분을 다한 연후에 그 시계가 사시 주야를 물론하고 운동하여 제 시한[시간]을 맞출 것이요 사람도 장부와 기혈이 고른 연후에야 운동과 행위를 임의로 하지, 만일 병이 있으면 세상만사에 아무 생각이 없을지니 무슨 사업에 경영을 할 수 있으리오. [16]

한편 비슷한 시기에 시간을 지킬 것을 요구하는 규칙들이 학교나 관청에 만들어진다. 여기서 가장 앞서간 것은 외국인들이 세운 영어 학교였다. 여기서는 등교시간을 정해두고 그것을 어길 경우 벌금을 물리는 고전적인(!) 처벌을 마련함으로써 시간을 지키는 생활을 훈육하고자 했다. 〈독립신문〉은 잡보에서 이를 보도하면서 그것이 공부에 매우 유익하리라고 칭찬함으로써 시간 엄수를 요구하고 계몽한다.

영어 학교에서 학도가 공부하는 시간을 매일 오전 아홉시로 정하고 만일 늦게 오는 학도가 있으면 각 명에 벌금 십 전씩 물리고 혹 무고하게 올 날을 아니 오는 학도가 있으면 각 명에 벌금 십오 전씩 물리는 고로 형세 구차한 학도들은 매우 감당키 어렵다고 하나 학교에 규칙이 엄하여야 학도들이 마음을 게을리 아니 먹고 정한 시간 안에 진즉들 다닐 터이니 영어 교사 헐치신 씨가 학교의 규칙을 이렇게 엄히 세운 일은 공부에 유익할 터이니 매우 치사[치하. 칭찬]할 만하더라. (〈독립신문〉 1897년 1월 30일자 잡보) [17]

이러한 규칙과 제도는 역시 시간을 그다지 잘 지키지 않던 관리들에게도 도입되었고, 이를 〈독립신문〉은 잡보에서 보도하면서 그런 규칙을 알리고 선전하고 있다.(1899년 1월 5일자 잡보 ; 1899년 1월 12일자 잡보)

2) 돈으로서의 시간

한편 이러한 규칙은 그것을 지키지 않는 것을, 가능한 다른 종류의 생활방식이나 다른 종류의 시간관념 때문이라고 간주하지 않는다. 그것은 정해진 시간에 해야 할 것을 하지 않는 것이고, 따라서 그것은 할 일을 하지 않는 게으름이요 태만이라고 간주된다. 다시 말해 근대의 시간적인 생활방식은 시간을 지키지 않는 행위를 비난할 뿐 아니라, 쓸데없이 빈둥대며 시간을 허비하거나 놀면서 소일하는 이전의 생활방식에 대해 비난한다. 그것은 시간에 맞추어 살아야 하는 것뿐만 아니라, 그 정해진 시간만큼이나 부지런히 바쁘게 살아가야 한다는 새로운 종류의 태도를 함축한다. 이런 태도가 한가롭게 놀면서 소일하는 생활을 '시간을 낭비한다'고 비난하며, 그런 시간의 낭비란 다름 아닌 '돈의 낭비'라고 비난한다는 것은 잘 알려져 있다. 〈독립신문〉 역시 이 전형적인 비난의 방식을 사용한다. 가령 '시간은 돈'이라는 제목을 달고 있는 1899년 7월 3일자 논설은 이를 잘 보여준다.

서양 말에 **시간이 돈**이라 하고 동양 말에 마디만 한 그늘을 아낀다 하였으며 또 말하기를 사람이 수고로운즉 생각을 하나니 생각한즉 착한 마음이 나고 편안한즉 음란하나니 음란한즉 못된 마음이 난다 하였으니 놀고 편히 있으면 비단 의식만 아니 생길 뿐 아니라 허랑한 생각이 날 것이니

심성이 마저 변할지라. 서양 대도회에서 길에 다니는 사람들을 보면 **다 시급한 일이 있어 가는 모양이니** 그 시급한 일은 무엇인고. 어데 가서 공부를 한다든지 어데 가서 강색 노릇을 한다든지 어느 마을에 벼슬을 다닌다든지 다 정한 시간이 있는 고로 자연 급하여 그렇게 다니니 이것만 보아도 서양 사람들이 무단히 놀지 않는 것은 가히 알겠도다. **대한은 놀고 편히 지내는 것이 고질이 되어 시간 정하고 하는 일이 드물고** 대로상에 행인을 보더라도 급히 걷는 사람은 몇이 못 되고 다 소일로 걸으니 그 여럿이 다 노는 사람은 아닐 터이나 일 없는 사람이 많은 것은 가히 알지라.[18]

이러한 내용은 1899년 9월 23일자 〈독립신문〉 논설에서도 비슷하게 반복된다.

서양 속담에 가로되 **시간은 곳 돈이라** 하고 동양 글에 가로되 마디만 한 그늘을 아끼라 하였으니 그 말씀은 같지 아니하나 속뜻인즉 서로 같은 것이, 무슨 일이든지 게을리 하지 말고 부지런히 힘써 하여 사업을 성취하라 함이라. …… 사람이 부지런한 마음이 없으면 세상만사에 하나도 성취할 것이 없고 편히 놀며 잠자기에 졸업이 되어 부모의 봉양도 할 수 없고 님군을 도와 백성을 다스릴 수도 없고 친구에게 신의를 지켜 상종할 수도 없고 처자의 의식을 벌어 먹이며 가르칠 수도 없을 지경이니 **사람이 해태[懈怠, 몹시 게으름]하고 보면 실상은 버러지만도 못하고 짐승만도 못한지라** 버러지에게도 거미 같은 것은 처마 끝과 그물을 베풀어 내왕하는 나비와 청정〔蜻蜓, 잠자리〕 등속을 잡아먹기로 생애하되 그물을 매질 때에 심히 공교하며 부지런하고 짐승에서도 다람쥐 같은 것은 상수리와 실과를 구멍에 저축하여 겨울 양식을 예비하고 까마귀는 능히 제 부모를 도로 먹이며 개

미와 벌은 능히 장수를 호위하니 가히 사람으로서 금수와 버러지만 못하
리오.[19]

여기서는 심지어 거미, 다람쥐, 개미와 벌 같은 "금수와 벌레"와 비
교하여 부지런함과 절약을 인간의 당연한 도덕으로 설파하고 있다.
"시간은 돈이다."라는 속담의 인용에서 동일하게 시작하고 있는 이
논설은, 시간이 돈이라는 말의 도덕적인 함축을 동물의 세계까지 인
용하면서 극명하게 제시하고 있는 것이다. 여기서 '시간은 돈'이라는
말을 하긴 하지만, 사실 시간이 화폐화되는 양상은 정확하게는 시간
적인 단위로 계산되는 임금노동이 존재함으로써 현실화되는 것인 만
큼, 이를 근거로 시간이 화폐화되었다고 말할 순 없을 것이며, 여기서
인용된 격언은 다만 시간의 중요함을 말하고자 하는 은유일 뿐이다.
그렇지만 그것이 실질적으로 함축하는 것은 쉬지 말고 부지런히 일하
라는 것이란 점에서, 그것은 화폐로 환원되는 근대적 시간관념의 한
자락을 충분히 드러내고 있는 것임 또한 분명하다.

이와 더불어 생산과 시간을 결부시킴으로써 시간을 경제적 계산의
대상으로 삼는 논설이나, 시간을 허비하는 것은 손해요 낭비라는 식으
로 시간을 경제화하는 관념 또한 종종 등장한다. 가령 '유명한 폭포와
기계'라는 제목 아래 나이아가라 폭포를 소개하면서 수력을 이용한 전
기의 이용이 얼마나 놀라운 힘을 발휘하는가를 설명하고 있는 1899년
4월 6일자 〈독립신문〉 논설의 후반부에는 다음과 같이 쓰여 있다.

이 전기 기운은 백 리 밖에도 가고 수천 리 밖에도 가는데 멀거나 가까
우나 그 기운의 힘이 다 같은지라. 이 기운으로 기계를 운동하여 무슨 피

류을 짜든지 솜을 피우든지 나무를 베든지 금·은·동·철을 달구든지 무엇을 하든지 못할 것이 없으며 석탄불 기운으로 화륜을 돌게 하여 기계를 부리는 것보다 편리하고 부비[일을 하는 데 드는 돈]와 시간이 매우 적게 드는고로 이 기계로 제조할 물건은 무엇이든 다른 기계로 제조한 물건보다 값이 적다더라. 지금 부강 문명한 나라들은 저절로 그렇게 부강하여진 것이 아니라 그 나라에서 인민들을 잘 교육시킨 고로 이같이 유식한 사업들을 하여 생재[生財, 재물을 늘림]를 많이 하는 까닭이라. 무슨 제조물이든지 **인력과 시간을 적게 들여 가지고 많이 만들어야 부비가 적게 들 것이요 부비가 적게 들어야 그 물건이 쌀 것이요 물건이 싸야 많이 팔릴 것이요 물건이 많이 팔려야 그 생업이 흥왕할지라.**

  대한에는 무명 짜는 것 한 가지만 보아도 한 필쯤 짜려면 기계로 몇만 통 짤 시간을 허비하며 그렇게 시간을 허비하고도 물건이 정미치 못하며 시간을 대단히 허비함으로 부비가 많이 들어 값이 비싼 고로 널리 팔리지 못하여 그것이나마 점점 없어져가니 답답지 아니하리오. 인민들이 벌어먹을 도리가 없어 이리저리 다니며 남의 것으로 어떻게 살려고 하지 말고 대한에서도 이런 사업들을 많이 하였으면 인민의 생업들을 많이 하였으면 인민의 생업이 넉넉히 생길 터이요 참으로 부강을 기약할 도리가 있으리로다.[20]

  석탄과 비교되는 전기의 힘을 소개하고는, 전기적 기계를 이용해 제조한 물건은 인력과 시간이 적게 들어 물건 값이 싸고, 싸기에 많이 팔리며, 많이 팔리니 생업이 흥하리라고, 그로써 나라가 부강하게 되리라고 말한다. 여기서는 시간의 절약이 경제적 이득으로 치환되는 경제적 논리가 매우 정확하게 요약되어 있다. 이는 전기와 기계의 힘에 대해 서술하면서 동시에 시간의 절약이 경제적 이득으로, 나라의 부강으로 이어지는 것을 통해 시간을 경제적 관념으로 이해하기 시작했음을 보여주는 것이라고 하겠다. 즉 이제 조선에서도 시간은 임금의 형식으로 화폐화되기 이전에 이런 식으로 경제적 관념이 되었던 것이다. 이는 시간의 경제적 관념을 유포함으로써 시계적 시간의 힘과 우월성을 보여주고 시간적인 생활방식을 경제화 및 도덕화한다. 새로운 시간적 생활방식이란 이제 부를 약속하는 경제적 생활방식을 뜻하는 것이 된 것이다.

3) 미래로서의 시간

한편 근대적 시간관념은 시간을 준수하고 아끼며 그것을 경제화하는 현재적 규칙들을 의미할 뿐 아니라, 새로운 미래적 관념을, 아니 미래적인 규칙을 함축하는 것이기도 했다. 직선적인 시간의 축에 따라 해야 할 일들과 행동들을 배열하여 놓고 생활하는 것은 아직 오지 않은 미래를 미리 계획하고 예측하며 그 계획에 맞추어 살아가는 그런 태도를 함축한다. 그것은 또한 당장에 닥친 일을 처리하는 방식의 생활이 아니라 닥치기 전에 미리 대비하고 준비하며, 좀 더 나은 삶을 계획하고 그 계획에 따라 살아가는 '미래 지향적' 삶을 함축하는 것이기도 하다. 〈독립신문〉은 1896년 9월 24일자 논설에서 다음과 같이 쓰고 있다.

조선 사람들은 생각이 내일은 어찌 되었든지 당장만 생각하고 일을 하는 고로 조선 사람 하는 일이라고 보거드면 모두 목전만 위해서 한 일이요 후일 생각은 도무지 없는지라. 그런 고로 해가 갈수록 나아가는 것은 없고 점점 쫄아가는 것이 그 까닭이라. 남의 나라에서는 사람들이 아무리 가난하고 궁하더라도 기어이 학교에 가서 공부를 하고 만일 학교에 다닐 형세가 못 되면 시간을 정해놓고 몇 시 동안은 일을 하여 벌이를 하고 몇 시 동안은 학교에 가서 공부를 하여 무슨 학문이든지 한 가지를 배우려 하는 것은 다름이 아니라 당장은 가난하고 곤하고 돈을 덜 벌더라도 학문 하나를 배워 놓으면 이후에 사람이 더 높고 돈을 더 벌게 될 것을 아는 까닭이라.[21]

여기서는 당장 눈앞의 일이 아니라 미래의 일을 염두에 두고 후일을 준비해가는 새로운 종류의 시간관념을 설파하면서, 그것을 위해 시간을 정해놓고 일을 하거나 공부하는 등의 생활방식을 제시하고 있다. 이는 직선처럼 진행되는 시간에 사람들의 행동을 대응시키는 선형적인 시간 개념과 짝을 이루는 것이며 그러한 시간 개념을 전제하는 것이다.

이러한 관념이 근대적 생활방식뿐만 아니라 근대적 시간관념의 중요한 한 요소라는 것은 다시 말하지 않아도 좋을 것이다. 이것이 좀 더 나은 삶으로, 좀 더 문명에 근접한 삶으로 인도하리라는 것은 방금 살펴본 주장 안에 내포되어 있다. 우리는 좀 더 나아진다는 표현으로 일반화되는 그러한 변화를 '진보'라고 명명하는 데 매우 익숙하다. 〈독립신문〉의 필자들은 그런 관련을 이해하고 있었음이 분명하다. 이 단어는 논설이나 잡보 등에서 아주 빈번하게 사용되면서, '좋은 것'과 동일시되는 가치 평가적 개념으로 사용된다.

예컨대 잡보의 경우 '진보'라는 개념이 등장하는 횟수는 1896년, 1897년, 1898년, 1899년 각각 32, 31, 23, 5회로 4년 모두 합치면 91회 사용되었다. 논설의 경우는 각각 49, 56, 78, 81회 사용되며, 모두

【표 3】 〈독립신문〉 논설과 잡보에서 '진보' 개념의 사용 빈도

	1896	1897	1898	1899	합계
논설	49	56	78	81	264
잡보	32	31	23	5	91

합치면 264회 사용되었다. 여기서 잡보에 비해 논설에서 이 개념이 2.5배 이상 사용된 것은, 실제론 뚜렷하게 구별되진 않았지만 잡보에 비해 논설이 가치 평가적 성격이 강한 주장을 담고 있기 때문일 것이다.[21]

물론 그들이 '진보'라는 단어의 시간적인 함축을 이해하고 있었는지는 분명하지 않다. 그보다는 '문명화'와 동일한 가치를 갖는 것으로, 따라서 동일한 의미를 갖는 것으로 이해하고 있었던 것으로 보인다. 동시에 그들은 '진보'라는 단어를 서양의 문명국들과 동일하게, 혹은 유사하게 됨을 뜻하는 것으로 사용한다. 가령 1897년 2월 27일자 논설에는 다음과 같은 문장이 포함되어 있다.

외면으로는 나라가 자주독립이 되고 **문명개화하여 세계 각국과 같이 되어 국태 미안하고 진보하여 가는** 부강한 나라가 되겠다고 원하면서 속으로는 이 일에 모두 반대하는 경영만 하고 생각인즉 구습만 가지고 한다든지

---

21 여기서 '진보'라는 단어의 숫자들이 사용되는 추이는 잡보의 경우 점점 줄어드는데, 논설은 매년 증가하는 추세가 확연하다. '진보'라는 개념이 가치 평가적인 개념임을 인정한다면, 이는 시간이 지남에 따라 사실과 주장의 구별이 좀 더 명확하게 분화되면서, 잡보가 전자에 해당되는 성격으로 단일화되는 반면 논설이 후자에 해당되는 성격을 더욱 분명하게 해가고 있음을 보여주는 증거임을 인정하는 것도 어렵지 않을 듯하다.

속으로는 나라가 **문명진보하는 것이 좋은 줄로 알면서** 외면으로는 구습을 가지고 말도 하고 일도 하는 사람은 둘 다 안과 밖이 다른 사람이라. 조선 말에도 사람이 안과 밖이 다르면 그 사람은 소인이라 하고 천히들 생각하는지라 우리 생각에는 차라리 완고당이 되든지 개화한 사람이 되든지 두 가지 중에 한 가지 사람이 되어 안팎이 같은 사람이 될지언정 소인 노릇하기는 천히 여길 듯하다.[22]

진보와 문명화를 동일시하는 이런 평가적 관념에는, 그러한 평가가 조선의 미래를 문명화에 걸고 있던 사람들의 것이었음을 고려한다면, 미래의 시간이 어느 정도 스며들어 있었다고 해야 하지 않을까? 목전의 일과 대비하여 내일의 일을 설정하고, 내일의 일을 미리 계획하여 행하는 것에서 부강한 미래, 문명화된 미래를 꿈꾸었던 것이 사실이라면, 그러한 희망의 이름으로서 '진보'라는 말이 현재를 평가하는 가치 기준으로서, 어쩌면 가장 중요한 평가적인 개념으로 사용되고 있다고 말할 수 있지 않을까? 이런 점에서 명시되지는 않았다고 해도 진보에는 미리 준비하고 도모해가는 미래의 시간이, 현재를 규정하는 미래의 시간이 함축되어 있었다고 할 수 있지 않을까? 이런 의미에서 '진보'라는 말은 미래를 통해서 과거와 현재를 보는 그런 평가방식을 작동시킨다고 할 수 있지 않을까? 그렇다면 이러한 사고방식이 "닥친 일을 처리하는 데 급급해하는 게 아니라 미래를 미리 준비하고 계획해가는 그런 삶의 방식"과 정확하게 짝을 이루는 것임을 이해하는 것은 그리 어려운 일이 아니다.

5. 근대적 시간의 장

지금까지 우리는 개화기 이후 근대적 신문의 모델이 되었던 〈독립신문〉을 통해서 근대적인 시간 형식이 이중적인 층위에서 구성되고 작동하는 양상을 보았다. 우선 표현적인 층위에서는 동시성의 시간 형식에서 시작하여 현재성의 시간 형식과 선형적 시간의 구성 형식에 이르는 양상을 논리적인 순서에 따라서 살펴본 바 있다. 동시성의 시간 형식과 관련해서, 먼저 이질적인 다양한 사건이나 사실들을 하나의 시간대에 속하는 '시간적 동시성' 속에 통합하는 양상을, 그리고 이어서 하나의 동일한 사건을 이질적인 복수의 대중들이 공유하는 양상을 통해서, 보도되는 사건이나 사실들과 그것을 읽는 독자들이 하나의 동시적 시점에 대응되는 방식으로 '동시성의 시간 형식'이 구성된다고 주장한 셈이다.

이러한 동시성의 시간 형식은 '오늘'을 상기시키는 다양한 형식들을 통해서 '현재성의 시간성'과 결합된다. 신문을 펼쳐든 사람 각자에게 '오늘'을 상기시키는 표현 형식들과 신문의 첫머리에 표기되는 '오늘임'을 표시하는 날짜 등은 일간 내지 준–일간이라는 발행 형식과 결합되어 독자가 선 시점이 '오늘'이라는 현재성을 갖고 있음을 끊임없이 환기시킨다. 더불어 '오늘'을 항상–이미 전제하는 '어저께', '그저께', 혹은 '내일'이나 '모레' 같은 표현들을 통해서 '오늘'의 현재성에 고정하는 메커니즘이 작동한다. 이로써 '동시성의 시간 형식'은 '현재성의 시간 형식'으로 변환된다.

다른 한편 어떤 중요한 시점을 기준으로 '오늘'을 이동시키는 기사들을 통해 그 동시성의 중심인 '오늘'이 이동하고 흘러간다는 표상으로 전환될 수 있음을 보았다. 이로써 과거나 미래는 '오늘'의 연속적인 연장이 된다. 즉 과거란 지나간 '오늘'들이며, 미래란 아직 오지 않은 '오늘'들인 것이다. '오늘'의 사건을 지면에 활자로 고정하는 신문의 형식이 '오늘'에 대응하는 사건들을 지울 수 없는 '사실'들로 기록한다면, 이 지나간 오늘들은 그 지울 수 없는 기록들의 집합으로서, 다시 말해 '오늘'을 공유하는 자라면 누구나 공유해야 할 기억으로서 과거라는 이름을 획득한다. 다른 한편 시간표의 형태로 제시되는 객관화된 규칙들은, 신문을 읽는 각자에게 언젠가 '현재'로 다가올 미래들에 선형적으로 배열된 객관성을 부여한다. 이러한 일련의 성분들이 결합되어, '오늘'이 이동하며 연장되는 선형적 시간의 '객관적' 형식이 구성된다.

이러한 삼중의 메커니즘이 작동하는 지점은 언제나 내가 지금 서 있는 시점인 '오늘'이고, 나는 그 '오늘'을 통해서 독자적인 실재성을 획득한 그 '오늘의 연속체' 안에, 그 동시성의 시간 형식 안에 자리 잡는다. 그리고 각자는 이제 그 '오늘'이라는 중심에 서서, 자신이 직접 경험한 사건들을, 혹은 간접적으로 경험한 사실들을 '오늘'에서 이어지는 시간의 축 위에 위치 짓고 그 시간의 축을 따라 관련짓는다. 아직 경험하지 않은 것들, 혹은 가능성의 형식으로 표상되는 경험들 역시 이 시간의 축 위 어딘가에 자리 잡지 않으면 안 된다. 이런 의미에서 시간은 그 모든 경험을 관련짓고 질서지우는 하나의 좌표축이 된다. 근대적인 시간 형식이 칸트 말대로 '주체의 선험적인 직관 형식'이 되는 것은, 혹은 푸코의 말대로 '역사적 선험성'이 되는 것은 바로 이런 과정을 통해서였다.

그리고 바로 이런 의미에서 신문은 그것과 만나는 독자들을 근대적 시간 형식으로 인도하며 근대적 시간 형식에 따라 사고하고 표상하게 하는 일종의 시간-기계로서 작동한다. 다른 식으로 표현하면, 그 기계는 근대적 시간 형식이 개개인에 대해 유효한 힘을 발생시키며 개개인으로 하여금 그 힘이 가리키는 방향 안에서 사고하고 표상하게 한다는 점에서 일종의 '초험적 장(場)'을 형성한다. 근대적 시간성의 장을. 이 시간성의 장이, '동시성'을 구성하는 지점에서부터 시작한다는 점에서, 그것을 '동시성의 시간적 장'이라고 부르기로 하자.

이는 시간적 장의 표현적 층위에서 작동하는 메커니즘이다. 이와 더불어 그 내용적 층위를 이루는 시간성의 요소들에 대해서도 간략하나마 살펴보았다. 동시성의 시간적 장 안에서 작동하는 힘은 단지 개인들의 사고나 표상이라는 관념들에 대해서만 작용하는 것이 아니라 그들의 현실적인 행동과 생활 자체에, 나아가 그들의 신체 자체에 유효하게 작용한다. 물론 그 힘이 가시적인 유효성을 획득하기 위해서는 많은 시간이 필요하며 또 많은 다른 물리적 장치들이 필요하다는 조건이 있지만 말이다. 하지만 〈독립신문〉에서 이미 그 벡터들이 향하고 있는 방향이 어느 정도 드러난다는 점 또한 우리는 살펴본 바 있다.

의무와 벌금 등을 이용하여 시간과 행동을 대응시키고, 시간적 배열과 생활의 요소들을 대응시키는 그런 힘의 벡터들은 한편으로는 그러한 대응규칙의 엄수를 시계적인 정확성이라고 찬미하면서, 다른 한편으로는 그렇지 못한 것들에 게으름과 나태, 무능 등의 온갖 비난을 퍼부으면서 그 힘의 크기를 키워간다. 혹은 시간을 돈이라는 경제적 이득으로 소급시키고 부와 부강한 국가, 문명화된 국가에 연결시키면서, 혹은 미래를 준비하는 생활방식을 찬미하고 눈앞의 일에 빠져 있는 사람들을 비난하면서. 그리고 그런 미래를 통해 현재를 평가하는 방법을 시행하면서. 그 이후 지금까지 수많은 근대적 신문들을 통해서 무수하게 반복되면서, 처음에는 너무도 미약해서 먹혀들어 가지 않던 그 힘이, 지금이라면 '정상적'으로 살아가는 모든 사람의 신체에 새겨진 '권력(!)'으로 확장되어왔다.

'진보'라는 개념이 잘 보여주듯이, 이러한 힘의 방향이 현재보다는 미래를 지향하고 있으며, 현재에 작용하려 할 때에도 언제나 미래를 경유하여 작용한다는 사실은; 앞서 표현의 층위에서 근대적 시간성이 '오늘'이라는 동시성을 통해 작동하기 시작한다는 점과 대비되는 듯이 보인다. 확실히 내용의 층위에서 근대적 시간성의 벡터는 항상 미래를 향해 있을 뿐 아니라 언제나 미래의 관점에서 과거와 현재를 평가하게 한다. 노동마저 '합목적적 활동'으로 정의하는 근대의 철학이나, 저축을 미래를 위해, 혹은 미래로 '유예된 소비'로 정의하는 근대의 경제학은 이를 단적으로 보여주는 사례처럼 보인다.

그러나 그 미래를 향한 벡터가 언제나 현재를 겨냥한다는 것을, 심지어 과거에 대해 평가를 하는 경우에도 사실은 현재를 겨냥하고 있다는 것을 잊지 않는다면, 그리고 '위대한 미래'에 대한 예찬이 현재의 게으름과 나태를 비난하기 위한 것임을 잊지 않는다면, 그것은 현재에 작용하는 힘의 양상이라는 것 또한 이해하기 어렵지 않을 것이다. 더구나 두 개의 층위로 구별하긴 했지만 우리의 생활방식을 관통하는 미래적 시간의 벡터는 언제나 우리 자신을 '오늘'이라는 지점에 설정함으로써 근대적 시간 형식 안에 사로잡는 동시성의 시간적 장을 통해서만 작동한다는 것을 잊지 않는다면, 그 미래의 벡터가 동시성의 시간적 장 안에서 각자가 항상-이미 서 있는 그 현재를 겨누고 있는 것임을 잊지 않는다면, 두 가지 층위에서 중심의 불일치가 거꾸로

서로를 보충하며 작용하는 단일한 힘의 두 성분임을 이해하는 것도 그다지 어렵지 않을 것이다.

6. 가시성의 형식과 보편성의 권력

이 동시성의 시간적 장 속에서 이전에 보이지 않던 것들이 보이게 되고, 그 두 개의 벡터를 통해 현재적 삶이 가공되며, 일렬로 늘어선 과거의 사실들에 이어진다. 직선형의 좌표계는 이전에 가시적이던 '신'들의 세계, 멈춘 시간의 세계를 가리고 보이지 않게 한다. 이제 이 좌표계 안에 들어설 수 없는 것, 이 좌표계 안에서 가시화될 수 없는 것은 존재하지 않는 것이다. 그것을 존재한다고 믿는 것은 부재를 존재로 착각하고, 믿음을 사실로 오인하는 미신일 뿐이다. 그런 '미신'에 연결된 습속, 그 '미신' 속에서 형성된 삶의 방식 또한 새로운 가시성의 세계 안에서 소멸의 길을 걷게 될 것이다. 과거의 시간 형식을 새로운 시간 형식이 대체한 것처럼, 과거의 삶의 방식은 새로운 삶의 방식으로 대체될 것이다. 그렇게 우리는 하나의 세계에서 다른 세계로 넘어가게 된 것이다. 물론 세상일이 그렇게 단순한 것은 아니란 말을 덧붙여야 하지만 말이다.

근대적 시간의 장, 그것은 볼 수 있는 것과 볼 수 없는 것을 분할하는 새로운 가시성의 '선험적' 형식이다. 근대화 과정을 통해 그것은 시간적인 것과 비시간적인 것 사이의 사건, 이원적 세계를 하나로 묶는 역설적 이원성의 세계로 요약되는 이전의 가시성의 형식을 대체한다. 물론 새로이 권좌를 차지한 것을, 바로 그렇다는 이유만으로 비난하는 것은, 바로 그런 이유만으로 찬양하는 것만큼이나 부질없는 짓이다. 또한 가시성의 선험적 형식이 역사적으로 다른 것인 한, 근대적인 가시성의 형식을 다른 것과 대비하여 특별히 '선한 것'이나 '악한 것'이 되게 만드는 어떤 특권을 부여할 이유는 없을 것이다. 그렇지만 이전의 가시성의 감성적 형식과 근대적 시간의 장 사이에는 결코 무시할 수 없는 근본적 차이가 있음은 지적해야 할 것 같다.

이전의, 비근대적 가시성의 감성 형식이 어떤 것을 가시적인 대상으로 만드는 것은 사물들을 하나의 특이적인 사건으로 계열화하는 방식으로 진행되었다. 가령 어떤 사람의 죽음이 갖는, 죽어서도 잊힐 수 없는 사건의 특이성이 죽은 이후 그 사람의 시간을 멈추게 만드는 형상으로 응결되었고, 그것은 인간들이 사는 시간적인 세계 속에 들어올 때조차 비시간적인 것으로 출현한다. 반드시 죽음과 결부된 사건만은 아닐 것이다. 이런저런 구체적인 사물들로 대체되어 가시화되는 다양한 신들의 존재는, 그 존재로 인해 야기되는 반복적인 양상의 사건들을 상기시키는 방식으로 가시화되었다. 그러한 가시화는 많은 경우 반복적 형상을 취하게 된다고 해도, 결코 보편적인 일반성을 갖는 게 아니라 특이적인 개체성을 갖는 것으로만 가시화될 수 있었다.

반면 여기서 〈독립신문〉을 통해 작동하는 근대적 시간의 장, 근대적 가시성의 감성 형식은 사건적 특이성과 무관하게 사건들을 단일한 시간적 동시성을 통해 묶거나 분리할 수 있는 사실들로 포착하며, 그러한 사실들을 과거와 현재, 미래를 잇는 하나의 선형적 시간 속에 일렬로 배열 가능한 것으로 만든다. 이 경우 사건이란 그러나 시간적 축을 따라 시계열적으로 진행되는 사실들의 논리적 배열이다. 그것은 나름의 이유와 논리를 갖지만, 그 어떤 사건도 시간적인 선을 벗어나서 구성될 수는 없다. 시간이 멈추는 게 아니라 선형적으로 흐르는 것이 논리적 계열화의 전제가 된다. 모든 사실, 모든 사건은 이 선형적 시간의 축을 따라 구성되는 가시성의 표상공간 속에 들어와야 하며 그런 한에서만 그 존재를 인정받고 가시적인 것이 될 수 있다. 시간이 멈추어버린 존재 같은 것은 이 가시성의 공간 속에 어떤 자리도 얻을 수 없으며, 따라서 그것은 가시화될 수 없고 존재하는 것으로 인정될 수 없다. 이전의 가시성의 형식 속에 중요한 한쪽 자리를 차지하던 '비시간적인 것'의 세계 전체가 이 새로운 가시성의 세계 속에서는 존재할 수 없는 것, 존재하는 것으로 포착할 수 없는 것, 기껏해야 환상이나 미신의 형태로만 잔존할 뿐인 것이 된다.

그러나 가시적인 것과 비가시적인 것을 가르는 전혀 다른 선이 그어졌다는 사실보다 중요한 것은, 근대적인 가시성의 형식은 모든 사실의 존재나 모든 사건화를 가능하게 하는 시간이라는 보편적 척도가 개별적인 어떤 대상의 가시화에 선행하는 '선험적 조건'으로서, 가시화의 전제조건으로서 가시화된다는 사실이다. 모든 것을 포괄하며 그 모든 것을 계열화하거나 관계 지을 가능성의 조건, 그 모든 것을 항상-이미 규정하는 보편적 척도로서의 시간이 그 모든 것에 선행하여 존재하는 것으로 가시화된다는 것이다. 이런 점에서 이는 개별적 가시화나 특이적 가시화와 대비되는 **보편적 척도의 가시화**라고 말할 수 있을 것이다. 개별적인 사물, 특이적인 사건은 이 보편적 척도 안에서, 그 척도가 허용하는 한계 안에서만 가시화될 수 있다. 이는 보편적 척도에서 벗어난 특이적 사건화를, 다른 시간성을 갖는 특이적 개체화를 배제한다. 이는 상이한 시간성, 상이한 시간의 존재 가능성을 배제한다.

이 근대적 시간의 장은 개체화에 따라 다르게 구성되는 모든 종류의 시간들을 항상-이미 선행하여 존재하는 척도적인 시간의 축에 따라 동질화하여 포섭하고 포획한다. 이런 점에서 이는 다른 종류의 가시성의 형식에 대해 동질화하는 권력을, 보편적 척도의 권력을 내장하고 있다. 이는 다른 종류의 사건화 방식들, 다른 종류의 이질적인 가시성의 형식마저, 시간의 축을 따라 진행되는 역사적 발전 과정 속에서 유아적인 시간 속에, 미개한 시간 속에 자리를 제공함으로써 그 모든 것을 포괄하는 거대한 제국적 보편성을 입증한다.

이것이 근대적 시간의 가시성이 상이한 가시성들에 대한 상대주의를 거절하고 비판하는 이유일 것이다. 그러나 동시에 바로 이것이 근대적 가시성의 형식을 다른 가시성의 형식과 마찬가지인 하나의 가시성의 형식으로 다루어선 안 될, 그런 역사화된 상대주의 속에서 쉽게 용인할 수 없는 이유기도 하다. 그것의 외부로 나아가지 않고선, 그 거대한 보편적 척도의 권력과 대결하지 않고선 어떤 다른 종류의 가시성의 형식도 자신의 기준에 따라 존재한다고 할 수 없는 이유다. 그리고 이는 또한 '비합리적'이고 '미신적'으로 보이는 낡은 비근대적 가시성의 세계가, 그 세계의 납득할 수 없는 이질성이, 이 거대한 보편적 척도의 가시적 형식에서 벗어나기 위해, 그 척도에서 벗어난 방식으로 다시 사유되고 이용되어야 하는 이유기도 하다.

6장

근대적 영토 개념의 탄생

—

〈독립신문〉, 〈대한매일신보〉에서의 영토적 공간 개념

근대는 흔히 말하듯이 전 세계가 하나의 세계 체제로 통합된 시대기도 했지만, 동시에 '국민국가' 형태의 국가가 그 전체 세계에 걸쳐 확립된 시대기도 했다. 물론 그 두 가지 규정은 시간의 좌표 위에서 다른 지점에 자리 잡고 있다. 세계 체제가 월러스틴(I. M. Wallerstein) 말대로 16세기 정도에 시작되었다고 한다면,[1] 국민국가는 제노바, 암스테르담 등으로 이전된 도시국가 내지 도시동맹체들의 헤게모니를 스페인이나 포르투갈, 혹은 영국이나 프랑스 등의 영토국가의 그것이 대체하는 18세기 말에 전면에 등장하기 시작한다. "비록 약간의 오래된 영토국가인 잉글랜드, 프랑스, 스페인, 포르투갈, 그리고 러시아까지도 큰 무리 없이 '국민국가'라고 규정할 수 있었다고는 하지만 19세기적인 영토국가란 비교적 새로운 역사적 현상이었던 것이다."[2]

나폴레옹의 유럽 정복은 다른 국가 형태에 대한 국민적인 영토국가의 우위성을 결정적으로 확인하게 해주었고, 그 결과 국민국가라는 새로운 영토국가의 수립은 유럽 전역을 지배하는 새로운 '시대정신'으로 자리 잡았다. 이 새로운 '시대정신'을 통상 '국민주의' 내지 '민족주의'라고 명명한다. 도시국가 등에 의해 분할된 지역을 '국민'이라는 하나의 단일한 집합체를 단위로 하는 새로운 영토국가로 통일하려는 운동이 유럽 전역을 관통하게 된다.

---

1 이매뉴얼 월러스틴, 나종일 외 옮김, 《근대세계체제(The modem world-system)》 1권, 까치, 1999.
2 에릭 홉스봄(E. Hobsbawm), 정도영 옮김, 《자본의 시대(The Age of Capital)》, 한길사, 1983, 131쪽.

1. 근대적 영토의 문제

이런 점에서 '국민'이란 '국민국가'라는 영토적 국가와, '국민주의' 내지 '민족주의'라고 불리는 19세기의 새로운 정치적 운동과 분리할 수 없는 개념이라고 할 것이다. 왕가와 도시, 혹은 자연적 내지 혈연적 관계 등에 의해 다양하게 분할되어 분산된 사람들을 하나의 단일한 정치적 집합체로 통합하려는 운동 속에서 '국민'은 탄생한다. 이런 점에서 국민주의 운동이란 국민이라는 이미 존재하는 집단의 어떤 운동이 아니라 이질적인 사람들의 집단들을 하나의 국민으로 만들려는 운동이고, 그러한 통합의 장치로서 국민국가를 수립하려는 운동이다. "우리는 이탈리아를 만들었다. 이제 우리는 이탈리아 인을 만들지 않으면 안 된다."는 마시모 다젤리오의 외침은[3] 이런 상황을 단적으로 보여준다.

따라서 국민국가만큼이나 국민이란 개념 역시 새로운 영토성의 흔적을 내포하고 있는 개념이다. 근대국가의 구성 요소를 꼽을 때, 인민, 주권과 함께, 그에 앞서 가장 먼저 '영토'를 꼽는 것은 이런 이유에서일 것이다. 이것이 근대의 지배적인 정치적 조건이라는 점으로 인해, 근대의 다양한 활동이나 관념들은 영토적 경계 안팎에서 이루어지고, 그런 만큼 역시 영토적인 성격을 함축하게 된다.

이는 '문명으로의 개화'를 위해서 서양의 근대적 제도와 지식, 관념 등을 받아들였던 조선의 경우에도 다르지 않을 것이다. 물론 서양이나 중국, 혹은 일본과도 다르게 하나의 왕조에 의해 영토적 통합성

---

3 같은 책, 138쪽.

을 갖고 있던 조선의 경우 국민국가나 국민을 따로 만들기 위해 새로운 경계를 단위로 사람들을 묶는 새로운 인위적인 통합운동이 필요하진 않았다. 그러나 영토적 경계가 달라지지 않았다고 해도, 그 영토 안에 존재하는 사람들이 하나의 '민족' 내지 '국민'이라는 자연적 동일성을 갖고 있다고 가정해선 안 될 것이다. 지금도 '지역감정'으로 남아 있는 지역적 이질성이나 다양한 신분적 차이를 넘어선 하나의 동질적인 집합체로 파악하는 '국민'이란 아직 존재했다고 할 수 없다. '민족'이나 '국민'이란 개념이 없었을 뿐 아니라, '국민'이란 단어가 사용되고 10년 정도의 시간이 지난 뒤에 '국민'이 되어야 한다는, 다른 식으로 말해 '국민'을 만들어야 한다는 유명한 사설이 출현했음은 이를 방증하는 것이다.[4]

마찬가지로 국민과 대응하는 근대적 영토의 관념 역시 생소한 것이었으며, 이런 점에서 그것 또한 '배우고 계몽해야' 할 무엇이었다. 사실 공간에 대한 근대적 관념이 그 이전의 관념과 아주 다르다는 것을 길게 말할 필요가 없을 것이다. 하지만 통상 지적되듯이 그리스적인 토포스(topos)의 관념이나 풍수지리에서 보이는 질적인 공간과 대비되는 동질화된 공간이고, 좌표계를 통해 양화된 공간이라는 것만으론 근대적인 공간의 관념을 규정하기에 충분하지 못하다. 그런 좌표적인 차원의 공간관념과는 별도로, 사람들의 현실적인 삶이 펼쳐지는 실제

---

4 "국민이란 것은 그 조상과 역사와 거지〔居址, 거처, 머무는 곳〕와 종교와 언어가 같은 것 이외에 또 반드시 같은 정신을 가지며 같은 이해를 취하며 같은 행동을 지어서 그 내부에 조직됨이 한 몸에 근골과 같으며 밖에 대한 정신은 한 영문에 군대같이 하여야 이것을 국민이라 하느니라."(〈민족과 국민의 구별〉, 〈대한매일신보〉 1908년 7월 30일자 사설)—이하, 〔 〕로 표시된 부분은 이해를 돕기 위해 필자가 넣은 것이다.

의 근대적 공간은 무엇보다 국민국가적 영토성을 핵심적인 내용으로 포함한, 가령 이전에는 모호했던 국경이 하나의 선으로 그어지고 구별될 수 있는 '명료하고 뚜렷한' 것으로 전환되었다는 것은 이전 시기의 영토성과 국민국가적 영토성의 차이를 보여주는 하나의 예일 것이다. 더불어 이러한 영토적 공간과 그 안에서 사는 인민들 간의 관계를 표현하는 다른 관념들이 출현한다. 이러한 관념들은 '역사'나 '조국' 같은 다른 종류의 관념들로 이어진다. 이 다양한 관념들의 혼합체가 사람들의 삶을 국민국가라는 영토 안으로 모으고 통합하는 수로를 형성한다. 국민주의 내지 민족주의가 이런 일련의 관념과 개념들을 지칭한다고는 할 수 없지만, 이와 무관하게 작동한다고는 결코 말할 수 없을 것이다.

따라서 우리는 이런 영토적인 공간을 표현하는 개념들이 어떻게 형성되었는가를 이해할 때 비로소 근대적 공간 개념에 대해 역동적으로 이해할 수 있을 것이며, 그것을 통해서만 '국민'이나 '민족' 같은 개념들에 대해 구체적으로 이해할 수 있을 것이다. 이는 근대화된 관념들을 받아들였던 조선의 경우 또한 다르지 않다고 할 것이다. 여기서 받아들인다고 하는 말에는 약간의 단서가 필요하다. 그것은 단순히 완성된 개념들을 적절하게 번역하여 수용하는 과정이었다기보다는, 나름의 현실적 조건 속에서 나름대로 번역어조차 변용시키면서 자기화하는 과정이었다. 그렇기에 수용 과정은 완성된 개념이 들어와 빈자리를 차지하는 식의 손쉬운 과정이 아니라 새로운 개념들이 기존의 관념들과 섞이고 대립하며 자신의 고유한 자리를 잡아가는 과정이라고 해야 적절할 것이다. 이로 인해 쉽사리 '근대적'이라고 말할 수 없는, 다소 혼란스러워 보이기도 하는 그런 관념들과 뒤섞인 채 나타나는 경우가 많다.

　이하에서는 〈독립신문〉과 〈대한매일신보〉를 통해서 영토적인 공간 개념들이 사용되는 양상을 구체적으로 검토함으로써 그 개념들이 어떻게 이해되고 변용되었는지, 그러면서 어떻게 나름의 개념적 위치를 차지하게 되는지를 살펴볼 것이다. 이를 위해서 영토성과 결부된 몇 개의 중요한 개념들을 추출하여 그것들이 다른 개념들과 계열화되는 양상을 검토함으로써 그 개념적 위상을 파악하고자 한다. 이런 방법론을 사용하는 이유는 일차적으로 개념들의 의미란 계열화의 양상을 통해 정의되는 '배치' 안에서 그것의 위치에 의해 규정된다는 점 때문이다. 나아가 이 시기 신문에서 사용되는 개념들이 대개 여러 가지 의미와 용법으로 혼란스럽게 뒤섞여 사용되기 때문에, 그 개념의 위상을 파악하기 위해서는 유사한 개념과 구별되는 상이한 계열화의 양상을 보아야 한다는 점 때문이다.

2. 영토적 공간 관련 개념들

　〈독립신문〉이나 〈대한매일신보〉에서 '공간'이란 단어는 전혀 사용되지 않는다. 이는 '시간'이란 단어가 적지 않게 사용되는 것과 대조적이다. '시간'이란 단어는 〈독립신문〉의 경우 1896년에 2회, 1897년 3회, 1898년 6회, 1899년 31회 사용되고, 〈대한매일신보〉 국문본의 경우 1904년 3회, 1905년 6회, 1907년 9회, 1908년 33회, 1909년 10회, 1910년 2회 사용되었다.[5] 직접적인 이유는 'space'의 번역어가 아직 만들어지지 않은 탓이겠지만, 이는 또한 '공간'이란 단어의 번역어가 그다지 필요하지 않았음을 뜻하는 것이기도 하다. 반면 '시간'은 구체적인 일상용어, 그리고 시간적인 규범의 계몽과 결부되어 있기에 빈번히 사용된 것일 게다. 이는 〈독립신문〉에 이미 '시간은 돈이다.' 식의 논설이 나타난다는 것을 상기하는 것만으로도 쉽게 알 수 있는 것이다. '시간'과 '공간' 사이에 존재하는 이러한 차이는 구체적인 대상과 분리된 '공간'이라는 추상적 개념이 아직 필요하지 않았음을 뜻하는 것일 듯하다. '령토(영토)'나 강토, 강산 등과 같은 구체적인 개념이 있었고 사실 그것이면 충분했기 때문일 것이다.

'령토' 개념은 〈독립신문〉에서는 전혀 사용되지 않았고, 〈황성신문〉에서는 1900년부터 나타난다. 〈대한매일신보〉는 국문본의 경우 1905년부터 이 단어가 나타나지만 두 신문 모두 일 년에 2∼6회 정도의 낮은 빈도로만 나타난다. 영토를 표시하기 위해 주로 사용된 단어는 아마도 '강토'라는 단어로 보인다. 강토는 〈독립신문〉의 경우 1898년 처음 나타나는데 '논설'만으로 제한해서 보면 그해 전체에 5회 사용되었고, 1899년에는 12회 사용되었다. 〈대한매일신보〉 역시 창간된 1904년부터 사용되는데, 역시 '논설'만 보면, 1907년부터는 30회 넘게 빈번히 사용된다. 한편 '강역'이란 단어는 거의 사용되지 않는다.

이와 더불어 한국의 영토를 표시하기 위해 사용된 중요한 단어는 '강산'인데, 흔히 '삼천리강산', '조선 강산' 등처럼 다른 단어와 결합

---

5 특별한 표시가 없는 한, 이하에서 언급되는 단어들의 빈도는 〈독립신문〉의 경우에는 논설에서 나타나는 빈도를, 〈대한매일신보〉의 경우에는 논설적 성격을 갖는 논설, 긔겨(기고문)에서 사용된 빈도를 표시한다.

되어 사용되었는데, 〈독립신문〉 논설에서는 1897년 처음 사용되기 시작해(2회), 1898년 20회, 1899년 14회 사용되었다. 〈황성신문〉에서도 빈도는 매우 낮았지만 처음부터 사용되었고, 〈대한매일신보〉 국문본 논설의 경우에는 1907년 처음 나타나며(19회), 1908년 45회, 1909년 18회 등으로 사용되었다.

'강산'과 근접하는 것처럼 보이는 단어인 '산쳔(산천)'은 〈독립신문〉 논설의 경우 1898년 7회, 1899년 19회 사용되었다. 이는 다른 단어에 비하면 빈도가 상당히 높은 것이다. 〈대한매일신보〉 국문본 논설에서는 1904년 1회, 1905년 3월까지 0회에 지나지 않았지만, 1907년부터 각각 9회, 26회, 20회, 24회 사용되었다. 이는 강토나 강산에 비해 그다지 적은 수라고 할 수 없다. 한편 '국토'라는 개념은 〈독립신문〉에서는 거의 사용되지 않았다(1898년 논설에서만 1회 등장한다). 〈대한매일신보〉 국문본 논설의 경우에는 처음부터 사용되었지만, 1908년 10회 사용된 것을 제외하면 그다지 많이 사용되지는 않았다.(매년 1~3회 정도)

다른 한편 '텬하(천하)'라는 개념은 〈독립신문〉 논설의 경우 1896년 13회, 1897년 17회 사용되다가 1898년 68회, 1899년 77회로 급증한다. 1898년 41회, 1899년 28회, 1900년 42회, 1901년 84회, 1903년 54회 정도 나타난다. 〈대한매일신보〉 국문본의 경우에는 1904~1905년 이전에는 1회 정도로 사용되다가 1907년 이후 48회, 81회, 51회, 47회 사용된다. 이는 앞서 말한 단어에 비하면 매우 빈번하게 사용되는 것인데, 아마도 이 개념은 서구에서 수입된 것이 아니라 중국 내지 동양적인 전통 속에서 세상을 지칭하는 단어로 사용되던 과거의 전통 속에서 익숙하게 사용하던 개념이어서 그럴 것이다. 그렇지만 여기서 천하라는 개념은 '하늘'이라는 전통적 개념의 연장이라기보다는 '세계 전체'를 뜻하는 개념으로 변용되어 사용되고 있어서, 그저 전통적 관념이라고만은 하기 어렵다.

여기서 한국의 영토성을 표시하기 위해 주목하고자 하는 개념은 일단 '강토', '강산', '삼천리', '산천', '국토' 내지 '토지' 등이다. 강토는 다양하게 사용되지만 자국의 영토를 표시하는 중심적인 개념으로 보이고, '강산'이나 '삼천리'는 영토적 외연을 표시하는 개념과 달리 한국의 영토가 갖는 어떤 특성을 상징화하는 느낌이 강한 단어라는 점에서 '내포적인' 영토 개념과 결부된 것처럼 보인다. 한편 '산천' 또한 내포적인 의미를 갖지만 영토적 경계보다는 질적 공간을 표시하는 느낌이 강하다. 반면 '국토'나 '국경'은 직접적으로 근대적인 영토 관념을 표시하는 단어란 점에서 빈도가 낮다 해도 나타난다는 자체가 중요한 의미를 갖는 단어다. 덧붙이면, '국경'이나 '지도' 등과 같은 다른 공간적 개념 역시 조사해보았지만, 거의 사용되지 않아서 검토 대상에서 제외했다.

그러나 이 단어들은 신문마다, 기사마다 다르게 사용되며, 그 의미의 편폭이 매우 넓은 편이다. 이하에서는 이 단어들이 사용되는 양상을 거칠게나마 검토할 것이다.

3. 〈독립신문〉에서 영토적 공간 개념의 용법

1) 강토

먼저 〈독립신문〉 논설에서 '강토'라는 단어는 처음에는 주로 자국 영토를 지칭하기 위해 사용되었다. 강토라는 말이 처음 나타난 1898년의 경우 그 단어는 5회 나타나는데, 한 번은 영토를 표시하는 보통명사로 사용되었지만, 그 외 3회는 '삼천리강토'로, 다른 한 번은 '우리나라 강토'라는 말로 사용되었다. 이는 일단 자국의 영토적 공간을 표시하는 개념으로서의 성격을 갖고 있음을 시사한다.

그 다음 해의 경우에는 좀 더 다양한 용법이 나타난다. 특히 강토 개념이 영토의 대소나 광협과 결부되어 사용된다는 점이 눈에 띈다. 가령 "청국 같이 강토가 광대하고 소산이 구비하며 기후가 적당하여 인민의 생업이 좋은 나라"(1899년 3월 24일자 논설)라든지, "몇 번 싸움에 영길리[영국] 군사가 도리어 패할 적이 더러 있었으니 일장의 득실로 아주 췌탁할 수는 없지만 두 나라 강토의 광협과 인민의 다과와 군병의 강약을 의논할 것 같으면……."(1899년 11월 11일자 논설)이 그런 경우일 것이다. 강토가 대소나 광협이란 개념으로 파악되는 한 그것이 늘리고 줄인다는 식의 관념과 연결될 수 있다는 것은 어쩌면 자연스런 일이다. "고로 강토가 날마다 늘어가고 인민이 해마다 불어가니 덕국[독일]이 오늘날 저같이 부강한 것이 다 비사막[비스마르크]의 공이라."(1899년 10월 31일자 논설)

이처럼 강토가 대소나 광협, 증감을 표시하는 단어와 계열화되는 경우, 그것은 지금의 어법으로는 영토를 의미하는 단어로서 서술적인 용법으로 사용된다고 할 수 있다. 그런데 강토라는 단어는 많은 경우 인구나 인민, 백성 등의 단어들과 병치되어 사용되는 경향이 있음을 볼 수 있다. 앞서 인용한 문장에서도 모두 강토와 인민은 병치되어 있었다. 1898년의 경우에도 '삼천리강토'는 '이천만 동포'나 '이천만 인구'와 병치되어 사용되었다. 또 가령 "세계 각국의 형편을 살펴본즉 나라 강토를 지키고 백성을 다스리기는 지금 시대 같이 좋은 때가 없을지라."(1899년 10월 5일자 논설)는 강토와 백성이 병치되어 있는 경우다. 이는 강토라는 영토적 개념과 그에 대응하는 어떤 '주체'를 대응시켜 파악하려는 근대적 태도의 한 단면인지도 모른다. 삼천리강토와 이천만 인구 식의 병치는 이후 다른 신문에서도 반복하여 사용되는 클리셰가 된다.

그렇지만 강토라는 단어가 근대적 영토 개념을 의미한다고 하기 어렵게 만드는 용법이 종종 나타난다. "위로는 선왕의 강토를 보존하며 아래로는 동포의 주접〔住接, 거접이라고도 함. 몸을 의탁하여 거주함〕할 바를 생각하며 안으로는 국체를 유지하며 밖으로는 강닌〔彊隣, 강토와 이웃〕을 방비코저 함이니……."(1899년 3월 28일자 논설)에서처럼 강토가 '선왕'과 계열화되면서 '선왕의 강토'로 귀착되는 경우가 여러 번 나타난다(1899년 6월 8일자 논설 ; 1899년 11월 15일자 논설). 이와 유사한 경우로, 1898년 논설에는 삼천리강토와 '오백 년 종사'가 나란히 병치되어 나타난다. 이는 강토의 대응물로 인민이 아닌 선왕 내지 왕실을 상정하고 있음을 시사하는 용법이라고 하겠다.

병치되는 양상을 벗어나서 자세히 살펴보면, 강토와 인민, 백성이 병치되고 있긴 하지만 사실 백성이나·인민과 왕의 관계는 '다스리다', '사랑하다', '보호하다' 같은 단어들로 연결되고 있다. "우리나라 대군주 폐하께옵서 열성조 무강하신 기업〔基業〕과 삼천리 광대한 구역에 인민을 다스리시고자 하여 일일에 만기를 총찰하시는 바……."(1897년 5월 4일자 논설) 등의 경우가 그러하다. 이는 왕의 대리인으로 간주되는 대신이나 지방관, 법관 등에 대해서도 마찬가지로 적용된다. 즉 관리란 "대군주 폐하의 성의를 본받아 사람마다 화역 중에 어진 백성이 되게" 해야 하며, 따라서 "그 지방 인민들의 질고는 그 지방관에게 달렸으니 여러 백성의 목숨이 한 사람에게 있는 바에는 무슨 정치든지 장정을 어기며 허물을 지으려고 하오리오."(같은 글)라고 쓰고 있다. 마찬가지로 법관 된 자가 "백성을 궁휼할 바는 생각지 않고 도리어 형법으로 백성을 빠지게 하는 함정을 만들어"선 안 된다고 말한다.(1899년 8월 4일자 논설)

아마도 이런 용법은 '백성'이란 개념과 더욱 밀접하게 결부되어 있다고 할 수 있을 터인데, 〈독립신문〉의 경우 백성이란 단어가 국민이나 인구는 물론 빈번히 사용되는 인민에 비해서도 훨씬 많이 사용된다는 점을 고려한다면(이는 뒤에 다시 언급한다), '백성'들에 대한 이러한 태도를 그저 이전 용법의 잔재라고 말할 수 없음이 분명하다.

따라서 강토와 인민이 병치되면서 마치 근대국가의 두 가지 구성 요소인 영토와 인민을 상기시키는 방식으로 사용되고 있지만, 그 양자는 **왕이나 왕실에 귀속된다는 점에서** 근대적 개념이라고 하기 어렵다. **'폐하의 토지, 폐하의 백성'**이란 표현(1898년 10월 25일자 논설)은 이 세 개의 단어들이 맺는 관계를 집약해서 보여주는 것이다. 이런 의미에서 〈독립신문〉에서 사용되는 '강토'라는 단어는 근대적인 영토 개념을 의미한다기보다는 차라리 왕이나 왕실에 속하는 '왕의 영토'라는 개념에 아직은 더 가까이 있다고 해야 한다. 물론 그러한 강토 개념이 대소나 광협, 증감과 결부된 것은 사실이지만, 이 또한 왕으로 귀속되는 개념적 배치 안에 있다고 해야 할 것이다.

2) 산천, 강산

강토는 영토의 외연을 표시하는 개념이고, 따라서 대소나 증감 같은 양적인 술어들과 연결되는 것은 근대적이지 않은 배치 안에서도 충분히 가능한 일이었다. 이와 달리 질적인 내용을 지칭하는 영토적 공간 개념은 '산천'이나 '강산' 같은 단어들로 표현되고 있다. 여기서 특히 '산천'이란 단어는 통상 '수려함', '화려함' 같은 형용사와, 혹은 '구경하다' 같은 동사와, '초목', '일월', '풍토' 등과 같은 명사와 계열화되며 사용된다. 다음 인용문은 이를 종합적으로 보여준다.

> 그 담 밖에 있는 허다한 경치와 산천 풍토의 기기묘묘한 이치는 하나 볼 수 없고 들을 수도 없고 알 수도 없으리니 …… 이태리 사람 마고부루〔마르코 폴로〕 씨가 동양까지 와서 산천 풍속을 보는 대로 기록하여 서책을 만들었더니 그 후에 코롬버〔콜럼버스〕 씨가 그 서책을 보고 지구의 둥근 이치를 터득하여 …… 높이 올라갈수록 산천초목과 허다 풍물이 눈에 더 보이리니……." (1899년 9월 9일자 논설)❶

물론 미터법과 관련해서 '척량(측량)'이란 단어와 연결되는 경우도 있지만 이는 매우 예외적인 것이다. 차라리 이와 반대로 '귀신'이나 '기도하다' 등의 단어, 혹은 풍수와 결부된 단어들과 계열화되어 사용되는 경우가 훨씬 더 빈번하다. 물론 그 경우 〈독립신문〉의 논설은 그렇게 연결되어 만들어지는 산천의 개념에 대해 비판적이다. 귀신이나 풍수, 혹은 사주나 팔자와 결부된 산천이란 근대 문명을 계몽하려던 이들에겐 어이없는 '미신'에 지나지 않았기 때문이다.

> ……도화살과 양인살이 있는 날은 혼인을 하지 마시고 주당살과 호충살을 범하는 상주는 부모의 신체를 화곤할 때에 보지 못한다 하나니 피흉

취길하는 법과 우상에게 제사함과 산천 귀신에게 기도함과 형형색색의 허무한 일이로다.(1899년 9월 12일자 논설)❷

이런 점에서 산천이란 단어는 한편으로는 자연적이고 경관적인, 혹은 지형적인 의미를 갖는 동시에 다른 한편으로는 신령, 귀신, 풍수 등의 단어와 결부된 **질적인 공간**을 표시하기 위해 사용되고 있다고 할 수 있다. 그런데 질적인 공간이라는 이유만으로 질을 추상한 양적 공간으로서 근대적 공간의 개념과 대립되는 것으로 간주해선 곤란하다. 왜냐하면 근대의 영토적 공간관념은 단지 동질화된 양적인 공간 개념으로 환원할 수 없는 면을 갖기 때문이다. 영토적 공간은 그에 대응되는 '주체'들과의 인접성과 동일시를 요구한다. 예컨대 고향이라는 말이 흔히 함축하듯이 종종 영토적 공간은 주체들이 돌아가거나 되찾는 방식으로 '회귀할' 어떤 기원적 공간으로 표상된다. 그것은 떨어져 있어도 잊지 못하는 인접한 대상이며, 그렇기에 분리에 의해서든 회귀에 의해서든 감정적 주체들이 감정이입하는 대상이다. 이는 특히 영토가 상실된 경우 전면에 강하게 드러나게 마련이지만, 아직 그런 사태가 분명하게 되지 않았던 시기에 발행된 〈독립신문〉에서도 그와 유사한 용법이 발견된다.

가령 "부모처자 있는 자는 못 보고 죽은 설움 산천이 서러워하고 가속[家屬]도 없는 자는 정경이 더욱 가련하며 알 사람 바이 없네."(1899년 3월 15일자 논설)에서는 산천을 통해 자신의 감정을 표현하고 있다. 또 "각하의 수레바퀴가 이에 동으로 돌아와서 다시 고국산천을 보니 슬프고 기쁜 것은 남의 말을 기다리지 아니하여도 생각건대 각하 조상의 영혼도 반드시 명명한 가운데서 탄식하고 울 것이라."(1898

년 5월 5일자 논설) 같은 문장에서는 '고국산천'을 떠나야 했던 처지에
서 고국산천을 감정이입의 대상으로 삼고 있다. 이는 통상 비극적 상
황과 결부되어 있게 마련인데, 앞의 것은 죄수 모씨가 보낸 편지고,
뒤의 것은 만민공동회 초대위원이 서재필에게 보낸 편지란 점에서 상
당히 전형적인 경우라고 하겠다. 이런 점이 나중에 '산천'이란 단어
가 질적인 의미를 갖는데도 불구하고, 아니 그런 의미를 갖기에 오히
려 영토적인 공간을 표시하는 근대적 개념으로 사용될 수 있는 이유
가 된다. 하지만 이런 양상은 〈독립신문〉에서는 그다지 뚜렷하지 않
고, 나중에 을사보호조약이나 한일의정서 같은 사건을 거치면서 자국
영토의 위협이 가시화됨에 따라 중요하게 다시 등장하게 된다.

'강산'은 '산천'처럼 지형을 통해서 영토를 표시하는 질적인 개념
이지만, 산천이 질적 특성을 전면에 내세운 단어라면 강산은 지형을
영토의 환유로 사용하며 영토 전반을 표시하는 개념으로 사용되는
경향이 강하다. 이는 강산이 산천처럼 질적인 공간으로 영토를 표현
하는 수사적인 용법에 사용되면서도 강토와 유사하게 서술적인 용법
에 사용되는 이중적인 면모를 보여준다. 이는 '삼천리'라는 또 다른
환유적 단어와 강산이 가장 빈번하게 결합되어 사용되는 이유기도
하다.

이 경우 강산은 '천하제일'이라는 식의 평가와 더불어 자국 영토에
대한 찬사를 수반하면서 사용된다. 가령 "삼천리강산에 기후와 정치
가 각색으로 있는지라."(1897년 8월 19일자 논설)하면서 백두산과 금강
산, 묘향산 등에 대한 찬사와 더불어 등장하기도 하고, "조선에 유명
한 경치가 있고 세계에 자랑할 만한 강산이 있으나 세상에 알리지 못
하니 어찌 한심하지 아니하리요. …… 조선 강산과 기후는 세계에 남

만 못하지 아니하거늘. …… 좋은 강산과 경치와 기후가 동양에 제일이요……."(1897년 9월 23일자)처럼 명시적인 자랑거리로 내세울 대상으로 등장하기도 한다. 이처럼 수사적인 용법이 반복되면서 '삼천리강산'이란 단어는 '수려하다', '웅장하다', '좋다', '자랑할 만하다' 등의 형용사와 결합되어 반복되어 사용된다.

그렇지만 "나라라고 하는 것은 사람을 두고 일컬음이니 만일 빈 강산에 초목금수만 내왕하는 곳이면 어찌 나라라고 칭하리오."(1898년 12월 15일자 논설)나 "인민과 정부가 합심하여 나라 일을 하지 아니하면 13도 강산이 타인의 물건이 될 것이니"(1898년 12월 28일자 논설) 같은 문장, 혹은 동북 아세아 강산(1899년 1월 17일자), 전국 강산(1899년 1월 13일자) 등에서처럼 강토와 비슷하게 영토를 표시하는 보통명사로 사용되고 있다. 그런데 이 경우 강산은 강토처럼 빈번하지는 않지만 **"황상 폐하께서 독립시키신 강산"**(1899년 2월 4일자 논설)의 경우처럼 역시 황제 내지 왕으로 귀속되는 위치에서 벗어나지 않고 있다. 이는 삼천리강산과 이천만 동포가 '당당한 황제국'으로 귀착되는 1899년 10월 23일자 논설에서도 비슷하게 드러난다.

강토, 강산이 왕으로 귀속되는 이런 관념이 지배적이지만, 그로부터 거리를 두게 되는 지점이 〈독립신문〉의 경우에도 드물게나마 발견된다. '민권론'이란 제목의 편지를 게재한 1898년 12월 15일자 논설에서는 예전에는 나라가 망하는 것이 "종묘사직을 바꾸고 님군을 바꾸고 나라 이름을 고칠 뿐이요 정부와 백성은 그대로 두는" 방식이었다면, 이제는 "종묘사직과 님군은 그대로 두고 사람의 권리와 토지의 이출만 가져가"는 방식으로 바뀌었다면서 종묘사직과 나라의 운명, 임금과 사람(인민)의 권리 사이에 존재하던 동일성이 사라지게 되었음을 감지하고 있어서 흥미롭다. 그러나 이는 〈독립신문〉 전체로 보면 일회적이고 예외적인 사례에 머물고 있다고 해야 할 것이다.

3) 백성, 인민, 국민

영토 개념과 대응되는 '주체'로서 사용되는 단어는 '빅셩(백성)', '인민', '동포', '국민' 등이다. 앞서 말했듯이 이 중 〈독립신문〉에서 가장 많이 사용하는 단어는 백성이다. 1896년부터 1899년까지 4년 동안 매년 사용된 단어의 빈도를 보면, 국민은 각각 24회, 23회, 39회, 12회, 동포는 17회, 24회, 82회, 25회인데, 인민은 326회, 429회, 542회, 235회, 그리고 백성은 447회, 453회, 762회, 814회 사용된다. 이 단어들은 모두 한 나라의 주민을 지칭하기 위한 서술적인 용법에 사용되지만, 그 중에서도 '백성'은 앞서 말했듯이 주로 왕이나 관리들이 돌보고 보호해야 할 대상이란 의미로 사용되고 있다면, '인민'이나 '국민'은 적극적인 행위의 주체로 사용되며, 특히 '국민'은 권리와 의무의 주체로 사용된다. 아주 빈번하게 사용되는 '인민'이 '백성'과 '국민'이 겹쳐지는 부분에서 주로 서술적인 개념으로 사용된다면, '국민'은 '의무', '직분' 등의 단어와 빈번하게 계열화되어 사용된다는 점에서 서술적 개념보다는 차라리 규범적 개념에 가깝다고 해야 적절할 듯하다.

여기서 특히 영토적 공간 개념과 관련하여 자세히 살펴보아야 할 개념은 국민이다. 국민은 처음에는 주로 '내외 국민'이란 형태로 많이 사용되었다. 이는 국경 단위의 인민을 구별하여 지칭하는 명사인데, 국민이란 개념 안에 처음부터 '국경'이라는 영토적 관념의 흔적이 함축되어 있음을 시사하는 것이라고 하겠다. 그러나 이런 용법은 시간이 지나면서 분명하게 감소한다. 1896년에 11회 사용되는 '내외 국민'이란 단어는 1897년에는 4회, 1898년에는 1회 사용되며, 1899년에는 한 번도 사용되지 않는다. 이유는 뒤로 가면서 '국민'이란 단어가 주로 자국 국민을 지칭하는 것으로 사용되었기 때문일 것이다.

이는 '국민'이란 단어에서 **자국 국민의 직분와 의무를 환기시키는 계몽적이고 규범적인 용법**이 강화되었음을 뜻한다. 더불어 신문 필진의 관심이 내외 국민의 상황보다는 한국 자체의 상황으로 중심을 옮겼음을 시사하는 것인데, 이는 인민이란 단어의 경우에도 '전국 인민'이란 말이 각각 40회, 79회, 64회, 14회, '대한인민'이란 말이 0회, 33회, 57회, 18회 사용되었다는 점과 무관하지 않아 보인다. '대한국민'이란 말은 1897년에 3회, 1898년에 4회 사용되었을 뿐이고, '전국 국민'이란 말도 1918년에 1회 사용되었을 뿐이지만, 이는 아마도 국민이란 말 자체가 대한국민 내지 전국 국민이란 말의 축약이었기 때문이라고 해야 할 듯하다.

그런데 국민이란 단어가 백성이나 인민과 구별되는 또 하나의 중요한 특징은 백성이나 인민과 달리 국민은 왕이나 황제에 귀속되는 식으로는 사용되지 않는다는 점이다. 예컨대 1896년 12월 23일자 논설을 보면,

아라사〔러시아〕 정부에서 정령 하나와 위관 둘과 하사 열을 조선 정부에 빌려〔빌려주어〕 조선 육군과 무관 학도들을 가르치니 우리가 바라건대 외국 군제들을 배워 …… 위로는 님군을 보호하고 아래로는 전국 인민을 안돈하여 국민이 태평하게 되기를 바라노라. ❸

여기서는 위로는 임금을 보호하고 아래로는 인민을 편안하게 하여 전체 국민이 태평하게 되기를 바란다고 하여, **임금과 인민을 합친 전체**로서 '국민'이란 단어를 사용하고 있음을 볼 수 있다. 이는 그저 견강부회라고 할 순 없는데, 왜냐하면 인민이나 백성은 통상 왕이나 정부와 짝을 지어 병치되는 경우가 많은데, 이는 왕과 백성, 정부와 인민이 서로 짝을 이루는 개념임을 함축한다. 그러나 국민이란 단어는 그렇게 사용되는 경우가 발견되지 않는다. 즉 국민은 왕이나 정부의 짝을 이루는 대개념이 아니라 그 왕과 백성, 정부와 인민을 포괄하는 전체로서 사용되고 있다는 것이다. 이는 관리와 정부, 국민과 나라 전체를 대응시키는 다음의 인용문에서도 다시 확인할 수 있다.

> 관인이 이 못생긴 마음을 둔즉 정부가 잘못되고 구민이 못생긴 마음을 둔즉 온 나라가 빈약하리니…….❹

물론 백성과 인민, 국민은 많은 경우 서로 바꿔 써도 좋은 용법으로 사용되는 경우가 대부분이다. 이런 점에서 이 단어들의 외연을 엄격하게 구별하는 것은 무리한 일인지도 모른다. 그러나 비슷하게 섞여 쓰는 가운데서도 국민은 임금이나 관리의 사랑, 보호, 긍휼 같은 단어들과 계열화되는 일이 없으며, 다른 단어와 달리 왕이나 정부의 짝을 이루는 대개념으로 사용되는 일이 없다는 점은 그 두 단어와 국민이란 단어 사이에 있는 개념적 차이를 보여주는 것이라고 하겠다.

이렇게 사용되는 인민이나 국민 개념은 애국심이란 관념을 통해서 영토와 연결된다. 1898년 12월 17일자 논설에서는 '나라 사랑 ᄒᆞ는 론〔나라 사랑 하는 론〕'이란 제목의 기고문을 통해 애국심이 발생하는 세 가지 요인에 대해 말하면서 첫째, 언어와 종교, 풍속, 둘째, 하해(河海)와 산악과 지계(地界), 셋째, 이 두 가지에 기초하여 뜻이 하나되어 서로 느끼는 '정'이 흥기하는 것을 들고 있다. 즉 애국심이란 언어, 종교, 풍속과 영토적 동일성 위에서 발생하는 국민적인 공통 감정이나 감정적 동일성을 뜻한다는 것이다. 애국심이 국민을 하나로 묶는 것이라면, 그것은 상이한 국민들을 구별하는 영토적 경계, 공간적 경계 안에서 발생하는 것이란 점에서 언어나 종교, 풍속만큼이나 자연이나 지리 등의 영토적 동일성 위에서 발생하는 것이다. 따라서 국민은 그런 영토성 위에서 애국심을 통해 만들어져야 할 존재고, 이것이 많은 경우 규범적 용법으로 사용되는 이유라고 할 것이다.

4. 〈대한매일신보〉에서 영토 개념의 용법

1) 강토

〈대한매일신보〉에서 '강토'라는 단어는 영토를 표시하는 개념으로 확고하게 자리 잡는다. 국문본의 경우 1904년과 1905년에 각각 7회, 4회씩 사용되던 이 단어는 그 빈도가 1907년부터 급속히 증가하여 1910년(1~8월)까지 각각 31회, 40회, 27회, 17회 사용된다. 그리고 '령토'라는 개념도 등장하기 시작하는데, 국문본의 경우 1904년에 1회, 1905년에 2회 사용되다가 1907년부터 각각 6회, 4회, 6회, 0회 사용된다.

여기서도 일단 '대한 강토', '한국 강토', '청국 강토'처럼 영토를 나타내는 일반명사로 사용되는 용법은 마찬가지로 발견된다(1907년 7

월 21일자, 1907년 9월 21일자 등의 논설). 1907년 논설에서는 '청국 강토'와 '청국 령토'가 동시에 사용되고 있는데 의미상 아무런 차이가 없다. 더불어 '강토의 보존'이라는 단어가 빈번하게 사용되고 있는데(가령 1907년 9월 17일자 논설), 이는 강토가 타국의 침략에 대해 보호하고 보존되어야 할 것이란 관념이 정치적 상황과 더불어 부각되었기 때문일 것이다.

한편 강토라는 말은 이제 '삼천리강토'의 형태로 한국의 영토를 표시하는 가장 일반적인 표현으로 사용되게 된다. 물론 이 경우 삼천리강토는 '이천만 인구'(1907년 5월 23일자 등), '이천만 생령'(1907년 10월 9일자, 10월 25일자 등), '이천만 형제'(1907년 12월 22일자), '이천만 국민'(1910년 1월 8일자) 등의 단어와 병치되어 사용된다. 혹은 삼천리라는 단어와 분리되어 가령 '화려한 강토와 상등의 인종'(1907년 7월 30일자), '우리나라 강토 …… 우리 종족'(1907년 7월 11일자), '한국의 강토 …… 인민'(1907년 7월 11일자) 등의 형태로도 사용된다. 이 많은 용례들이 보여주는 것은 한국을 지칭하기 위해 강토와 인민, 강토와 인구 식으로 영토와 인민을 짝지어 사용하는 경우가 일반화되었다는 사실이다.

그런데 여기서 특기할 만한 것은 이렇게 짝지어진 강토와 인민 관련 개념들이 왕이나 종묘사직 관련 개념들로 귀속되지 않는다는 점이다. 이는 〈독립신문〉과 비교해서 아주 확연한 특징이다. 그러나 양자가 이렇게 병치된 상태로 그저 나열되는 데 머물지는 않는다. 즉 강토는 이제 어떤 것에 '귀속'된다. 때로는 단독으로, 때로는 인민을 명시적으로 동반하거나 묵시적으로 함축한 채 짝지어서. 그것의 귀속처는 왕이 아니라 **수많은 왕들의 기원인 '국조[國祖]'**고 기원으로 소급된 역사다. '단군', '기자'가 그것이다.

> ……오직 공변된 이익을 함께 보는 것만 생각하여 마음을 믿고 몸을 단합하여 뜻은 **단군·기자의 옛 강토**를 회복하는 데 있고 하늘을 가리키고 해를 맹세하여 마음은 동족의 멸망하는 것을 구원하는 데 있어서 협회를 조직하여 환난을 서로 구제하며 신문사를 창설하여 여럿의 뜻을 열리게 하고 학비를 연조하여 인재를 양성하니…….(1908년 1월 11일자 논설)❺

이는 다른 형태로 반복하여 나타난다. "**사천이백사십 년**을 전래하던 강토"(1908년 1월 31일자)가 역사 개념을 연도로 표시하여 그것과 강토를 계열화하는 방식이라면, "자기 전토와 조종의 강토"(1908년 10월 25일자)는 '조종'이라는 기원으로 강토를 귀속시키는 방식이다. 혹은 "삼천리강토와 사천 년 국조"(1907년 11월 17일자)처럼 한국을 특징짓는 숫자와 더불어 강토와 국조를 병치하는 방식도 발견된다.

이럼으로써 강토는 현재 존재하는 어떤 왕이나 왕조, 혹은 왕실에 귀속되기를 그친다. 그것을 대신하는 '국조'나 '조종', '단군·기자' 등은 이미 사라지고 없는 '왕'이지만 민족이나 국민이라는 집합체의 기원이라는 점에서 사실은 **민족이나 국민의 환유**가 된다. 이로써 강토는 '왕의 영토'라는 전통적 관념을 대신하여 민족의 영토, 국민의 영토라는 관념이 등장하게 된다. 이는 근대 국민주의 내지 민족주의에서 영토성을 표시하는 가장 일반적인 방법임은 익히 잘 아는 바다. 이제 강토는 국민이나 민족 같은 집합체 자체에 귀속되게 된 것이고, 국민적인 영토성을 분명하게 드러내게 된 것이다.

2) 산천, 강산, 조국

여기서는 일단 '강산'이란 단어에 대해서 먼저 살펴보자. 〈대한매일신보〉에서도 강산은 "삼천리강산과 이천만 인구"처럼 강토와 동일한 의미로 사용된다(가령 1907년 7월 9일자). 이는 서술적인 용법으로 사용된 보통명사라고 할 수 있을 것이다. 그러나 이보다 중요한 것은 차라리 '강산'의 경우 빈번하게 '삼천리'와 결합하여 사용되게 되었으며(가령 1907년의 경우 '강산'이란 단어는 그 절반이 '삼천리강산'으로 사용되었다), 이로써 '삼천리강산'은 한국의 영토를 표시하는 일종의 상징적 개념이 되었다는 사실일 것이다.

물론 삼천리강토 역시 동일한 의미에서 한국을 표시하는 상징적 표현이긴 하지만, 강토가 외연적 개념을 표시하는 단어인 데 반해 강산은 구체적인 형상을 그 내용으로 함축하는 단어기 때문에 '삼천리강산'이 그러한 상징적 용법에 더욱더 적합하게 된다. 이는 강토와 달리 '강산'이라는 단어가 '수려한', '화려한' 등과 같은 수사적인 단어들과 훨씬 쉽게 결합하여 사용된다는 점만 떠올려도 쉽게 이해할 수 있는 것이다. 지금도 흔히 듣는 표현인 '삼천리금수강산'(1907년 7월 21일자)을 '삼천리금수강토'라는 말로 바꿀 때 발생하는 어색함을 통해 '강토'와 '강산'이란 말의 차이는 아주 확연하게 드러난다. 다음의 인용문은 이러한 차이를 아주 단적으로 보여준다.

오호라 우리 대한 인종이 적어 그러한 게 아니라 남과 같이 인종이 많으며 사람마다 인의예의충성 다하여 황인종 중에 상등인종이라 할 만하도다. **강토**가 적어 그러한고 **삼천리강산**이 편편한 백옥 같고 금은동철과 산림어채를 캐는 곳마다 일어나고 심는 곳마다 번성하도다.(1907년 12월 29일

자 논설)⑥

‘강토’는 ‘적다’라는 형용사와 결합되지만, 바로 옆에서 ‘강산’은 어느새 ‘삼천리강산’이 되어 백옥, 금은 등과 같은 은유적인 단어들과 결합되어 사용되고 있다. 강토가 한국의 영토를 표시하는 서술적인 개념으로 자리 잡게 되면서, 강산은 그와 비교하면 구체적이고 수사적인 용법을 수반하는 상징적 개념으로 자리 잡게 된다.

한편 ‘산천’이란 단어 역시 ‘강산’과 마찬가지로 구체적인 형상과 내용을 함축하고 있는 단어였고, 이는 이전에는 종종 귀신이나 풍수 같은 전근대적인 습속이나 관념으로까지 이어지면서 계몽가들에 의해 비난의 대상이 되었지만, 자국의 영토에 새로운 질적 특성을 부여하려는 사람에게는 새로운 수사적 개념으로 등장하게 된다.

산천이 여전히 ‘구경’, ‘풍토’, ‘초목’ 등과 같은 단어와 함께 사용된다는 점은 다시 길게 말하지 않을 것이다. 그보다는 ‘절승하고 수려한 산천 풍토’(1907년 11월 12일자)에서처럼 강산과 함께 사용되던 형용사들이 산천과 자주 결합되어 사용되었음이 더 중요해 보인다. 여기서 좀 더 나아가 “우리 대한이 동양반도에 있어서 산천이 명랑하고 풍기가 온화하여”(1907년 12월 27일자)처럼 의인적인 수사법이 산천이란 말의 주변에 등장한다. 하지만 좀 더 결정적인 것은 ‘조국’이란 말이 출현하면서 ‘산천’과 그것이 결합하여 아주 극적인 감정이입의 수사학이 등장한다는 것이다.

한자어 ‘祖國(조국)’이란 말은 〈대한매일신보〉 국한문본에는 창간된 해인 1904년부터 등장한다는 점이다. 이 단어는 〈독립신문〉은 물론 최소한 1903년까지의 〈황성신문〉에서도 한 번도 나타나지 않는다.

그런 점에서 그 단어는 〈대한매일신보〉를 통해 처음 사용되었다고 할 수 있을 듯하다. 〈대한매일신보〉 국한문본의 논설만 볼 때, '祖國'이란 단어는 1905년에 2회, 1906년에 13회, 1907년에 17회, 1908년 46회, 1909년 33회, 1910년 18회 등장한다. 그러나 1904년부터 1907년까지 〈대한매일신보〉 국문본에는 '조국'이란 단어가 한 번도 등장하지 않는다. 동일한 국한문본의 번역본을 보면 '祖國'이란 말은 모두 '나라'라는 말로 번역되어 있다. 즉 '祖國'은 국한문본에서 '나라'라는 말을 표시하기 위해 선택된 단어였던 것이다. 그러다가 1908년이 되면서 국문본 논설에 '조국'이란 말이 처음 사용되는데, 그 빈도는 49회에 이른다. 국한문본의 빈도(46회)보다도 많이 사용되고 있는 것이다. 1909년에도 35회, 1910년에도 18회 사용된다.

이런 점에서 '조국'이란 말이 '나라'를 표시하는 통상적인 단어와 구별되는 새로운 개념으로 등장한 것은 1908년 〈대한매일신보〉에서였다고 할 수 있다. 그렇다면 그것은 통상적인 '나라'라는 말과 어떻게 다른 개념이 되었던 것일까? 다음의 인용문은 〈대한매일신보〉 국문본 가운데 '조국'이란 단어가 처음 등장하는 논설이다.

외따로 섰는 솔나무를 만지고 방황하며 조국산천을 바라보니 통한하도다. 우리 한국 반도가 강포한 범의 입에 들었고 오오한 동포의 정경은 가마 안의 고기와 흡사하고 신성한 제국은 이웃나라의 굴들 속에 있도다. 슬프고 통한하도다. 혈루가 있고 혈생이 있는 한국 민족이여, 이 긴 밤에 취한 꿈을 어서 깨어 저 광명한 일월을 한번 볼지어다. (1908년 1월 9일자) [7]

물론 이전에 〈독립신문〉에서도 '고국산천'이란 말은 사용된 적이

있고, 그 경우 감정이입의 대상으로 자국의 영토성을 표현한다는 점
또한 이와 다르지 않으나, 조국이란 개념이 새로이 등장하면서 그것
을 받치는 개념으로 사용되면서 이제 산천은 이렇게 말해도 좋다면
'대지의 수사학'이라고 부를 새로운 형태의 수사학을 동반하게 된다
는 점은 분명히 이전의 그것과 다른 양상이라고 하겠다. 이는 조국이
라는 단어가 영토적인 관념의 중심으로 새로이 부상하게 되는 중요한
조건이 된다.

이 경우 조국은 단지 영토의 외연을 표시하는 단어가 아니라 개개
인이 사랑하고 동일시해야 할 대상이며, 그리워하고 되돌아가야 할
'님'이며, 그 자체로 의인화되어 살아 움직이는 실체가 된다. 즉 조국
이란 단지 경계를 갖고 구별되는 수많은 '나라'들과 대칭적인 어떤
하나의 '나라'가 아니라 그 무엇과도 비교할 수 없고 그 무엇으로도
대신할 수 없는 고유성을 갖는 실체로 등장하게 된다는 것이다.

이러한 특권적 실체로서 조국은 결코 객관적이고 서술적인 개념이
아니라 특정한 행동과 마음, 태도를 요구하는 수사적인 개념이다. 사
랑하고 그리워하며 살아 숨 쉬는 대상으로서의 조국, 그것은 아마도
산천이란 개념을 통해서 조국에 부여된 내용적이고 수사학적인 특징
이라고 해야 할 것이다. 조국의 수사학이 '대지의 수사학'이 되었던
것은 그것이 사실은 강산이나 산천이라는 대지적 개념을 통해서 조국
에 접착되었기 때문이라고 할 것이다.

3) 백성, 인민, 국민

〈대한매일신보〉의 경우 영토와 대응되는 주체를 표시하는 단어에
서 일단 두드러진 것은 1907년까지 가장 많이 사용되던 '백성'이라는

【표 1】〈독립신문〉논설에서 '백성', '국민', '인민'의 사용 빈도

〈독립신문〉논설	빅셩	국민	인민
1896(4~)	447	24	326
1897	453	23	429
1898	762	39	542
1899	874	12	235

【표 2】〈대한매일신보〉국문본 논설, 긔셔, 별보에서 '백성', '국민', '인민'의 사용 빈도[6]

〈독립신문〉논설	빅셩	국민	인민
1904(8~12)	125	0	11
1905(1~3)	2	14	37
1907(5~12)	362	63	82
1908	195	270	420
1909	148	389	416
1910	18	264	585

단어가 현격히 줄어들고, 이전에는 사용 빈도가 높지 않았던 '국민'이라는 말이 1908년 이후에는 이전의 백성이란 말 이상으로 빈번하게 사용된다는 사실이다. 1907년과 1908년 사이에 나타나는 백성이란 말과 국민의 사용 빈도의 변화는 대립적인 느낌을 줄 정도로 대비된다(표 2). 〈독립신문〉에서는 국민이란 단어는 연평균 20회 정도 사용된 데 반해 백성은 500회 이상 사용되고 있으며, 역시 빈도가 높은 인

---

6 여기 산정된 숫자에는 '국민신보', '국민보', '국민 긔쟈' 등 고유명사는 제외되어 있다.

민에 비해서도 훨씬 빈도가 높다. 즉 〈독립신문〉에서 가장 빈번하게 사용되던 말은 '백성'이었다는 것이다. 반면 〈대한매일신보〉의 국문본의 경우 1908년을 기점으로 하여 주도적인 단어가 완전히 대체된다. 즉 백성이 아니라 국민이란 말이 〈대한매일신보〉 국문본에서는 주도적으로 사용되게 된다.

〈독립신문〉과 〈대한매일신보〉 사이에서, 그리고 1907~1908년 사이 〈대한매일신보〉에서 발견되는 '백성'과 '국민'의 사용 빈도의 역전 현상은 매우 인상적이다. 〈대한매일신보〉 국문본 자체에서도 '국민'의 빈도는 점점 높아지는데, '백성'의 빈도는 점점 낮아진다는 점 또한 시사적이다. 이는 〈독립신문〉에서 백성이 임금에게 귀속되며 임금의 보호 대상이었다는 점, 반면 국민은 임금을 포함하는 전체를 표시하는 단어였다는 점을 염두에 둔다면 매우 일관되고 상징적인 징표들이라고 할 수 있을 것이다.

다른 한편 〈독립신문〉에서는 매우 빈번히 사용되던 단어인 '인민'이란 말이 〈대한매일신보〉의 경우에는 1907년까지는 별로 사용되지 않다가 1908년을 기점으로 급증하는 것 역시 인상적이다. 이는 국민이란 말의 사용 빈도의 변화와 동형적인 양상을 보여준다. 이런 점에서 〈독립신문〉의 경우에는 '인민'이란 말이 '백성'이란 말과 비슷한 감각으로 사용되었다고 한다면, 〈대한매일신보〉에서는 '인민'이 '국민'과 비슷한 감각으로 사용되었음을 추측할 수 있다.

덧붙이면 〈독립신문〉과 달리 〈대한매일신보〉에서 국민은 임금으로 귀속되는 용법으로는 사용되지 않는다. 여기서 국민은 분명히 한국에 살고 있는 인구 전체를 지칭하는 개념으로 사용된다. 이 경우 국민은 앞서처럼 '의무'를 상기시키는 개념이고(1907년 7월 14일자, 1907년 10

월 9일자 등), '의기', '강토 회복', '생명 보전' 등과 계열화되는 개념이
다. 예를 들어 1907년 10월 25일자 논설에서는 다음과 같이 쓰고 있다.

그러한 이들은 혼자도 국민의 열심을 홍기하며 의기를 격동하여 강토를
회복하며 생명을 보전하여 자유 독립을 반석 위에 굳게 하였으니 우리 이
천만 동포의 자격이 모두 그 사람들과는 같다 할 수는 없으니 여러 사람의
마음을 합하면 지략과 능력이 어찌 그 한 사람만 같지 못하다 하리오마는
일반 인민이 자유의 정신은 반점도 없고 노예의 성질만 가득하면 자유를
찾을 날이 언제요.[8]

혹은 의무와 짝 개념으로 의무를 다한 사람만이 가질 수 있는 '자
격'이란 관념이 사용되기도 한다.(1908년 6월 5일자)

한편 이러한 의무나 자격을 상기시키기 위해 국민에 새로운 개념이
추가된다. '정신', '나라혼' 등의 개념이 그것이다. 국문본 〈대한매일
신보〉를 새로이 발간하며 시작한 1907년 5월 23일자 논설에는 '국민
의 정신'이란 개념이 등장한다. '나라혼'이나 '나라정신'이란 개념은
사람과 국민의 은유 속에서 국민을 사람과 같은 하나의 단일한 유기
체로 비유하면서 새롭게 사용된다.

사람이 만일 혼이 없으면 죽은 것 같이 국민에게 만일 나라혼이 없으면
곧 망국이 되는 것은 헌연한 이치라. 대저 나라혼이라 하는 것은 일반 국
민의 사상이 내 몸과 나라 사이에 관계된 것을 확실히 깨달아 내가 곳 나
라요 나라가 곧 나라. 나라가 홍하면 나도 홍하고 나라가 망하면 나도 망
하는 이유를 뇌수 정신에 삭여 나와 나라 사이에 관계된 것이 일호라도 용

납할 틈이 없는 것을 확실히 안 후에 차라리 몸을 죽을지언정 나라에 터럭 같은 수치라도 돌아오지 않게 할 마음으로 죽는 것 보기를 돌아가듯이 하는 고로 나라혼이 있는 나라에는 자유와 독립을 누리고 나라혼이 없는 그 나라에는 노예와 어육을 면치 못한지라.(1907년 7월 30일자)[9]

이러한 나라혼 내지 나라정신은 역사와 계열화되는 새로운 지점을 포함한다. "나라정신이라 하는 자는 무엇이뇨 그 나라 역사상으로 전래하는 풍속과 습관과 법률과 제도들 중에 선량하고 아름다운 자가 이것이니라."(1908년 8월 12일자) 이는 〈대한매일신보〉에서 강토가 왕 대신 민족의 기원인 단군 내지 국조를 통해서 역사와 연결되기 시작했던 것과 동형적인 것처럼 보인다.

또 하나 특기할 것은 국민이 규범적 개념의 자리를 확실하게 차지하게 되면서 집합체의 통일성을 표시하는 서술적 개념으로 민족이 그와 비교되면서 부상한다는 점이다. 민족과 국민의 구별을 다룬 1908년 7월 30일자의 유명한 논설이 그것이다.

민족이란 것은 다만 같은 조상의 자손에 매인 것이며 같은 지방에 사는 것이며 같은 역사를 가진 것이며 같은 종교를 받드는 것이며 같은 말을 쓰는 것 곧 이것이 민족이라 칭하는 바이어니와 국민이라는 것은 이와 같이 해석하면 불가할지라.

대저 한 조상과 역사와 거지(居址)와 종교와 언어의 같은 것이 국민의 근본은 아닌 것이언마는 다만 이것이 같다 하여 문득 국민이라 할 수 없으니 비유하면 근골과 맥락과 진실로 동물 되는 근본이라 할지니 허다하게 벌려져 있는 근골 맥락을 한곳에 모아놓고 이것을 생기 있는 동물이라고 억지로 말할 수 없는 것과 같이 저 별과 같이 허여져 있고 모래같이 모여 사는 민족을 가리켜 국민이라 함이 어찌 가하리오. 국민이라는 것은 그 조상과 역사와 거지와 종교와 언어가 같은 것 이외에 또 반드시 같은 정신을 가지며 같은 이해를 취하며 같은 행동을 지어서 그 내부에 조직됨이 한 몸에 근골과 같으며 밖에 대한 정신은 한 영문에 군대같이 하여야 이것을 국민이라 하느니라.[10]

민족이란 동일한 조상의 자손이며 동일한 지방에 사는 자, 그리고 같은 역사, 같은 종교를 가지며 같은 언어를 사용하는 자로 정의한다. 사실 이러한 개념은 〈독립신문〉에서 본 것처럼 이전의 국민이란 개념에 암묵적으로 포함되어 있던 요소일 것이다. 다만 다른 점은 동일한 역사라는 요인이 추가되고 있다는 점이다.

그런데 보다시피 이 논설에서 강조하려는 초점은 민족이 아니라 국민이다. 민족을 규정하는 이런 요인만으로는 국민을 정의하기에 부족하다고 하면서 또 하나의 결정적인 요소를 추가해야 한다고 말한다. 그것은 '정신'이다. 앞서 말했던 '나라혼'이나 '나라정신', '국혼' 등이 바로 그것일 게다. 이것이 있을 때 근골이 있던 개체는 비로소 정신이 있는 진정한 유기적 전체가 된다는 것이다.

이런 의미에서 민족이 특정한 조건을 동일하게 공유하는 사람들의 집단이라는 서술적인 개념, 객관적인 개념이라면, 국민은 거기에 정신이라는 요소를 추가해서 만들어지는 주관적·주체적 개념이며, 그런 요소를 통해 사람들에게 특정한 태도와 행동을 촉구하고 요구하는 규범적인 개념이다. 자격 있는 국민이 되는 것, 그것이 바로 국민이란 개념을 통해서 이 논설의 필자가 말하고자 하는 것이다.

그렇지만 민족이란 개념이 국민과 대비되는 이런 개념에 머무는 것은 아니다. 특히 민족이 명시적으로 정의되면서 이전에 없던 '역사'라는 요인이 추가된다는 사실은 단순히 개념적 외연을 규정하는 하나의 요인으로 환원될 수 없는 중요성을 갖는다. 그것은 민족이 적어도 한국의 경우에는 그 개념적 발생의 시기부터 역사라는 개념과 밀접하게 결부되어 있음을 뜻하는데, 이는 민족이란 개념이 본격적으로 등장하는 시기가 또한 '력스'라는 개념이 본격적으로 사용되기 시작하는 시기라는 사실, 그리고 그 시기에 강토라는 개념이 단군이나 종조라는 기원을 통해서 역사와 연결되고 있다는 사실과 매우 긴밀한 연관을 갖는다.[7]

이 논설에서는 국민이 민족의 모든 규정에다 다른 하나를 덧붙이기에 형식적으로 보면 국민에는 이미 민족에 포함된 동일한 역사를 공유한다는 점이 내포되어 있다고 말할 수도 있을 것이다. 그러나 '민족'이나 '국민'이란 개념을 실제로 사용하는 구체적인 용법이 그런 형식적 포함관계로 환원되지 않는다는 것을 굳이 상술할 필요가 있을까? 논리적이고 형식적인 포함관계가 어떻든 간에, 여기서 국민이란 개념은 '정신'을 강조하기 위해 사용되는 말인 것이고, 민족이란 역사나 조건을 공유하는 일반적 용법으로 사용되고 있을 뿐인 것이다. 이러한 민족의 개념은, 이 시기에 새로이 주목하게 된 역사 개념과 결부하여 그것이 새로이 발전하게 되는 양상을 통해서 그 구체적인 의미를 정확하게 이해할 수 있을 터인데, 이는 중요한 만큼 세심한 고찰을 요구하지만 여기서 더 자세히 언급하기엔 여건이 허락하지 않는다. 다만 국

---

7 이에 대해서는 이 책의 7장 〈근대적인 역사 개념의 고고학〉 참조.

민이 일차적으로 영토적인 개념이라면 민족은 역사적인 개념이란 점, 다시 말해 국민이 공간적인 성격을 함축한다면, 민족은 시간적인 성격을 함축한다는 점만 지적하는 것으로 만족해야 할 듯하다.

5. 국민 – 민족이라는 개념적 이중체의 출현

지금까지 '강토', '강산', '산천' 등을 중심으로 한 영토적 개념들과 '백성', '인민', '국민' 등 그에 대응하는 '주체적' 개념들이 근대 계몽기에 어떤 식으로 사용되었는가를 〈독립신문〉과 〈대한매일신보〉를 통해서 살펴보았다.

먼저 강토라는 단어는 영토를 표시하는 서술적이고 일반적인 개념으로 사용되고 있는데, 〈독립신문〉의 경우에는 그것이 '인민' 내지 '백성'과 짝을 이루어 그 전체가 왕으로 귀속되는 방식으로 사용된다는 것을 확인할 수 있었다. 이런 점에서 근대적인 공간 개념의 요소가 없지 않음에도 불구하고 실질적으로는 토지는 왕의 영토라는 전통적인 영토관념에서 벗어나지 못했다고 말할 수 있다. 반면 〈대한매일신보〉에서는 '강토'가 왕이 아니라 '단군'이나 '국조' 등으로 귀속됨으로써 현존하는 왕이나 왕조가 아니라, 국민 내지 민족의 기원으로 부각되는 지점으로 귀속되고 있었다. 전통적인 영토관념에서 벗어나 영토를 역사를 매개로 민족이나 국민 자체에 귀속시키는 근대적인 관념을 보여주고 있었다는 점에서 앞의 두 신문과 크게 다르다고 할 수 있다. 이는 역으로 근대적 민족이나 국민의 개념이 역사와 기원의 관념에 처음부터 밀접하게 결부되어 있었음을 보여주는 것이라고도 할 것이다. 근대적 국민/민족의 관념을 이해하는 데 역사에 대한 관념을 경유해야 하는 것은 이런 이유에서다.

다음으로 '강산'이나 '산천'은 자연적이고 경관적인, 혹은 지형적인 특성을 표시하는 구체적인 내용의 공간을 표시하는 질적인 개념이란 점에서 '강토'라는 외연적 개념과 구별되었다. 동시에 그것은 바로 그런 사실로 인해 종종 미신으로 비난받는 전통적 관념을 함축하는 것이기도 했다. 한편 그것은 질적인 특성을 함축하기 때문에 '화려한', '수려한' 등처럼 지금도 함께 사용되는 단어들과 더불어 수사적인 용법으로 많이 사용되었다. 이들 개념과 관련해서 중요한 것은 '조국'이란 개념이었다. 〈대한매일신보〉에서 처음으로 나타나는 이 개념은, '강산'이나 '산천'처럼 질적 특성을 함축한다. '조국'이라는 개념은 가령 '산천'이란 단어와 결합되어 자신의 나라를 다른 무엇으로도 대체할 수 없는 특별한 영토적 실체로 부각시키는 '대지(大地)의 수사학'을 창출하는 데 결정적인 역할을 한다. 이는 민족주의 담론에서 흔히 발견되는 '대지의 수사학'이나 낭만주의적 수사학의 발생 지점이라고 하겠다.

마지막으로 영토에 대응되는 주체 개념에서는 '백성'과 '인민', '국민' 등이 서로 뒤섞이고 겹치면서 많은 경우 대체 가능한 의미로 함께 사용되었다. 그런데 〈독립신문〉에서는 '국민'이란 단어는 다른 두 단어에 비해 매우 적은 비율로 출현하는 반면 백성이란 단어가 가장 많이 사용된다면, 〈대한매일신보〉에서는 반대로 '국민'이란 단어가 〈독립신문〉에 비해 훨씬 많이 사용될 뿐 아니라 '백성'이란 단어가 시간이 지나면서 급속히 감소하는 데 반해 '국민'은 급속히 증가하며 1908년 이후에는 '국민'이 '백성'에 비해 훨씬 많이 사용되게 된다는 점에서 대비된다. 이는 '백성'이 임금과 짝을 이루며 임금에게 귀속되는 의미로 사용되는 개념임에 비해, '국민'은 임금에 귀속되지 않으며 오히려 임금을 포함하는 전체로 사용되었다는 사실과 밀접한 연관을 갖고 있다. 다시 말해 '백성'이 상대적으로 전통적 개념에 가까운 방식으로 사용된다면 '국민'은 근대적 개념에 근접하는 개념이었다는 것이다.

또한 〈독립신문〉에서는 백성과 인민이란 말 모두가, '국민'이란 말의 낮은 빈도와 대비되면서 비슷한 정도의 높은 빈도로 사용되는 반면, 〈대한매일신보〉에서는 '인민'이 '백성'의 사용 빈도와 대비되어 '국민'의 사용 빈도와 비슷한 정도의 빈도로 나란히 사용된다. 이 점에서 〈독립신문〉에서 인민이란 백성을 뜻하는 것이었다면, 〈대한매일신보〉에서 인민이란 국민이란 의미로 사용된 것이었다고 할 수 있을 것이다.

다른 한편 '국민'은 〈독립신문〉에서도 특정한 행동이나 태도를 대중에게 요구하는 규범적인 용법으로 사용되었는데, 이는 다른 신문에서도 마찬가지였다. 〈대한매일신보〉는 이러한 규범적 용법을 좀 더 분명하게 강조하기 위해 '민족'이라는 서술적 개념과 대비하여 '국민'을 '나라정신'을 필수적 성분으로 포함하는 규범적 개념으로 명시적으로 제한하여 규정하기도 했다. 이러한 규범적 개념이 강토의 보존이라는 문제의식과 직접 잇닿아 있는 것이란 점은 따로 말하지 않아도 충분히 짐작할 수 있을 것이다.

이상의 사실로 보건대 〈독립신문〉에서 사용되는 몇 가지 영토적인 공간 개념이 근대적인 것이었다고 하기는 어려울 듯하다. 근대적 공간 개념의 요소들을 다분히 포함하고 있긴 했지만, 전체적으로는 임금과 영토를 분리시키지 못했고, 그 결과 영토에 대응되는 주체 개념은 임금의 보호와 배려를 받아야 할 '어린 백성'이라는 전통적 관념과 임금을 포함하는 전체적인 집합체로서 '국민'이란 근대적 개념 사이에서 동요하고 있었다. 〈독립신문〉에서 '백성'의 사용 빈도가 아주 높은 데 반해 '국민'의 빈도는 아주 낮다는 사실은 〈독립신문〉에서 나타나는 그러한 동요가 사실은 '백성'이라는 말로 표현되는 전통적 관념의 근방에서 이루어지고 있었음을 보여준다.

반면 〈대한매일신보〉에서는 임금이나 종묘사직과 단절된 외연적인 영토 개념과 대지적 수사학을 동반하는 '조국'이라는 내포적인 영토 개념이, '나라혼'을 통해서 통합된 유기적 전체로서 '국민'이란 개념과 결합되어 근대 민족주의(국민주의) 운동의 자장을 형성하는 영토적 공간을 전형적인 형태로 보여준다. 아마도 이것이 근대적인 형태의 영토적 공간 개념이 확고하게 자리 잡은 지점이었다고 해도 좋을 것이다.

'국민'이나 '인민'은 애초에 그것의 기원이 근대 국민국가와 결부되어 있는 개념이라는 것은 분명하다. 그것은 'nation'과 'people'이란 말이 서구에서 출현하던 조건과 결부된 단어임을 뜻한다. 그러나 이미 성립된 단어가 번역되어 수입될 때, 그러나 아직 근대화되지 않았고 근대적 국민국가가 수립되지 않은 조건 속에서 번역어로서 수입될 때, 그 말들은 애초의 의미를 그대로 보존하기 어렵다. 그 단어들의 의미는 그것과 다른 단어들이 결합되어 사용되는 양상, 즉 반복적인 계열화의 양상 속에서 결정되기 때문이다. 지금까지 본 바에 따르면, 최초의 근대적 신문이고 근대화를 지향하는 것이 분명했던 〈독립신문〉에서조차 국민이나 인민이라는 말이 근대적 의미를 갖는다고 하기 어렵다는 점은 이를 아주 잘 보여준다.

마찬가지로 국민적 영토를 표시하는 단어들은 근대적 공간의 관념이 단지 '양적'인 것이라는 통념이 부적절함을 보여준다. 강토, 산천 등의 단어들은 데카르트적 공간, 혹은 근대적 지도가 근대적 공간관념의 형성에서 중요한 역할을 했음은 사실이겠지만, 근대적 공간의 표상은 단지 그것으로 환원되지 않는 고유한 질적 성격을 갖는다는 것을 보여준다. 여기서 질적 성격은 후일 근대적 개념이 되는 국민 같은 개념과 영토적 개념 사이에 인접성과 상응성, 혹은 동일성을 제공하는 원천이 된다. '조국'에 대한 사랑, 조국의 산천에 대한 사랑이란 개념은 영토와 국민을 하나로 결합하여 주는 양상을 잘 보여준다. 이것이 국민적 정체성의 핵심적인 하나의 요소였음은 익히 잘 아는 바이다.

다른 한편 〈대한매일신보〉에서 국민이란 개념과 별도로 '민족'이란 개념이 등장하여 사용되기 시작한다.[8] 이는 국민과 대응되는 개념이지만, 국민이 '정신'이나 '행동'의 동일성을 강조하는 규범적 개념이라면, 민족은 하나의 왕조를 뛰어넘어 '국조'라는 기원에 인민들을 연결하는 역할을 한다. 혈연이나 언어, 습속 등의 공통성이 지적되지만, 이 모든 것을 하나의 동일성으로 묶어주는 것은 기원의 단일성이다. 이런 점에서 국민이 영토적 관념과 상응하는 개념이라면, 민족은 기원적 역사를 불러들이는 개념이다. 동일하지 않지만 실질적으로는 동일한 외연을 갖는 것으로 간주되는 국민-민족이라는 개념적 이중체가 출현한 것이다. 이 개념적 이중체를 통해 영토적 개념이 국민은

---

8 이에 대해서는 이 책의 7장 〈근대적인 역사 개념의 고고학〉 참조.

역사와 결합되게 되고, 반대로 역사적 개념인 민족은 영토적 내포를 획득하게 된다. 여기에 조국이란 영토적 개념이 연결될 때, 그 개념의 질적 성격은 기원으로 이어지는 역사적 의미를 갖게 된다. 국민-민족이라는 이중체를 통해 국민-조국-강산으로 이어지는 공간적 영토 개념은, 민족-기원-역사로 이어지는 시간적 역사 개념과 결합되게 된다. 근대적 영토 개념은 이러한 이중체를 통해 두 개의 관념들의 계열이 결합됨으로써 출현하게 되었다고 해야 할 것이다.

7장

근대적인 역사 개념의 고고학

—

〈대한매일신보〉에서 역사적 시간의 개념

'역사'라는 말은 history의 번역어로서 서구에서 들어온 것이다. 물론 역사에 대한 관념이나 역사서들은 굳이 사마천의 《사기》를 떠올리지 않더라도, 오래전부터 있었던 것임은 분명하다. 이러한 역사관념은 '사(史)'라든가 '사기(史記)'라는 말로 표현되어왔다. '역사'라는 단어는 서구와의 접촉 이후, 서구로부터 번역되어 들어온 것이다. 가령 〈독립신문〉의 논설들을 보면, 1897년까지 '역사'에 해당하는 '력ᄉ'라는 말은 나타나지 않는다. 그 단어가 처음 나타나는 것은 1898년 12월 17일자 논설에서인데, 거기서는 디리(지리)와 나란히 공부해야 할 과목의 명칭으로 사용되었다. 즉 '역사'라는 말은 '지리'와 함께 근대 학문 내지 근대적 과목의 형태로 들어온 것이다. 이후 1899년 논설에 5회 출현하는데, 대개 이런 용법에서 거의 벗어나지 않는다. 〈황성신문〉에서는 1898년에 2회 사용된 이래, 어떤 해에는 1~2회에서 10회 남짓 사용되고, 가장 많이 사용되는 해는 1903년으로 22회 사용된다. 물론 그 용법은 〈독립신문〉에서와 크게 다르지 않거나, '역사적 기록'이란 의미에서 '사기(史記)'와 유사한 의미로 사용되지만, '오동(吾東)의 역사(歷史)'라는 식의 표현이 사용되기 시작한다(가령 1899년 11월 21일자 긔셔〔寄書, 기고문〕). 역사라는 말이 본격적으로, 그리고 대대적으로 사용되기 시작한 것은 1908년 이후 〈대한매일신보〉에서였다. 〈대한매일신보〉에서 이 말은 1904년에는 전혀 사용되지 않다가, 1905년 3회, 1907년 24회로 늘어나다가, 1908년 118회로 비약적으로 증가한다. 숫자의 변화만으로 보면, 1908년에 하나의 비약적 변화가 있었던 것으로 짐작된다.[1]

1. '역사'의 출현

이렇게 도입되어 사용되기 시작한 '역사'라는 말은 과연 이전의 '사(史)'나 '사기'라는 개념과 어떻게 달랐을까? 그것이 도입된 그대로 근대적 의미의 역사를 뜻하는 것이었을까? 아니면 이전의 단어를 그저 다른 단어로 대체한 것이었을까? 이 장에서는 〈대한매일신보〉 국문본에서 역사 관련 용어들이 사용되는 양상을 추적하여 이 문제를 해명하고자 한다.[2]

그 '역사'라는 단어의 의미를 이해하려면, 그것이 어떻게 사용되며 어떤 개념들을 자신의 구성 요소로 포함하게 되었는가를 구체적으로 살펴보지 않으면 안 된다. 앞 장에서 말했듯이, 하나의 단어가 개념이 된다는 것은 관련된 다른 개념들과의 결합을 통해서 그 의미를 획득함을 뜻하기 때문이다. 이하에서도 역시 관련된 용어들의 반복적인

---

1 〈대한매일신보〉에서 역사 관련 개념들이 출현하는 양상에 대해서는, 특히 이 글에서 검토하는 개념들의 출현 빈도나 개념들 간의 상관성 등에 대해서는 다음 장에서 자세하게 다룰 것이다. 이는 이 글에서 그 개념들에 대해 검토하기 위해 인용하는 글들이 단지 자의적인 선택만은 아니란 것을 보여줄 수 있으리라고 생각한다.

2 〈대한매일신보〉는 신문이나 출판물에 대한 일제의 검열과 탄압이 강화되던 시기에도 발행인이 영국인이라는 이유로 그로부터 상대적으로 자유롭게 자신의 의사를 개진하고 출판할 수 있었으며, 1907년 이후에는 국문본·국한문본·영문본을 합쳐 발행 부수가 1만 부를 넘는 당시 최대의 신문이었다. 그리고 신채호와 박은식 등 당대 최고의 지적인 논객들이 집필 및 편집을 주도하고 있었으며, 신민회와의 연계를 통해 당시 사회운동에서 중심적 위치를 갖고 있었다. 이런 점을 고려할 때, 그 시기 담론의 주도성이란 면에서나 대중적 영향력이란 면에서 가장 강력하고 첨단적인 위치를 차지하고 있었다고 할 수 있을 것이다. 이런 점에서 〈대한매일신보〉에서 보이는 역사 등의 개념은 당시 전체 담론을 대표한다고는 할 수 없지만, 그것을 가능하게 하는 중요한 지점 중 하나라는 것은 분명하다고 하겠다. 그리고 신채호와 박은식은 이후 한국의 근대적 역사학을 시작한 사람이며, 그들의 영향력은 지금까지도 무시할 수 없다는 점에서 이 신문에서의 역사 개념은 중요한 의미를 갖는다.

계열화의 양상으로서 배치라는 개념을, 역사 관련 용어들의 의미 변화를 추적하기 위한 방법론적 개념으로 삼을 것이다.

근대적 역사 개념의 수용 양상을 검토하기 위해선 적어도 근대적 역사관념을 이루는 세 가지 구성 요소들과 더불어 검토하지 않으면 안 된다. 첫째, 그 자체로 독자적으로 존재하고 발전하는 실체로서 역사의 개념이 그것이다. 이러한 역사의 개념은 역사 자체가 무언가를 비추는 거울이나 단순히 지나간 사실들의 집합이나 과거의 기록이 아니라, 별도의 주어로서, 혹은 독자적인 대상으로서 서술될 수 있는 실체성을 획득하고 있는 무엇이 된다.

둘째, 역사 전체를 통합하고 방향 짓는, 그 자체가 목적이기도 한 '기원'이 그것이다. 가령 민족사의 기원으로서 '단군'이, 혹은 단군 시대가 그러한 이유에서 새삼 주목받기 시작한다. 가령 〈독립신문〉의 경우 단군이라는 말은 1896년에는 안 보이다가 1897년에 처음 등장하기 시작하는데, 이후 낮은 빈도지만 계속 사용되기 시작한다. 이는 다른 신문에서도 그러한데, 중요한 것은 이 단어가 사용되기 시작했다는 사실 자체가 아니라 어떻게 사용되는가를 구체적으로 보는 것이다.

셋째는 그러한 기원과 연결된 역사의 '주체'가 역사 개념과 관련해서 자신의 개념적 지위를 확보하고 있는가 하는 것이다. 이는 좀 더 정확하게 말하면 역사를 만들어가는 주체라기보다는 역사적 변화와 발전 그 자체가 그를 통해 진행되는 존재고, 역사의 합목적적 의지를 받아들여 그것을 밀고 나가는 존재다. 역사적 주체 내지 역사적 발전의 담지자라는 말을 사용한다면, 정확히 이런 의미에서다.

2. 역사와 진보의 관념

〈대한매일신보〉에서 '력ᄉ(역사)'라는 말은 1904년에는 전혀 사용되지 않았고, 1905년에도 단 3회 사용되었을 뿐이다. 이는 〈황성신문〉에서보다도 덜 사용되었음을 뜻한다. 사용되는 양상을 보면, 첫째 것은 통상 사용되는 '역사상'이란 말에 해당되는 수사학적 표현이고("역사상에 한 잔인한 싸움이 끝났도다." 1905년 1월 7일자 논설[3]), 두 번째 것은 '일본의 근세 역사'(1월 12일자 논설), 세 번째 것은 '청국의 왕년 역사'(1월 25일자 논설)로서, 이전에 사용되던 ᄉ긔(사기)와 비슷한 의미라고 하겠다. 지나간 사건들의 기록, 그것이 이 시기 '력ᄉ'라는 말의 의미였다. 이는 다음 해 이후에 사용되는 말들 가운데서도 자주 나타난다. '협회의 역사'(1907년 7월 3일자 논설), '애급 사기와 각국 역사'(1907년 8월 30일자), '세계 역사'(1908년 1월 11일자 별보) 등이 그것이다. 한편 지리와 대비되는 과목으로서 '역사'라는 말 역시 지속적으로 사용된다.

그런데 역사라는 단어의 용법을 추적하는 데 중요한 것은 이러한 경우가 아니라 이전과 다른 역사의식을 추적하는 것일 게다. 이는 1907년부터 상당히 명확하게 등장한다. 가령 1907년 7월 7일자 별보에서는 '조선의 나라 망한 원인'에 대해 쓰면서 다음과 같이 쓰고 있다.

공립신보 기자 왈 이 청국 사람의 중서일보에 기재한 조선 역사가 사실은 혹 상좌하나 일반 국민의 노예 성질을 토론한 것은 과연 옳도다. 우리

---

3 이하에서 별도의 표시를 하지 않은 것은 논설에서 인용한 것이다.

나라가 건국한 지 사천 년에 노예 성질이 본조〔本朝, 현재 왕조〕에 와서 더
욱 심하도다.❶

조선의 역사를 건국한 지 사천 년 이후의 것으로 보면서, 그 역사
안에서 독립할 사상이 없었음을 지적하고, 그것을 통해 독립을 상실
한 '현재'로 귀착시키고 있다는 점에서, 근대적인 역사관념의 단서를
볼 수 있을 뿐 아니라, 그러한 의식이 민족의식과 결부되어 있음을 보
여준다고 하겠다. "한국도 문명 역사상에 오르기를 바라"며 "백성이
일어나 일심으로 강조〔彊祖〕를 보존"(1907년 9월 17일자 긔셔〔기서〕)하
기를 바라는 것도, "지나간 역사를 상고하고 장래 국사를 생각"하며
"지나간 역사는 눈물 역사"(1907년 12월 31일자)라고 보는 것도 이런
관념의 연장선상에 있다. 물론 지리와 대비되는 과목의 이름이나 지
나간 사건의 기록으로서 역사 등 이전에 사용되던 의미에서 력수라는
단어는 이후에도 지속적으로 병행되고 출현하지만, 새로이 출현한 역
사관념에 의해 대체되거나 그 역사관념 안으로 포섭되게 될 것이라고
보아도 좋을 것이다. 그리 빈번하다고는 할 수 없는 빈도로 나타나던
역사라는 말이 1908년에 이르면 폭발적으로 등장하게 된다.[4]

---

4 1907년이 역사 등의 개념의 사용에서 중요한 전환점이 되는 이유는 이 논문의 주제에서 벗어
난다. 표면적으로 보면, 정미7조약과 차관정치의 시작, 헤이그 밀사사건과 고종의 양위, 군대
해산이나 신문지법 등이 이 시기 담론적 지형의 형성에 관여한 직접적 사건들이고, 아마도 이
것이 어떤 형태로든 영향을 미쳤다고 해야 할 것이다. 그에 못지않게 신채호가 새로이 주필로
영입되고, 신민회가 결성되면서 신문사의 주도적 인물들이 거기 가담하게 되는 사건들 또한
이러한 전환에 큰 영향을 미쳤다고 해야 할 듯하다. 그러나 이것으로 인해 담론의 형상이나 지
형이 달라졌다는 것을 입증할 방법은 없다. 여기에서는 어떤 사건과 담론의 변화를 직접적 인
과관계로 연결하기보다는, 이 문제를 괄호쳐두고, 다만 담론적 변화의 양상에 주목하는 것으
로 주제를 한정할 것이다.

1) 실체로서의 역사

가장 먼저 역사에 대한 새로운 종류의 관념이 출현하는 양상을, '력亽'라는 말과 직접 결부된 지점에서부터 보는 게 좋을 듯하다. 이전에 〈독립신문〉에서 '력亽'라는 말이 현재 교훈으로 삼을 수 있는 지나간 사건들의 기록 이상이지 않았고, 좀 더 나아갔다고 보이는 〈황성신문〉에서도 그것이 여러 '나라'들의 역사를 하나로 묶어 명명하는 '泰東[오동]의 歷史[역사]'로 나타나긴 하지만, 역사 자체가 주체(주어!)나 대상이 될 수 있는 어떤 실체라고 할 수는 없었다. 반면 이 시기 〈대한매일신보〉에서 '력亽'는 행동의 주어나 대상이 될 수 있는 독자적인 실체성을 획득한다.

지금이라면 아주 익숙한 표현이지만, 이런 경우로 가장 쉽게 등장하는 것이 역사를 '보전'하거나 '만드는' 행위의 대상으로 간주하는 것이다. 가령 1908년 12월 1일자 논설에서는 역사를 '보전'의 대상으로 설정하고 있다 : "한국에도 유지한 사람들은 서양 각국의 변혁된 역사를 참고하며 이웃 나라의 진보되는 형세를 침작하여 **사천 년 문명한 역사를 보전할지어다.**" 광개토대왕을 다룬 1909년 2월 25일자 논설에서는 역사를 만든다는 관념이 나타난다. 즉 그는 "한국 억만세의 큰 기초를 공고케 하여 한국 억만세의 큰 영결한 님금이 되며 한국 억만세의 크게 기념할 **역사를 지어 내었**"다고 하여 장하다고 찬양하고 있다. 여기서 력亽라는 말은 역사적 기록이란 의미도 함축하고 있는데, 이는 역사를 만든다는 관념이 만들어지는 양상을 보여주기도 한다. 즉 역사에 기록될 어떤 큰일을 함으로써 기념할 만한 어떤 역사를 만든다는 것이다.

이와 반대로 역사가 독자적인 어떤 사태의 주어로 되는 경우도 나타난다. 가령 1909년 12월 21일자 논설에서는 아무런 준비 없이 5조약 7협약 등의 사태를 맞는 무능함을 질책하면서 이렇게 쓰고 있다.

오조약 칠협약이 다 된 이후에라도 예비만 하였으면 오히려 군대 해산이 아니 되고 사법권이 빼앗기지 아니하였을지어늘 이제 작일에도 예비치 못하고 금일에도 예비치 못하며 또 명일에도 예비치 못하여 사천지 **역사가 마귀의 굴혈로 점점 떨어져 들어가도** 분발하고 힘쓸 줄을 모르며…….❷

보다시피 여기서는 역사가 마귀의 굴혈로 떨어져 들어가는 주어로서 서술되고 있다. 역사가 이런 독자적인 실체이면서 또한 누군가에 의해 만들어지고 좌우되는 것이란 생각은 이제 다음과 같은 말에 집약되어 나타난다.

삼천리강토의 흥망이 그대들 어깨에 실려 있고 사천 년 역사의 존망이 그대들 손에 달렸으니 그대들이 이것을 담임치[담당치] 아니하면 한국의 강토는 영영 멸망하리니 그대들은 이것을 버리고 어디로 가고자 하느뇨.(1908년 12월 24일자)❸

역사의 존망이 그대 손에 달려 있다는 말로 '조국을 지킬 일'을 촉구하고 있는 것이다. 여기서 역사는 존망이란 말로 표현되는 사태의 주체이면서, '그대'들의 손에 의해 좌우되는 독자적 대상으로 파악되고 있는 것이다.

역사를 어떤 행동의 공과와 호오, 죄와 벌을 판단하고 심판하는 판관의 자리, 혹은 척도의 자리에 들어서는 것은 이러한 종류의 관념과 밀접하게 결부되어 있다고 해야 할 것이다. 〈대한매일신보〉의 경우 이런 관념은 좀 더 먼저 나타난다. 가령 '허다한 옛사람의 죄악을 심판함'이란 제목의 1908년 8월 8일자 논설은 '스긔(사기)'를 쓰는 사람들에게 역사의 죄인들을 심판하라고 요구하고 있다. 가령 최치원이 그런 죄인으로 단죄되고 있다.

> 저 외국을 숭배하는 편벽된 소견으로 독립정신을 말살한 자 역사의 죄인이오며 신라 말년에 최치원 등이 글자나 하는 적은 재주를 품고 당나라에서 과거를 봐 등과〔급제〕하고 당나라 옷을 입고 당나라 땅에서 살다가 자기 성장한 조국을 전혀 잊어버리고 오직 당나라를 높이더니……. [4]

이런 점에서 "역사는 나라를 사랑하는 마음의 근원"(같은 논설)이라고 명백하게 선언한다. 그것이 역사에 등장하는 인물들에 대해 저렇게 단호한 판단을 할 수 있는 이유기도 한 셈이다. 역사를 신성시하는 관념은 이런 역사의식의 다른 단면일 것이다. 1908년 7월 28일자 논설에 나오는 "사천 년 신성한 역사"라는 말은 이후에도 반복하여 등장하며 사용된다.

'즉자대자적인 역사'라는 헤겔적인 말로 표시되는 근대적 역사관념의 요체가 역사 자체가 스스로 독립적으로 존재하는 어떤 실체고 독자적인 발전의 논리를 갖고 있다는 것임을 안다면, 역사가 단순히 교훈적 사건의 기록에서 벗어나 이처럼 독자적인 주어로서, 혹은 목적어로서 사용될 수 있는 실체성을 갖게 되었다는 점은 근대적 역사 개념의 징후를 보여주기에 충분하다. 그러나 이것이 좀 더 명확하게 확인되려면, 역사에 고유한 발전의 논리, '진보'의 논리가 있다는 관넘이 어떤 식으로 등장하는지를 보아야 한다.

2) 진보, 선형적 시간의 누적

〈대한매일신보〉에서 진보라는 말은 근대적 진보관념에 고유한 시간관념이 아주 선명하게 드러나는 방식으로 사용된다. 즉 매일매일의 시간이 누적되고 축적되어 발전이 이루어지는 것이라는, 더해지고 누적될 수 있는 시계적 시간의 관념이 진보라는 말에 함축되어 사용된다.

이러므로 정치가와 교육가와 법률가와 실업가의 만반 사업이 **날로 나아가고 달로 더하야** 부강한 기초와 문명한 정도가 불이 타고 샘이 솟아나는 것 같으니 누가 능히 막으리오. 이것이 진보하는 차서라 그 근인을 궁구할진대 나라마다 나라일이 상등사회와 하등사회의 일심으로 단합하는 데 있는지라.(1907년 10월 1일자 논설)❺

여러 가지 사업이 날로 나아가고 달〔月〕로 더해져서 부의 기초와 문명의 정도가 늘어가는 것을 '진보하는 차서(次序)'라고 말하고 있다. 매일매일의 변화, 매달매달의 변화가 누적되고 더해질 수 있다는 관념이 이론의 여지없이 명료하게 드러나고 있다. 이러한 표현은 이후에도 자주 나타난다. 가령 1909년 1월 1일자 신년 논설에서는 진보라는 관념이 '새로운 것'과 변화에 긴밀히 결부된 것임을 주장하며 다음과 같이 쓰고 있다.

대저 새로운 것은 만물의 근저라 우주 간에 있는 모든 물건과 모든 일이다 때때로 변환하며 다 **나날이 진보하여** 낡은 것을 버리고 새것을 취하나니 만일 그렇지 아니하면 이 세계가 모두 무너지고 우리 인류가 다 없어진지 벌써 오래였을진대.[6]

이런 진보의 개념이 "진보합시다."(1908년 9월 27일자 긔셔)라는 말에서처럼 개명과 개선, 문명화를 향해 나아가자는 일반적이고 규범적인 주장의 형태로 반복해서 등장한다는 것은 〈독립신문〉 이래 이 시기 신문에 공통된 것이다. 이런 점에서 여기서 말하는 진보가 역사적 진보, 혹은 역사적 발전과 그대로 등치될 수 있는 것이 아님은 분명하다. 누적적인 시간관념을 갖고 있었음에도 불구하고 '퇴보'라는 관념이 자주 끼어드는 것은 이런 이유 때문이다. 즉 진보를 촉구하기 위해 현재의 상황을 '퇴보'로 간주하는 것이다.

옛적에는 부강하여 강한 대적을 항복받고 토지를 개척하였거늘 이제는 어떻게 되었으며 전에는 문명한 바람이 이웃 나라까지 전포〔전파〕하였거늘 이제는 어떻게 되었으며 전에는 생명재산을 능히 보전하였거늘 이제는 어떻게 되었는가. **사천여 년을 퇴보**한 까닭으로 오늘날 우리나라가 이 지경에 이른 것이 아닌가. 그런즉 오늘날도 오히려 **퇴보**하니 내일 우리나라는 오늘날만도 못할지며 금년에도 오히려 진보치 아니하니 명년에는 금년만도 또 못할지니 제군은 **진보**할지어다.(1909년 9월 29일자 긔셔)[7]

심지어 "시간이란 것이 문명 진보의 근원"이라는 관념도 나타난다. **"대개 시간이란 것은 생명의 양식이며 문명 진보의 근원이라** 오직 우리 상제께서 동서와 원근과 지혜롭고 어리석으며 착하고 불초한 것을 가리지 아니하고 이 시간을 주셨으니……"(1908년 5월 29일자) 물론 이는 진보를 시간을 통해 파악한 것이라기보다는 '시간의 귀중함'을 알아 아껴 쓰고 노력해야 진보할 수 있다는 말이지만(논설 제목이 '시간의 귀중'이다), 시간과 진보라는 말이 결합되어 사용되는 최초의 용례라는 점에서, 그리고 시계적인 시간, 양화된 시간이 진보나 '생명'의 바탕이라고 파악되고 있다는 점에서 기억해둘 만하다.

또 하나 지적해야 할 것은 누적적인 진보의 개념과 더불어 선형적인 진보의 개념이 나타난다는 점이다. 이는 두 가지 다른 차원에서 나타나는데, 하나는 개인의 진보가 전체의 진보로 귀결될 것이라는 관념이고, 다른 하나는 여러 가지 사회적 상태를 하나의 선형적 시간 안에서 선후관계로 배열하는 관념이다. 전자의 경우를 보여주는 것은 앞서 인용한 바 있는 1908년 9월 27일자 기고(긔서)다.

> 오호 제군이여 제군은 곧 한국이요 한국은 곧 제군이라. **제군의 진보함이 곧 한국의 진보요 제군의 퇴보함이 곧 한국의 퇴보이며** …… 한국의 진보됨도 제군에게 있고 퇴보됨도 제군에게 있으니 진보를 할지어다. [8]

개인의 진보가 나라 전체의 진보가 될 뿐 아니라 개인의 퇴보 또한 전체의 퇴보로 정확하게 귀결되는 선형적 함수관계 속에서 개인과 전체가 포착되고 있는 것이다. 더불어 현재에 이르기까지 사천 년간 퇴보하였음을 주장함으로써, 그 같은 퇴보를 야기한 개개인의 퇴보를 비판하고 새로이 진보할 것을 주장하고 있다. 이를 옛사람과 후세 사람의 관계 속에서 이렇게 말하기도 한다.

후세 사람이 옛사람보다 크게 낫기를 다투며 후세 사람이 옛사람보다 뛰어나기를 꾀하여 옛사람이 지은 말을 후세 사람이 고치며 옛사람이 설립한 사업을 후세 사람이 교정하여 **사람마다** 진보하기를 힘쓰는 고로 **사회도** 이같이 진보가 되고 **국가도** 이같이 진보가 됨이어늘.(1908년 7월 25일자 긔셔)[9]

다음으로 선형적인 시간의 직선 위에서 앞선 것과 처진 것, 진보한 것과 퇴보한 것을 비교하는 것은 다음의 글에서 명확한 사례를 찾을 수 있다.

진보하라 제군이여 구미 각국은 우리보다 **수백 년을 먼저 진보**하고 일본은 우리보다 **수십 년을 먼저 진보**하였으니 저희는 일보를 나아가거든 우리는 수십 보 수백 보를 더 나아가도 저희를 따르기 어렵거든 하물며 주저주저하여 나아가지 아니하니 장차 어찌할까 제군은 어서 급히 나아갈지어다.(1908년 9월 29일자 긔셔)[10]

진보의 선형적 시간 위에서 구미와 한국, 일본과 한국이 비교되고 있다. 비교의 이유는 어서 빨리 진보하여 그들을 따라잡자는 것이다. 다른 길은 없으며, 다른 직선도 없다. 오직 하나의 직선이 있을 뿐이며, 차이는 그 직선상에서 얼마나 앞서 있는가 뒤처져 있는가, 얼마나 빨리 나아가는가 얼마나 천천히 나아가는가만이 있을 뿐이다.

규범적인 용법으로 사용되는 이러한 진보의 개념이 목적론적 성격을 갖는 것은 매우 자연스러운 것처럼 보인다. 가령 '진보와 감쇄〔減衰, 차차 줄어짐〕'라는 상징적인 제목을 달고 있는 1908년 8월 13일자 논설은 진보를 이렇게 정의한다.

인심을 떨쳐서 희망하는 마음을 품고 날로 문명에 나아가서 나라를 황금세계로 되게 한다 하는 것은 진보케 한다는 말이요 인심을 저상하게 하여 슬픈 광경을 일으키고 나라로 흑암한 대로 향하야 마귀 지옥에 빠지게 한다 하는 것은 감쇠케 한다는 말이라.⑪

나라를 황금세계가 되게 하자는 이런 수사적 목적의 관념은 사실 그보다 약간 먼저 쓰인 '오늘날 대한국민의 목적'이라는 논설(1908년 5월 24일자, 5월 26일자)에서 좀 더 구체적이고 명확하게 제시된다.

황금이 충만하고 금수가 찬란한 것이 대한 국민의 목적이며 기화이초〔琪花瑤草기화요초, 곱고 아름다운 꽃과 풀〕는 뜰에 가득하고 향기가 방에 가득한 것이 대한민국의 목적지라. 그 문은 독립이요 그 길은 자유이니 국가를 위하여 정신을 가다듬고 모든 사업을 국가를 위하여 행하여 신성한 국가를 보전하는 것이 대한국민의 목적지니라.⑫

이 논설에서 두드러진 것은 '목적'을 단지 나아가야 할 방향을 의미하는 통상적인 용법으로 사용하는 데 머물지 않고 좀 더 일반화하여 역사를 포함하는 여러 관념들의 요체로 제시한다는 점이다.

대저 천지간에 예전이나 이제나 **목적 두 글자만 없으면** 산 사람이 죽은 귀신이 될 것이며 세계가 지옥이 되어 범상한 사람도 없고 영웅도 없으며 **역사도 없고 세계도 없으리니**…….⑬

3) 역사와 진보의 결합

이런 점에서 이 시기 〈대한매일신보〉에서 진보는 역사적 의미로 단일화되진 않았지만 근대적 시간관념에 고유한 요소들을 포함하면서 역사 개념과 이어지는 하나의 개념으로 자리 잡고 있음을 확인할 수 있다. 이러한 진보의 개념이 역사라는 말과 결합됨으로써 역사는 여러 가지 요소들이 체계적으로 응집된 하나의 개념으로서 자리 잡게 된다. 〈대한매일신보〉는 역사가 진보라는 개념과 결합되는 양상을 또한 명확하게 보여준다는 점에서도 이전의 다른 신문과 다르다. 이와 관련해서 조선의 역사가 아닌 역사 일반에 대한 관념이 나타나며, 그런 차원에서 상이한 시대, 상이한 단계를 거치며 진행되는 역사의 진보라는 관념이 명시적으로 출현한다. '몸과 집과 나라 세 가지 정황의 변천'이라는 제목의 1909년 7월 15일자 논설이 전형적인 경우다.

> 인류의 진보함이 시대를 따라서 다른 고로 **상고**적 시대가 변하여 **중고**가 되며 중고적 시대가 변하여 **근세**가 된 바이라. 그 진보된 상태가 번다하여 이로 다 말하기 어려우나 이제 한 가지 지나간 사적을 지목하여 가로되 이것이 진보된 것이라 하며 한 가지 결과 된 사건을 지목하여 가로되 이것이 진보된 것이라 함은 불가하니 만일 부득이하여 그 중에 몇 가지 조건만 따서 **인류의 역사상 진보된 상황을** 증거하고자 할진대 기자는 먼저 몸과 집과 나라 세 가지 정황의 변천된 것으로서 보고자 하노라.[14]

보다시피 여기서는 인류의 진보를 상고, 중고, 근세의 세 단계로 나누고, 이를 인류의 역사라는 하나의 개념으로 포착하고 있다. 여기서 역사는 상이한 시대를 거치며 진보하는 것이 되고, 각각의 시대는 다른 시대와 비교하여 진보된 것인지 그 반대인지를 가려 말할 수 있게 된다. 이어지는 논설에서는 이러한 시기 구분과 더불어, 몸, 집, 국가라는 세 개의 상이한 층위가 고려되는 양상에 따라 다시 네 개의 '단계'가 등장한다.

> 이 네 가지 시기의 사이가 그 연대가 오래기는 오륙천 년에 지나되 사람의 진보된 상태는 대략 몸과 집과 국가 세 가지에 더 지나지 못하여 **제일기**에는 자기 몸만 생각하였고 **제이기**에는 자기의 집만 생각할 뿐이며 **제삼기**에는 집과 나라 두 가지 생각이 함께 있었고 **제사기**에 이르러서 비로소 국가의 생각이 크게 성하였도다. (1909년 7월 17일자)[15]

이런 식으로 특정한 기준을 배열해놓고 그 기준에 따라 역사의 단계를 나누는 것은 생시몽이나 콩트의 고전적인 경우를 다시 떠올리게 한다. 물론 여기서 제시된 기준이 자기 몸이나 가족만 생각할 게 아니라 나라 전체를 생각하며 살아야 한다는 규범적 주장을 하기 위한 것임은 두말할 것이 없다. 하지만 가령 사회학자라면 사회성의 정도 내지 규모에 의해 그것이 확장되어가는 과정으로서 역사를 진화적으로 파악하려는 것이라고 말할 수도 있을 것이다. 이런 점에서 이러한 역사의 관념은 19세기 서구에 출현했던 근대적 역사 발전의 관념에 매우 근접한 것이다.

이러한 역사 발전의 관념은 물론 선형적이다. 즉 여러 가지 역사적 발전의 가능성은 고려되지 않으며, 다만 하나의 보편적 발전 법칙이 있을 뿐이다. 역사에 대한 이러한 보편적이고 선형적인 발전·진보의 관념을 설명하기 위해 1910년 1월 9일자 논설에서는 인구 증가의 논리를 제시한다.

인구는 대대로 몇백씩 늘어가는 것이라 **한 사람의 소생이 항상 두 사람씩만 되면 천 년이 지나지 못하여서 한 시조의 자손이 지구에 편만[모든 곳에 가득]하리라 하니** 한국의 역사 있은 후에 년대로만 말하여도 이미 사천여 년이 될지라.**⓰**

이 글은 선형적 진보의 논리를 떠받치고 있는 것이 맬서스(T. R. Malthus)가 말하는 '기하급수적 증가'의 인구학적 논리라는 것은 분명하다. 이는 어떤 것이 더해지고 누적되며 증가하는 선형적 시간의 논리와 동형적이라는 것은 길게 말할 필요가 없을 것이다. 이러한 생각에 19세기적 진화론의 역사관념이 강하게 각인되어 있음은 쉽게 짐작할 수 있다. 다윈의 것으로 알려진 진화론은 이런 역사관의 형성에 직접적인 영향을 미친 것으로 보인다. 1909년 8월 11일자 논설에는 역사에 비추어보면 인류는 원래 진보하는 것이라는 식의 문장이 다윈을 언급하면서 직접 나타난다.

다윈 씨가 나기에 미쳐서는 세계의 진리를 살피며 **역사의 공변된 전례를 미루어 인류는 원래 진보하는 것이요** 퇴보하는 것이 아님을 발명한지라.**⓱**

그리고 이러한 역사적 발전의 경로를 따라서, 혹은 역사적 발전의 논리를 따라서 한국 민족이 진보해야 한다는 지점에 이르면 〈대한매일신보〉에서 역사라는 말이 단지 용어상의 과잉에 그치는 게 아니라

19세기적인 역사 개념에 아주 가까이 근접하게 되었음을 확인할 수 있다.

> 한국 민족이 지금 이 모양으로 눌려서 일향 침몰할 뿐인가 혹 지리상이나 역사상의 발전됨을 따라서 점점 앞으로 진보가 될까 한 폭 지도를 잡고 장래의 꿈을 말하노라.(1910년 2월 20일자)[18]

누적적이고 선형적인 진보의 관념과 결합되면서 역사는 '원래 진보하는 것'이 된 것이고, 이런 점에서 이 시기 〈대한매일신보〉에서는 근대적 역사의 개념에 매우 근접한 진보와 역사의 관념을 보여준다고 할 수 있을 것이다. 그러나 여기에 근본적인 난점이 끼어든다. 왜냐하면 장대한 기원에서 시작하여 원래 진보하게 마련인 역사가, 비록 그 전개의 양상에서 다양함이 있을 순 있다고 해도, 식민지 직전의 상황으로 전락한 '현재'의 상황을 설명할 수 없기 때문이다. 즉 역사의 근대적 관념을 따르는 한 현재는 그 역사적 연속성 속에 포함될 수 없고, 현재의 상태를 주시하는 한 진보와 결합된 역사의 관념을 받아들일 수 없다는 근본적 딜레마가 출현한다는 것이다. 진보라는 개념이 앞서 본 것 같은 개념적 요소들을 다 갖추고 있었음에도 불구하고 역사 발전의 논리가 되어 제시되기보다는 그와 분리된 규범적 요청, 즉 현재의 이 비참한 상황을 극복하자는 규범적 요청의 언어가 된 것은 이런 사정 때문이었을 것이다.

3. 기원의 관념과 역사

1) 단군과 기자의 문제

앞서 말한 것이지만, 근대적 역사관념에서 기원의 지위는 매우 근본적이다. 그것은 실체화된 역사가 시작되는 근원일 뿐 아니라 역사적 발전이 자신의 목표로 삼는 종착점이다. 이런 점에서 기원은 〈독립신문〉에서처럼 단지 소급하여 계산되는 계산의 시점이 아니다. 또한 그것은 역사적 연속성을 갖는 '민족' 같은 어떤 집단의 기원이기에 아무리 위대한 것이라도 '자기의' 기원이지 않으면 안 된다. 따라서 〈황성신문〉에서처럼 중국적 문명의 전달이라는 결정적 사건이라도, 자기 민족이나 국가의 위대함을 입증하는 것이 되지 못하면 역사적 기원으로서의 역할을 수행할 수 없다.

이에 반해 〈대한매일신보〉에서는 이러한 근대적 역사관의 기원 개념에 부합하는 기원의 관념이 아주 뚜렷하게 등장한다. '단군'과 그의 시대가 그것이다. 이 신문의 경우 단군이나 단군·긔ᄌ라는 말은 1907년 7월 9일자 '긔셔'에 처음 등장하며, 논설에 처음 등장하는 것은 1907년 8월 22일자이다. 7월 9일자 긔셔에서부터 이 말은 "우리 대한국은 단군·기자의 삼천여 년 상전하던 나라이라. 강토는 천리요 동포는 이천만이니……." 하는, 나중에 상투구로 사용되게 되는 문구로 등장한다. 8월 22일자 논설에서 역시 '단군·기자'라는 말은 비슷하게 사용된다.

대한 인종은 본래 단군과 기자의 성신 후예로 성질이 온화하고 정직하며 풍속이 진실하고 순후〔淳厚, 순박하고 인정이 두터움〕하여 사천 년 내에

예의염치를 숭상하던 나라이라.[19]

하지만 여기서 단군·기자는 역사에 통합되어 역사의 기점으로 사용되고 있지만, 그것에서 시작되는 역사는 예의염치를 숭상하던 나라라는 점에서 사실 아직은 〈황성신문〉에서의 그것과 뚜렷하게 구별된다고 하기는 어렵다. 단군·기자의 옛 나라로 예의를 아는 '예의지국'이라는 식의 표현(가령 9월 19일자 긔셔) 이상으로 그 기원은 확대되지 않는다. 이는 1907년 전반에 걸쳐서 비슷하다.

그런데 1908년 들어와서 큰 변화가 발견된다. 1907년에는 단군과 긔즈라는 말이 거의 대부분 함께 붙어서 사용되었는데, 거기서 단군에게는 개국와 창업의 자리가, 기자에게는 예의와 문명을 시작한 자리가 할당되었다. 하지만 1908년에 들어오면 단군은 기자와 분리되어 사용되는 경우가 크게 늘어나고 긔즈라는 단어 자체가 현저히 감소하게 된다(단군은 46회 사용되는 데 반해 긔즈는 12회 사용된다). 사용하는 방식도 "사천이백여 년을 독립하던 단군의 현손되는 이천만 동포여"(1908년 1월 9일자 긔셔)나 "단군이 개국하신 사천이백여 년 이래로 자유하고 자재한 민족"(1908년 1월 26일자 긔셔)에서처럼 단군만으로 단일한 기원을 삼는 표현이 대다수를 차지하게 된다. 이제 역사의 기원은 단군으로 단일화되며 민족은 '단군 성조의 자손'으로, 역사는 '단군 자손의 역사'로 명확하게 단일화된다.

물론 단군·기자의 자손이라는 표현 역시 지속적으로 남아서 사용되긴 하지만 그 빈도는 아주 낮아지게 된다. 그리고 부루왕이 기자를 대체하기도 하는데, 그리하여 단군과 부루, 단군과 부여를 민족의 기원으로 언급하는 경우들이 점차 늘어난다.

세계에 나가서 한 나라를 볼진대 나라는 곧 한집 가족이라. 단군과 부루왕이 곧 공능의 혈족 조상이요 부분노와 을지문덕이 다 그대들 선대 명조이요 사천 년 역사가 곧 전래하는 족보이요 삼천리강산이 다 세전하는 전로이니 이천만 형제자매 중에 그 누가 천륜지친〔天倫之親, 천륜으로 맺어진 가족〕이 아니리오.(1908년 6월 11일자)[20]

나중에는 민족의 이름으로 아예 '부여 민족'이라고 쓰는 경우도 흔해진다. 예를 들면, "사천 년 단군 성조의 혈통을 잊고 이천만 부여 민족의 동렬이 되는 자"(1910년 2월 17일자)라든가 "부여 민족은 신을 숭배한 자요 물건을 숭배한 자가 아니로다."(1910년 3월 11일자) 등이 그렇다.

한편 중국적인 역사나 중국적 문명에 기대려는 관념을 비판하는 글이 출현하기 시작한다. 가령 '국한문의 경중'을 다루는 1908년 3월 21일자 논설은 자기 나라 역사에 대한 인식의 중요성을 강조하며, 중국적 역사에 기운 태도를 명시적으로 비판한다.

자기 나라의 언어로써 자기 나라의 문자를 만들고 자기 나라에서 만든 문자로써 자기 나라의 역사와 지지를 편집하여 전국 인민을 가르치기도 하고 배우기도 하여야 그 천생〔天生, 천성〕으로 있는 국가의 정신을 보전하며 순전한 애국심을 분발케 할지어늘 어제 한국인을 보자 하면 지나의 요·순을 자기 나라의 단군과 부루〔扶婁〕보다 더 앙모하여 지나의 은탕과 주문왕을 자기 나라의 혁거세와 동명왕보다 더 존숭하며 한 무제와 당 태종은 천하에 없는 큰 영웅으로 알되 광개토왕과 태종 문무왕은 소국의 변변치 아니한 인물로 알며…….[21]

여기서 좀 더 나아가 1909년 1월 28일자 논설에서는 한국에서 수백 년간 교과서로 사용된 《동몽선습》에서 조선을 소중화라 하면서 그것을 기자의 교화 덕으로 돌리는 태도를 명시적으로 비판한다.

> 우리나라가 비록 바다 모퉁이에 있어서 땅이 좁으나 예악법도와 의관문물을 일체로 중화의 제도를 준행하여 중화 사람이 이르기를 작은 중화라 하니 이것이 어찌 기자의 깨치신 교화가 아닌가. 차홉다[嗟乎, 슬프도다]. 너희 소자들은 마땅히 보고 감동하여 흥긔할진대 하였은즉 풍속과 의관을 중화와 같이 하여 중화라 하는 이름을 얻은 것을 좋아하는 국민이 무슨 영광을 나타내리요 하였더라. …… 한 무제의 사군을 차한 것을 다만 기씨와 위씨의 여얼[餘孽, 멸망한 집의 자손]을 구축함이라 한국 사람의 조상되는 부여국 사람에게는 상관이 없거늘 저가 이것을 인정하여 한국이 이왕 강한 자에게 굴복한 사실을 지었으니 이것이 한 가지 허무한 말이요.[22]

이 논설은 소중화의 이유로 기자가 끼친 교화를 비판하는 것에서 더 나아가 한국 사람의 조상을 부여국이라고 말하면서 한사군이나 기자, 위만조선을 한국 사람과 무관한 것이라고 말한다.

또 다른 논설은 기자의 교화로 예의를 숭상하던 나라를 자랑 삼던 과거와 반대로 그로 인해 문약해지고 무력해진 것을 비판하면서 그 결정적 계기로 기자 이래의 문화를 들고 있다.

> 성호 선생이 이르되 우리나라가 다만 땅이 적고 백성이 가난할 뿐 아니라 기자 이래로 문화가 끊어지지 아니하여 모두 예의지방이라 일컬었으니 문화를 숭상하면 무비가 약해지는 것은 자연한 시세라. (1909년 10월 2일자)[23]

즉 성호 이익을 인용하며 기자 이래 문화가 끊어지지 않아 '예의 지방'이 된 것이 무비가 약해지고 대국 섬기기를 부지런히 하여 작은 규모의 나라를 지키기에 급급했다는 것이다. 이것이 일본에 패해 구권을 잃게 된 사태의 원인이라고 말하려는 것임을 알기는 쉬운 일이다.

2) 위대한 기원의 '발견'

다른 한편 단군의 자손으로서 한국 사람이 '동양 삼국 중에 우등한 인종'이라는 말도 1908년 초기부터 나타난다(1908년 1월 11일자 별보). 단군을 빌려 우등한 인종, 위대한 과거를 가진 민족임을 주장하는 생각들이 형성되기 시작했음을 보여주는 사례인 셈이다. 이러한 생각들은 이후 더욱더 표면화되고 강화되어 기원의 위대함을 상기시키는 것으로 자리 잡게 된다. 1908년 7월 28일자 논설은 이를 잘 보여준다.

오오, 한국 동포여, 그대들은 사천 년 신성한 역사 중 인종이 아닌가. 그대들이 삼천리 천부금탕을 웅거하여 사는 인민이 아닌가. 그대들은 총명영오한 황인종 중 상등인이 아닌가. 그대들이 문명한 단군의 자손이 아닌가. 그대들이 예의지방으로 자칭하는 조선 사람이 아닌가. 그대들이 수천 년 전에 문명이 이미 열려서 일본을 교도하던 삼한 민족이 아닌가.[24]

그러나 이러한 위대한 과거는 비참한 현재와 극명하게 대비된다.

······ 한반도여 너도 **옛날 시대에는** 영웅도 낫고〔나왔고〕 부강도 하였으며 문명도 하여서 지나와 인도가 함께 그 국광을 나타낼 적에 너도 같이 일어

났으며 일본 같은 나라는 초창[初創, 처음 만들어져]하여 나라 이름도 없었을 때에 너는 이미 문화의 발달함이 나타났으니 …… 어찌 **이제**를 당하여 옛적 영광은 모두 없어지고 그 **비참한 운수**를 만남이 이에 이르렀는가.(1909년 3월 27일자)[25]

이는 분원자기 같은 과거의 미술품을 볼 때에도 마찬가지로 환기되는 대비다.

한국은 만 가지 사업이 모두 진보하고 개화하는 것과 뒤집혀서 예를 생각하고 이제를 보매 후세 사람으로 하여금 한탄하는 눈물이 흐름을 금치 못하게 하나니 곧 제조하는 미술품도 다 이와 일체라. …… 수천 년 전 한인의 조상들은 그 재주와 생각이 엇지 그리 장하며 수천 년 후 그 자손 되는 한인들은 그 우매함이 엇지 그리 심한고.(1909년 9월 17일자)[26]

이런 대비 속에서 현재를 "단군 이후 사천 년을 퇴보"(1908년 9월 27일자 긔셔)한 것으로 보게 된다. 역사가 진보의 법칙을 갖고 있음을 지적하면서, 진보를 말하기에는 현재가 그것을 받쳐주지 않기 때문에 발생하는 이런 대비 속에서 기원적 과거의 위대함은 현재의 비참함을 달래는 위안이 아니라 현재 보이지 않지만 우리에게 있는 어떤 잠재력을 상기시키며 그 위대한 과거를 현재로부터 나아갈 목적으로 삼게 만드는 이유가 된다.

한국 사람은 동양 삼국 중에 우등한 인종이라 크게 진보할 희망이 있다 하니 이로 볼진대 우리 대한 민족이 원래 야만이 아니요 실상 량선한 종족인 것을 …… 몸을 단합하여 뜻은 **단군·기자의 옛 강토를 회복**하는 데 있고 하늘을 가르치고 해를 맹세하여 마음은 동족의 멸망하는 것을 구원하는 데 있어서…….(1908년 1월 11일자 별보)[27]

현재 비참하다 하나 우리 민족이 원래 야만적이지 않으며 오히려 과거를 돌아볼진대 동양 삼국 중 우등한 인종이라 크게 진보할 희망 내지 잠재력이 있으니, 이로써 단군·기자의 옛 강토를 회복하여 동족을 멸망에서 구하자는 것이다. 이런 식으로 기원은 목적이 되고, 기원적 과거는 미래가 된다. 즉 "한국 민족의 장래를 헤아리건대 장차 촌촌전진〔村村前進, 한 걸음 한 걸음 더듬어 나아감〕하여 고구려의 옛 지경을 다시 찾으며 단군의 개천 역사를 다시 빛나게 할 시대가 또 있"으리라는 것이다(1910년 2월 20일자). 한국 민족의 장래, 혹은 미래가 바로 고구려의 옛 영토를 회복하고, 단군시대의 위대한 역사를 다시 빛나게 하는 것이라는 것이다.

요컨대 〈대한매일신보〉에서 단군이라는 기원의 기표는 중국적 요소로부터 단절되어 민족의 기원이라는 독자적인 자리를 확보하게 되었으며, 위대하고 장대한 것으로 치장하게 되었으며, 그것을 통해 한편으로는 민족의 위대한 잠재력을 환기시키고 다른 한편으로는 민족의 장래, 민족의 미래라는 지향점이 됨으로써 목적으로 기능하는 기원의 자리를 차지하게 된다. 이로써 기원은 역사의 시작에서부터 그 종말/목적에 이르기까지 역사 전체를 관통하며 움직여가는 근원적 동력의 자리를 차지하게 된다. 여기서도 〈대한매일신보〉는 〈독립신문〉이나 〈황성신문〉과 달리 근대의 역사적 시간관념을 구성하는 핵심적 성분을 확보했다고 말할 수 있을 것이다.

이러한 기원의 관념은 민족의 잠재적인 능력에 대한 증거로서 언급되고 이용된다. 그러한 거대한 동력이 역사의 기원에 있었던 한, 지금은 비록 눈에 보이지 않는다고 해도, 언젠가 그 힘이 발휘되기 시작하면, 현재의 퇴락한 상태를 넘어서는 장대한 미래를 만들어낼 것이 분명하리라는 믿음, 그것이 오래된 과거의 역사를 상기시키며 현재와 미래에 대해 말하는 이유일 것이다. 그리고 이러한 사정이 또한 역사를 비참한 현재와 대비하여 과거의 우월성을 강조하고 과장하는 방식으로 기원의 신화를 만들어내고, 그 신화에 현재의 요구를 투여하는 방식으로 이미 그 자체로 목적이자 미래인 과거를 만들어내게 했던 게 아닐까? 위대한 과거와 현실의 대조, 원래 진보해야 하는 역사와 실제로는 퇴보에 지나지 않았던 사천 년 역사의 대비가 이런 조건에서 역사의식이 표현되는 일반적 형식으로 자리 잡게 되었던 것은 아닐까?

4. 역사적 주체의 이중화

1) 역사적 개념으로서의 민족

역사에 대한 관념이 형성되는 것과 나란히 그러한 역사의 담지자 내지 역사적 전개의 체현자로서 '역사적 주체'에 대한 관념 또한 형성된다. 앞서 〈황성신문〉의 경우에는 이천만 생령이나 이천만 인구, 이천만 민중, 이천만 국민 등의 말들이 드물게나마 사용된 바 있지만, 이것이 역사라는 관념과 결합되지는 못하고 있었다. 반면 〈대한매일신보〉에서는 여러 가지 유사한 단어들 가운데서 '민족'이 새로이 출현하며, 역사와 짝하는 개념으로서 확고하게 자리 잡게 된다.

사실 '민족'이란 말은 처음부터 인종이나 종족 등의 말과 매우 유사한 의미로 사용되었다. 애초에 〈황성신문〉에서 사용될 때도 그랬지만, 1908년 〈대한매일신보〉에서 사용될 때에도 사정은 비슷했다. 이 신문에서 이 말이 처음 등장한 것은 1908년 1월 11일자 별보에서였다. 이는 이미 인용한 것이기도 한데, 편의를 위해 해당되는 부분을 다시 보면, "한국 사람은 동양 삼국 중에 우등한 **인종**이라 크게 진보할 희망이 있다 하니 이로 볼진대 우리 대한 민족이 원래 야만이 아니요 실상 량선한 **종족**인 것을 이 미국에 가 있는 동포를 자뢰하여〔藉賴하여, 의하여〕 세계에 발명되었은즉〔이름을 날렸은즉〕 그 공덕이 우리 **국민** 전체에 미칠 것은 또한 크지 아니하뇨."

이 짧은 문단 안에서 인종·민족·종족·국민이라는 네 가지 단어가 함께 사용되고 있는데, 의미상으로 국민을 제외한 세 단어는 바꿔 써도 상관이 없는 말로 보인다. 즉 민족이란 말은 여기서도 한국에 사는 '종족'을 지칭하기 위해 사용된 셈이다. 민족이란 단어는 이 논설의 뒷부분에서도 두 번 더 나오지만 그 의미는 이와 비슷하다. 1908년 2월 12일자 긔셔에서는 '대한 인종'이나 '대한 민족'이란 말이 동일한 의미로 나란히 병치되어 사용되고 있다.

이런 식으로 인종이나 종족 등과 섞여 혼용되던 '민족'이란 말이 나름대로 그 단어들과 구별되는 의미를 획득하게 되는 것은 '사천 년 역사'나 '국가'와 결합하면서부터인 듯하다. 그렇지만 민족이란 말이 역사 계열의 단어들과 결합되는 데 결정적인 고리를 제공한 것은 아이러니하게도 종족이나 부족보다 더 협소한 '가족'이라는 은유를 통해서였다. 즉 가족이라는 은유를 통해 구성원 전체를 단군이라는 하나의 조상의 자손으로 묶는 것이다.

시조 단군이 태백산에서 탄생하사 이 나라를 개창하사 후세 자손에게 깨쳐주시니 삼천리강토는 곧 그 집 산업이요 사천 년 역사는 곧 그 집 족보이며 역대 제왕은 그 집 종통이요 지경을 둘러 있는 산하는 곧 그 집 울타리라. 오직 이 이천만 자손이 여기서 나서 여기서 자라고 여기서 함께 살고 여기서 함께 의지식지 하고 여기서 즐기고 여기서 슬퍼함을 함께 하나니 집과 나라가 무엇이 다르리오.(1908년 7월 31일자)[23]

이럼으로써 민족은 단군이란 공통의 조상에서 시작된 역사와 결부되게 되고, 그 역사를 공유한 집단으로 간주되게 된다. 동시에 민족은 대개는 단일성과 순수성의 이미지를 동반하는 '핏줄'로 연결된 집단, 즉 혈연 공동체로 표상하게 된다. 역으로 역사 역시 이런 가족과 핏줄의 은유로 인해 순수성과 단일성, 동질성의 이미지를 획득하게 된다. '사천 년 역사를 이어온 단일민족으로서 한민족'이라는, 지금까지도 지속되고 있는 '민족'의 개념은 이런 방식으로 탄생한 것이다.

이는 한국에서 '민족'의 개념이 서양에서 민족 개념과 크게 달라지는 지점이기도 하다. 시장이나 경제 등이 강조되는 서구의 민족 개념과 달리, 여기서는 가족의 은유 속에서 혈연이, 그리고 혈연에 잇닿은 역사의 공유가 민족 개념을 구성하고 있는 것이다. 역사라는 개념이 이러한 민족 개념의 구성에서 매우 역설적인 방식으로 중요한 기여를 한 셈이다. 즉 가족의 확장으로써 민족을 정의하고, 족보의 확장으로써 사천 년 역사를 정의하지만, 역사라는 개념이 애초부터 종족이나 부족으로 귀속되지 않으며 상이한 종족이나 부족을 포괄하는 것이란 점이, 민족과 역사의 순환적인 정의 속에서 민족을 종족이나 부족과 다른 개념인 것으로 만들어주고 있는 것이다. 아마도 이것이 민족이

란 개념과 역사라는 개념이 강한 인접성을 갖게 된 이유기도 할 것이
다. 이로써 상이한 지역에 사는 부족이나 종족 등의 집단들이 하나의
민족이란 개념으로 통합되게 된다. 혹은 다른 시대를 다른 나라로서
살아간 사람들조차 하나의 민족으로 통합되게 된다. 방금 전의 논설
보다 약간 앞선 6월 11일자 논설이 이를 잘 보여준다.

> 나라는 곧 한집 가족이라 단군과 부루왕이 곧 공능의 혈족 조상이요
> …… 사천 년 역사가 곧 전래하는 족보지요. 삼천리강산이 다 세전하는 전
> 로이니 이천만 형제자매 중에 그 누가 천륜지친이 아니리요. 그런 고로 이
> 해를 서로 살피고 고락을 서로 관계하여 **동도의 민족**이 환난을 혹독히 받
> 으매 **서도의 민족**이 홀로 이익할 수 없으며 **남도의 민족**이 비운을 졸지에
> 만나매 **북도의 민족**이 홀로 안락할 수 없음은 천지간에 한 큰 원측이
> 니…….[29]

여기서 확장된 가족으로서 민족의 개념이나 공동의 족보로서 사천
년 역사가 동서남북의 '민족'들이 하나의 민족으로 엮어주고 통합해
주고 있는 것이다. 이런 식으로 역사는 상이한 공간, 상이한 시간을
산 여러 '종족'이나 '나라', '부족'들을 하나로 통합하여 민족으로 만
들어준다. 확장된 가족으로서 민족은 이제 '이천만 인구, 삼천리강
산, 사천 년 역사'라는 경계를 갖는 집단으로 파악되게 되고(가령 1908
년 10월 7일자), 이후 이 세 개의 요소는 민족의 운명이나 역사, 과거나
미래를 말할 때 항상 즐겨 사용되는 상투구가 된다. 그리고 민족은 단
군 자손이라는 이름으로 하나의 신체, 하나의 생명을 갖는 실체로 등
장하게 된다.(1909년 3월 17일자 긔셔)

요약하면, 이전의 신문들과 달리 〈대한매일신보〉에서는 역사와 대응되는 주체로서, 혹은 역사의 체현자로서 민족이란 '주체'가 1908년 등장한 이래 명확하고 일관된 용법으로 사용된다. 그 의미는 종족에 가까운 것이었지만, 가족의 은유를 통해 단군과 연결되면서 역사와 결부된 개념으로 자리 잡게 된다. 이 경우 민족은 상이한 부족이나 나라, 상이한 시간을 산 다른 종류의 집단들조차 하나의 동질적인 집단으로 묶을 수 있게 만드는 기능을 하게 된다. 역으로 이것이 여러 '나라'나 여러 시기, 여러 부족들에 하나의 연속성을 부여하여 '역사'를 실체화하는 데 중요한 역할을 했을 것이란 점은 길게 말할 필요가 없을 것이다. 이런 점에서 역사는 민족이란 말이 종족이나 인종 등과 구별되는 개념이 되는 데 매우 결정적인 요인이며, 역으로 민족은 역사적인 개념이라고 할 수 있을 것이다.

2) 민족과 국민

따라서 하나의 핏줄을 갖는, 같은 조상의 같은 자손이라는, 지금까지도 지속되고 있는 민족의 관념이 다른 민족과의 차이로서 강조될 뿐 아니라, 민족들이 모이거나 섞여서 이루어지는 국민이란 개념과도 다르게 민족을 파악해야 함을 강조하게 된다. 다음의 인용문은 이를 잘 보여주는 것이라고 할 것이다.

우리 대한 민족도 또한 황인종의 일파로 인민이 이천만에 달하고 나라 된 지가 사천 년이 지났으며 또 우리 민족을 종파로 보든지 언어로 보든지 풍속으로 보든지 역사로 보든지 그 외에 어디로 보든지 결단코 저 라틴 민족과 스클라부〔슬라브〕그 외에 어디로 보든지 결단코 저 라틴 민족과 스클라부 민족이 모여서 오디리국〔오스트리아〕 인민이 된 것이나 저 희랍족과 토이기〔터키〕족이 모여서 토이기국 인민이 된 것 같이 지나에서도 건너오고 인도에서도 건너오며 일본에서도 건너와서 우리 국민을 이룬 것이 아니요 명명백백하게 같은 조상의 자손으로 내려오는 일파 종족이 아세아 동북에서 굴기〔屈起, 일어남〕하여 점점 동남으로 발달한 것이라.(1910년 5월 11일자 긔셔)[30]

오지리(오스트리아)나 토이기(터키)의 경우를 들어 여러 민족이 모여서 '인민'이 되었다고 말하고, 한국은 지나나 인도, 일본에서 건너온 여러 민족이 우리 '국민'을 이룬 게 아니라고 말하면서 같은 조상의 같은 자손으로서 단일한 민족임을 강조하고 있다. 여기서 일단 확인할 수 있는 것은 '국민'이나 '인민'이란 여러 민족들이 결합되어 만들어지는 것으로 이해하고 있다는 점이다. 또 하나는 한국의 국민이 단일한 민족으로 구성되었음을 강조하면서 그 가족적 혈통의 단일성을 강조하고 있다는 점이다. 즉 국민에 대해서는 여러 민족, 여러 혈통이 섞일 수 있음을 인정하는 방식으로 사용하지만, 민족에 대해서는 그런 식으로 사용하지 않으며, 특히나 한국에 대해서는 그 혈통의 단일성과 순수성을 강조하고 있다. 이것이 '사천 년 역사를 순수한 혈통을 유지해온 단일민족'이라는 관념, 혈통적 순수성의 이미지로 표상되는 민족의 관념을 만들어냈을 것이라는 점은 길게 말하지 않아도 좋을 것이다. 이것이 민족과 국민을 구별하려는 또 다른 이유기도 했을 것이다.

민족과 국민이 구별되어야 한다는 생각은 사실 민족이란 말이 사용되기 시작한 1908년부터 상당히 분명하게 의식되고 있었다. 예컨대

'민족과 국민의 구별'이라는 제목을 가진 〈대한매일신보〉의 1908년 7월 30일자 논설에서 양자를 다음과 같이 구별하고 있다.

> 민족이란 것은 다만 **같은 조상의 자손**에 매인 것이며 **같은 지방**에 사는 것이며 **같은 역사**를 가진 것이며 **같은 종교**를 받드는 것이며 **같은 말**을 쓰는 것이 곧 이것이 민족이라 칭하는 바이어니와 국민이라는 것은 이와 같이 해석하면 불가할지라 …… 국민이란 것은 그 조상과 역사와 거지〔居址, 거처, 머무는 곳〕와 종교와 언어가 같은 것 이외에 또 반드시 **같은 정신**을 가지며 **같은 이해**를 취하며 **같은 행동**을 지어서 그 내부에 조직됨이 한 몸에 근골과 같으며 밖에 대한 정신은 한 영문에 군대같이 하여야 이것을 국민이라 하느니라.[31]

조상·영토·역사·종교·언어를 공유하고 있는 집단이 민족이라면, 국민은 여기에 같은 정신, 같은 행동, 같은 이해관계를 갖고 유기체처럼 조직되어 군대처럼 하나로 행동하는 집단이라는 것이다. 여기서 전자가 어떤 사실적 상태를 공유하고 있는 개념이라면, 후자는 이해와 정신을 같이하여 함께 행동해야 할 규범적 개념임을 쉽게 확인할 수 있다. 물론 국민 역시 조상·영토·역사 등의 요인을 공유하고 있는 집단이라고는 하지만, 그것의 실질적 용법이나 강조점이 정신·이해·행동 등에 가 있다면, 국민이 민족에 비해 실질적으로 혈연이나 종교, 역사와의 상대적 거리가 먼 개념임을 뜻하는 것이라고 하겠다. 민족의 개념과 달리 국민은 이 시기 책임이나 권리, 의무나 정신 등을 상기시키는 개념이지만, 근본적으로 영토적 경계와 대응되는 영토적 개념이다. 따라서 국민이 공간적 개념인 반면 민족은 시간적 개념이라고도 말할 수 있을 것이다.

또한 민족은 이미 앞서 인용한 논설들에서 반복하여 나타나듯이, 역사의 기원인 단군에 직접 혈연으로 연결되고, '단군민족'이라고도 불리는 존재로서, 민족의 장래 또한 위대한 과거의 고토를 회복하고 단군시대의 빛나는 역사를 다시 체현하는 것으로 이해되고 있다. 즉 역사의 기원은 민족의 기원이고, 역사는 민족의 역사며, 역사의 미래는 민족의 미래다. 역사의 기원이 위대한 영광을 갖고 있는 것으로 서술되는 한, 기원에 피로써 잇닿은 민족이란 개념은 그 위대함을 다시 체현할 능력을 잠재적으로 갖고 있는 존재로서 서술되게 된다. 다음의 글은 이를 아주 잘 보여준다.

> 합심동력만 하고 보면 사천 년 역사상 우리 동포의 뇌수에 굳은 애국성으로 어찌 이 나라를 일조에 국가 명의가 없어지게 하겠는가. 우리 **민족**이 있고서야 우리 한국을 어떤 나라이던지 병탄케 하겠는가. 우리 동포가 유순하나 의리를 위하는 곳에는 생명을 아끼지 아니하니 가상하도다 **대한 인종**이여 장하도다 **대한 민족**이여. 우리 **국민**은 덕의를 숭상하는 **민족**이라 강국이 우리 한국을 병탄하고 우리 **민족**을 진멸코자 하여도 결단코 하늘이 노하사 허락지 아니하시리로다.(1908년 2월 12일자 긔셔) [32]

이런 이유에서 민족은 단일한 핏줄로 표상되는 순수성의 관념, 과거의 위대한 역사를 다시 미래에 구현할 거대한 잠재력을 갖고 있는 존재라는 관념을 수반한다.

그러나 이러한 개념만으로는 근본적인 난점에 봉착하게 된다. '대한 민족'이 그토록 위대한 능력과 영광스런 역사를 가지고 있었다면,

국권을 잃고 식민지로 전락하기 직전인 당시의 상황을 어떻게 이해할 수 있을 것인가? 이를 이해하기 위해선 '사천 년 퇴보의 역사'를 설명할 수 있는 무언가가 필요했을 뿐 아니라, 위대한 능력을 발휘하지 못한 채 무력하게 국권을 잃게 된 상황을 설명할 수 있는 어떤 것이 필요했다. 그리고 그것은 역으로 그러한 상황을 타개하기 위해 개명하자고, 진보하자고, 자기의 몸이나 집만 생각하지 말고 국가를 생각하자고, 그것이 당신들의 책임이요 의무라고 말하고 촉구해야 할 무언가가 필요했다. '국민'이라는 말이 수많은 여러 가지 의미로 다양하게 사용되고 있음에도 불구하고, 위에서 말한 것처럼 민족과 대비되어 같은 정신, 같은 이해관계를 갖고 같은 행동을 하여 단일한 유기체나 단일한 군대와 같이 일치하자고 말해야 할 대상이 되었다면, 그것은 아마도 이런 이유에서가 아니었을까?

그래서였을 것이다. 민족이 앞서 본 것처럼 대부분 기원적 과거의 위대함과 결부되어 사용될 뿐 아니라, "단군 자손의 역사를 육대주 전파하며 고려 민족의 명예를 만국에" 드러내는 것이 가히 눈물을 흘릴 만한 일(1909년 8월 25일자)이라고 하여, 역사와 민족이 명예로 이어지는 방식으로 사용되는 데 반해, 국민은 '독립할 사상이 전무한 노예 성질'을 갖고 있는 존재(1907년 7월 7일자 별보)로 간주되기도 하고, "한국에도 새 사상이 발발하게 일어나서 한번 크게 진보될 기틀이 점점 나타나거니와 다만 이왕에 전국 인심을 관할하던 감쇠케 하는 말이 …… 뇌수에 오래 박"힌 존재로 간주되기도 하여(1908년 8월 13일자), 아무런 준비도 없고 아무런 생각도 없어 "사천지 역사가 마귀의 굴혈로 점점 떨어져 들어가도 분발하고 힘쓸 줄을 모르며 삼천리강토가 홍수로 날마다 빠져들어 가도" 손 써볼 수 없게 된 사태를 국민에게 돌리며 국민이 정신을 분발하고 힘을 배양하여 국가를 호위하자고 촉구하고 있다.(1909년 12월 21일자)

요컨대 민족이란 말은 위대한 과거, 거대한 잠재력을 말하는 단어들과 계열화되는 경향이 있는 반면, 국민은 그와 반대로 현재의 퇴보나 퇴락을 말하면서 정신을 차려 합심하여 그러한 상태를 넘어서자고 촉구하는, 그래서 책임이나 권리, 의무 등의 단어들과 계열화되는 경향이 있다. 또한 민족이 대개 좋은 것, 영광스런 이미지로 채색되어 사용된다면, 국민은 현재의 퇴락을 서술하는 나쁜 것, 제거되어야 할 대상이란 이미지로 채색되어 사용된다. 그리고 민족이 혈통적 순수성의 이미지로 표상된다면, 국민은 그와 달리 혼합의 가능성이 있는 말로 사용된다. 그런데 이 시기 〈대한매일신보〉의 논자들이 한국의 국민이 단일민족이란 점에서 민족과 동일한 외연을 갖는 것으로 생각하고 있음을 안다면, 민족과 국민은 동일한 집단, 동일한 사람들을 지칭하는 두 가지 상반되는 역할을 나누어 맡고 있는 것임을 이해하기는 어렵지 않을 것이다. 이런 점에서 민족과 국민은 좋은 것과 나쁜 것, 과거와 현재, 거대한 잠재력과 무력한 현재의 상태를 분담하는 '이중체'라고 해야 할 듯하다. 국민이나 민족이 모두 'nation'이라는 한 단어의 번역어지만, 그것이 역사가 법칙대로 발전해주지 않은 식민지 직전의 나라에서 번역되어야 했던 두 가지 방식이었다고도 해야 할 듯하다. 진보해야 하는 역사와 퇴보한 현재 사이의 간극, 이 시기 역사관념 내부에 존재하는 균열과 모순이 서구에는 없는, 원본에는 없는 민족/국민이라는 이 이중체를 만들어낸 것이라고 해야 할 것이다.

5. 근대적 역사 개념의 탄생

지금까지 본 것처럼 '력ᄉ'라는 말이 급증하기 시작한 1908년을 전후해 〈대한매일신보〉에서는 그 자체로 주어나 대상이 될 수 있는 실체성을 갖는 역사의 관념이 서서히 등장하기 시작한다. 상이한 시기의 이러저러한 나라—신라, 고구려, 백제처럼 같은 시기에 적대적 전쟁을 했던 나라들까지—들 모두 하나로 통합하여 포괄하는 것으로서 '역사(History)'가 상이한 시간을 갖는 다기한 역사들(histories)을 포괄하면서, 그것과 다른 차원에서 성립된다. 그것은 그 상이한 시간의 역사들에 대해, 때론 한 나라의 역사 전체에 대해 준엄하게 비난하는 척도가 된다. 이러한 역사의 관념이 좀 더 명확하게 되어 그 자체로 존립하며 발전하는 역사, 다시 말해 '즉자대자적인 역사'로서 확고하게 자리 잡는 것은, 〈대한매일신보〉의 편집진이었고 거기에 〈독사신론〉이라는 역사론을 연재한 신채호에게서였다. 시간이 좀 더 지나서였지만, 가령 〈조선상고사 총론〉에서 신채호는 이렇게 쓰고 있다.

> 역사는 역사를 위하여 역사를 지으란 것이다. 역사 이외에 무슨 딴 목적을 위하여 지으라는 것이 아니다.[5]

역사를 쓰는 것 자체마저도 다른 별개의 목적이 아니라 역사 자체를 위한 것임을 명시하고 있다. 역사가 스스로 존립한다는 것을, 그리고 일종의 '반성'으로서 역사적 기록이란 역사 자체가 스스로를 의식

---

5 신채호, 〈조선상고사 총론〉, 《신채호 역사논설집》, 현대실학사, 64쪽.

하는 것임을 분명하게 말하고 있는 것이다. 뿐만 아니라 그 책에서는
역사를 '시간적 계속'과 '공간적 발전'(이는 상이한 공간으로 확장 가능
한 보편성을 의미한다)을 통해 규정되는 하나의 연속체로 정의하고 있
다. 공간적인 일부분이나 시간적인 일부 시대에 국한되지 않는 연속
적 전체로서의 역사. 이는 역사란 "'아'와 '비아'의 투쟁이 시간부터
발전하며 공간부터 확대하는 심적 활동 상태의 기록"이라는 유명한
정의에서 다른 형태로 나타난다.[6]

이런 관점은 그가 이미 1908년 8월 27일부터 50회에 걸쳐 〈대한매
일신보〉에 연재했던 〈독사신론〉에서, 약간은 소박한 형태로 나타난
것이기도 하다. 거기서 그는 "사천 년 우리 역사는 부여족의 흥망성쇠
의 역사"라고 정의하면서 역대의 주인 된 종족을 부여족의 한 종족이
라고 간주하며, 한국 땅에서 진행된 모든 '역사들'을 그 민족 발달의
단계를 달리하는 것으로 서술하고 있다.[7]

하지만 이러한 역사의 관념이 표명된 의미에 실제로 부합하기 위해
서는 역사 자체가 스스로 존속하고 발전하는 독자적인 논리나 법칙의
관념에 의해 지지되어야 한다. 이와 관련해서 〈대한매일신보〉에서는
진보나 발전이라는 관념이 누적적이고 선형적인 시간의 개념을 포함
한 채 등장하며, 나아가 다윈이나 인구에 대한 입론들을 통해서 역사
란 진보하게 마련이라는 식의 관념도 나타난다. 그러나 이러한 역사
의 개념은 과거로부터 진보했다고는 결코 말하기 힘든 당시의 상황과
대립되는 것이었고, 이로 인해 진보의 개념은 현실적 구체성을 갖고

6　같은 책, 61쪽과 65쪽.
7　신채호, 〈독사신론〉, 《신채호 역사논설집》, 16~17쪽.

사용되지 못한다. 반대로 역사는 사천 년간의 퇴보의 역사로 간주되고 진보는 그런 역사의 논리에서 이탈하여 그 퇴보의 역사를 뒤집어 돌려놓자는 규범적 요청의 언사로 사용되고 있다. 그리고 이런 조건에서 역추론하여 퇴보 이전의 역사로서 과거가 현재의 퇴보에 반하는 위대한 시대로 구성되며 현재의 상황을 타개하기 위해 되돌아가고 회복해야 할 목적으로서, 민족의 장래 내지 미래로서 제시된다. 규범적 요청으로서의 진보는 바로 그 과거, 기원적 과거로 되돌아가자는 호소가 된다. 그리고 이러한 호소를 위해 과거의 위대함과 현재의 비참함 간의 차이는 더욱더 강조되고 과장된다.

역사의 기원으로서 단군의 의미가 급격히 부상되며, 역사의 중심적 자리를 잡게 되는 것은 이런 맥락에서였을 것이다. 시간이 지나면서 단군시대의 위대함은 더욱더 강조되고, 광개토왕이나 을지문덕 등 위대한 과거의 인물들이 현재의 비루함과 대비되면서 강조되게 된다. 이런 점에서 과거의 영웅들에 대한 강조는 새로이 미래의 영웅이 되어줄 것을 촉구하는 호소의 형식이란 점에서 진보의 개념과 비슷한 규범적 의미를 갖고 반복되어 사용된다. 마치 역사를 연구하는 것은 과거의 그 위대한 시대, 위대한 영웅을 찾아내고 알려주기 위한 것이라도 되는 듯이. 물론 새로이 요청되는 영웅은 그런 소수의 큰 영웅보다는 국민 개개인이 다수의 작은 영웅들이 되어달라는 형태로 제시된다는 점에서, 영웅은 국민의 행동을 촉구하는 '호명'의 형식이었다고 해야 할 것이다.

이런 점에서 보면, 단군이라는 기원은 처음부터 사실은 미래를 의미하는 것이었다. 역사의 기원이 역사의 종말 내지 목적이 되는 역설적 관념은 이런 이유로 인해 처음부터 사실 매우 명료하고 쉽게 포착되었던 셈이다. 과거의 위대함, 그것은 곧 되돌아가야 할 미래의 위대함의 다른 표현법이었던 것이다. 거기에는 식민지로 전락하기 직전이라는 현재의 위급한 상황이, 그 상황에서 벗어나기 위한 간절함이 배어 있었고, 따라서 그 기원은 다른 민족에게 기대어 시작한 것이어선 결코 안 되었다.

이런 이유에서 이전에 단군·기자의 형태로 등장하던 기원의 명칭에서 기자는 분리되어 가기 시작하며, 단군이 홀로 위대한 기원이 되고 그의 아들 해부루나 아니면 "단군의 적통으로 이어지는"[8] 부여 민족이 새로이 단군 옆에 붙어서 등장하게 된다. 심지어 1909년에는 기자의 교화나 기자 이후 문화가 중국적인 것, 문약화를 초래한 것으로 비판되기도 한다. 물론 그럼에도 불구하고 "단군·기자 이후 사천 년"이라는 식으로 역사를 말하는 표현이 그 뒤에도 간혹 나타난다는 점에서(가령 1909년 10월 28일자 긔셔 ; 1910년 7월 1일자 논설), 단군으로부터 기자를 분리하는 것조차 민족의식의 대두와 더불어 자연스럽게 진행된 것만은 아님을 단서로 달아두어야 하지만 말이다.

신채호는 기자로부터 단군을 분리하는 이런 역사적 관점의 형성에서 매우 주도적인 역할을 한 것으로 보인다. 1908년의 〈독사신론〉, 그것도 앞부분에서 그는 이미 기자를 역사의 기원에 두는 견해를 비판할 뿐 아니라 기자가 조선에 와서 왕이 되고 기자조선이 존재했다는 사실 자체에 대해서도 부인하고 비판한다.[9] 뿐만 아니라 기원이 역사에서 갖는 의미를 역사관 자체에 관한 것으로 이해하는 데서도, 즉 역

---

8 같은 책, 24쪽.
9 같은 책, 25~30쪽.

사를 기록하고 역사적 사건이나 사실, 인물이나 왕조 등에 대해 평가하는 데서도 매우 앞서 근대적 인식방식을 보여준다. 다시 말해 근대적 역사관에서 **기원이 갖는 척도적 기능**을 그는 인식하고 사용한다. 이는 춘추사관 내지 강목사관의 그것과 대비되는 것이다.

춘추사관이나 강목사관은 유교적 의리와 정통성의 관념에 따라 왕조나 역사적 사건에 대해 평가의 기준으로 삼는데, 이 경우 가령 한 왕조에 대한 평가는 **이전 왕조와의 관계에 의해** 이루어지게 된다. 반면 기원을 역사적 평가의 척도로 삼는 관점에서 그는 모든 역사적 사건이나 왕조를 앞선 왕조와의 관계가 아니라 그 **기원과의 관계에 의거해** 평가한다. 그래서 가령 김춘추를 삼국을 통일한 인물이라는 평가에 반하여 중국을 끌어들여 "단군조선의 옛 영토의 반을 지금에 이르기까지 구백여 년 동안 잃어버린" 계기를 제공한 인물로서 "죄만 있고 공은 없는" 인물이고 따라서 "매도하고 책망하여 배척"해야 할 인물로 평가하며, 고려 태조의 통일조차 그 반쪼가리 통일이었다는 점에서 비판적으로 평가한다.[10] 나아가 그는 "왕통이 정통이다 비정통이다 하여 다투는" 춘추사관 자체를 비판의 대상으로 삼아 반복해서 비판한다.[11] 김부식의 《삼국사기》 역시 이와 동일한 이유에서 비판한다.[12]

근대적 역사관을 구성하는 또 하나의 요소가 역사의 담지자 내지 체현자로서 역사적 주체인데, 〈대한매일신보〉에서는 '민족' / '국민' 이

---

10 같은 책, 54~55쪽.
11 같은 책, 24~25쪽 ; 〈조선상고사 총론〉, 72쪽.
12 〈독사신론〉, 59쪽.

라는 이중체가 이러한 지위를 확보하게 되었음을 확인한 바 있다. 여기서 민족이라는 개념이 일차적으로 역사적 주체의 지위를 갖게 된다. 가령 신채호의 〈독사신론〉은 첫 문장부터 이를 좀 더 분명하게 명시하고 있다.

> 국가의 역사는 민족의 소장성쇠의 상태를 가려서 기록한 것이다. 민족을 버리면 역사가 없을 것이며, 역사를 버리면 민족의 국가에 대한 관념이 크지 않을 것이니, 아아, 역사가의 책임이 그 또한 무거운 것이다.[13]

원래 민족은 종족이나 인종, 부족 등과 유사하게 사용되던 말이었는데, 이것이 그 말들로부터 벗어나 새로운 의미를 획득하게 된 것은 역사와 계열화되는 것을 통해서였다. 하지만 종족이나 부족에서 벗어나 '민족'이란 개념이 되는 과정은 역설적이게도 부족이나 종족보다 더 협소한 가족(!)의 은유를 통해서였고, 여기에 일종의 족보로서 '사천 년 역사'가 부가됨으로써였다. 이런 이유에서 민족은 역사적 주체를 표현하는 개념이 된 이후에도 부족이나 종족이란 함축을 사실상 유지하고 있었다. 이는 토지역사와 민족역사를 구분하는 신채호의 〈독사신론〉에서도 명확하게 드러난다.

> 우리나라 사람들 가운데 역사를 읽는 사람들은 하나의 큰 미혹이 있으니, 미혹은 무엇인가. 토지역사가 있는 것만을 알고 민족역사가 있음을 알지 못하는 것이 그것이다. 우리나라의 땅을 차지했던 종족이면 그들이 어

---

13 같은 책, 12쪽.

떤 종족인지도 묻지 않고 모두 우리 조상으로 인정하며, 우리나라의 토지를 관할했던 종족이면 그들이 어느 나라 사람인가를 생각하지 않고 이를 모두 우리나라의 역사에 놓고 있으니, 그 어리석음이 어찌 이에 이르렀는가.[14]

한 나라의 '영토' 안에는 여러 종족이 살게 마련인데, 그 종족들 모두가 아니라 특정한 종족만이 민족역사를 구성한다는 것이다. 이런 관점에서 신채호는 "우리나라 인종을 대략 여섯 종류로 나누"어 그 가운데 부여족만이 "신성한 종족인 단군의 자손"이라고 하여 사천 년간 이 땅의 주인이 된 종족이라고 하며, "사천 년 우리 역사는 부여족의 흥망성쇠의 역사"라고 단언한다.[15] 결국 그가 말하는 민족역사란 사실 부여족이라는 한 종족의 역사, 그것의 확대된 역사가 되며, 그가 말하는 민족이란 사실 부여족이라는 한 종족의 다른 이름에 지나지 않게 된다. 다른 종족은 역사에서 배제되어 마땅한 외부자가 되어버린다. 제국의 역사가 이민족들을 자신이 포괄하는 거대한 역사 안에 적절한 자리를 주어 포섭하는 것과 달리, 제국주의적 침략에 의해 식민지화된 위기 속에서 역사는 그런 포괄과 포섭을 발휘할 여유는 없었던 것이다. 미래를 담보할 과거만이 주인으로 살아남아, 현재의 퇴락과 무관하지 않은 다른 종족의 과거를 역사에서 지우는 것이다. 가족으로의 축소가 민족으로의 확장의 조건이 되는 것이다.

민족이 서구에서의 고전적인 정의와 달리 혈연이 강조되는 개념이

---

14 같은 책, 30쪽.
15 같은 책, 15~16쪽.

된 것은 이런 이유에서다. 민족이 단일한 혈통을 갖는 종족적 개념이기에, 그 민족은 당연히 핏줄의 순수성을 갖고 있는 순수한 존재로 표상된다. 또 이러한 민족 개념은 조상으로서의 단군에 이어지기 때문에, 단군시대가 위대한 기원인 한 민족 역시 그 위대함에 부응하는 존재여야 했고, 따라서 민족이란 말이 역사와 관련하여 사용될 때는 대개 이런 위대함과 결부되어 사용되게 된다. 민족의 순수성이나 위대함이란 실제 역사에서 진행된 것과 무관한 일종의 '선험적' 본성이된다. 반면 현실에서 대면할 수밖에 없는 비참함이나 무력함은 본래민족의 본성과는 무관한 어떤 것에 그 책임이 돌아가야 한다. 그렇지않고선 민족의 순수성이나 위대한 능력은 유지될 수 없는 허구에 지나지 않게 되기 때문이다.

그래서 역사적 과정을 진보 아닌 퇴보로 대체해야 했던 것과 동일한 이유에서 민족을 대신하는 다른 실체가 필요했다. 그것은 퇴보의이유에 대해 책임을 져야 하지만, 그런 만큼 그 퇴보의 과정을 역전시켜 새로운 미래로 나아갈 수 있는 대상이다. 정신이나 행동, 단합, 책임이나 의무 등과 결부되어 사용되는 '국민'이란 말이 이런 용법을위해 선택되었다. 이런 점에서 국민이란 선험적 위대함과 대비되는경험적 비참함, 그 위대함이 과장된 과거와 대비되는 무력한 현재를담지하는 경험적 주체였던 셈이다. '국민'은 그 모든 경험적 고통과무력함, 혹은 혼재 내지 혼혈의 책임을 담지함으로써 '민족'을 위대하고 순수한 개념으로 존속할 수 있게 해준 '민족'의 이중체인 것이다. 서구와 달리 현재를 긍정할 수 없는 조건이 서구에서 연원한nation이라는 하나의 동일한 개념을 서구에 없는 이중적 방식으로 번역하여 사용하게 만든 것이고, 서구에 없는 새로운 민족/국민 이중체

(double, 분신)를 만들어내게 한 것이다.

요약하면, 실체화된 역사는 실체화의 결정적 요소인 역사적 진보·발전의 논리를 포기한 채 탄생했던 셈이다. 또 역사적 과정을 밀고 가는 추동력으로서의 기원 내지 목적의 개념은 그 위대함이 오직 과거에 멈추어 선 역사 속에서 장대한 과거와 비참한 현재의 대비로 대체되었지만 바로 그렇기에 '목적'으로서 진보의 개념을 끌어당기는 자리를 기원에게 쉽게 부여할 수 있었다. 마지막으로 식민화의 목전에 선 나라들이 겪어야 했던 이런 역사의 딜레마로 인해 멈추어 선 위대한 과거에 대응하는 순수하고 위대한 존재로서의 '민족'과, 실재하는 현재의 고통과 비참함을 담지해야 하는 '국민'의 이중체가 역사적 주체로서 등장하게 되었다. 이 변형된 형태의 세 요소들을 중심으로 구성되는 개념적 배치가 이 시기 역사적 시간의 관념이 작동하며 근대적 역사 개념을 만들어낸 이론적 공간을 만들어낸다고 말할 수 있을 것이다.

이와 달리 일본의 경우에는 식민지 지배로 인해 민족과 국민을 구별하게 된다. 즉 복수의 민족들을 포함하는 하나의 국가, 하나의 국민으로 제국을 정의해야 했다. 이는 국체론자들조차 받아들일 수밖에 없는 논리였다.

한 나라의 국민으로서 이처럼 내외의 민족을 포함하기에 이른 이 시대에 국체 그 자체의 실재 위에 국체론을 세우는 것이 아마도 시급한 임무일 것이다.[16]

따라서 여기서 민족 일반은 기원적 위대함과 짝지어질 수 없다. 오직 특정한 민족만이, 제국의 지배자인 민족만이 그럴 수 있다. 그 이외의 민족이란 제국으로 식민화된 이후에도 남는 식민지의 고유성, 제국에 포섭되기를 거부하거나 그에 저항하는 거리를 뜻한다. 따라서 제국의 역사, 제국의 국가는 이러한 민족적 특수성을 뛰어넘어 그 모두를 포섭하고 포괄할 수 있어야 한다. 이는 식민지의 인민은 그들을 포획한 제국의 국가의 '국민'이라고 정의함으로써 가능하게 된다. 이 경우 국민은 민족의 '종적인' 특수성을 뛰어넘는 보편적 실체로서, 장대한 제국적 위상으로 정의된다. 이런 점에서 조선에서 국민/민족과는 반대되는 의미의 이중체가 만들어진다. 민족이라는 '종적 특수성'을 넘어서 보편적 유개념에 이를 것을 요구했던 타나베 하지메(교토학파)의 입론이, 애초에 그 이론적 문제의식이 무엇인가와는 상관없이, 이런 방식으로 해석되고 기능했다는 점도 식민지 민족들을 포괄하는 제국적 지위와 무관하지 않을 것이다.[17]

반면 반식민지 상태에서 완전한 식민지로 전락한 1910년 이후의 조선에서 '국민'이라는 말은 '민족'으로 대체된다. 즉 '국민'이란 말은, 1907년 〈대한매일신보〉 논설이 주장했던 것과 달리, 이제는 일본에 의해 강제 통합된 국경 내부의 인민을 지칭하게 되기에, 조선 인민 자신에 의해서 긍정적인 방식으로는 사용되기 어렵게 된다. 이와 달리 강제 통합된 상황에서도 양자를 구별해주는 '민족'이란 말이 긍정적인 의미의 용법을 주도하게 된다. 민족이 국민과 달리 결코 뒤섞일 수

---

16 永井亨, 《日本國體論》, 오구마 에이지, 《일본 단일민족신화의 기원》, 소명출판, 184쪽에서 재인용.

17 이에 대해서는 사카이 나오키, 이규수 옮김, 〈민족성과 종: 다민족국가 철학과 일본제국주의〉, 《국민주의의 포이에시스》, 창작과비평사, 2003 참조.

없는 과거의 어떤 장대한 기원과 결부된 혈연적 개념이라는 사실은 이러한 용법에 개념적 근거를 제공하게 될 것이다. 반면 퇴보한 현재 상태를 표현하는 동시에 '정신적 요소'를 통해 새로운 '진보'를 호소하던 국민이란 말은 이전과 같은 규범적 의미를 잃고 반대의 의미를 갖는 불편하고 위험스런 말이 된다.

이러한 의미의 역전을 일본에서의 국민/민족의 이중체와 비교해보면, 그 개념적 의미는 전적으로 동일함을 발견할 수 있다. 다만 제국의 국가가 선호하는 규범적 개념과 식민지 인민이 사용할 수 있는 규범적 개념이 그 대립되는 위치로 인해 상반되는 것이 되었음을 뜻할 뿐이다. 개념적 대칭성 속에서, 서로 상반되는 가치를 갖게 만든 조건은, 이후 nation이란 단어의 주된 번역어를 다르게 만드는 조건이 된다. 약간의 무리를 감수하고라도 이를 식민지와 제국주의의 관계 속에서 일반화할 수 있다면, 여러 민족을 통합해서 지배해야 하는 제국주의에게 nation은 일차적으로 '국민'을 뜻하는 것이었다면, 제국주의적 지배에 항거하며 독립을 꾀해야 했던 식민지 인민에게 nation은 일차적으로 '민족'을 뜻하는 것이 된다는 것이다. 우리가 지금까지로 nation을 '국민'보다는 '민족'으로, nationalism을 '국민주의'보다는 '민족주의'로 번역하게 되는 것도 이런 이유 때문이었을 것이다.

그렇다면 국민이 '영토'에 의해 정의되며, 영토의 확장이나 축소에 따라 확장·축소되는 외연을 갖는 '영토적 개념'인 반면, 민족이 영토보다는 혈연이나 습속 등의 지층화된 요소들, 그래서 영토의 포함 범위가 달라져도 상대적 지속성을 갖는 어떤 '코드'들에 대응하는 '코드적 개념'이라고 대비해도 좋을 듯하다. 이로 인해 제국주의 국가에서는 복수의 민족적/종족적 코드를 포괄하는 영토적 개념으로서의

'국민'이 중요하게 부각된다면, 식민지 인민에게는 영토의 상실과 식민지화라는 조건에서 영토적 개념인 '국민'이란 말이 무력화되지만 코드적 개념인 '민족'이란 말은 상실의 조건을 견디며 결국은 영토를 회복할 어떤 실체로서 좀 더 중심적인 지위를 갖게 되었던 것이라고 할 수 있지 않을까?

물론 제국주의 내부에서도 피지배 민족과 자신을 구별하여 자신들의 우월함을 주장하는 입론이 필요했기에, 제국주의 국가에서도 민족이란 개념은 사라지기보다는 '종족(ethnos)'에 가까운 개념(ethnic nation)으로 변형되어 국민적 동일성 안에서 민족 간의 차이를 가시화하는 형태로 존속하게 된다는 점을 추가해두어야 한다. 이는 일본의 경우 서구와 대항하는 '동아시아 협동체'를 주장하면서도, 그 협동체 안의 민족들 간에 우열의 위계를 설정하는 것은, 국민적 동일화로 인해 소멸되어선 안 될 지배적 지위의 확보를 위한 것이었다. 이는 결국 그러한 협동체 구상 전체를 제국적 지배 체제의 변주에 지나지 않게 만든다.[18] 제국주의 국가에서 민족 개념이 우생학적 내지 인종주의적 형태를 함축하게 되는 것은 이런 이유 때문일 것이다. 여기서도 '국민'이 우생학적 개념이 되는 일은 없다는 점을 주목할 필요가 있다. 이는 우생학적 지위는 생물학적 코드나 문화적 코드의 비교에 의해 정의되는 것이고 영토적 상관물과 무관하다는 점에 기인한다.

반면 식민지 인민들에게도 민족 개념은 자신의 위대한 잠재력을 의미하는 것이긴 하지만, 이는 제국주의에서와 달리 다른 민족과의 비교를 위해 사용되는 것이 아니라 자신의 현재적 상태, 혹은 하위

---

18 이에 대해서는 이 책의 9장 〈식민지 인민은 말할 수 없는가?〉 참조

주체로 통합된 '국민'과 대비되는 방식으로 사용되는 것이란 점에서 상이한 의미를 갖는다고 해야 할 것이다. 그것은 국민적 통합으로부터 벗어나는 '민족해방운동 '민족'의 주체를 뜻하는 것이었고, 이후 식민지적 상황으로부터 독립해 자립할 수 있는 주체의 기표가 된다. 이런 의미에서 '민족'이란 피억압 인민에게만 존재한다고 말할 수도 있을 것이다. 이것은 예전의 식민지에 속했던 나라에서 민족주의의 기반이 되었지만, 알다시피 식민지적 상황이 해소된 이후에는 국민국가적 통합의 이데올로기가 된다. 그것은 그 나라의 인민 안에 존재하는 분열과 대립을 은폐하는 새로운 의미를 획득하게 되는 것이다. 상이한 시간을 갖는 상이한 역사들을 포섭하고 포획하는 척도적 기표가 되는 것이다.

8장

근대 초기 역사 관련
용어들의 용법

—

〈대한매일신보〉에서 역사 관련 개념들의 인접성과 비대칭성

동양이나 조선에서 전통적으로 사용되던 개념은 '사(史)' 내지 '사기(史記)'인데, 이는, 지금은 '역사'라는 이름으로 묶여 불린다고 해도, 우리가 아는 역사 개념과 같은 것이 아니었다. 물론 중국이든 조선이든 역사의 관념은 매우 중요한 것이었고, 이는 사기 형태의 다양한 역사서들이 쓰이고 선비들의 기본적인 소양으로서 읽혀졌다는 것으로 쉽게 확인할 수 있는 것이다. 나중에 유교적 관념이 강하게 자리 잡으면서 왕조의 정통성을 통해서 역사를 계열화하는 강목체 형태의 역사서들이 등장하게 되고, 근대 이전 조선의 경우에는 이것이 주류를 이루게 된다.

1. 용어의 정의

강목체류의 역사관에서 중요한 것은 하나의 왕조와 그 뒤의 왕조 사이를 잇는 고리들이고, 그 고리들을 평가하게 해주는 정통성 여부다. 반면 근대적 역사관에서 중요한 것은 개개 시대를 연결하는 고리들이 아니라 역사 전체를 방향 짓고 그 전체를 움직이는 목적이기도 한 기원이다. 역사의 각 시대들은 그에 바로 선행하는 이전 시대와의 관계에 의해 평가되는 것이 아니라, 기원과의 관계를 통해 평가된다. 가령 고려가 신라의 뒤를 잇는 데서 정통성을 획득했다고 하더라도, 민족의 기원인 단군시대의 장대한 영토와 영광을 잇지 못하고 반도의 반쪽에 머물러 있는 한, 그것은 좋은 평가를 받을 수 없게 된다.[1]

이런 점에서 '역사'라는 단어가 새로이 사용되기 시작했다고 해서 근대적인 역사 개념이 등장하게 되었다고 말할 수는 없는 것이다.

'역사'라는 말이 사용된다고 해서 다 동일한 역사를 뜻하는 건 아니라는 것이다.[2] 가령 1900년대 초 '역사'라는 말은 역사적 기록을 뜻하는 '사기'라는 말과 같은 의미로 사용되기도 했고, 근대적 학문 내지 교과목으로서 '역사'라는 말로도 사용되었으며, 이와 달리 근대적 역사 개념으로도 사용되기도 했다. 근대 이전 역사를 표시하던 '사기'라는 말이 많은 경우 유교적인 춘추사관이나 강목체류의 역사관념을 갖고 있었다면, 동시기에 근대적 의미로 사용된 역사 개념은 그와 다른 역사관념을 갖고 있었던 것이다.

그 '역사'라는 단어가 어떻게 사용되며 어떤 개념들을 자신의 구성 요소로 포함하게 되었는가를 구체적으로 살펴보지 않으면 안 된다. 이를 확인하기 위해 우리는 그 단어가 어떤 방식으로 사용되는지 볼 필요가 있다. 비트겐슈타인 말대로, "단어의 의미는 그 용법"이기 때문이다. 이를 확인하기 위해 우리는 역사 관련 단어들과 반복적으로 계열화되는 이웃한 다른 단어들을 보아야 한다. 들뢰즈 식으로 말하면, 단어의 의미는 그것과 계열화되는 이웃 단어들에 의해 결정되기 때문이다. 역사라는 단어가 하나의 개념이 될 수 있는 것은 이처럼 반복적으로 계열화되며 사용되는 양상에 의해서다. 단어들이 반복적으로 계열화되는 양상을 '배치'라고 정의한다면, 그러한 배치를 통해서 하나의 단어가 다른 단어들을 구성 요소로 삼으며 일정한 의미를 체

---

1 가령 신채호의 〈독사신론〉이나 〈조선상고사 총론〉은 이를 아주 잘 보여준다. 신채호, 《신채호 역사논설집》, 현대실학사, 1995.
2 서구에서도 '역사'의 개념은 시대에 따라 크게 다르다. 이에 대해서는 아리에스, 杉山光信 옮김, 《歷史の時間》, みすず書房, 1993 ; 코젤렉, 한철 옮김, 《지나간 미래》, 문학동네, 1998 참조.

계적으로 형성하는 것을 '개념적 배치'라는 말로 정의할 수 있을 것이다. 개념적 배치는 어떤 단어가 개념적 의미를 형성하는 의미 공간을 형성한다. 이러한 의미 공간을 통해 어떤 단어가 특정한 개념적 의미를 획득했는지 여부를 확인할 수 있으며, 그러한 의미에 수반되는 다른 개념적 요소들이 무엇인가를 확인할 수 있다.

여기서 단어의 의미가 반복적으로 계열화되는 이웃 단어와 결부되어 있음을 안다면, 어떤 단어와 다른 단어가 얼마나 빈번하게 인접하여 사용되는가를 통해서 그 단어들의 의미론적 인접성을 확인할 수 있을 것이다. 즉 단어들의 인접성을 단어들의 이웃관계를 표현하는 것으로 정의할 수 있을 것이다. 그리고 거기서 인접성을 확인할 수 있는 어떤 지표를 정의할 수 있다면, 그 지표는 어떤 단어의 이웃관계를 통해 그것의 용법에, 다시 말해 그것의 의미에 접근할 수 있는 통로를 마련할 수 있다. 그것은 단어들의 유사성과 달리 어떤 의미의 확정성을 미리 가정하지 않고서, 사용의 동시성 내지 인접성을 통해 그 단어의 의미에 접근할 수 있다는 장점을 갖는다. 역사라는 단어가 도입되던 지점에서 이러한 방식으로 '역사'라는 말의 의미에 접근한다면, 그 단어가 어떠한 개념적 의미로 사용되게 되는지를 간접적으로나마 확인할 수 있을 것이다.

함께 사용되고 반복적으로 계열화되는 단어들의 집합이 있을 때, 그 단어들이 결합되어 사용되는 양상은 대개 비대칭적이기 쉽다. 그러한 비대칭성은 뒤에 보듯이 관련된 단어들의 의미론적 외연이나 의미의 포괄성/특정성을 비교할 수 있게 해준다. 단어들의 인접성과 더불어 이러한 비대칭성을 검토함으로써 우리는 역사 개념과 관련된 다른 개념들의 구체적 사용 양상에 대해 양적인 접근과 분석이 가능할 것이라고 믿는다.

이제 이하에서는 역사 개념이 본격적으로 사용되기 시작한 〈대한매일신보〉의 논설적 성격의 글(론셜〔논설〕, 긔셔〔기서, 기고문〕, 별보)에서, 앞 장에서 살펴보았던 중요한 역사 관련 용어들이 등장하는 양적 양상들을 통해서, 그 용어들의 의미의 인접성과 비대칭성(특정성)에 대해 검토할 것이다.

2. 역사 개념의 출현?

〈독립신문〉의 경우 논설만 본다면 '력ᄉᆞ(역사)'라는 말은 1898년에 처음으로 1회 나타나고 1899년에 5회 나타난다. 더구나 사용되는 '역사'라는 말은 모두 지리와 비교되는 과목명을 뜻하는 경우가 대부분이다. 이런 점에서 근대적 시간 개념이 등장하고 그것의 사용이 급속히 증가하는 것과는 달리 역사와 결부된 근대적 시간관념, 다시 말해 '역사적 시간관념'은 아직 발견되지 않는다.

여기서 〈독립신문〉의 경우 '력ᄉᆞ'라는 말보다는 역사책이나 역사적 기록을 뜻하는 전통적 단어인 'ᄉᆞ긔(사기)'가 지배적이라는 점을 추가해두는 것도 좋을 것이다. 〈황성신문〉의 경우에는 〈독립신문〉과 달리 '력ᄉᆞ'라는 단어가 좀 더 많이 사용되며 'ᄉᆞ긔'라는 말을 대체해가고 있음을 옆의 표(표 2)는 보여준다. 〈황성신문〉에서 역사라는 말은 〈독립신문〉처럼 그저 과목명만 지칭하는 것은 아니다. 나중에 자세히 언급하겠지만, 이 경우에도 근대적 역사관념이 출현했다고는 하기 어렵다.

【표 1】〈독립신문〉 논설에서 몇 가지 단어의 사용 빈도

	시간	력ㅅ	진보	ㅅ긔
1896	2	0	49	25
1897	3	0	56	59
1898	6	1	78	67
1899	31	5	81	23

【표 2】〈황성신문〉에서 몇 가지 단어의 사용 빈도

	時間	歷史	進步	史記	民族	國民
1898(4~12)	2	2	20	3	0	6
1899	23	11	29	1	0	63
1900	14	1	13	0	7	25
1901	30	4	10	0	0	28
1902	15	14	15	1	0	79
1903	11	22	20	6	1	91
1904(1~8)	18	1	20	0	0	66

근대 계몽기 신문 가운데 근대적 역사관념이 출현하는 것은 〈대한매일신보〉에서였다고 해야 할 것이다. 〈대한매일신보〉에서 몇몇 단어들이 사용되는 빈도를 보면 아주 두드러지게 눈에 띄는 것이 몇 개 있는데 그 중 하나가 력ㅅ라는 단어다. 그것은 1904년에는 전혀 사용되지 않았고 1905년에 3회 사용되었을 뿐인데, 1907년에는 24회로 늘어난다. 하지만 1908년에 이르면 무려 118회로 급증한다. 사실 한 해 신문에서 한 단어가 사용되는 횟수가 20여 회라는 것은 그 자체로는

그리 많다고 하기 힘들다. 더구나 력수라는 말은 〈황성신문〉에서도 이미 22회 사용된 적이 있음을 고려하면, 1907년의 24회는 특별히 주목할 정도의 빈도는 아니다. 그러나 다음 해의 118회는 거의 수직적 상승이라고 해도 좋을 정도의 비약적 증가를 보여준다. 여기서 빈도는 논설뿐만 아니라 외부 기고문인 긔서, 그리고 별보까지 포함하는 것인데, 력수라는 말이 사용된 기사의 총수는 77회로서 전체 기사 수인 341회의 20퍼센트를 넘는다.[3]

력수와 관련이 있다고 생각했던 몇 가지 단어의 빈도 변화를 보여주는 표 3에서 쉽게 확인되는 것은 1908년에 해당되는 단어들이 모두 이전과 구별되는 두드러진 증가를 보여준다는 점이다. 수긔라는 말보다 력수라는 말이 더 빈번하게 사용되기 시작한 것도, 이전에는 거의 사용되지 않던 단군이란 단어가 크게 증가하게 된 것도 이 시기였음을 기억해두자. 하지만 그 중에서도 특히 주목해야 할 것은 '민족'이란 단어가 그 전까지는 전혀 사용되지 않다가 1908년에 느닷없이 135회나 사용되게 되었다는 점이다. 물론 '국민'이란 단어 역시 그 시기에 비약적으로 증가하지만, 그것은 〈독립신문〉에서부터 이미 사용되기 시작한 말이고, 〈황성신문〉에서도 그 전에 높은 빈도로 사용되던 단어였음에 반해, '민족'이란 말은 전혀 사용되지 않다가 갑자기 최대 빈도에 가까울 정도로 빈번하게 사용되게 되었던 것이다. '민족'이란 말이 〈황성신문〉에서 몇 번 사용된 적이 있지만(표 2), 1900년에 사용

3　시간이란 말이 사용된 빈도 역시 1908년 27회로 다른 해에 비해 크게 늘어나지만, 이 경우에도 시간이란 말은 이전과 다름없이 대부분 '~시간'이거나 아껴써야 할 대상으로서 시간이란 점에서 역사 개념과는 직접적 관련이 없다.

【표 3】〈대한매일신보〉에서 몇 가지 단어의 사용 빈도[4]

	력ᄉ	시간	진보	ᄉ긔	민족	국민
1904	0	2	51	2	0	0
1905	3	6	9	1	0	14
1907	24	5	32	33	0	63
1908	118	27	111	72	135	270
1909	72	4	59	63	155	398
1910	39	1	57	29	116	264

된 것은 7회 모두, 단 한 편의 논설에서 '인종'과 동일한 의미로 사용된 것이고, 1903년의 1회는 '대화민족'이라는 말로 사용된 것이다. 즉 1908년 〈대한매일신보〉에서 이렇듯 급격히 부상하게 되기 이전에는 우리가 아는 그런 의미로 사용된 것이 없는 단어라는 것이다. 따라서 신문으로 제한하는 한, '민족'이라는 말은 1908년 〈대한매일신보〉에서 처음으로 지금과 같은 의미로 사용하게 되었다고 할 수 있다.

그런데 역사 관련 단어가 비약적으로 증가하던 시기에 '민족'이란 단어가 급작스레, 그리고 비약적인 빈도로 사용되기 시작했다는 사실을 그저 우연이라고 해야 할까? 그건 아닐 것이다. 두 단어가 부각되게 만든 특정한 사회·정치적 조건이 있겠지만, 민족이란 단어와 역사라는 단어나 역사 관련 단어가 나란히 증가하고 있다는 사실은 '민

---

4 1904년은 8~12월, 1905년은 1~3월, 1907년은 5~12월 발행되었고, 1906년은 발행되지 않았다. 여기서 빈도의 계산은 논설과 긔서, 별보만으로 제한했다. '국민'의 빈도에서 〈국민신보〉 등을 표시하는 고유명사는 제외되어 있다.

족'이란 말이 '역사'와 밀접한 관계에 있을 것이란 점을 추측하게 한다. 근대적 역사 개념의 탄생과 근대적 민족 개념의 탄생은, 적어도 이 경우에 관한 한 매우 인상적인 시간적 인접성을 보여주고 있는 셈이다. 이에 대해서는 나중에 다시 살펴볼 것이다.

3. 역사 관련 용어들의 사용 빈도

먼저 력ᄉᆞ라는 단어가 〈대한매일신보〉에 등장하는 빈도와 그 단어가 사용되는 논설들의 수를 보면 표 4와 같다.

앞서 본 것처럼 력ᄉᆞ라는 말의 빈도는 1907년에 크게 늘기 시작해서 1908년 118회라는 놀라운 빈도를 보여준다. 이후에도 그 빈도는 다른 단어들에 비해도 매우 높은 편이다. 력ᄉᆞ라는 말이 등장하는 논설(긔서, 별보 포함)의 수도 1907년 16회에서 1908년 77회로 급증한다. 〈대한매일신보〉는 합방 무렵인 1910년 8월 28일까지 발간되었기에 1910년의 빈도나 논설 수는 1.5 정도를 곱해야 앞의 해와 비슷해지므로, 1910년의 논설 수나 빈도 역시 1909년과 비슷한 수준이다. 이는 1907년도 5월부터 발행되었으므로 마찬가지다. 이를 적절하게 비교하기 위해 총 논설 수에 대한 관련 논설 수의 비를 보면, 1905년에는 전체 논설의 5.4퍼센트만이 력ᄉᆞ라는 단어를 포함하고 있었는데, 1907년에는 그것이 9.5퍼센트로, 1908년에는 22.6퍼센트로, 이후에는 대략 15퍼센트를 상회하는 정도다. 1907년에는 논설 10개당 1개꼴로 력ᄉᆞ라는 말이 등장했지만, 이후에는 논설 5~6개당 1개꼴로 력ᄉᆞ라는 말이 등장하는 셈이다. 이것이 매우 빈번한 것임은 굳이

【표 4】〈대한매일신보〉에서 '력亽' 등장 논설 수 및 단어 빈도[5]

력亽	총 논설 수	관련 논설 수	관련 논설 비율(%)	단어 빈도	논설당 평균 빈도(회)
1905	55	3	5.4	3	1.00
1907(5~)	169	16	9.5	24	1.50
1908	341	77	22.6	118	1.53
1909	280	49	17.5	72	1.47
1910(~8)	188	29	15.4	39	1.35

【표 5】〈대한매일신보〉에서 '亽긔' 등장 논설 수 및 단어 빈도

亽긔	총 논설 수	관련 논설 수	관련 논설 비율(%)	단어 빈도	논설당 평균 빈도(회)
1905	55	1	1.5	1	1.00
1907	169	25	14.8	33	1.32
1908	341	41	12.0	72	1.76
1909	280	34	12.1	63	1.85
1910	188	18	9.6	29	1.61

길게 말할 필요가 없을 것이다. 논설당 단어의 빈도는 평균 1.5회에 가깝다.

이와 비교하여 亽긔라는 단어의 빈도를 보면 표 5와 같다.

이 단어는 1910년에 이르면 많이 감소하지만 전체적으로 보면 지속적으로 상당히 많이 사용되는 편이다. 력亽라는 단어의 대략 70퍼센트 정도 수준에서 사용되고 있는 셈인데, 앞의 력亽 관련 논설과 비교

5　이하 '논설 수'에는 '논설', '별보', '긔서'를 포함한 것이다.

해서 눈에 띄는 건 1907년 관련 논설의 비율이 15퍼센트 정도로 급상
승했다가 이후 점차 감소한다는 점이다. 여기서는 비약적 증가가
1907년에 나타나고 있는 것이다. 단어의 실제적인 의미는 나중에 다
시 구체적으로 보아야겠지만, 력수와 수긔라는 단어의 양적인 사용
양상에서 쉽게 추론할 수 있는 것은, 1907년 무렵 역사와 관련된 문제
의식이 등장하기 시작했는데, 력수라는 새로운 단어가, 물론 이전에
사용되고 있었다고는 해도, 아직은 익숙하지 않아 수긔라는 전통적
용어로 표현하려고 했던 것은 아닐까 하는 점이다. 이런 점에서 근대
적 역사관념과 결부된 어떤 비약의 지점이 1907~1908년 사이에 있
었다는 것을 두 표는 보여주는 셈이다.

이는 진보나 단군 같은, 근대적 역사와 결부된 개념의 사용 빈도가
그 시기에 비슷한 양상으로 급증한다는 점에서도 다시 드러난다.

'진보'라는 용어는 이미 〈독립신문〉에서부터 매우 높은 빈도로 사
용되던 단어긴 하다. 〈대한매일신보〉의 경우에도 1905년에 이미 전체
논설의 10퍼센트 정도에서 사용되고 있었다. 그런데 1908년에 이르
면 이 단어가 새로이 비약적으로 증가하면서 20퍼센트에 가까운 정도
의 비율로 증가한다. 단어의 빈도도 '력수'에 못지않다. '단군'이라는
단어는 역사의 기원과 결부되어 사용된 것인데, 진보나 력수처럼 포
괄적으로 사용될 수 없는 단어라는 점을 고려한다면, 전혀 사용되지
않다가 관련 논설 비율이 10퍼센트 가까운 비율로 증가한 것은 결코
낮다고 할 수 없는 값이다. 이 두 용어 역시 력수와 마찬가지로 1908
년이 어떤 비약적 지점을 담고 있음을 보여준다.

다음으로, 직접적으로 근대적 역사의식에 연결하긴 어렵다고는 해
도[6] 그러한 역사관념에 대응되는 집단적 주체를 표현하는 단어인 '민

【표 6】〈대한매일신보〉에서 '진보' 등장 논설 수 및 단어 빈도

진보	총 논설 수	관련 논설 수	관련 논설 비율(%)	단어 빈도	논설당 평균 빈도(회)
1905	55	6	10.7	9	1.50
1907	169	20	11.8	31	1.55
1908	341	63	18.5	111	1.76
1909	280	43	15.4	59	1.37
1910	188	41	21.8	57	1.39

【표 7】〈대한매일신보〉에서 '단군' 등장 논설 수 및 단어 빈도

단군	총 논설 수	관련 논설 수	관련 논설 비율(%)	단어 빈도	논설당 평균 빈도(회)
1905	55	0	0	0	0
1907	169	8	4.7	9	1.13
1908	341	35	10.3	46	1.31
1909	280	20	7.1	25	1.25
1910	188	16	8.5	29	1.81

족'이나 '국민' 역시 1908년에 급격한 비약을 보여준다.

먼저 '민족'의 경우, 1907년까지는 전혀 사용되지 않다가 1908년 135회라는 빈도로 급작스레 중심적인 용어로 떠오른다. 이후에도 그 빈도는 더 늘어나며, 그 말이 들어간 논설의 비율도 0에서 20퍼센트대로 급상승한다. 논설 5개 중 하나의 꼴로 민족이란 말이 등장하여 사용되고 있음을 의미한다. '국민'이란 말은 〈독립신문〉에서 이미 사

6　이에 대해서는 이 책의 6장 〈근대적 영토 개념의 탄생〉 참조.

【표 8】〈대한매일신보〉에서 '민족' 등장 논설 수 및 단어 빈도

민족	총 논설 수	관련 논설 수	관련 논설 비율(%)	단어 빈도	논설당 평균 빈도(회)
1905	55	0	0	0	0
1907	169	0	0	0	0
1908	341	67	19.6	135	2.02
1909	280	68	24.3	155	2.28
1910	188	38	20.2	116	3.05

【표 9】〈대한매일신보〉에서 '국민' 등장 논설 수 및 단어 빈도

국민	총 논설 수	관련 논설 수	관련 논설 비율(%)	단어 빈도	논설당 평균 빈도(회)
1905	55	10	18.2	14	1.4
1907	169	27	16.0	63	2.33
1908	341	117	34.3	270	2.31
1909	280	120	42.9	398	3.32
1910	188	80	42.6	264	3.30

용되기 시작한 용어로서, 〈황성신문〉에서도 상당히 높은 비중을 갖고 사용되던 단어기도 하다(표 2 참조). 〈대한매일신보〉에서도 1905년이나 1907년에 이미 전체 논설의 16∼18퍼센트라는 높은 비율로 사용되고 있음을 표 9는 보여준다. 이는 6개 중 하나의 꼴로 사용된 것으로, 나중에 민족이란 말이 사용된 것과 근접하는 비율이다. 즉 국민이란 단어는 이미 이 시기부터 일반적인 용어로서 정착되어 있었음을 알 수 있다. 그런데 이 용어 역시 1908년에 이르면 다시 급격히 그 빈도와 비중이 늘어난다. 1907년의 63개에서 270개로, 398개로 급격히

【표 10】 〈대한매일신보〉에서 '문명' 등장 논설 수 및 단어 빈도

문명	총 논설 수	관련 논설 수	관련 논설 비율(%)	단어 빈도	논설당 평균 빈도(회)
1905	55	0	0	0	0
1907	169	46	27.2	87	1.89
1908	341	102	29.9	208	2.04
1909	280	86	30.7	171	1.99
1910	188	49	26.1	144	2.94

늘어나며, 1909년 이후에는 논설당 3회를 훌쩍 상회하여 사용된다. 관련 논설의 비율도 1908년 34퍼센트로 1907년에 비해 두 배 이상 증가하고, 그 이듬해부터는 40퍼센트를 넘게 차지하게 된다. 논설 2~3개당 1개꼴로 사용된 것이니, 적어도 독자들은 이틀에 한 번 이상 이 단어가 들어간 논설을 읽어야 했던 셈이다.

문명이란 말의 경우에는 1905년엔 사용되지 않았지만, 1907년엔 46개의 논설에서 87회 사용되었고, 이듬해에는 102개의 논설에서 208회 사용된 것으로 크게 늘어난다. 1909년에는 86회로 줄지만, 전체 논설 수에 대한 비율은 30.7퍼센트로 약간 더 높다. 1910년에는 그 비율이 26.1퍼센트로 줄지만, 전반적으로 전체 논설 수에 대한 비율은 30퍼센트 가까이 되는 편으로, 논설 3~4개당 한 번꼴로 '문명'이란 단어가 들어간 논설이 등장한 셈이다. 이는 '국민' 관련 논설을 제외하면 가장 높은 비율이다. 논설당 그 단어가 사용되는 비율 역시 평균 2회 정도로서 국민이나 민족보다는 적지만, 다른 것에 비해서는 매우 높다. 요컨대 문명이란 말 역시 1907년 이후 매우 빈번하게 자주 사용되는 일상적 용어가 되었음을 확인할 수 있다.

4. 인접성 분석의 방법

다음으로 역사와 관련된 단어들의 인접성을 보자. 이를 위해 일단 력〈, 진보, 단군 등의 용어가 등장하는 논설들마다 그와 연관된 다른 단어들이 얼마나 자주 사용되고 있는가를 조사해보았다. 먼저 력〈라 는 말이 등장하는 논설에서 국민이나 민족, 〈긔, 진보, 단군, 영웅, 강토, 조상, 문명, 〈천년 등의 단어가 어떤 빈도로 사용되고 있는가 를 보면 표 11과 같다. 표의 가장 왼쪽 열에 있는 것은 력〈라는 단어 가 각각의 연도마다 사용된 총 빈도를 표시하며, 연도의 오른편에 있 는 것, 가령 '국민'이란 항목에 포함된 두 줄 가운데 왼쪽의 것은 력〈 개념이 등장하는 논설에 등장하는 '국민'이란 단어의 빈도수고, 오른 쪽의 그것은 력〈라는 단어의 빈도에 대한 '국민'의 빈도의 비율을 표시한 것이다. 전자를 '상대적 빈도'라고 하고, 후자를 한 단어에 대

【표 11】 〈대한매일신보〉 '력〈' -논설에 등장하는 관련 단어들의 빈도[7]

력〈	연도	국민		민족		〈긔		진보		단군		영웅		강토		조상		문명		〈천년	
24	1907	21	.88	0	0	8	.33	3	.13	1	.04	9	.38	6	.25	3	.13	20	.83	4	.17
118	1908	108	.92	70	.59	31	.26	31	.26	21	.18	29	.25	19	.16	36	.31	74	.63	19	.16
72	1909	69	.96	36	.50	20	.28	24	.33	8	.11	124	1.72	15	.21	23	.32	32	.44	14	.19
39	1910	25	.64	38	.97	14	.36	9	.23	18	.46	31	.79	7	.18	7	.18	27	.69	16	.41
			0.85		0.69		0.31		0.24		0.20		0.79		0.20		0.23		0.65		0.23

---

7 이하의 유사한 표에서 '강토'는 '강토'와 '강산'이란 항목을 합친 것이고, '조상'은 '조상'과 '〈손(자손)'을 합친 것이다. 또 '〈천년(사천 년)'은 '〈천여년(사천여 년)'을 합친 것이다. 각 항목의 왼쪽 셀은 빈도를, 오른쪽은 가령 '력〈' 빈도에 대한 각 항목의 비율(%)을 표시한다.

한 다른 단어의 상관성을 보여주는 것이란 점에서 '상대빈도계수'라고 하자. 이를 적절히 이용하면 두 단어들의 인접성 내지 상관성을 분석할 수 있다.

단어 A의 빈도가 $n(A)$일 때 이 단어가 사용된 논설에서 단어 b의 빈도 $n(b)$을 상대빈도라 하자. 그리고 단어 A에 대한 b의 상대빈도계수를 F_A^b로 표시하기로 하면, 이는 다음과 같이 정의할 수 있다.

$$F_A^b = \frac{n(b)}{n(A)}$$

여기서 단어 b가 다른 단어들의 빈도를 계산하는 준거가 되는 경우 그 단어를 B로 표시하고, 단어 A가 그에 대한 상대빈도를 표시하는 위치에 올 때에는 그 단어를 a라고 표시하기로 하면, 역으로 (b와 동일한 단어) B에 대한 (A와 동일한 단어) a의 상대빈도계수는 다음과 같이 정의된다.

$$F_B^a = \frac{n(a)}{n(B)}$$

이런 방법으로 가령 단어 P가 나타나는 논설에서 단어 a, b, c, d …… 등이 나타나는 빈도 F_P^i를 비교할 수 있다($i = a, b, c$……). 예를 들면, 력수라는 말이 나타나는 논설에 국민, 민족, 문명, 단군 등의 단어가 등장하는 빈도를 이런 식으로 비교할 수 있다. 그런데 이는 사실 단순한 빈도 $n(a)$, $n(b)$, $n(c)$ 등의 비교와 동일하며, 가령 뒤에 보듯이 '국민'이나 '문명'처럼 일반적인 의미로 빈번히 사용되는 단어일수록 크게 나타나 단어의 인접성을 비교하는 데 적절하지 못하다. 그래서 가령 '국민'처럼 어디서나 많이 사용되는 단어는 력수 관련 논설이든 문명이나 단군 관련 논설이든 모두 높은 빈도로 나타날 것이다. 이는 국민이란 개념이 력수나 문명과 특별히 상관성이 커서 그런 게 아니라, 모든 논설에서 많이 사용됨을 뜻할 뿐이다. 가령 최근의 글에서라면 '이다'나 '하다'라는 동사의 경우 일반적으로 빈번히 사용되는 단어기 때문에 상대빈도계수는 당연히 높게 나타나겠지만, 그렇다고 가령 역사라는 개념에 대해 단군이란 개념보다 이 단어의 상관성이 높다고 말할 순 없을 것이다.

이와 달리 어떤 단어 p가 다른 단어들 A, B, C, D …… 등이 출현하는 논설에서 나타나는 상대빈도계수를 비교하는 방법을 생각해볼 수 있다. 이 경우 만약 p가 '국민'이나 '문명'처럼 일반적 사용 빈도가 높을수록 그 단어는 여러 논설에 고르게 분포되어 있을 것이고, 따라서 일반성만 갖고 있다면 어느 논설에서나 상대빈도계수는 높은 값으로 일정하리라고 예상할 수 있다. 나아가 일반적으로 자주 사용되는가 여부와 상관없이 단어의 의미가 특정화된 것이 아니라면, 그 단어가 어떤 논설에서 사용되는 양상은 일정하리라고, 즉 논설들마다 편차가 크지 않으리라고 예상할 수 있을 것이다. 이런 이유에서 F_j^p 값들 사이의 편차들을 비교함으로써 p가 a, b, c, d 등과 갖는 상관성을 포착할 수 있을 것이다. 즉 F_j^p 값이 다른 것들에 비해 상대적으로 큰 편차를 갖는 단어들은 p와 인접성이 크다는 것으로 이해해도 좋을 것이다. 이런 식으로 F_j^p의 값들을 단어 j와 p의 인접성을 구별하는 지표로 사용할 수 있을 것이다.

다른 한편 일반적으로 $F_A^b \neq F_B^a$인데, 이는 단어 A에 대한 b의 상관성과 단어 B에 대한 a의 상관성이 다르다는 말이다. 이 경우 두 단어

A와 B는 서로 비대칭적임을 의미한다. 이 비대칭성은 두 단어 사이의 상대적 특정성과 포괄성을 보여준다. 예를 들어 '국민'이란 단어가 사용된 논설에서 '역사'라는 말의 상대빈도계수는 '역사'라는 말이 사용된 논설에서 '국민'이란 말의 상대빈도계수와 다르다. 나중에 보겠지만, 전자보다 후자가 훨씬 크다. 이유는 '국민'이란 말은 '역사'보다 훨씬 포괄적이고 일반적으로 사용되기 때문에, '역사'를 말하는 논설에서 빈번하게 나타나지만, '역사' 아닌 다른 말들과 널리 결합되어 사용된다. 따라서 '국민'이란 말이 등장하는 논설에는 '역사' 아닌 다른 단어들이 등장할 가능성이 훨씬 큰 것이고, 이로 인해 역사—논설 중에 국민이 사용된 빈도가 그 반대보다 클 것이다. 즉 $F^{역사}_{국민}$ < $F^{국민}_{역사}$가 된다. 이를 역으로 사용하면, 두 개의 상대빈도계수는 두 단어 a, b 간의 비대칭성을, 즉 한 단어가 다른 단어보다 일반화되어 사용되는 포괄적 용어인지 아니면 특정화된 용어인지를 확인할 수 있다. 일반적으로 F^{b}_{A} < F^{a}_{B}라면 단어 a는 b에 비해 포괄적인 의미를 갖고 사용되는 반면, 단어 b는 단어 a에 비해 특정화되어 있음을 의미한다. 이를 외연(extention)의 폭이 더 크다는 의미에서 $E(b)$ < $E(a)$라고 표시하기로 하자. 그러면 이제 일반적으로 다음의 관계가 성립한다.

$$F^{b}_{A} < F^{a}_{B}\text{이면, } E(b) < E(a)$$

가령 국민이란 말이 포함된 논설에서 민족이란 단어의 상대빈도계수($F^{민족}_{국민}$)가 0.23이고, 민족이란 말에 포함된 국민이란 말의 상대빈도계수($F^{국민}_{민족}$)가 0.67이라면 $F^{민족}_{국민}$ < $F^{국민}_{민족}$, 따라서 $E(민족)$ < $E(국민)$. 즉 국민이 더 포괄적인 단어고, 민족은 그에 비해 상대적으로 특정화된 단어라고 할 수 있다.

특정화되어 있는 단어는 포괄적인 단어에 비해 계열화되는 다른 단어들의 의미를 규정하는 일차적 효과를 갖는다. 즉 계열화되는 다른 단어들의 의미를 영토화하는 영토화의 중심이 된다. 반면 포괄적인 단어는 그 배치와 무관한 다른 단어들과 결합됨으로써 그 배치가 탈영토화되는 지점을 형성한다. 일련의 단어들의 상대빈도계수를 통해 확인되는 단어들의 비대칭성을 통해 복수의 단어들의 상대적 영토성을 비교할 수 있다.

5. 역사 관련 용어의 인접성 분석

〈대한매일신보〉에서 력ᄉᆞ라는 말이 사용된 논설들에서 사용되는 몇 가지 관련 단어들의 상대 빈도를 조사하면 표 11과 같다. 이 표에서 마지막 행에 있는 것은 상대빈도계수의 평균이다. 여기서 '역사'-논설에서 '국민'의 상대빈도계수가 0.9 내외라는 것은 력ᄉᆞ라는 말이 들어간 논설에 국민이란 말이 0.9 내외의 비율로 등장한다는 말이다.[8] 력ᄉᆞ라는 말이 국민이란 말과 함께 사용되는 경우가 많다는 것이다.

---

8 그런데 특기할 것은, 민족이란 단어는 1907년에는 등장하지 않다가 1908년 이후 등장하는데, 이하에서의 분석에서는 주어진 논설 안에서의 빈도의 평균을 전체적으로 비교하는 것이 아니라, 역사 관련 개념어들 간의 상관성을, 가령 력ᄉᆞ라는 말과 민족이라는 말이 얼마나 상관성을 갖고 인접하여 나타나는가를 다른 단어의 인접성과 비교하려는 것이므로, 연도별 평균이 아니라 두 단어의 인접성을 표시하는 빈도 연관이 중요하기 때문에, 민족이란 말이 나타나지 않는 해는 제외하여, 그 단어가 나타나는 해를 기준으로 평균 빈도를 계산하는 것이 더 적절하다. 즉 여기에 제시된 표에서 민족이란 개념에 대해서 표시된 평균값은 그것이 나타나는 1908년 이후의 3년간에 대해 계산한 것이다.

력수 관련 논설에서 상대빈도계수가 가장 높은 것은 '국민'이라는 단어다. 그 다음이 '영웅'이고, 그 뒤를 '문명', '민족', '수긔'가 차례로 이어지며, '진보'와 '조상', '수쳔년'이 거의 비슷한 값으로 그 뒤에 오고, '단군'과 '강토'가 가장 적은 값을 갖고 있다.

이는 〈대한매일신보〉에서 '력수'라는 단어의 실질적 용법을 안다면 매우 기이한 것이다. '단군'이나 '수쳔년' 같은 단어는 이 당시 역사의식을 표현하는 가장 상징적인 단어고, 역사라는 말과의 인접성이 매우 높은 단어인데, 여기서 상대빈도계수는 가장 적은 값으로 나오기 때문이다. 반면 '국민'이나 '문명' 같은 단어는 역사만이 아니라 다른 많은 단어들과 결합되어 사용되는 일반적 용어인데, 바로 그것이 여기서 높은 상대빈도계수의 이유가 되고 있는 것이다. 이는 다른 단어를 잡아서 그것이 등장한 논설을 조사해보아도 비슷하게 나타날 것으로 예상할 수 있는데, 이는 뒤에 제시한 표들에서 실제로 그러함을 확인할 수 있다. 예컨대 '국민'이란 단어의 경우 표 11∼16의 모든 경우에 대해 언제나 가장 높은 상대빈도계수를 갖고 있다. 이는 국민이 모든 단어와 언제나 인접성 연관이 크다는 것이 아니라, 국민은 모든 단어와 더불어 가장 흔하게 사용되는 일반적 용어라는 것을 의미한다.

따라서 어떤 단어들의 인접성을 분석하기 위해선 그 단어가 사용된 논설에서 관련 단어의 상대빈도계수를 단순히 비교하는 것으로는 부적절하다. 앞서 말했듯이 오히려 다른 단어가 사용된 여러 논설들에서 그 단어가 등장하는 빈도를 비교함으로써 그 단어가 다른 단어들과 갖는 인접성을 포착할 수 있다. 이와 관련해 일단 여기서는 력수 이외에 '국민', '민족', '문명', '진보', '단군'이 사용된 논설에

【표 12】〈대한매일신보〉 '국민' - 논설에 등장하는 관련 단어들의 상대 빈도와 상대빈도계수

국민	연도	민족		력ᄉ		ᄉ괴		진보		단군		영웅		강토		조상		문명		ᄉ쳔년	
63	1907	0	0	6	.10	4	.06	10	.16	0	0	10	.16	10	.16	3	.05	17	.27	2	.03
270	1908	61	.23	66	.24	44	.16	38	.14	25	.09	72	.27	26	.10	49	.18	88	.33	26	.10
398	1909	36	.09	38	.10	37	.09	21	.05	17	.04	107	.27	14	.04	35	.09	64	.16	14	.04
264	1910	58	.22	14	.05	7	.03	29	.11	9	.03	17	.06	18	.07	16	.06	95	.36	8	.03
		0.18		0.12		0.09		0.12		0.05		0.19		0.09		0.10		0.28		0.05	

【표 13】〈대한매일신보〉 '민족' - 논설에 등장하는 관련 단어들의 상대 빈도와 상대빈도계수

민족	연도	국민		력ᄉ		ᄉ괴		진보		단군		영웅		강토		조상		문명		ᄉ쳔년	
0	1907	0	0	0	0	0	0	0	0	0	0	0	0	0	0	0	0	0	0	0	0
135	1908	91	.67	56	.41	40	.30	42	.31	23	.17	61	.45	23	.17	41	.30	81	.50	24	.18
155	1909	71	.46	27	.17	29	.19	19	.12	15	.10	95	.61	17	.11	22	.14	50	.32	13	.08
116	1910	97	.84	14	.55	17	.15	12	.10	24	.21	4	.03	15	.13	15	.13	46	.40	12	.10
		0.66		0.38		0.21		0.18		0.16		0.36		0.14		0.19		0.41		0.12	

【표 14】〈대한매일신보〉 '문명' - 논설에 등장하는 관련 단어들의 상대 빈도와 상대빈도계수

문명	연도	력ᄉ		ᄉ괴		민족		국민		단군		영웅		강토		조상		진보		ᄉ쳔년	
87	1907	11	.13	15	.17	0	0	27	.31	6	.07	4	.05	12	.14	10	.11	20	.23	8	.09
208	1908	45	.22	33	.16	50	.24	112	.54	16	.08	35	.17	27	.13	17	.08	72	.35	21	.10
171	1909	23	.13	29	.17	47	.27	101	.59	7	.04	84	.49	14	.08	21	.12	29	.17	17	.10
144	1910	12	.08	2	.01	35	.24	113	.78	2	.01	7	.05	9	.06	6	.04	30	.21	9	.06
		0.14		0.13		0.25		0.56		0.05		0.19		0.10		0.09		0.24		0.09	

【표 15】〈대한매일신보〉 '진보' - 논설에 등장하는 관련 단어들의 상대 빈도와
상대빈도계수

진보	연도	력ᄉ		ᄉ긔		민족		국민		단군		강토		영웅		조상		문명		ᄉ천년	
31	1907	1	.03	7	.23	0	0	15	.48	2	.06	16	.52	2	.06	5	.16	27	.87	5	.16
111	1908	19	.17	20	.18	39	.35	75	.68	7	.06	16	.14	43	.41	15	.14	62	.56	15	.14
59	1909	18	.31	10	.17	21	.36	59	1.00	3	.05	7	.12	4	.07	7	.12	52	.88	5	.08
57	1910	10	.18	4	.07	20	.35	74	1.30	5	.09	8	.14	9	.16	6	.11	60	1.05	10	.18
			0.17		0.16		0.27		0.86		0.07		0.23		0.17		0.13		0.84		0.14

【표 16】〈대한매일신보〉 '단군' - 논설에 등장하는 관련 단어들의 상대 빈도와
상대빈도계수

단군	연도	국민		민족		력ᄉ		ᄉ긔		진보		영웅		강토		조상		문명		ᄉ천년	
9	1907	9	1.00	0	0	2	.22	1	.11	2	.22	0	0	4	.44	3	.33	5	.56	2	.22
46	1908	57	1.24	43	.93	35	.76	17	.37	21	.46	19	.41	21	.46	43	.93	21	.46	20	.43
25	1909	21	.84	18	.72	15	.60	16	.64	2	.08	39	1.56	5	.20	17	.68	16	.64	7	.28
29	1910	12	.41	60	2.07	10	.34	17	.59	4	.14	2	.07	6	.21	6	.21	3	.10	14	.48
			0.87		1.24		0.48		0.43		0.23		0.68		0.33		0.54		0.44		0.35

서 10개 정도의 단어들이 등장하는 빈도를 조사하면 아래의 표들과 같다.

이 표들을 가로질러 먼저 각각의 논설들에 대해 '력ᄉ'라는 말이 사용되는 상대빈도계수 $F_j^{력ᄉ}$의 평균값을 비교하면, 단군-논설에서 그것이 평균 0.48로 가장 높고, 그 다음이 민족-논설로서 0.38이다. 이어서 진보-논설에서 그 값이 0.17, 문명-논설에서 0.14, 국민-논설에서 0.12의 순서로 감소한다. 따라서 력ᄉ라는 단어와 인접성이 큰

단어는 대략, 력수: 단군 0.48 〉 민족 0.38 〉 진보 0.17 〉 문명 0.14 〉 국민 0.12의 순서로 배열될 수 있을 것이다. 여기서 진보나 문명, 국민 사이에 나타나는 수치의 차이는 너무 작아서 실질적인 특정화 정도를 의미한다고는 볼 수 없을 것이다. 하지만 단군 및 민족과의 인접성과 다른 단어들의 그것 간에 존재하는 상대빈도계수의 차이는 매우 커서, 두 개의 다른 계열로 구별해야 하는 건 아닌가 하는 생각이 든다. 어쨌건 력수가 가장 큰 인접성을 갖는 단어는 '단군'이고, 그 다음에 '민족'이라는 단어라는 점은 유심히 보아두어야 한다.

다음으로 '소긔'라는 단어의 평균 상대빈도계수를 비교해보면, 단군-논설이 가장 커서 0.43이고 그 다음이 력수-논설로 0.31이다. 민족-논설이 0.21로 그 다음이고, 그 뒤를 진보-논설 0.16, 문명-논설이 0.13, 국민-논설이 0.09로 이어지고 있다. 사실 소긔라는 말은 력수라는 말과 의미론적 인접성을 갖는 말인데도, 력수보다는 단군이란 말에 더 인접해 있는 것이다. 여기서 앞의 두 단어와 뒤의 세 단어가 다른 계열의 말이란 것은 분명하다. 다만 민족의 경우 앞뒤 수치와의 차이는 진보에 더 가깝지만 상대빈도계수 0.21은 전체적으로 보아 작다고 할 수 없다는 점에서 명확하게 분할하기 어려워 보인다.

세 번째로 진보라는 말의 상대빈도계수를 논설별로 비교해보면 가장 높은 것은 력수와 문명-논설로 0.24라는 같은 값을 갖는다. 다음은 단군으로 0.23, 그리고 이어서 민족 0.18, 국민 0.12다.

진보 : 력수 0.24 = 문명 0.24 〉 단군 0.23 〉〉 민족 0.18 〉 국민 0.12

이처럼 진보라는 말은 력수, 문명, 단군 등의 단어와 인접하고, 민족이나 국민에 대해서는 상대적으로 인접성이 적은 말이라고 하겠다.

국민이란 말의 상대빈도계수를 논설별로 비교해보면 다음과 같다.

국민 : 단군 0.87 〉 진보 0.86 〉 력ㅅ 0.85 〉 민족 0.66 〉 문명 0.56

전체적으로 모두 높은 값을 가지고 있는데, 이는 국민이란 말이 전체적으로 빈번하게 사용되는 말임을 의미한다. 단군, 진보, 력ㅅ가 사용된 논설에 대해서는 0.86 내외로 거의 똑같은 값을 보여주고 있는데, 이는 국민이란 말이 이 세 단어에 대해 비슷한 인접성을 갖고 있음을 의미한다.

이런 식으로 다른 단어들에 대해 상대빈도계수를 비교하여 앞서 본 것을 포함하여 차례대로 적으면 다음과 같다.(가령 첫째 줄은 단군-논설 중 력ㅅ의 상대빈도계수, 민족-논설 중 력ㅅ의 상대빈도계수 등등을 나란히 적어 그 값의 크기에 따라 배열한 것이다)

그룹 1)

력ㅅ: 단군 0.48 〉 민족 0.38 〉〉 진보 0.17 〉 문명 0.14 〉 국민 0.12

민족: 단군 1.24 〉 력ㅅ 0.69 〉〉 진보 0.27 〉 문명 0.25 〉 국민 0.18

단군: 력ㅅ 0.20 〉 민족 0.16 〉〉 진보 0.07 〉 국민 0.04 〉 문명 0.04

영웅: 력ㅅ 0.79 〉 단군 0.68 〉 민족 0.36 〉〉 국민 0.19 = 문명 0.19 〉
　　　진보 0.17

ㅅ천년: 단군 0.35 〉 력ㅅ 0.23 〉〉 진보 0.14 〉 민족 0.12 〉 문명 0.09 〉
　　　국민 0.05

ㅅ긔: 단군 0.43 〉 력ㅅ 0.31 〉〉 민족 0.21 〉 진보 0.16 〉 문명 0.13 〉
　　　국민 0.09

그룹 2)

조샹: 단군 0.54 〉〉 력ㅅ 0.23 〉 민족 0.19 〉 진보 0.13 〉 국민 0.10 〉

문명 0.09

강토: 단군 0.33 〉〉 진보 0.23 〉 력스 0.20 〉 민족 0.14 〉 문명 0.10 〉
국민 0.09

그룹 3)

진보: 력스 0.24 = 문명 0.24 〉 단군 0.23 〉〉 민족 0.18 〉 국민 0.12

국민: 단군 0.87 〉 진보 0.86 〉 력스 0.85 〉〉 민족 0.66 〉 문명 0.56

문명: 진보 0.84 〉 력스 0.65 〉〉 단군 0.44 〉 민족 0.41 〉〉 국민 0.28

상대빈도계수 F_j^p를 순차적으로 배열하면서 그 값에서 편차가 큰 부분을 유심히 관찰해보면 위에서 조사한 11개의 단어들이 세 개의 그룹으로 구별될 수 있음을 볼 수 있다. 가장 첫 번째 그룹은 력스, 민족, 단군의 세 단어와 진보, 문명, 국민이라는 세 단어 사이에 상대빈도계수의 격차가 크게 나타나는 단어군이다. 력스-민족-단군이 진보, 문명, 국민과 구별되는 인접성 집단을 형성하고 있으며 여기에 영웅이나 수천년 등의 단어들이 강한 인접성을 갖고 결합되어 있음을 알 수 있다. 다만 '수긔'와 '수쳔년'이라는 단어는 단군과 력스와의 인접성은 강하지만 민족이란 말에 대해서는 모호하여 다른 단어들과 약간 다른 구분선을 갖는다. 하지만 이 역시 진보, 국민, 문명과는 약한 인접성을 보여준다는 점에서는 공통된다는 것에서 첫째 그룹으로 함께 분류할 수 있을 것이다.

두 번째 그룹은 조상과 강토라는 단어로서, 모두 단군과는 매우 강한 인접성을 갖지만, 다른 단어들에 대해서는 상대적으로 거리가 있는 단어 집단이다. 조상이나 강토가 단군 이래의 혈통과 영토를 표시하는 단어라는 점에서 단군과의 특별한 인접성은 이해할 수 있겠지만, 이 단어들이 력스나 민족 등과 거리를 두고 있다는 점은 의외의 사실이다.

세 번째 그룹은 첫째 그룹의 단어들이 거리를 두고 있었던 단어인 진보, 국민, 문명이다. 진보의 경우에는 력스 및 단군과 문명 모두에 대해 동일한 상대빈도계수를 갖고 있다. 즉 력스나 문명이라는, 첫째 그룹에서는 분리된 단어들 모두에 대해 동일한 정도의 인접성을 갖고 사용된다. 그리고 첫째 그룹에서는 마찬가지로 분리되어 있던 국민과 민족 모두에 대해 약한 인접성을 갖는다. 국민의 경우에는 단군-력스-진보와 민족-문명 사이에 구분선이 그어진다. 여기서도 민족과 문명이 한편에 있고, 첫째 그룹의 구분에 무감했던 진보 개념이 단군-력스와 더불어 다른 한편에 있다는 점에서 첫째 그룹이 갖는 구획선을 지우며 사용되고 있음을 알 수 있다. 이는 '문명' 역시 비슷해서 진보, 력스를 한편으로 하고, 단군, 민족, 국민을 다른 한편으로 구분하고 있다. 세 단어 모두 첫째 그룹의 력스-단군-민족의 세 단어가 만들어내는 인접성의 경계를 가로질러 사용된다는 점에서 공통된다고 하겠다. 만약 력스-단군-민족의 삼각형이 근대적 역사의식과 결부된 개념들을 형성한다고 말한다면, 첫째 그룹의 단어들은 그 삼각형에 결합되며 근대적 역사관념을 형성하는 개념적 계열화의 선을 그린다고 말할 수 있을 것이고, 셋째 그룹의 단어들은 그러한 역사관념에 특정화되지 않고 널리 사용되는 단어들이라고 말할 수 있을 것이다.

6. 역사 관련 용어들의 비대칭성 분석

단어들의 상대빈도계수를 비교함으로써 11개 단어들의 인접성 연관을 대략이나마 포착할 수 있었다. 이와 다른 차원에서 이제 이 가운데 6개 단어들의 상호 비대칭성을 분석함으로써 단어들의 상대적인 포괄성 내지 일반성과 특정성을 비교해볼 수 있을 것이다. 사실 단어들의 일반성 내지 포괄성에 대해서는 앞서 언급한 바 있지만, 그것은 구체적으로 확인된 게 아니라 다만 그러하리라는 추측에 지나지 않았다. 이를 확인함으로써 역으로 역사와 결부되어 단어들이 특정화된 양상을 볼 수 있을 것이다.

이를 비교하기 위해서 가령 '력사'라는 단어가 사용된 논설에서 '국민'의 상대빈도계수와 '국민'이 사용된 논설에서 '력사'의 상대빈도계수를 비교하면 된다. 력사-논설에서 '국민'이 사용된 빈도가 높은 반면, '국민'-논설에서 '력사'가 사용된 빈도가 낮다면, 국민이란 말이 사용된 논설이 력사 아닌 다른 단어들과 결합되는 경우가 많다는 것을 뜻하면, 이는 그 단어의 의미가 훨씬 더 포괄적인 방식으로 사용됨을 뜻하기 때문이다. 력사-논설에서 국민의 상대빈도계수의 평균을 $M(F^{국민}_{력사})$으로, 국민-논설에서 력사의 상대빈도계수의 평균을 $M(F^{력사}_{국민})$으로 쓰기로 하고, 어떤 단어, 가령 '국민'이란 말의 포괄성 내지 일반성의 크기를 그 외연의 크기를 표시하는 $E(국민)$라고 쓰기로 하자. 앞의 표들에서 이를 확인해보면 다음과 같다.

$$M(F^{국민}_{력사}) = 0.85$$

$$M(F^{력사}_{국민}) = 0.12$$

즉 $M(F^{국민}_{력사}) \rangle M(F^{력사}_{국민})$이고, 따라서 $E(국민) \rangle E(력사)$다. 즉 국민이 력

수보다 더 포괄적이고 일반적인 의미로 사용된다. 이는 력수가 국민보다 더 특정화된 단어임을 뜻한다.

이를 좀 더 간략하게 평균빈도계수를 바로 옆에 써서 력수와 다른 말들, 즉 민족, 진보, 단군, 문명을 비교하면 다음과 같다.

$M(F^{민족}_{력수})$ 0.69 〉 $M(F^{력수}_{민족})$ 0.38, 따라서 E(민족) 〉 E(력수).

$M(F^{진보}_{력수})$ 0.69 〉 $M(F^{력수}_{진보})$ 0.17, 따라서 E(진보) 〉 E(력수).

$M(F^{단군}_{력수})$ 0.69 〉 $M(F^{력수}_{단군})$ 0.48, 따라서 E(단군) 〉 E(력수).

$M(F^{문명}_{력수})$ 0.69 〉 $M(F^{력수}_{문명})$ 0.14, 따라서 E(문명) 〉 E(력수).

여기서 검토한 단어 가운데 국민, 민족, 진보, 문명은 력수보다 더 포괄적이고, 단군은 력수보다 더 특정화되어 있다. 즉 E(단군) 〈 E(력수) 〈 E(민족); E(진보); E(국민); E(문명). 그렇다면 다음의 표들을 이용해 뒤의 네 단어에 대해 다시 비대칭성을 비교해볼 수 있다. 먼저 국민-논설에서 가능한 것을 보면 다음과 같다.

$M(F^{민족}_{국민})$ 0.18 〉 $M(F^{국민}_{민족})$ 0.66, 따라서 E(민족) 〉 E(국민).

$M(F^{진보}_{국민})$ 0.12 〉 $M(F^{국민}_{진보})$ 0.86, 따라서 E(진보) 〉 E(국민).

$M(F^{문명}_{국민})$ 0.28 〉 $M(F^{국민}_{문명})$ 0.56, 따라서 E(문명) 〉 E(국민).

이상에서 국민이란 단어가 이 중 가장 포괄적인 의미로 사용됨을 알 수 있다. 다음으로 민족-논설에서 세 단어를 다시 비교하면,

$M(F^{진보}_{민족})$ 0.18 〉 $M(F^{민족}_{진보})$ 0.27, 따라서 E(진보) 〉 E(민족).

$M(F^{문명}_{민족})$ 0.41 〉 $M(F^{민족}_{문명})$ 0.25, 따라서 E(문명) 〉 E(민족).

이것으로 세 단어의 포괄성과 특정성의 정도는 다 드러난다. 즉 E(진보) 〈 E(민족) 〈 E(문명)이다.

이상의 결과를 하나로 연결하여 표시하면 다음과 같다.

E(단군) 〈 E(력수) 〈 E(진보) 〈 E(민족) 〈 E(문명) 〈 G(국민).

즉 국민이 가장 일반적이고 포괄적인 말이라면, 그보다는 문명이, 문명보다는 민족이, 민족보다는 진보가, 진보보다는 력수가, 력수보다는 단군이 더 특정화되어 있는 단어라고 할 수 있다.

7. 인접성과 비대칭성의 분석 결과

이상에서 11개 단어들의 인접성 연관에 대해 분석한 것과 지금 의미의 비대칭성에 대해 분석한 것을 함께 고려하여 몇 가지 간단한 결론을 얻을 수 있다.

첫째, 앞서 인접성 분석에서 드러난 세 개의 단어 집단에서 첫째 그룹의 단어, 특히 거기서 중심적 위상을 갖는 세 단어인 단군, 력수, 민족은 비대칭성 분석에서도 특정성(비대칭성)이 강한 말임이 확인된다. 이런 이유에서 세 단어는 서로에 대해 특정화되어 있으며 강한 인접성을 갖고 결합하여 사용되는 말들이라고 말할 수 있을 것이다. 민족의 경우에는 진보보다 특정성은 작았지만, 력수 및 단군이란 말과 강한 인접성을 갖는 말임은 분명하며, 이런 점에서 이 세 단어는 빈번하게 상호 계열화되며 사용되는 말들이라고 말해도 좋을 것이다.

이들 세 단어가 아마도 이 시기 〈대한매일신보〉에서 역사 개념의 형성에서 중심적인 역할을 했다고 말할 수 있을 것이며, 이 세 단어가 결합되는 지대에 영웅이나 수천년, 조상, 주손, 강토, 강산 같은 단어들이 결합되면서 이 시기 갑자기 부상하며 형성되기 시작한 역사의식의 기본 골격을 형성했다고 말해야 할 것이다. 앞서 세 그룹으로 나누어 요약한 단어들의 인접성을 고지식하게 해석한다면, 아마도 '영웅'

은 단군과 역사를 연결하면서, 다시 말해 역사의 영웅들에 대한 상기를 통해 미래의 역사를 밀고 나갈 영웅이 될 것을 호소하는 방식으로 등장하리라고 말할 수 있지 않을까? 수천년은 단군 이래 사천 년의 역사를 상기시키면서 역사의 시간적 연속성을, 그 시간 속에서 좀 더 나은 미래를 향한 진보를 호소하는 방식으로 등장하리라고 말할 수 있지 않을까? 그리고 조상이나 주손은 단군 이래 가족 같은 하나의 집단을 이루고 있음을 상기시키며 이런저런 역사를 관통하는 민족의 혈연적 동일성을 상기시키는 방식으로 사용되었을 것이며, 강토나 강산은 단군 이래 그 주손이 살아온 공간적 동일성을 상기시키면서 상실의 위기에 처한 그 땅을 회복할 것을 호소하는 방식으로 사용되었으리라고 말할 수 있을 것이다. 역사라는 말이 급격히 증가하며 사용된 시기에 근대적 역사의식이 형성되어 작동한 개념적 배치가 있다면, 그것은 이러한 단어들이 출현하여 함께, 혹은 번갈아 고대하며 결합되는, 단군-력수-민족의 단어 삼각형이 만드는 이 개념적 공간이라고 말할 수 있을 것이다.

또 하나 여기서 단군이란 개념이 가장 비대칭성이 큰 단어라는 점, 그리고 모든 역사 관련 단어들의 인접성이 가장 강한 말이라는 점을 주목할 필요가 있을 것이다. 이는 단군이란 말은 역사와 관련해서 특정화되어 사용되는, 가장 특정화된 말이란 것을 뜻하며, 역사와 결부된 단어들이 단군에 대해 인접성이 크다는 것은 역사 개념에서 단군이란 말이 차지하는 중심적인 위치를 보여준다. 또한 민족이란 말이 사용된 논설에서 단군이란 말의 출현 빈도는 유난히 높은데, 이는 민족의 개념이 조상, 강토 같은 말과 더불어 단군이란 말을 통해 사용되고 있음을 의미한다. 요컨대 력수도, 민족도, 수천년도 조상이나 강토도 모두 단군이란 말을 통해 작동하고 의미화된다. 이런 점에서 단군이란 말은 이 시기 역사 관련 단어들이 준거하는 특권적 중심이며, 그 단어들에 의미를 부여하고 그것들의 용법에 방향을 부여하는 인력의 중심이라고 말해도 좋을 것이다.

둘째, 국민, 문명은 적어도 첫째 그룹에 속하는 단어들과의 인접성은 모두 약하며, 단어들의 특정성도 작다. 아니, 역으로 이 단어들은 여기서 제시된 몇몇 단어 이외에도 다양한 단어들과 결합되면서 사용되는 포괄적이고 일반적인 단어며, 이것이 앞서의 센 단어들과 인접성이 약하게 나타나는 이유일 것이다.

여기서 주목할 것은 사실 비슷한 의미로 사용되리라고 보이는 '국민'과 '민족'이 인접성이나 특정성이란 점에서 다른 계열에 속한다는 사실이다. 국민에 비해 민족이 단군이나 역사 방향으로 좀 더 특정화된 단어라면, 국민은 역사 관련 단어와도 계열화되지만 단지 그리로 제한되지 않는 다양한 의미화의 방향을 갖는 포괄적이고 일반적인 단어라는 것이다.

셋째, 진보라는 단어는 비대칭성 분석이 보여주는바 단군이나 력사보다는 포괄적이지만 민족보다는 더 특정화되어 사용되는 말이다. 즉 진보는 상당히 특정화된 의미를 갖는 용어다. 그런데 그 특정화의 방향은 한편으로는 력사에 인접해 있지만, 다른 한편으로는 동일한 정도로 문명이라는 말에 인접해 있다. 따라서 〈대한매일신보〉에서 진보라는 말은 역사와 문명화라는 두 가지 상이한 방향의 개념들과 계열화되며 특정화된 개념으로 사용되는 경향이 있다고 하겠다.

그러나 인접성 분석의 결과를 보면, 진보라는 단어는 역사, 단군, 민족 같은 개념들과 상대적으로 거리를 두고 사용되는 개념임을 알 수 있다. 물론 진보 개념이 사용된 논설에 역사나 민족 같은 개념이 자주 사용되지만, 반대로 역사나 단군, 민족 개념이 사용된 논설에서 진보 개념은 상대적으로 낮은 빈도를 갖고 있다. 그보다는 문명이나 국민이 사용된 논설에서 진보 개념의 출현 빈도는 0.8을 넘는 아주 높은 값을 보여준다. 이 말은 진보라는 개념이 두 가지 방향의 개념들과 모두 관련되어 사용되지만, 역사, 민족 같은 말보다는 문명, 국민 같은 말과 훨씬 강한 상관성을 갖고 사용되고 있음을 의미한다. 이는 이미 〈독립신문〉 이래 근대 계몽기에 진보라는 말은 개화나 개명, 문명화 등 사회나 정치, 문화 전반의 개선이나 발전을 호소하는 대표적인 단어였음을 안다면, 이러한 용법이 〈대한매일신보〉에서도 지속되고 있으며, 따라서 진보는 국민들에게 문명화할 것을 호소하는 개념의 성격이 강했음을 뜻한다고 할 수 있을 것이다.

진보라는 개념이 사용된 논설에서 역사, 문명, 단군의 상대 빈도가 높았다는 점은, 진보 개념이 문명과 결부되어 사용되면서도, 그것에는 단군으로 귀속되는 역사의 관념이 확실하게 자리 잡게 되었음을 뜻하는 것이기도 하다. 즉 진보 개념은 문명화를 촉구하는 일반성을 가지면서, 그 자체로는 단군-역사라는 내용을 갖는, 그런 의미에서 두 계열의 단어군에 모두 연결되는 용법을 갖게 되었다고 할 것이다.

8. 역사-단군-민족이 만드는 개념적 공간

이상의 분석에서 두드러진 것은 역사-단군-민족이라는 개념들의 인접성이 매우 강하여 하나의 군을 형성한다는 점, 그리고 거기서 단군이란 개념이 매우 특권적인 중심의 역할을 한다는 점이다. 조상이나 강토가 단군이란 개념과 인접성이 강하게 나타나는 것은 이런 맥락에 있다는 점에서 일관성을 갖는다. 그리고 국민과 민족이 계열화되는 단어들 사이에 어떤 반복적 구별이 형성되고 있다는 것을 보았고, 마지막으로 진보 개념이 이 두 계열의 단어 모두에 계열화되면서 한편으로는 역사적 개념으로 사용되면서 다른 한편으로는 문명화를 호고하는 규범적 개념으로 사용된다는 것을 보았다.

이러한 결과가 뜻하는 것은 첫째, 〈대한매일신보〉에서의 역사 개념은 무엇보다도 단군이라는 특권적 개념에 귀속되면서, 민족이라는 개념을 단위로 하여 구성되는 것이란 점이다. 단군이라는 기원이 역사 관련 개념 모두에서 특권적 중심의 자리를 차지하고 있다는 것은, 이 시기 출현한 역사의 관념이 상이한 시대들 연속체를 지칭하는 그런 역사관념이 아니라 최초의 기원에서 시작하여 상이한 시대 전체를 하나로 통합하고 포괄하는 그런 역사의 관념이라는 것을 보여준다. 이는 왕조의 교체나 시대의 변화와 무관하게 하나의 전체로서 그 자체로 존재하는 역사라는, '즉자대자적 역사'의 관념이라는 것을 보여준다. 그것은 19세기 이래 서구에서 출현한 근대적 역사관념과 동일한 양상의 역사관념이라고 할 수 있을 것이다. 동시에 그것은 기원의 위대함을 강조하는 방식으로 역사에 미래시제의 목적성을 부여하는 근대적 역사관념의 또 다른 특징을 공유하고 있다.

이러한 역사의 관념에서 핵심적인 것은 '진보'의 개념일 것이다. 진보 개념이 등장하는 논설에서 단군이나 역사라는 개념의 빈도가 높다는 것은 진보 개념에 대한 서술이 단군이나 역사 개념에 의존하고 있음을 뜻할 것이다. 이런 점에서 진보 개념은 분명 근대적 역사의 관념, 그것도 기원에 결부된 역사의 관념과 이미 충분히 결합되었다고 해도 좋을 것이다. 그러나 역시 앞 장에서 서술했듯이 기원에서 진보로 일관한 것으로 직접 서술하는 것은, 제국주의의 침략 앞에서 위기에 처한 '현재', 다른 민족들의 그것에 비해 결코 앞섰다고 말할 수 없으며 반대로 뒤처지고 퇴락한 현재로 인해 불가능했다. 이런 점에서 근대적 역사 개념은 진보의 관념을 요구하지만, 그대로는 사용할 수 없다는 아포리아가 발생한다. 이러한 곤란 속에서 진보의 개념은 위대한 기원에 이어진 역사를 상기시키면서, 현재의 퇴락한 상태를 극복하기 위해 문명화를 요청하는 규범적 개념으로, 기원에 잠재된 거대한 힘을 다시 발전시켜 역사를 진보케 하자는 규범적 개념으로 사용되게 된다. 진보라는 개념의 논설에서 민족만큼이나 국민이 비슷한 빈도로 사용되고 있는 것은 이런 이유일 것이고, 역사 관련 논설뿐 아니라 다른 계열의 논설에서도 진보의 개념이 골고루 빈번하게 출현하는 것은 이런 이유 때문일 것이다.

위대한 기원과 비참한 현재라는 이 역사의 간극으로 인해 민족이라는 말과 국민이라는 말이 분리되어 일종의 '이중체'가 된다. 민족이 위대한 기원과 '조상', '강토'로 연결되는 가족적이고 혈연적인 개념이고, 기원에서 현재를 잇는 통일성(단일성)을 담지하는 실체적 단위로서 사용되는 반면, 국민은 거기에 정신이나 행동의 단일성을 추가하여 사람들을 하나로 통합해야 하는 규범적 개념으로 사용된다. 국민이란 말이 이것 이상의 포괄적인 의미를 갖고 사용되는 단어였다는 것은 물론이지만, 그 일반성은 한편으로는 영토에 대응되는 근대적 인민들을 표시하는 것인 동시에, 다른 한편 각성과 분발, 행동을 촉구

하는 규범적 요청이 모든 글들에서 행해지고 있음을 뜻하는 것이라고
도 할 수 있을 것이다.

3부

사건, 혹은 역사의 외부

9장

식민지 인민은 말할 수 없는가?

'동아신질서론'과 조선의 지식인

제국주의가 야기하는, 제국주의 스스로 당면하게 되는 하나의 역설에서 시작하자. 제국주의는 국민국가의 범위를 넘어서는 '제국적' 영토를 만들어낸다는 점에서 탈국민적 내지 초국민적 사유와 활동의 장을 창출한다. 그러나 그것은 한 국민국가가 다른 국민국가를 일방적으로 침략하여 포섭하는 방식으로 진행된다는 점에서 국민 간의 대립을 야기하고 그 대립을 통해서 민족을 만들어내며, 모든 사유와 활동을 민족 간 대립관계 속으로 밀어넣는다. 식민지에서 민족이 탄생하는 것은 정확하게 국민적 경계를 넘어서려는 제국주의적 침략과 지배에 의한 것이다. 즉 식민지 인민을 하나의 '민족'으로 만들어내는 것은 '민족'의 경계를 지우고자 했던 제국주의라는 것이다.

그러나 이는 단지 식민지 인민에 대해서만 그런 것은 아니다. 식민지 인민을 지배하는 제국 자신 역시 동일한 역설에 직면하게 된다. 즉 피지배 민족에 대해서는 제국신민으로의 동일화를 요구해야 하지만, 동시에 자신들의 지배적 위치를 유지하기 위해서 그들과의 차별성을 유지해야 한다는 점에서 그렇다. 가령 적어도 1910년대 이후 일본에서 민족에 관한 이론이 이른바 '단일민족설'과 '혼합민족설' 사이에서 끊임없이 동요할 수밖에 없었던 것은,[1] 이 역설과 무관하지 않을 것이다. 이는 반식민지의 경우에 대해서도 다르지 않다.

---

1 오구마 에이지(《일본 단일민족 신화의 기원》, 소명출판, 2003)는 식민지 지배 기간 동안 지속된 이러한 동요를 아주 잘 보여준다. 물론 그는 이러한 동요 자체를 문제로 포착하지는 않는다. 어떤 형태를 취하든 결국은 침략과 지배를 정당화하는 이데올로기가 된다는 점을 반복해서 보여줄 뿐이다.

1. 제국주의의 역설

이러한 역설은 사실 민족적 억압과 민족적 저항이라는 관계 안에서는 드러나지 않는다. 거기서 제국주의란 다른 민족을 억압하는 국가일 뿐이고, 따라서 민족 간 대립과 적대는 당연시되며, 민족은 그 대립 이전부터 항상-이미 존재하는 것으로 간주되기 때문이다. 반면 어떤 이유에서건 식민지나 반식민지 인민과 제국 간의 연대를 적극적으로 주창하려는 순간 비로소 이 역설은 가시화된다.

1930년대 후반에 일본의 지식인들이나 활동가, 혹은 정부 자신에 의해서 제시되었던 '동아협동체'나 '동아연맹체' 등과 같은 '동아신질서' 담론들, 혹은 좀 더 확장된 것으로 '대동아공영권'의 담론은 바로 이러한 역설 속에서 발언해야 했다. 즉 침략하여 지배하는 지역의 인민들에게 자신들과 손을 잡고 구미의 제국들과 싸우자는 제안은, 자신이 창출한 제국적 공간 안에서 자신이 야기한 민족 간 투쟁의 와중에 민족적 경계를 넘어서 연대를 제안하는 것이란 점에서 정확하게 제국주의의 역설의 극점에 자리 잡고 있다. 즉 그러한 제안이나 구상은 제국주의의 역설이 작동하는 공간 안에서, 그 역설의 효과 아래 사유하고 행동하는 식민지·반식민지 인민들을 설득할 수 있어야 했다. 그것이 과연 가능했을까?

그 구상이 결과적으로 일제의 침략전쟁을 정당화했다거나 그것이 대동아란 이름 아래 제국적 침략과 지배를 위한 이데올로기였다는 평가를 여기서 다시 반복할 필요가 있을까? 더욱이 그러한 평가는 그 역설이 드러나기도 전에 통상적인 민족적 대립 안에서 평가하고 단죄한다는 점에서 정확하게 그 역설이 야기한 효과 아래 있는 게 아닐까? 그 역설의 의미를 좀 더 살펴보기 위해선 차라리 순진한 표정을 짓고서 그 역설의 반대 방향으로 나아가며 질문하는 것이 더 나을지도 모른다 : '동아신질서' 담론에서 제안하는, 국민국가의 틀을 뛰어넘는 새로운 연대가 제국적 지배의 틀 안에서 과연 가능한가? 그것을 가능하게 하는 조건은 대체 어떤 것인가? 아니, 식민지 인민의 처지에 잇닿은 우리로서는 다른 방식으로 바꾸어 질문하는 것이 더 좋을 듯하다 : 일제에 의해 제국적인 영역을 가로지르는 새로운 연대의 형식이 제안되었을 때, 식민지 조선의 인민은 그에 대해 어떻게 대응해야 하는 것일까? 제국이 창출한 새로운 영토적 장 안에서 민족적 분절의 틀 안으로 축소되지 않는 새로운 정치적 연대가 과연 가능할까?

하지만 이 질문에 답하기는 결코 쉽지 않다. 초-민족적 연대라는 보편적 대의는 식민지 인민이 처한 특수한 위치를 넘어서 대답할 것을 요구하는데, 식민지 인민으로선 자신이 처한 그 위치를 벗어나서 대답하는 것이, 자신은 할 수 없는 일을 "하면 좋지."라고 대답하는 것처럼, 아무런 의미가 없기 때문이다. 다시 말하면, 보편적 대의는 식민지적 위치를 넘어서 연대하자고 제안하는 데 반해, 식민지 인민이 식민지적 상황을 넘어서 연대하는 것은 자신이 할 수 있는 일이 아니라는 것이다. 그렇다면 제국주의와 식민지 간 관계를 지우며 제시되는 '동아시아의 신질서'의 문제에 대해, 나아가 서구 제국주의로부터 동양적 세계를 지키기 위한 동아시아인의 연대라는 거대한 대의에 대해서, 스피박의 말처럼,[2] 식민지 인민이 식민지 인민으로서 말하는

---

2 G. Spivak, "Can the Subaltern Speak?", L. Grossberg ed., *Marxism and the Interpretation of Culture*, University of Illinoi Press, 1988.

것은 불가능한가? 식민지적 상황을 벗어나 보편적 주체의 형태로 말할 것을 요구하는 조건에서 식민지 인민은 자신이 원하는 연대의 방법에 대해 어떻게 말할 수 있을까?

이하에서는 '동아신질서'라는 아시아 연대의 담론에 대해 식민지조선의 지식인들이 말하는/말하지 못하는 방식을 몇 가지 살펴볼 것이다. 하지만 이를 위해선 먼저 그러한 담론이 제시되는 양상에 대해 간단하게라도 살펴보지 않으면 안 될 것이다.

2. '동아시아', 동일성의 순환공간

'동아연맹체론'과 '동아협동체론'은 '동아신질서론'에 관한 대표적인 두 개의 담론이다. '코노에 1차 성명'(1938년 1월 16일) 이후 일본 정부는 국민당 정부를 상대하지 않을 것이며, 자신들이 만든 정부를 통해서 중국문제를 해결하겠다는 일방적인 강경노선을 견지하고 있었다. 동아신질서에 관한 담론들은 이러한 태도에 대해 비판하면서 중국을 일방적 점령 대상이 아니라 협력의 대상으로 전환할 것을, 그리고 국민당 정부를 상대할 것을 주장하는 방향에서 제출된 것이었다. 이는 우여곡절 끝에 결국 국민당 정부를 포함하는 중국 인민에게 "동아신질서 건설의 임무를 분담하자."고 제안하는 코노에 2차 성명(1938년 11월 3일)으로 수용되고, 50일 뒤 코노에 3차 성명(1938년 12월 22일)을 통해서 일본·만주·중국 3국의 동아신질서 건설을 위한 이른바 코노에 3원칙(3국 간의 선린 우호, 공동 방위, 경제 제휴)이 천명된다. 이는 '동아신질서론'의 구상이 중심적인 문제로 가시화되는 계기가

된다.[3]

동아협동체론은 오자키 호츠미(尾崎秀實)나 미키 키요시(三木淸)를 비롯한 좌파 지식인이 다수 포함된 조직으로 코노에 수상의 정책 브레인 역할을 하던 소화연구회에서 제시한 것이다. 오자키에 따르면 동아협동체론은 중일전쟁에서 중국에 대한 일본 정부의 대외정책 전환을 요구하는 동시에 국내적인 변혁을 제안하는 이중적 구상 아래 제시된 것이었다. 동시에 그것은 피할 수 없었던 그 전쟁의 희생을 의미 있게 하기 위해 이른바 '세계사적 관점'에서 그 전쟁의 의미를 재설정하려는 이론적 구상을 담고 있는 것이기도 했다. 미키 키요시가 집필한 소화연구회의 공식 문서인 〈신일본의 사상원리〉(1939년 1월)나 그 속편 〈협동주의의 철학적 기초〉(1939년 9월)는 특히 그러한 구상의 이론적 입장을 잘 보여준다.

동아연맹체론은 관동군 참모로서 만주사변을 주도했던 이시하라 칸지(石原莞爾)가 동아연맹운동에서 제시한 구상으로서, 미야자키 마사요시(宮崎正義)의 《동아연맹론》을 통해서 체계적으로 제시되었다. 그 이념적 방향은 만주사변 직후 이시하라의 초청으로 만주를 방문하면서 자신의 입장을 바꾸어 만주국을 농민 자치를 바탕으로 하는 왕도정치의 이념으로 인도하고자 했던 다치바나 시라키(橘樸)에 의해 마련된 것이다. 그 후 다양한 집단들이 섞이며 진행된 만주국협화회의 '국민운동'이 동아연맹운동의 모태가 된다.[4] 소화연구회와 비교

---

3 이에 대한 구체적인 정황과 진행 양상에 대해서는 요네타니 마사후미, 〈戰時期日本の社會思想—現代化と戰時變革〉, 〈思想〉 882호, 1997년 12월호 참조.

4 야마무로 신이치, 《キメラ, 滿洲國の肖像》, 中公新書, 1993; 임성모, 〈만주국 협화회의 총력전 체제 구상 연구〉, 연세대 대학원 박사학위 논문, 1997.

하면 상대적으로 우익적인 기원을 갖는 사람들이 많았고, 그것도 지식인만이 아니라 군인과 관료, 가사기 같은 '종교인', 그리고 사토 다이시로(佐藤大四郎) 같은 농민 자치 운동가 등 다양하고 이질적인 사람들에 의해 만들어진 대중운동과 결부되어 있었다. 동아협동체론이 중일전쟁을 통해서 만들어진 것이라면, 동아연맹체론은 비슷한 시기에 발표되긴 했지만, 만주사변으로까지 소급될 수 있는 것이다.

동아협동체론이 좌익적인 인사를 포함해서 지식인 집단의 구상이었다면, 동아연맹체는 적어도 일본 국내에서는 이시하라 그룹의 직업군인들이 주도하는 것이었다는 점, 전자가 중일전쟁을 발생적 계기로 삼고 있다면 후자는 만주사변을 발생적 계기로 삼고 있다는 점, 그리고 전자가 코노에 수상을 통한 국가정책의 성격이 강하다면, 후자는 대중운동의 형태로 진행되었고 나중에는 국가의 탄압을 받았다는 점에서 양자는 많은 차이가 있다.

그렇지만 몇 가지 핵심적인 방향에서는 전반적으로 일치한다. 첫째는 양자 모두 서구적인 노선과 대비되는 동양적 길을 사회가 나아가야 할 방향으로 설정하고 있다는 점에서 동일하다. 동아연맹체론의 경우에는 다치바나의 왕도주의를 명시적인 이념으로 하고 있었다.[5] 동아협동체론 역시, 그 이론적 위상이나 강도는 다르지만, 왕도정치가 동아협동체의 전통적 기반임을 표방하고 있다.[6] 또한 자본주의나 민주주의, 개인주의나 자유주의 등을 성분으로 포함하는 근대적 체제

---

5 임성모, 앞의 글, 109쪽 이하.
6 미키 키요시, 〈신일본의 사상원리〉, 최원식 / 백영서 편, 《동아시아인의 '동양' 인식》, 문학과지성사, 1997, 57쪽.

란 유럽적인 역사, 유럽적인 문화일 뿐 결코 세계적인 보편성을 갖는 것이 아니라고 하면서 유럽적 보편성을 넘는 새로운 보편성을 제시하는 것을 자임하고 있다는 점 또한 유사하다.[7] 이는 이후 '근대의 초극'에 대한 일본 지식인들의 '협력회의'에서도 유사하게 확인되는 것이며,[8] 대동아전쟁을 전후하여 개최된 교토학파의 대담에서도 마찬가지로 확인된다.[9]

다음으로, 오족협화를 통해서 유럽적 세계와 대항하는 팔굉일우(八紘一宇)의 연합체를 구성하자는 동아연맹체론의 제안과, 동아시아 민족들의 협동을 통해서 하나의 초국가적 협동체로서 동아시아를 건설하자는 동아협동체론의 제안 사이에서 유사성을 발견하는 것은 아주 쉬운 일이다. 동아연맹체론에서는 국방의 공통, 경제의 제휴, 정치의 독립이라는 원칙을 제시하여 좀 더 현실적인 협동원칙을 제시한다. 이로써 일본과 만주, 중국 사이에 새로운 관계를 수립하고자 하는데, 동아협동체의 구상이 그 근본에서 이와 방향을 달리한다고 볼 요인은 없는 것 같다.

세 번째로, 자본주의, 공산주의 모두에 대해서 비판하면서 그와 다른 길을 미래로 설정한다는 점 역시 두 구상의 공통점이다. 동아연맹

---

7 "동아연맹 결성의 궁극 목적은 동아민족의 각성에 의한 동아의 결합을 완성하고 왕도문화의 기초 위에 세계적 보편성을 갖는 대동양사회를 건설해서 동양의 진정한 모습을 현현하고자 함에 있으며, 당면의 중요 과제는 동아의 통일을 방해하는 외력의 중압으로부터 동아를 해방하는 데 있다."(미야자키 마사요시, 《동아연맹론》, 개조사, 151쪽(임성모, 〈만주국 협화회의 총력전 체제 구상 연구〉, 연세대 대학원 박사학위 논문, 1997, 135쪽에서 재인용) ; 미키 키요시, 〈신일본의 사상원리〉, 최원식 / 백영서 편, 《동아시아인의 '동양' 인식》, 문학과지성사, 1997, 53쪽) 참조.
8 가와카미 테츠타로 외, 《知的協力會議, 近代の超克》, 創元社, 1943.
9 고야마 이와오 외, 《世界史的立場と日本》, 中央公論社, 1943.

체론의 이념인 '왕도주의'나, 동아협동체론의 이념인 '협동주의'는
이러한 길을 묘사하는 하나의 이름일 것이다. 네 번째로, 이를 위해
중국이나 만주 등이 변화되어야 할 뿐 아니라, 일본 자신 또한 변혁되
어야 하고, 일본인 자신이 변화되어야 한다고 주장한다. 일본 국내의
변혁은 앞의 항목과 연관된 것으로 흔히 "자본주의의 문제를 해결한
다."는 식으로 표현된다. 그 경로는 다양하고 모호하지만, 경제의 많
은 부분을 국유화하여 국가적으로 통제하고자 한다는 점에서 일종의
국가-자본주의적 경향, 혹은 국가-사회주의적 경향을 공유하고 있
는 것으로 보인다.

이처럼 '동아신질서론'은 크게 두 개의 성분을 통해서 스스로 '신
질서'라는 이름에 부합하는 고유한 위상을 확보하려는 것 같다. 첫째
성분은, 자본주의 내지 좀 더 확장해서 '근대'라는 세계의 상을 넘어
서 새로운 세계 질서를 지향하고 있다는 점이다. 이를 미키는 "자본주
의의 문제의 해결"이라고 말한다. 나중에 '근대의 초극'에 관한 좌담
에서 교토학파의 스즈키 시게타카(鈴木成高)는 이를 좀 더 확장하여
"정치상으로는 데모크라시, 사상상으로는 리버럴리즘, 경제상으로는
자본주의"로서 근대의 초극이라고 말한다.[10] 더불어 역사 안에서 자
신의 위치를 새로이 확보하는 '세계사의 관점'이 부각된다. 이는 이
미 보편성을 상실한 유럽의 문화, 혹은 유럽적 질서로서 근대 세계의
한계에 대한 '자각'을 의미하는 것이었다. 나아가 그것을 대신할 새
로운 미래를 구상할 것을 요청하는 것이었다. 이는 나중에 교토학파
철학자들에 의해 이른바 '세계사의 철학'이란 형태로 발전된다. 이런
식으로 '근대'를 유럽적인 문화로 특수화하여, 세계사 안에서 국지화
(localize)하고, 동양을 통해서 자신이 속한 역사를 세계사의 중심으로

옮겨놓는 것이다. 미키의 말은 이러한 문제의식을 아주 명료하게 보여준다.

이제까지 '세계사'로 일컬어져 온 것도 실은 유럽 문화의 역사에 지나지 않았다. 그것은 '유럽주의'의 입장에서 본 것이었다. 1914~1918년의 이른바 세계 전쟁은 서양의 사상가들도 말하는 것처럼 이 유럽주의의 자기 비판이라는 의의를 지녔다. 유럽의 역사가 곧 세계사는 아니라는 것, 유럽 문화가 곧 세계 문화는 아니라는 것이 자각되기에 이르렀다.[11]

<hr>

10 가와카미 테츠타로 외, 이경훈 옮김, 〈근대의 초극 좌담회〉, 한국문학연구회 편, 《다시 읽는 역사문학》, 평민사, 1995, 219쪽. 하지만 '근대의 초극'을 명시적으로 말할 때나, 아니면 서구적 세계 질서로서의 근대를 비판할 때나, 근대의 초극은 두 가지 상이한 의미가 뒤섞인 채 사용되는 것으로 보인다. 하나는 근대를 넘어선 새로운 세계, 다시 말해 근대보다 한 단계 더 높은, 혹은 좀 더 발전된 세계의 가능성이 근대 초극이란 말에 함축되어 있다. 〈신일본의 사상원리〉에서 미키가 근대주의로서 자유주의나 공산주의 등을 비판하는 경우가 그렇고, 그 속편인 〈협동주의의 철학적 기초〉에서 자유주의와 전체주의 등등 기존의 대립되는 개념 모두를 '지양'한 좀 더 높은 위치에 자신이 말하는 협동주의를 할당하는 경우가 그렇다. "근대주의를 일층 고양된 입장에서 초극하여 자유주의, 맑스주의, 전체주의보다 우월한 것이 되지 않으면 안 된다."(미키 키요시, 〈新日本の思想原理 續編—協同主義の哲學的基礎〉, 《三木清 全集》 17卷, 岩波書店, 1968, 535쪽). 혹은 스즈키가 근대의 초극을 정치, 사상, 경제 상의 문제로 설정하는 경우도 그렇다(가와카미 테츠타로, 이경훈 옮김, 〈근대의 초극 좌담회〉, 한국문학연구회 편, 《다시 읽는 역사문학》, 평민사, 1995, 219쪽). 반면 근대가 서구적인 세계임을 지칭하면서 서구와는 다른 길을 찾으려는 시도를 표현하면서 근대의 초극을 말하는 경우, 그것은 서구 내지 근대와는 다른 길을 의미한다. 가령 미키가 동아협동체의 전통적 기반에 대해 말할 때(미키 키요시, 〈신일본의 사상원리〉, 최원식/백영서 편, 《동아시아인의 '동양' 인식》, 문학과지성사, 1997, 56~57쪽), 혹은 스즈키가 유럽적인 세계를 초극하기 위해 대동아전쟁이 벌어지고 있다고 하면서 이 역시 하나의 근대의 초극이라고 말할 때 그렇다.(가와카미 테츠타로, 이경훈 옮김, 〈근대의 초극 좌담회〉, 한국문학연구회 편, 《다시 읽는 역사문학》, 평민사, 1995, 220쪽)
11 미키 키요시, 〈신일본의 사상원리〉, 최원식/백영서 편, 《동아시아인의 '동양' 인식》, 문학과지성사, 1997, 53쪽.

이는 이후 동양의 이름으로 새로운 세계를 구성하려는 일종의 '대안(alternative)'으로 발전된다. 아마도 교토학파의 학자들과 잡지 〈문학계〉 주변의 문학인들, 그리고 일본 낭만파가 모여서 '근대의 초극'이라는 제목의 '지적협력회의'가 전자의 방향을 좀 더 분명하게 하려는 것이었다면, '세계사적 입장과 일본'이라는 제목으로 출판된 교토학파 학자들의 대담집은 대동아전쟁이라는 구체적인 사안을 통해서 후자의 입장을 좀 더 구체화하려는 시도였다고 해도 좋을 것이다.

이러한 요청에 답하기 위해선 일본과 중국, 만주 등의 동아시아가 하나로 통일되어 진정한 세계의 통일로, 세계사로 나아가는 실질적인 중간고리를 제공해야 한다. 이런 점에서 동아협동체나 동아연맹체 등을 통해 '동아시아'라는 초국가적 연합체를 구성하는 것은 세계사적 관점에서 요청되는 극히 중요한 계기가 된다. 즉 동아신질서 담론의 둘째 성분은 바로, 서구적 세계와 대비되는 이 새로운 연대의 공간으로서의 '동아시아'다. 그것은 국민적인 경계를 벗어나서 일본과 중국이, 그리고 만주 등이 연대해야 하는 탈-국민적인 연대의 공간이다. 아마도 동양의 문화적 전통은 이러한 연대와 통일의 지반을 제공해줄 것이다.

미키가 중일전쟁의 세계사적 의의를 발견하는 것은 바로 이 지점이다. "유럽주의의 뒤를 이어 적극적으로 동아시아의 통일을 실현함으로써 진정한 세계의 통일을 가능하게 하고 세계사의 새로운 이념을 분명하게 한다고 하는 것이 중일전쟁이 갖는 의의라고 하지 않을 수 없다."[12] 즉 그것은 서구의 침략에 대항하여 동아시아를 지키기 위한

---

12 미키 키요시, 앞의 책, 53쪽.

투쟁이고 중국과 연대하기 위한 것이란 말이다.[13]

중국과의 연대를 위해 중국과 전쟁을 한다는 이 기묘한 논리를 이해하기는 쉽지 않다. 나중에 살펴볼 조선 지식인 인정식(印貞植)은 이를 다음과 같이 이해한다. 즉 중국은 아편전쟁 이래 구미의 권력에 의해 분할 점령되고 있으며, 장제스(蔣介石)의 국민당 정부는 구미의 자본에 크게 기대고 있다는 점에서 그들의 괴뢰정권이다. 따라서 국민당 정부를 상대로 하는 전쟁은 바로 그들의 배후에 있는 구미 제국주의를 축출하기 위한 전쟁이고 그들로부터 중국을 해방시키기 위한 전쟁인 것이다.[14] 다만 문제는 그러한 대의를 위해 싸우고 있는 일본의 입장을 중국이 이해하지 못하고 역으로 일본에 대항하여 싸우고 있다는 사실이다.

요컨대 동아시아의 통일을 실현함으로써 서양과 다른 동양적 전통에 기반하여 새로운 세계사적 원리가 될 만한 것을 벼리어냄으로써, 이미 그 보편성을 상실한 유럽적인 근대, 혹은 자본주의를 넘어서는 세계사의 새로운 이념을 창출하자는 것, 그것이 바로 '동아신질서론'의 담론이 명시적으로 제시하고 있는 주장인 것이다. 이것이 제국주의의 침략 이데올로기였다고, 적어도 그렇게 사용되었을 뿐이라고 서둘러 비판하지는 말자. 그보다는 차라리 그것에 담긴 가능성의 최대치를 일단 인정하기로 하자. 그 노선의 정당성에 대한 평가나 그 '신질서론'이 제기된 조건 또한 잠시 젖혀두자. '동아시아'라는 공간이 제국주의와 식민지, 억압 민족과 피억압 민족이라는 대립을 넘어서

13　미키 키요시, 앞의 책, 54쪽.

14　인정식, 〈王精衛氏에게 묻하는 書〉, 〈삼천리〉 12권 4호, 1940년 4월, 72~77쪽.

상이한 민족이 연대할 수 있는 새로운 장으로, 국민적 동일성을 가로지르는 새로운 연대의 공간으로서 제시되고 있음을 의심하지 말고 그 논지를 그 말 그대로 좀 더 따라가 보자.

이러한 주장은 유럽적 보편성을 대신하는, 혹은 그것을 넘어서는 좀 더 고차원적인 세계사적 보편성의 관념 아래, 일본·중국·만주 등지의 인민들에게 민족 내지 국적을 넘어서 '동아시아인'이 될 것을 호소하는 호명(interpellation)의 형식이라고 말해도 좋을 것이다. 하지만 그것은 그 자체만으론 명확하게 구별되는 영토적 경계를 갖지 않으며('동아시아'에는 어디까지 포함되는가? 가령 베트남이나 버마는 거기에서 제외되어야 하는가? 그것은 서구와 대비되는 '아시아'라는 관념처럼 굳이 '동'아시아일 필요조차 없지 않은가?), 혈연적 외연 또한 뚜렷하지 않다는 점에서 지극히 모호한 경계를 가질 뿐이다. 이런 한에서 그것은 **기존의 국민적 동일성에서 탈영토화되는 출발점**을 표시할 뿐, 그렇게 탈영토화된 상이한 인민들을 재영토화하는 명확한 도달점은 표시하지 못한다. 즉 그것은 귀착점이 모호한 호명의 형식이다. 거기서 '동아시아인'이란 다만 서양인이 아니라는 의미에서 '비서양인'을 표시할 뿐이며, 서구적 질서에 대한 비판과 반대의 경향을 표현할 뿐이다.

이런 의미에서 '동아신질서론'에 대응하는 '동아시아인'이라는 호명에는 각국의 민족적 동일성이 와해되고 변형되는 횡단선이 함축되어 있다고 할 수 있다. 따라서 새로운 질서의 명칭으로서 '동아시아'는 기존의 동일성이 변환되는 '동일성의 변환공간'이 되어야 했고, 그 변환된 동일성이 다른 국민적 영토들을 가로지르며(traverse) 새로운 형태의 '동일성'으로, 국민적 형태를 탈각한 형태의 동일성으로 되돌아오는 '동일성의 순환공간'이 되어야 한다. 이 경우에만 '동아 신질서론'은 말 그대로 국민적 경계를 넘어 '동아의 통일'을 유효하게 실현하게 될 것이다. 그렇다면 그것은 유럽적 근대를 넘는 새로운 세계 질서의 창출을 의미할 수도 있을 것이다. 다만 부연해두어야 할 것은, 여기서 '동일성의 순환'이라는 개념은 이르는 곳마다 다른 형태로 변형되고 변이되어 애초의 것과는 전혀 다른 형태로 '되돌아오는' 것이란 점에서 '동일성의 유통'과, 즉 이미 만들어진 특정한 형태의 동일성이 다른 공간으로 확산되거나 유통되다가 되돌아오는 것과 구별되어야 한다는 점이다.

3. 동일성의 동심원들

이처럼 '동아시아인'이 되라는 호명은 동아시아의 다른 나라들에 대한 호명이지만, 동시에 일본인 자신에 대한 것이기도 하다. 즉 동아시아인이 되기 위해선 일본인 자신이 변화되지 않으면 안 된다. 동아신질서를 위해선 일본의 국내적 변혁이 필요했던 것처럼. 이는 동아신질서의 담론에 뒤이은 '근대의 초극'에 관한 좌담이나 교토학파의 좌담에서 좀 더 명확하게 선언된다. 이는 아마도 '동아신질서'에서 '대동아공영권'으로 변환되는 과정에 상응하는 것이라고 말해도 좋을 것이다.

우선 미키의 동아신질서에 관한 팸플릿에서는 일본인의 변환을 요구하는 문장은 보이지 않는다. 그는 동아시아의 신질서를 위해선 일본 제국주의 자신이 변화해야 한다고 말하지만, 그것을 일본인 자신이 변해야 하는 문제로까지 생각하진 않은 것 같다. 반면 동아연맹체론의 리더였던 이시하라의 경우에는 매우 분명한 말로 일본인의 변환을 요구한다. 그는 1932년 1월 11일자 아사히 신문사 주최의 일중(日中) 인사 좌담회에서 "일본인, 지나인의 구별이 있어서는 안 된다."면서, 재만 일본인도 만주에서 건설 중인 "신국가에서 활동하고 싶은 사람은 그 국가로 국적을 옮겨야 한다."고 주장한다.[15] 그는 애초에 군사적 관점에서 동아시아의 통일을 생각하고 지휘 계통조차 무시하면서 만주사변을 일으킨 인물이지만, 만주국 건국운동 과정에서 다양한 이념이나 사람들을 접하면서 동아시아의 상이한 민족들이 '협화'하여 새로운 질서를 만들기 위해선 일본인 자신이 먼저 변해야 한다는 것을 자신이 직접 감지했던 것인지도 모른다.[16]

그렇지만 다양한 변이와 변화를 향해 열린 이 모호한 호명, 모호한 '동일성'은 새로운 '질서'를 주도하고 지도하려는 일본의 입장에선 매우 위험스런 것이었다. 일단 동아시아의 나라들에서 진행되는 '동아시아인'-되기가 일본의 지도로부터 이탈할 가능성이 너무도 컸을 뿐 아니라,[17] 일본인 자신이 변해야 한다는 요구는 마치 동아신질서를 위해 흔히 '국체'라는 말로 불리는 일본의 동일성을 포기해야 한다는

---

15 야마무로 신이치, 《キメラ, 滿洲國の肖像》, 中公新書, 1993, 81쪽.

16 야마무로 신이치는 이를 "군사적 의의라는 관점에서 냉철하게 만몽을 바라보아 왔던 이시하라가 현지에서 전개되고 있던 건국운동의 다양한 이념을 접하고 크게 변했다는 증거"라고 이해한다.(야마무로 신이치, 《キメラ, 滿洲國の肖像》, 中公新書, 1993, 81쪽)

17 가령 중일전쟁의 확대에 반대하다가 다시 만주국으로 전출된 뒤, 만주국을 일본인 통제 하의 단순한 '괴뢰국가'로 만들어버린 만주국의 관료나 만주군 막료들을 비난하며 충돌하다가 결국 사직서를 쓰고 만주국 협화회 옷을 입은 채 만주국을 떠났던 이시하라의 사례(야마무로 신이치, 《キメラ, 滿洲國の肖像》, 中公新書, 1993, 251쪽)가 바로 이런 경우의 한 극단이었을 것이다.

것과 동형적인 요구를 의미할 수도 있었기 때문이다. 아니, 사실 정확하게 동아신질서가 국민적 틀을 벗어난 새로운 질서가 되려면 바로 이러한 변화가 필요했다.

이는 동아신질서론에 함축된 '뜻밖의' 이상에 지나지 않는다. 신체제 운동에 참여한 이른바 '전시변혁'의 논리는 이러한 이상을 '비현실적 공상'이라고 비판하면서, 원하지는 않았지만 피할 수도 없는 현실에서 출발하고자 했던 것이 아닌가![18] 따라서 이러한 위험한 모호성은 제거되어야 했고, 이를 위해선 '동아시아인'이라는 호명에다 호명하는 큰 주체(Subject)의 지향을 강하게 새겨두어야 했다. 이를 위해 동아신질서의 형성에서 일본이 이니셔티브(initiative)를 갖는 지도자라는 것을 거듭 강조한다. 그리고 동아시아인이 형성되기 위해서는 그러한 자각을 아직 갖지 못한 동아시아의 여러 나라들에 대해 일본이 자각을 일깨우고 그들을 통합하여 하나로 통합해야 한다는 임무가 설정된다.[19]

일본이 지도자가 되어야 하는 이유는 무엇인가? 그것은 일본 문화

---

18 다케우치 요시미(竹內好), 서광덕 외 옮김, 〈근대의 초극〉, 《일본과 아시아》, 소명출판, 2004. 이러한 관점에서 지식인 참여를 이끌었던 미키의 입장에 대해서는 요네타니 마사후미, 〈戰時期日本の社會思想－現代化と戰時變革〉, 《思想》 882호, 1997년 12월호, 87~88쪽 참조.

19 미키의 〈신일본의 사상원리〉 역시 이 점에선 분명하다. 즉 자신의 '도의적 사명'에 따라 "일본은 동아신질서 건설에서 지도적 지위에 서야 한다. …… 일본은 동아시아 여러 민족의 융합의 쐐기가 되는 것이다."(미키 키요시, 〈신일본의 사상원리〉, 최원식/백영서 편, 《동아시아인의 '동양' 인식》, 문학과지성사, 1997, 70쪽) 〈협동주의의 철학적 기초〉에서는 영웅주의와 집단주의를 비판하면서 대중에 대해 '교육적 관계'를 갖는 지도자가 필요하다고 하면서 이는 여러 단체나 민족 간 관계에도 마찬가지로 적용해야 한다고 말한다. 그리고 동아신질서 건설에서 이니셔티브를 갖는 지도자는 일본이 되어야 한다는 지적을 잊지 않는다.(미키 키요시, 〈新日本の思想原理 續編－協同主義の哲學的基礎〉, 《三木清 全集》 17卷, 岩波書店, 1968b, 587~588쪽)

가 포용적이고 진취적이기 때문이다. 나아가 일본 문화에는 중국 문화 등에 비해 지적인 성질이 있으며, 이로 인해 서양 문화를 급속히 흡수할 수 있었고 중일전쟁에서도 승리할 수 있었다는 것이다. 이러한 지도력의 근저에 있는 것은 일본에 고유한 "'一君萬民'이라는, 세계에 비할 바 없는 국체에 의거한 협동주의"다. 동아신질서가 협동주의를 이념으로 해야 한다는 것은 바로 이런 이유에서다.[20] 이런 점에서 동아협동체론의 '협동주의'는 모든 민족이 동등하다는 추상적 가정에 기초하여 민족 간의 협력을 설정하는 추상적 세계주의와 다르다. 따라서 진정한 협동주의를 실현하기 위해선 일본 정신의 앙양에 의해서 일본 민족의 진정한 우월성을, 그 지도력을 다른 민족들로 하여금 자각하게 해야 한다.[21]

이러한 태도는 시간이 지나면서 좀 더 강하게 부각된다. 이를 가장 선명하게 보여주는 것은 《세계사적 입장과 일본》이라는 교토학파의 좌담들일 것이다. 거기서 일본의 지도적 지위는 '동아시아의 맹주'라는 개념으로 강화되고, 다른 나라와 달리 세계사적 자각과 '도덕적 에너지(moralische Energie)'를 갖고서 '미개한' 아시아 인민들을 자각시켜 유럽과 대항하는 '도덕의 전쟁'을 지도할 존재로서 설정된다.[22] 이제 일본인을 기준으로 아시아의 민족들은 그 자각의 정도나 자각 가능성의 정도에 따라 위계화되고,[23] 일본은 이제 이들을 '적재적소

---

20 미키 키요시, 〈신일본의 사상원리〉, 최원식/백영서 편, 《동아시아인의 '동양' 인식》, 문학과지성사, 1997, 70쪽.

21 미키 키요시, 〈新日本の思想原理 續編—協同主義の哲學的基礎〉, 《三木淸 全集》 17卷, 岩波書店, 1968b, 535~536쪽.

22 고야마 이와오 외, 《世界史的立場と日本》, 中央公論社, 1943. 126쪽 이하, 157쪽 이하, 207쪽 이하 등.

(所を得る)'라는 윤리적 원칙에 따라, 다시 말해 각자의 능력이나 자질에 따라 적절한 역할에 배치하는 지위를 자임하게 된다.[24]

따라서 일본이 호명한 '동아시아인'이라는 말에는 일본의 지도적 지위가 함축되어 있는 것이다. '동아시아인'이란 이를 중심으로 위계적인 순서에 따라 배열되어 하나로 통합된 존재가 되는 셈이다. 문화나 전통, 혹은 지리와 역사에 따라 이질적인 여러 민족들이 국민적 경계를 넘어서면서 뒤섞이고 변이되는 변환 가능성의 공간은 '일군만민'의 일본적인 국체를 중심으로 각각의 민족이 동화되고 통합되어야 하는 동일화의 공간으로 대체된다. 물론 이를 위해 일본인 자신도 변화해야 하지만,[25] 그것은 일본이라는 국민적 동일성을 벗어나는 것이 아니라 반대로 '일본정신'으로 충만한 '진정한 일본인'이 되는 것이다. 그 '진정한 일본인'의 모습을 그리기 위해 〈근대의 초극 좌담〉에서는 《고사기》, 《일본서기》, 《만엽집》 등을 통한 일본정신의 재발견을 촉구하고 있고,[26] 교토학파의 좌담회에서는 하와이 해전에서 나타난 해군 병사의 혼이나 생활정신에서 그 지향점을 발견하고 있다.[27]

요컨대 '동아시아인'이란 개념은 지도자인 일본을 중심으로 하여

---

23 같은 책, 262~263쪽.
24 같은 책, 209쪽, 232쪽 등.
25 같은 책, 246쪽.
26 "일본에는 외국이 영향을 단호히 받아들이지 않는 부분이 있습니다."는 하야시 후사오의 말을 받으며 카와카미 테츠타로는 그것을 "있는 그대로의 일본인, 즉 현대 및 금후의 일본인의 전인성(全人性)은 어떤 곳에 있을까?" 하는 질문으로 바꾼다. 이에 대해 하야시는 다른 참석자를 인용하면서 "《고사기》, 《일본서기》, 《만엽집》 그 외의 고문헌에 대한 탐구, 훈고, 석의의 방면에서 보이는 일본정신의 탐구"가 바로 장래에 대해 용기를 갖도록 하기에 충분하다고 대답한다.(가와카미 테츠타로 외, 이경훈 옮김, 〈근대의 초극 좌담회〉, 한국문학연구회 편, 《다시 읽는 역사문학》, 평민사, 1995, 283쪽)
27 같은 책, 248쪽, 259쪽.

상이한 민족들이 그 세계사적 자각이나 자질의 정도에 따라 위계적으로 배열된 동심원의 체계가 된다. 동아시아인이 되게 한다는 것은 일본 주위의 다른 아시아 나라들의 인민들에 대해 세계사적 자각을 갖도록 만들고 '일본정신'을 통해서 저 한가운데 있는 '진정한 일본인'을 향해 동일화시키는 것이다. 이를 니시타니 케이지(西谷啓治)는 '인간의 개발'이라고, "대동아권 내에서 여러 민족의 정신적 개발"이라고 하기도 하고,[28] '半-일본인화'라고 하기도 한다. 그에 따르면, "半日本人化라는 것은 정신적으로 완전히 일본인과 동일하게 되도록 육성한다는 것"을 뜻하는데, 그는 이처럼 일본인에 동화된 민족들을 양성하여 대동아권 내에서 일본인의 수가 적다는 문제를 해결할 수 있을 것이라고까지 말한다.[29]

이러한 동심원의 체계인 '동아시아인'이란 국민적 동일성을 벗어나서 새로운 동일성을 향해 나아가는 변이의 공간이 아니라, 그 중심에 있는 일본인에 동일화되는 공간이며, 상이한 민족들이 새로운 질서의 대의 아래 실행하는 연대의 공간이 아니라 일본이라는 중심 아래 귀속되는 종속과 지배의 공간이다. 이런 한에서 일본인의 특권적 중심성이 전제되고 지속되는 '동아시아인'이란 정확하게 일본인의 동일성이(혹은 '도덕적 에너지'가) 동아시아권으로 확대되는 메커니즘이며, 일본 자신의 외연이 확장되는 메커니즘에 불과하다. 이를 "일본 자신의 자기 육성" 메커니즘이라고 규정했던 니시타니의 말은 이런 의미에서 아주 정확한 것이라고 하겠다.[30]

---

28 가와카미 테츠타로 외, 앞의 책, 218쪽.
29 같은 책, 263쪽.
30 같은 책, 239쪽.

결국 '동아시아'는 국민적 동일성이 국경을 가로지르면서 변화되고 탈-국민화된 형태로 되돌아오는 '동일성의 순환공간'이 아니라, 확고한 특권적 동일성이 단지 영토와 국경을 넘어가면서 확산되고 유통되는 '동일성의 유통공간'에 머물게 된다. 그것은 탈영토화 운동의 벡터가 다양한 방향으로 범람하면서 새로운 혼합과 변형, 생성의 선을 그리는 게 아니라, 모든 것을 중심을 향한 오직 하나의 방향으로 향하게 하는 권력의 벡터가 작용하는 공간이다. 예컨대 '오족협화'를 내걸고 다른 민족들과 더불어 새로운 이념 아래 새로운 형태의 국가를 건설하겠다고 주장하던 만주국에서조차 일본의 국적을 버리고 만주국의 국적을 얻으려는 일본인이 하나도 없었으며, 그 결과 만주국이 소멸할 때까지 국적법을 만들지 못했다는 어이없는 사태[31]는 정확하게 이러한 상황의 한 단면이라고 할 것이다. 다른 민족들에 대해서는 민족을 벗어나고 국적을 바꾸라고 하면서도 자신들은 누구 하나 그런 의사가 없는 태도는, 저 동일성의 동심원에서 작동하는 권력의 벡터를 단적으로 보여주는 사례일 것이다.

4. '내선일체', 혹은 너무도 당혹스런 모방

그렇다면 식민지 조선의 지식인들은 동아시아라는 연대의 공간을 어떻게 받아들였으며, '동아시아인'이라는 호명에 어떻게 답했던가? 먼저, 식민지 인민의 역사를 다루면서 가장 흔히 거론되는 민족주의

---

31 야마무로 신이치, 《キメラ, 滿洲國の肖像》, 中公新書, 1993, 298쪽.

적 입장은 잘 알다시피 이 호명에 답하지 않는다. 이 입장에서는 '동아신질서론'에서 말하는 초국민적, 혹은 탈-민족적 공간으로서 '동아시아'를 전혀 인정하지 않으며, 탈민족적 변이 가능성의 지대로서 '동아시아인'이란 이름을 전혀 수긍하지 않는다. 그것은 민족 간 대립을 호도하고 은폐하는 언사에 불과할 뿐이며, 자신이 벌인 전쟁에 식민지 인민을 동원하기 위한 술책에 지나지 않는다. 따라서 그것은 오히려 민족적 동일성을 강화하고 민족적 형태의 저항을 통해서 분쇄되어야 할 이데올로기에 불과하다. 이는 분명히 동아신질서론에 대한 하나의 입장이다. 그렇지만 이러한 태도가 옳든 그르든 간에, 이들은 '동아신질서'에 관한 담론 전체를 검토할 가치가 전혀 없는 것으로 배제하기 때문에, 여기서 특별히 따로 살펴볼 필요는 없을 것이다. 애초에 말했듯이 일단 여기서 다루려는 것은 민족을 넘어선 연대의 공간으로서 동아시아 담론이라는 제안에 대해 식민지 조선의 지식인들이 어떻게 응답하였는가 하는 것이기 때문이다.

이러한 제안이 갖는 긍정적 가능성을 가장 '적극적으로' 평가하고 그것이 요구하는 호명에 가장 '적극적으로' 응답했던 것은 통상 '친일파'라고 불리는 사람들이다. 여기에는 매우 많은 사람들이 속하지만 사실—민족주의자가 아니면서 여기에 속하지 않는 사람은 극히 드물다—그 중에서 '동아협동체론'의 긍정적 의미를 가장 구체적으로 지적했던 사람은 아마도 인정식이 아니었나 싶다.

전향한 맑스주의자고, 농업문제에 대한 이론가인 인정식은 식민지 사회에 잔존하는 봉건성을 강조하는 '봉건파'의 논객 중 하나였다.[32]

---

32 인정식, 《朝鮮の農業機構分析》, 白揚社, 1937.

코노에 3차 성명이 발표된 직후에 발행된 잡지 〈삼천리〉(1939년 1월)
에 기고한 글에서 그는 동아협동체론과 조선의 관계에 대해, 그리고
그것에 대한 조선인이 취해야 할 태도에 대해 누구보다 구체적인 입
장을 개진한다. 그에 따르면, "동아신질서의 건설—동아협동체의 결
성"이란 "일본 제국을 유일 절대의 맹주로 하는 동아의 재편성"이라
고 하면서 그것의 내용을 세 가지 차원에서 요약한다. 첫째, 경제적
의미에서 동아 재편성이란 "동아 각 민족의 공존공영을 기조로 하는
일본–만주–중국(日滿支) 블록 경제의 확립"을 내용으로 한다. 둘째,
정치적 의미에서 그것은 "동아협동체 혹은 동아연맹체의 결성을 말하
는 것"으로, 이는 "백인의 제국주의에 의한 동아의 침략을 근본적으
로 배제"하기 위한 것이다. 이는 민족주의를 초극하는 계기를 포함하
지만, 또한 추상적 국제주의와도 대립된다. 셋째, 문화적 의미에서 그
것은 "구라파 문명에 대해서 슌전통과 슌성장을 달리하는 동아민족
공통의 문화를 확보하며 또 발전케 하려는" 것이다.[33]

그는 이러한 동아신질서 안에서 조선에 고유한 위상을, 동시에 동
아신질서가 조선에 대해 갖는 의미를 규정한다. 일단 동아신질서 안
에서 만주사변 이래 조선에 할당된 '일본–만주(日滿) 경제 블록의 유
대〔연결지대〕'라는 추상적 역할이 '대륙병참기지'라는 좀 더 구체적이
고 통제경제적이고 대륙정책적인 개념으로 변형되었다. 그리고 대륙
병참기지로서 기능하기 위해 필요한, 교육받고 훈련된 노동력을 제공
하는 역할이 조선에 주어질 것이다. 이는 도시의 실업자와 농촌의 과

---

33 인정식, 〈동아의 재편성과 조선인〉, 〈삼천리〉 11권 1호, 1939년 1월, 55쪽. 여기서 인정식의
　　발언이나 어투는 미키가 집필한 팸플릿 〈신일본의 사상원리〉의 직접적인 영향을 감지하게 해
　　준다.

잉인구를 위한 활로를 제공할 것이다. 더불어 농업사회로서의 조선에서 공업의 비중을 늘림으로써 농공병진정책이 진행될 것이다. 그러한 공업화는 중공업 중심으로 진행될 것이기 때문에 조선의 중소상공업과 충돌하지 않고 오히려 보완적인 관계를 형성할 것이다. 나아나 "제국의 동아제패와 동아협동체의 구성에 있어서 조선이 점하는 정치적 지위"의 중요성이 커질 것이고, 그 결과 조선인에 대해서 내지인과 동등한 의무와 권리를 부여하는 계기가 될 것이다.[34]

이를 위해선 개인이 아니라 민족으로서의 조선인 전체가 일본인으로 충실하게 전향해야 한다. 즉 "오직 제국의 대륙정책에 끝까지 협동하는 충실한 [일본]국민"이 되어야 한다.[35] 다시 말해 "일본 제국을 진심으로 사랑하게" 해야 하며, "조선 민족과 대화 민족을 합하여 한 개의 보다 고급의 개념을 가진 신일본 민족으로 통일"해야 한다. 이를 위해 "일체를 바치는 종교적 태도가 필요하다."고까지 말한다.[36] 이런 점에서 내선일체는 목전에 닥쳐온 동아시아의 재편과 관련해 조선 인민이 선택할 수 있는 "유일한 정치노선"이다. 이를 위해 인정식은 내지인과 동일한 국민적 의무를 조선인에게 부과해야 한다고 하면서 식민지 조건에 징병제를 도입해야 한다고 주장한다.[37]

과장된 느낌마저 갖게 하는 이러한 내선일체론은 내지인과 조선인 간의 차별에 기인하는 것이다. 실제로 내선일체를 주장하는 사람들은 모두, 그것을 처음 제시했던 미나미 지로(南次郞) 총독의 말처럼, 내

---

34 인정식, 앞의 책, 57~60쪽.
35 같은 책, 61쪽.
36 같은 책, 40~42쪽.
37 같은 책, 63쪽.

선일체를 통해 조선인과 내지인의 차별이 사라지길 바랐다.[38] 인정식이 조선인의 '국민적 의무'를 부과하라고 주장하면서 실상 하고 싶었던 것은 그 다음 말이었을 것이다 : "조선인으로 하여금 일본 제국의 대륙정책에 백 퍼센트의 성의와 열을 가지고 협동케 하기 위해서는 내지인과 동등한 국민적 의무를 다하게 한 후에 내지인과 동등한 정치적 자격을 부여"해야 한다.[39]

인정식의 이러한 태도는 '동아협동체론'과 '내선일체'를 지지했던 조선의 대다수 지식인들이 어느 정도 공유하고 있었던 것이라고 해도 좋을 것이다. 여기서 '동아협동체'나 '동아신질서'는 동아시아 안에서 국민적 질서와 다른 새로운 '질서'의 창출을 뜻하지 않으며, 민족적 경계를 뛰어넘는 새로운 연대의 공간을 뜻하지도 않는다. 그것은 오직 조선의 경제 상태나 정치적 권리의 향상이라는 국민적(!) 이익을 위한 것으로 포착되고 있을 뿐이며, 따라서 일본을 제외한 다른 민족과의 연대는 전혀 고려의 대상이 되지 않는다.

가령 미키의 공개서한 〈왕정위 씨에게 보낸다〉를 모방한 글에서 인정식은 중국에 대해서 국민당 정권을 "구미 제국주의의 주구요 괴뢰"라고 하면서 그런 제국주의를 축출하려는 일본의 의도를 이해하지 못한 채 일본과 싸우는 중국을 왕정위의 과거까지 포함해서! 비난하며, 중국에서 장제스 정권을 타도하는 데 혁혁한 공헌을 해 중국을 놀라

---

38 미야타 세츠코, 〈'내선일체'의 구조〉, 최원규 편, 《일제말기 파시즘과 한국사회》, 청아, 1988.
39 인정식, 〈동아의 재편성과 조선인〉, 〈삼천리〉 11권 1호, 1939년 1월, 60쪽. 미키 키요시가 '내선일체'를 동아협동체의 전제라고 했을 때, 그가 말하고자 했던 것도 바로 이런 차별의 해소로서 내선일체였다.(미키 기요시, 〈內鮮一體の强化〉, 《三木淸 全集》 16卷, 岩波書店, 1968a, 355~356쪽)

게 한 조선인의 무혼(武魂)을 상찬하고 있다.[40] 이는 동아협동체론이
국민당 배제론에 대한 비판으로써 제시된 것임을 안다면, 너무도 당
혹스런 '모방'인 셈이다. 즉 여기에서는 애초에 소화연구회 지식인이
갖고 있던 동아시아 연대의 기본적인 발상이나 문제의식조차 사라지
고, 오직 자신이 동일화하고자 하는 '우리 일본'의 일방적 입장만이
개진되어 있는 것이다.

동아신질서론의 대응물로 설정되고 있는 '내선일체론' 역시 국민
적 동일성의 경계를 가로지르는 변이 가능성에 대해서는 전적으로 닫
혀 있다. 오직 그 지배적 중심에 자리 잡고 있는 일본에 대한 동일시,
징병제마저 주장하며 진심에서 우러나오는 충성을 바치자는 동일시
만이 작동하고 있을 뿐이다. 다른 많은 내선일체론자들처럼, 인정식
역시 〈왕정위 씨에게 묻하는 書〉에서 일본을 의미하는 '우리'라는 일
인칭 대명사를 사용함으로써 이미 그 중심 안에 들어간 듯이 말하고
있다. 앞서 말했던 '동아시아인'이라는 동심원적 동일성 안에서, 다
른 민족들보다 앞서 일본인의 자리에 근접한 영광을 이미 확보하고
있는 듯이 말하고 있는 것이다. 동아시아의 재편에서 조선이 만주보
다 더 나은 병참기지로서의 지위를 갖고 있음을 주장하는 것과 동형
적인 위상을 스스로에게 할당하고 있는 것일까?

다만 남은 과제는 동아시아의 중심인 내지인과의 차이가 사라져 좀
더 완전하게 동일화되는 것뿐이다. 여기서 한 걸음 더 나아갈 길은,
조선의 문화나 전통, 언어마저 완전히 소멸시켜 내지인과의 어떠한
구별도 남기지 말자고 하는 현영섭[41] 같은 입장 말고는 남지 않은 것

---

40 인정식, 〈王精衛氏에게 묻하는 書〉, 〈삼천리〉 12권 4호, 1940년 4월, 72~77쪽.

같다. 인정식과 비슷한 입장에서 김명식은 동아신질서의 연대가 '횡적 연대가 아니라 종적 연대'라고 하면서 여전히 일본과 조선, 그리고 조선과 만주 사이에 종적인 성격의 차이가 남아 있음을 주장한다. 물론 이는 언어와 문화 전체를 동일화하려는 정책에 대해서 조선의 특수성(전통, 문화, 언어 등)을 보존해야 한다고 말하려는 것이긴 하다.[42] 그렇지만 이는 일본과 조선, 만주 사이에 동심원의 순서를 따라 위계적으로 배열된 차별화의 선이 횡적인 연대를 절단하고 있음을 보여주는 것 같다.

이들이 서구적 보편성과 대결하고 있는 동아신질서론의 '보편적' 언사(言辭)로, 동아시아를 하나로 묶으면서 또한 서구적 근대를 대신할 수 있는 새로운 질서의 이름으로 말하고 있음을 따로 지적할 필요는 없을 것이다. 그것은 이들이 모델로 삼고 있는 동아신질서의 담론이 이미 전제하고 있는 것이다. 그래서 내선일체론을 가장 강한 의미에서 받아들이자고 주장하는 현영섭은 자신이 동일화하고자 하는 대상이 "전 인류가 다 받아들여도 오류가 없을 우리 일본정신"이라고 확신한다.[43]

요컨대 그들은 모든 인류는 아니더라도 동아시아의 인민들 모두를 포괄하는 보편적인 언어로 말하고 있는 것이다. 그렇지만 그렇게 되자마자 그들이 사용하는 주어는 '우리 일본'이 된다. 즉 그들은 식민

---

41 현영섭, 〈내선일체와 조선인의 개성문제〉, 〈삼천리〉 12권 3호, 1940년 3월, 1940b. 이러한 현영섭의 입장은 '내선일체론'의 3대서 중 하나로 꼽히는 《조선인이 나아갈 길》(녹기연맹, 1938)에서 이미 충분히 개진된 바 있다.

42 김명식, 〈'씨제도'의 창설과 선만일여〉, 〈삼천리〉 12권 4호, 1940년 4월, 43쪽.

43 현영섭, 〈내선일체에 관한 견해〉, 《총동원》 1940년 1월, 1940a.

지 조선의 인민이 아니라 일본인으로서, 동아시아의 중심적인 지위에서 말하고 있는 것이다. 인정식이 왕정위에게, 혹은 중국인에게 말할 때조차 그는 조선인이 아니라 일본인으로서 말하고 있었던 것처럼. 그들은 식민지 인민의 언표 행위의 배치가 아니라 제국의 언표 행위의 배치 안에서 말하고 있는 것이다. 그들이 말하는 소리는 수많은 잡지와 매체를 통해서 소리 나고 확산되지만 그것은 식민지 인민 자신의 목소리가 아니라 그들을 지배하고 통치하는 제국의 목소리며 통치자의 목소리다. 따라서 그들의 목소리가 커질수록 식민지 인민의 목소리는 점점 더 들리지 않게 되고, 그들이 말하는 범위가 넓어질수록 식민지 인민이 말할 수 있는 범위는 축소되어 간다.

따라서 그들은 말하지만 말하지 못한다. 그들이 말할 수 있는 지점은 자신이 말하는 언표들 뒤에 가려 들리지 않고 그들이 선 자리는 그들의 언사들에 가려 보이지 않게 된다. 식민지 인민의 목소리는 자신이 말하는 제국의 언표들에 의해 그런 식으로 지워지는 것이다. 그들은 말할 수 없는 곳에서 말하고 있는 것이다. 이들은 초-민족적 연대라는 보편적 대의를 긍정하며 말하고 있지만, 스스로 연대의 주체가 될 수 없는 방식으로 말하고 있는 것이다. 식민지의 위치는 '동아신질서' 안에서 식민지의 위치는 제국과의 관계를 바꾸는 새로운 연대의 형식 아래 소멸되는 게 아니라, 제국에 대한 동일성 속으로 소멸되는 것이다.

그렇다면 일본인의 위치에서 일본인처럼 말하는 식민지 인민, 제국의 일본인과 동일하게 되고자 원하며 그들과의 차이를 제거하고자 일본정신을 배우고 따라 하려는 이러한 태도를 '모방의 전략'이라고 말할 수 있을까? 충분히 그럴 수 있을 것이다. 차이를 지우고 일본인이 되기 위해 "일체를 바치는 종교적 태도"를 불사하는 저 태도를 '모방'이라는 이름으로 부를 수 없다면, 대체 모방이란 이름에 값하는 것이 어디 있을 것인가?

> 내선일체란 조선인의 황민화를 말하는 것이지, 서로 양보하는 것을 의미하는 것은 아니다. 조선인 측에서는 어떤 일이 있어도 천황의 신민이 되고자 할 것이다. 일본인이 되려고 밀어닥치는 기백에 의해 당연히 내선일체는 이루어지는 것이다.[44]

이처럼 강한 기백으로 밀어붙이는 내선일체의 시도에는 개인의 안위를 위한 기회주의적 타협 이상의 무언가가 있는 것처럼 보인다.[45] 이미 인정식이 말한 것처럼 그것은 내지인과의 차별을 제거하기 위해 채택된 말 그대로의 '노선'이고 '전략'이었던 것이다. "내선일체로 되는 것을 허락하고 허락하지 않는 것은 천황폐하의 높으신 뜻에 달려 있는 것이므로 내지인이라고 해서 이러쿵저러쿵 말할 성질은 아니"라고 말할 때,[46] 그들은 식민주의자들의 의사와 무관하게 천황을

---

44 이광수,《내선일체 수상록》, 이경훈 편역, 이광수 친일문학전집 2권, 평민사, 1995, 244~245쪽.

45 현영섭은 민족 차별이 민족의 차이에서 온 것이기에 그 차이를 없애버리는 것이 중요하다고 하면서, 조선 독자의 것을 고집하는 사람들에게 "자살해버려라."고 말한다. 그는 완전히 일본인화된 조선인 중에서 재상이 나올 날을 꿈꾼다. 이러한 주장에 대해 미야타 세츠코는 내선일체의 논리의 바탕에는 차별로부터의 탈출에 대한 강렬한 의지가 있었으며, "거꾸로 뒤집힌 민족의식이 있었다."고 말한다(미야타 세츠코, 앞의 글, 357쪽). 조관자 역시 이광수의 친일론을 내셔널리즘에 의해 추동된 것이라고 보아, '친일내셔널리즘'이라는 역설적 표현을 제안한다.(조관자,〈'親日ナショナリズム'の形成と破綻〉,〈現代思想〉 2001년 12월호, 2001)

46 이광수,《내선일체 수상록》, 이경훈 편역, 이광수 친일문학전집 2권, 평민사, 1995, 244~245쪽.

내세워 자신이 채택한 전략을 밀고 나가겠다는 '강한 기백'을 표현하고 있는 것이다.

이러한 '모방의 전략'은, 바바(H. Bhabha) 말대로, 그것을 제안하고 요구했던 식민주의의 지배자들에게는 다소 당혹스런 결과를 함축하고 있는 것이기도 하다. 왜냐하면 일본인으로서 그것은 식민지 인민에 비하여 자신의 특권과 우월한 지위가 소멸되는 것을 뜻할 수 있기 때문이다. 이러한 우려는 식민지 초기에 창씨개명 정책이 검토되었을 때, 피부와 얼굴 형태마저 똑같은 조선인이 이름마저 일본식으로 고친다면, 그들과 자신을 구별할 수 없을 것이라는 불안의 형태로 표현된 바 있다. 또 중일전쟁 이후 조선에서 징병제가 실시되면서, 이로써 조선인이 "총체적인 내선차별의 철폐, 참정권의 부여 등을 급속히 요구하지 않을까." 하는 우려로 드러나기도 했다. 이에 대해 '내선일체'의 관념을 '내선평등'의 관념으로 혼동해선 안 된다는 주장이 제기되기도 한다.[47]

이런 의미에서 내선일체라는 이 '모방의 전략'을 식민지 인민의 저항의 전략이라고, "규범화된 지식과 규율권력에 내재적인 위협이 되는, 차이와 반항의 기호"[48]라고 말할 수 있을까? 모방하는 식민지 인민과 거기에 당혹해하는 식민주의자들을 저 멀리서 웃으며 기록하는 제국의 '비판적' 역사가에게라면 혹시 그렇게 보일지도 모르겠다. 그러나 그 역사를 사는 인민들에게, 그리고 그것에 당혹해하는 식민주

---

47 미야타 세츠코, 〈'내선일체'의 구조〉, 최원규 편,《일제말기 파시즘과 한국사회》, 청아, 1988, 370쪽.
48 호미 바바, 나병철 옮김, 〈모방과 인간〉,《문화의 위치(The Location of Culture)》, 소명출판, 2002, 179쪽.

의자들에게도 그것은 반항의 기호가 아니다. 일본인과 동일화되기 위해 말과 행동을 바꾸는 '내선일체'가 식민주의자들에겐 종종 당혹스런 것일 수는 있겠지만, 그것이 기회주의적 행각이 아니라 전략적 선택이라고 말하는 경우에조차, 그것이 식민지 인민의 저항 내지 반항의 기호라고 말하는 것은 너무도 어이없는 착각 아닐까? 마이클 잭슨처럼 수술을 해서 피부색을 바꾸어버리는 것이 어떤 백인들에게는 당혹스런 것일 수도 있고, 그걸 보는 사람에겐 안타까운 것일 수도 있겠지만, 그렇다고 그것이 '흑인의 반항'이라고 말하긴 어렵지 않을까?

　당혹을 야기하고 '분열'을 야기하는 일들은 수도 없이 많지만 그것이 언제나 반항의 징표인 것은 아니다. 더욱이 그것은 동일화를 요구하며 끊임없이 거리를 만들어내는 차별화(distinction)의 전략을 통해서 얼마든지 이용되고 재장악될 수 있음을 잊어선 안 된다. 덧붙여, 모방의 당혹스런 효과를 최대한 인정한다고 하더라도, 그 과도한 모방과 동일화에 놀라고 당혹해하는 것은 식민지 인민이 아니라 식민주의자들임이 분명하다. 그렇다면 그러한 모방의 효과를 '반항의 기호'로 바라보는 것은 식민지 인민의 시선이 아니라 정확하게 식민주의자들의 시선이라고 해야 하지 않을까?

5. '세계사' 이전의 역사철학?

　서인식은 인정식과 함께 조선공산당 일본총국과 고려공산청년회에 참가해서 활동했고, 나중에 조선공산당 재건운동을 하다 체포되기도 했지만, 인정식과 달리 '동아신질서론'의 구상이나 그 전제에 대해 분명한 거리를 두고 있다. 그러나 이런 자신의 생각을 그대로 드러내 글로 쓰기는 당시의 정치적 상황으로 인해 결코 쉽지 않았다. 서인식이 동아협동체론에 대해 동의하지 않은 것은 분명하지만, 이런 사정으로 인해 명료한 비판적 언사가 아니라 모호하게 에둘러 말하는 '노예의 언어'를 사용해야 했음을 유의해야 한다. 나중에 지적하겠지만, 이를 고려하지 않는다면, 지금까지 그에 대한 대부분의 글들이 보여주듯이, 그의 생각을 아주 잘못 이해하는 우를 범할 수 있다. 그의 입장으로 보아 그가 '내선일체'에 대해 비판적인 입장을 갖고 있을 것은 분명한데도, 그 문제에 대해 한 마디도 언급하지 않은 것 역시 이런 조건에 기인하는 것이라고 보아야 할 것이다.

'역사와 문화'라는 제목으로 묶여 출판된 여러 글들에서[49] 그의 논지는, 그것이 지성이나 과학을 다루든, 아니면 역사나 문화를 다루든 항상 보편성과 특수성의 문제로 귀착된다. 물론 특수성을 강조하는 경우도 있지만, 그것은 헤겔이나 맑스주의 역사철학에서 대개 그러하듯이 언제나 보편성과 통일되어야 한다는 조건에서 그러하다. '구체적 보편성'은 그런 통일을 표시하기 위해 가장 빈번하게 사용되는 개념이다. 심지어 그는 '전통'이나 '민족문화'를 다루는 경우에도 "어떠한 민족문화든 정상 상태에 있어서는 그의 내면적 발전과 외래문화와의 접촉과 동화에 의하여 특수에서 보편으로, 비합리에서 합리로 진행"된다고 말한다.[50] 이는 민족적 전통에 대한 비판적 태도로 이어졌고, 이는 당시 여러 방향의 논자들로부터 비판을 받았던 것으로 보

---

49 서인식, 《역사와 문화》, 학예사, 1939.
50 같은 책, 180쪽.

인다. 나중에 가서 그는 전통의 긍정적 측면을 좀 더 수용하려 하지만, 보편성과 분리될 수 없는 '미래의 전망의식'과 결부되는 한에서만 유의미하다고 본다는 기본 입장은 본질적으로 변하지 않는다.[51]

이는 역사에 대한 이해에서 아주 명확하게 드러난다. 그에 따르면, 역사는 상대적이지만 일원적 발전을 한다는 점에서 단순한 상대성에 그치지 않는다. 그렇기에 인류의 생활이 역사의 진행을 따라 저차에서 고차로, 비합리에서 합리로 향상해왔다고 할 수 있는 것이며, 따라서 야만에 대한 문명의 우위를, 중세에 대한 근대의 우월을 말할 수 있다는 것이다. 이런 이유에서 "문화 형태 간의 시간적 서열에는 질적인 *次序*가 수반"된다.[52] 물론 전체주의 이론이 강조하듯이, 민족마다 문화의 차이가 있다. 하지만 넓은 의미의 문화를 예술·신화·언어 등의 표현 형식과 논리·수리·법률·도덕·철학·과학 등의 문화 형식으로 구별할 수 있다면, 전자는 민족에 따라 다르지만 후자는 민족과 시대를 초월하여 만인의 승인을 요구하는 보편적인 것이라고 말한다.[53]

이런 관점에서 그는 '혈연과 풍토'의 이름으로 지역적 특수성을 강조하는 견해를[54] 비판하기 위해 '공동사회'와 '이익사회'라는 퇴니스의 개념을 따라가며 말한다. 공동사회에서는 혈연과 풍토의 원리가

---

51 서인식, 《역사와 문화》, 학예사, 1939, 226~228쪽. '미래의 전망의식'을 그는 '개방된 입장'이라고 표현하기도 하는데, 이는 대략 '미래를 향해 개방된 입장'이란 의미로서 '사회주의적 입장'을 표시하는 '노예적 언어'로 보인다.

52 같은 책, 191~192쪽.

53 같은 책, 289쪽.

54 이를 그는 전체주의 이론의 특징으로 이해한다. 즉 맑스주의 같은 '이즘'이 문화의 계급성과 발전 단계를 강조한다면, "오늘날 지배적인 사상으로 등장한 토탈리즘"은 문화의 민족성을, 그리고 혈연이나 풍토 같은 자연적 유형의 차이를 강조한다는 것이다.(같은 책, 283~284쪽)

중요하며 지방성과 특수성이 강조된다면, 이익사회에서는 생산과 교환의 원리가 중요하며 세계성과 보편성이 강조된다. 그런데 생산기술의 발전에 따라 풍토의 이질성은 점차 동질화되며, 그와 더불어 인간은 풍토에 대한 예속성을 극복하게 된다. 나아가 이익체의 범위가 확대됨에 따라 공동체의 범위도 씨족에서 종족, 민족, 그리고 세계로 확대된다.[55] 서인식은 이러한 보편화의 경향과 반대로 지역성과 풍토적 특수성을 강조하는 입장은 위험하다고 본다.

> 오늘날의 문화이론가들은 공동체와 이익체의 관계를 말하면서도 이 사실을 은폐한다. 현대의 혈연과 풍토의 이론이 가진 위험한 복선이 이곳에 있는 것이 아닐까?[56]

이러한 비판은 혈연과 풍토에 연결된 민족 개념의 비판과 잇닿아 있다. 그는 역사적·문화적 민족과 대비되는, "혈연과 풍토에 기초한 생명으로서의 민족"의 개념을 **'종'으로서의 민족**이라고 규정한다. 이는 전체주의 이론가들이 의거하는 민족 개념인데, 사실 이익사회에 의해 매개된 한에서 혈연의 순수성과 풍토의 이질성은 많은 부분 상실되었다는 것이 그의 생각이다. 그럼에도 불구하고 "현대의 토탈리즘이 피와 흙을 민족과 문화의 영향원리로 내세우는 것은 한[마디] 말로 말하면 현대에서 원시로, 역사에서 자연으로, 문화에서 미개로 귀환하는 회귀의식의 표현"이라고 한다. 쉽게 말해 그것은 역사를 되돌

---

55 서인식, 앞의 책, 296~300쪽.
56 같은 책, 300쪽.

리려는 '반동적' 태도라는 것이다.

이런 관점에서 서인식은 "동양도 보편성에서 제외되지 않는다."[57]
고 하면서, 서구적 보편성과 대비하여 동양적 특수성을 새로운 세계
사의 원리로 상정하려는 태도에 대해 명시적으로 비판한다. "동양과
서양의 상극은 동양의 특수원리에 의해서 해결할 수는 없는 것이다.
…… **단순한 동양주의가 세계사의 원리가 될 수 없음**은 두 가지 의미에
서다. 하나는 기성의 도그마로서의 동양의 전통적 원리가 세계적 원
리가 못 된다는 것, 다른 하나는 뮈토스로서 동양주의인데, 이 역시
동양적 뮈토스로서만 문제되는 한 그렇게 될 수 없다는 것이다."[58]

이런 입장의 서인식이 비합리적·자연적·운명적 성격을 갖는 인륜
적 관계[59]나 일본 국체를 근원으로 하는 일군만민, 만민보익의 협동주
의, 왕도주의[60]를 미키 키요시 말처럼 서구적 보편성을 넘어서는 새로
운 보편성으로 받아들일 수 있을까? 차라리 그것은 "동양적 세계 이
외에는 수출할 길이 없는 동양주의"[61]에 불과한 게 아니었을까? 따라
서 동아협동체론에 대한 서인식의 태도는 아주 확고하다. "오늘날 사
상원리로서 제창하는 동아협동체론도 그것이 단순히 동양적 뮈토스
로서 논의되는 한 전자와 다를 바 없으며, 설사 세계적 뮈토스로서 제
안된다고 해도 그것이 자본주의와 근본적 관련을 갖고 제기되지 않는
한 단순한 뮈토스에 그치고 말 것이다."[62]

---

57 같은 책, 285쪽.

58 같은 책, 212~213쪽. 강조는 인용자.

59 미키 키요시, 〈新日本の思想原理 續編─協同主義の哲學的基礎〉, 《三木淸 全集》 17卷, 岩波書
　店, 1968b, 575쪽.

60 같은 책, 537쪽.

61 서인식, 《역사와 문화》, 학예사, 1939, 210쪽.

그래서 그는 '자본주의의 문제를 해결하는 것'이야말로 세계사의 현대적 과제를 해결할 수 있는 핵심적인 사안이라고 말한다. 물론 미키 키요시나 '동아신질서론'의 담론에서도 동일한 문구가 사용되지만, 거기서는 **공산주의가 아닌** 또 다른 길을 의미하는 반면, 서인식의 경우에는 뒤에 보듯이 공산주의(혹은 사회주의 혁명)를 의미한다는 점에 유의해야 한다. 이런 점에서 그는 일본이 세계사의 현대적 과제를 해결할 주체가 될 수 있는가에 대해서, 희망과 현실을 혼동하지 말라고 말한다. 즉 노동의 사회화, 그리고 전체와 개인의 통일이라는 "세계사의 기본적 방향계수와 일본의 정치적 동향 사이에 막대한 편차가 생긴다면 모든 것이 공론이다. **오늘날 지식계급이 현실 사태에 대해 회의하는 것도 이 때문**"이다.[63]

이는 중일전쟁에 대한 평가에서도 마찬가지로 견지된다. 즉 동아협동체론자들이 일지사변 이후의 일본의 행동에 세계사를 변혁하는 중대한 의의를 부여하려는 것이나, 일지사변에 세계사적 사건이라는 의의를 부여하려는 것에 대해 이렇게 말한다.

---

62 서인식, 앞의 책, 213쪽.

63 같은 책, 215쪽. 그런데 바로 이 문장 뒤에 "그러나 이 모든 의혹을 타개하고 일본 민족이 어떤 방식으로든 이 문제를 해결하리라는 것을 우리는 확신한다."는 문장이 이어진다. 이는 앞의 논지의 흐름에 비추어볼 때, 정반대 방향으로 향한 어이없는 비약인데, 검열 때문에 넣은 것이 분명하다. 그러나 '노예적 언어'를 사용해야 한다는 사정을 망각한 채, 이 문장을 문자 그대로 받아들여 서인식이 동아협동체론을 지지했다고 보는 경우가 안타깝게도 대부분이다 (김윤식, 《한국 근대 문예비평사 연구》, 일지사, 1976, 335~336쪽 ; 조관자, 〈徐寅植の歷史哲學〉, 〈思想〉 2004년 1월호, 岩波書店, 2004, 33쪽 ; 김예림, 〈초월과 중력, 한 근대주의자의 초상〉, 《한국 근대 문학 연구》 9집, 2004, 40쪽). 이는 '자본주의 문제의 해결'이라는 문구의 동일성으로 인해 더 한층 가중된다.

이는 사건의 전개에 따라서 세계의 운명에 영향을 미칠지 모르지만, 정치적 레토릭이 아닌 한에서 '세계사적 사건'이라고 하려면 오늘날 세계사적 현재가 당면하고 있는 보편적·절대적 과제와 연결하여 평가해야만 한다.[64]

다시 말해 "자본주의의 기본 모순"을 해결하는 어떤 사건이 아니라 그저 세계사에 영향을 준 사건이란 점에서 일지사변은 세계사적 사건이 아니라는 것이 그의 평가다. 동일한 이유에서 '동아신질서론'에서 설정하고 있는 서양으로부터 동양의 해방조차, "그 자체로는 세계사적 의의를 구성하는 것은 아니"라고[65] 확언한다.

그렇다면 세계사적 발전의 전망에 대해 그는 어떻게 말하는가? 그에 따르면, 노동이 사회화된 단계에 이르면 이익사회를 편력한 인간은 이제 다시 공동사회로 귀환하게 된다. 그러나 그것은 단순한 공동사회가 아니라 개인에 의해 전체가 매개되고 전체에 의해 개인이 매개된 사회, 개인이 곧 전체고 전체가 곧 개인인 그런 사회다. 이 경우 인간은 "도처가 중심이 될 수 있는 동시에 또한 그 어디나 중심이 없는 무한대의 원과 같은 세계 구조"를 갖게 될 것이다. 여기서 정치는 문화로 소멸되고, 정치의 구심 작용이 사라지기 때문에 문화의 민족성과 세계성이 조화를 이루게 될 것이다.[66] 이러한 사회가 맑스주의 역사철학에서 서술되는 공산주의 사회임을 이해하는 것은 결코 어려운 일이 아니다.[67]

---

64 같은 책, 207쪽.
65 같은 책, 209쪽.
66 같은 책, 310쪽.

이것이 세계사적 세계가 형성되는 기본적인 방향이고, 어떤 사건에 세계사적 의의를 부여하는 관건이다. 따라서 세계사의 철학에서 말하듯이 어떤 과제가 세계사적 사명인지 아닌지, 어느 민족이 세계사적 민족인지 아닌지를 결정하는 것은 바로 이 귀착점을 통해서다. 이런 이유에서 그는 이렇게 묻는다. "문제는 어느 민족 어느 성층〔계층〕이 이러한 세계사적 세계의 형성에 있어서 주체가 될 수 있는가다."[68] 이에 대해서 사실 그는 대략적인 답을 가지고 있다. "자본주의가 고도로 성숙한 나라의 선발된 국민만이 그 자신 내부에 민족적·특수적 문제와 세계사적·일반적 문제를 실천적으로 통일할 수 있는 구체적 보편자의 지위에 있다."[69]

일본이 과연 이 기준에 부합할 수 있을까? 그에 대해 서인식은 명확하게 답하지 않는다. 하지만 이상에서 요약한 논지로 보아 그가 부정적인 대답을 갖고 있었음은 짐작하기 어렵지 않다. 그러나 정작 자신이 서 있는 곳인 식민지인 조선은 어떤가? 이에 대해서 그는 〈역사에 있어서의 행동과 觀想〉의 마지막 문장에서 이렇게 질문한다. "모든 문제는 결국 우리들이 현재 역사의 주체가 될 객관적 지위에 서 있는가 하는 데 있습니다."[70] 답은 명시되지 않는다. 물론 이 질문은 '우

---

67 이런 점에서 이를 두고 탈근대적인 함의를 갖는 탈중심화된 세계 구조를 전망하고 있다고 해석하는 것(조관자, 〈植民地帝國日本と東亞協同体〉, 《朝鮮史硏究會論文集》 41집, 2003, 40~42쪽)은 부적절한 것으로 보인다. 공동사회에서 이익사회로, 그리고 다시 공동사회로 가는 부정의 부정의 경로는 원시 공산주의 사회에서 사적 소유의 사회들을 거쳐 다시 공산주의로 돌아가는 고전적인 역사법칙의 도식에 대응하는 것이며, 이를 전체와 개인의 통일이라는 헤겔적 어법으로 표현하는 것 역시 공산주의에 대한 고전적 통념에 따른 것이 분명하기 때문이다.

68 서인식, 《역사와 문화》, 학예사, 1939, 314쪽.

69 같은 책, 214~215쪽.

70 같은 책, 266쪽.

리가 역사의 주체가 되자.'는 의미의 수사의문문이라고 말할 수도 있을 것이다. 그러나 그가 역사의 주체가 될 수 있는 객관적 지위란 자본주의가 고도로 발전된 나라의 국민처럼 세계사적 지위를 갖고 있을 때만 가능하다고 보았음을 고려한다면, 이 질문은 오히려 그런 보편적 지위를 갖지 못한 조선인 자신의 객관적 처지에 대한 의문처럼 보인다. 이에 대해서는 잠시 후에 다시 언급하기로 하자.

이미 본 것처럼, 사실 서인식이 갖고 있는 입장은 지나치다 싶을 정도로 단순하고 명확하다. 당시 맑스주의의 통념적인 역사유물론이나 헤겔적인 역사철학에서 말하는, 유럽을 모델로 하여 만들어진 세계사의 보편적인 발전법칙에 너무도 충실하게 기대고 있기 때문이다. 더구나 실제로 문제가 되고 있는 일본이나 총독부의 입장이나 '동아신질서론' 등에 대해 명시적 비판이 거의 불가능했다는 조건으로 인해, 그의 글들은 그것이 겨냥하고 있는 것을 거의 드러내지 못한다. 이로 인해 그의 글은 추상적이고 일반적인 어법으로 쓰여, 많은 경우 번역서나 역사철학 '교과서'를 읽는 느낌마저 준다. 그것은 일단 그의 사고가 갖는 추상성과 보편주의적 성격과 무관한 건 아니겠지만, 자유주의적 언사마저 검열과 탄압으로 인해 극도로 제약되어 있는 당시의 정치적 상황에서 불가피하게 선택된 하나의 표현 형식이라고 말해야 할 것이다.

하지만 그가 몇 안 되는 글에서나마 아슬아슬하게 자신의 목표를 겨누어 말할 때, 그의 견해는 이미 말했듯이 그 내용이란 측면에서도 역시 보편주의적 형식을 취하고 있다. 이를 두고 그의 사고가 추상적이라고 비판할 수도 있고 서구중심주의에 그대로 사로잡혀 있다고 비난할 수도 있을 것이다. 그리고 그것은 또 사실일 것이다. 그러나 보편주의적 형식을 취하는 이러한 비판이 동양을 매개로 새로 설정된 보편성을 통해 동아시아인을 포획하고자 했던 '동아신질서'의 담론과 진정한 보편성의 자리를 놓고 대결하는 것이었음은 부정할 수 없다. 이런 점에서 그는 사실상 유일한 언표 행위의 자리인 일본에 대해 말하기 위해, 동아신질서론의 자장(磁場)에서 벗어나기 위해, 이미 보편성의 지위를 갖고 있던 유럽인의 자리를 선택한 것이라고 할 수 있지 않을까? 서구적인 보편성의 자리를 통해서 일본을 언표 행위의 주체에서 그 대상으로 치환시키고자 했던 것이라고 할 수 있지 않을까? 일본이 동양적 지역성을 통해서, 그 지역적·문화적 공통성을 통해 제시하고자 했던 보편성의 논리가 사실은 동양적 지방성에 국한된 특수성의 논리요 비합리적 신화에 지나지 않는다고 말하고자 했던 게 아닐까?

따라서 그는 동아신질서의 담론에서 발화된 '동아시아인'이라는 언표 주체에 포획되어 그 중심에 있는 일본인의 자리로 상승하고자 했던 사람들과 달리, 그 언표 주체에 동일시하기를 거부하며 '이탈' 하는 것이고, 서구의 역사철학을 통해서 일본이라는 중심을 공전(公轉)하고 있는 그 동심원적 체제를 부정하고 있는 것이다. 이를 잠정적으로 '이탈(離脫, secession)'의 전략이라고 부르자. 그렇다면 이러한 시도를, 그것이 서구적인 보편주의에 매몰되어 있다는 이유로 무의미한 것이었다고 말할 수 있을까? 오히려 '모방'의 방식으로 식민주의자들에 자신을 동일시하고자 했던 것과 달리, 일본의 식민지주의자들에 대항하기 위해 유럽이라는 다른 식민주의자들의 보편주의를 이용하고 있는 것이고, 이런 점에서 적극적인 '저항의 전략'이요 '반항의 기호'라고 할 수 있지 않을까? 그가 말하고자 했던 것을 말하기 위해

'노예의 언어'를 사용해야 했다는 것, 그리고 구미와의 전쟁이 진행됨에 따라 아무 말도 할 수 없게 되었다는 사태는 이러한 사실의 방증이라고 할 것이다.

그러나 이러한 반박은 근본적으로 커다란 전술적 한계를 가진 것이었음 또한 분명하다. 왜냐하면 그가 선택한 서구적 보편성의 자리는 이미 동아신질서론의 담론이, 혹은 나중에는 교토학파 등이 이미 겨냥하고 있는 타깃의 자리였다는 점에서, 화살이 날아가는 자리를 향해 돌진하는 병사의 운명을 피하기 어렵기 때문이다. 그곳은 '근대의 초극'이라는 형태로 초극되어야 할 대상으로 비판받고 있는 자리였다는 점에서 적의 '약한 고리'가 아니라 자신의 약한 고리에서 전투를 벌이는 형국을 자초한 셈이기 때문이다. 결국 그는 새로운 세계사적 관점을 자처하는 입장에 대해서 그 이전의 역사철학으로 맞서야 했던 것이다. 그러나 기존의 보편성으로 환원 불가능한 어떤 것을 요구하는 질문에 대해서 기왕의 보편성이 중요하다는 답변이 과연 설득력을 가질 수 있었을까?

그것은 '동아신질서'란 이름으로 조선이나 만주, 중국의 인민들을 향해 방사(放射)되는 언표들에 대해, 그러한 언표들을 통해 촉구되는 '동아시아의 협동'이라는 적극적 포섭의 전술에 대해 무력한 부정의 방식 이상으론 대응할 수 없었을 것이다. 따라서 서인식이 시도한 보편주의적 비판의 전략이 일본인이라는, 원치 않는 주체의 위치에서 이탈하는 방법일 수는 있었지만, 그것을 반박하고 전복하기엔 충분하지 않았음은 분명한 것 같다. 최재서처럼 자신에게 큰 기대를 걸었던 사람들조차 서인식이 설득하지 못했던 것은, 동아신질서론의 담론적 지형(terrain)에서 이러한 전략이 갖는 근본적 결함을 보여주는 증거처럼 보인다.

그러나 이보다 더 근본적인 곤란은 서인식이 선택한 지점에서는 그가 자신이 요구하는 주체가 될 수 없다는 아포리아였다. 조금 전에 말했듯이, 그가 선택한 보편주의적 기준에 따르면 일본뿐만 아니라 식민지 인민 역시 "세계사적 의의를 갖는 구체적 보편자"가 될 수 없으며, 따라서 역사를 만들어가는 진정한 주체가 될 수 없다. 다시 말해 그가 선택한 보편적인 언표 행위 주체의 자리에서는 오직 유럽인이라는 보편적 주체만이 말할 수 있을 뿐이며, 식민지 인민은, 아니 '동아시아인'은 말할 수 없는 것이다. 거기서 그가 말할 수 있는 한 그는 식민지 인민이 아니어야 하며, 그가 식민지 조선인의 처지에 서고자 하는 한 그는 그 위치에서 미끄러져 내려와야 한다. 요컨대 그는 자신이 말할 수 없는 위치에서 말하고 있는 것이다. 자신이 말할 수 없다고 말하고 있는 것일까? 그는 실제로 40년 말 이후 절필하며 일종의 절대적 침묵 속으로 들어간다. 자신이 처한 아포리아를 실제 행위로 보여줌으로써, 식민지 인민은 말할 수 없음을 보여주려는 것이었을까?

6. 식민지 인민은 어떻게 말하는가?

'내선일체'라는 동일화 내지 '모방'의 전략을 선택한 사람들의 거대한 수다에 비해, 서인식이 선택한 침묵은 아주 극적인 대조를 이룬다. 그것은 말할 수 없는 위치에서 말하는, 따라서 말하면서 말하지 못하는 두 가지 상이한 방법이었다고 해야 할 것 같다. 하지만 양자 사이에는 근본적 차이가 있는 것 같다. 동일화와 모방의 전략은 수다스러울 정도로 반복해서 제국의 입장에서 말을 하지만, 말을 하면 할수록 말할 수 없는 자신의 위치는 점점 더 보이지 않게 된다. 반면 보편적 주체의 방법을 빌려 제국적 주체의 자리에서 이탈한 사람은 자신이 선택한 침묵을 통해 자신이 서 있는 자리가 말할 수 없는 자리임을 드러낸다. 이런 점에서 "말할 수 없는 것에 대해 침묵하는 것"은 말할 수 없음에 대해, 말할 수 없는 처지에 대해 말을 하는 방법이며 말할 수 없게 한 조건에 대한 하나의 저항 방법인지도 모른다.

하지만 이것만은 아니었을 것이다. 다른 한편에선 내선일체론자들이 시끄러운 수다를 펼치게 되었던 것이 그들의 입을 통해 말하고자 했던 식민주의자들의 고무와 요구에 기인하는 것인 만큼, '동아신질서'나 조금 뒤의 '대동아공영론' 같은 제국의 노선에 반대하는 사람의 침묵은 식민주의자들의 강력한 검열과 억압에 기인하는 것이다. 이러한 조건에서 정치적으로 발언하는 것은 물론 정치적 사안에 대해 철학적으로 발언하는 것도 지극히 곤란하게 되었음은 의문의 여지가 없다. 특히 대동아전쟁의 발발 이후 요구되었던 '총력전 체제' 하에서, 정치적 사안을 직접 다루고자 하는 한, 어떠한 비판적 발언도 불가능하게 되었음은 잘 알려진 사실이다.

이러한 조건에서 단순한 동조나 모방이 아닌 무언가를 말하기 위해선 정치적 사안조차 '비-정치화'하는 우회의 전술이 필요했다. 현실의 문제를 '허구'의 형식으로 다루고, 정치의 문제를 통상적인 사람들의 삶의 문제로 다룰 수 있다는 점에서, 문학적 서술은 아마도 이를 위해 가장 손쉬운 방법 중 하나였을 것이다. 정치적으로 말하는 것이 금지된 조건에서는 비-정치적으로 말하는 문학이 정치적으로 말하기 위한 일반적인 수단이 된다. 역으로 이런 사정은 '순수한' 문학적 언표조차 어떤 식으로든 정치적인 것이 되도록 만드는 이유가 되기도 한다. 식민지에서 문학이 항상 정치적일 수밖에 없는 것 역시 이런 이유에서일 것이다.[71]

인정식 같은 내선일체론자들의 수다스런 침묵과 서인식의 침묵하는 발언 사이에서 다른 목소리를 듣기 위해 문학적 발언에 귀 기울여보려는 것은 이런 이유에서다. 다만 지금은 여러 가지 제약으로 인해 앞서의 두 가지 경우와는 다르다고 보이는 두 가지 발언의 사례만 간단하게 검토하게 될 것이다.

1) 내파의 전략

1940년 7월 '조선문학 특집호'로 발간된 일본의 〈문예〉 지에 일본어로 발표된 김사량의 단편소설 〈풀 속 깊숙이(草深し)〉는 '동아신질서론'이라는 거창한 스케일의 정치적 주제와는 직접 관련이 없다. 하지만 이 소설이나 이 소설을 쓰는 작가나 모두 그 담론이 설정한 상황

---

71 이는 식민지 조선의 문학 연구가 지금도 항상 정치적인 관점에서, 정치적인 문제로 다루어지고 있는 이유기도 하다. 문학자가 다루는 내용이 무엇이든 간에, 그것은 '친일인가 저항인가'라는 정치적 사안으로 다루어진다. 다시 말해 그런 식으로 다루어지는 데는 충분한 이유가 있는 것이다. 다만 문제는 그 정치의 문제가 오직 '일본에 대한 지지냐 저항이냐'라는 극단적으로 단순한 이항성에 멈추어 있다는 점이다. 가령 이른바 '순수문학적' 경향의 작품이 갖는 정치적 의미를 그저 '저항의 부재'라는 이유로, 혹은 더는 피하기 힘들어서 선택해야 했던 일회적인 작가의 현실적 행동만을 이유로 '친일적'이었고 따라서 '나빴다'고 단죄하는 것은 당시 가능한 다양한 정치적 의미의 폭을 너무도 협소한 법적 판단의 문제로 대체하는 것이다. 이와 관련해서 가령 카프카의 비정치적이고 '순수한' 것으로 보이는 작품들이, 당시 파시즘이나 아메리카주의, 그리고 관료제적 사회주의에 대한 어떠한 강력한 비판적 – 정치적 의미를 갖는 것이었는지를 보여주는 들뢰즈/가타리의 연구는 과잉 – 단순화된 정치적 문학관념과 대비하여 많은 시사점을 제공한다.(들뢰즈, 2002)

안에 있다. 즉 소설은 주인공의 숙부인 군수가 산골의 조선인들을 모아놓고 통역을 시켜가며 일본어로 연설하는 장면으로 시작하며, 그 이야기를 쓰는 작가는 그 담론 안에서 요구되는 대로 일본어로 작품을 쓰고 있다. 소설 속의 군수는 내선일체 정책에 따라 조선인에게 백의(白衣) 대신 색의(色衣)를 입으라고 장려하는 연설을 하고 있다.

> 조선인들이 가난해진 건 흰옷을 착용했기 때문이다. 경제적으로나 시간적으로 낭비기 때문이다. 즉 흰옷은 빨리 더러워지므로 돈이 들고 세탁하는 데도 시간이 든다.[72]

작품 속의 주인공은 이러한 색의장려 정책 그 자체에 대해선 비판하지 않는다. 작가 또한 적어도 명시적으로는 그런 듯하다. 오히려 그는 산골 사람들을 모아놓곤, 백의를 입고 어떤 주문을 외면 구원을 받을 거라고 하면서 농사꾼과 화전민의 재산과 양식을 빼앗고 아내와 딸을 겁탈하고 사람들을 살해했다는 '백백교(白白敎)' 얘기를 신문을 빌려 말하고 있다.[73] 이로써 백의에 민족적 상징성을 부여하여 그것을 이용하려는 민족주의적 시도에 대해서도 분명한 거리감을 갖고 있음을 짐작할 수 있다.

이런 식으로 그는 제국의 통치자에 대해 비판하기보다는 일단 그들이 시키는 대로 따라간다. 그러나 그는 충실히 따라가기보다는 앞질

---

72 김사량, 〈덤불 헤치기〉, 《빛 속으로 : 김사량 작품집》, 소담출판사, 2001, 125쪽. 이 작품집에 의역된 제목과 달리 우리는 '풀 속 깊숙이'라고 직역한다. 이것이 좀 더 풀 속 깊숙이 들어가 그 뿌리를 헤치는 김사량의 전략과 부합하는 것처럼 보이기도 한다.
73 같은 책, 158쪽.

러 간다. 즉 그 요구에 지나치게 따라가는 모습을 통해 '도가 지나친' 상황을 만들어낸다. 가령 이 소설에서 군수인 숙부는 "일군(一郡)의 장으로서 조선어를 쓴다는 건 위신에 관련된다고 믿었기 때문에" 코풀이 선생에게 그의 연설을 내지어로 통역하게 하면서 연설을 하고 있는 것이다. 나아가 그는 심지어 내지어를 전혀 모르는 젊은 첩에게까지 자신만만하게 어려운 내지어로 떠들어대는 인물이다. 이는 국어인 일본어를 사용하라는 식민주의자들의 요구를 한 걸음 앞질러 '과도하게' 추종하는 상황을 연출하여 그런 요구 자체를 웃음거리로 만들고 있는 것이다. 색의장려에 대해서도 마찬가지다.

그[박인식]는 경제적인 면에서나 또한 위생적인 면에서도 색의장려라는 방책에는 반대하지 않는 입장이지만, 얼핏 봐도 그곳에는 흰옷을 입은 사람이라곤 하나도 없고 그들의 누더기 복장은 몇 년을 줄창 입어댔는지 죄수복처럼 흙빛이었다. 그뿐인가, 회당 안에서 눈에 띄는 흰옷을 꼽으면 연단 옆의 의자에 의젓하게 앉아 있는 내무주임의 리넨 하복 정도밖에 없었다.[74]

사실상 대부분이 흰옷을 입었다고 할 수 없는 상황인데도, 군수는 흰옷을 입지 말라고 연설을 하고 있는 것이다. 반면 내지인인 내무주임의 흰옷은 흰데도 보이지 않는 것이다. 그렇게 연설하는 것으로도 모자라 그들은 연설장에서 나가는 사람들의 옷에다 먹으로 칠을 한다. 옷을 다시 물들여서 색의로 바꿀 것을 강제하는 것이다. 장이 서

---

74 김사량, 앞의 책, 125쪽.

면 친히 사람들을 대동하고 시장에 가서 보이는 대로 '흰옷'에 먹칠을 한다. 통역을 하고 군수가 시키는 대로 먹칠을 하던 코풀이 선생은 하나밖에 없는 아내의 흰 치마에까지 먹을 칠해 욕을 먹고 쫓겨난다. 총독부의 요구를 과도하게 따르는 이러한 행동으로 인해 색의를 입으라는 요구 자체가 웃음거리가 된다.

어떤 요구나 규칙을 과도하게 따르는 상황을 통해 그 요구나 규칙을, 혹은 그것을 따라야 한다는 것을 웃음거리로 만드는 이러한 방법을 들뢰즈라면 '유머(humor)'라고 명명할 것이다.[75] 하지만 유머라는 말의 통상적 용법은 이런 전략의 고유함을 드러내기에 충분하지 않다. 주어진 요구를 과도하게 준수하여 당혹스런 결과에 이르게 하는, 그리하여 그 요구를 안으로부터 붕괴되게 하는 이러한 방법을 '내파(implosion)의 전략'이라고 부르자.

이 방법은 대충 보아선 식민주의자들을 충실히 따른다는 점에서 '모방'의 전략처럼 보일지도 모른다. 그러나 내선일체론자들이 잘 보여주듯이, 모방의 전략은 그 모방의 결과 발생한 동일성에 식민주의자들이 당혹하길 결코 바라지 않는다. 심지어 그런 당혹을 피하기 위해 자기 스스로 내지인과 조선인, 제국의 국민과 식민지 국민 사이에 어떤 구별의 가능성을 남겨두려고 하기도 한다. 그러나 김사량의 소설이 잘 보여주듯이, 내파의 전략은 처음부터 식민주의자의 당혹을 야기하기 위해, 식민주의적 요구를 웃음거리로 만들기 위해 모방하고

---

75 아이러니가 선한 규칙을 준수한 결과 나쁜 결과에 이르게 하거나 그 반대의 경우를 통해 도덕적 요구나 일반적인 규칙에 대해 반문하는 방법이라면, 유머는 주어진 규칙을 너무 충실히 준수하는 행동이 도를 넘게 되면서 황당함과 당혹을, 혹은 웃음을 야기하게 되는 방법이다. (Gilles Deleuze, *Différence et répétition*, PUF, 1968, p. 12)

추종한다. 따라서 이 두 가지 방법은 근본적으로 의미와 목표를 달리하는, 전혀 다른 것이다.[76]

이와 더불어 김사량은 일본어를 사용하라는 요구대로 일본어 안에 들어가서 말한다. 그러나 그것은 현영섭이나 장혁주처럼 내선일체의 요구에 동조하여 조선어를 폐지하고 일본인이 되자는 태도와는 전혀 다르다. 그는 작가의 입장에서나, 독자의 입장에서나 조선어로 문학해야 할 이유에 대해서 강하게 주장한다.[77] 심지어 소설 〈천마〉에서는 조선어폐지론자를 소설의 주인공으로 등장시켜 완전히 '또라이'로 만들어버린다. 그러면서도 그는 일본어로 글을 쓰는 것은 "최저의 저항선에서 이보퇴각, 일보전진하면서도 싸워야" 한다고 생각하기 때문에[78] 일본어로 작품을 쓴다. 그가 직접 언급하는 이유가 무엇인가와 무관하게, 그가 사용한 언표 행위의 전략은 그 자체로 일본어를 사용할 이유를 동반한다. 왜냐하면 일본의 정책을 과도하게 추종하는 것은 일차적으로 일본인의 당혹을 야기하기 위한 것이고, 따라서 그것은 일본인 독자를 향해서 쓰여야 하기 때문이다.

한편 그는 자신이 선택한 일본어라는 표현 형식 자체에 대해서도 또 다른 비판적 거리를 만들어낸다. 가령 그는 정책에 과도하게 동일

---

76 윤대석(《식민지인의 두 가지 모방 양식》, 《한국학보》 104집, 2001)은 이효석과 김사량의 소설을 통해서, 이러한 두 가지 모방방식의 차이를 아주 잘 보여준다. 그러나 이미 말했듯이, 김사량의 방법을 굳이 '모방'이라는 개념으로 명명해야 하는지는 의문이다. 그것은 동일시나 모방을 묘사할 때조차 항상 과도함을 통해 그 대상을 비판하고자 한다는 점에서 이미 모방을 '넘어서' 있고, 동일시를 '지나쳐' 있기 때문이다.

77 윤대석, 〈1940년을 전후한 조선의 언어상황과 문학자〉, 《한국 근대문학 연구》 7호, 2003, 166~167쪽.

78 김사량, 〈인민문학〉 1946년 2월.(윤대석, 〈1940년을 전후한 조선의 언어상황과 문학자〉, 《한국 근대문학 연구》 7호, 2003, 167쪽에서 재인용)

시되어 있는 군수의 일본어를 슬쩍 비틀어 엉터리로 만듦으로써,[79] 동일화를 욕망하지만 결코 동일화될 수 없는 거리를 드러낸다. 내선일체론자들을 슬며시 조롱하려는 것일까? 다른 한편 자신은 일본어에 조선어를 이상하게 끼워 넣는 방식으로 일본어 자체를 '더듬거리게' 만든다. 가령 〈신조(新潮)〉(1943년 11월)에 발표된 〈시집(嫁)〉에서는 '곱실이'나 '첨지', '아이고' 같은 조선어 이름이나 명사, 의성어를 가타카나로 직접 쓴다든지, '총각(總角)'이나 '지개(支械)'에 조선식 후리가나(振り仮名)를 붙인다든지, 조선식 속담이나 상용구, 조선 민요를 일본어로 바꾸어 직접 사용한다든지 하는 방법이 사용된다고 한다.[80] 들뢰즈라면 이러한 방법에 대해 '다수적 언어를 더듬거리게 하기'라고 부를 것이고, 소수적인 문학(minor literature)의 중요한 전략의 하나라고 말할 것이다.

무엇이라고 부르건, 이는 쓰라는 대로 일본어를 쓰면서도, 거기서 한 걸음 더 나아가 그 일본어를 과도하게 사용하는 방식으로 일본어를 과소-사용하는 역설적 전술이라고 해도 좋을 것이다. 이를 일본어를 사용하게 하려면 일본어 자체가 변화해야 한다는 것을 말하는 하나의 방법이라고 할 순 없을까?

2) 횡단의 전략

한설야의 소설 《대륙》은 중일전쟁 하의 중국과 만주를 무대로 일본

---

79 윤대석, 〈1940년을 전후한 조선의 언어상황과 문학자〉, 《한국 근대문학 연구》 7호, 2003, 169~170쪽.
80 같은 책, 65~66쪽.

인과 만주인, 조선인, 중국인이 만나고 헤어지며 적대와 협력 속에 교차한다는 점에서, '오족협화'나 '동아신질서론'의 테마를 직접적인 방식으로 다루고 있다. 전형적인 현실주의적 구성을 취하고 있는, 아니 솔직히 소설이라고 하기엔 너무 직설적인 이 소설의 클라이맥스에서 한설야는 '동아시아'와 동일한 외연(外延)을 갖는 '대륙'을, 그것이 갖는 힘을 너무 드러날 정도로 보여주려고 하고 있다. 뿐만 아니라 그 대륙 안에서 서로 적대적인 관계에 있던 일본인과 만주인, 조선인이 상생적인 관계로 변환되는 것을 중심적인 모티프로 삼고 있다는 점에서, 이 소설은 '동아신질서론'의 담론에서 제시된 구도를 그대로 수용하고 있다고 해도 좋을 것이다. 마치 김사량이 그랬듯이 한설야 역시 일본이 제시한 구도를 따라가면서, 혹은 그것에 '편승'하면서 말하는 전략을 사용하고 있는 것이다. 아니, 어쩌면 그것만이 당시 식민지 조선인이 말하기 위한 필수적 전제였을 것이다.

하지만 한설야는 하라는 것을 과도하게 해서 안으로부터 내파시키는 방법을 사용하지는 않는다. 오히려 그는 건전하게도(!), 혹은 순진하게도(?) 그런 대륙적 구상이나 동아신질서의 장대한 구상이 잘 되기를 바라며, 그것이 잘 되기 위한 조건을 탐색하고 보여준다. 이런 의미에서 이 소설은 '동아신질서론'에 대한 조선 지식인의 '응수' 내지 '대답'이라고 보아도 좋을 정도다. 먼저 이 소설은 마적들의 조선인 마을 습격을 장면화(mise en scène)한다. 지나인과 조선인의 마을, 인접해 있지만 강한 절단선으로 분할되어 있는 곳이다. 그 경계선 부근은 대립의 지대다. 마적들의 조선인 습격에 중국인은 동조하거나 편승하여 조선인의 창고를 약탈한다. 반면 그들을 격퇴하는 일본 군대의 공격에 조선인은 편승하며 그들을 따라 빼앗겼던 물건들을 중국인 집을 털어 되찾아온다. 민족적, 혹은 인종적 절단선, 혹은 민족이라는 몰적 구성체(molar formation)는 그렇게 인접해 있건만 서로 대립하고 있는 것이다. 이 경우 '대륙'은, 혹은 '아시아'는 이들을 하나로 묶는 통합적 공간이 아니라 이들이 서로 적대하고 투쟁하는 공간이다.

하야시는 조선인을 위해서 살았고, 조선인의 감응(affect)을 갖고 살았던 자신의 부친처럼 조선인과 하나가 되어 일본이라는 민족적 경계를 넘으려 하는 인물이다. 들뢰즈/가타리 식으로 표현하면, 하야시 부자는 '조선인-되기(becoming-chosensing)'를 하고 있는 인물인 셈이다.[81] 그러나 내선일체가 오족협화와 종종 대립하듯이, 하야시 또한 조선인과 지나인 사이의 벽을 넘어서지 못하고 있다. 조선인이 되고자 하는 일본인, 그는 중국인이나 만주인이 보기엔 '내선일체'로 묶인 내지인과 식민지인의 동일성 내지 친화성에 지나지 않을 수도 있는 것이다. 이런 이유로 인해서인지, 나중에 친구인 오야마가 마적의 인질이 되었을 때, 그는 이 문제를 해결하기 위해 최대한의 노력을 하지만 결국 해결하지 못한다. 그는 아직 벽을 넘지 못하고 있는 것이다.

만주의 조선인 마을에서 태어나고 자란 하야시와 달리, 친구 오야마 히로시는 대륙에 들어와 결국 새로이 대륙을 발견하는 일본인이다. 마치 서구에 대항하기 위한 거대한 잠재력으로서 새로이 만주를, 그리고 대륙과 아시아를 발견했던 일본의 '아시아주의자'들처럼. 그

---

81 이는 조선인의 차별을 제거하라면서 '내선일체'를 요구했던 미키와 달리, 자신이 조선인-되기를 하는 것이다. 전자는 자신이 선 자리를 바꾸지 않은 채 차별 받는 조선인을 그리로 '끌어올려' 자신에 '동일화'하려는 것이라면, 후자는 자신이 선 자리를 벗어나서 소수자의 입장에 다가가며 소수자를 통해 자신을 '변이'시키려는 것이다. 미키가 왕정위에게 보낸 공개서한은 미키의 이러한 입장이 갖는 문제를 아주 잘 보여준다.

런데 오야마는 사랑을 통해서 만주족과의 관계에, 자신이 서 있는 지점에서 벗어나 '말려-들어간다(in-volved)'. 사랑을 통해서 일본과 만주를 가르는 민족적 절단선을 가로지른다. 그러나 이는 이중의 의미에서 지대한 위험을 안고 있는 것이었다.

한편으로 그 위험은 '아시아주의'나 '동아신질서'를 외치고 '일시동인(一視同仁)'을 외치지만 그 안에서 중심과 주변, 지도자와 피지도자, 앞선 자와 뒤진 자, 우월한 자와 열등한 자를 나누며 위계화하는 일본인의 '일본주의'에서 온다. 오야마는 가족의 운명을 뒤흔들고, 거대한 경제적 및 정치적 손실을 감수하면서까지, 약혼녀를 버리고 '열등한' 만주족과 결혼하겠다고 한다.

"단순하게 사랑이 아닙니다. 모두가 경멸하기 때문에 저는 마려 편을 들겠다는 겁니다." 히로시는 대륙에서 일본인에게 가장 필요한 것이 바로 이런 정신이라는 생각이 들었다.[82]

'동아시아의 연대'나 '아시아주의'에 대한 이런 순진한 믿음은, 실제로는 민족주의의 외연적 확대에 지나지 않는 일본인의 아시아주의의 근간을 뒤흔드는 선언이 되고 만다. '이 선언으로 인해 오야마의 부친 오야마 겐지나 약혼녀 유키코, 그녀의 숙부인 만몽모직 사장 고토 등 모두가 극단적인 당혹 속에 빠지게 되고, 이는 곧바로 오야마의 '순진한 공상적 사랑'에 대한 적대적 공격으로 전화된다. 거대한 민족적 절단선이 작두처럼 히로시의 삶을 습격한다.

---

82 한설야, 〈대륙〉, 김재용 외 편, 《식민주의와 비협력의 저항》, 도서출판 역락, 2003, 94~95쪽.

다른 한편 그 위험은 일본인을 신뢰하지 않는 사람들에게서 온다. 가장 직접적으로는 오야마 부자를 인질로 삼아 돈을 요구하는 마적 왕쾌퇴—이는 단순한 도둑이 아니라 만주 토호 출신으로 위관을 지낸 인물이다—에 의해 오야마 부자가 납치되는 결정적인 사건이 그 것이다. 그들의 목표는 단순한 돈만은 아니었다. 다시 한 번 민족적 절단선이 오야마의 순진한 믿음을 습격하는 것이다. 조마려의 부친인 조집오의 태도 역시 다르지 않다. 그는 왕쾌퇴와 친한 친구였기에 맘만 먹으면 그들을 구출해줄 수 있는 인물이다. 그러나 딸의 간곡한 부탁이 있건만, 이들을 구출할 의사가 없다. 이 역시 만주인이라는 이유로 딸을 곤경에 빠뜨린 일본인에 대한 분노 때문이다. 이와는 다른 방향이지만 장학림과 연결되어 있는 마담 류오락과 그 일파들 역시 여러 가지 중첩된 이유에서 오야마 부자를 인질로 삼아 히로시의 형을 다시 인질로 잡고자 한다.

이러한 이중의 위험이 이 소설을 정점으로 이끌어가는 사건을 형성한다. 이 사건은 순진한 믿음을 통해 변형된(!) '아시아주의'가 대륙 내지 아시아에서 처한 위험을 응축해서 보여준다. 히로시의 '대륙주의' 내지 '아시아주의'가 순진하고 긍정적임에도 불구하고, 오야마 부자의 납치를 우리 자신이 충분히 납득할 수 있는 것은 일본의 공식적인(순진하지 않은!) 아시아주의가 갖는 허구성 때문일 것이다. 일본인과 다른 민족 간에 우열을 나누고 동아시아 안에서 일본인의 특권적 지위를 확신하는 오야마 겐지나 고토 등의 민족주의, 사실은 그것이 히로시 주변에서 발생한 모든 불행과 비극의 일차적인 이유인 것이다. 나아가 아시아주의의 이름으로 세계사적 사건이 된 대륙 침략이 바로 저 순진하지 않은 아시아주의의 실질적인 모습인 것이다.

그것은 '동아신질서론'이나 '동아시아의 연대'를 고지식하게 믿는 순진한 아시아주의 또한 거대한 위험에 빠뜨린다. 두 개의 아시아주의를 함축하는 두 사람의 부자, 그러나 그 상이한 인질이 처한 공동의 위험은 그 위선적 아시아주의가 야기한 적대적 관계가 순진한 아시아주의마저 위협하게 되는 상황을 아주 간명하고 조리 있게 보여준다. 일본의 제국적 자기중심주의와 민족주의적 일본주의는, 조마려와의 사랑을 통해 사랑 이상의 것을 꿈꾸던 히로시의 순진한 아시아주의를 절명의 위기에 몰아넣고 있는 것이다. '동아신질서론'을 주창한 일본의 순진한 진보적 지식인이 꿈꾸던 아시아 연대의 꿈을. 조마려가 보았던 "대륙의 아들다운 더 큰 마음"[83]은, 새로운 관계에 대한 희망은 제국적 아시아주의가 존속하는 한 근본적으로 불가능한 하나의 몽상에 지나지 않음을 보여주려는 것일까?

사태를 세심하게 볼 수 있는 눈을 가진 자, 그리하여 두 종류의 아시아주의, 두 종류의 일본인을 구별할 수 있는 자만이 이 사태의 본질을 알아차린다. "대륙에 불기 시작한 가장 아름다운 무언가"를 아는 사람, 다시 말해 모든 것을 버리고 만주인과 사랑하고 또 결혼하고자 했던 히로시의 태도를 아는 조마려나 하야시만이. 조마려는 부친을 설득하고 마적에게 간다. 사랑을 통해 만주인-되기를 하고자 했던 히로시, 일본인의 경계를 벗어나버린 일본인을 위해서 조마려는, 자신을 민족적 절단선에 따라 히로시와 분리하고자 했던 그의 부친마저 껴안고 가려 한다. 이로써 조마려는 연인의 한계를 넘어서 민족적 경계를 가로지르는 횡단선을 그리게 된다. 일본인의 만주인-되기는 만

---

83 한설야, 앞의 책, 102쪽.

주인 자신의 경계를 변화시키는 또 하나의 되기를 창출한다.

하야시의 조선인-되기, 오야마 히로시의 만주인-되기는 조마려의 비만주인-되기를, 만주인의 민족적 경계를 넘는 변이의 선으로 이어지고, 이제 조마려의 변이의 선은 역시 일본주의에 빠져 있던 유키코의 변화를 야기한다. 히로시나 조마려를 이해하고 호의를 갖게 된 것만이 아니다.

"그것보다 만주에 와서 반년도 안 되는 사이에 사람이 아주 달라져버렸습니다. 질투나 제멋대로인 성격, 부유한 가정에서 자라 그런 좋지 않은 성격을 갖고 있다고만 생각했는데……. 자기도 알아챘는지 그런 성격을 고친 것 같군요."[84]

민족적 경계를 넘는 것만이 아니라, 성격이나 행동방식마저 근본적으로 달라지는 변화가 그 연이은 변이의 선 위에서 만들어지고 있는 것이다. 뒤이어 다음에 인용하는 오야마와 하야시의 대화는 대륙을 통해, 혹은 '동아시아'를 통해 일본인이 어떻게 변해야 하는지에 대한 한설야의 생각을 단적으로 표현하고 있다.

"유키코뿐만 아니라 원래 대륙이 우리에게 고마운 것은 위치가 유리한 곳에 있다는 점만이 아니라, 오히려 그것보다 나는 일본인의 성격 개조를 할 수 있는 새로운 무대나 도장으로서 대륙을 예찬하고 싶어. 확실히 시대는 새로운 성격을 요구하고 있어. 여기에 오면 다른 어디에 있을 때보다

---

84 같은 책, 158쪽.

우리들은 일본이라고 하는 것을 확실하게 보게 되지. 확실한 대개조가 필요해. 호흡이 너무 작고 선이 너무 얇아."

"맞아. 우물 안에 있으면 어디까지나 바깥세상을 모르는 법이지. 우리들 대학 시절에는 자네 동급생들까지 우리들을 만주고로라고 부르며 이단자, 아니 심한 녀석은 이국인 취급을 했어. 맹자의 설을 빌려 말하면 남만격설이지. 우리 만주에서 온 사람들을 말이야."

"자네, 오늘날에도 섬나라 쇼비니스트들은 여전히 그렇다네."

"그러나 앞으로의 시대를 짊어질 신일본의 성격은 반드시 대륙을 바탕으로 형성되어야 해."

"그래. 확실히 지금은 어느 큰 전환기에 서 있지."

대륙을 통해, 동아시아를 통해 일본인 자신의 변화를 요구하는 이러한 발언은, 일본인의 입을 통해 나오고 있지만, 일본에서 벗어난 적이 없는 일본인으로선 할 수 없는 말이다. 즉 그것은 대륙을 통해 이미 변화된 일본인, 다시 말해 이미 일본인이기를 그친 일본인, 동아시아인–되기를 한 일본인의 말이다. 그러나 그것은 사실 그런 동아시아인의 입을 빌려 말하고 있는 식민지 조선의 지식인, 혹은 식민지 인민의 한 사람이 '동아시아의 새로운 질서'를 말하려는 일본인에게 하는 말이다. 그것은 내선일체론자들처럼 일본인의 입장에서 조선인에 대해 말하는 것도, 서인식처럼 유럽인의 입장에서 일본인에게 말하는 것도 아니다. 그것은 만주인이나 조선인을 통해 일본인으로 하여금 자신의 자리에서 이탈하게 하여, 그 이탈한 자리에서 말하는 일본인의 입을 빌려 한설야 자신이 말하는 것이다. 만주인과 일본인, 혹은 조선인과 일본인 사이에서 일본인의 입을 통해 조선인이 말하고 있는 것이다. 오야마와 하야시를 통해 그는 '동아시아의 신질서', 혹은 '동아시아의 연대'에 대해 식민지 인민이 식민지 인민으로서 말하고 있는 것이다.

국민적 경계를 횡단하면서, 소수자의 입장을 통해 비-자국인-되기를 실행하려는 이러한 전략에 대해 우리는 '횡단(traverse)'이라는 명칭을 부여할 수 있을 것이다. 그것은 한설야가 소설을 쓰는 전략이 아니라, 자신의 소설을 통해 모호하게나마 드러내려는 전략이라는 점에서 앞서의 경우와 약간 다르다. 하지만 이러한 전략이 '동아신질서'나 '동아시아의 연대'를 말하는 담론에 대해 식민지 인민이 식민지 인민으로서 제시하는 실천적 제안이라고 할 수 있지 않을까? 그는 일본의 정치적 제안에 대해 소설이라는 문학적 방법으로 대답하고 있는 것이 아닐까?

우리는 이러한 생각을 좀 더 확장하여, 좀 더 명료하게 말해야 한다. 진정 민족의 경계를 넘어서 '동아시아인'이 된다는 것은, 그리하여 진정 새로운 동아시아의 질서를 만든다는 것은, 제국의 인민이 자신의 입장으로 다른 나라들의 인민을 동일화시키는 것이 아니라, 자신이 먼저 일본 아닌 (반)식민지 인민의 입장을 통해 변이하는 것, 비-일본인이 되는 것을 통해 가능한 것이라고. 제국 일본이 동아신질서의 **이니셔티브를 갖는다**는 말은, 제국과 식민지의 비대칭성으로 인해 제국의 인민이 **먼저** 비-제국인-되기를 해야 함을 뜻한다고. 그때 비로소 제국의 지배와 억압, 혹은 멸시와 비난에 눌린 식민지 인민들이 자신의 국경을 넘어서, 민족을 가로지르면서 '동아시아인'이 될 수 있는 것이라고. 그럼으로써 동아시아인이란 개념은 제국의 인민을 중심으로 공전하는 동심원의 체계이기를 그치고, 동일성의 원들을 가로

지르며 만들어지는 새로운 생성과 변이의 선들로 변환될 것이라고. 그렇다면 이제 우리는 처음에 던진 하나의 질문에 대해 긍정적으로 답할 수 있을 것이다 : 이러한 조건 위에서라면 '동아신질서' 담론에서 제안하는, 국민국가의 틀을 뛰어넘는 새로운 연대가 충분히 가능해질 수 있을 것이라고.

지금까지 우리는 '동아신질서'의 담론에 대해 식민지 조선의 지식인들이 대응하는 몇 가지 양상들에 대해 살펴보았다. 그리고 그러한 대응들에 대해 동일시와 모방의 전략, 이탈의 전략, 내파의 전략, 횡단의 전략이라는 이름을 부여한 바 있다. 그러면서 모방이 지배자의 당혹을 피하고자 하는 반면, 내파는 의도적으로 그것을 야기하려 한다는 점에서, 전자와 달리 후자가 저항이 될 수 있다고 주장했다. 또한 이탈의 전략이 서구적 주체의 자리를 빌려 동일시가 요구되는 식민지 인민의 자리, 혹은 그것을 포획한 제국의 인민의 자리에서 자신이 이탈하는 것이었다면, 횡단의 전략은 '대륙' 내지 '동아시아'라는 탈-국민적 영토를 빌려 제국의 인민으로 하여금 제국의 인민 자리에서 이탈하게 하는 것이라는 점에서 다르다고 말할 수 있을 것이다.

이제 다시 처음에 던진 또 하나의 질문으로 돌아가자. 동아시아의 새로운 질서, 새로운 연대라는 제국의 보편적 제안에 대해 식민지 인민은 말할 수 없는가? 이미 충분히 본 것처럼, 서인식은 서구인의 입을 빌려서 일본에 대해 말했지만, 거꾸로 그것을 통해 자신이 말할 수 없는 처지에 있음을 말했다. 김사량은 일본인에 과잉-동일시된 식민지 인민들을 통해서 제국 일본의 말을 웃음소리에 가려 들리지 않게 했다. 한설야는 대륙을 통해 변이되기 시작한 일본인들의 입을 통해서 식민지 인민이 말하고자 하는 것을 일본인에게 말할 수 있었다.

이는 모두 식민지 인민이 식민지 인민으로서 말하기 위한 다양한 전략의 가능성을 보여주는 게 아닐까? 심지어 서인식처럼 말할 수 없음을 말하는 것조차 식민지 인민이 식민지 인민으로서 자신이 하고자 한 말을 했던 것임을 과연 부정할 수 있을까? 식민지 인민이 말한다는 것을, '하위주체(subaltern)'가 말하고자 하는 것을, 남들이 보지 못하는 자신의 깊숙한 내면에 대한 '고백'이라고 착각하지 않는 한, 식민지 인민이, 그 하위주체가 말할 수 없다고 대체 어떻게 말할 수 있을까?

10장

'가족계획 사업'의 생명정치학

—

가족계획 담론과 가족주의의 변환

19 60년대 이래 한국에서 '가족계획' 내지 '가족계획 사업'만큼 가족적 삶에 큰 영향을 미친 것을 찾을 수 있을까? 그것은 국가적인 차원에서는 인구 증가를 억제하기 위한 정책이었지만, 가족적인 차원에서는 출산 통제를 위한 담론이었고, 출산과 관련된 생활, 특히 성생활과 관련된 담론이었다. 정부와 의사, 그리고 보건학자 및 인구학자, 사회학자 등의 적극적 관여 아래 지속적으로 진행된 정부의 '가족계획 사업'에서 당시 국가가 일차적인 목표로 했던 것은 경제성장 속도와 그에 필요한 인구의 감소였지만, 바로 그것을 위해서 국가는 가족생활 자체를 특정한 방식으로 조절하고 통제하는 것을 목표로 해야 했다. 이로 인해 '가족계획'에 관한 담론은 필경 가족이라는 사적이고 내밀한 영역, 아니 성과 섹스라는 가장 은밀하고 사적인 영역에서 이루어지는 사람들의 행동을 특정한 형태로 통제하고 조절하는 담론이 될 수밖에 없었다.

1. '가족계획'의 이중적 담론

이는 알다시피 통상 지적되는 유교적인 가족관이나 다산적인 가족관의 직접적인 변환을 요구할 뿐만 아니라, 피임과 성생활 자체에 대한 다른 종류의 태도를 요구하는 것이었다. 이는 가족계획 사업을 국가정책으로 채택하자마자 취해야 했던 조치에서 가장 단적으로 드러난다. 1961년 박정희 정부는 가족계획협회의 제의에 따라 가족계획 사업을 1차 경제개발 5개년 계획에 포함시켜 국가정책으로 채택한다는 것을 선포하는 것과 동시에, 피임을 위한 약이나 기구를 일종의

'음란물'로 간주하여 그것을 생산하는 것은 물론 수입하는 것까지도 금지했던 이전의 조치를 해제해야 했다.[1]

이전에 법적으로 금지했던 것을 국가가 나서서 권장하고 그것의 사용을 독려하며 그 비용의 많은 부분을 직접 지불해야 하는 사태는, 피임과 결부된 사적인 생활에 일대 전변이 있을 수밖에 없음을 그 자체로 내포하고 있는 것이다. 뿐만 아니라 이전에는 감히 말할 수도 없었고 알려고 하지도 못했던 것들, 피임은 물론 남녀 성기의 구조와 성교와 관련된 수많은 것들이[2] 대대적으로 교육되고 홍보되며, 그와 결부된 것을 말하도록 독려하게 된다.

그리하여 이전에는 짙은 침묵의 그늘에 가려져 있던 남성과 여성의 육체는 '가족계획 사업'을 통해 성기와 성교, 피임에 관한 의학적이고 해부학적인 지식, 건강에 대한 보건학적 지식, 그리고 그것을 다루는 거시적인 인구학적 지식으로 둘러싸이게 된다. 가족계획 사업을 위해 보건요원들은 새로이 습득한 성에 관한 지식을 배우고 가르치게 되며, 사람들로 하여금 성에 관련된 것들을 말하게 하고 그것을 기록하고 관리하게 되며, 그와 나란히 사람들은 자신이나 배우자의 성기의 특징에 대해, 그 성기를 다루는 법에 대해, 성생활의 다양한 요소들에 대해 배우고 말하게 된다. 성에 관한 엄청난 양의 담론들이 '가족계획'이란 이름 아래 사람들의 삶을 포위한다. 아마도 푸코라면 이미 19세기 유럽에서 발견했던 "성에 관한 담론의 폭발적 증식"을[3] 여

---

1 양재모, 〈우리나라 인구정책의 종합분석〉, 《한국 인구학회지》 9권 1호, 1986.
2 가령 국가재건최고회의 기획위원으로서 가족계획 사업을 국가적 사업으로 시행하도록 하는 데 결정적인 역할을 했던 양재모 교수가 편집·출판하여 가족계획 관련 요원들의 교본으로서 사용된 《가족계획교본》(대한가족계획협회, 1966)의 3장을 보라.

기서 다시 발견할 것이 분명하다.

이런 점에서 '가족계획'에 관한 담론은 분명 인구학적인 담론이지만, 동시에 성적인 담론이라고 할 수 있다. 아니, 어쩌면 직접적이고 표면적인 것 이상으로 성적인 담론으로서의 성격을 명확하게 갖는다. 약간 거칠게 대비하면, 애초에 경제성장을 위한 수단의 하나로 제안된[4] '가족계획 사업'이 인구증가율과 경제성장률 사이에서 거시적으로 국가적인 담론을 형성했다면, 그것이 구체적으로 실행되기 위해 사람들에게 제시되어야 했던 '가족계획'의 실질적인 내용은 가족에 관한 담론인 동시에 가장 내밀한 것을 다루는 성적인 담론이었다고 말해도 좋을 것이다. 요컨대 가족계획에 관한 담론은 국가적인 담론과 가족 내지 성적 담론이 교차하고 뒤섞이는 고유한 영역을 형성하고 있었던 것이다.

이는 가족생활 내지 성생활이라는 가장 '사적인' 영역에 국가라는 '공적인' 조직이 관여하고 통제하는 교묘한 혼성의 지대를 형성했던 것이다. 동즐로(J. Donzelot)라면 바로 여기서 '사회적인 것(the social)'이라고 불렀을, 사적인 것과 공적인 것이 교차하고 뒤섞이는 어떤 영역을 발견할 것이다.[5] 푸코(미셸 푸코)라면 바로 여기서 인구 통제의 형식으로 생식 행동을 비롯한 일상생활을 사회적·국가적으로

---

3 미셸 푸코, 이규현 옮김, 《성의 역사(Histoire de la sexualité)》 1권, 나남, 1990.

4 양재모, 〈우리나라 인구정책의 종합분석〉, 1쪽 ; 홍문식, 〈출산력 억제정책의 영향과 변천에 관한 고찰〉, 《한국인구학》 21권 2호, 1998, 187쪽.

5 J. Donzelot, *L'invention du social*, Seuil, 1994 ; J. Donzelot, *La Police des familles*, tr. by R. Hurley, *The Policing of Families*, Random House, 1979 ; 또 *The Policing of Families*에 붙인 질 들뢰즈의 서문 참조.("Foreword: The Rise of the Social," p.xvi)

관리하는 생명정치학의 영역을 발견할 것이다.[6]

이하에서 우리는 이중적인 담론으로서 '가족계획' 내지 '가족계획 사업'이 만들어낸 고유한 배치를 드러내고자 할 것이다. 그리고 그 배치를 통해 형성되는 새로운 관계들의 양상을, 그 배치 안에서 작동되고 있는 고유한 전략을, 그 전략과 부합하는 권력의 기술(technique)을 포착하려고 한다. 그럼으로써 종종 '가족주의'라고 불리는, 가족적 장치 안에서 삶의 양상을 영토화하는 욕망의 배치에 대해 살펴볼 것이다.

하지만 여기서 '가족계획' 내지 '가족계획 사업'의 담론적인 배치를 연구한다는 것은 그것을 오직 담론만으로 간주하겠다는 것을 의미하지 않으며, 또한 그것을 오직 담론만으로 다룬다는 것을 의미하지도 않는다. 그것은 필경 보건소와 병원, 시·군청, 학교, 군대 등을 포함하는 다양한 비담론적인 구성체들과 더불어 작동하며 그것들을 통해 유효화되기 때문이다. 담론적인 것은 그것의 실행 조건인 저 '기계적 장치'들을 통해서만 유효화되며, 역으로 그 기계적 장치들은 그 담론적 조건들을 통해서만 '가족계획 사업'을 실행하는 기계가 될 수 있다는 것이다. 그럼에도 불구하고 담론적 배치를 주목하려는 것은, 우리의 직접적인 관심사가 그 기계적 장치의 작동이나 조직의 방식이 아니라, 담론적인 표현 형식을 통해 드러나는 관계 양상의 구체적인 변화기 때문이다.

---

6 미셸 푸코, 이규현 옮김, 앞의 책, 149쪽 이하.

2. 산아제한과 '가족계획'

　인구를 국부(國富)의 중요한 한 요소로 여겼던 것은 19세기의 국민국가 개념이 전면화된 이래 근대국가 자체에 속하는 전통적 특성이다. 서양의 경우 아이를 부모가 직접 양육하지 않았고 계급이나 계층과 무관하게 유모에게 맡겨서 양육하는 것이 오랜 전통이었다. 하지만 유모란 말에서 줄리엣의 유모를 떠올려선 곤란하다. 유모를 이처럼 집에 두고 있을 수 있는 사람들은 아주 극소수에 불과했고, 귀족들도 많은 경우 집 밖에 있는 유모에게 아이를 맡겼으며, 경제적 형편이 어려울수록 멀리 떨어진 곳에 있는 싼 유모를 찾아서 아이를 맡겨야 했다.[7] 가난한 사람들의 경우에는 양육비를 제대로 내지 않거나 아이를 찾아가지 않는 경우도 비일비재했다. 이러한 유모 양육의 관습은 18세기 후반에 가서야 약간 변화되었으며, 19세기 중반에 이르기까지 계속되었다. 이는 가뜩이나 높았던 유아사망률을 더욱더 높이는 결과를 빚었고, 그 결과 가령 19세기 전반에 모친이 직접 양육한 아이의 경우 유아사망률이 19퍼센트였음에 반해 유모 양육을 한 아이의 경우 38퍼센트에 이르게 된다.[8]

　이 시기에 국력이라는 개념과 더불어 국가가 건강한 인구/주민(population)을 생산하고 관리해야 한다는 통치관념이 부상하면서 이 같은 사태는 중요한 국가적 문제로 인식되게 된다. 즉 엄청난 수의 아

7　Aries et Duby ed., *A History of Private Life*, II, 221~222쪽 ; E. Shorter, *The Making of the Modern Family*, Basic Books, 1977, 175~180쪽.

8　E. Shorter, 앞의 책, 181쪽.

이들이 태어나 노동이나 군대처럼 국가에 유용한 일을 하기도 전에 죽어간다는 사실을 해결하지 않고선 강한 국력, 국부를 형성할 수 없다는 생각이 그것이다. 이를 위해 국가는 아이의 양육에 개입하고자 하게 되며, 모친의 직접 양육에 보조금을 지급하는 형식으로 그 개입의 단서를 마련한다.[9]

한국의 경우에는 유모 양육이 있었던 것은 아니기에 사태는 다르게 전개되었지만, 정부가 아이의 출산과 다산을 장려하는 것은 일제강점기 이래의 '전통'이었다. 또한 비록 국민국가라는 단위를 설정하는 데 '법적인' 난점이 있다는 공통성에도 불구하고, 이러한 종류의 '국부'라는 관념 자체가 국민국가 간의 경쟁과 전쟁을 전제로 포함하는 것이란 점에서, 대동아전쟁이나 태평양전쟁을 치르면서 일제 총독부가 다산을 장려했던 것이나, "공산주의와 대치하고 있는 특수 상황에서 국가 안보를 책임질 근거를 인력"에서[10] 발견했던 이승만 정권이 다산을 장려했던 것은 사실은 연속성을 갖는 것이라고 할 수 있다. 그래서 대동아전쟁기, 일제강점기에 이어서 이승만 정권 시기에도 다산 가정을 표창하던 제도는 지속되었는데, 가령 "〈여원〉 1957년 7월호에는 13남매를 낳아 어머니날에 다산자 표창을 받은 47세 여성의 사진이 '대한의 어머니'라는 제목의 권두화보로 실려 있다."고 한다.[11]

그렇지만 그와 동일한 시기에 많은 사람들은 출산 자녀의 수를 줄이고자 애쓰고 있었다. 그러한 욕망의 일차적인 이유는 경제적인 빈

---

9 J. Donzelot, 앞의 책, 29~31쪽.

10 김광웅·박용치, 〈인구문제의 정치·행정적 의미〉, 《한국 사회: 인구와 발전》 4권 ; 배은경, 〈출산통제와 페미니스트 정치〉, 《모성의 담론과 현실》, 나남, 1999, 152쪽에서 재인용.

11 배은경, 앞의 글, 152쪽.

곤이었다. 1950~1953년간 내전으로 인해 많은 사람들이 죽었지만 피난민 등의 유입으로 인해 인구수는 줄지 않았고 전쟁 중에 도입된 항생물질의 영향으로 사망률은 급속히 저하하는 조건에서,[12] 전쟁으로 피폐화된 경제는 기존의 노동력마저 충분히 고용될 수 없는 상황으로 귀결되었다. 이러한 상황에서 도시든 농촌이든 사람들의 삶은 지극히 곤란했고, 이러한 시기에 애를 새로 낳는다는 것은 대책 없이 '입'을 하나 더 늘리는 것을 의미했다. 이처럼 궁핍한 경제적 생활 조건에서 벗어나기 위해 출산을 억제하려는 욕망은 광범위하게 확산되었다.[13]

낙태(인공유산)가 불법이었음에도 불구하고 널리 행해진 것은, 더구나 식자층에서 더욱더 많이 낙태를 했다는 것은 이러한 상황과 무관하지 않을 것이다. "1958~1960년 서울대 보건대학원 김인달의 보고에 의하면 2개 지역 1,058명의 임태 가능한 부인의 조사에서 그 33퍼센트가 인공유산을 받은 경험이 있었고,"[14] 다른 조사에서도 비슷한 비율의 인공유산이 조사되었다. 교육 수준별로 보면 무학이 23.0퍼센트, 국졸이 27.5퍼센트, 중졸이 31.81퍼센트, 고졸이 46.8퍼센트, 대졸이 51.0퍼센트로 학력이 올라감에 따라 인공유산율이 증가한다.[15]

이러한 조건 속에서 국가가 가족계획을 정책으로 채택하여 추진하

---

12 권태환, 〈출산력 변천의 과정과 의미〉,《한국 출산력 변천의 이해》, 일신사, 1997, 27쪽.

13 권태환은 바로 그것이 어쩌면 통념에 반하는 국가정책이 광범위하게 받아들여진 이유라고 본다. "당시 출산 억제 정책의 채택은 획기적이었지만, 이미 성공의 조건은 갖추어져 있었던 것으로 평가할 수 있다. …… 정부의 가족계획 사업은 특히 농촌과 도시의 저소득층의 저출산 욕구를 충족시키는 데 크게 기여하였다."(같은 글, 28쪽)

14 양재모 외 편,《가족계획교본》, 241쪽.

15 같은 책, 242쪽.

기 이전에 낙태로 인해 빚어지는 모자보건상의 피해나 도덕적 곤란을 미연에 방지할 것을 목적으로 하는 가족계획(산아제한) 운동이 민간 차원에서 진행되고 있었다. 한국에서 가족계획 운동을 가장 먼저 시작한 사람은 1920년대 선교사 머레이 박사였으며, 이후 1930년대에는 인천 태화산업관에서 사회사업과 선교 활동을 하던 로젠버그가 농촌 부인을 상대로 가족계획 계몽 활동을 했다고 한다.[16] 1954년, 미국인 선교사 워스(George C. Worths, 한국명 오천혜吳天惠)가 "모자보건을 위한 가족계획을 처음으로 주창"하면서 가족계획 운동이 본격화되었고, 비슷한 시기에 대전 기독교사회관장 레이드는 근무지인 원주에서 가족계획 계몽 사업을 했다고 하며, 1957년 이영춘 박사는 전북 '개정 농촌위생연구소'를 개설했으며, 1958년에는 서울대병원 산부인과에서 유니테리언 봉사회의 원조 아래 가족계획 상담소를 개설했다.[17]

인공유산에 대한 대책의 성격을 갖는 가족계획이 처음에 "모자보건에 바탕을 두었"던 것은[18] 분명히 이러한 사태와 직접 결부된 것이었을 터이다. 또한 기독교 선교사가 가족계획 운동을 주도했던 것도, 가족계획을 일종의 도덕적인 운동으로 이해했던 것도, 건강에 큰 피해를 끼치며 도덕적으로도 문제를 안고 있는 인공유산을 미연에 방지하거나 감소시키려는 시도와 결부된 운동이었음을 함축한다.

출산 억제 욕망이 강했던 이 시기에 가족계획 운동이 진행되면서, 특히 여성잡지를 통해서 산아제한 내지 출산 통제에 관한 담론이 다

---

16 홍문식, 앞의 글, 184쪽.
17 같은 책, 7~8쪽.
18 양재모 외 편, 앞의 책, 7쪽.

양하게 펼쳐진다. 출산 통제를 주제로 하여 이 시기 〈여원〉이나 〈주부생활〉 등의 잡지를 연구한 논문에 따르면, 특히 1958년부터 출산 통제 기사가 본격적으로 등장하기 시작한다고 하며, "이 시기부터는 출산 통제에 반대하는 견해는 사라지고 누구나 그 필요성을 인정한 위에서 논의를 진행한다."고 한다.[19]

이처럼 출산 억제를 둘러싸고 대중들의 욕구와 국가의 입장은 가족계획 사업 이전과 판이하게 달랐다.[20] 이는 국가적 개입과 무관하게 가족계획이나 출산 조절이 사람들의 생활과 관련된 고유한 욕망의 배치를 형성할 수 있음을 의미할 뿐 아니라, 가족계획에 대한 담론이 국가정책으로서 '가족계획 사업'의 그것과 독립적일 뿐 아니라 상이한 성격을 가질 수 있다는 점을 시사한다. 가령 이 시기 "여성 잡지는 처음부터 출산 통제 문제를 '여성의 몸' 문제로 다루었다. 산아제한(특히 피임 보급)이 필요한 근거로 가장 많이 제기되는 것은 여성의 몸을 무분별한 낙태로부터 보호해야 한다는 것이었고, 그 다음이 가난한 가정에서 많은 아이들을 키우는 여성의 수고를 덜어야 한다는 것이었다."[21] 요컨대 민간 차원에서 진행되던 가족계획 운동이나 가족계획 담론은 출산 억제에 대한 대중적인 욕망을 기초로 하여 광범하게 진

---

19 배은경, 앞의 글, 149쪽.
20 **"가족계획 사업에 보수적인 태도를 취해온 과거의 정부**와는 달리 5·16혁명에 의한 군사정부가 수립되면서 정부의 정책 수립 과정에 일대 변혁이 초래되었다. 즉 당시의 정부는 국가의 경제 개발에 최상의 목표를 두었으며, 장기계획을 수립하기 위하여 각계의 의견을 수립하는 과정에서 가족계획에 관심이 있었던 인사가 주축이 되어 정부가 계획하고 있는 경제개발 계획을 성공적으로 수행하기 위해서는 인구 증가 억제를 위한 가족계획이 정부의 정책으로 수용되어야 한다는 건의를 하게 되었다."(《인구정책 30년》, 74쪽. 강조는 인용자)
21 배은경, 앞의 글, 151쪽.

행되던 낙태를 방지함으로써 여성 내지 모성의 신체를 보호하는 것을 일차적인 목표로 하고 있었다는 것이다.

하지만 민간운동이 진행됨과 동시에 증가하던 이러한 기사들은 정부에서 가족계획 사업을 공식적으로 채택한 직후부터 급격히 감소한다.[22] 이는 가족계획이 이미 국가의 대대적인 정책 사업이 됨에 따라 가족계획에 대한 담론에서 헤게모니를 국가가 장악했다는 사실을 보여주는 단적인 증거일 것이다. 또한 알다시피 가족계획 사업이 국가 정책이 되면서 그것은 무엇보다도 인구 증가를 억제하는 문제로 바뀌게 된다.

3. 인구학적 담론으로서 '가족계획 사업'

1) 담론적 배치의 전환

가족계획과 관련된 담론이 전혀 다른 것으로 변환되는 결정적인 전환점은 그것이 인구 통제를 위한 국가적 담론으로 변환되는 지점이었다. 이에 대해 1960년 국제가족계획연맹 회장의 특별사절 캐드버리(G. Cadbury)가 방한한 것을 계기로 1961년 의료인이 중심이 된 대한가족계획협회가 만들어지면서 민간운동으로서 가족계획 운동이 본격화된 시점이었다고 말할 수 있을 것이다. 혹은 그 협회의 제안으로 박정희 정부가 가족계획 사업을 전면적인 국가정책으로 채택했던 시기라고 말할 수도 있을 것이다. 이후 정부는 보건사회부를 축으로 하여

---

22 같은 글, 150~151쪽.

가족계획 사업을 집행할 수 있는 국가 조직을 구성해나가는 한편, 경제기획원과 문교부, 공보부, 내무부 등은 물론 상공부와 국방부에 이르는 정부 조직 전반을 가족계획 사업에 동원한다.

그런데 여기서 전환의 지점이 단지 가족계획의 주도권이 민간에서 국가로 넘어갔다는 사실만으로 표시된다고 생각하면 매우 순진한 것이다. 가족계획이 모자보건을 추구하는 대중운동에서 국가에 의해 주도되는 '사업'으로 변화되었을 때, 가족계획 자체의 모든 것이 근본적으로 달라지며, 가족계획에 관한 담론 자체는 이전과는 전혀 다른 지반 위에서 새로운 종류의 담론구성체로 변환되게 된다. 가족계획 사업의 교과서 역할을 했던 《가족계획사업교본》은 이를 간략하게나마 이렇게 표현하고 있다.

> 그 당시[민간운동으로 진행되던 당시]만 하더라도 가족계획 주창의 진의인 **모자보건**에 바탕을 두었을 뿐 **인구의 적정화라든가 하는 거시적 견지에서** 가족계획을 연관시킨 출발은 아니었던 것이[다].[23]

가족계획 사업을 추진하는 국가 조직의 한 부분인 한국보건연구원에서 활동했던 한 연구원의 글은 이를 좀 더 잘 설명해준다.

> 그러나 1960년대에 접어들면서 대한가족협회가 창립되고 5·16 이후에 가족계획은 **인구정책 수단으로서의** 새로운 전기를 맞게 되었다. 자유당 시절의 보수적인 통치관념이나 4·19에 의한 민주당 시절의 정파 간 갈등과

---

[23] 《가족계획교본》, 7쪽. 강조는 인용자.

약화된 정치 지도력의 상황에서 **출산을 제한하는 정책** 입안을 기대하기는 어려웠을 것이기 때문이다.[24]

《가족계획교본》이나 가족계획 관련 국책연구소의 평가는 가족계획의 주도권이 국가로 넘어가면서 가족계획의 본질이 명확하게 달라졌음을 명시하고 있다. 그것은 모자보건을 다루는 '출산 통제'라는 미시적인 문제에서, 출산을 제한하여 인구 증가를 억제하는 거시적인 '인구정책'으로 변화된 것이다. 만약 모자보건을 위해 피임을 하는 문제였다면, 그것은 정말 보건과 건강을 다루는 부서만의 문제였을 것이다. 그러나 가족계획과 관련된 중요한 문서의 하나인 1963년 9월의 내각수반지시각서 18호는 모든 정부 부처가 가족계획 사업을 지원하도록 다음과 같이 지시하고 있다.

경제기획원 : 인구정책, 가족계획, 고용, 이민, 노동력 수출 및 인구 통계에 관한 시책을 수립하고 자문할 인구정책심의위원회를 설치, 운영하도록 지시하였다.

문교부 : 가족계획 교육 개발과 시설 할애, 학생들에 대한 가족계획 교육 실시를 지시하며 1963년부터 고등학교 가정과에 소단원으로 삽입하여 가족계획 교육을 강화하고 문교부 주최로 강연회 등을 개최하였다. 그리고 각급 학교 시설을 지역 내 주민에 대한 가족계획 계몽 강연회를 위해 할애토록 지시하였다.

공보부 : 가족계획 종합 홍보 활동을 펼 것을 지시하여 통합 홍보 방법

---

24 홍문식, 앞의 글, 186쪽.

을 수립, 공보부 산하 전 공보 매체와 전국 문화원, 극장연합회, 공보부 활용기관을 통하여 계몽선전을 실시하고 각 도에서도 공보부 홍보지침에 따라 자체 홍보토록 지시하였다.

국방부: 군인들에 대한 가족교육 계획 및 시술을 위하여 군의관 활용 계획을 수립 실행토록 하여, 각 부대 의무실 단위 군 계몽기관에 가족계획 상담소를 설치 운영하면서 3자녀 이상인 희망자에게 정관수술을 시술하였다.

상공부: 산하 기업체에 종업원들의 가족계획을 추진하기 위한 방안을 강구토록 함. 이에 따라 기업체에 가족계획 상담소를 설치하고 계몽선전을 하며 자체 교육과정에도 가족계획을 포함시키고 국내 피임기구 생산시설의 보호 육성 및 원료·기구류 수입 허가 협조하였다.

내무부: 지방행정 단위별 업무평가에 가족계획 사업을 포함시키도록 지시하였다.

재무부: 수입 피임약제기구에 대한 면세 조치를 취하도록 하였다.

체신부: 기념우표를 발행케 하였다.

법무부: 우생보호법 제정의 필요성을 검토케 하였다.[25]

여기서 가족계획의 당사자는 단지 임신력을 가진 부인만이 아니라 군인이나 기업체의 노동자들처럼 남자들로, 그리고 학생들과 같은 장래에 가족을 이룰 가능성을 가진 전 국민으로 확장되고 있으며, 심지어 이민이나 노동력 수출, 심지어 우생보호법의 제정 검토까지 포함하는 전혀 다른 방향의 조치들을 포함하고 있다. 물론 이러한 확대를 가족계획을 위한 사회적 조건의 형성이란 점에서 이해하고, 가족이라

---

25 한국보건사회연구원, 《인구정책 30년》, 1991, 78쪽.

는 '미시적인' 차원에서 가족 수 내지 출산 자녀 수는 거시적인 차원에서 인구수에 대응하며 그것으로 '번역'될 수 있다고 생각할지도 모른다.

그러나 애초에 인구를 억제하는 정책으로서 가족계획 사업이 제기된 문제 설정 자체를 본다면, 이러한 대칭성은 환상이요 가상이라는 점이 금세 드러난다. 유명한 것이지만, 애초에 대한가족협회에서 박정희 정부에게 인구 억제책으로서 가족계획 사업을 건의했을 때부터 그것은 국가적인 경제성장을 위한 수단으로서 제시되었고, 1962년 가족계획 사업이 시행되기 시작했던 것은 '1차 경제개발 5개년 계획'의 일환으로서였다.[26]

> 당시 정부의 **1차 경제개발 5개년 계획이 구상되는 과정에서** 인구문제는 개발을 저해하는 요인이 된다는 공감대의 형성으로 인구정책 수용은 급진전을 보게 되었다. …… 인구 증가를 둔화시키지 않고서는 경제개발은 불가하다는 인식이 확고해지면서 인구정책은 곧 **경제개발을 위한 수단**의 하나로 수용되었다.[27]

만약 민간운동으로서 가족계획이 모자보건이라는 개념을 통해 출산 행위를 보건의 문제로 다루려는 것이었다는 점에서 **'출산의 보건화'**라고 부를 수 있다면, 인구를 경제문제로서 다루는 이러한 태도를 우리는 **'인구의 경제화'**라고 부를 수 있을 것이다. 이는 출산되는 자

---

26 같은 책, 53쪽.
27 홍문식, 앞의 글, 186~187쪽.

녀 수의 조절을 직접적인 목표로 하고 있다는 점에서 '가족계획'이나 '출산 통제' 같이 동일한 명칭으로 불리는 것이 사실은 전혀 상이한 지반 위에서 다른 종류의 사건으로 '사건화'되는 방식을 요약해준다고 할 수 있을 것이다.

이러한 상이한 사건화 전략이야말로 가족계획이 민간운동에서 국가정책으로 '이전'되자마자 나타났던 근본적 전환의 요체라고 할 수 있을 것이다. 그것이 근본적인 것은 몇 가지 항목으로 나누어 서술할 수 있다. 첫째, 그렇게 됨으로써 조절 내지 통제하려는 대상 자체가 달라진다. 개개인의 가족계획은 자신이 낳으려는 가족의 수를 직접적인 통제 대상으로 삼지만, 국가정책으로서 가족계획 사업은 거시적인 차원의 인구수를 통제 대상으로 삼는다. 둘째로, 이러한 전환은 조절과 통제의 주체가 달라진다는 사실을 내포한다. 개개인의 출산 통제에서 통제하는 주체는 명백히 개별 가족을 구성하는 부부거나 혹은 몰래라도 자녀 수를 줄이려는 부인이지만, 가족계획 사업에서 인구를 통제하려는 주체는 국가다.

그런데 국가가 주체가 되어 인구의 증가를 통제하려는 정책은 사실은 개개의 가족을 일차적인 대상으로 삼는다. 다시 말해 통제 대상으로서 인구라는 개념은 구체적으로는 개별 가족을 대상으로 한다는 것을 의미한다는 것이다. 이는 국가가 고용한 가족계획 요원들이 활동의 대상으로 삼고 있는 것이 무엇인가를 보면 아주 쉽게 드러난다.[28] 여기서 전환은 더욱 극적인 대립점을 함축한다는 것이 드러난다. 단순한 가족계획에선 명백히 통제의 주체였던 가족이나 부부가, 국가의

---

28 《가족계획교본》, 248쪽 이하 참조.

가족계획 사업에서는 그 사업이 겨냥하고 있는 가장 일차적인 대상이 된다는 점에서 그렇다.

따라서 셋째, 이러한 전환에 따라 부부간의 성생활이 자기 관리의 사적이고 내밀한 영역에서 국가정책이 시행되어야 할 공개된 공적 영역으로 전환된다. 은폐되어 있던 성과 섹스, 육체와 생식 등에 관한 지식이 국민이라면 당연히 알아야 할 지식이 되어 학교와 군대, 기업체 등에서 교육되고 유포되며, 사람들의 성생활과 관련된 정보들이 가족계획 요원을 매개로 하여 공공연히 교환되고 수집된다. 이제 미혼의 처녀가 농촌의 아줌마들을 모아놓고 성생활에 관한 지식을 가르치고 피임의 기술을 가르치는, 이전에는 생각할 수도 없었던 기이하고 쑥스러운 역설적 사태가 도시와 농촌을 포괄하는 전국 방방곡곡에서 벌어지게 된다. 좀 더 극한적인 어법으로 말하면, 이제 국가 장치는 국민을 이루는 남녀의 육체, 남녀의 성기를 직접적으로 겨냥하고 공략하고 통제하고자 하게 된 것이다.

넷째, 인구 통제라는 개념으로 가족계획의 담론 자체의 문제 설정을 바꾸어놓았고 그것을 통해 사건화의 주체와 대상, 그리고 주체가 대상을 겨냥하여 공략하는 양상을 바꾸어놓았던 이러한 전환은, 이후 가족계획이나 출산과 관련된 개념을 전혀 다른 종류의 개념들과 결부시킴으로써 다른 종류의 담론구성체를 직조한다. 가령 모자보건에서 인구문제로 전환됨에 따라 이제 출산 통제나 가족계획이라는 개념은 출생률이나 사망률, 인구 동태 같은 인구학적 개념과, 경제활동인구와 피부양인구, 경제성장률이나 1인당 국민소득 등과 같은 경제학적 개념과 함께 직조되는 다른 종류의 담론을 형성하게 된다. 이러한 담론의 형태에 대해서 앞서 사용했던 '인구의 경제화'라는 명칭을 다시 부여할 수 있을 것이다.

또한 인구 자체를 과학적 연구와 서술의 대상으로 만드는 방법들이 사용된다. 여기서 무엇보다 중요한 것은 통계학의 사용일 것이다. 인구라는 대상 자체가 통계학을 통해서만 서술하고 분석할 수 있는 대상이 될 수 있다는 점으로 인해, 인구센서스를 비롯한 다양한 조사와 그 결과에 대한 통계학적 분석은 인구의 동태를 과학의 대상에 요구되는 합리성(계산 가능성)과 객관성을 부여한다. 나아가 인구증가율이나 출산력, 합계출산율 같은 범주를 이용해 선진국과 중진국, 후진국을 구분하는 지표를 만들거나, 인구 통제의 필요성을 언급하는 곳이면 가장 빈번히 사용되는 인구의 연령별 분포 그래프 등을 유형화하여 인구 형태와 관련된 개념들을 규범화한다. 이러한 방법으로 인구는 과학적 계산과 그에 따른 통제 가능한 대상이 된다. 이로써 인구에 대한 지식은 과학이 되고, 그 인구학은 가족계획과 관련된 모든 지식에 합리적 기초를 제공하는 지반으로서 위치를 차지하게 된다.

물론 성기의 해부학적 구조, 성교와 수태 등에 관한 생리학적이고 생물학적인 개념이나 피임기술에 관한 의학적 개념, 혹은 임산부나 태아의 건강을 다루는 보건위생학적 개념들이 가족계획 담론의 또 다른 중요한 개념적 그물을 구성하지만, 그것은 모두 경제관념을 바탕에 깔고 있는 **인구학적 담론의 지반 위에서** 작동하게 된다. 1965년 이후 문교부가 의과대학과 간호학과 교육과정에 가족계획과 인구문제에 관한 교과목을 삽입하도록 한 사실은[29] 이를 보여주는 하나의 사례다.

---

29 손애리, 앞의 글, 36쪽.

　요약하면 가족계획이 국가의 인구정책이 됨으로써 가족계획의 담론적 배치에 하나의 근본적 변환이 야기되었으며, 이는 가족계획과 관련된 언표들의 주체와 대상, 그 언표들의 작용 영역, 그리고 그러한 주체와 대상을 관련지우는 개념들의 성좌 전체가 다른 지반 위에서 다른 양상으로 구성되었음을 뜻하는 것이었다. 이로써 가족생활 내지 성생활은 국가적 개입의 대상이 되었고, 임신 가능성을 앞에 둔 전국의 남녀들이 국가적 관리 대상이 되었다.

　이로 인해 모자보건이라는, 이전의 가족계획의 중심 개념은, 비록 가족계획 사업의 중요한 한 축임이 선언되었고, 보사부의 경우에는 끝내 가족계획이란 명칭의 국(局)이 아니라 모자보건을 내세운 부서를 고집했지만,[30] 가족계획에서 부차적인 지위로 밀려나게 된다.[31] 뿐만 아니라 모자보건이나 모성보호라는 개념 자체가 이미 전체를 장악한 가족계획 사업의 일부가 됨에 따라 그것 또한 인구학적 문제 설정 안에서, 인구와 출산력이라는 개념과 결부되어 다루어지게 된다.[32]

　더욱더 아이러니한 것은 당초 가족계획 운동이 보자보건이란 개념 아래 인공유산을 피하기 위한 운동으로 진행되었지만, 실제로 여성 1인당 인공유산율은 1960년 0.5명에서 1966년 1.3명, 1970년 1.7명, 1975년 2.3명으로 계속해서 늘어갔으며, 이후 약간 줄어들지만 1985년에도 2.1명, 1990년에도 1.9명이라는 수치를 유지하고 있다는 점이

---

30 양재모, 〈우리나라 인구정책의 종합분석〉, 2쪽.
31 손애리, 〈1960~1970년대 한국의 출산통제정책 연구〉, 고려대학교 석사학위 논문, 1999, 50쪽.
32 예를 들면, 강길원 외, 《가족계획과 모성보호》, 서울대학교 보건대학원, 1973은 모성보호를 직접적인 주제로 다루고 있지만, "가족계획을 통한 인구문제의 해결"이 정책의 목표임을 명시하고 있다.(9쪽과 10쪽)

다.[33] 이는 가족계획 사업이 인구 억제를 목표로 하는 것인 한, 출산 억제 그 자체를 모성보호와 무관하게 추진할 가능성을 함축한다는 점에 기인하는 것으로 보인다.[34] 실제로 가족계획 사업을 추진하면서 가장 시급한 법률적 과제로 설정한 것 중 하나가 인공유산의 합법화였으며, 이는 "법을 제정코자 시도한 지 8년 만"인[35] 1973년 비상국무회의에서 통과시킨 보자보건법을 통해서 합법화의 조건들을 획득하게 된다.[36] 모자보건법이 모자보건의 적이라고 간주된 인공유산을 합법화하는 조치를 중요한 내용으로 포함하고 있었다는 사실은 인구 억제 담론으로서 가족계획 사업이 애초의 가족계획 담론과 얼마나 다른 종류의 배치를 이루고 있었는지를 단적으로 보여준다.

2) 가족계획 사업과 가족적 욕망

가족계획 사업에서 사용한 슬로건 내지 표어는 사업의 목표와 관련하여 개개의 가족이나 개인의 욕망을 어떻게 변환시키고자 했는가를 잘 보여준다. 한 여성이 평생 낳을 것으로 예상되는 합계출산율이 평

---

33 전광희, 〈출산력 변화의 메커니즘〉, 《출산력 변천의 이해》, 83쪽.
34 "이러한 〔가족계획 사업〕 시책이 성공할 수 있는 배경인 사회·경제적 여건을 무시할 수 없으며, 불원 임신을 인공적으로 정절하는 이른바 인공임신중절이란 요소를 간과할 수도 없다." (《인구정책 30년》, 57쪽)
35 《인구정책 30년》, 388쪽.
36 "불임 시술을 포함한 피임 보급과 모자보건 사업에 대한 법적인 근거와 인공임신중절을 합법화해야 한다는 주장이 많은 식자들에 의해 주장되어오다가, 1972년 10월 10일 유신으로 국회가 해산되고 입법 업무를 대행한 비상국무회의에서 보사부가 제출한 모자보건법을 심의 통과시켜 1973년 2월 8일 법률 제2514호로 제정되어 공포하게 되었다. 이 법의 공포로 가족계획 사업에 대한 법적인 뒷받침이 마련되었다."(《인구정책 30년》, 85쪽) 한편 이 법의 제정을 위해서 일본의 〈모자보건법〉과 〈우생보호법〉을 크게 참고했다고 한다.(같은 책, 388쪽)

균 6명에 이르던 1960년대 초에 가족계획 사업이 목표로 제시했던 것은 그것을 반으로 줄여 3명의 자녀를 갖자는 것이었다. 이는 '3.3.35'라는 세 개의 숫자로 요약되었는데, 그것은 3명의 자녀를 3년 터울로 낳고 35세 이전에 단산(斷産)하자는 것을 내용으로 하고 있었다.

더불어 '우리 집 부강은 가족계획으로부터', '덮어놓고 낳다보면 거지꼴을 못 면한다'와 같은 표어가 사용되었는데, 가족계획을 '부강'이라는 경제적 욕망으로 등치하려는 것을 함축하고 있었다. '많이 낳아 고생 말고 적게 낳아 잘 키우자'는 표어는 이를 좀 더 구체화하여 '다산=다복'이라는 전통적인 관념과 반대로 '다산=고생'이라는 등식을 표면에 내세우고, 적게 낳는 것과 잘 키우는 것을 등치시키는 새로운 욕망의 구도를 제시하고 있다.

가족계획의 성과가 일정 정도 진행된 1970년대에는 규범적인 자녀 수를 3명에서 2명으로 줄였다. '딸 아들 구별 말고 둘만 낳아 잘 기르자'라는 유명하고 익숙한 슬로건은 이를 명시하는 한편, 여기서 더 나아가 아들과 딸을 구별하는 남아 선호에 대한 욕망 자체를 겨냥하고 있다. 남아 선호 욕망이 그대로 남아 있는 한, 자녀 수를 2명으로 표준화하려는 전략은 근본적으로 달성될 수 없기 때문인데, 여기서 가족에 관한 욕망은 이제 숫자의 문제에서 남아 선호와 남녀 구별에 관한 욕망으로 이어진다.

그러나 이것이 실제로 유효화되기 위해선 가부장적 관념뿐만 아니라 남녀를 차별하는 현실적인 관계와 제도가 변화되지 않으면 안 된다. 이는 실제로 가족법에서 유산상속 등에 관한 권리에서 남녀 차별을 제거하거나 완화하는 실질적인 법적 변화를 야기했으며(1977), 다른 한편으로는 가족 안팎에서 남녀의 차별을 적어도 공공연히 말할 수 없는 새로운 종류의 규범을 배태했다. 더불어 가족계획과 생활 안정을 연결시키는 경제화 전략 역시 '하루 앞선 가족계획 십 년 앞선 생활 안정'과 같은 표어로 반복하여 언표되었다.

1980년대 들어오면 이제 규범적인 자녀 수를 1명으로 줄인다. '둘 낳기는 이제 옛말 일등국민 하나 낳기', '축복 속에 자녀 하나, 사랑으로 튼튼하게'처럼 하나를 슬로건으로 내세운 표어가 등장하며, 여기서 더 나아가 '하나씩만 낳아도 삼천리는 초만원', '무서운 핵폭발, 더 무서운 인구 폭발'과 같은 과격한 표어들도 사용되었다. 남아를 선호하는 욕망을 겨냥한 슬로건 또한 더욱 분명해졌으며, 그것이 남녀 차별을 넘어서는 방향으로 나아가야 한다는 것을 명확하게 표현하는 표어들이 사용되었다. '잘 키운 딸 하나 열 아들 안 부럽다'는 표어가 전자에 해당한다면, '성 구별 없는 출산, 성 차별 없는 사회'는 후자에 해당하는 사례다. 이는 가족계획이 남녀와 관련해 이전과 다른 욕망의 배치를 형성해야 한다는 것을 보여주는 것이라고 하겠다.

한편, 1980년대 표어에서 전에 없이 새로 등장하는 것이 있는데, 가족계획의 문제를 이제는 건강과 복지라는 문제와 결부시키는 것이 그것이다. '적게 낳아 엄마 건강, 잘 키워서 아기 건강', '늘어나는 인구만큼 줄어드는 복지후생', '가족계획 실천으로 복지사회 앞당기자' 같은 표어가 대표적인 것으로, 여기서는 적게 낳는 것과, 건강과 복지를 직접 연결시키고, 많이 낳는 것을 복지후생의 감소와 등치시키고 있다. 이는 모자보건법 개정을 계기로 가족계획 사업이 모자건강과 복지후생이라는 영역으로 확장되어간 것과 상응하는 것이라고 할 것이다.

이러한 표어들의 변화는 가족계획 사업의 성과와 진행 방향의 변화를 보여주는 일종의 말뚝처럼 보인다. 그것은 또한 그와 나란히 가족적인 욕망이 나아가야 할 욕망의 방향을 표시하는 표지기도 하다. 물론 그러한 방향에 따라 욕망이 그대로 변화하리라고 가정하긴 어렵다. 가령 남아 선호에 대한 욕망이나 남녀 차별에 대한 태도가 아직도 사라지지 않았으며, 그리하여 이상적인 자녀 수가 감소하며 실제로 낳는 자녀 수가 감소하는 가운데서도 남아를 낳으려는 욕망이 지속됨에 따라 남녀 성비의 차가 점점 커지고 있음은 익히 잘 알려진 바다.

4. '가족계획 사업'의 생명정치학

'가족계획 사업'이 인구학적 담론을 형성하는 것과 다른 차원에서, 그것은 동시에 사람들의 성기와 성교, 임신과 피임 등에 관한 많은 것을 말하고 말하게 하는 담론이라는 점은 앞서 지적한 바 있다. 인구학적 담론은 이미 본 것처럼 사람들의 생식 활동을 인구라는 냉정하고 객관적인 거시적 대상으로 탈색함으로써, 경제적 범주와 연결되는 인구학적 개념들로 변형시키는 방식으로 다룬다. 그러나 성과 성기, 성생활 등에 관한 담론으로서 가족계획 담론은 이와 전혀 다른 방식으로 형성되고 전개될 수밖에 없다. 그것은 인구라는 거시적이고 냉정한 범주가 아니라, 남녀의 성교와 관련된 신체적 과정과 그것을 통제하는 기술을 대상으로 하기 때문이다.

성에 관한 담론으로서 가족계획은 인구가 아니라 '생명'을, 혹은 생명이 탄생하는 과정으로서 '수정'을 대상으로 하며, 그 '수정'의 생리학적 과정을 통제하는 방법을 언표하고 가르친다. 그 대상은 사실은 수정의 절차를 실제로 진행시킬 남녀의 신체고, 남녀의 성생활이다. 가족계획이라는 담론 안에서 부부간의 성행위는 남녀 각각이 주체가 되어 행동하는 것으로 보이는 경우에조차 그들 각각은 들뢰즈/가타리 식으로 말하면 '언표 주체'일 뿐이며, 알튀세르 식으로 말하는 '작은 주체'일 뿐이다. 그들 뒤에는 어떻게 해야 제대로 하는 것인가를 말하고 지켜보는 의사가 있다. 이런 점에서 성에 관한 담론으로서 가족계획이란 담론 안에서 모든 것을 서술하고 언표하는 주체―'언표 행위의 주체', '큰 주체'―는 의사고 생리학자다. 이는 그것이 국가가 실질적인 언표 행위의 주체요 큰 주체였던 인구학적 담론과 다른 배치를 형성하게 되는 또 하나의 지점이다.

따라서 성에 관한 담론으로서 가족계획이 사용하는 생명정치학적 기술(technique)은 인구학적 담론에서 그것과 전혀 다른 것일 수밖에 없다. 그것은 담론을 구성하고 그것을 유효하게 작동시키는 데 동원하는 전략의 차이를 의미한다.

가장 먼저 지적할 것은 **생식 활동을 의료화**한다는 것이다. 성적 담론으로서 가족계획은 무엇보다도 생식 활동을 다룬다. 그러나 그것이 생식 활동을 다루는 방법은 도덕적인 성담론이나 문학적인 성담론, 혹은 음담 같은 통상적인 성담론과는 어떠한 유사성도 갖지 않아야 한다. 여기서 그것은 생식 활동을 객관화하는 전략을 선택함으로써 성에 관한 과학이라는 고유한 지위를 확보한다. 그렇지만 여기서 과학으로서 지위는 애초에 탈성화(脫性化)된 거시적 범주를 다루는 인구학과 결코 동일할 수 없다. 그것은 성과 성행위를 직접 언급하고 다루어야 하기 때문이다.

도덕적 담론이나 문학적 담론, 혹은 음담과 구별되는 지점은, 일차적으로 성행위를 일종의 의료의 대상으로, 다시 말해 예방과 치료의 대상으로 설정하는 방식으로 확보된다. 피임은 원하지 않는 임신의 예방이며 중절은 원치 않는 임신을 치료하는 절차다. 의사나 보건요원이 성교와 피임의 기술에 대해 말하는 것은 그러한 예방과 치료를 위한 것이다. 이는 성행위에 대한 서술이나 언급의 이유를 제공하는 의학적 알리바이를 제공하기에 충분하다. 정자와 난자, 배란, 수정, 정관과 난관 등의 분석적인 개념들은 이러한 언표들이 그러한 과학적 객관성을 보장해주는 또 다른 성분들이다. 해부학과 생리학은 성교에 관한 언표를 탈성화하여 객관적인 생식 행위에 관한 언표로 바꾸어놓을 수 있는 고유한 스타일을 제공한다.

성기를 자세하게 묘사한 그림이나 그와 연관된, 평소에는 입에 담기 힘든 명칭들을 사람들 앞에서 입에 올리는 것은, 심지어 피임의 기술이나 피임기구를 성기 깊숙이 집어넣는 방법을 가르치는 것조차 임신을 방지하기 위한 의료 조치라는 점에서 객관적 정당성을 획득한다. 이런 말을 한다는 이유로 가족계획 요원들에게 욕을 하고 쫓아내려는 사람은 과학을 음담과 구별하지 못하는 무식한 사람일 뿐이다. 이러한 언표의 기술로 인해 시집도 가지 않은 젊은 처녀가 아줌마들을 모아놓고 성교와 피임에 대해 말을 하는 것조차, 처음에 입을 열 때의 약간의 쑥스러움만 넘어설 수 있다면, 충분히 가능하게 된다.

기묘한 것은 생식 활동을 의료화하여 성교를 해부학적 내지 생리학적인 언표로 다루게 됨에 따라 성교는 두 개의 상반되어 보이는 경로로 동시에 나아가게 된다는 점이다. 먼저 그것은 성적인 의도나 욕망과 분리된 객관적인 생식 행위로 서술됨에 따라 탈성화된다. 마치 알코올로 신체의 피부를 소독하듯이, 생리학적 객관성이 성교를 둘러싸고 있던 모든 욕망과 감정을 깨끗하게 소독하고 '정화'한다.

그러나 그것이 피임의 기술을 말하기 위한 절차인 한, 그렇게 탈성화된 개념들로 서술되는 성교는 반대로 수정이라는 결과를 피하여 이루어지는 행위로 재정의되는 셈이고, 그 결과 성교는 생식 활동의 짐으로부터 자유로운 활동이 된다. 이는 성교를 생식에서 벗어난 행위로 묘사하는 것을 뜻한다. 그런데 가령 기독교에서 오랫동안 생식과 무관한 성교를 죄악시했다는 점을 상기한다면, 성교의 탈생식화라는 이러한 결과가 무엇을 의미하는가는 쉽게 이해할 수 있는 것이다. 성교를 **탈성화된 생식 행위**로 정의함으로써 획득한 과학적 객관성이 여기선 성교를 탈생식화된 행동으로 변환시킴으로써 **탈생식화된 성교**를 조장하고 촉발하게 된다. 그렇지만 앞서 생식 활동을 과학적 담론의 대상으로 만드는 것이 생식 활동에서 성욕을 분리함으로써 이루어졌다면, 바로 그러한 분리가 이젠 생식 행동에서 분리된 성욕을 조장한다는 점에서 이 두 가지 결과는 양자를 분리하는 하나의 절차를 통해서 동시에 이루어진 것이다. 나중에 보겠지만, 이는 가족으로부터 성생활이 탈영토화되는 지점이 된다.

다음으로 성담론으로서 가족계획은 **섹슈얼리티를 교육화**한다. 애초에 국가는 계몽·교육 사업과 여성 불임시술 서비스의 보급을 가족계획 사업을 위한 양대 사업으로 설정한 바 있다.[37] 내각수반지시각서 18호에서 이미 명시된 것처럼, 가족계획은 여기서 일종의 문교정책이 되어, 각급 학교에서의 정규교육은 물론 그 밖의 다양한 방식의 교육장을 만들어 가족계획을 교육하고 계몽할 계획을 포함하고 있었다.

---

37 《인구정책 30년》, 58쪽.

1974년 문교부는 인구교육 종합계획을 수립하여 시행하였고, 1978년
에는 고등학교, 1979년에는 중학교, 1980년에는 국민학교의 정규 교
육과정에 가족계획 관련 내용을 포함시키게 된다.[38] 또한 교사나 어머
니교실 등을 대상으로 하는 연수 프로그램을 확장하여, 교육은 물론
피임수술을 받도록 권장했다.[39] 뿐만 아니라 1970년대 후반부터는 대
한가족협회 주관으로 청소년의 성을 대상으로 하여 다양한 창구의 성
상담소를 만들어 운영했다.

학교만이 아니라 군대와 예비군 또한 이러한 교육의 중요한 대상이
었다. 특히 예비군은 출산력이 가장 높은 연령군으로, 가족계획 어머
니회와 더불어 가장 중요한 교육 및 피임수술 권장 대상이었다. 예비
군 훈련을 면하기 위해 정관수술을 받는 것은 1970년대 이래 아주 흔
한 일이었고, 그 결과 1983년과 1984년 전국의 불임 수술자 가운데
예비군의 비율은 각각 44.6퍼센트와 67.8퍼센트로 가장 높은 비중을
갖는다.[40]

세 번째로, **가족 형태를 경제화**하는 기술이 사용된다. 이는 1970년
대에 들어와 실행되었다.

인구 목표를 달성함에 있어서 …… 우리나라의 전통적 의식 구조인 남
아선호관의 완화를 통한 소자녀 가치관을 정립하기 위해서는 규제 및 보

---

38 손애리, 앞의 글, 35쪽. 하지만 여기서 교육 내용은, 교육 목표를 "가족의 수가 가정생활에 미
치는 영향을 이해시키고 앞으로의 이상적인 가족 규모에 대한 올바른 판단을 갖게 한다." 등
으로 설정한 데서 보이듯이, 인구와 가족 규모에 관한 것으로 치중되어 있었다.
39 신극범, 《인구교육》, 교육출판사, 1976, 220~230쪽.
40 손애리, 앞의 글, 37쪽.

상제를 포함한 사회 지원 시책의 도입이 주장되었다. 따라서 1970년대의 가족계획 사업은 도시지역의 사업 확충과 더불어 피임 실천을 촉진시키고 소자녀 가치관을 형성시키기 위한 사회 지원 시책의 도입이 착수된 시기라고 볼 수 있다.[41]

이는 크게 두 번에 걸쳐 일련의 국가적 정책을 통해서 명확하게 가시화된다. 먼저 1974년 정부는 소득세법을 개정하여 소득세의 인적 공제 범위를 3자녀까지로 한정하며(1960년대는 3자녀 낳기 운동이 가족계획의 표준 슬로건이었다), 이후 2자녀 낳기 운동이 확산되면서 1977년에는 소득세 인적 공제 범위를 2자녀로 줄였다. 또 1976년에는 법인세법 시행령을 개정하여 각급 기업체에서 지출되는 가족계획 사업비를 손비 처리할 수 있게 하는 조치를 취했고, 1977년에는 불임수술을 받은 무주택자에게 주택공사가 건립하는 주공아파트와 국민주택부금에 의한 민영아파트 우선입주권을 주는 제도를 실시했으며, 영세민이나 저소득층이 불임수술을 받을 경우 생계비를 보조하거나 취로사업 참여에 우선권을 주는 제도 등을 시행했다.[42]

한편 1982년부터 가족계획을 경제적으로 지원하는 일련의 조치들이 다시 실시된다. 두 자녀 이하인 가족이 불임시술을 수용할 경우 주택 및 생업자금 융자에서 우선권을 갖도록 했으며, 저소득층 불임수술 수용자에게 생계비를 지원해주는 제도를 만들었고, 두 자녀 이하인 가정에서 불임수술을 수용할 경우 5세 이하의 자녀에 대해 1차 의

---

41 《인구정책 30년》, 83쪽.
42 《인구정책 30년》, 89~90쪽.

료를 무료로 제공하게 했다. 또 1983년에는 고등학교까지 2자녀의 학비를 세금에서 공제해주는 조치를 실시했고, 공무원 가족수당 및 자녀학비 보조수당을 자녀 2명까지로 제한했으며, 의료보험 분만급여를 둘째 자녀 출산까지로 제한하는 등 두 명 이하의 자녀를 둔 가정에 대한 지원과 그 이상의 자녀를 둔 가정에 대한 부담을 늘리는 다양한 조치들을 시행했다.[43]

1970년대 중반부터 지속적으로 취해진 이러한 조치들은 자녀의 수를 경제적 이득과 손해와 결부된 것이 되게 만들었고, 그 결과 가족 형태 자체를 경제적인 범주로 만들었다. 즉 이상의 조치들로 인해 자녀가 많다는 것은 추상적인 차원에서 '다복'한 게 아니라 구체적인 차원에서 경제적인 부담이 되게 되었고, 역으로 경제적인 조건은 출산 자녀 수를 제한하고 규제해야 할 직접적인 이유가 되게 된 것이다. 가족 형태 내지 자녀 수를 직접적인 경제적 범주로 만듦으로써, 건강과는 다른 차원에서 특정한 가족 형태를 규범적인 범주로 만들게 된다.

네 번째, **가족 건강을 보건화**하려는 전략. 이는 모자보건 사업을 통해서 주로 진행되었다. 국가의 가족계획 사업에서 가족계획과 모자보건의 관계가 역설적인 양상을 갖는다는 점을 앞서 보았다. 즉 애초에 가족계획은 모성보호 내지 모자보건이라는 관점에서 제기되었지만, 그것이 국가정책이 되는 순간 인구 억제의 담론 안에 자리 잡게 됨에 따라 애초의 그런 목적은 부차적인 것으로 밀려나고[44] 심지어 인구 억제를 위해 인공유산을 합법화하는 조치를 통해 인공유산이 거꾸로 늘

---

43 같은 책, 93~94쪽.

어나는 결과를 빚었다.

> 모자보건 향상은 …… 가족계획 사업에 비하면 시급성이 덜하고 당장
> 에는 인구 증가 억제에 역행하는 효과까지 있는데다, 보다 많은 기술 인력
> 과 시설 투자를 요하기 때문에 1970년대 말까지는 가족계획에 우선순위를
> 빼앗기고 소홀하게 다루어졌다.[45]

그럼에도 불구하고 모자보건은 가족계획에 관한 국가적 담론이 개
개의 가정, 개개인의 여성들에게 호소력을 갖게 하는 중요한 개별화
전략의 거점이었고, 이로 인해 가족계획의 다른 한 축으로 정의된
다.[46] 1970년대 후반에 접어들면서 인구 억제 정책이 실효를 거두고
있음이 분명해지자, "인구 조절의 긴박성에 따라 인구정책으로 발전
되어온 가족계획이 모자건강 및 가정보건의 중요한 부분으로 받아들
여지고 또 새로운 전개를 시도해야 할 필요성"이[47] 새로이 부각된다.
1972년 모자보건 담당관제를 신설했고, 1981년 이를 가족보건과로
개편했지만, 실질적인 모자보건 사업이 진행된 것은 모자보건법이 개
정된 1986년이었다. 1973년 개정에서 특기할 것이 인공유산의 합법
화였다면, 1986년 개정에서 특기할 것은 "임산부와 영유아의 건강관
리를 위해 모자보건 진료기관에 신고하여 모자보건수첩을 받아 유기

---

44 초기에 보건사회부 안에 '모자보건과'가 만들어지긴 했지만, 이는 모자보건 발전을 도모한다
   는 긴 안목의 저류(低流)를 이룰 뿐, 사실상 인구 억제책이 가족계획 사업의 직접적인 계기였
   다.(강길원 외, 《가족계획과 모성보호》, 서울대학교 보건연구원, 85쪽)
45 양재모, 〈우리나라 인구정책의 종합분석〉, 10쪽.
46 강길원 외, 앞의 책, 51~54쪽 참조.
47 같은 책, 55~56쪽.

적인 관리와 임신 종합검진 및 영유아 정기 건강진단을 받도록 하며, 전 의료기관에서 임산부과 신생아의 사망, 사산 보고를 의무화하는"[48] 내용이었다.

여기서 모자보건수첩은 임산부나 신생아는 물론 장차 가족 전체, 혹은 국민들의 건강을 국가적으로 관리하기 위한 기초로서 제시된 것이다. 이는 첫째, 임신, 분만, 영유아기로 이어지는 일련의 현상을 관리하기 위하여 임신으로부터 그 관리 사항을 파악하여 자신의 건강에 관한 제반 기록을 유지, 관리하게 함으로써 연계된 관리를 가능하게 하며, 둘째, 수첩 소지자에게 모자보건에 대한 보건 교육 자료로 활용하도록 하며, 셋째, 공공 보건기관 이용자와 민간 의료기관 이용자의 등록 관리를 수첩 발급 절차를 통해 일관화하며 나아가서 모자보건 통계 산출의 기반 마련을 목적으로 하고 있다. 임신과 영유아기 미취학 아동을 대상으로 하는 모자보건수첩은 이후 학교 보건으로 이어지고, 나아가 국민건강수첩으로 이어지게 한다는 거창한 구상과 연결되어 있었다.[49]

이는 가족 건강를 보건 관리 대상으로 하며 국가적으로 관리할 뿐 아니라, 그러한 관리의 연결고리로서 모성을 설정하려는 구상이었다. 이럼으로써 건강과 관련된 국민들의 일상을 국가가 개별적으로 관리하게 되며, 각 가정의 어머니는 가족의 건강을 돌보는 건강 관리자로서의 역할을 맡게 된다. 이런 점에서 새로운 보자보건 관리 체계는 가족 건강을 보건화함으로써 국가권력과 개별 가정을 연결하는 전략적

---

48 손애리, 앞의 글, 50쪽.
49 한국인구보건연구원, 《모자보건사업 관리방안 연구》, 1988, 50~52쪽.

거점을 마련하게 된다. 아마도 푸코라면 여기서 개별적인 가정이나 개인들에게 작용할 수 있는 근대적 국가권력의 섬세한 촉수를 발견할지도 모른다.

다섯 번째로, 이와 나란히, 혹은 이보다 먼저 개인이나 가족생활을 서류화하는 권력기술이 개인적인 삶을 기록하고 관리하는 개인별 카드를 통해서 사용되고 있었다. **가족생활의 행정화**라고 불러도 좋을 이러한 기술은, 개개인의 임신과 출산, 병력을 기록하고 관리하는 모자보건수첩이나, 그것의 연장선상에서 개인들의 건강과 관련된 사항들을 기록하는 학교 건강기록부 및 생활기록부, 그리고 초기에 충분한 효과를 보진 못했다고 평가되어 확산되진 못했지만 국민 전체를 대상으로 개별적인 기록을 만들고 관리하고자 했던 국민건강수첩 등을 통해서, 호적이나 주민등록 서류, 신원기록부 등과 더불어 개인이나 가정생활에서 벌어지는 특이적인 사항을 개별적인 수준에서 기록하고 관리하려는 권력기술이었다.

한편 이보다 먼저 가족계획 사업 진행 과정에서 가족계획 요원에게 요구되었던 '가족보건사업 실적보고'나 '피임시술 요청 및 확인서' 등과 같은 서류를 통해 가족계획 사업 대상자들의 생활과 행태에 대해 반복하여 분석하고 연구하려는 시도 또한 위와 동일한 맥락에서 가족생활을 기록하고 서류화하는 기술이었다고 말할 수 있을 것이다. '가족보건사업 실적보고'에서는 가족계획 등록이나 피임 지원 사업, 피임 보급 현황, 임신(영유아) 신고, 모자보건 등록, 모자보건 관리, 분만 개조, 모자보건 교육, 영유아 기본 예방접종 등과 같은 항목을 통해서 가족계획 요원이 소속된 보건·행정기관별로 사람들의 생활을 기록하고 서류화함으로써 가족계획 관리의 '주체' 입장에서 대상에 대한 관리 자료를 데이터베이스화하고 있다면,[50] 흔히 '쿠폰'이라고도 불린 '피임시술 요청 및 확인서'에서는 배우자, 주소, 근무처, 교육 정도, 결혼 연령, 현존 자녀 수, 최종 자녀 출생 연월일, 유산 경험, 최근 사용한 피임 방법, 시술 장소 등을 개인별로 기록하게 함으로써[51] 가족계획 관리 대상에 대한 개인적 기록이란 점에서 대비되고 교차된다.[52]

전자가 관리 대상의 생활을 국가라는 '사업' 주체의 입장에서 **전체화하여 포착하는 기록의 형식**을 취하고 있다면, 후자는 그것을 개인이나 개별적인 가정이라는 대상의 차원에서 **개별화하여 포착하는 기록의 형식**을 취하고 있다. 하나는 거시적인 차원에서 관리 대상의 동태를 조사하고 분석하기 위한 범주로 만들어지고 있다면, 다른 하나는

---

50 이와 별도로 가구 조사, 부인 개인 조사, 임신력 빛 피임력 조사로 구성되는 출산력 및 가족보건 실태 조사를 3년마다 정기적으로 실시하여 인구 및 모자보건에 관련된 자료를 상세하게 조사 수집하여 분석했다. 1982년부터는 가구 조사에는 의료 이용에 대한 항목을, 부인 조사 항목에는 산전·산후 진단, 분만 형태, 분만 장소, 수유 양상, 예방접종 등의 항목을 추가하였고, 1985년부터는 1982년부터 실시된 2자녀 가구와 관련된 보상 및 규제 제도에 대한 지식이나 그에 대한 태도 등의 항목도 추가하였다.(《인구정책 30년》, 414~416쪽)

51 《인구정책 30년》에서는 한국에서 가족계획 사업의 성공 요인 가운데 하나를 이와 연관시킨다. "쿠폰제도를 도입하여 모든 피시술자에게 동일한 서식을 사용하게 했으며, 가능한 한 수용 과정에서 번잡한 절차를 피하게 하고, **행정 부산물로서의 쿠폰 통계를 십분 활용**할 수 있게 하였다."(《인구정책 30년》, 69쪽) 여기서 행정적 부산물인 쿠폰 통계라는 말은, 이러한 개인별 기록이 행정적으로 실제로 '십분' 이용되었음을 보여준다.

52 한편 가족계획 어머니회 등의 모든 부녀 조직을 새마을 부녀회라는 하나의 조직으로 강제로 통합하는 조치를 취하면서, "1차로 866,456명의 새마을 부녀회원을 대상으로 …… 건강기록부 작성 사업을" 실시하였는데, 여기에는 "유배우 가임여성에 대한 임신 및 피임력 실태와 자녀들의 예방접종 시행 여부 등 건강관리 상황을 **세대별 카드**에 기록해두었다가 가족계획, 모자보건, 기타 가족의 건강 상태에 대한 지도 관리 사업을 위한 기초 자료로 활용코자 하는 한편 우수 새마을 부녀회 선정 시 가족계획 업무 평가 기준으로 활용키도 했다."고 한다.(《인구정책 30년》, 141쪽)

미시적인 차원에서 그것을 조사·분석하기 위한 범주로 만들어지고 있다. 인구정책으로서 가족계획 사업이 개개의 가정이나 개인들과 같은 미시적 차원에서 삶에 침투하고 실질적인 영향을 미치는 것은 이처럼 한편으로는 전체화하는 동시에 다른 한편으로는 개별화하여 기록하고 관리하는 권력기술이 없었다면 불가능했을지도 모른다.

이런 점에서 모자보건 사업을 통해 가족 건강을 보건화하고자 했던 것은 개인이나 가족생활을 이중적인 수준에서 기록하고 서류화하는 권력기술과 매우 근접해 있다. 전자는 후자의 연장에서 그것을 보완하고 주민들의 건강이라는 좀 더 일반화된 차원으로 확장하는 것이었다면, 그리하여 개별화하는 국가권력의 통치기술의 미시적 작용 지점을 개별적으로 명확하게 하는 것이었다면, 후자는 그러한 통치를 가능하게 하는 것인 동시에 그러한 개별적 작용점들을 국가라는 층위에서 하나의 '주민' 내지 '국민'으로 포괄하여 전체화하는 것이었다고 할 수 있을 것이다.

이상의 국가적 관리 전략이 정말 그러한 '음흉한' 의도를 목적으로 하고 있었던 것인가를 묻는 것은 어리석은 일일 것이다. 개개 가정의 건강을 관리하고 보건화하는 것이 권력을 행사하기 위한 나쁜 정책이었는지를 묻는 것도 마찬가지일 것이다. 그것이 개인이나 가족의 건강을 생산하고 건강한 인구/주민을 생산하려 한다는 사실은 의문의 여지가 없기 때문이다. 그렇지만 그렇기 때문에 그러한 권력기술은 개인이나 가족에 의해 쉽사리 수용되고, 바로 그렇기 때문에 국가권력은 실질적인 유효성을 갖고 실행된다.

여기서 권력이란 언제나 권력을 장악한 자기 자신의 이익을 위해 그 대상에게 피해나 손해를 감수하게 하는 것이란 전통적(?) 관념을 떠올리는 것은 사태를 이해할 수 없게 한다. 푸코가 이미 지적했듯이, 근대국가에서 권력은 그것이 유효하게 실행되기 위해 어떤 유용성을 제시하고, 바로 그 유용성을 통해서 유효하게 작용하기 때문이다.[53] 혹은 차라리 들뢰즈/가타리라면, 권력이란 그것이 사람들에 의해 욕망되는 한에서, 다시 말해 사람들의 욕망이 되는 한에서 비로소 유효하게 작동한다고 말할지도 모른다.[54] 이런 의미에서 본다면, 가족계획과 관련해서 사용한 다양한 권력기술은 가족생활과 관련된 사람들의 새로운 욕망의 배치를 창출하는 기술이었다고 말해도 좋을 것이다.

5. 가족계획 사업의 '동맹자'들

가족계획을 통해 가족적인 욕망의 배치가 어떻게 달라졌는지, 가족에 대한 관념이 어떻게 달라졌는지를 보기 전에 먼저 하나 질문할 것이 있다. 가족계획이 민간운동에서 국가정책으로 변환됨에 따라, 가족계획의 '주체'가 국가로 변환되고, 가족계획의 주제가 모성이나 모자보건에서 인구문제로 변환되었는데, 그것은 곧 출산 통제의 주체를 여성이나 가족에서 국가로 넘기는 과정을 의미하는 것일까? 그리하여 가족계획 사업이 국가정책이 됨으로써 여성이나 남성, 혹은 부부

---

53 미셸 푸코, 박홍규 옮김, 《감시와 처벌(Surveiller et punir)》, 강원대 출판부.
54 질 들뢰즈/ 펠릭스 가타리, 이진경 옮김, 《카프카: 소수적인 문학을 위하여(Kafka: puor une littérature mineure)》, 동문선, 135쪽.

내지 가족이 단지 국가적 정책의 일방적인 대상이 되었고, 국가적 조치를 수동적으로 수용하는 방식으로 대응하게 되었다고 말해도 좋을까? 혹은 흔히 지적하듯이 국가가 여성의 성을 통제하고자 했던 가족계획 사업을 통해 여성들은 출산의 자율적 통제권을 국가에 양도하고 일방적인 통제 대상이 되었다고 해도 좋을까?

반대로 생각할 여지는 없는 것일까? 출산 자녀 수를 줄이고자 하는 욕망에도 불구하고 시부모나 남편, 혹은 전통적인 가족관념의 영향으로 인해 명시적으로 추진할 수 없었던 상황을 타개해가는 데 여성이 여성 나름대로 가족계획 사업의 담론을 이용했으리라고 생각해선 안 되는 것일까? 국가정책으로서 가족계획 사업이 가부장제와 유교적 가족관 아래서 침묵에 갇혀 있던 여성들의 뜻과 욕망이 비로소 공개적으로 말해질 수 있는 조건을 제공했다고 해선 안 되는 것일까?

물론 성급하고 손쉬운 결론의 유혹에 넘어가선 안 된다. 가령 1973년까지만 해도 남편 몰래 피임을 하는 여성의 비율이 57.4퍼센트나 되고, 시부모가 모르게 하는 경우는 55.4퍼센트, 친정부모가 모르게 하는 경우도 52.26퍼센트나 된다는 보고는[55] 국가적인 정책과 지원, 계몽과 선전에도 불구하고 가족계획이라는 문제에서 여성들이 처한 난점과 어려움을 보여준다. 그렇지만 "가족계획 사업 초기만 하더라도 …… 〔가족계획〕 지도요원들이 마을에 들어갔다가 매를 맞고 쫓겨 나오는 예가 비일비재하였다."는[56] 점에 비추어본다면, 이러한 비율은 오히려 그 반대의 의미를 가질 수도 있는 것으로 보인다. 같은

---

55 정경균, 《가족계획 어머니회 연구》, 대한가족협회, 1987.
56 같은 책, 13쪽.

1973년의 보고를 인용하여, 피임 실천 여부나 방법, 가족계획에 대한 일반적 태도 등에서 부부간 의견이 다를 경우 남편에 따라야 한다는 층이 34.8퍼센트인데, 부부가 합의해야 한다는 층이 38.27퍼센트나 되었고, 심지어 아내의 주장에 따라야 한다고 응답한 사람이 26.9퍼센트나 되었다고 하면서 정경균은 "근년에 이르러 한국 농촌 여성들의 가정 안에서의 지위가 크게 향상되었음"을 지적하고 있다.[57]

한편 그가 제시한 사례를 전적으로 신뢰할 수 있는지, 혹은 그것이 표본으로서 대표성이 있는지 하는 문제가 있긴 하지만, 가족계획 사업으로 인해 조직된 '어머니회'가 가족계획이라는 주제를 넘어서 마을이나 도시에서 여성들의 사회·경제적 활동을 활성화하고, 그들의 발언권을 강화하는 효과를 가졌으리라는 것은 충분히 가정할 수 있는 것이다. 이러한 사례를 빌리지 않더라도, 피임과 가족계획, 출산 억제 등을 다양한 매체를 통해 말하고 교육하며, 남아 선호와 다산적인 가족관을 전 국가적인 차원에서 공공연하게 비난하는 조건이, 피임이나 가족생활 등과 관련하여 침묵 속에 갇혀 있던 여성들로 하여금 좀 더 쉽게 말할 수 있게 했으리라는 것 또한 충분히 추정할 수 있는 것이다. 한 여성학자는 좀 더 강하게 말한다.

국가 발전이란 차원에서 여성의 출산력을 정치화시키고 하나의 제도 속으로 편입시킨 가족계획 정책은 계속되는 임신을 통제하고자 하는 여성들의 욕구와 잘 맞아떨어지면서 여성들의 재생산 행위와 출산력에 새로운 정치적 경험을 부여했고 적정한 자녀 수의 출산과 이를 돌보는 질적으로

---

57 같은 책, 12쪽.

관리된 현대적 모성에 관한 새로운 사회적 실천 모델을 제공했다.[58]

앞서 권태환 말대로 박정희 정부의 가족계획 사업이 애초부터 충분히 성공할 수밖에 없는 조건에서 시작했다면, 그리고 누구보다도 일단 여성들의 지지—많은 경우 비밀로 해야 했던 지지—로 인해 급속한 성과를 거둘 수 있었다면, 그것은 바로 이런 조건에 의한 것이 아니었을까? 이러한 사태를 방증하기 위해 "남아 선호 사상을 제거하기 위하여" 불완전하나마 여성의 권리를 신장시킨 가족법 개정을 다시 예로 들 필요가 있을까?[59]

여기서 국가와 여성의 관계는 상보적이고 상호적인 것으로 보인다.

정부의 프로그램은 시행 과정에서 강제적인 장치를 동원하여 국가의 이해를 관철시켰지만, 동시에 새로운 사회경제 환경 속에서 소자녀 가족이 갖는 효율성 때문에 정치적 담론에 따라 자신들의 욕구를 적극적으로 재조직하기 시작한 여성들로부터 권력 행사의 정당성을 부여받았다.[60]

이러한 주장을 지지하든 말든, 그리고 가령 《가족계획교본》에서 가족계획의 취지 가운데 하나가 여성해방이라고 서술하고 있다는[61] 사실을 진지하게 받아들이든 말든, 가족계획 사업을 통해서 가족 안

---

58 김은실, 〈발전논리와 여성의 출산력〉, 《또 하나의 문화》 8호, 또 하나의 문화, 1991, 153쪽.
59 《인구정책 30년》, 96~98쪽 참조. 이 밖에도 남녀 차별을 시정하기 위한 조치들에 대해서는 같은 책, 94쪽 참조.
60 김은실, 앞의 글, 157쪽.
61 《가족계획교본》, 15쪽.

에서 여성들의 권리가 신장되었으며, 거기서 여성의 몸을 통제하는 피임의 기술이 중요한 역할을 했다는 사실까지 부정할 이유는 없지 않을까? 그것은 국가의 가족계획 정책에 일방적으로 대상화되거나 수동적으로 따르기보다는 그것을 통해 전통적인 가부장적 사회에서 벗어나는 선을 그리려는 여성들의 전략이었다고 말해도 좋지 않을까?

하지만 국가와 여성의 이러한 밀월은 그것의 실질적 기술을 제공하고 피임과 성, 몸에 일종의 객관성의 형식을 부여했던 근대 의학 내지 의사들이 없었다면 불가능했을 것이다. 19세기 서양에서 아이의 양육 내지 아이의 보호라는 목표 아래 국가와 가정 담당 의사 및 여성의 동맹을 포착했던 동즐로라면[62] 이러한 사실을 두고 이렇게 평가할지도 모른다. 국가는 인구 통제라는 자신의 목표를 관철시키기 위해 한편으로는 자신의 몸과 출산 능력에 대한 통제권과 가족 안에서 자신의 권리를 확보하려는 여성의 욕망과 손을 잡았고, 다른 한편으로는 위생학적 관심 속에서 사람들의 일상적 삶을 근대적 의료 체계로 포섭하고자 했던 의사의 욕망과 손을 잡았다고.[63] 그리고 아마도 그 결과는 어느 쪽에게도 지극히 성공적인 것이었다고.

---

62 자크 동즐로, 앞의 책, 9~19쪽

63 《인구정책 30년》은 가족계획 사업의 성공 요인을 나열하면서 이렇게 쓰고 있다. "일곱째, 인력 면에서 간호보조원을 중추로 하는 임시직 요원을 읍·면·동 단위에 배치해서(1981년 양성화) 그들로 하여금 지역사회에 참여케 하여(어머니회 및 새마을 부녀회와 연결) 지역사회의 자발적 참여를 유도함으로써 가족계획이 보다 더 효율적으로 확산될 수 있었다. 여덟째, 비교적 풍부한 의료 인력과 의료인의 참여를 적극적으로 유도할 수 있었다."(《인구정책 30년》, 69쪽) 여기서 지역사회의 자발적 참여가 어머니회 및 부녀회라는 여성들의 조직이었다는 점을 주목한다면, 적어도 국가는 여성 및 의료인과의 동맹을 적극 추진했음을 분명하게 확인할 수 있다.

6. 가족계획 사업과 가족주의

서구 '선진국'이 100년 동안 겪은 인구 변동을 단 30년 만에 마치고 선진국형 인구 구조로 들어갔다고 평가되는 가족계획 사업의 인구학적인 성과에 대해 여기서 말할 필요는 없을 것이다.[64] 또한 그로 인해 야기된 가족 형태와 가족 주기의 변화 또한 지금의 직접적인 관심사는 아니다. 우리의 일차적인 관심은 '가족계획 사업'을 통해 가족계획 담론이 어떻게 다른 종류의 배치로 변환되었으며, 그 변환을 규정한 지점들은 무엇인지, 그리고 그러한 변환된 배치 안에서 작용한 새로운 생명정치학적 권력기술은 또 어떠한 것이었는지 하는 것이다. 이에 대해 앞서 논한 내용을 다시 요약할 필요도 없을 것이다. 다만 마지막으로 가족계획 사업을 통해 새로이 형성된 담론적 배치 안에서 가족에 관한 욕망이나 가족에 대한 관념이 어떻게 달라졌는가를 간단히 서술하기로 하자.

가족계획 사업을 통해 많은 것이 변했으며, 가족에 관한 욕망이나 태도의 집합으로서 '가족주의' 역시 크게 달라진 것은 분명하다. 그 중에서 가장 먼저 지적해야 할 것은 가족 자체에 대한 관념, 혹은 가족이란 관념을 둘러싼 욕망의 양상이 가족계획 사업을 통해 근본적으로 달라졌다는 것이다. 가족계획 사업은 가족을 일정한 목표와 계획에 따라 조절하고 통제할 수 있다는 생각을 널리 확산했을 뿐만 아니라, 가족 형태를 경제화하는 조치를 통해서 가족이란 이미 주어진 것

---

64 이에 대해서는 홍문식, 앞의 글 ; 권태환, 앞의 글 ; 김태헌, 〈인구전망과 사회적 영향〉,《한국 출산력 변천의 이해》등 참조.

이고 자연적으로 만들어진 단위라는 전통적 관념과 반대로 특정한 목적에 따라 통제 가능한 것으로 간주하는 일종의 도구적이고 기능적인 가족관념이 형성되고 확산되었다. 이러한 태도 안에서 가족 형태는 조절 및 관리 대상이 된다.

이와 다른 차원에서 생식생활을 의료화하고 가족 건강을 보건화하는 조치를 통해서 의사들의 시선은 이제 가족 깊숙이, 그리고 개개인의 내밀한 성생활과 은밀한 신체 깊숙이 침투하게 된다. 가족 형태에 대한 도구적 관념과 더불어 이러한 의학적 시선의 침투가 피임시술은 물론 인공유산을 아주 손쉽고 편리한 수단으로 간주하는 태도를 낳았을 뿐 아니라, 더 나아가 의학적 시술이나 수술 일반에 대해서 편의적이고 '개방적인' 태도로 귀결되었음을 짐작하는 것은 그리 어려운 일이 아니다. 이제 병원은 정상적인 가정생활의 아주 가까운 이웃이 되었고, 그것 없이는 아이들의 정상적인 양육이란 생각할 수 없는 그런 조건이 된다.

이러한 기술들과 더불어 섹슈얼리티나 가족 형태, 가족생활의 교육화는 정상적이고 바람직한 가족의 형태와 그렇지 못한 형태를 구별하는 '정상가족'의 관념을 사회적인 차원에서 만들어내고 작용시킨다. 가족이나 자식에 대한 자신의 욕망은 정상가족의 형태로 작동하는 사회적 욕망 안에서 형성되고 제한되게 된다. 여기서 가족 형태를 경제적 이해의 문제로 바꾼 전략은 이러한 정상가족 형태에 경제적 가치를 부여하며, 가족에 대한 태도를 그리하여 자발적으로 작동하는 일종의 경제적 강제 아래 복속시킨다.

또한 가족의 출산이나 건강은 물론 그와 결부된 많은 자료들을 개인별로 기록하고 관리하는 행정기술을 통해서, 가족이나 개인의 사적인 내밀성은 국가적인 공공성의 일부로 편입되고, 대개는 '정상가족'이라는 반은 무의식적이고 반은 규범적인 공적인 척도에 따라 '정상생활'이라고 불리는 정상적 내밀성의 관념이 형성된다. '정상적 신체'라는 관념은 이와 짝을 이루는 것이거나 그 안에 내포된 것일 터이다. 취업하기 위해 병원에서 '채용신체검사서'를 받아 제출해야 하는 것 못지않게, 정상적 신체임을 입증하는 서류가 결혼의 정상적 조건이 되리라고 예견하는 것은 이런 맥락에서 매우 그럴듯해 보인다.

결국 가족 형태나 가족생활, 혹은 신체와 결부된 복합적인 '정상성'의 개념이 가족계획 담론의 출구에서 형성된다. 그것은 가부장과 장남으로 이어지는 친자관계(filiation)의 선을 대신해서 가족적인 욕망을 영토화하고 재영토화하는 지대를 형성한다. 그것은, 가장을 가족의 생계를 전담하는 부양자로 설정하면서 그 대가로 가족적 권력을 그에게 할당하고 그 대신 여성을 가정 안에서 가사와 육아 등을 전담하게 하는 활동의 분할과 분배로부터 상대적으로 자유롭게, 가족생활 전반을 가족 안으로 영토화하는 기제를 작동시킨다. 그것은 가족계획 담론을 통해 새로이 형성되는 가족주의적 욕망의 새로운 구심력을 형성한다.

반면 생식 활동을 과학화하고 의료화하는 과정에서 발생한 생식 활동과 성욕의 분리는, 앞서 본 것처럼 성욕이나 성생활을 생식 활동으로부터 탈영토화시킨다. 의사들이 제공하는 피임의 기술은 이처럼 생식에서 벗어난 성욕이나 성 활동이 실질적인 탈영토화의 선을 그리는 데 또 하나의 결정적인 조건을 제공한다. 그런데 생식 활동에서 성욕이나 성생활이 이처럼 자유로울 수 있는 물질적이고 기술적인 조건이 마련되었을 때, 그리고 성교를 자식을 낳는 것과 독립된 것으로 생각하고 욕망하게 되었을 때, 성욕이나 성생활이 가족으로부터 다시 탈영토화되는 것을 막을 수 없게 된다. 다시 말해 생식 활동으로부터 성생활의 탈영토화는 가족으로부터 성생활의 탈영토화로 이어질 가능성을 내포한다는 것이다. 가족을 이루기 이전의 성욕과 섹스, 가족 외부에서의 성욕과 섹스는 이러한 조건에서 새로운 활력을 얻을 수 있는 것은 아니었을까? 물론 '정상가족'이란 관념이 이를 막을 테지만, 성생활을 정신병리학의 대상으로 삼던 빅토리아 시대와 달리 생리학적 관념으로 성교를 탈성욕화했고, 그런 식의 과학화를 위해 스스로 탈도덕화한 가족계획 담론에서 의학적 정상성 개념은 이를 막기엔 역부족인 것처럼 보인다.

가족의 급속한 약화, 이혼율의 급속한 증가, 그리고 미혼 남녀의 성생활의 확대는 물론 기혼 남녀의 비가족적 성생활의 확대는 가족계획 사업을 통해 이루어진 이러한 가족적 욕망의 변화의 결과일 것이다. 이는 모든 욕망이 가족이라는 배타적 영토로 귀속되는 이전의 가족주의적 욕망의 배치가 이미 변환의 결정적 문턱을 넘어섰음을 뜻하는 것 같다. 가족의 보호와 재건을 요구하는 목소리가 이러한 변화의 흐름을 되돌릴 수 있으리라고는 생각하기 어렵다. 가족의 해체나 약화에 따라 발생하는 아이들의 문제 역시 자신의 욕망과 삶이 생식과 재생산에서 이탈하기 시작한 개인들을 다시 가족화의 방향으로 돌아서게 할 가능성도 별로 없어 보인다. 애초에 가족적 단위의 권리였던 프라이버시가 가족 안에서 사적인 개인의 권리로 개인화되는 것을 막을 수 없었던 것처럼, 성적 욕망의 개인화 역시 저지할 수 없게 된 것 같다. 이로 인해 야기되는 문제를 해결할 수 있는 것은, 재가족화라는 불가능한 호소가 아니라, 비가족적인 공동성을 통해, 가

족과는 다른 종류의 긍정적 공동체를 통해 개인화된 욕망을 재영토
화하는 것을 통해서가 아닐까? 이런 점에서 코뮨주의는 단순한 정치
적 몽상이 아니라, '비정치적' 삶에 대한 긍정이고 현실이라고 할 수
있지 않을까?

11장

유령과 소수자, 두 개의 외부

—

한국의 사회운동에 대한 산야 강연

안녕하십니까? 저는 이진경이라고 합니다. 서울에서 연구공간 '수유＋너머'라는 연구자들의 코뮨에서 활동하고 있는 사람입니다. 사쿠라이 다이조(櫻井大造) 씨, 이케우치 분페이(池內文平) 씨와의 인연으로 오늘 이 자리에 섰습니다. 얼마 전 그분들과 함께 '야마(山) 상'의 영화 〈山谷, やられたらやりかえせ(산야, 당했으면 되돌려주라)〉를 보긴 했습니다만,[1] 그리고 같은 제목으로 만들어진 책에서[2] 야마오카(山岡强一) 상의 글을 몇 편 보긴 했습니다만, 도쿄의 가장 대표적인 요세바(寄せ場)라는 것에 더해, 그 이상은 산야에 대해 아는 것이 별로 없습니다.

그럼에도 불구하고 감히 이 자리에 선 것은 제가, 아니 우리가 좋아

---

1 산야(山谷)는 오사카의 카마가사키(釜ヶ崎), 요코하마의 코토부키쵸(壽町)와 더불어 일본의 3대 요세바에 속하는 도쿄의 대표적인 요세바 지역이다. 요세바(寄せ場)란 고도성장기 일용직 노동자들의 수요가 급증하면서 형성된 그들이 밀집하여 살아가는 지역이다. 〈산야, 당했으면 되돌려주라〉는 산야 지역을 중심으로 일본 일용직 노동자들의 삶과 투쟁을 그린 다큐멘터리 영화다. 1984년, 전학공투회의 활동가였고, 산야 지역의 일용 노동자 운동과 연대하여 활동하던 사토 미치오(佐藤滿夫)에 의해 촬영되기 시작했는데, 노동자들의 생활과 관련하여 폭력단의 연계를 다루고 있었다는 사실로 인해 우익 조직이자 야쿠자 조직인 일본 국수회계의 카나마치 일가 니시도 쿠미 조직원의 칼에 찔려 사망했다.

　　그러나 동료와 지인들이 그의 유지를 계속 이어가기 위해 제작상영위원회를 구성했고, 이 위원회는 산야의 노동자로서 전국일용노동조합협의회의 창설 멤버이기도 한 야마오카 쿄이치(山岡强一)에게 의뢰하여 1985년부터 다시 제작에 들어갔다. 사토의 구상대로 산야 이외에 오사카의 카마가사키, 요코하마의 코토부키쵸, 나고야의 사사지마(笹島), 큐슈의 치쿠호(筑豊) 등 일본의 중요한 요세바까지 담아서 1985년 11월 완성하여 12월 초 상영했다. 그러나 다음 해인 1986년 1월 13일, 야마오카는 일본 국수회계 카나마치 일가 킨류우 쿠미의 조직원이 쏜 총에 맞아 사망했다. 야마오카는 동료 운동가들에게 '야마 상'이라고 불린다. 즉 앞의 '야마 상'은 야마오카 씨와 동일인물이다. 이 글은 2006년 2월 4일, 도쿄 나카노(中野)의 히카리좌(光座)라는 오래된 극장에서 야마 상의 작고 20년을 추념하는 행사에서 강연했던 것을 나중에 고친 것이다.(제목도 수정했다)

2 山岡强一, 《山谷, やられたらやりかえせ》, 現代企劃室, 1996.

하고 존경하는 '친구'들의 초대였기 때문이고, 그분들과 친구가 되고 싶었기 때문이며, 그분들을 통해 여러분과 친구가 되고 싶었기 때문입니다. 국경을 넘어서, 언어와 습속의 벽을 넘어서, 아직도 혁명을 꿈꾸는(이 말이 거창하게 들리지 않기를 바랍니다만) 사람들이라면 어디서고 친구가 될 수 있음을 확인하고 싶었기 때문입니다. 이해와 소통을 가로막는 많은 장애들이 있지만, 그 장애들을 하나하나 뛰어넘으며 함께 기뻐하고 함께 슬퍼하며 함께 분노하고 함께 웃을 수 있는 친구들이 세상 도처에 존재하고 있음을 확인하고 싶었기 때문입니다. 그래서 저는 여기서 제가 필경 범하게 될 많은 실수와 오류에 대해, 저의 무지와 몰이해에 대해 염려하지 않습니다. 그 모든 것을 웃음으로 이해해줄 여러분의 우정을 믿기 때문입니다.

이케우치 씨가 보내준, 오늘의 모임을 알리는 삐라를 받았을 때, 거칠고 예각적인 선들로 가득한 삐라의 뒷면에 있는 야마 상의 사진을 다시 유심히 보았습니다. 야마 상은 웃고 있었습니다. 마치 모든 것을 다 알고 있다는 듯한 웃음, 어쩌면 그 사진의 바깥에서 자신을 노려보고 있는 죽음을 담배 연기 같은 의연함으로 마주 보고 있는 듯한 웃음. 그러나 결코 비장하거나 무겁지 않은, 허허로운 여유가 느껴지는 웃음이었습니다. 그렇다고 가볍지도 않은, 허리에 얹은 손의 무게로 주변의 이웃마저 편안하게 만드는 웃음이었습니다. 이런 웃음이 얼마나 드문 것인지 저는 잘 알고 있습니다. 그 웃음 안에 깃든 삶을, 꿈을, 용기를, 의지를 이해하는 것조차 얼마나 드문 것인지 잘 알고 있습니다. 저는 오늘 이 자리를 통해서 그 웃음을 이해하고 배우고 싶습니다. 그 웃음을 통해 대면하게 되는 삶에 대해, 그 삶의 고통과 기쁨, 절망과 희망에 조금이나마 다가가고 싶습니다.

1. 유령들의 시간

지금까지, 아니 "야마 상, 프레젠테"라고 다시 불러내는 지금 여러분이 그러하듯이, 저도 언제나 죽은 자와 함께 살아왔고, 죽은 자와 더불어 살고 있습니다. 저만이 그랬던 건 아닐 겁니다. 1970년 11월 13일 전태일 씨의 분신 이후 얼마나 많은 사람들이 "살기 위해 죽었는지" 모릅니다. 1980년 광주항쟁 이후 얼마나 많은 사람들이 분노 속에 죽었는지 모릅니다. 그 분노의 무게, 그 죽음의 무게를 버티지 않고 자신의 삶을 산다는 게 불가능했던 시대, 그래서 항상 죽은 자들과 함께 살고 죽은 자들과 함께 투쟁하며 죽은 자와 더불어 혁명을 꿈꾸던 시대. 그래서 저는 죽은 자들은 존재하지 않는 것이라는 '유물론'의 명제를 별로 믿지 않습니다. 그들은 엄연히 살아서 우리와 함께 살고 있으며 함께 싸우고 있기 때문입니다.

좀 더 잘 살자고 하는 것이 운동인데 이처럼 죽음과 함께 달려야 한다면 그 또한 역설 아닌가 묻는다면 분명 그렇다고 수긍할 수밖에 없습니다. 분명 좀 더 밝고 좀 더 즐겁게, 좀 더 신나게 혁명을 할 수 있었다면 더 좋았을 겁니다. 그러나 거대한 권력 앞에 가진 것 없이 혼자서, 혹은 몇몇이서 마주 서서 대결해야 했을 때, 그래서 죽음 말고는 선택할 것을 찾지 못한 상황에서 죽음을 선택한 사람들을 또 어찌 비난할 수 있겠습니까? 그 비장한 무게 속에서 다시 죽음으로 달려간 사람들을 어찌 비난할 수 있겠습니까? 이것이 아마도 '야마 상'이 후나모토(舟本洲治) 상의 죽음을 이해하는 방식이었을 것이고, 사토(佐藤滿夫) 상의 죽음을 받아들이는 방식이었을 것이며, 그것에 담겨 있는 또 다른 죽음의 가능성을 스스로 받아들인 방식이었을 것입니다.

한국에서 진정한 의미의 혁명운동이 시작된 것은 죽음과 더불어서
였다고 해도 좋을 겁니다. 1970년 11월 13일, 직접 목격한 사람도 얼
마 되지 않고, 매체에 거의 보도도 되지 않은 한 청년 노동자의 분신
이라는 사건은 역사의 매끄러운 직선에 작은, 그러나 메울 수 없는
균열을 만들어냈습니다. 한 청년의 죽음이, 사라짐이 있어도 보이지
않던 수많은 노동자들을, 노동자들의 힘든 삶을, 힘든 삶을 사는 민
중들을 보도록 만들었습니다. 물론 그 이전에도 6·3 같은 운동이 있
었고, 혁명당을 만들려는 시도도 있었습니다만, 그와는 전혀 무관하
게 발생한, 어쩌면 작다면 작다고 할 수 있는 이 돌발적 사건은 이전
의 운동 전체를 사소하게 만들 새로운 거대한 흐름이 시작되는 출발
점이었습니다. 그것은 정부에 대한 정치적 반대투쟁과 다른 차원에
서 노동자의 삶, 민중의 삶 자체를 근본에서 다시 생각하게 했고, 그
삶을 이해하기 위해 전복의 희망조차 없이 노동자 속으로, 공장으로
사람들이 들어가게 이끌었습니다. 역사를 특이점에 의해 말할 수 있
다면, 이보다 더 정확한 예를 찾기는 쉽지 않을 것입니다. 근본적 전
복의 꿈이 땅 밑 지하에 뿌려지기 시작한 것은 정확하게 그 사건 이
후였습니다. "나에게 대학생 친구가 한 명 있었으면"이라는 전태일의
가슴 아픈 회한이 수많은 대학생들로 하여금 전태일의 유령이 살고
있을 공장으로 공장으로 들어가게 했습니다. 아마도 죽은 그가 산 사
람들에게 질문하게 했던 것일 겁니다. 어떻게 살아야 할 것인지, 어
떻게 사는 것이 노동자들의 이 가슴 아픈 삶을 이해하는 길이고, 그
삶을 바꿀 수 있는 것인지 말입니다. 기나긴 잠행의 시간이 시작되었
습니다. 노동조합을 만드는 것조차 폭력적으로 금지되어 있던 노동
운동을 돕기 위해 종교인이나 양심적 지식인 등이 조금씩 모여들기

시작했습니다.

알몸에 똥물을 뒤집어쓰면서 싸워야 했던 동일방직 노동자들의 투쟁이나 정권 전체와 대결해야 했던 YH 노조의 투쟁은 새카만 어둠으로 분리된 채 어딘가에서 조용히 타고 있는 불씨들이 거대한 포화로 터져 나오리라는 징후고 예언이었습니다. 그리고 예언을 증명이라도 하듯 박정희가 죽고 이른바 '1980년 봄'이 왔습니다. 그러나 뜻하지 않은 사건들, 역사의 진행을 바꾸어버리는 이런 사건들은 그것을 기다리던 사람들에게도 어찌해야 할지 모를 당혹으로 다가오는 경우가 많습니다. '쿠데타의 빌미를 주면 안 된다.'는 이유로 서울역에 모인 100만 대중을 조용히 해산하게 한 것이야말로 다음 날 쿠데타가 일어나는 직접적인 이유를 제공했습니다. 그리하여 군사독재의 지배 안에서 발생한 결정적 균열은 이전의 체제를 잇는 폭력적 권력에 의해 무화되고, 역사는 다시 이전의 그것으로 '되돌아갔습니다'. 그리고 그 돌발의 흔적을, 그 균열을 야기한 것을 제거하기 위한 거대한 폭력이 행해졌습니다.

그러나 뜻하지 않은 돌발, 때 이른 균열은 많은 경우 그것을 지우려는 권력에 저항하는 다른 돌발, 다른 균열로 이어지는 경우가 많습니다. 그래서 되돌아가려는 것을 되돌아가지 못하게 하는 경우가 많습니다. 쿠데타 다음 날 시작된 광주 시민의 투쟁이 그것입니다. 아니, 정확하게 말하려면 다르게 말해야 합니다. 5월 내내 지속되던 광주 시민의 투쟁을 쿠데타도 멈추게 하지 못했다고. 그 혁명적 열기의 흔적을 탱크와 공수부대도 지우지 못했다고. 지우려는 시도가 더 큰 전면적 봉기를 야기했다고. '화려한 휴가'의 끔찍한 폭력에 대한 공포가 분노로 바뀌기 시작하면서, 그 분노의 감응이 전염되며 사람들을 하나의 대중으로 묶어주기 시작하면서, 대중적 결합의 열기가 공포보다 강한 기쁨을 주기 시작하면서, 대중의 흐름은 탱크와 장갑차, 기관총으로 무장한 공수부대를 쫓아낼 수 있었습니다. 이 놀라운 혁명적 사건 속에서 그동안 살던 관계와 전혀 다른 종류의 사회관계가 만들어질 수 있음을 보여주었고, 사람들 하나하나가 전혀 다른 사람이 될 수 있음을 보여주었습니다. 얼굴도 처음 보는 사람들이 동지가 되고, 낯선 사람들이 서로를 돕는 새로운 관계.

그러나 군대가 물러가고, 대중이 장악한 도청에 도지사, 변호사, 지역유지 등과 같은 지위의 이름으로, 혹은 재수생과 대학생, 기존의 운동권 같은 이전의 신분들이 복귀하게 되면서, 주어진 지위에서 이탈하며 형성된 혁명적 대중, 기존의 지위나 신분을 지우며 사건적으로 형성된 새로운 관계들이 '원래의 위치'로 밀려나게 되면서, 오래된 억압적 질서를 전복하려던 힘들은 질서를 회복하려는 힘들에게 자리를 내주게 되었던 게 아닌가 생각합니다. 혁명적 투쟁의 실질적 리더들이, 재수생이라는 이유로, 신원이 불확실한 여자라는 이유로, 혹은 타지 출신 여자라는 이유로 쫓겨나거나 군경에 넘겨졌습니다. 그리고 "이미 죽은 것으로도 충분해!"라는, 물론 충분히 이해할 수 있는 고함으로 죽음과 선을 그으려는 시도들을 통해 죽음의 공포를 몰아냈던 대중들 속에 다시 죽음의 공포가 밀려오면서, 대중으로 결속했던 사람들이 죽음이라는 누가 대신할 수 없는 심연으로 분리되면서 개인이 되어버렸습니다. 그럼에도 불구하고 혁명적 투쟁의 감응을 잊지 못한 사람들, 새로운 관계의 혁명적 출현 앞에서 열광했던 사람들, 그리고 패배할 게 분명하다고 해도 모든 것을 되돌리며 항복할 수는 없다는 신념을 가진 사람들이 남아 있는 한, 사태를 수습하고 질서를 회복하려는 시도는 지울 수 없는 또 다른 죽음을 예비하고 있었던 것이라고 해야 할지도 모릅니다. 실제로 그 뒤에 기다리고 있는 것은 정말로 참혹한 폭력과 죽음이었습니다. 죽으리라는 것을 알고도 저항을 포기할 수 없었던 분들, 살아남아 다시 싸우는 것보다는 지금 죽음으로써 계속 싸우는 것을 선택한 분들, 그분들로 인해 광주항쟁은 끝난 이후에도 끝나지 않았던 것이겠지요. 그들은 총질을 해도 죽일 수 없고 분칠을 해도 지워지지 않는 유령이 되어, 군인들의 권력이 끝날 때까지 광주뿐만 아니라 모든 곳에 출몰하며 싸웠던 셈입니다.

이 거대한 죽음의 무게를 견디며 다시 달리는 것, 그렇게 1980년대의 운동은 다시 시작되었습니다. 물론 '정치'도 마찬가지였습니다. 죽은 자들의 유령과 함께 살고, 그들과 함께 싸우는 것. 운동의 '역사'에 또 하나의 단절이 시작되었던 것이라고 해도 좋을 겁니다. 운동이란 말에서 일체의 가벼움을 지워버리고 혁명이란 말에서 일체의 낭만적 몽상을 날려버린 단절이었습니다. 죽음이란 말과 대결해야 하는 결연한 결단, 단순한 동조나 지지로 자신을 달래는 것을 불가능하게 하는 숙연한 비장함. 대학문을 들어선 저를 기다리고 있던 것은 바로 그것이었습니다. 보시다시피 저는 착하고^^;; 순한 사람이고 겁도 많고 소심한 사람입니다만, 그런 것이 허용될 여지는 어디에도 없었습니다. 두려움에 떨면서도 돌을 들고 달릴 것인가, 아니면 모르는 척 고개 숙이고 비겁하고 비루한 삶을 살 것인가? 이미 답이 뻔한 하나의 선택지만이 있었을 뿐입니다.

한 사람의 죽음과 많은 사람들의 죽음, 10년을 사이에 둔 이 두 번의 죽음이 1980년대 한국에서의 운동을, 사회 전체를 규정하는 결정적인 요인이었습니다. 1980년대를 산 누구도 여기에서 자유로울 수 없었고, 여기에서 벗어날 수 없었습니다. 외면한 자, 등진 자는 물론 무관심한 자들마저도 말입니다.

2. 운동에서 '혁명'으로

이러한 시대에 가시적인 투쟁을 벌일 수 있는 것은 주로 학생운동이었습니다. 심지어 경찰이 학교 안에 상주하는 조건에서조차, 대학이라는 제도가 만들어주는 집결의 공간이 있었고, 부당한 권력에 맞서 싸울 것을 격려하는 대의가 직접적인 영향력을 갖고 있었기 때문이겠지요. 그래서 1987년까지는, 아니 적어도 1985년까지는 학생운동이 운동을 주도하던 시기였다고 해도 좋을 겁니다. 저는 1985년이 한국에서 운동 전체의 중요한 전환점이 되었던 해라고 기억하고 있습니다. 대우어패럴 노조로 시작된 구로공단 노동조합들의 연대파업, 그리고 서노련과 인노련이라는, 노동조합과는 다른 '정치적' 노동운동 조직의 출현이 그것입니다. 혁명의 사유에서 노동자계급의 일차성, 사회운동에서 노동운동의 일차성이 현실 속에서 목소리를 내기 시작한 것입니다.

그 이후 혁명운동 내지 '전체운동'이라는 관점을 갖고 사고해야 한다는 것이 운동권 전체에 하나의 당위로서 제기되었고, 이는 언제나 노동운동과의 관련 속에서 운동을 사고할 것을 요구하는 것이었습니다. 학생운동이 노동운동과 연대해야 한다는 요구는 당연한 것이었습니다. '노학연대'라는 말이 반정부투쟁과 더불어 학생운동의 또 하나의 중요한 축을 구성하게 된 겁니다. 더불어 학생운동을 마치면 공장으로, 노동운동의 현장으로 이전하는 것이 이전에 비해 더욱더 큰 통로를 확보하게 되었습니다. 이 시기에 노동운동을 노동자만의 문제로 보고 다른 투쟁이나 운동에 대해 '소부르주아적'이라고 평가 절하하는 '노동자주의'가 나타났고, 실질적으로 문제가 되었던 것 역시 사실입니다만, 이는 운동을 노동자계급의 관점에서, 다시 말해 혁명의 관점에서 보아야 한다는 것을 전면적으로 제기했던 것에 비하면, 어쩌면 사소한 문제였을지도 모릅니다. '노동자주의' 때문에 그런 관점을 기각하거나 다시 묻어버리는 일은 일어나지 않았으니까요. 당사자였던 서노련의 영향이 축소되면서 다른 측면에서는 그들을 통해 제기된 새로운 질문이 운동의 새로운 지형을 형성하는 데는 오히려 유리한 조건이 형성되었다고 해야 할지도 모르겠습니다.

이런 점에서 1985년의 구로동맹파업과 서노련·인노련의 출현은 한국의 사회운동의 '역사'에 또 하나의 불연속을 만들어낸 사건이었다고 할 수 있습니다. 이 사건이 던진 질문은 노동운동이나 학생운동에도, 그리고 지식인들의 운동이나 이론적 사유 자체에도 운동이란 무엇인지를 근본에서 다시 묻게 했다고 저는 생각합니다. 그러한 '단절'의 징표가 '레닌'이었습니다. 혁명적 운동, 혁명적 실천, 그리고 혁명적 조직의 문제를 예전과 다른 차원에서 사고하려는 문제의식은 레닌의 책으로 우리를 몰고 갔습니다.

이렇게 '레닌주의의 시대'가 시작되었습니다. 몰래 번역되어 돌던, 복사를 거듭해서 글자도 거의 알아보기 힘든 타자본의 《무엇을 할 것인가?》를 반복하여 읽었고, 감히 '직업적 혁명가 조직'을 꿈꾸기 시작했습니다. 노동운동은 이제 노동조합운동이 아니라 혁명운동이 되어야 했고, 학생운동 역시 민주화운동이 아니라 사회주의를 향한 혁명운동이 되어야 한다는 신념을 갖게 하기에 당시의 상황은 충분한 인력을 갖고 있었습니다. 레닌의 그 책이 갖는 집요한 힘 역시 거기에 더해졌습니다. 운동의 주도권과도 결부되어 있던 이러한 문제 제기에 대해 기존의 주류 운동권은, 특히 학생운동이나 청년운동의 주류 운동권은 당혹해하면서 기존의 틀 안에서 봉합하려 했지만, 이미 그 틀을 범람하기 시작한 운동의 흐름을 막을 순 없었습니다. 이후 사회운동 전체가 혁명운동의 색채로 뚜렷하게 물들기 시작했다고 해도 좋을 겁니다.

물론 '서클주의'에 대한 비판이 학생운동의 바탕이나 토양을 이루고 있던 서클(특히 '지하 서클' 혹은 '이념 서클')의 해소로까지 나아감으로써, 학생운동의 가장 강력하고 중요한 기반이 와해되게 되었던 것은, 사후적으로 생각한 면이 크지만, 치명적인 오해였다는 생각입니다. 대학의 서클들은, 이른바 '이념 서클'조차 그 자체로는 대중 조직이면서, 그 안에서 공부와 토론, 활동의 훈련 등이 이루어짐으로써 사회운동, 혁명운동으로 이어지는 통로를 제공하던 것이었는데, 그리고 이를 위해선 대중들이 쉽게 접근할 수 있는 다양성과 유연성을 갖고 있었어야 하는데, 혁명적 조직에 대한 문제의식이 학생운동 조직이 혁명적 조직이 되어야 한다는 생각으로 이어지면서 그 풍부한 토대를 해소하고 와해시켰다고 생각합니다. 이후 학생운동은 장기적으로 보면 정말 대중적인 서클과 운동 조직으로 양분되면서, 그리고 학생회 같은 조직에 관료주의적 지위와 역할의 체계가 도입되면서, 학생대중과 학생운동이 분리되는 것으로 귀착된 것으로 보입니다. 이는 현재 학생운동의 취약성과 무관하지 않겠지요.

이와 비슷한 시기에 '좌파' 이론 역시 민주화운동의 틀에서 벗어나 노동자계급의 관점에서 혁명이라는 목표를 구체화하기 위해서, 혁명의 전략과 전술을 연구하는 것이 되어야 한다는 요구가 제기되었습니다. 이는 이후 이른바 '사회구성체 논쟁'이라는 대대적인 이론적 논쟁, 혹은 사상투쟁의 형태로 확대되며 진행되었습니다. 개인적인 이야기를 추가하면, 제가 '이진경'이라는 이름을 얻고 본명을 잃어버렸던 것도 바로 이 논쟁 속에서였습니다. 운동의 상이한 분파들이 크게 NL(민족해방), PD(민중민주), ND(민족민주)의 세 파로 나누어지게 된 것은 조직적 분화와 더불어 진행된 이 이론적인 논쟁과 결합되어 있었습니다. 어쨌건, 이 시기는 운동과 이론이 서로 교착하고 융합되며 서로를 촉발하면서 한국 사회에 적합한 혁명의 상을 찾아내고자 하는 모색의 시기라고 해도 좋을 듯합니다.

정권과의 대결에서 전면적인 승리의 경험은 운동 전체에 확신과 정당성을 제공하며, 또한 승리로 획득한 공간은 대중적인 차원에서 새로운 운동의 흐름이 자신감을 갖고 급격히 비약하게 하는 계기를 제공한다는 점에서 1987년의 '승리'는 1970년대 이후의 한국 운동사에서 매우 중요한 계기라는 것은 분명합니다. 전두환의 '호헌' 선언과 박종철 고문치사사건이 맞물리면서 야기된 대중적 분노와 전의(戰意)는 6월 내내 서울의 거리 전체를 대중이 흘러넘치는 사태로 급진전되었고, 결국 전두환 정부의 '항복'을 받아내는 데 성공했습니다. 모든 영역에서 행해지던 운동권에 대한 이데올로기적 비난은 단번에 무력화되었고, 국가적 폭력에 대한 공포와 두려움에 위축되어 있던 대중의 감응은 승리감을 통해서 고양되며 새로운 정세를 만들어냈습니다. 물론 이는 난데없는 것이라기보다는 억압적 상황에서부터 지속적으로 싸워온 투쟁의 결과라고 해야 적절할 듯합니다.

이러한 사태는 이어서 7~8월 현대중공업을 필두로 하는 대대적인 대중적 파업과 노동운동의 물결로 이어졌고, 그 결과 노동조합을 만드는 것조차 끔찍한 폭력과 억압 속에서 숨죽이고 진행해야 했던 조건이 일거에 전복되었습니다. '위장취업'한 지식인들이 흩어지고 고립된 채 잠행하며 진행하던 노동운동은 이제 공개적인 차원에서 대중투쟁의 거대한 흐름을 형성하여 진행하게 되었습니다. 물론 여전히 전국의 경찰과 군대마저 동원한 대대적인 탄압이 있었지만, 이제 투쟁은 국가의 일방적인 폭력에 숨어서 숨죽이며 진행되는 것이 아니라 공개적인 장에서 대대적으로 한판 붙는 공공연한 대결의 양상으로 진행하게 됩니다. 파업을 진압하기 위해 동원된 국가적 폭력의 거대함은 역으로 이 시기 노동운동의 힘의 크기를 보여주는 것이라고 할 수 있을 겁니다. 대중운동의 지형 자체가 크게 변환된 것입니다.

이 시기 또 다른 변화의 요소를 두 가지 정도 추가해야 할 듯합니다. 하나는 전두환 정부의 항복으로 인해 합법적인 공간, 특히 이른바 전통적인 '정치'의 장인 선거의 장에서 합법적인 공간이 새로이 탄생하게 되었다는 것입니다. 1987년의 대통령 선거가 당장 새로운 정치적 활동의 실험적 장으로 닥쳐오게 되었고, 이에 대해 운동권에서는 선거에 대한 이른바 '합법전술' 문제를 고민하게 되었습니다. 그리고 아시다시피 김대중이나 김영삼 같은 재야 후보를 밀어 권력 교체를 이루자는 노선(대개 재야운동, 청년단체운동, NL계열 학생운동 등이 이런 입장이었지요)과 독자적인 민중후보를 내서 새로운 정치의 장을 혁신적 정치공간으로 변환시키자는 노선이 대립하게 되었고, 이러한 대립과 분열은 이후에도 김영삼, 김대중 씨가 모두 대통령을 거쳐 갈 때까지 피할 수 없게 됩니다.

다른 하나는 학생운동의 위상 변화에 관한 것입니다. 이전까지 학생운동은 그 힘이나 방향에서 가장 강하고 선명한 운동으로서 결정적인 지위를 갖고 있었습니다. 그런데 한편에서는 1985~1986년 이후 학생운동 내부에서 발생한 노선투쟁으로 인해, 다른 한편으로는 1987년 이후 대중운동 전체, 특히 노동운동의 고양으로 인해 그 지위는 상대적으로 저하되게 됩니다. 물론 그럼에도 불구하고 여전히 그 영향력은 강력했지만, 이 시기 이후로 하향 곡선을 그리게 되었음은 분명합니다. 좀 더 중요한 것은 1986~1987년을 거치면서 학생운동 주류파(한총련, 서총련)가 '노학연대'나 '혁명운동'과 구별되면서 자신만의 고유한 방향을 갖게 된다는 점입니다. 남북 분단에 대한 문제의식 및 그와 결부된 민족주의적 감정을 배경으로 하여, 이른바 'NL론'이 학생운동 주류파 안에 자리 잡으면서 학생운동 주류가 반미와 통일, 특히 통일운동을 자신의 중심 과제로 설정하게 됩니다. 물론 학생운동의 비주류파는 여전히 변혁운동 전반에 대해 관심을 갖고 결합했지만, 노동운동 등의 대중운동의 발전으로 인해 그 중요성이 반감되는 것은 불가피했던 것 같습니다.

3. 되돌아간 미래

1990~1991년은 한국의 변혁운동 전반에 걸쳐 최대 위기의 시기였습니다. 그것은 아시다시피 사회주의의 붕괴라는 '재앙'으로 인해 야기되었습니다. 어렵게 사회주의라는 이념을 운동의 목표로 삼은 지 5년여 만에 그 '미래'는 오지 않을 어떤 것으로 과거 속에 묻혀버리고

만 것입니다. 특히 혁명적 조직을 꿈꾸던 운동가의 경우 목숨을 건 고통의 무게를 버텨주던 대들보가 붕괴하면서 운동을 계속 밀고 나갈 전망을, 자신을 설득할 전망을 잃고 방황하게 되었습니다. 그리고 예전에는 눈앞에 있어도 보이지 않았던 생활의 무게가 갑자기 강력한 힘으로 덮쳐오기 시작했을 겁니다. 운동하는 사람들 내부에 급속한 퇴조의 기운이 확산되어가기 시작했습니다.

많은 사람들이 운동을 포기하고 학원에서 호구를 찾거나, 아니면 고시생이 되어 세간의 삶을 찾기 시작했습니다. 혹은 기존의 정당으로 찾아 들어가 다른 종류의 정치의 꿈을 펼치려 하는 경우도 적지 않았습니다. 그러나 저는 이에 대해 "역시 지식인은 어쩔 수 없어."라는 식으로 비난하거나 냉소하지 않길 바랍니다. 삶의 모든 것을 걸었던 사람들이, 그 모든 것을 버티고 있던 미래가 무너졌을 때 어찌 방황하지 않을 수 있겠습니까? 누가 월급을 주기는커녕 노동자 이상의 무산(無産)의 고통에도 불구하고 이념 하나에 모든 것을 걸고 살아야 했던 사람들이, 그 모든 걸 걸고 있던 못이 빠져버렸을 때 자신의 생활을 돌아보는 것을 비난한다면, 우리는 사람들의 삶을 이해하길 포기해야 할 것입니다.

외부로부터 닥쳐온 이 돌발적 사건으로 인해, 운동은 이제 또 다른 근본적인 단절을 겪게 된 것입니다. 1980년 이래 '지하'의 보이지 않는 곳에서 서서히 진행되며 성장을 해오던 운동이 1987년의 성공을 거치면서 비약적으로 약진하던, 그 지수적 성장의 곡선에 결정적인 단절이 그려지게 된 겁니다. '당'이든 무엇이든 채 만들어보지도 못한 채 난감한 궁지에 몰려버린 거지요. 그것은 분명 매우 곤혹스런 단절이었습니다. 자신이 믿고 있던 것, 자신이 하고자 하던 것 모두를 무효화시키는 단절이었습니다. 그렇지만 바로 그렇기에 그것은 의심 없이 받아들였던 것을 의심할 기회였음은 분명합니다. 포기하려 하지 않는 한, '무엇을 할 것인지', 아니 무엇을 할 것인가를 어떤 식으로 사유해야 할 것인지, 혁명이란 대체 무엇인지, 운동이란 대체 어떠해야 하는 것인지를 근본에서 다시 사유할 것을 요구하는 질문의 기회였습니다. 사회주의나 공산주의도, 맑스주의도, 혁명적 당도, 그리고 노동운동도 모두 근본에서 다시 사유할 기회였습니다. 물론 그것은 결코 쉽지 않으며, 더구나 답을 구하는 것은 훨씬 더 어렵고 시간이 걸리는, 따라서 손쉬운 대안을 찾지 않는 한 운동을 하면서 답을 한다는 게 결코 쉽지 않은 그런 질문이었습니다만. 그러나 이는 제대로 넘어서지 않는 한, 어떤 것도 제대로 할 수 없는 그런 질문이었습니다. 개인적으로 저는 삶 전체를 덮쳐온 이 피할 수 없었던 질문으로 인해 비로소 사유를 시작할 수 있었다는 점에서, 모든 것을 새로이 공부하고 사유하고 실천하는 실험적 삶 속으로 들어갈 수 있었다는 점에서 매우 감사하고 있습니다. 물론 그 감사의 마음은 깊은 허무의 늪 깊숙이 들어간 이후에, 거기서 힘들게 헤어 나온 이후에야 비로소 가질 수 있었던 것입니다만.

노동운동의 경우에는 이 정도는 아니었던 것 같습니다. 노동자는 현장에서의 노동과 투쟁이 삶의 전체였기에 가던 길을 그대로 갈 수 있었습니다. 더불어 대중운동으로서의 노동운동은 사회주의라기보다는 여전히 경제주의에서, 혹은 전투적 노동조합주의에서 그다지 멀리 나가지 않았기에 사회주의 체제의 붕괴의 영향을 상대적으로 덜 받았다고 해야 할지도 모르겠습니다. 더구나 다행히도 대중적인 노동운동은 '전노협'이라는 조직으로 체계화되어 있었기에 분산과 이탈의 힘들이 덜 작용했던 것이기도 할 겁니다. 통일운동을 자기 고유의 과제로 삼았던 주류 학생운동의 경우에는 사회주의가 아닌 남북 분단에 의해 방향 지워진 것이기에 근본적 동요를 피할 수 있었다고 생각합니다. 또한 직접적인 생활의 부담을 져야 할 처지도 아니었다는 점도 덜 어려운 조건이었을 겁니다. 하지만 이미 혁명적 긴장은 거의 사라진 채 기념일에 맞추어 행사 중심의 '투쟁'을 하는 타성적인 운동에 안주하고 있었던 것은 아닌가 생각합니다. 처음에는 매우 강했던 '반미적인' 성격도 매우 약화되어버렸다고 생각합니다. 그나마 운동을 지속하고자 했던 사람들이 집결한 곳은 합법정당이었고, 이는 이후 지금의 민주노동당을 만드는 중심적인 역할을 하게 됩니다. 하지만 민주노동당 역시 2003년 선거 이전에는 미래가 보이지 않는 암중모색을 견뎌내야 했고, 그 과정에서 또 많은 사람들이 다시 생활인의 길로 이탈해갔습니다.

1992년의 대통령 선거가 김영삼 씨의 집권으로 귀결되었지만, 그것은 노태우 정부 및 민자당과의 합당을 통해 이루어진 것이란 점에서 사실은 '넘들의 승리'라고 해야 할 겁니다. 1997년 김대중 씨의 집권은 '야당'의 승리였다는 점에서 이와 다르지만, 김종필 씨 및 자민련과의 연합에 의한 것이란 점에서, 비록 재야운동권이나 학생운동권의 일부가 적극 지지하긴 했지만, 결코 대중운동의 승리라고는 할 수 없을 겁니다. 그럼에도 불구하고 그것이 중요하다면, 그것으로써 '3김의 시대'가 끝나게 되었다는 것이고, 그래서 더 이상 김대중 씨를 지지할 것인가 말 것인가를 두고 논쟁을 벌이지 않아도 되었다는 것이며, 3김의 시대를 함께 살던 재야운동권의 많은 사람들을 그가 흡수하여 정리해주었다는 것이 아닐까 싶습니다.

이것은 단지 제가 동의하지 않는 분들에 대한 역설적 비판만은 아닙니다. 그것이 뜻하는 것은 이제 더 이상 3김의 정치는 불가능하게 되었다는 것이고, 따라서 다른 방식의 정치가 모색되어야 함을 뜻하는 것이었습니다. 이는 사실 운동권의 문제 이전에 기존의 '정치권' 전체가 맞닥뜨리게 될 어떤 상황을 의미하는 것이었습니다. 이는 나중에 다시 말하듯이 대중의 흐름이 형성되고 작용하는 지형의 변화와 더불어 아주 근본적인 정치 지형의 변화로 이어지게 됩니다. 아마도 나중에 노무현 씨가 승리하여 집권할 수 있었던 것은, 이러한 지형의 변화를 직관적으로 포착했기 때문이 아닐까, 혹은 자기 말대로 '바보 같은 원칙주의'가 그러한 지형과 운 좋게 맞아떨어졌기 때문이 아닐까 생각합니다. 그러나 이에 대해 말하기 위해서도 2002년 한국 사회에 표면화된 새로운 정치적 지형에 대해 전체적으로 접근할 필요가 있습니다.

4. 도래한 대중

한마디로 말해 한국의 2002년은 흐름으로서의 대중이 새로운 양상으로 출현한 시기라고 할 수 있을 듯합니다. "대~한민국!"을 외치며 대중들이 거리를 휘젓고 다닌 월드컵, 미군 장갑차에 깔려 죽은 여중생을 이슈로 촛불을 든 채 지속적으로 거리를 장악했던 반미 시위, 그리고 단기필마로 등장한 노무현을 승리로 이끈 대통령 선거. 이 세 개의 사건은 그 이슈나 성격으로 보면 아주 다른 종류의 사건들입니다. 통상적인 관념에 비추어보면, 축구팬들의 철없는 민족주의, 의식 있는 대중들의 진지한 반미-민족주의, 선거를 승리로 이끈 의식 있는 대중들의 민주주의 식으로 대비될 수 있을 겁니다. 그러나 이렇게만 본다면 한국에서 발생한 새로운 현상을 전혀 이해할 수 없을 것이라고 단언합니다. 정작 거기서 중요한 건 그 세 개의 사건 모두가 사실은 하나의 동일한 대중이 만들어낸 것이라는 사실입니다. 하나의 동일한 대중의 흐름이 어떤 때는 월드컵을 향해 치달았다가, 다음에는 미군 장갑차와 대결하고, 그 다음엔 대통령 선거에서 노무현을 승리자로 만들었다는 것입니다. 너무나도 달라 보이는 이 모든 것이 제가 보기엔 하나의 동일한 흐름이, 대중이라는 흐름이 솟아올랐던 지점들을 표시한다는 것입니다. 좀 더 과감하게 말한다면, 하나의 사건이라고 해도 좋을 듯합니다. 정치 내지 운동의 지형 전체를 바꾼 또 하나의 사건이라고 말입니다.

여기서 분명한 것은 이 대중의 흐름이 솟아오르는 양상입니다. 그것은 말 그대로 흐름으로서, 좌우를 가리지 않고 전통적인 규칙이나 삶의 방식을 범람하면서 만들어진 것입니다. 그래서 월드컵에서 중요한 것은 그들이 "대~한민국!"을 외쳤다는 게 아니라, 차도와 인도를 가르는 구획선을 가로질러 거리를 장악하는 맛에 거리로 거리로 흘러갔다는 점입니다. 대통령 선거에서 노무현이 지지를 받았던 것은 그가 내건 슬로건이 좋아서가 아니라 낡은 정치의 관습이나 관행, 행동 방식을 가로질러버리는 그의 스타일이 좋아서였다는 것입니다. 이런 점에서 대중의 흐름은 활동이나 생각의 흐름을 가두는 수로(水路)를 흘러넘치며 횡단하는 흐름임을 주목해야 합니다.

물론 이런 대중의 흐름은 1987년의 서울에서도 볼 수 있었던 것입니다. 그러나 그때의 대중은 이미 전두환 정권에 대한 반대로 다양한 욕망이나 불만이 응축된 정세의 결과고 정치적 의식을 가진 조직적 대중에 의해 인도된 대중이었다면, 2002년의 대중은 정세의 응축 없이 형성되었기에 아주 다른 종류의 이슈로 쉽게 변환되는 대중이었고 정치적 의식을 가진 조직과 무관하게 형성되고 움직이는 대중이었다는 점에서 다릅니다. 또한 전자가 거리에서의 조직된 '목적의식적' 시위에 의해 형성되었다면, 후자는 인터넷이라는 공간에서 자연 발생적인 촉발에 의해 형성되었다는 점에서도 다릅니다.

여기서 인터넷의 역할은 특히 강조될 필요가 있습니다. 이로 인해 대중은 조직적 결집이나 동원 없이 쉽사리 흘러넘칠 수 있게 된 겁니다. 이는 예전과 달리 인터넷과 무선전화 등을 통해서 형성된 새로운 '흐름의 공간'이 만들어졌다는 사실과 관련되어 있습니다. 오프라인에서와 달리 온라인에서 대중들은 이 사회가 지배를 위해 만들어놓은 벽과 격자들을 쉽게 넘어서고 횡단해버립니다. 여중생-반미 시위의 경우 집결지나 전술, 슬로건에 이르기까지 모두 인터넷에서 누군지 알지 못하는 사람들이 지정한 것이 퍼져가면서 확산되었고, 그것에 따라 대중의 흐름이 흘러갔습니다. 대통령 선거에서도 사태는 비슷했습니다. 선거 전날 정몽준의 돌발적 '배신'이 발생하자 그것을 밤새도록 미친 듯이 문자를 보내고 인터넷으로 연락하고 전화를 돌리며 선거에 나서도록 독려해서 결국 통계학이 확언하는 '큰 수의 법칙'을 무시하고 표본조사로 예견된 결과를 완전히(!) 뒤집었습니다. 이 모두가 새로운 통신의 공간, 새로운 흐름의 공간을 통해서 가능해진 것입니다.

대중이야 이전에도 어디서나 존재했던 것이지만, 이런 점에서 지금 제가 말한 대중의 흐름은 이전과 전혀 다른 방식으로 형성되며, 이전에 비해 훨씬 쉽고 강력하게 만들어지고 작동한다고 할 수 있습니다. 그것은 아마 인터넷을 비롯한 통신공간이 확대됨에 따라 어디서나 가능하게 될 현재진행형의 현상일 것입니다. 나중에 노무현 탄핵사건이나 황우석 사건에서도 대중의 흐름이 형성되어 움직였던 방식은 이와 다르지 않았습니다.

또 하나 이 대중의 흐름에서 특징적인 것은 그것이 지도자 없이 자연 발생적으로 형성되고 움직였다는 점입니다. 월드컵이야 말할 것도 없고, 장갑차 시위나 대통령 선거 때조차 이들을 실제로 움직이고 그 방향을 통제할 수 있었던 지도부는 없었습니다. 그럼에도 불구하고 대중은 통신공간에 올라온 몇 개의 안건들을 조정하거나 나름대로 선택해서 현실공간에서 움직임의 지침으로 삼았습니다. 로자 룩셈부르크가 있었다면 대중의 위대한 자발성의 증거를 보라고 외쳤을지도 모릅니다. 사실 이런 종류의 대중의 자발성은 이전에는 혁명적 상황에서나 나타날 수 있었던 것입니다. 그런데 여기서는 혁명적 상황도 아니고, 혁명적 이슈도 아니지만 대중의 흐름이 자발적으로 형성되고 있는 것입니다. 이는 앞서 말한 새로운 흐름의 공간 때문일 겁니다. 이는 이후 변혁운동의 새로운 조건으로 진지하게 고려되어야 합니다.

반복되는 면도 있지만, 또 하나 지적하면, 이 대중의 흐름은 그 자체로 혁명적인 것도 아니고 반동적인 것도 아닙니다. 월드컵 대중이 무슨 혁명적인 흐름일 것이며, 그렇다고 반미 시위나 대통령 선거의 대중이 보수적 내지 반동적이라고 할 이유가 어디 있겠습니까? 황우석 사건에서 보이듯이 때로 그것은 어이없는 방향으로 흘러가 아주 나쁜 결과를 만들어내기도 합니다. 다시 말해 대중의 흐름에는 선악이 없으며 좌우도 없습니다. 대중의 흐름 자체는 낡은 벽들을 흘러넘치고자 하기에 혁명적인 잠재성을 갖지만 그것이 실제로 지향하는 방향은 좋고 나쁜 것이 미리 정해져 있지 않습니다. 즉 대중은 미리 혁명적이라고 할 수도 없고 미리 반동적이라고 할 수도 없다는 것입니다. 그것은 때로는 혁명적 방향으로 흘러가지만, 때로는 파시즘적 방향으로 흘러갈 수 있는 흐름일 뿐입니다.

또 하나, 이 대중의 흐름은 가령 인터넷상에서 포털 사이트처럼 쉽게 눈에 보이는 것 하나로 단일하지 않다는 점을 잊어선 안 됩니다. 즉 다양한 방향, 다양한 힘들이 뒤섞인 채 흘러가고 있다는 것입니다. 이는 황우석 사건 때 아주 잘 드러난 것인데, 겉으로는 생물학—민족주의를 향해 흘러가는 것처럼 보일 때조차도 그에 반하여 흐르는 성분이 섞여 있었고, 그것이 결국은 사건의 방향을 결정적으로 바꾸게 됩니다. 따라서 겉으로 보이는 흐름을 쉽게 따라가거나 그것만으로 쉽게 가치판단을 해버리면 흐름을 놓치게 됩니다.

따라서 지금까지 말한 대중의 흐름이 혁명적 내지 진보적인 방향으로 흐르도록, 적어도 파시즘적 방향이나 나쁜 방향으로 흐르지 않도록 지도력 내지 영향력을 행사하는 것이 변혁운동을 하는 사람들에게 매우 중요한 문제일 겁니다. 그러나 그것은 먼저 이 흐름을 타는 능력을 전제합니다. 그 흐름을 따라가면서 그것의 방향을 바꾸는 능력이 없다면, 아무리 좋은 방침도 실제로는 흐름에 영향력을 미치지 못합니다. 가령 장갑차 반미 시위의 경우, 초기에 민주노동당이나 다른 운동단체, 혹은 좌파 조직에서 집회를 주도하려고 시도했지만 사실은 전혀 지도력을 얻지 못했습니다. 그것은 이 대중의 흐름이 형성되고 움직이는 양상을 전혀 이해하지 못한 채, 이전과 같은 낡은 방식으로 하려 했기 때문입니다. 이 대중의 흐름은 좌우를 막론하고 낡은 방식의 지도나 통제의 방식에 반하여, 그것을 가로지르며 형성된 것이기에, 그런 방식이 대중의 흐름에 먹히지 않은 것은 당연한 일이었습니다. 차라리 '노사모'나 '안티조선'처럼 인터넷을 통해 새로 만들어진 조직들이 그에 비하면 좀 더 큰 영향력을 가질 수 있었음을 상기해야합니다. 그것은 그들이 대중의 흐름 속에 있었고, 그 흐름을 타면서말하고 있었기 때문입니다.

이는 기존의 정치권 역시 마찬가집니다. 아직까지도 대부분의 정치인들은, 좌우를 가리지 않고 이러한 흐름에 대해, 그 흐름의 역학에대해 거의 이해하지 못하고 있으며, 그 결과 대중의 흐름은 그들과 완전히 따로 놀고 있습니다.[3] 대중이 정치인을 선택하는 경우는 있어도정치인이 대중을 장악하는 경우는 거의 없는 것입니다. 여기서 노무현이 예외였음을 주목해야 합니다. 노무현이 어이없게도(!) 모두의예상을 뒤엎고 승리할 수 있었던 것은 바로 이 대중의 흐름을 탈 수있었기 때문입니다. 물론 지금은 보수파의 저항 앞에서 거듭 좌절하곤 그들이나 주변의 관료들과 맞추어 주류적인 입장에 서게 되면서대중의 흐름과 분리되어버렸지만 말입니다.[4]

3　물론 2002년 선거의 '패배(!)' 이후 〈조선일보〉를 비롯한 보수언론들은 이 새로운 현상에 대해
　분석하여, 대개는 50대 이후의 노년층이 대부분인 자신의 지지층으로 하여금 인터넷을 배워
　네티즌이 되라고 호소한 바 있다. 그리고 그래서인지 최근(2006년 5월)의 조사에 따르면 인터
　넷에서 활동하는 비율이나 연령대별 댓글을 다는 비율에서 50대가 다른 연령층보다 양적으로
　우세한 것으로 드러나기도 했다. 실제로 인터넷에 좌파 성향의 글에 대해 '빨갱이'니 '간첩'이
　나 하는 식으로 30년 전의 비난을 댓글로 다는 사람들이 많다. 따라서 지금은 인터넷 대중을
　단순히 좌파적이라고 말하기 더욱더 어려워진 셈이다. 이곳 역시 대중을 둘러싸고 계급투쟁이
　벌어지는 장소가 된 것이다.(―강연 이후에 추가된 주)

저는 아마도 이것이 현재 운동이나 정치 전반을 규정하는 근본적으로 새로운 '지형'이라고 생각합니다. 운동도 정치도 이러한 지형에 적응하는 훈련이 필요하며 이 지형을 읽고 원하는 방향으로 나아갈 수 있는 능력을 만들어내야 합니다. 그렇지 않다면 좌우를 가리지 않고 운동도 정치도 미래는 없다고 저는 믿고 있습니다.

5. 노동자계급과 소수자

다른 한편 노무현 집권 이후 운동의 상황에 대해 간략한 요약을 추가해볼까 합니다. 이전과 비교해 가장 중요한 것은 운동이 국가 내부에 안주하려는 경향이 나타나고 있다는 사실입니다. 시민권에 기반해서 체제 안에서 체제가 약속한 권리를 보장하라고 요구하는 것은 시민운동의 태생적 한계인지도 모릅니다. 문제는 한국의 노동운동 자체가 그렇게 되고 있다는 것입니다. 오랫동안의 거친 투쟁 속에서 살아온 민주노총이 정부 및 자본가들과 함께 앉아서 노동운동의 향방을 논하는 '노사정위원회'의 한 축이 되는 것을 둘러싸고 내부에서 격한 갈등이 터져 나오고 있음을 알고 계신지 모르겠습니다. 그래도 그에 반대하여 내부에서 격하게 투쟁하는 사람들이 있다는 게 다행이겠지요. 얼마 전에 기아자동차 노조 간부가 부정행위를 해서 구속

---

4 그는 최근 새만금 갯벌 개발 문제나 평택 미군 기지 문제, 그리고 결정적으로 한미 FTA 문제
   와 관련해 주류적이고 우파적인 입장을 확고하게 견지하면서 대중의 목소리에 귀를 막은 자칭
   '좌파 신자유주의자'가 되었다.(─ 강연 이후에 추가한 주)

되고, 이어서 민주노총의 간부가 역시 부정행위로 구속되면서 이수호 위원장 체제 전체가 위기에 말려든 사실 또한 민주노총이나 노동운동이 서 있는 지점이 어디인가를 보여주는 징후적 사례라고 생각합니다.

사실 이러한 경향은 단지 특정 개인의 문제나 민주노총만의 문제가 아니라 노동운동 자체가 맞고 있는 문제를 표현하고 있습니다. 2000~2002년 한국통신 비정규직 노동자들이 1,000일에 걸친 투쟁에 대해, 대표적인 민주노조 중 하나였던 한국통신 노동조합이 함께 투쟁하기는커녕 단 한 번도 찾아가지 않았다는 사실이 그것을 잘 보여주는 사례일 겁니다. 이는 현대자동차 노동조합의 경우에도 비슷한 양상으로 반복된 바 있습니다. 한국의 노동운동이 어느새 체제 안에 안주하여 자신의 지위를 유지하기 위해 활동하는 사회의 주류(majority)가 되어가고 있는 징표들인 것입니다.

따라서 노동운동 또한 새로이 부상하는 소수자(minority)들과 관계를 진지하게 고민하지 않으면 안 될 때가 된 셈입니다. 비정규직 노동자나 동남아시아 출신의 이주 노동자들이 바로 그런 경우입니다. 하지만 그것은 인권단체가 '외국인 노동자'들에게 하듯이 지원하고 도와주는 것이 아니라, 그들과 자신이 하나임을 확인하면서 그들을 통해 노동운동 자신이 소수적인 존재로 변환되는 길을 모색하는 것이어야 하지 않을까 생각합니다. 이미 주어진 주류적 위치에서 벗어나 소수자들과 함께 하기 위해 노동운동이 어떻게 변모되어야 하는가를 새로이 모색해야 하지 않을까 생각합니다. 특히 전 지구화(globalization)를 통해서 자본의 국제화가 노동의 흐름의 국제화를 촉진하는 지금, 국경을 넘고 민족이나 인종을 넘는 새로운 국제주의가 노동운동 자체의 성격을 변화시키는 내적 과제로 떠오르고 있다고 생각합니다. 단지 이런저런 국적을 갖는 노동조합이나 혁명 조직이 연합하는 식의 국제주의가 아니라, 각 나라 내부에서 노동조합이나 혁명 조직 자체가 국경 없이 구성되고 타자들을 통해 변성되는 그런 국제주의 말입니다. inter-nationalism, 즉 나라들 사이(inter)의 연대가 아니라, 나라라는 경계를 넘어서고 변환시켜버리는(trans) 그런 종류의 국제주의(trans-nationalism) 말입니다.

이런 의미에서 저는 일본 노동운동이 체제 내에 안주하는 것과 나란히 진행된 이 산야의 투쟁, 산야라는 이름으로 불리는 일용직 노동자들, 노동자 내부에서의 이 소수자를 주목하는 것이 지금 더욱 중요하다고 믿습니다. 그것은 이미 수명이 다한 노동운동 바깥에서 "그래도 아직 희망은 있다."는 하나의 징표로서만이 아니라, 노동운동이나 혁명운동 자체를 새로이 변성시키는 촉발제라는 점에서 그럴 것입니다.[5] 체제의 벽에 갇힌 전통적 대중이 아니라 그 벽을 가로지르는 '흐름'의 대중이란 점에서 그럴 것입니다. 소수자는 동정이나 도움을 받아야 할, '뭔가가 결여된 존재'가 아니라, 세상에 도움을 주어야 할

---

5 산야의 경우에는 지금 요세바로서의 기능도 쇠퇴했고, 사람들도 노인들이 대부분인 상태다. 반면 오사카의 요세바인 카마가사키는 여전히 활발하고 젊은 사람도 많아서 매우 다른 양상을 보여주고 있다. 카마가사키와 달리 산야가 급속히 쇠퇴한 것은, 도쿄의 경우 일용직 노동자, 혹은 '비정규 노동자'로 일하는 젊은 사람들이 일자리를 얻기 위해 굳이 값싼 숙소들이 집결된 요세바가 아니라 전철 순환선인 야마노테선 주변의 네트카페(피시방)에서 자면서 인터넷으로 일자리를 찾고, 야마노테선으로 이동하기 때문이다. 그래서 1970~1980년대에는 '일용직 노동자 운동'으로서, 기존 체제에 안주한 노동운동과 대비하여 '소수적 노동운동'으로서의 성격을 갖고 있었던 산야의 운동은 이런 조건의 변화로 인해 쇠퇴했다. 대신 비정규 노동자 운동이 사회운동이 전반적으로 소멸되어버린 일본에서 새로운 활성을 갖고 부상하고 있다. (―2009년에 추가한 주)

존재고 희망을 줄 수 있는 '충만한 존재'입니다. 진정 도움이 필요한 것은 노동운동이나 이미 굳을 대로 굳어져버린 주류사회입니다. 끊임없이 유동하는 소수자들이야말로 이들에게 새로운 삶의 방식, 새로운 운동방식을 줄 수 있는 존재입니다.

야마 상이 후나모토 노선('F 노선')의 이름으로, '요세바'란 국내 식민지라고 보면서 요세바 노동자를 룸펜이라고 버렸던 '혼코(本工) 노동조합주의'를 비판할 때, 대신 그들을 '유동적 하층 노동자'라고 재정의할 때, 국내 식민지와 관련해서 프롤레타리아 국제주의를 재정의하려 할 때,[6] 그리고 대중의 자발성에 대해 특별히 주목할 것을 요구할 때,[7] 우리가 거기서 읽어내야 할 것은 바로 이런 게 아닌가 생각합니다. 그것이 그가 죽은 지 20년이 지난 지금 이 시간, 여전히 그를 불러내어 함께 하고자 하는 여러분의 뜻이 아닐까 생각합니다.

6　岡山强一,《山谷, やられたらやりかえせ》, 現代企劃室, 17~18쪽.
7　같은 책, 39쪽.

12장

저무는 제국의 막차를 타다

—

한미 FTA, 혹은 생존과 생명의 권리

제국의 황혼이 다가온 것인지는 몰라도, 최소한 경제적으로 미국이라는 단일한 중심의 지배가 와해되는 임계점을 넘어섰다는 것은 부정하기 힘든 사실이 되었다. 유럽은 유로 체제를 출범시킴으로써 달러로부터 독립된 경제권을 만드는 데 어느 정도 성공했다. EU라는 지역적 국가연합 체제를 구축함으로써 미국이라는 '국가연합'에 대응할 나름의 정치적, 경제적 몸집을 갖춘 셈이다. 미국의 앞마당이던 중남미는 미국의 다양한 전략에도 불구하고 지금은 베네수엘라·브라질·아르헨티나 등을 필두로 미국에서 독립된 국가를 향한 거대한 일보를 내디뎠고, 심지어 미국에 대항하는 사회주의적 연대의 전선을 확대하고 있다. 다른 한편 사회주의적 시장경제를 통해 세계의 공장으로서 급속한 성장을 하고 있는 중국 또한 미국에서 벗어난 경제적 권역의 가능성을 슬며시 가시화하고 있다. 한때 한국 정부에서도 관심을 보였던 동북아 경제권의 가능성을, 혹은 아세안을 포함한 새로운 지역 경제권의 가능성을 그저 공허하다고 생각할 수 없는 게 아닐까? 일부 세계체제론자들의 예측처럼 미국을 대신할 새로운 중심으로 부상하려는 것일까? 이에 대항하기 위해 미국은 급히 인도와의 결속을 시도하는 한편, 중국에 대한 정치·군사적 전략의 변환을 꾀하고 있지만, 그것이 중국의 부상 자체를 막기는 늦은 것 같다.

1. 미국과 FTA

이런 사실들은 세계경제에서 미국의 중심적 지위가 이전과 달리 상대화되고 있음을 분명히 보여주는 것이다. 뿐만 아니라 미국 자체의 경제 또한 점차 통제하기 힘든 위기의 징후를 보여주고 있다. '제국적 지배'를 유지하기 위한 거대한 군사 조직은 국가적 정치나 경제의 논리에서 벗어나 군사적 자기 발전의 논리에 따라 움직이며 국가 전체를 그 논리로 밀고 가고 있으며, 냉전을 대신한 '대테러 전쟁'은 국가 자체를 군사적 조직의 메커니즘 아래 장악하여 일종의 절대적 전쟁으로, 항상적인 총력전 체제로 변환시켰다. 이를 유지하기 위해 국가는 거대한 비용을 군사 예산에 투여하고 있으며(2007년도 분으로 책정된 펜타곤만의 예산이 4393억 달러다. 여기에는 이라크 전비, 다른 부처에서 사용하는 사실상의 국방 관련 예산이 포함되어 있지 않다. 이를 고려하면 국방 예산은 7500억 달러를 넘어서며 심지어 어떤 추정에 따르면 2조 달러를 넘어선다), 이로 인해 한 해 재정 적자는 이미 GDP의 6퍼센트를 넘어섰고(약 4천억 달러), 누적된 적자가 8조 달러(우리 돈 8000조 원)를 넘어섰다.

　무역 적자 역시 거대해서 이미 연간 7250억 달러를 넘어섰다. 무기 산업을 제외한 제조업은 이미 쇠락한 지 오래고, 자본은 금융화되어 투기적 이윤을 찾아 전 세계를 떠돌고 있다. 그리고 저축률은 마이너스를 기록하고 있다. 즉 저축에 비해 소비나 투자가 과잉된 상태다. 그 부족분은 달러의 추가 발행이나 채권의 발행으로 메우고 있다. 요컨대 미국 경제는 민간 경제에서는 자본 자체가 금융화되어 생산과 분리된 채 미국이란 경계를 넘나들며 투기적 자본으로 활동하고 있으며, 국가가 달러를 찍어내고 국채를 발행하여 그 돈으로 거대한 군사 비용을 지출하는 한편 외국의 상품을 수입하여 인민들의 소비를 유지하는 방식으로 움직이고 있는 것이다. 예전에 로자 룩셈부르크가 말했던 것처럼 군사적 낭비경제를 통해 부실화된 경제를 빚과 달러로 억지로 유지하는 체제인 셈이다. 이로 인해 달러 가치는 매우 낮아져서 몇몇 나라에서 달러 보유고를 약간 낮추려는 시도만 해도 달러 가치가 폭락할 위험이 상존한다. 하지만 거대한 채무나 무역수지 적자 때문에 달러 가치를 올릴 수도 없는 상황이다.

예전이라면 인위적 달러 감가를 통해서 채무를 줄이고 무역 적자를 줄이는 것도 가능했지만(1985년의 플라자 합의), 유로처럼 달러를 대신할 수 있는 통화가 존재하는 상황이어서 지금은 그러한 시도가 달러 자체의 기축통화 지위를 위협할 수 있다. 이란과 베네수엘라에서 달러 아닌 유로를 결제 통화로 사용하는 석유시장을 개장하겠다고 선언한 것은 이런 상황의 심각성이 임계점에 다다랐음을 보여주는 하나의 사례일 것이다. 그럼에도 불구하고, 아니 오히려 그렇기 때문에 이라크 전쟁을 비롯하여 군사와 전쟁 등의 비생산적 지출은 증가세를 전혀 늦추지 않고 있다. 그래서인지 존슨(Ch. Johnson)처럼 미국 내부에도 이미 파국을 예측하는 사람들이 적지 않게 나타나기 시작했다 : "심판의 날은 이미 다가왔다."

이러한 사태를 반영하는 양, 이라크 전에서 미국의 정치적·군사적 요구는 유럽을 비롯한 대부분의 나라들에서 거절당했다. 복수의 중심, 다극화된 체제는 불가피하다. 유럽이 EU라는 거대 공동체를 구축함에 따라 미국도 거대한 지역연합인 미주 공동체를 시도했다. 그러나 나프타(NAFTA)의 나쁜 선례는 중남미의 많은 나라들로 하여금 막대한 정치·경제적 부담에도 불구하고 미국과의 FTA를 거절하고 정치적으로도 독립적인 위치를 확보하게 했다.

일본은 미국 중심의 체제에서 경제적 이득을 얻으면서 그 체제를 유지해주었지만(일본의 경제적 이득의 거대한 부분이 미국의 국채 매입에 투여되었다), 플라자 합의에 따른 엔고로 인해 10여 년의 장기 불황을 겪으면서 경제력이 급격히 약화되었다. 또한 야스쿠니 문제로 표상되는 일본 정치의 우경화는 그나마 취약하기 짝이 없던 동아시아에서 일본의 정치적 위상을 더욱더 약화시키고 있다. 이런 점에서 경제적으로나 정치적으로나 일본만으로는 중국을 견제하는 것이 불가능해졌다는 것은 길게 말할 필요가 없다.

다른 한편 한국은 경제적으로나 정치적으로 중국과의 관계가 점차 강화되고 있는 상황이었다. 한국의 교역 대상 국가 가운데 중국이 1위를 차지하게 되었다는 사실, 6자회담을 비롯한 대북관계에서 중국은 한국과 북한을 연결하는 중재자 내지 매개자로서의 정치적 위상을 확보하고 있다. 여기서 좀 더 나아간다면, 한국과 중국 관계가 최소한 미국의 영향권에서 상대적으로 벗어난 국가적 연대로 이어질 가능성이 매우 커졌다고 할 것이다. 그것은 아마 미국으로서는 가장 피하고 싶은 또 하나의 현실로 이어질 수 있을 것이다.

최근 진행된 미일 군사 동맹의 새로운 체제, 그리고 '전략적 유연성'으로 요약되는 새로운 한미 군사 전략은 이러한 맥락에서 한-미-일의 관계를 새로이 재편하는 포괄적 전략을 보여주는 것이라고 말할 수 있을 것이다. 2사단을 포함한 주한미군 전체를 항공과 항만으로 연결 가능한 평택으로 이전·통합하려는 계획 역시 이러한 전략 아래 있는 것일 터이다. 따라서 그러한 전략의 변화를 중국이 자신을 겨냥한 것으로 이해하고 경계하는 것은 차라리 자연스러운 일이라고 하겠다. 미국이 최근 한국에서 군사적 전략을 전환시켜 작전 가능성의 범위를 동북아 전역으로 확대하고, 공세적 유연성과 기동성을 강화하는 방향으로 나아가려는 것 역시 이와 동일한 맥락에 있을 것이다. 얼마 전 미국에서 경제동맹을 군사동맹을 위한 수단으로 이용하려는 포괄

적인 경제-군사적 방침으로 사용하려는 입장이 채택되었음을 안다
면, 미국이 FTA를 통해 한국과의 경제적 관계를 강화하려는 것이 이
러한 일련의 전략적 전환 속에 자리 잡고 있다는 것을 이해하는 것은
아주 쉬운 일이다. 즉 그것은 미국 관리나 한국 정부에서도 말하듯이
군사적 성격을 포함하는 한미동맹의 관점에서 진행되는 것이기 때문
이다. 미국과 경제-군사적으로 통합된 체제, 그것이 한미 FTA가 담고
있는 미래인 것이다. 경제적 이유 때문에 미국의 군사 행동이나 침략
에 동조해야 하고, 군사적인 이유 때문에 미국의 경제적 요구를 받아
들여야 하는 이중의 족쇄가 '자유무역 체제'라는 이름으로 우리를 기
다리고 있는 것이다. 미국 경제가 기침을 하면 한국 경제가 폐렴을 앓
는 경제적 동조 체제, 그리고 미국의 군대가 침략 행위를 하면 동시에
침략의 동조자가 되어 적대관계 속으로 들어가는 군사적 동조 체제,
이 이중의 동조 체제가 우리의 삶을 덮쳐오고 있는 것이다.

2. 노무현 정부와 한미 FTA

1991년 암스덴(A. Amsden)이라는 스웨덴의 학자는 미국에서 교육
받은 한국인 경제학자(American-Trained Korean Economists)라는 말을
줄여 ATKE라고 지칭하면서, 이런 집단이 한국에서 급속히 늘어나는
현상이 한국의 경제 모델에 잠재적 위협을 초래할 수 있음을 지적한
바 있다.[1] 그의 예언대로 일까? 몇 년 뒤 한국은 이른바 'IMF 사태'라

---

1 신장섭 / 장하준, 《주식회사 한국의 구조조정 무엇이 문제인가》, 창비, 2004.

고 불리는 경제 위기에 처하게 된다. 미국의 〈경제문헌저널〉에 따르면 1987~1995년 사이 미국 내 경제학과 박사학위 취득자 가운데 9.7퍼센트 이상이, 즉 8,040명 가운데 776명이 한국인이었다고 한다(같은 책). 미국 경제학 박사의 10퍼센트가 한국 학자라는 것이다! 경제학자만이 아니다. 2002년에 이어 2003년에도 미국 내에서 박사학위 취득자를 가장 많이 낸 대학은 버클리 대학이었고, 2위는 서울대학교였다고 한다! 또 1997~2006년 미국 박사학위 취득자 누계에서는 여전히 서울대 출신이 3,420명으로 미국 이외 대학 가운데는 가장 많은 수를 차지하고 있으며, 미국 대학 출신자를 합한 전체 집계에서도 서울대는 미국 버클리 캘리포니아 대(UC버클리)의 4,298명에 이어 전체 2위를 차지했다.(〈한국경제신문〉 2008년 7월 21일자)

이렇게 미국서 학위를 취득한 사람들은 대부분 한국에 들어와 관료가 되거나 교수가 되거나 영향력 있는 자리를 차지했을 것이 틀림없다. 배운 것은 물론이고 삶의 방식이나 사고방식이 미국적인 사람들, 미국의 상류사회를 꿈꾸며 공부하고 미국적 가치 척도가 몸에 밴 사람들, 이들이 지금 한국의 영향력 있는 자리를 차지하고 지배력을 행사하고 있는 것이다. 더불어 한국 정부의 통상관료들 대부분은 통상장관 김현종처럼 미국에서 변호사를 하거나 하던 사람들이다. 정부 관료들, 특히 경제 관계 계통의 관료들은 모두 ATKE라고 불리는 미국식 경제학자들이다. 행정고시로 관료가 된 사람들 역시 한결같이 정부가 돈을 들여 미국으로 유학을 보내 미국식 기술관료로 교육시킨다.

이런 기술관료들이 미국적 가치관과 미국적 사고방식, 미국적 이론으로 무장한 관료가 되는 것은 어쩌면 자연스러운 일이다. 그들은 자신이 한국을 위해서 일한다고 굳게 믿고 일할 때조차 미국적 가치에 따라 미국이란 방향을 목표로 삼아 미국식으로 일할 것이라고 믿는 것 역시 자연스러운 일이다. 이들은 철저하게 미국적인 사고와 태도가 몸에 밴 아메리카주의자들인 것이다. 그들이 그러한 이념을 내세우든 말든 간에 말이다.

한미 FTA를 추진하기 위해 그들이 제시한 이른바 '중국 위협론'은 미국에 대한 이들의 동조 정도가 아주 뿌리 깊은 것임을 보여준다. 중국 경제의 성장을 위협으로 느끼는 것은, 바로 그 이웃에서 중국 경제에 '성공적으로' 진입하여 그 성장을 자국 경제의 추동력으로 연결시킬 수 있었던 한국이 아니라, 앞서 본 것처럼 세계경제에서 그것을 자신에 대한 위협으로 받아들여야 하는 미국 경제의 입장이기 때문이고, 그것을 정치·군사적으로 해석하여 자신의 영향력에 대한 위협으로 간주해야 했던 미국 정부의 입장이지 중국으로 인해 남북관계의 매개적 중간지대를 확보할 수 있었던 한국 정부의 입장이 아니기 때문이다.

이런 점에서 현재 추진되는 한미 FTA는 전략적 선택이 아니라 차라리 '이념적 선택'으로 보인다. 아메리카니즘이라는 이념. 득실을 냉정하게 따지는 실질적이고 실용적인 이유나 차분한 계산 속에서 제시되는 전략적인 이유가 아니라, 대세라는 이름으로 내세우는 막연한 당위만이 공허하게 울려 퍼지고 있다는 사실처럼 이를 잘 보여주는 것이 또 있을까? 개방은 대세고, 개방해서 경쟁력을 강화하는 게 살길이며, 그에 반대하는 것은 모두 쇄국주의라는 턱없이 단순한 논리, 또 미국은 최대 시장이기 때문에 미국과 FTA를 해야만 한다는 주장 역시, 신중한 상인적 고려도 없는 이념적 단언들에 지나지 않기 때문이다.

이념적 선택이 실용주의적이고 전략적인 선택을 대신하고 있다는 사실은 지금 한미 FTA를 밀어붙이고 있는 고위급 경제·통상 관료들의 경우 좀 더 심각하고 치명적인 방식으로 드러난다. 현재 한국의 민주주의, 즉 데모크라시(democracy)는 사실상 테크노크라시(technocracy)로 전환되고 있다. 테크노크라트, 즉 기술관료들에 의해 민중(데모스 demos)의 추방이 이루어지고 있다. 테크노크라트들은 이런저런 이유로 민중적 통제에서 벗어나 자기들의 구상을 밀어붙이고 있다. 이들은 '늦으면 도태된다.'거나 '언제까지 협상을 완료해야 한다.'는 식으로 요란하게 긴급 상황임을 주장하며, 그리고 협상 전 우리 전략을 노출해선 안 된다며 '비밀주의'를 주장함으로써 자기의 지배력을 확대하고 있다. 현재 의회는 완전히 무기력하며(그들은 FTA에 대해 국민보다도 무지하다!), 테크노크라트들을 통제하기는커녕 그들의 행동에 대한 이념적·도덕적 장식물이 되고 있다. 대통령조차 뒤늦게 보고 받고 사후적으로 설득되는 관료들의 지배 체제가 서서히 자리 잡고 있는 것이다. 게다가 모든 이데올로기로부터 자유롭고 오직 국민의 이익을 실증적으로만 연구한다는 관료들은 이미 자기 이익을 위해 데이터들을 조작하여 멀쩡한 은행을 헐값에 매각하는 일도 서슴지 않고 있다. 그러나 테크노크라시 사회에서는 이 모든 것이 '너무 늦게' 밝혀진다. 사태는 되돌릴 수 없을 만큼 엉망이 되어서야 비로소 알려진다. 한미 FTA가 이와 다르리라고 생각할 수 있을까?

여기서 좀 더 어이없고 난감한 것은 미국에서 훈련된 적이 없는 대통령마저도 아메리카주의적 관료들과 동일한 방식으로 말하고 생각하기 시작했다는 것이고, 그들의 행동을 지지하고 옹호하기 시작했다는 것이다. 사실 FTA란 바로 교역 조건을 통해 관철시키고자 하는 집단적 이익의 집합 아닌가? 그럼에도 불구하고 "집단적 이익에 의해 한미 FTA가 방해받아선 안 된다."는 노무현의 태도는 그것이 이익 극대화를 위한 전략적 선택이 아니라 이익을 떠난(떠났다고 생각하는) 이념적 선택임을 정확하게 보여주는 단언이라고 해야 할 것이다. 그리고 최근 그는 드디어 공무원들과 호흡이 맞기 시작했다고 하며 좋아하고 있다는 말을 몇몇 보수언론을 통해서 볼 수 있었다. 대중에 대한 격려를 그에 대한 무시로 바꾸고, 그를 대신해 일만 잘하면 철밥통을 준들 무슨 상관이랴 하면서 공무원에 대한 격려로 일관하는 노무현의 태도처럼 기이하고 자가당착적인 것도 없을 것이다. 기술관료들의 훌륭한 입론에 결국 설득을 당한 것일까? 아니면 그동안 자신을 무시하거나 젖혀두고 일을 진행하곤 나중에 슬며시 보고하거나 아니면 따로 놀며 보고도 잘 하지 않는 관료들의 행태에 대해, 무시되기보다는 자신이 그에 동조되길 선택했기 때문일까? 어쨌건 아메리카니즘은 애당초 미국에 대한 거리를 표명하며 시작했던 대통령마저 장악하고 포섭하는 데 성공했다. 그리하여 일체되어 눈감고 질주하는 이념의 행진을 시작한 것이다.

그것만은 아닐 것이다. 여기에는 아마도 대북관계에 대한 전략적 선택이 포함되어 있다고 말해야 할지도 모른다. 가령 한미 FTA를 추진하는 과정에서 개성공단 제품을 한국산으로 표시하는 것을 인정받을 수 있다면, 그것은 아마도 정치·경제적 봉쇄로 인해 고립된 북한의 상황을 호전시킬 수 있을 것이고, 그것을 통해 남북관계를 진전시킬 수 있을 것이라는 계산, 그것을 통해 그동안 철저하게 실패와 중단으로 일관한 그간의 정치적 무능력을 일거에 뒤집을 수 있을 것이라는 정치적 계산, 그리고 그것은 핵문제를 비롯한 대북 위협의 감소에 기여할 것이라는 생각이 깔려 있다고 해야 할 것이다. 개성공단 문제가 미국으로선 의제 자체로 인정하지 않고 있음에도 불구하고 한국 측 협정의 중심 의제로 설정되어 있는 것은 이를 잘 보여준다. 그러나 그것은 남북관계를 이용해 정권을 재창출하고자 했던 이전의 우익적 계산과 생각보다 근접해 있다고 해야 하지 않을까? 비록 그 방향이 정반대였다고는 해도 말이다. 혹은 남북관계의 진전이나 통일이란 이념을 위해 국민 전체의 삶을 내기 돈으로 거는 미친 도박사의 선택이란 점에서 또 하나의 이념적 선택이라고 해야 하지 않을까?

3. FTA와 민중의 삶

모두에게 나쁘기만 한 것이 있을까? 있을지는 모르지만 찾긴 어려울 것이다. 한미 FTA도 그렇다. 모두에게 나쁘지만은 않을 것이다. 별로 추가적인 이득이 클 것처럼 보이지 않는다는 난점들을 지적하고 있지만, 어쨌거나 그걸로 이득을 보는 사람들이 있을 것이다. 멕시코의 경우가 잘 보여주듯이, 산타페에 몰려 사는 거대 독점자본가들, 혹은 미국 곡물이나 상품을 수입해서 국내에 파는 수입업자들('매판'이란 말은 원래 이들을 위해 만들어진 말이었다!) 등등. 더구나 서비스업을 선진화하는 게 목표라고 하지 않던가? 그렇다면 도태되는 많은 회사들도 있겠지만, 가령 '김앤장(KIM & CHANG)'처럼 이미 외국 회사를 위해 국내 기업을 팔아넘기는 것으로 선진화된 법률회사들은 살아남을 것이고, 더 많은 수익을 올리게 될 것이다.

그리고 GDP나 무역수지 규모 등과 같은 총량 지표들도 일정 정도 증가할 것이다. 무역 장벽이 사라지는데 자본이나 상품의 출입이 증가하는 것은 당연한 일이다. GDP의 예상 증가율이 별로 높지 않다거나 무역수지가 악화될 것이라는, 많은 사람들이 이미 지적한 예측에 대해서 정부는 무역수지가 아니라 전체 경제 규모가 크는 게 중요하다고 대답한 바 있다. 그러나 멕시코의 사례는 그게 무엇을 뜻하는지 아주 잘 보여준다. 자본의 활동의 자유를 보장함으로써 미국 자본은 막대한 양으로 흘러 들어왔다. 그래서 외자 유치 총량 수치가 크게 증가했다. 그런데 그 자본은 투기에 사용되거나, 아니면 기존의 멕시코 기업을 사거나 잡아먹는 데 사용되었지, 새로운 기업을 만들고 공장을 만드는 데 사용되지 않았다. 그리고 기업을 사거나 장악해서는 생산성을 높이기 위해 인력 감축을 시행해서 거대한 인력이 일자리를 잃고 쫓겨났다.

물론 마킬라도라처럼, 비록 환경을 망치는 공장이라고 해도, 어쨌든 공장들이 지어지고 제조업 일자리가 늘어난 곳도 있다. 그러나 거기에 만들어진 공장은 미국의 원자재와 부품을 들여와서 제품을 미국으로 다시 수출하는 것이 대부분이었기에, 수입 총량과 수출 총량은 크게 늘어났지만, 사실 멕시코 경제와는 별 상관 없는 섬이 되어버렸다. 일종의 보세 가공 공장이었던 것이다. 그래서 수입과 수출이 증가해도 멕시코 산업이나 경제는 전혀 성장하지 못하는, 그러나 총량 지표는 화끈하게 올라가는 어이없는 경제 구조가 만들어졌다. 더구나 부품을 국내산으로 사용하도록 요구하는 모든 이행 조건이 금지됨에 따라, 이전에는 멕시코 부품을 구입하던 캐나다나 미국 회사들이 이젠 자국 부품을 사용하게 되어, 오히려 대기업에 부품을 납품하던 멕시코의 기존 중소기업들을 와해시켜버렸다. 그들은 살아남기 위해 미국 제품을 수입해서 배급하는 수입상이 되는 식으로 간신히 회사의 명맥을 잇고 있었다.

이런 식으로 진행된다면, 경제 규모가 아무리 커지고, 외국 자본의 유입량이나 수출입의 규모가 아무리 증가한다고 해도, 대중의 삶을 규정하는 국내 경제는 오히려 축소되고 위축된다. FTA란 결국 미국의 자본들이 민중의 삶이나 환경 등을 위한 최소한의 규제와 제약마저 와해시키고 자유롭게 활동할 권리를 보장하는 체제일 뿐이다.

서비스업을 중심으로 한 이른바 경제의 선진화에 대해서도 길게 말해야 할까? 그것이 선진화된 것인 한, 서비스업은 많은 일자리를 창출하지 않는다. 골드만삭스는 멕시코 최대 은행 바나멕스를 매입해서 구조 조정을 함으로써 기존의 일자리를 반으로 줄였다. 반대로 기존의 '후진적인' 것들은 파산하여 새로운 실업을 창출할 것이다. 실제로 멕시코의 경우 나프타 발효 이후 전 국민의 40퍼센트가 빈곤층이 되었고, 그나마 있던 일자리도 대부분 비정규직으로 대체되었다. 농업을 생각하면, 더욱더 끔찍하다. 한미 FTA를 위한 보고서를 써내는 대외경제 연구원이나 정부 기관인 농업경제연구원에서도 한미 FTA를 체결할 경우 농업 생산량이 반으로 줄 것임을 예상한 바 있다. 정말 반밖에 안 될까? 어쨌든 그 경우라고 한정해도, 현재 350만 농민 가운데 절반 이상은 일자리를 잃게 될 것임을 의미한다. 이제 그들은 어디서 무엇을 해야 할까? 미국 자본이 새로 만든 선진화된 서비스업에 취직? 재교육 받아서 컨설팅 회사나 은행, 보험회사에 취직하는 것? 멕시코의 사례는 우리가 상상하는 것이 현실일 것임을 보여준다. 도시로 몰려 나가 노점상을 하거나 멈춘 자동차의 창문이라도 닦아주기 위해 걸레를 들고 신호등 옆에 서서 기다리는 반 부랑자!

대체 무엇을 위해, 누구를 위해 우리는 이런 희생과 비용을 감수해야 하는 것일까? 이렇게 되는 게 경제의 선진화고 경쟁력의 제고라면, 그런 게 과연 좋은 건지 다시 물어야 하지 않을까?

4. FTA와 생명권의 문제

여기서 우리는 생명권이라는 약간은 생소하지만 매우 중요한 문제에 대해 주목해야 한다. 생명이란 가장 일차적으로 자신의 삶을 지속하려는 능력이지만, 자본은 그러한 능력을 이용하고 착취하여 자신을 증식하고자 한다. 생명의 능력이 그것을 착취하려는 자본의 권력과 충돌하고 대결하는 그 지점에서 생명은 하나의 권리가 된다. 즉 살아 있는 것은 모두 자신의 방식으로 자신의 생명을 유지하고 지속할 권리가 있다는 것이다. 자신이 농사지으며 살던 곳에서 계속해서 농사지으며 살고 싶다는 평택 농민들의 권리, 혹은 정상인이란 이름으로 설치한 수많은 이동의 문턱들, 활동의 문턱들을 넘어서 자신의 삶을, 자신의 활동을 만들어가고 싶다는 장애인들의 요구, 혹은 거대한 순환계를 파괴하면서 생명 자체의 지속을 위협하며 오직 경제적 이득의 계산으로 이루어지는 개발에 반하여 자신의 생명을 지속하고 그 생명의 순환계를 유지하고자 하는, 말해지지 않지만 충분히 들을 수 있는 인간 아닌 생명체들의 요구, 그리고 '카길'을 비롯한 초국적인 거대 농식품 복합체의 유전자조작 식품을 먹고 싶지 않다는 평범한 대중들의 요구 등이 모두 이런 생명권에 포함된다.

그런데 지금 우리는 생명권 전체를 크게 뒤흔드는 근본적 위협과 대면하고 있다. 대면하고 있는 줄도 잘 모르는 채. 그것은 아마도 한미 FTA로 인해 좀 더 빠르게, 그리고 좀 더 막강한 힘으로 덮쳐올 치명적 위험이다. 그것은 무엇보다 생명 복제가 일반화되는 조건에서, 생명 자체가 자본의 권리로 귀속되고 있는 사태, 그리고 그것을 지적 재산권이란 이름으로 광범위하게 자본에 귀속시키는 사태와 결부되어 있다.

지금 우리가 사는 시대를 종종 '생명 복제의 시대'라고 명명한다. 생명 복제의 시대는 유기체가 자신의 신체를 구성하는 능력을 기계적으로 통제하고 조작하여 변형시키는 능력이 현실화된 시대, 그것에 의해 현실적인 생명체에 변형이 가해지거나 새로운 종류의 생명체가 만들어지게 된 시대다. 그러한 변형과 조작이 유전자 내부로까지 깊이 침투하게 된 시대다. 그러나 동시에 그러한 능력이 자본에 의해 소유되고 영유되어 생명력이 아주 근본적인 층위에서 이용되고 착취되게 된 시대다. 즉 자본의 권력이 유기체와 세포는 물론 유전자에까지 침투하여 그 순환계를 파괴하여 생명의 흐름을 착취하게 된 시대다. 이전에는 유기체 이상의 수준에서 유기체가 생산하는 활동을 분리하여 절단·영유하는 방식으로 착취할 수 있었다면, 이제는 유기체의 가장 깊은 심층에까지 침투해 순환계의 고리를 절취하여 잉여가치를 위해 가공·착취하게 된 것이다.

이러한 가공·착취는 매우 다양한 수준에서 진행된다. 예를 들면, 성공 여부가 다시 문제가 되긴 했지만 가령 거미줄 성분을 젖에 포함하도록 조작된 염소의 경우는, 생명체의 특정한 능력이 그의 생명 활동이나 그가 속한 순환계에서 분리되어 자본의 욕망에 따라 비순환적 형태로 변형되어 절취되는 경우일 것이다. 거미줄은 거미의 생명 활동의 구성 요소지만, 이 경우 거기서 분리되어 섬유를 만들기 위해 절취되어 착취된다. 염소 젖 역시 자기 새끼를 먹일 수 없는 형태로 변형되고, 따라서 기존의 생명의 순환계에서 분리되고 이탈된다. 이 모두가 돈이 되는 특정한 성분을 배타적으로 추출하려는 자본의 권력에 의해 생명력이 착취당하게 된 경우다.

암에 관한 동물실험을 위해 만들어진 온코마우스는 생명력 자체가 자본에 의해 죽음의 형태로 변형된 경우다. 그것은 태어날 때부터 암으로 죽을 운명을 갖고 태어난다. 즉 죽기 위해 태어난다. 생명을 죽음으로 몰고 가는 자본의 암적 권력이 과학의 힘을 빌려 실제 의학적인 암세포라는 신체가 되어 생명의 탄생 지점 자체를 장악해버린 것이다. 그들의 신체는 처음부터 균형과 항상성을 잃은 신체고, 암세포의 증식에 의해 파괴된 채 탄생되는 신체며, 죽음을 견디는 실험을 위해 태어난 신체다. 동물실험을 통해 작동하는 생명에 반하는 권력, 죽음의 권력이 온코마우스의 경우에는 새로운 생명체의 탄생을 만들어낸다는 아이러니한 사태를 보여준다.

이런 점에서 '생명산업'이라는 말처럼 아이러니한 말도 없다. 그것은 생명력을 상품화하고 생명력을 착취하여 돈을 버는 산업이고, 생명체의 생명력 자체를 그것이 속한 순환계와 무관하게 절취하여 착취하는 산업이며, 따라서 생명력의 해체를 '생산'과 '착취'의 일반적 방법으로 사용하는 산업이라는 점에서 생명산업이 아니라 '죽음산업'이다. 그것의 이론적·기술적 기초를 제공한 과학과 기술 역시 지금은 '생명기술'(Bio-technology, BT)이란 이름으로 불리지만, 생명산업의 의미와 정확하게 동일한 의미에서 그것은 생명을 착취하는 기술이고 실질적으로는 죽음의 기술이다.

생명산업은 지금, 그리고 향후 오랫동안 막대한 이윤을 낳을 첨단 산업이다. 이런 전망 속에서 종자회사나 제약회사를 비롯해 다양한 종류의 초국적 거대 자본들이 생명을 통제하는 생명공학이나 생명기술에 막대한 자금을 투여하고 있으며, 이른바 생명과학은 이 거대한 자본을 먹으며 급속하게 성장하고 있다. 심지어 과학자나 연구소 자체가 생명 관련 자본가가 되는 일도 드물지 않은 일이 되었고, 그게 아니어도 대부분 생명산업과 이해관계를 같이하며 생명력을 착취하여 돈을 버는 기능적 자본가의 일부가 되어버렸다.

황우석 사건은 이러한 사태를 아주 함축적으로 잘 보여주는 상징적 사건이었다. 그의 행적이 과학자의 개인적인 업적이나 조작이 아니라 '민족의 장래를 좌우하는' 것이 되어버린 것, 그리하여 거대한 국가 예산을 포함해 엄청난 돈이 쏠리기도 했고 그에 못지않게 수많은 사람들의 관심과 '욕망'이 쏠리기도 했던 것, 그러한 관심을 이용하고 좀 더 많은 자금을 끌어들이기 위해 연구 결과를 부풀리거나 조작하기까지 했던 것, 그러한 '사업'에 잘나가는 병원 자본가나 외국의 연구자가 손을 걸치기 위해 모여들었던 것 등등.

이들 자본과 과학자들을 하나로 결합하여 일종의 초국적 과학·산업 복합체를 형성하게 만드는 결정적인 계기, 아니 자본으로 하여금 생명의 능력 자체를 사적으로 소유하고 착취하게 만드는 결정적인 요소는 바로 이른바 '생명특허권'이다. 생명특허는 생명력을 생명의 순환과 무관하게 절취하여 이용하고 착취할 권리다. 그것은 순환의 이득을 순환계의 사슬로부터 분리하여 배타적으로 영유하는 방법을 자본의 권리로 귀속시킨다! 생명산업을 주도하고 있는 미국이나 유럽은

1980년 차크라바티 사건에 대한 미연방 대법원 판결을 분기점으로 하여 이러한 생명특허에 대한 배타적 권리의 강도와 외연을 점차 확대하고 있다. 대학이나 연구소는 물론 연구자 자신이 학적 명예와는 전혀 다른 차원에서 특허권을 맹렬하게 추구하며 그것으로 직접 회사를 차리거나 그것을 판 생명산업 회사의 이사나 주주가 되는 방식으로 생명을 이윤화하는 데 직접 앞장서고 있다.

지적 재산권에 대한 해석이 턱없이 확장되고, 그에 대한 권리의 존중과 보호가 어이없이 강화되며, 그 귀속처가 생명력이 존재하는 신체가 아니라 그것을 가공하고 영유하는 존재로 귀속되는 사태가 미친 듯한 속도로 진행되고 있다. 1990년 무어 사건이 잘 보여주듯이, 이제 우리는 자신의 신체에 대한 권리도 갖지 못한다. 그것이 의사나 연구자들에 의해 추출되거나 가공되었다면, 그것은 추출한 자, 가공한 자에게 귀속되는 권리가 된 것이다. 생명의 능력은 그것을 추출하고 착취하는 자의 권리로 전변되었고, 생명의 권리는 자본의 권리를 위해 전적으로 폐기되는 사태, 생명산업과 관련해서 인간의 신체마저도 자본의 권력 아래 복속시키는 사태, 그것이 지금 생명과학과 생명산업의 발전이란 이름으로 미국에서 행해지고 있는 첨단적 사태의 핵심이다.

여기서 인정되는 특허권의 범위는 너무 넓어서, 현미경으로 발견한 모든 것을 현미경 발견자의 특허로 인정하는 것에 비유되곤 한다. 흔히 지적하듯이 이는 라듐 같은 원소의 발견조차 자연계에 자연적으로 존재하는 것이라는 이유로 특허권을 인정하지 않았던 20세기 초의 사정과 비교하면 너무나도 대비되는 것이다. 이는 이른바 지적 소유권이 지식이나 예술, 문화적 생산물의 순환을 자본이 절취하여 착취하도록 하기 위해 점차 강화되어온 것과 나란히 생명 관련된 지적 소유권이 21세기 자본의 가장 중심적인 공격 대상이 되고 있는 것이다.

이런 관점에서 보면 생명특허는 생명의 권리가 아니라 생명에 대한 자본의 권리를 배타적으로 보증한다. 이것이 있음으로 인해 과학은 그 자체로 거대 이윤의 원천이 되고 자본이 되며, 이것이 있음으로 인해 자본은 막대한 자금을 실험과 연구를 위해 투여한다. 즉 과학과 자본이 하나로 결합되어 생명력 자체를 착취하는 죽음의 권력을 확대·강화하고 있는 것이다. 한미 FTA에서 유난히 강조되고 있는 의약품이나 지적 소유권의 문제는 이런 차원에서 이 끔찍한 사태 속으로 우리의 삶, 아니 우리의 생명 자체를 몰아넣을 것이다. 이런 이유에서 한미 FTA는 유전자조작 식품에 대한 거부나 광우병 쇠고기에 대한 문제와 나란히, 아니 좀 더 광범위하고 일반적인 방식으로 생명권 자체를 위협하는 결정적 계기가 될 것이다.

따라서 한미 FTA에 대한 반대뿐만 아니라 좀 더 근본적인 차원에서의 투쟁이 필요하다. 즉 생명특허로 생명력을 착취당하게 된 생물뿐만 아니라 그것이 제공하는 순환의 이득을 상실하게 된 인간 자신을 위해서도 이러한 생명특허에 대한 투쟁이 긴요하다. 생명의 권리를 위해서는 생명특허에 대한 투쟁이 매우 중요하다. 생명특허의 범위를 확대하지 못하게, 아니 축소하게 해야 하며, 생명특허를 위한 이윤의 폭을 줄이도록 해야 한다. 에이즈 약의 제네릭 제조기술이 잘 보여주듯이, 여기서도 카피 레프트 운동이 매우 절실하다. 그것은 생명산업의 거대한 권력이 생명 전체를 장악해가는 과정을 저지하고 약화시키기 위한 중심고리다. 그리고 아직도 생명과학, 아니 과학에 애정을 가진 사람들을 위해 말하면, 그것이야말로 자본과 과학의 일체화된 결합에서 과학이 다시 분리될 수 있는 계기고, 과학이 돈에 대한 욕망에서 벗어나 자유롭고 창의적인 사유를 하게 해줄 계기며, 과학이 자본이 아니라 민중이나 생명을 위해 활약할 수 있게 해줄 계기일 것이다.

덧붙이면, 생명특허는 가령 어떤 풀이나 나무의 효능이라도 서구 과학의 분석적이고 임상적인 실험을 통해서만 인정되고 취득될 수 있다는 점에서, 서구 과학에 배타적 특권을 제공한다. 그리고 수많은 생명특허 해적들이 잘 보여주듯이 이러한 특허권은 동양이나 제3세계에서 민간요법으로 흔히, 그리고 쉽게 사용되던 것을 비싼 값을 주어야 사용할 수 있는 것으로 바꾸어버리며, 그 결과 이전처럼 일반 대중들이 사용할 수 없는 것으로 만들어버린다. 이는 사람들이 자신과 이웃한 생명체들에게서 얻어오던 순환의 이득을 배타적인 잉여가치로 변형시켜 자본의 소유물로 만들어버리는 사태를 다른 양상으로 보여준다. 인도의 님 나무는 이러한 경우의 대표적인 사례일 것이다. 이런 의미에서 서양의 이른바 '대체의학'이나 제약회사의 '생명 사냥꾼'들이 순환의 이득을 이용하는 비서구의 다양한 생명의 능력, 생명의 권리를 '생명특허'라는 이름으로 자본의 권리, 자본의 권력으로 전환시키는 것을 저지하는 저항과 투쟁은 특별한 중요성을 갖는다고 할 것이다.

13장

세개의 비-정치적 정치학

—

이명박 정부의 경제-정치학

노무현 정부가 '개혁'의 이념을 선명하게 선택한 정부였고 따라서 노 정부의 실패는 '이념의 과잉'이 야기한 실패라고들 한다. 동일한 이유로 노 정부에 대한 국민의 거부는 이념에 대한 거부라고들 말한다. 그러나 노무현 정부는 정말 이념의 과잉으로 실패했던 것일까?

이념적인 정부란 그저 어떤 이념을 구호로 내세우고 말로 떠들어대는 정부는 아닐 것이다. 이념이라고 불리는 방향으로 정책을 끌어가고 그 이념을 구체적으로 관철시키기 위해 노력하는 정부가 '이념적인 정부'라는 말의 의미일 것이다. 그런데 이념을 그저 말로만 크게 외칠 뿐 실제로는 전혀 그렇지 않은 정부를 '이념적인 정부'라고 해도 좋을까? 그런 정부의 실패를 '이념의 과잉'에서 찾아도 좋을까?

1. '이념적 정부'의 반이념성과 '실용적 정부'의 이념성

잘 알다시피 노무현 정부는 재벌 개혁을 내세웠지만 재벌 개혁은커녕 재벌들에 대한 합법적인 통제권조차 행사하지 못하고 정부가 갖고 있던 권한마저 '시장'이란 이름으로 재벌이나 독점자본에게 넘겨준 정부였다. '참여정부'를 깃발에 써들고 다녔지만 재벌과 유착된 관료들에 휘둘리며 그들을 '유능하다'고 상찬하던 정부였다. 다른 건 몰라도 집값만은 잡겠다고 다짐했지만 분양가 공개 등 자신이 한 약속조차 지키지 못한 정부였고, 퇴임하면 생태운동을 하겠다느니 말을 했지만 새만금이나 천성산 등 환경 관련 공약조차 하나도 남김없이 포기한 정부였다. 이런 정부를 '이념적인 정부'라고 말할 수 있을까?

나는 이처럼 자신이 내세운 이념에 철저하게 반대되는 것을 행한 정부는 본 일이 없다. 그렇다면 노무현 정부는 자신이 내세운 이념에 반하는 정부라는 점에서 '반이념적 정부'라고 해야 하지 않을까?

노무현 정부나 그 주변 세력들에 대한 국민들의 거부 역시 이념의 과잉과는 정반대의 이유에 기인한다. 그에게 염증을 느끼며 그를 떠난 사람들은 대체 어떤 사람들일까? 한국의 재벌이나 독점 부르주아들? 그의 이념에 거부감을 갖는 보수적인 언론이나 보수적인 대중들? 그럴 리가 없다. 애당초 노무현을 지지하지도 않았던 그들이 어떻게 그를 떠날 수 있단 말인가? 그가 '승부수'를 던지며 외쳤던 개혁적인 '이념'들을 지지한 사람들, 혹은 그가 채택했던 혁신적인 스타일에 매료된 사람들, 바로 그들이 통계적 법칙을 무시하면서까지 노무현을 열광적으로 지지한 사람들이고, 바로 그들이 노무현 정부에게 등을 돌린 사람들이다. 그렇다면 이들이 '이념의 과잉'에 지쳐서 노무현 정부를 버렸다고 말할 수 있을까? 사실은 정반대라고 해야 하지 않을까? 말로는 '개혁'을 떠들고 여기저기 나와 토론판은 벌이려 했지만 실제로는 개혁적인 어떤 것도, '이념적인' 어떤 것도 실행하지 못했음에 실망하고 지쳤던 거라고 해야 하지 않을까? 아무런 개혁 없이 떠들어대는 '개혁'이란 수다에 지쳤던 거라고 해야 하지 않을까?

이와 반대로 이명박을 지지하는 사람들은 그에겐 어떤 이념도 없고, 오직 능력과 성과만을 중시하는 실용주의만이 있다고 믿으며, 바로 그것이 노무현 정부와 반대로 성공의 기반을 제공할 거라고 믿는 것 같다. 정말 그럴까?

가령 조성환 교수는 실용주의란 "있는 그대로의 사실에서 문제를 착안하고 그 바른 해결책을 찾는 것"[1]이라고 한다. 어떤 이념적인 목적 없이 주어진 문제에 대해 결과만 좋으면 좋다는 식으로 해결책을 찾는 것. 그러나 목적 없는 실용주의, 아니 이념 없는 실용주의라는 게 있을 수 있을까? 예컨대 흔히 이용되는 덩샤오핑(鄧小平)의 고양이 얘기에서도, 목적 없는 실용주의란 있을 수 없다. 덩샤오핑의 고양이는 쥐를 잡는 것을 '목적'으로 하며, 덩샤오핑의 실용적 선택은 '근대화'를 목적으로 하는 것이었다. 이런 점에서 근대화는 덩샤오핑 이후 중국 정부의 모든 정책을 끌고 나간 '이념'이었다. 사회주의 이념을 대체해가고 있는 하나의 이념인 것이다.

평등, 자유, 공정성 등은 이념이 될 수 있지만, 시장, 경제 발전, 근대화, 돈벌이, 투기 등은 이념이 될 수 없다는 말일까? 그거라면 그 말은 반은 맞고 반은 틀렸다. 결국은 돈벌이로 귀착되는 그런 단어들이 '이념'이라는 말에서 느껴지는 품위나 고상함과는 정반대로 너무 천박하고 처절한 욕망을 지칭한다는 점에서 '이념'이라고 부르기엔 부적절하다는 뜻이라면 맞는 말이다. 그러나 고상한 이념만 있는 것은 아니다. 내놓고 남들 앞에 내세우기엔 너무 남세스러운 그런 욕망이 이념의 자리를 차지하여 사람들의 삶이나 정부의 정책을 끌고 가는 경우가 많다는 점에서 그 말은 틀렸다. 그걸 이념이라고 감히 명명하진 못하지만, 실질적으로 실용적 '해결책'이나 정책, 조치들의 목적이 되고 있다면 실제로는 이념으로 작동하고 기능한다고 해야 한다. 이런 점에서 보면, 목적 없는 실용성만큼이나 이념 없는 실용주의는 있을 수 없다. 다만 이념을 감춘 실용주의나, 내놓고 말하기 부끄러워 '이념 없~다'고 잡아떼는 실용주의가 있을 뿐이다.

---

1 조성환, '실용주의는 '탈이념'의 시대정신?', 〈한겨레21〉 696호, 2008. 2. 1.

그게 아니라면 실용주의 자체가 이념이 되는 경우가 있을 수 있는데, 벤섬(J. Bentham)의 공리주의(utilitarianism)가 그것이다. 흔히 "최대 다수의 최대 행복"이라고 알려진 구호로 인해 오해되지만, 공리주의란 "최소 비용에 의해 최대 효과를" 얻고자 하는 이념이다. 생산성이나 효율성 극대화를 추구하는 것은 모두 이런 의미에서 공리주의적이라고 할 수 있다. 공리주의는 자유나 평등 같은 어떤 '이념'에 관심이 없다. 다만 최소 비용으로 최대 효과를 얻는 것을 이념으로 할 뿐이다. 무슨 일이 되었든 성과를 극대화하는 게 중요하다고 본다는 점에서라면, 조성환 교수 말대로 이명박 '정부'는 공리주의적이라고 해야 할 것 같다.

그런데 그 공리주의가 어디로 우리를 끌고 갈 것인지를 알기 위해선, 벤섬의 공리주의가 종종 '원형감옥'으로 번역되기도 하는 팬옵티콘(panopticon)을 유토피아로 갖고 있었다는 사실을 몰라선 안 된다. 팬옵티콘이란 감시자 한 사람이 앉은 자리에서 모든 이들을 감시할 수 있는 장치인데, 말 그대로 최소 비용으로 최대 효과를 얻을 수 있는 건축학적 장치다. 벤섬은 감옥뿐만 아니라 학교, 공장, 나아가 정부 등 모든 곳이 이렇게 만들어져야 한다고 생각했다. 수상 한 사람이 앉아서 가끔 눈을 돌리는 것만으로 공무원 전체를 감시할 수 있는 체제. 실용주의 자체가 이념이 되는 것, 그것은 우리를 저 끔찍한 공리주의의 유토피아 근처로 끌고 갈 것이다. 그래도 실용주의 말고는 이념이 없다고 자랑하고 싶을까?

'당선인'의 명칭을 얻은 후 이명박 씨의 행보는 그의 실용주의가 어디를 향해 가고 있는지, 무엇을 이념으로 하고 있는지를 이미 충분히 보여준 것 같다. 예를 들기엔 지면이 너무 부족해 안타깝지만, 가령 당선 후부터 1월 말까지 60회 정도의 일정 가운데 이른바 '소외층' 과 관련된 것은 단 3회였다고 한다. 재벌이나 기업인들을 위해서는 정부가 아직 서지도 않은 상태에서 이미 내줄 건 다 내주고 풀어줄 수 있는 건 다 풀어주었지만 자신이 공약으로 내걸었던 '소외층' 관련 문제들은 어느 하나도 유심히 고려하지 않았다. 이런 점에서 그들이 말하는 '화합적 자유주의'란 분명 그들의 이념이다. 있는 자들의 '자유'를 위해 없는 자들이 '화합'해줄 것을 요구하는 이념. 그리고 '창조적 실용주의'란 "돈을 벌자"는 이념을 내세워 돈을 많이 번 사람들을 위해, 검은 고양이든 흰 고양이든 가리지 않고 '창조적'으로 만들어 쓰겠다는 전략 방침으로 보인다. 하지만 이게 다는 아닐 것이다. 이명박 씨의 편향적 일정이나 반대자를 배제한 인수위의 영어교육 공청회에서 보여준 것처럼, 방해가 된다면 어떤 반대의 목소리도 듣지 않고 간다는 '저돌적 추진력'이 거기에 전술 원칙으로 추가되어야 한다. 그러나 이미 신자유주의적 탈규제의 부메랑으로 급속히 침체되고 있는 세계경제나, 노무현 정부의 실효 없는 구호들에 지친 대중들이 그들의 자유주의나 실용주의에 과연 쉽게 호응해줄지는 알 수 없는 일이다.

2. 이명박 정부의 경제 – 정치학

미국산 쇠고기 수입 개방으로 인해 야기된 대중의 저항이 점점 거대한 흐름을 형성하고 있다. 아마도 대중들 각자의 먹고사는 문제, 생명 자체가 근본적 위협과 지대한 불확실성에 노출되게 되었다는 사실이 이토록 급속하게 거대한 흐름이 형성되게 된 이유일 것이다. 그러나 그것만은 아닐 것이다. 영어 몰입 교육에서 시작하여 중·고등학교는 물론 초등학교 학생마저 입시의 무게를 새삼 느끼게 만든 교육정책, 전 국민으로 하여금 자신이 사는 땅에 대해, 환경에 대해 새삼 다시 생각하게 만들었던 대운하 개발 계획 등등을 통해 각계각층의 사람들을 피곤하게 만들던 그간의 꼴통 같은 기획들이 누적된 결과일 것이다.

게다가 대통령 자신부터 시작해 그가 임명한 관료들의 대부분이 투기나 사기, 조작으로 점철된 삶을 살던 사람들이라는 것이 드러나면서 존경심은커녕 비난과 경멸의 대상이 되었다는 점, 그리고 역시 대통령 자신을 필두로 하여 관련 관료들이 무식하기 그지없는 발언으로 입만 열면 사람들의 염장을 지르고 있다는 점 등이 더해지면서 집권한 지 석 달도 안 됐다는 사실이 새삼 놀라울 만큼 정권 말기적 증상들을 보여주더니, 급기야 지지율마저 그토록 욕을 먹던 노무현 정권 말기보다 더 낮은 25퍼센트대로 추락했다. 덕분에 보수화로 밀려가던 대중은 정반대로 방향을 바꿔 능동적이고 진보적인 방향으로 급선회했다. 자칭 '진보적 정권'이 대중을 보수화했던 것과 반대로 자타가 인정하는 보수적 정권이 대중을 급격히 진보화하고 있는 셈이다.

그럼에도 이명박 정권은 아직도 이러한 사태에 대해 전혀 감을 못 잡고 어이없는 소리만 반복하고 있다. 보수층 전체가 그렇다. 이 정권이 아직도 5년 가까이 남은(!) 기간을 제대로 채울 수 있을지 정말 의심스럽다. 그것은 근본적으로 이명박 정권이 집권에 성공한 요인이 정치에 실패하게 만드는 결정적 요인이 되고 있기 때문이다. 그는 지금도 자신이 CEO임을 자랑스레 여기며 '경제 대통령'을 자처한다.

지지한 국민들 역시 그래서 지지했다. 그리고 그런 관점에서 '정치'를 하려 하고 있다. 즉 정치를 기업을 운영하는 경제적 논리만으로 이해하고, 대중을 자신이 운영하는 기업의 '종업원'으로 간주하고 있다. 가령 외국 시장에 상품을 팔려면 그들에게 뭔가를 내주어야 하기에 쇠고기 시장을 내준 것은 당연하다는 발상, 그리고 CEO가 정했으면 기업이나 종업원이 군소리 없이 따라야 하듯 국민들 역시 따라야 한다는 발상이 그것이다. "CEO가 결정하면 우리는 한다."는 태도를 기대하고 있다는 점에서 "당이 결정하면 우리는 한다."를 기대하는 어떤 정부의 입장과 기이하게 흡사하다.

그러나 정치는 경제와 같은 논리, 더구나 기업을 운영하는 것과 같은 논리로 작동되지 않는다. 왜냐하면 기업주의 선택이 기업에 미치는 결과는 단일하지만, 정치적 결정은 그로 인해 피해를 보는 집단과 이익을 보는 집단을 반드시 수반하기 때문이다. 대중 역시 기업의 종업원이 아니기에, 그러한 피해를 그저 감수하고 감내하려고 하지 않을 것이다. 게다가 어떤 사람이 돈이 많든 적든, 어떤 결함이 있든 없든, 기업에서 사람을 쓰는 것이야 CEO 맘이지만, 정치에서 사람을 쓰는 것은 결코 그렇지 않아서 아무리 능력이 있고 믿을 만한 사람이라도 작은 듯 보이는 결함 하나만으로도 비난 받고 낙마하는 경우가 일반적이다. 그러나 이명박 정권은 이를 이해하지 못한다. 반대로 자신들의 '합리적' 선택을 이해하지 못하고 비난하는 사람들, 혹은 "어련히 국민들 생각해서 한 것일까."만 그것을 이해하지 못하고 저항하는 대중들이 이해되지 않을 뿐이다. 그래서 그들은 그 모두가 '잘 몰라서 그렇다'거나 '오해' 때문이라고 생각한다. 남은 것은 이해시키기 위해 홍보를 강화하고, 반대의 목소리를 가두어놓는 것이다. 홍보 담당자를 미국에서 수입하고, 공안 검찰이나 경찰 통제를 강화하는 고전적 방법이 집권 두 달 만에 전면에 부상된 것은 이런 이유에서일 것이다.

따라서 이명박 정권에 이미 희망은 없는 것 같다. 정치를 잘하기 위해선 자신의 사고방식과 일의 스타일에서 벗어나야 하는데, 예순이 넘도록 그런 식으로만 살아온 사람이 그렇게 하기는 쉽지 않을 것이기 때문이다. 그것이 자신의 '강점'이라고 굳게 믿고 있는 한, 더욱 그럴 것이다. 더구나 정치를 잘하기 위해선 그것뿐만 아니라 대중의 흐름을 타는 예민함과 유연함이 필요한데, 대중이라곤 생각해본 적도 없는, 오직 돈 버는 것밖엔 해본 게 없는 사람들이 그걸 잘할 가능성은 거의 없을 것이다. 그리고 거기서 우리는 희망을 본다. 경제, 성장, 돈밖엔 모르는 짜증스런 사고방식에 질려서 그와 다른 삶의 방식을 꿈꾸게 될 기회가 역설적으로 거기에 있기 때문이다.

3. 세 개의 비-정치적 정치학

막연한 '경제'의 이미지로 승리했기에, 그 경제의 논리로 정치를 하고자 하는 것이 이명박 정부의 정치학이다. 경제-정치학. 이는 그 이전의 두 대통령의 정치학과 마찬가지로 '비정치적'이라는 점에서 비슷하지만, 아주 다른 종류의 비정치학이란 점에서 대비해볼 만하다.

이명박, 노무현, 전두환. 이 세 사람은 정말 다른 성격, 다른 경험, 다른 위치를 갖고 있던 사람들이었고, 따라서 전혀 다른 스타일로 정치를 했던 사람들이다. 그러면서도 모두 대통령으로서 성공적인 정치를 하는 데는 실패했다는 점에서 공통적이다. 단적으로 말해, 전두환이 정치를 군사적 논리로 대신하고자 했기에 정치에 실패했다면, 노무현은 도덕의 논리로 정치를 대신하고자 했기에 실패했고, 이명박은 경제 내지 기업의 논리로 정치를 대신하고자 했기에 실패했다. 길은 달랐지만, 세 사람이 모두 이해하지 못했던 것은 정치는 항상-이미 대중의 문제라는 사실이었다. 정치란 대중의 잠재적인 욕망을 포착하여 그것을 현행적인 사안으로 가시화하는 것이고, 이를 통해 대중의 흐름을 힘으로, 혹은 권력으로 변환시키는 것이란 것 말이다.

잘 알다시피 전두환은 국민대중의 의사를 '거슬러(!)' 권력을 쥐려 했고, 광주에서의 참혹한 학살을 통해 집권했기에 처음부터 대중의 흐름을 따라 정치를 사유한다는 것이 불가능했다. 자신이 대중의 흐름을 거슬러갔기에 대중이란 자신의 의지나 힘을 거슬러 자신의 권력을 전복하려는 적으로만 볼 수밖에 없었고, 따라서 억압하고 통제할 대상으로만 보았다. 그에게 대중이 갖는 거대한 잠재력 역량이란 정치적 권력의 바탕이 아니라 그것을 부정하려는 적대적 장애물일 뿐이었다.

따라서 그에게 정치란 대중이라는 적을 제압하고 그들과 싸워 이기는 것이었다는 점에서 적대와 승패라는 군사적 관념을 통해서만 가능했다. 즉 그는 정치를 군사적 논리를 통해서만 이해할 수 있었다. 대중을 적으로 삼는 이런 정치는 대중을 비-정치화하는 방식으로 진행되어야 하는데, 대중의 의지를 억압하는 정치만큼 대중을 정치화하는 것이 없다는 역설로 인해 실패할 수밖에 없다. 대중의 힘이 정부의 물리적 무력을 초과하는 순간 그 정치는 더 이상 지속될 수 없는 것이 된다. 이런 점에서 그의 정치가 실패한 지점은 처음부터 실패했던 정치가 다만 지체된 시간 속에서 확인된 지점이라고 해야 할 것이다.

전두환이 대중의 저항을 무력으로 제압하고 집권했던 것과 정반대로 노무현은 대중의 열광적인 지지에 의해서, 통계학의 법칙마저 뒤엎으며 대통령이 되었다. 그것은 아마도 정치적인 계산과 거리가 먼 비정치적 일관성이, 그리고 그런 일관성에서 느껴지는 진정성이, 기존의 정치에 염증 난 사람들에게 줄 수 있었던 새로운 종류의 호소력 때문이었을 것이다. 비정치적인 정치인, 그것은 타산적인 정치에 물린 사람들에게 신선한 감응을 불러일으켰고, 새로운 양상의 정치적 대중이 형성되는 계기가 되었다. 비정치적인 것의 정치성, 아마도 이것이 노무현이 정치의 논리를 넘어서 정치적 성공을 할 수 있게 해준 원동력이었을 것이다.

이런 점에서 그는 흐름으로서의 대중의 힘을 체감하고 그것을 가장 잘 이해할 수 있는 처지에 있었음이 분명하다. 그러나 그는 자신이 그렇게 했음에도 불구하고 그 대중의 흐름을 타면서 그것을 힘 내지 권력으로 변화시킬 때에만 자신이 내세운 '개혁'이 성공할 수 있음을 알지 못했다. 이미 거대한 흐름이 된 대중의 욕망을 현실적인 사안으로 변형시키며 영유할 수 있을 때에만 자신의 권력이 유효하게 작동할 수 있다는 것을 이해하지 못했다. 아니, 권위주의에 대한 거부감이 힘과 권력을 만들려는 발상을 저지했던 것인지도 모른다. 그래서 그는 '탄핵'이란 형태로 표출된 보수파의 반동을 뒤엎는 대중의 흐름이 다시 자신을 밀어주었을 때조차 그 거대한 힘을 몰아 개혁을 추진하는 권력으로 밀고 나가려고 하지 않았다. 그래서 그는 가장 대중적 지지를 강하게 받는 대통령이었음에도 가장 무력한 대통령이 되는 또 하나의 역설을 보여주었다. 그의 '개혁'이 모두 유효성을 갖지 못하고 실패한 것은 이 때문일 것이다.

　권력 없는 정치를 꿈꾸었던 걸까? 아마도 그는 자신이 대통령이 될 수 있게 해주었던 '진정성의 정치', '도덕성의 정치'를 계속 밀고 나가는 것이, 이미 통치로 전환된 '정치'의 원리가 되기에 충분하다고 믿었던 것일 게다. 즉 그는 다만 자신의 도덕적 정당성이 정치적 유효성을 설명해줄 것이라고 믿었고, 자기 의도의 진정성이 정치적 현실성을 납득하게 해줄 것이라고 믿었다. 그러나 그는 스스로 도덕의 논리 안에 머물러 있는 한, 그것이 갖는 비정치적 힘조차, 적어도 통치자에게 요구되는 정치에는 결코 성공할 수 없다는 것을 보여준 것 같다. 정치란 의도의 진정성이나 도덕적 정당성이 아니라 특정한 결과를 만들어내는 힘과 권력에 의해서 작동한다는 것, 정치가의 정당성이란 어떤 연유로든 실제로 만들어진 결과에 의해 이루어진다는 것을 이해하지 못했다. 그래서 그는 항상 자신이 이런 의도로 이렇게 좋은 걸 하려고 하는데, 왜 국민이 그걸 몰라주는가를 한탄했고, 그래서 국민에게 알리는 '홍보'를 대대적으로 강화하고자 했고, '오해'를 조장하는 언론을 배제하고자 했다. 그러한 시도들의 반복적 실패를 겪으면서, 그는 역으로 정치의 현실성이란 국민들이 몰라줘도 무언가를 실행할 수 있는 관료들의 집행력을 뜻하는 것으로 이해하게 된 듯하다. 그리고 그 집행력을 가진 관료들의 판단을 현실적 판단이라고, 그게 정치라고 이해하게 된 것 같다. 대통령인 자신의 의도에서의 도덕성과 실질적 집행자인 관료들의 판단이 결합된 기이한 정치가 만들어진 것이다. 그 결과 그는 자신이 '진보'라고 믿어 의심치 않았지만, 실제로는 신자유주의 정책을 가장 효과적으로 실행하고 집행한 보수 정치인이 되었음을 끝내 알지 못했다.

이명박 역시 대중의 지지에 의해 집권했지만, 그 지지는 아주 기이한 성격의 것이었다. 그것은 자신의 지지를 저버린 '진보 정부'에 대한 반동(reaction, 반작용), 진보 정부의 '도덕정치'에 대한 반작용의 결과 획득된 지지였기 때문이다. '보수'와 '실용'이란 말이 그 반작용의 성격을 아주 잘 보여준다. '경제를 살리라'는 말은 이 두 반동적 힘을 '긍정적인' 것처럼 표현하는 단어였다. 그리고 그것이 돈 잘 버는 CEO라는 이명박의 이미지에 포획되었던 것이다. 그래서 이명박은 정치를 경제의 논리에 따라, 아니 그보다도 더 협소한, 이익을 위한 실용적 사업인 기업의 논리에 따라 이해한다. 자신이 아는 것이 그것밖에 없는데다, 바로 그것으로 인해 당선될 수 있었다는 점에서 경제의 논리로 정치를 대신할 수 있다는 믿음에는 의문의 여지가 없었던 셈이다. 그래서 그는 국가의 CEO를 자처하며, 기업 운영의 방식으로 국가를 운영하고, 경제의 논리로 정치를 이해한다.

그러나 경제의 논리에는 정치의 가장 중요한 요소인 대중이 없다. 거기에는 이익에 따라 계산하는 개인이나 기업이 있을 뿐이다. 따라서 그는 대중을 이해할 기회도 없었거니와, 경제의 논리에 머물러 있는 한 이후에도 대중을 이해할 수 없었다. 그에게 대중이란 CEO의 통제를 따라 마땅한 수동적 종업원일 뿐이다. 따라서 그는 대중이란 흐름을, 대중정치라는 현상을 전혀 이해하지 못한다. 그는 자신에 대한 지지조차도 '대중의' 지지가 아니라 '경제(돈벌이!)에 대한' 지지로 볼 뿐이다. 그에게 대중이란 다만 좀 더 잘살고 싶다고 외치는 종업원들일 뿐이다. 따라서 "잘살게 해주겠다."는 약속이면, "잘살게 하려고 하는 것"이라는 설명이면 그들은 의당 유능한 CEO인 자신을 믿고 따라와 주리라고 생각한다.

따라서 그는 대중의 욕망을 현실적 사안으로 가시화하는 게 아니라, 자신의 판단과 선택이 대중의 지지로 가시화되기를 기대하며 대중의 흐름을 정치적 추진력으로 변환시키는 게 아니라 자신의 결정에 대중이 믿고 따라주기를 기대한다. 물론 정치가의 판단이 대중의 욕망과 부합할 수 있다면, 이런 역전도(逆傳導)가 불가능한 것은 아닐 것이다. 그러나 그것은 사실 탁월한 정치적 직관력에 의해 포착된 대중의 욕망을 대중 자신보다 앞서 제안하는 형태로 진행되는 것을 뜻할 뿐이다. 대중을 이해하지 못하고 대중의 욕망을 포착하지 못하는 정치가에게 그런 일은 일어나지 않는다. 그런 정치가는 자신의 선택에 대해 대중이 지금처럼 대대적인 반대를 드러내며 거대한 흐름이 형성되는 경우에도 자신의 선택을 지지하지 않는 대중을 이상하게 생각하지 자신의 판단이 잘못된 것임도 알아차리지 못한다. 그렇게 높은 지지율로 승리했던 이명박 정권이 이렇게 일찍 대대적인 저항과 반대 앞에 직면하게 된 것은 이런 이유에서일 것이다.

4. 대중과 감정의 정치학

마키아벨리는 통치자가 힘을 갖고 통치하기 위해선 자신의 인민대중에게 두 가지 상반되는 감정을 동시에 야기할 수 있어야 한다고 주장한 바 있다. 하나는 공포(두려움)고, 다른 하나는 사랑이다. 통치란 대중을 움직이는 것이다. 대중을 움직이기 위해선 통치에 따르지 않으면 큰 화를 당할 것 같다는 어떤 공포/두려움을 줄 수 있어야 한다는 것이다. 그러나 그것만으로는 대중의 이반과 이탈, 증오와 분노를 야기할 수 있기에 국가권력은 위협에 처하게 된다. 그러지 않기 위해선 대중의 애정을 받아야 한다. 그러나 애정만으로는 이질적 욕망을 가진 대중을 하나의 방향으로 통합할 수 없기에 공포가 반드시 수반되어야 한다는 것이다.

물론 이건 훌륭한 정치가의 조건이라기보다는 권력자나 통치자가 자신의 권력을 유지하고 행사하여 통치하기 위한 조건이기에, 나처럼 국가적 정치에 대해 거리를 둔 사람이라면 그대로 받아들이기 어렵다. 그리고 이것만으로 훌륭한 통치자가 될 수 있을 것 같지도 않다. 더구나 군주의 시대가 아닌 지금의 세계에서라면, 대중의 욕망을 포착하는 능력, 경제의 움직임을 이해하는 안목, 상이한 이해관계를 조정하는 능력 등 여러 가지 다른 능력이 필요한 게 분명하기 때문이다. 그렇지만 이런 능력이 어느 정도 있는 통치자는 자신의 판단과 행위의 결과로 대중들에게 어떤 감정을 야기하게 하는 건 분명하다. 즉 통치자와 대중은 특정한 감정적 관계 속에서 산다.

전적으로 동의하진 않지만, 이런 관점에서 상이한 비정치적 정치학을 갖고 있던 세 사람의 통치자를 다시 비교할 수 있을 듯하다. 먼저 전두환은 군사적인 무력으로 대중들을 탄압하고 억압하며 집권했으며, 그런 군사적 스타일의 통치에서 벗어날 수 없었기 때문에, 그리고 대중과의 적대적 관계 속에서 통치했기에, 대중의 애정을 받는다는 것은 생각할 수 없었다. 대신 폭력을 통해 대중에게 공포의 감정을 일으키려 했고, 그런 감정이 지속되는 한에서만 대중들을 제압하고 통치할 수 있었다. 공포와 두려움이 대중들로 하여금 부당하다고 믿는 것에 대해서도 침묵하고 따르게 만들었다. 그러나 그런 공포는 필경 증오로 바뀌었고, 공포를 가볍게 만들기 위해 '대머리, 주걱턱'에 관한 유머가 만들어지고 유포되었다. 어쨌건 폭력의 공포는 대중의 저항에 부딪혀 점점 약화될 수밖에 없었고 그에 따라 그의 권력도, 그의 통치도 약화되는 것은 필연적이었다.

반면 노무현은 드물게 대중의 사랑을 받은 정치인이었고, 그 사랑 때문에 통계학적 예측을 완전히 뒤엎고 대통령이 될 수 있었다. 게다가 보수파의 반동적인 탄핵 사태에서 그를 구한 것도 그에 대한 대중의 사랑이었다. '사랑'이라는 단어를 내걸고 정치인을 지지하는 대중 조직('노사모')이 처음으로 탄생했고, 그 힘으로 그는 정권을 얻었고 또 지속할 수 있었다. 그러나 그는 자신의 적대자들로 하여금 통치에 따르게 만들 수 있는 어떤 힘, 따르지 않으면 안 될 두려움을 야기하는 어떤 힘을 전혀 갖지 못했다. 그는 처음부터 보수파의 미움의 대상이었지만, 공포의 대상은 아니었다. 탄핵 사태를 대중이 뒤집었을 때, 아마도 보수파들은 소름끼치는 두려움을, 대중에 대한 공포를 느꼈을 것이다. 그러나 그런 결정적인 계기조차 정치적 힘으로, 그것을 가능하게 하는 자신에 대한 두려움의 감정으로 바꾸지 못했고, 반대로 대중에 자신 또한 거리를 두는 방식으로 대중에 대한 공포를 스스로 해소해버렸다.

따라서 그가 시도하는 어떤 '개혁적' 시도들에 대해서도, 그것을 하지 않았을 때 야기될 사태에 대한 어떤 두려움도 갖지 않을 수 있었고, 따라서 그들은 그것을 저지하는 데 어떤 거리낌도 없었다. 자신이 실행하고자 하는 것을 관철시키기 위해선 적대자나 관료를 제압해야 했지만, 그러기보다는 권위적 권력에 대한 거리감 속에서 언변으로 설득하는 문제로만 보았다. 따라서 그토록 강력한 대중의 지지가 있었지만, 그런 대중의 지지를 힘으로 바꾸지 못하고, 역으로 그에 반하여 적대자에게 보수 대연합을 제안하거나 관료들과 토론회를 하려는 시도를 반복했다. 그 결과 중화시키는 관료들의 논리에 따라 자신의 개혁안들을 차례차례 접고 관료들이 제시하는, 사실은 개혁과는 반대되는 정책들을 선택했다. 그 결과 그는 자신을 지지해준 대중들의 욕망이나 의지와는 정반대되는 것들을 실행하게 되었고, 대중들은 점차 그에게서 등을 돌리게 되었다. 대중의 애정은 배신당한 자의 미움으로, 혹은 엉뚱한 것을 실행하면서 말로 설득하려 하는 자에 대한 짜증으로 급속하게 바뀌어 갔다. 이로써 노무현은 자신의 힘의 원천 전체를 상실하고 말았고, 대중들은 그나 그 주변 정치인들이 무엇을 말하든 믿지 않게 되었으며, 미움과 짜증의 감정으로 대하게 되었다.

이와 달리 이명박은 이 두 가지 감정과 아무런 인연이 없는 것 같다. 먼저, 그는 유례없는 격차의 지지율을 얻어 당선되었지만, 그것은 대중의 애정이나 사랑과는 전혀 상관이 없는 것이었다. 누구는 이른바 '잃어버린 10년'의 분노와 원한으로, 도덕적이고 법적인 많은 결함에도 불구하고 이겨야 한다는 생각 하나로 무조건 지지를 했고, 누구는 진보적 정부라는 이름으로 행해진 신자유주의적 반동에 질려서, 도덕이나 '이념'의 무효성에 실망해서 그를 지지했다. 적극적인 애정을 갖게 할 어떤 미덕이나 매력과는 반대로 범죄 혐의와 몰염치, 천박함과 경솔함으로 범벅인 인물이었지만, 이전의 대통령에 대한 염증과 미움에 의해 야기된 '반동적' 감정이 그를 지지하게 만들었던 것이다.

다른 한편 지금의 정치는 전두환 시대처럼 군사력을 휘둘러 공포의 감정을 확산시키고 그 힘으로 통치할 수 없는 상황이고, 이명박이 그런 능력을 갖고 있지도 못하기에 대중들에게 공포의 감정을 야기하기는 곤란한 조건이다. 그게 아니어도 무언가 강력하게 밀어붙이는 격조나 카리스마라도 있다면, 그와 유사한 이유에서 어떤 '승복'이나 '묵종'을 야기할 수도 있었을 것이나, 그에게는 그런 게 전혀 없다. 반대로 도덕적 결함을 아무렇지 않게 여기는 몰염치와 남들 앞에서 과시하고 폼 잡는, 월드컵 때부터 유명한 천박한 과시욕이 있을 뿐이다. 여기에 무지한 사고와 경솔한 언변이 더해지면, 경멸과 조소의 감정을 일으키게 된다. 관료나 비서진의 임명에서부터 입시교육 체제, 대운하, 쇠고기 문제에 이르는 일련의 사태들은 대중들에게 분노나 미움의 감정과 더불어 경멸과 조소의 감정을 일으키기에 충분했다. 촛불집회에서 드러난 대중들의 감정은 분노와 더불어 정확하게 그 끔찍한 무지와 무치, 몰염치에 대한 경멸과 조소였다. 그의 무지와 후안무치, 경솔함과 천박함을 비웃는 개그와 조크들이 만들어지기 시작했고, 이명박 정부를 비난하는 인터넷의 수많은 글들에는 비웃음과 경멸의 감정이 확연하게 드러나 있다. 그는 전 국민적 코미디언이 되어버린 것이다! 이러한 사태를 해결하기 위해 검찰과 경찰은 새로운 공안권력을 휘두르려 하고 있지만, 그것이 대중에게 어떤 공포나 두려움의 감정을 야기하진 못하고 있으며 역으로 분노만 야기하고 있다는 사실이다.

대중의 감정으로 대중운동이나 정부의 '미래'를 예측한다는 것은 필경 오버하는 것일 게다. 그렇지만 공포의 감정도, 애정의 감정도 야기하지 못한 통치자, 아니 경멸과 조롱의 대상이 된 통치자가 어떤 두려움도 없이 자신의 분노나 경멸을 드러내는 대중들을 어떻게 통치할 수 있을까? 그에게 남은 것은 두 가지 선택지인 것 같다. 하나는 통치불능의 무력한 상태로 남은 임기 5년(오 마이 갓!)을 경멸과 조롱, 분노와 짜증 속에서 버티는 것이다. 다른 하나는 얼른 포기하고 다른 사람에게 넘겨주는 것이다. 둘 다 쉬운 선택은 아닌 듯하다. 나라면 주저 없이 후자를 선택할 것이다. 그러나 그는 결코 그러지 않을 것이다. 아니, 그는 다행인지 불행인지 모르겠지만 이 선택지 앞에서도 별로 고민하지 않을 것이다. 아무 고민이 없는 것, 아무 생각이 없는 것, 그게 그의 최대 단점이지만, 어쩌면 이런 조건에선 그게 그에겐 최대 장점인지도 모르겠다.

14장

과거와 미래의 대결

—

촛불시위와 대중의 흐름

2000년대 들어와 가장 두드러진 것 가운데 하나가 '대중'이란 현상이다. 이는 다른 어디보다 한국에서 더 확연하게 드러난 것으로 보인다. 이를 이해하기 위해선 월드컵, 미군 장갑차, 대통령 선거라는 세 사건이 연속된 2002년을 떠올려보는 것만으로도 충분할 것이다. 그러나 이토록 현저하고 영향력이 크지만, 이 현상이 잘 이해되고 있는 건 아닌 듯하다. 특히 현재의 이명박 정부만큼 이에 대해 무지한 경우는 없는 것 같다. 그들은 선거에서 자신들을 지지해주고 두 달 만에 돌아서서 항의하는 대중을, 자신들이 그토록 '해명'하고 있음에도 전혀 믿지 않고 점점 늘어만 가는 대중을 이해하지 못하며, 학교나 열심히 다니고 있어야 할 중고생들이 누구보다 앞장서 대중의 흐름을 만들고 인도하고 있는 사태를 이해하지 못한다. 그래서 집권 두 달 만에 지지율이 노무현 정부 말기보다 더 낮아진 이유를 알지 못한다. 이 점에서 현 정권의 미래는 아주 어둡다. 대중을 이해하지 못하는 한 정치는 실패하게 마련이기 때문이다. 보수언론도 이 점에선 그다지 다르지 않은 듯하다.

1. 밝은 대중, 어두운 미래

하지만 대중운동을 항상 생각하고 살던 분들 역시 이런 대중에 대해서는 약간 당혹스러워하는 것 같다. 아마도 그분들이 생각하는 대중이란 변혁을 꿈꾸는 계급적 대중 내지 민중적 대중이기에, 계급적 기반 없이 갑자기 모여든, 진지하다고 하기엔 너무 가벼워 보이는 이 중고생-대중, 어떤 조직적 기반도 없이 갑자기 쉽게 모이고 어떤 조직에도 쉽게 지도되지 않는 대중이 쉽게 이해되지 않는 것일 게다.

대중이란 계급이 아니다. 계급뿐 아니라 모든 구분선을 범람하며 만들어지는 하나의 흐름이다. 때로는 분노가, 때로는 열광이나 기쁨이 다양한 경로로 전염되면서 만들어지는 흐름. 2000년대 이후 대중의 흐름이 어떤 조직의 기반도 없이 이처럼 쉽게 '자연 발생적으로' 형성되는 것은, 인터넷이나 휴대전화 등의 정보 통신망을 통해 거대한 '흐름의 공간'이 만들어지고 그것이 사람들의 일상적 삶과 점점 긴밀하게 결합되었기 때문이다. 그 공간은 또 정보나 지식이 흘러 다니는 공간이어서, 예전에는 정보의 흐름을 독점하고 있던 언론의 힘을 무력화시키면서, 집합적 지성이 형성되는 신경망을 형성한다. 그래서 지금 미국산 쇠고기나 광우병 등에 대해 가장 많이 아는 것은, '어린것들이 뭘 안다고'라는 노인(!)들의 비난과 반대로 그 공간에 찰싹 붙어사는 학생이나 누리꾼들이다. 이 집합적 지성이 대중의 판단이나 행동, 그 흐름을 좌우한다. 이것이 대중 자신의 지성인 것이다. 비겁한 전문가분들의 거짓말 정도는 쉽게 알아챌 수 있고, 높으신 분들의 무지는 조롱하고 경멸할 수 있는.

그런데 지금 유독 중고생이 대중의 선도적 부분이 된 데는 또 다른 이유가 있는 것 같다. 사실 이명박 정권의 최대 피해자는 중고생들 아닐까? 많은 돈 들여 학원과 과외로 자녀들을 돌려대는 강남 땅 부자님들의 '교육관'에 따라 학교를 재편하겠다고 함으로써, 자신의 삶 전체라고 해도 과언이 아닐 학교생활을 정말 "등이 휠 것 같은" 무게로 느끼게 되었던 것이 그들이다. 급식에 쓰레기나 이물질이 섞여 나오는, "로또 당첨금 찾으러 가다 벼락 맞을 확률"보다 더 작은 확률조차 피할 수 없는 처지기에 광우병을 자신의 절박한 문제로 고심할 수밖에 없는 게 그들이다. 그러니 "싫으면 안 사 먹으면 되지 않느냐?"
는 대통령의 반문에 어떻게 열을 받지 않을 수 있을까? 이런 처지에
서 부와 권력이 부도덕과 거짓말, 그리고 무지를 무기로 행사되는 사
태를 반복해서 보게 된다면, 대체 누가 분노하지 않을 수 있을 것이
며, 대체 누가 나서지 않을 수 있을까? 따라서 그들의 말을 경청하지
않는다면, 누구의 미래도 밝지 않을 것임을 나는 확신한다.

2. 촛불시위와 대중의 흐름

이명박 정부 출범 두 달 만에 시작된 촛불시위가 새로운 양상으로
'번져가고' 있다. 비판의 대상은 쇠고기 문제에서 모든 문제로 확대
되었고, 시위대중 또한 모든 세대로 확대되었다. 시위의 양상 또한 가
두시위가 시작되며 크게 바뀌었다. 이런 면에서 보면 점차 전통적인
시위 형태로 변해가는 것처럼 보일지도 모른다. 그러나 여전히 시위
대의 움직임은 이전의 양상과 많이 다르다. 집회는 시종일관 밝고 즐
거운 분위기여서 전투적인 치열함과는 거리가 멀다. 사람들은 분노하
지만 그 분노는 결코 비장하지 않으며, 정권에 대한 비판은 가볍고 유
쾌하다. 중고생에서부터 이른바 '386세대', 직장인들, 심지어 그토록
무관심하던 대학생들까지 포함하여 서로 섞이며 하나의 흐름을 형성
하고 있다.

가두시위의 양상조차 이전과 아주 다르다. 경찰과 전투적으로 대결
하기보다는 경찰 앞에서 돌아서 버리고, 경찰 없는 곳으로 우회하며
행진한다. 행진하는 사람 자신도 어디로 어떻게 갈지 예측할 수 없기

에 전체 흐름은 전혀 예측 불가능한 흐름이 되었다. 나아가 카메라를 손에 든 대중들이 무선전화와 인터넷으로 연결되어 자신이 있는 상황을 다른 곳에 전달하고 다른 곳의 상황에 대한 정보를 끊임없이 주고받으며 움직이고 있다. 또 하나, 대중들이 경찰이나 체포에 대한 공포를 가볍게 넘어버렸다는 점이 두드러진다. 주동자를 조사하겠다고 하면, 경찰서 홈페이지로 달려가 "내가 주동했으니 나도 구속하라."고 대들고, 현장에서 연행하려 하면 자진해서 잡혀간다는 것이다.

공포를 '상실'한 채 신경망과 같은 네트워크로 연결되어 유연하게 움직이는 대중, 특정한 지도부가 없고 모두가 '지도자'가 되어버린 대중, 이질적인 요소들로 구성되지만 그 이질성이 충돌하며 방해하는 게 아니라 서로 결합하며 예측 불가능한 움직임으로 창안하는 대중, 그리고 가볍고 즐겁게 싸우는 대중, 이 새로운 양상의 대중이 박정희를 모델로 하고 있으며 그 시대의 감각으로 기업 운영하듯 작동하는 정부를 겨냥하여 싸우고 있는 것이다.

이 새로운 양상의 대중을 네그리와 하트가 말하는 '다중'이라고 불러야 할까? 그러나 그들이 말하는 '다중'은 한편으로는 모든 성분이 뒤섞여 회색의 무차별적 집단이 되는 대중과 대비되는 개념이면서도, 또한 다양한 생산의 주체를 포함하는 개방적이란 점에서 계급과 대비되는 개념이고, 무수한 내적 차이로 구성되어 있다는 점에서 하나의 통일성을 갖는 민중과 대비되는 개념이다. 그리고 무엇보다도 '제국'이라고 불리는 주권 아래 생존하고 있는 '시민' 전체를 지칭하는 개념이다. 즉 일상적인 상태에서 정치적·경제적으로 조직되어 살아가는 '제국의 주민' 전체를 지칭하는 일반적 개념이다. 따라서 결코 일상적이라고 할 수 없는 지금의 시위대중을 이해하는 데는 그다지 적절해 보이지 않는다.

대중이란 모든 차이가 지워진 무차별적 집합체라는 생각만 버린다면, 오히려 '흐름으로서의 대중'이란 개념이 지금의 상황을 이해하는데 더욱 적절해 보인다. 대중이 무차별적으로 보이는 것은 대중이란 주어진 일상적 지위나 소속, 신원이나 이름에서 이탈하며 만들어지는 하나의 흐름이기 때문이다. 머물 광장이 있으면 머물고, 길이 있으면 흘러가고, 벽(경찰!)이 있으면 우회하거나 흘러넘치고, 거스르며 덤비면 싸우며 돌파하는 흐름, 그것이 대중이다. 따라서 이는 지위와 소속에 의해 정의되는 계급이나 '신분'(학생, 직장인, 주부……)과 다르다. 개인은 자신이 속한 지위나 소속에서 벗어나는 방식으로 대중이 된다.

지위나 이름을 지우면서 이들을 하나로 연결해주는 것은 어떤 감응의 전염이다. 때로는 분노가 전염되기도 하고, 때론 기쁨이, 때론 애도가, 때로는 격정이 사람에서 사람으로 분자적으로 전염되면서 참여하는 사람들을 '하나로 묶는다'. 그러나 지위나 소속이 지워지고 하나의 감응에 의해 하나로 묶인다고 해서, 그들이 갖는 차이가 지워져 '무차별한 집단'이 되는 것은 아니다. 오히려 이름이나 지위, 소속에 묶여 드러나지 못하던 개인들의 능력이 특정한 상황마다 새로이 솟아나며 대중의 움직임을 규정하고 인도한다. 그렇기에 지위나 명망과 상관없이 누구나 능력과 활동에 따라 지도자가 될 수 있고, 그렇기에 누구나 "내가 주동자다."라고 나설 수 있는 것이다.

따라서 '대중'이라는 하나의 이름으로 불리지만, 어떤 사건을 계기로 어떤 종류의 사람들에 의해 형성되었는가 하는 것이 대중의 흐름의 양상을 크게 규정한다. 그리고 어떤 사건이 발생하는가에 따라 전혀 예측하지 못한 방향으로 움직인다. 카오스 이론의 어법을 빌려 말하면, 대중이란 '초기 조건에 민감한' 흐름이다. 1980년의 광주항쟁처럼 폭력적 권력과의 전투적 충돌로 형성되기 시작했다면 대중은 격렬한 전투적 파도가 될 것이고, 지금처럼 중고생의 집회로 시작되었다면 유쾌하고 가벼운 물결이 될 것이다. 이른바 '386세대'가 끼어들었지만 돌을 들고 경찰과 충돌하는 예전의 시위 형태를 반복하지 않는 것은 이런 초기 조건 때문이다. 그렇지만 그간의 흐름과 다른 이이질적 요소의 새로운 참여는 그간의 흐름에 적지 않은 변화를 만들어낼 것이다. 추가되는 요소들의 이질성이 흐름에 미세한, 혹은 작지 않은 변화를 만들어낸다. 여기에 어떤 사건, 가령 누군가 강경 진압으로 크게 다치거나 하는 사건이 하나 끼어들게 되면, 캘리포니아에 폭풍을 만들어낸다는 그 유명한 '베이징의 나비'처럼 전혀 예측할 수 없는 거대한 전변을 만들어낼 것이다.

더욱이 경찰에 대한 두려움을 잃어버린 대중, 정권을 두려워하는 게 아니라 경멸하고 웃음거리로 삼는 대중의 힘이란 정말 예측할 수 없는 것이다. 개인을 대중에서 분리시키는 두려움이 사라졌을 때, 대중은 어떤 벽도 넘을 수 있는 힘을 갖게 되기 때문이다. 여기에 네트워크와 분자적 미디어의 신경망으로 연결되었을 때, 대중은 집합적 지성에 의해 움직이는 거대한 집합적 신체가 된다. 흐름을 대중 자신이 조절할 가능성이 생기고 상황에 대처하는 유연성이 더욱 커지기 때문이다.

웃자고 하는 말이지만, 아마도 레닌이라면 지금 혁명적 상황이 다가오고 있음을 예감할지도 모른다. 이미 미국에서 시작된 경제적 위기가 한국의 경제를 위기로 몰아가고 있고, 대중은 공포마저 잃은 채

복종을 거부하며 싸우고 있고, 여기에 지배계급의 동요가 더해진다면, 그가 제시한 세 가지 기준에 딱 들어맞기 때문이다. 다만 '혁명적 상황'을 말하는 기준이나 판단의 방식이 너무 비장하고 무겁다는 점이 걸린다. 반면 대중의 흐름은 전투적이라기보다는 가볍고 즐겁다. 이 새로운 종류의 대중은 혁명마저 가볍고 즐거운 것으로 만들려는 것일까? 일단 가볍고 즐겁게 혁명을, 정치를, 그리고 대중을 사유할 수 있어야 한다는 것은 분명한 것 같다.

3. 벽과 흐름의 대결

거의 매일 밤 사람들을 거리로 불러내는 이 시위는 과연 얼마나 더 지속될 것인가? 혁명적 정세도 아닌데, 혁명적 파고로 밀려가는 것도 아닌데, 대중의 흐름이 이처럼 장기간 지속되는 것이 가능할 거라고 누가 생각이나 했겠는가? 아직도 지속되고 있고, 이후에도, 심지어 손에 든 촛불이 보이지 않게 될 때조차도 지속될 게 분명한 이 거대한 운동은 시대를 가르는 또 하나의 문턱을 우리 사회가 넘어서고 있음을 보여준다. 근대 사회는 벽을 세워 대중의 흐름을 통제하는 사회였다. 공장의 벽, 국경이란 벽, 인종의 벽, 가족의 벽 등등. 근대 도시에서 도로를 만든다는 것은 도로를 따라 벽을 세우는 것이었다. 그 홈 파인 벽 안으로만 사람이나 차가 이동하게 하는 것, 그것이 경찰의 중요 임무의 하나였다. 전경버스 바리케이드뿐만 아니라 거리를 막아선 경찰들의 신체는 대중의 흐름을 통제하기 위해 새로이 추가한 벽이다.

촛불시위의 거대한 대중은 모든 방향으로 흘러넘치는 거대한 흐름이다. 흐름으로서의 대중이 역사에 처음 등장한 것은 프랑스 혁명을 통해서였다. 이동을 가로막는 벽을 깨면서 자유로이 이합집산하며 흘러가는 대중, 그것이 혁명의 힘이었다. 지금은 아주 다른 종류의 대중적 활동들이 디지털이라는 형식을 빌려 하나의 흐름으로 연결되고 합류한다. 그 흐름은 지구 전체를 하나로 연결하는 거대한 네트워크를 관통하며 더욱 빠른 속도로 흘러가며 여기저기 세워놓은 오래된 벽들을 넘어선다. 그래서 새로운 사회의 도래를 알리는 발 빠른 선언들이 이런저런 형식으로 반복하여 등장하는 것도 이런 이유 때문일 것이다.

그동안의 촛불시위에서 우리가 보았던 것은 전통적인 형태의 고체화된 벽을 세우며 막아서는 권력과 더욱 빠른 속도로 변환되고 흘러가며 벽을 우회하거나 넘어서는 대중의 능력의 대결이다. 지금 그 대립은 도시 기능마저 마비시키는 버스-바리케이드와 '백골단'이라는, 군사독재 시절로 되돌아가는 억압적 권력과, 인터넷은 물론 휴대전화와 카메라, 노트북 컴퓨터 등의 '첨단' 기계와 접속된 대중의 능력이라는 좀 더 극단화된 대결로 진행되고 있다. 거기서 벽과 분할, 선점에 의해 작동하는 '전문가'의 지성과 접속과 소통, 공유에 의해 작동하는 대중적 지성의 대결을 본다. 그것은 과거와 현재, 아니 오래된 과거와 다가올 미래의 대결이다.

거기서 누가 이기고 누가 지는가는 쉽게 알 수 없다. 경찰은 어차피 막아서고 잡는 게 일이고, 대중의 외침은 무슨 이유든 듣지 않아버리면 무효화되는 것처럼 보이며, 행동을 하는 사람은 지치게 마련이라 쉬엄쉬엄 해야 하지만 그걸 저지하는 사람은 지치든 말든 행동에 반응해야 하기에, 대중은 언제나 지는 것처럼 보이기 때문이다.

과거는 확고해 보이고 미래는 눈에 보이지 않기에 언제나 과거가 승리하는 것처럼 보이지만, 사실은 그렇지 않다는 것을 우리는 잘 알지 않는가!

이미 촛불시위의 대중은 '대의'라는 근대적 정치를 넘어 대중 자신의 사유와 행동으로 자신의 삶을 만들어가는 정치의 장을 활짝 열었다. 신문이나 TV라는 근대적 매체의 권력을 넘어서 인터넷을 비롯한 네트워크 매체와 직접적으로 결합하여 행동하는 새로운 정치적 공간이 탄생했다. 반면 갈수록 저하하는 투표율('투표율의 경향적 저하법칙'에 대해 말해야 하지 않을까?*^^*)과 갈수록 대중과 멀어져가는 정당 정치가 보여주듯이 대의제는 점점 무력화되고 있고, 대중들은 누굴 뽑아도 그게 그거라는 사실을 잘 알기에 대의제라는 근대 정치의 바깥에서 직접 모이고 직접 행동하기 시작한 것이다. 거기에는 심각한 표정의 대표 대신 유머와 웃음으로 가득한 가벼운 진지함이 있다. 거기에는 단일한 중심이 명령하면 일사분란하게 움직이는 근대적인 조직 대신에, 중심도 지휘도 없지만 서로에게 맞추어가며 공동으로 행동하는 이질적인 집단들의 네트워크가 있다. 또 거기에는 돈과 이윤이 모든 것을―시위대의 검거마저―해결해주리라는 부자들의 시장-권력 대신 다른 이들을 위해 자신의 것, 자신의 능력을 내놓는 가난한 자들의 코뮌적인 능력이 있다.

벽은 항상 거기서 모든 것을 막아줄 것처럼 보여도 그것을 넘어서는 자를 막지 못하듯이, 벽으로 가두는 권력의 배제적 '소통'이 벽을 뚫는 흐름의 포함적 소통을 이길 수는 없을 것이다. 눈에 보이는 것만이 존재하는 게 아님을 안다면 말이다.

4. 대중의 공포와 '비폭력 투쟁'

지난 두 달 이상을 지속되어온 촛불시위에서 우리는 그동안 가설적 망설임 속에 머뭇거리던 모든 주저함을 떨치고 흐름으로서의 대중이란 존재에 대해 확신을 갖게 되었다. 그동안 보고 듣고 경험했던 것, 그리고 함께 행했던 것을 나는 6월 말~7월 초에 안티 G8 투쟁을 위해 도쿄에 모여든 사람들에게, 그리고 도쿄에서 만난 많은 사람들에게 말해주었다. 그들은 그 모든 것을 찬탄과 경이 속에서 들어주었다. '흐름의 공간'을 통해 새로이 탄생한 대중에 대해 새로운 생각을 갖게 촉발했음이 틀림없다고 나는 믿는다. 그리고 그들의 놀라는 눈빛을 보면서 나는 뿌듯한 자긍심을 가질 수 있었다. 그러나 사실 그것은 대중들에 대한 절반(아니, 절반까지는 아닐 것이다^^;;)의 진실임을 인정해야 할 것 같다. 일본에서 돌아온 뒤인 7월 12일의 시위에 참가하면서 안타까운 심정으로 나머지 부분을 확인해야 했다.

12일 시위에서 확인한 것, 무엇보다 그것은 이전에 사라졌다고 찬탄한 대중의 공포였다. 그리고 그 공포 앞에서 물러서며 도피하는 대중, 그것을 다른 어떤 투쟁이라고 간주하며 스스로를 속이는 대중이었다. 원천 봉쇄한 시청앞 광장을 빗겨 종로, 을지로를 돌아 다시 시청 앞으로 행진하면서, 처음엔 다들 어디 갔나 싶었던 사람들이 폭우에도 불구하고 모여든 것을 보면서 나는 무척 기뻤다. 그러나 다시 다가선 시청앞 도로엔 경찰버스가 가로막고 서 있었고, 그 앞엔 약간의 경찰들이 줄지어 서 있었다. 그런데 사람들은 아무 짓 안 하고 그저 서 있는 경찰 앞에 다가가길 꺼렸고, 그래서 일정 정도의 거리를 두고 떨어져 있었다. '대치하고 있었다.'는 말도 할 수 없었다.

한국의 촛불시위를 보겠다고 예정에 없이 삿포로에서 서울로 들어온 미국의 인류학자 그레이버는, 대중이 경찰에 다가가길 두려워하고 있는 것 같다고 지적했다. 사실이었다. 대중은 이전과 달리 경찰에게 다가서는 것 자체에서 어떤 두려움을 느끼고 있었음이 분명했다. 부딪쳐 싸우며 그 저지선을 돌파하는 건 그만두고, 다가서지도 못하고 있었던 것이다. 그 딱한 상황이 불편했던 것일까? 한참을 그러고 서 있다가는 '한 깃발 하는' 사람들이 모여 YTN 앞으로 가기로 했다며 모두 뒤로 돌아 YTN 앞으로 행진하기 시작했다. 이제 그들은 경찰과의 어떤 충돌도, 마찰도, 아니 대치도 피하고 싶은 것이 분명했다. 그간의 장대한 투쟁이 이제 끝났음을 실감했다.

이는 그 이전에 내가 보고 경험했던 대중의 태도와 아주 다른 것이었다. 폭력투쟁은 아니었어도, 경찰과의 대치를 두려워하지 않았고, 눈앞에 없는 상대방과 대결하기 위해 경찰차를 줄로 끌어내던 그런 패기에 찬 대중이 아니었다. 연행하려는 경찰을 향해, "자, 나를 잡아가라!"고 나서던 그 대중이 아니었다. 맨손이지만 물대포와 방패에 맞서 밀리지 않으려고 버티던 그 대중이 아니었다. 부딪치기도 전에 피하고 도피하는 대중이었다. 수가 이렇게 많은데도! 무엇이 우리를 이렇게 바꾼 것일까?

사실 도쿄에서 인터넷으로 6월 30일 갑자기 등장한 천주교 사제단의 시국미사를 보면서 느꼈던 당혹감이 어쩌면 이런 사태에 대한 불길한 예감이었는지도 모른다. 좀 더 솔직히 말하면, 6월 29일의 대대적인 폭력 진압을 보면서, 시위가 이제 새로운 국면으로 넘어가리라고 생각했다. 그동안 버스-벽 뒤에 숨어서 대중이 스스로 지치기만 기다리던 경찰이, 두 달이 지나도 지치지 않고 늘어나는 당혹스런 사태에 대해 다른 방식의 관계로 전환하는 분기점이었던 것이다. 당연히 대중 역시 내일 달라질 것이었다. 왜냐하면 이렇게 거대한 대중이 경찰의 폭력 때문에 해산해버리는 일은 생각할 수 없기 때문이고, 대중의 투쟁은 경찰과의 관계가 달라지면 당연히 그에 대응하는 다른 양상을 취하게 마련이기 때문이다.

원래 대중의 흐름은 물과 달라서 동일한 수위를 그대로 유지하는 일이 아주 드물다. 대중의 흐름은 상승하지 않으면 하강한다. 대중운동의 발전은 그 파고를 높여가는 방식으로 진행된다. 그 적절한 상승의 기조를 놓치면, 의도가 무엇이든 대중의 흐름은 하강하게 마련이다. 이런 점에서 보면, 지난 두 달간 이 정도의 수위가 하강하지 않고 지속할 수 있었다는 것은 정말 기적에 가까운 일이었다고 해야 한다. 그러나 그것은 언제까지 지속될 수 있는 것은 분명 아니었다. 자연 발생적인 것인 한, 혁명적 봉기도 열흘을 지속하기 어렵다는 게, 러시아 혁명의 경험 속에서 레닌이 얻은 깨달음이었다.

6월 10일까지는 대중의 흐름이 지속적으로 상승해간 과정이었기에 차라리 쉬웠다고 해야 할 것이다. 그러나 알다시피 6월 10일 이후 대중의 흐름은 하강 곡선을 그리기 시작했다. 하지만 그 와중에 계속해서 대중을 자극하는 발언이나 조치들이 끼어들었고, 그것이 하강하던 흐름을 그때마다 다시 끌어올리는 역할을 했다. 6월 29일은 오랜 시위에 지쳤음에도 불구하고 장관고시에 분노한 대중들이 다시 대대적인 시위로 결집된 시위였고, 새로운 상승의 기세를 만드는 시점이었다. 반면 더 이상은 방치할 수 없다고 보았던 경찰은 폭력적인 진압을 시작했고, 이는 필경 투쟁이 새로운 강도를 갖는 새로운 국면으로 접어드는 결정적인 문턱이 될 것이었다.

그러나 바로 다음 날, 전날의 폭력 사태를 두고 볼 수 없다면서 천주교 사제들의 시국미사가 행해졌고, 다른 종교인들의 시국미사가 뒤를 이었다. 경찰 폭력으로부터 대중을 '보호'하는 보호자로서 사제들이 등장함에 따라, 사태는 다시 진정되었고 경찰과 대중은 다시 예전의 자리로 후퇴했다. 그러나 그것은 결코 예전의 자리가 아니었다. 대중들은 사제들의 보호를 받는 양 같은 약자들이 되었고, 경찰과 대중의 충돌을 해소한 '비폭력'은 경찰과의 충돌을 피하는 것을 뜻하는 말이 되면서 범해선 안 될 성스런 원칙이 되었다. 12일 시위에 대한 그레이버의 관찰은 정확했던 것이다.

충돌이나 진압에 대한 두려움이 그저 멀쩡히 서 있는 경찰마저 두려워하게 된 대중의 모습. 그것은 경찰차 바리케이드도 모자라 컨테이너로 산성을 쌓게 하던 공세적인 강자의 모습이 아니라, 사제의 보호 아래 늑대 같은 경찰들과의 충돌을 회피하며 양 떼처럼 몰려다니는 약자의 모습이었다. 사제들의 '보호'는 그 돌파의 지점에서 새로이 강력해진 대중을 느닷없이 '보호'를 필요로 하는 약자로 돌변시켰던 것이다. 그리고 대중들은 이제 신성화된 '비폭력'의 슬로건 아래 스스로 갇히면서 '보호' 아래 안주하기 시작했고, 그것이 결국은 공포마저 잊었던 거대한 대중을, 방어선을 간신히 유지하고 선 경찰의 대열 앞에서조차 두려워 떠는 나약한 대중으로 바꾸어놓았던 것이다.

간디 같은 고전적 경우에조차 비폭력 투쟁이란 '투쟁'의 한 방법이다. 그것은 충돌을 피해 도망치는 방법이 아니라, 때리면 맞고 잡아가면 잡혀가겠다는 결연한 의지로 대치한 상대와 맞서는 방법이다. 그런 점에서 그것은 경찰의 폭력에 돌을 던지며 대항하는 반-폭력 투쟁, 방어적 폭력의 투쟁보다 사실은 더 결연한 각오를 요하는 투쟁이다. 반폭력 투쟁은 폭력에 대항하면서도 폭력을 피해 도망치지만, 비폭력 투쟁은 방어적 폭력조차 사용하지 않지만 도망치지도 않는다. 그렇기에 그것은 폭력을 사용하지 않지만 정확하게 투쟁의 방법이고, 적들의 진압에 물러서지 않지만 단순한 방어의 방법이 아니라 오히려 강력한 공격의 방법이다. 다시 말해 투쟁하려는 의지, 충돌에 맞서 공세를 펴려는 의지가 없다면, 그리고 적들의 폭력적 진압에 대해서 물러서지 않고 맞으며 버티겠다는 결연한 의지가 없다면, 불가능한 방법이다. 현실적인 관점에서 보면 차라리 반폭력적 투쟁이 더 쉬운 방법이라고 해야 할 것이다.

이런 점에서 "나를 잡아가라."면서 경찰을 향해 대들고, 물대포에 맞으면서도 경찰버스 위에 올라가 대항하던 것, 그리고 경찰서 들어가는 것을 '투어'라고 웃으며 긍정하던 대중들의 투쟁이야말로 비폭력 투쟁이란 말에 어울리는 것이다. 경찰에 대한 공포가 사라지며 나타난 능동적 형태의 비폭력 투쟁이었다. 역으로 비폭력 투쟁의 성공은 경찰에 대한 공포를 제거한다. 이것이 경찰의 벽을 넘어서 대중의 흐름이 범람하게 만드는 핵심적인 요인일 것이다. 이런 점에서 촛불시위는 충분히 멀리 나아갔다고 해도 좋을 것이다.

그러나 그 거대하고 강력한 흐름도, 선의(여기에는 조금의 의심도 없다!)에 의해 이루어지는 어떤 개입에 의해 완전히 무력화되고 전변될 수 있음을 이번의 시국미사는 보여주는 것 같다. 대중을 보호 대상으로 만드는 것, 대중을 약자로 만드는 것, 잊힌 대중의 공포를 다시 상기시키고 그것을 다시 불러들이는 것, 그것은 어떤 종류의 개입이든 의도와 무관하게 대중의 흐름을 무력하게 하고 하강시킨다는 것을.

5. 촛불시위가 남긴 것

촛불시위가 시작되고 100일이 되었다. 5,000명에서 50만 명 사이의 사람들이 일주일의 반 이상 모여 집회를 한 것이 어느새 100일간 지속되고 있는 것이다. 아마 이전에 대중시위를 조직하거나 참가해본 경험이 있는 사람이라면 잘 알 것이다. 이 100일이라는 기간의 의미를. 그것은 50만 명, 아니 100만 명이라는 숫자보다 훨씬 더 지대한 의미를 갖는다. 아무런 중심조직 없이 대중의 자발적 참가만으로 100일간의 투쟁을 지속할 수 있다는 것, 이는 사실 기적에 가까운 것이다.

그러나 그렇게 싸워서 아무것도 얻은 것이 없지 않은가? 그렇게 보일지도 모른다. 쇠고기도 대강 타협해서 수입하고, 경쟁적 교육 체제나 노골적이고 치졸한 인사도 계속 되고 있으며, 일부에서 기대했던 교육감 선거도 '실패'로 끝났으니까. '무능력의 승리'라고 해야 할까? 정치적 감각이 없고, 대중의 힘에 대해 무지하며, 상황에 대한 대처 능력 또한 없다는 점 때문에, 대중의 항의와 투쟁 앞에 바리케이드를 쌓고 그저 손 놓고 바라만 보며 100일을 버틴 것이니까. 그러나 무능력이 거대한 능력에 대해 어떻게 승리할 수 있는 것일까? 정말 그들이 승리하고 대중은 패배한 것일까?

이렇게 보이는 이유는 우리가 '가시적인 성과'만으로 승패를 가리는 나쁜 습관 때문이라고 나는 믿는다. 그렇다. 가시적인 것만을 본다면 얻은 것도, 얻지 못한 것도 보지 못한다. 더욱이 대중의 힘, 대중의 능력이란 본래 잠재적인 것이기에, 눈앞에 드러나 있는 경우에도 제대로 드러나지 않는다. 아마도 하이데거라면 이렇게 말했을 것이다. 정말 중요한 것은 보이지 않는 법이라고. 그래서 사람들은 종종 거대한 성공을 실패로 오인하고, 결정적 패배를 승리로 착각한다. 아마도 그들은 이겼다고 믿고 있을 것이다. 그리고 시위에 참여했던 많은 사람들이 자신이 승리한 것, 자신이 얻은 것을 보지 못하고 있을 것 같다. 그러나 패배마저 알지 못하는 자는 결국 크게 패배할 것이고, 승리를 알지 못하는 자는 아무리 이겨도 이기지 못한다.

그렇다면 우리는 무엇을 얻었던가? 무엇보다 중요한 것은 이렇게 쉽게 사람들이 모일 수 있었고 또 어떤 사안도 모여서 문제화할 수 있었다는 경험일 것이다. 다른 어느 나라에서도 혁명적 상황도 아닌데 이렇게 쉽게, 이렇게 오랫동안, 이렇게 대대적으로 대중이 모여 투쟁한 경우는 없었다. 이는 아마도 2002년부터 모이던 경험이 바탕이 되어 가능했던 것이겠지만, 이번의 경험은 더욱 그러한 대중적 모임을 쉽게 만들 것이다. 그리고 그것은 아마도 이미 실효를 잃어버린 게 분명한 대의제를 대신해 새로운 대중정치의 장을 활짝 열어젖힐 것이 분명하다.

뿐만 아니라 그토록 대대적으로, 그토록 긴 기간을 이질적인 사람들이 하나의 명시적 통일성 없이 그때마다 서로에게 맞추어가며 어떤 행동을 함께 구성해갔던 경험은 무언가를 공동으로 함께 구성해가는 능력으로 잠재화된다. 어떤 중심도 없이, 아무런 준비도 없이, 가진 것도 별로 없으면서도 함께 모여 공동 행동을 하는 능력. 이런 능력을 '공동성'이라고 명명하자. 이는 모여 있는 사람들에 공통된 어떤 것을 지칭하지 않는다는 점에서 '공통성'과 다른 것이다. 하나의 사건에 공동으로 참여하지만, 사실 그 사건을 영유하고 이해하는 방식은 집단마다, 사람마다 다를 것이다. 그럼에도 불구하고 그 사건은 공동으로 참여했고 공동으로 경험했던 사람들로 하여금 함께 말하고 함께 생각하며 함께 나눌 수 있는 어떤 공동의 감응, 공동의 지반을 제공한다. 그것은 동일하지 않지만 서로 연결되고 접속되며 새로운 방식의 생각이나 해석이 생성될 수 있게 해주는 잠재력이다. 공통성과 달리 다른 방식으로 체험되었고 다른 것인 채 공유되어 있다는 사실이 역으로 이런 잠재력의 폭을 크게 만든다. 이것이 이후 유사하거나 인접한 어떤 사건에 대해 다시 공동으로 참여하고 공동으로 사유하게 만들 조건이 되리라는 것은 분명하다. 그것은 이미 하나의 잠재적 공동체라고 말해도 좋을 것이다.

요컨대 공동성은 동질적인 것이 아니라 이질적인 것이 만나서 함께하는 능력이다. 이번의 촛불시위에서 두드러진 것 가운데 또 하나는 이해관계나 계급적 동질성과는 거리가 먼, 극히 이질적인 집단의 사람들이 서로 결합하여 함께 행동했다는 것이다. 이질적인 것에 대해 열린 대중, 이질적인 타자와 더불어 서로를 조율해가며 함께 공동의 행동을 만들어가는 대중적 능력이 거리에서 생성된 것이다. 이질적인 것이기에 만나고 결합할 때마다 뜻밖의 사건을 만드는 능력. 들뢰즈라면 이를 '특이성(singularity)'이라고 부를 것이다. 이는 드러나지 않는 때에도 잠재성으로 상존하며, 언제든지 조건이 갖추어지면 솟아오르고 현행화되는 능력이다. 그것은 다양한 형태의 연대와 공동 행동으로 다시 이어질 것이다. 그것은 도래할 사건, 도래할 시간이 현재의 시제로 잠재화되는 것이다.

여기에 집합적 지성, 혹은 대중 지성이라고 불리는 능력이 유례없이 증장되었다는 점이 추가되어야 할 것이다. 우리 대중은 인터넷을 비롯한 흐름의 공간에 더욱더 밀접하게 연결되었고, 그 공간에서 만나고 토론하는 능력, 그 공간을 이용하는 능력을 더할 수 없을 정도로 강화시켰다. 최고의 전문적 지식과 최고의 발랄한 아이디어를 네트워크를 통해 종합하여 공동의 삶, 공동 행동의 자원으로 삼는 능력의 비약적 증가가 그것이다. 여기에서 더 나아가 휴대전화와 카메라, 노트북 컴퓨터와 결합된 '사이보그적' 집합체가 대대적으로 생성되었다. 이는 아마도 이후 사소해 보이는 것조차 예민하게 감지해 신속하게 대응하여 거대한 폭풍으로 만드는 거대한 증폭기가 될 것이 분명하다.

그렇지만 자발적으로 형성되고 자발적으로 움직이는 이 모든 요소가 그 자체로 충분한가에 대해서는 다시 생각해봐야 할 듯하다. 분명 이번의 거대한 투쟁은 그토록 투쟁이 거대했음에도 불구하고 무산된 것은 아닌가 하는 의문을 피할 수 없기 때문이다. 국가권력을 장악하거나 정권이나 제도를 바꾸어야 한다는 오래된 좌파적 관념을 반복하려는 것은 아니다. 그러나 대중들의 존재, 대중들의 새로운 능력을 확인하고 감탄하는 것으로는 혁명을 사유하기에 충분하지 않은 것을 부정할 수 있을까? 이는 대중의 투쟁이 1960년이나 1987년처럼 가시적인 변화를 획득한 경우에조차 대중운동이 당면하는 딜레마에 관한 것이다. 대중이란 흐름이기 때문에 심지어 명시적 승리를 구가한 뒤에도 흘러가 버리고 말기에, 그 투쟁이 성과를 엉뚱한 자들에게 넘겨주기 십상이다. 그렇다면 이번의 투쟁은 레닌처럼 '목적의식적 지도'를 행하는 '당적 형태'의 조직을 다시 불러들이지 않으면서도, 거대한 대중투쟁의 성과를 엉뚱한 자들에게 넘겨주는 것을 넘어서는 것은 어떻게 가능한가를 다시 질문하라고 요구하고 있는 것은 아닐까? 이 질문 또한 이번의 촛불시위에서 우리가 얻어야 할 또 하나의 중요한 성과 중 하나일 것이다.

도그빌, 이주자들을 착취하는 개 같은 나라

경찰이 여수의 '외국인 보호소' 화재참사에 대해 '방화'라고 결론을 내렸다고 한다. 확실한 증거는 없다고 한다. "증거는 없지만 방화임에 틀림없다." 이 얼마나 놀라운 문장인가! 있지도 않은 작가의 있지도 않은 책을 인용하며 천연덕스레 그럴듯하게 말하는 보르헤스의 소설에 버금가는 놀라운 문장이다. 사실 이를 누가 반박할 수 있으랴! 화재 현장도 감추어놓고, 감시카메라 테이프도 공개하지 않으며 하는 말이니, 우리는 그저 믿을 수밖에 없다. 피해자가 바로 가해자였다는 이 놀라운 역설은, 미리 알려지지 않아 반전의 묘미를 살릴 수만 있었다면, 정말 훌륭한 보르헤스 풍의 소설이 될 뻔했다.

그런데 그는 왜 방화했을까? 왜 자신의 죽음을 야기할 사태를 '저질렀을까?' "그는 원래 또라이였다."는 식의, 훌륭한 소설을 망칠 발상을 끌어들이진 말자. "그는 왜 범죄자가 되었나? 범죄자가 될 성질을 갖고 있었기 때문이다."라는 동어 반복적인 해답은 맹구 같은 봉숭아학당의 학생들에게나 어울릴 것이기 때문이다.

물론 나는 혐의를 받고 있는 고인에 대해 잘 모르며, 따라서 불을 지른 그의 심정 역시, 신문이나 경찰, 수용소 측이 알고 있는 이상으로 알기 어렵다. 혐의를 그에게 돌리긴 했지만, 그들 역시 그가 불을 지를 만한 이유가 있었다는 것은 모두 잘 알고 있음이 틀림없다. '보호받던' 수용자가 불을 지른 게 이번이 처음도 아니고, 사실 불을 지른 사람이 아니어도 불을 지르기라도 하고 싶은 사람이 한둘이 아님을 그들은 모두 잘 알고 있는 것이다. 정말 오죽 했으면 불을 질렀을까? 이런 생각을 하다가 문득 라스 폰 트리에가 미국을 모델로 만들었다는 영화 〈도그빌〉이 떠올랐다. 개(dog)들의 도시(ville), 혹은 개 같은 도시 이야기와 불로 징치되는 그 도시의 종말이.

천사처럼 착하지만 갱들에게 쫓기고, 나중엔 경찰에게도 쫓기는 그레이스는, '순박한'(아마도 스스로들 그렇게 믿는 것이겠지만) 도그빌 주민들에겐 낯설고 위험한—뭐, 특별한 이유가 있다기보다는 쫓기는 사람이니까—이주자, 혹은 외부자일 뿐이다. 한국인들에게 어두운 피부의 낯선 얼굴을 한 이주 노동자들이 그렇듯이. 오랜 토론 끝에 그들은 자신들이 '위험'을 감수해야 하는 대가로 그레이스에게 일을 시키기로 하고, 물론 약간의(!) 임금을 지불하기로 하고, 그를 받아들인다. 정말 오랜 '토론' 끝에 약간의, 정말 아주 약간의 임금을 주고 이주 노동자들을 받아들이기로 했던 한국처럼. 덧붙이면, 일을 시키기 위해 '불러들이는' 것이면서도 마치 무얼 가르쳐주기 위한 것인 양 '연수생'이라는 딱지로 불러들인 것에 비하면, 애초에 도그빌 사람들은 확실히 '순박했다'고 해야 할 듯하다.

처음엔 거리감과 경계심에 일거리도 안 주려던 사람들이, 그레이스가 일을 잘한다는 것을 알고는 이 일 저 일을 맡기기, 아니 마구 맡기기 시작한다. 그는 그 얼마 안 되는 임금을 모아 너무 비싼 가격을 붙여 안 팔린다는 인형들을 하나씩 사 모은다. 그래서 사태는 잘 풀려가는 듯했다. 그는 임금에 대해서도, 엉큼하게 몸을 더듬는 노인네나 정말 싸가지 없이 괴롭히는 애들에 대해서도 한 마디 불평도 하지 않았고, 받아들여주고 그나마 먹고살 돈을 벌게 해주는 그들에게 그저 고마워했을 뿐이다. 한국에서도 그렇지 않았던가. 혹시 그들이 한국의 노동자들 일자리를 뺏으면 어쩌나 하는 생각에, 자신들이 필요해 불러들이면서도 받아들이길 주저하지 않았던가. 그래도 그들은 한국 사람들이 하려고 하지 않는 위험한 일, 더러운 일, 힘든 일을 열심히 맡아하려 했기에, 그들 없인 한국의 공장들이 돌아갈 수 없을 정도가 되지 않았던가? 그레이스 없는 도그빌을 생각할 수 없게 된 것처럼. 그래서 사태는 잘 풀려가는 듯이 보이지 않았던가? 비록 임금은 턱없이 낮았지만 그나마 주면 다행이라 여겼고, 옆에서 일하는 한국인들이 실은 서로 비슷한 처지면서도 "개새끼 씨팔놈." 싸가지 없이 욕을 해대도 자신들을 받아들여주고 먹고살 수 있게 해준다고 고마워하며 한마디 불평 없이 묵묵히 일하던 그들이 아닌가?

그런데 사태는 갑자기 달라지기 시작한다. 어느 날 경찰이 와서 그레이스의 얼굴이 그려진 수배자 포스터를 붙이곤, 이 여자를 보면 신고하라고 하고 간다. 도그빌 주민들은 다시 회의를 열어, 더욱 위험해진 대가로 임금을 더 낮추고, 일하는 시간을 더 연장하기로 한다. 불법이라는 딱지가 붙은 이주 노동자들을 한국의 싸장님덜이 턱도 없이 싼 임금을 주기로 하고 좀 더 격하게 욕을 하며 노동시간을 연장시켰듯이. 아니, 도그빌은 약과다. 한국의 사장님들은 그들의 신분이 경찰이나 단속반에 쫓기는 신세라는 걸 이용하여 그나마 낮은 임금도 주지 않거나 떼먹기 일쑤고, 일하다 다치면 치료해주는 게 아니라 내쫓아버리기 일쑤니까 말이다.

사태는 여기서 그치지 않는다. 수배자가 된 이후 이제 도그빌 주민들은 그레이스를 더욱 박대하기 시작했고, 쫓기는 신세란 걸 이용해 자신의 더러운 욕심을 노골적으로 드러내기 시작하며, 급기야 경찰이 닥치자 그걸 이용해 그를 겁탈한다. 애새끼들도 그걸 이용해 더 싸가지 없이 굴기 시작하고. 그렇게 그레이스를 번번이 범하던 남자는 그 장면을 목격당하자 그레이스가 유혹해서 그랬다고 거짓말을 한다. 그레이스는 사실을 말하지만, 그 여편네도 그 옆의 누구도 불법적 신분인 이 불행한 외부자의 말을 믿어주지 않는다. 최대의 피해자가 거꾸로 배은망덕한 가해자로 바뀌어버린 것이다! 그리곤 그 여편네는 그레이스에게 자신이 유혹했음을 '자백'하라고 요구하며 부인할 때마다 그레이스가 사 모았던 인형들을 하나씩 깨부순다. 하나하나 깨져 나갈 때마다 그레이스의 삶의 희망도 하나씩 깨져 나간다. 이 얼마나 잔인한 형벌인가!

우리도 그러지 않았던가? 싸장님덜께서 이런저런 이유로 해고하거나 쫓아내고선 "그가 적응을 못해서"라고 신고해버리면, 그게 아니라고 아무리 말해도 들어주지 않으며, 이동 횟수가 2회를 넘었다고 불법이라고 딱지를 붙여 '보호소'에 가두는 게 한국 경찰이나 법무부 관리들 아니신가? 임금을 떼여 신고를 하면 임금을 안 준 날강도 같은 싸장님덜은 그냥 둔 채 임금을 못 받은 이주 노동자를 잡아 가두거나 내쫓아버리는 게 한국의 공무원들 아니신가? 심지어 도둑질이나 사기를 당해서 당사자를 손수 잡아 경찰에 끌고 가면, 도둑놈은 풀어주면서 거꾸로 이주 노동자를 불법 혐의가 있다고 잡아 가두는 게 한국 경찰 아닌가? 그러면서 그 모든 잘못이 불법체류에 있다고 하여 피해자를 모두 무슨 쫓기는 범죄자나 가해자로 만들어버리지 않았던가? 그리곤 '보호소'랍시고 만들어놓은 수용소에서 빚지고 들어온 그들에게 밀린 임금을 받게 해준다고 하고선 사실은 아무것도 하지 않은 채 그저 그 임금 받기를 포기하기를 기다려 강제 출국시켜버리지 않았던가? 그들이 싼 임금과 개 같은 욕설, 갖은 수모와 신체적 고통, 거기다 쫓기는 신세의 고통마저 감내하며 삶을 지속하게 했던 희망에 대해 단 한 마디의 질문도, 한 번의 사려 있는 배려도 하지 않은 채, 그 모든 것을 그 잘난 '법'의 이름으로 깨버리고 있지 않았던가? 법이 희망 아닌 절망의 상징이 되어버린 곳, 그게 바로 한국의 '외국인 보호소' 아니던가?

그러나 사실 〈도그빌〉에서 더 섬뜩하게 느껴지는 것은, 그 모든 끔찍한 만행이 경찰이 아니라 경찰의 시선("불법적 존재"!)을 이용해 일반 주민들에 의해 행해진다는 사실이다. 우리라고 이보다 나으리라고 생각할 수 있을까? 불법 신분임을 이용해 임금을 깎고, 불법 신분임을 이용해 임금을 떼먹고, 불법 신분임을 이용해 손목이 잘려도 병원이 아니라 경찰서로 데려가는 끔찍한 주민들, 혹은 불법 신분임을 알기에 쉽사리 욕하고, 가난한 나라에서 온 이주자임을 알기에 함께 일하면서도 쉽게 때리는 이 끔찍한 주민들, 그게 바로 그들이 만나는 대다수 한국인들 아닌가? 아니, 턱없는 조건임을 알면서도 공장을 옮길 수 없게 해놓고(애초에 '산업 연수생'은 한 번도 직장을 옮길 수 없었다. 임금을 한 푼도 못 받아도. 고용허가제가 실시되면서 지금은 늘어서 두 번은 된다고 한다니, 정말 마음이 넓어지신 셈이다!), 일이나 말에 익숙해질 만하면 한국을 떠나게 강제하여 불법 신분을 양산하곤, 다른 쪽에선 고용 브로커 역할(이것도 '중소기업협동조합'이라는 한국 자본가 단체에서 한다. 협동해서 사람들을 털어먹는 싸장님덜의 조합인 것이다!)을 해서 강도같이 돈을 버는 게 우리 한국인들 아닌가? 사정이 이런 줄 알면서도, 혹시라도 그들이 우리 임금을 낮추게 할까 최대한 모른 척 눈감고 외면하는 게 한국의 노동자들 아닌가?

더 이상은 견딜 수 없다고 생각한 그레이스는 이제 도그빌을 떠나고자 결심한다. 그러나 그렇게 싼 임금에 부려먹고 쉽게 겁탈하고 내키는 대로 화풀이할 수 있는 이 '편리한' 타자, 이 만만한 외부자를 어찌 쉽게 놓아줄 것인가? 탈출하려던 트럭 운전수에 속아 돈 뜯기고 겁탈당한 채 다시 마을로 돌아온 그레이스를 붙잡아놓기 위해 이제

도그빌의 저 개 같은(개들이여, 이 통상적 은유의 무례와 무지를 용서하시
길!) 주민들은 쇠사슬과 말뚝으로 그레이스를 묶어놓는다. '보호'를
자처했던 도그빌보다 결코 덜하지 않은 외국인 '보호소'에서도 그러
지 않았던가? '보호'를 위해 쇠창살을 둘러치고 도망갈까 싶어 감시
카메라로 24시간 감시하며, 심지어 화재가 나서 병원에 실려 온 사람
들마저 병상에 수갑을 채워 묶어놓은 저 보호소의 관리들이 저 개 같
은 도그빌의 주민보다 낫다고 말할 수 있을까? 개인적인 욕심을 위한
건 아니었지 않느냐고 변명할 건가? 그럼 왜 그 끔찍한 짓을 하는 걸
까? 먹고살려고, 먹고살 돈 벌려고 그러는 것일 게다. 그러나 그게 개
인적 욕심 아니면 뭘까? 도그빌에서도 누군가를 돈을 주고 고용해서
그레이스를 가두고 감시하게 했다면, 고용당해 그런 일을 한 사람들
은 먹고살려고 한 짓이니 아무 잘못이 없다고 할 수 있는 걸까?

결국 마지막 남은 연인에게마저 배신을 당한 그레이스가, 연인의
신고로 찾아온 마피아, 아니 아버지의 힘을 빌려 선택한 것은 도그빌
에 불을 지르고 한 사람도 남김없이 다 죽이는 것이었다. 새로 시작한
삶에 걸었던 자신의 희망을 하나씩 깨부쉈던 여편네의 싸가지 없는
아이들도 자신의 아이 같은 인형들이 부숴졌던 것과 같은 방식으로
처형한다.

불살라지며 끝나는 마지막 장면까지 우리는 〈도그빌〉을 닮았다. 다
만 다른 것은 도그빌에선 개 같은 주민들이나 개 같은 마을(dog-ville)
을 불태우며 징치하는 것으로 끝나는 데 반해, 한국에서는 그 불마저
절망 직전의 이주 노동자들을 덮쳤다는 점이다. 그리고 이번에도 그
들은 "증거는 없지만" '보호소'를 불 지른 범죄자로, 가해자로 다시
둔갑해야 했다. 어떤 말할 권리도 얻지 못한 채. 삶에 대한 처절한 절

망을 불사르는 극적인 역전은 역시 영화에서나 가능한 것일까? 그리하여 도그빌은 징치되고, 절망은 불살라져 새로운 희망에 거름이 될 수 있었을지 모르지만, 여기서는 어떤 끔찍한 만행도 징치되지 않았다. 절망은 노인의 얼굴을 덮어가는 검버섯처럼 어두운 이주 노동자의 얼굴에 더욱더 넓게 퍼져갈 것이며, 희망은 절망의 땅을 가리는 허구의 형태로 살아남아 또 다른 이주 노동자들을 유혹하는, '절망의 다른 이름'이 될 것이다. 그리고 우리의 도그빌은 계속 도그빌로 존속할 것이며, 우리는 이 도그빌의 개 같은 주민으로서 이주민들을 계속 착취하며 살아갈 것이다. 다행일까, 불행일까?

마지막에 그레이스는 모두가 불탄 그 마을의 한구석에 살아남은 모세라는 이름의 개에게 손을 내민다. 보이면 보이는 대로, 들리면 들리는 대로 짖었던 그 솔직함이 차라리 법과 도덕으로 자신을 은폐한 채 갈취하고 강탈했던 인간들보다 낫다고 생각해서였을까? 개 같은 도시의 개 같은 인간들 사이에 개 같지 않은 오직 하나의 존재는 개였던 것이다. 내가 이 끔찍한 개들의 나라에 살면서도 아직 희망을 버리지 않는 것은, 눈에 잘 보이지 않지만 저런 존재, 저런 뜻밖의 배역이 있다고 믿기 때문이다. 도그빌 같은, 아니 도그빌보다 더한 이 땅에서 내가 아직도 개 같지 않게 살 수 있을 거라는 희망을 갖는 것은, 차라리 도그빌의 외부자로 살았던 저 개처럼, 자신이 태어난 이 땅을 낯설게 여기는 외부자로 살아갈 가능성마저 사라진 건 아니라는 믿음 때문이다.

참고 문헌

원문 보기

■ 참고 문헌

1. 자료

〈대한매일신보〉, 1904~1910.

〈독립신문〉, 1896~1899.

〈황성신문〉, 1889~1904.

2. 인용 문헌

G. Spivak, "Can the Subaltern Speak?", L. Grossberg ed., *Marxism and the Interpretation of Culture*, University of Illinoi Press, 1988.

Gilles Deleuze, *Différence et répétition*, PUF, 1968.

가와카미 테츠타로(河上徹太郎) 외, 《知的協力會議, 近代の超克》, 創元社, 1943.

───────── 외, 이경훈 옮김, 〈근대의 초극 좌담회〉, 한국문학연구회 편, 《다시 읽는 역사문학》, 평민사, 1995.

고야마 이와오(高山岩男) 외, 《世界史的立場と日本》, 中央公論社, 1943.

김매순, 《열양세시기》, 이석호 역주, 《조선세시기》, 동문선, 1991.

김명식, 〈'씨제도'의 창설과 선만일여〉, 〈삼천리〉 12권 4호, 1940년 4월.

김명자, 〈세시풍속의 순환의미〉, 《한국 민속학》 16호, 한국민속학회, 1983.

김사량, 〈덤불 헤치기〉, 《빛 속으로 : 김사량 작품집》, 소담출판사, 2001.

김열규, 《동북아시아 샤머니즘과 신화론》, 아카넷, 2003.

김예림, 〈초월과 중력, 한 근대주의자의 초상〉, 《한국 근대문학 연구》 9집, 2004.

김윤식, 《한국 근대 문예비평사 연구》, 일지사, 1976.

김택규, 《한국 농경세시의 연구》, 영남대출판부, 1991.

나가다 히사시(永田久), 심우성 옮김, 《역과 점의 과학》, 동문선, 1992.

나카자와 신이치(中澤新一), 김옥희 옮김, 《신화, 인류 최고의 철학》, 동아시아, 2003a.

──────, 김옥희 옮김, 《곰에서 왕으로 : 국가, 그리고 야만의 탄생》, 동아시아, 2003b.

남회근, 신원봉 옮김, 《역경잡설》, 문예출판사, 1998.

다케우치 요시미(竹內好), 서광덕 외 옮김, 〈근대의 초극〉, 《일본과 아시아》, 소명출판, 2004.

뒤르켐, 에밀, 노치준/민혜숙 옮김, 《종교생활의 원초적 형태(Les Formes élémentaires de la vie religieuse)》, 민영사, 1992.

들뢰즈, 질, 이정우 옮김, 《의미의 논리(Logique du sens)》, 한길사, 1999.

──────, 이진경 옮김, 《카프카 : 소수적인 문학을 위하여(Kafka: pour une littérature mineur)》, 동문선, 2002.

레비스트로스, 클로드, 박옥줄 옮김, 《슬픈 열대(Triste Tropique)》, 한길사, 1996.

──────, 안정남 옮김, 《야생의 사고(La Pensée sauvage)》, 한길사, 1996.

마키 유스케(眞木悠介), 최정옥 외 옮김, 《시간의 비교사회학》, 소명출판, 2004.

무라야마 지쥰(村山智順), 김희경 옮김, 《조선의 귀신》, 동문선, 1990a.

──────, 김희경 옮김, 《조선의 점복과 예언》, 동문선, 1990b.

미야타 세츠코(宮田節子), 〈'내선일체'의 구조〉, 최원규 편, 《일제말기 파시즘과 한국사회》, 청아, 1988.

미키 키요시(三木淸), 〈新日本の思想原理 續編－協同主義の哲學的基礎〉, 《三木淸 全集》 17卷, 岩波書店, 1968b.

──────, 〈內鮮一體の强化〉, 《三木淸 全集》16卷, 岩波書店, 1968a.

──────, 〈신일본의 사상원리〉, 최원식/백영서 편, 《동아시아인의 '동양' 인식》, 문학과 지성사, 1997.

바바, 호미, 나병철 옮김, 〈모방과 인간〉, 《문화의 위치(The Location of Culture)》, 소명출판, 2002.

박원길, 《유라시아 초원제국의 샤마니즘》, 민속원, 2001.

베어 하트, 형선호 옮김, 《인생과 자연을 바라보는 인디언의 지혜》, 황금가지, 1999.

서인식, 《역사와 문화》, 학예사, 1939.

신채호, 《신채호 역사논설집》, 현대실학사, 1995.

아리에스, 필립, 杉山光信 옮김, 《歷史の時間》, みすず書房, 1993(1986).

아키바 다카시(秋葉隆), 심우성 옮김, 《조선 민속지》, 동문선, 1993.

──────, 심우성/박해순 옮김, 《춤추는 무당과 춤추지 않는 무당》, 한울, 2000.

야마무로 신이치(山室信一), 《キメラ, 滿洲國の肖像》, 中公新書, 1993.

엘리아데 미르체아, 이은봉 옮김, 《성과 속(Das Heilige und das Profane)》, 한길사, 1998.

──────, 이재실 옮김, 《이미지와 상징(Images et symboles)》, 까치, 1998.

──────, 정진홍 옮김, 《우주와 역사 : 영원회귀의 신화(Cosmos And History)》,
　　　현대사상사, 1976.

오구마 에이지(小熊英二), 조현설 옮김, 《일본 단일민족 신화의 기원》, 소명출판, 2003.

오자키 호즈미(尾崎秀實), 〈東亞新秩序論の現在および將來〉, 米谷匡史 編, 《尾崎秀實時
　　　評集》, 平凡社, 2004.

요네타니 마사후미(米谷匡史), 〈戰時期日本の社會思想－現代化と戰時變革〉, 〈思想〉882
　　　호, 1997년 12월호.

유득공, 《경도잡지》, 이석호 역주, 《조선세시기》, 동문선, 1991.

윤대석, 〈1940년을 전후한 조선의 언어상황과 문학자〉, 《한국 근대문학 연구》 7호, 2003.

──, 〈식민지인의 두 가지 모방 양식〉, 《한국학보》 104집, 2001.

이광수, 《내선일체 수상록》, 이경훈 편역, 이광수 친일문학전집 2권, 평민사, 1995.

이능화, 이재곤 옮김, 《조선무속고》, 동문선, 1991.

이두현, 《한국 민속학 논고》, 학연사, 1988.

이은성, 《역법의 원리분석》, 정음사, 1988.

이정모, 《달력과 권력》, 부키, 2001.

이진경, 〈사건의 철학과 역사유물론〉, 《철학의 외부》, 그린비, 2002a.

──, 〈시간의 역사에 관한 강의 : 사회적 시간의 역사이론을 위하여〉, 《근대적 시·공
　　　간의 탄생》(개정증보판), 푸른숲, 2002b.

이창익, 〈민속적 시공간과 근대적 시공간 : 제의적 시공간의 변화〉, 《민속학 연구》 7호,
　　　국립민속박물관, 2000.

인정식 외, 〈시국유지원탁회의〉, 〈삼천리〉 11권 1호, 1939년 1월.

──, 〈동아의 재편성과 조선인〉, 〈삼천리〉 11권 1호, 1939년 1월.

──, 〈王精衛氏에게 呈하는 書〉, 〈삼천리〉 12권 4호, 1940년 4월.

──, 《朝鮮の農業機構分析》, 白揚社, 1937.

임성모, 〈만주국 협화회의 총력전 체제 구상 연구〉, 연세대 대학원 박사학위 논문, 1997.

임재해, 〈설과 보름 민속의 대립적 성격과 유기적 상관성〉, 《한국 민속학》 19호, 한국민속
학회, 1986.

———, 〈세시풍속〉, 《한국 민속학》 23호, 한국민속학회, 1990.

정승모, 《한국의 세시풍속》, 학고재, 2001.

조관자(趙寬子), 〈'親日ナショナリズム'の形成と破綻〉, 〈現代思想〉 2001년 12월호.

———, 〈徐寅植の歷史哲學〉, 〈思想〉 2004년 1월호, 岩波書店.

———, 〈植民地帝國日本と東亞協同体〉, 《朝鮮史硏究會論文集》 41집, 2003.

조흥윤, 《한국의 샤머니즘》, 서울대학교 출판부, 1999.

최남선, 《조선상식》, 육당 최남선 전집 12권, 역락, 2003.

코젤렉, 라인하르트, 한철 옮김, 《지나간 미래》, 문학동네, 1998.

한설야, 〈대륙〉, 김재용 외 편, 《식민주의와 비협력의 저항》, 도서출판 역락, 2003.

현영섭, 〈내선일체에 관한 견해〉, 《총동원》 1940년 1월, 1940a.

———, 〈내선일체와 조선인의 개성문제〉, 〈삼천리〉 12권 3호, 1940년 3월, 1940b.

———, 《조선인이 나아갈 길》, 녹기연맹, 1938.

홀, 에드워드, 최효선 옮김, 《생명의 춤(The Dance of Life)》, 한길사, 2000.

홍석모, 〈도하세시기속시〉, 진경환 역주, 《서울·세시·한시》, 보고사, 2003.

———, 《동국세시기》, 이석호 역주, 《조선세시기》, 동문선, 1991.

5장 근대적 시간은 어떻게 '선험적 시간'이 되었나?

1

① 일본 정부에셔 죠선 보낼 새 공스를 졍ᄒᆞ얏ᄂᆞᆫ디 새 공스의 일홈은 즈작 오가베라 오가베씨는 본러 기시와다 데후인디 유신 이후에 졍부에 벼슬ᄒᆞ야 영국 논돈 일본 공스관에 셔긔관으로 잇다가 그후에 외부협판을 ᄒᆞ얏고 지금은 샹의원 의원인디 죠선 공스로 명ᄒᆞ엿다더라.

② 향일 아라샤 스관 부지다씨가 밤 열 두시 반즘 되야셔 경운궁에 슌을 도ᄂᆞᆫ디 병졍 파슈ᄂᆞᆫ 여젼ᄒᆞ고 슌검 파슈ᄂᆞᆫ 졍직지 못ᄒᆞ야 불 쏘이ᄂᆞᆫ 쟈도 잇고 포막에 잇다가 뛰여 나온 쟈도 잇기로 부지다씨가 경무셔에 와셔 신칙ᄒᆞ고 그 잇흔날 경무관다려 닐으기를 병졍과 슌검이 파슈 볼 ᄯᅢ에ᄂᆞᆫ 일긔가 심히 차셔 어러 죽드리도 파슈보ᄂᆞᆫ 병졍과 슌검은 셔셔 어러 죽ᄂᆞᆫ 법이요 혹 불이 나셔 타드리도 파슈보ᄂᆞᆫ 병졍과 슌검은 셔셔 타 죽ᄂᆞᆫ 법이라 ᄒᆞ더라

③ 이달 륙일 각부 대신들과 현판들이 경운궁에 모화 삼호를 의론ᄒᆞ야 졍ᄒᆞᄂᆞᆫ디 시호는 문셩 왕후요 능호ᄂᆞᆫ 홍능이요 뎐호ᄂᆞᆫ 경효뎐이라고 ᄒᆞ고 능쇼ᄂᆞᆫ 쳥량리에 완 졍이 되시고 인산은 스월 오일 초튁이라더라

④ 남대문안에 고가와 방가 두 사ᄅᆞᆷ이 칠십 여세 된 노인으로 의지ᄒᆞᆯ 곳 업셔 곤궁이 막심ᄒᆞ야 그 졍샹이 극히 가긍ᄒᆞᆫ디 그 둥리 쏠쟝스ᄒᆞᄂᆞᆫ 손완근과 김지현이가 불샹히 넉여 두 노인의 의복 일습을 지여 닙히고 ᄯᅩ 차차 구졔ᄒᆞᆫ다 ᄒᆞ니 손씨 김씨 두 사ᄅᆞᆷ은 참 칭찬ᄒᆞᆯ 만 ᄒᆞ더라

⑤ 요스이에 경긔 싀골에 도적들이 우심ᄒᆞᆫ디 과쳔군 안양졀에셔 도적이 들어와셔 사ᄅᆞᆷ 셋슬 질너 ᄒᆞ나ᄂᆞᆫ 죽고 둘은 즁샹ᄒᆞ고 용인군에 ᄒᆞᆫ 사ᄅᆞᆷ이 말ᄒᆞ기를 도적이 만일 우리집에 들어오면 내가 도적놈 목은 질너 죽이겟다고 ᄒᆞ엿더니 도적놈이 겻희셔 들엇던지 그날 져역에 도적놈이 들어와셔 네가 내 목 질으기는 시로에 네 목 몬져 질너 보아라 ᄒᆞ고 그 사ᄅᆞᆷ 목을 질너 죽여 논 긔쳔으로 ᄭᅳᆯ고 다닌다더라

⑥ 삼청동 강계환의 집에셔 잡박계를 설시ᄒ야 ᄒᆫ 사ᄅᆞᆷ의 명하로 돈 닷냥식을 넛코 산통에 쌔지ᄂᆞᆫ디로 삼빅 이십 냥식 가져다 먹는다는 풍셜이 잇스니 과연 그러ᄒᆫ지 잡박계ᄂᆞᆫ 사ᄅᆞᆷ의 픠가ᄒᆞᆯ 갓본이라 경무쳥에셔 만일 이러ᄒᆫ 쇼문을 알거드면 필경 엄히 금단ᄒᆞᆯ 듯ᄒᆞ더라(〈독립신문〉 1897년 1월 9일자 잡보)

2

리일은 ᄌᆞ쥬 독립ᄒᆞᆫ 대 죠션 대군쥬 폐하의 뎨 ᄉᆞ십 오년 탄신이라 이런 경츅ᄒᆞᆫ 늘을 당ᄒᆞ야 죠션 신민이 되야 나라 일을 싱각 ᄒᆞᆯ문ᄒᆫ ᄯᅢ라 나라ᄆᆞ다 뎨왕들이 게신디ᄂᆞᆫ 그 나라 님군의 탄일이 젼국 인민의 경츅ᄒᆞᆫ 늘이라……(〈독립신문〉 1897년 8월 21일자 논설)

3

우리가 대단히 깃분 것은 대군쥬 폐하 탄일에 셔울 인민들이 경ᄉᆞ로은 줄들을 알고 각텨에 국긔를 만히 돌앗스며 밤에 쟝등 ᄒᆞᆫ디가 만히 잇ᄂᆞᆫ지라 이걸 보거드면 죠션 인민들도 ᄎᆞᄎᆞ 님군도 ᄉᆞ랑ᄒᆞᆯ줄 알며 나라에 경ᄉᆞ로은 것을 인민이 길거워 ᄒᆞᆯ줄도 아ᄂᆞᆫ 것 ᄀᆞᆺ더라 이런 인민들이 만히 싱길쇼록 죠션은 잘 되야 갈터이니 아모조록 나라 ᄉᆞ랑ᄒᆞᄂᆞᆫ ᄆᆞᄋᆞᆷ들을 뎨일 길으며 그 ᄆᆞᄋᆞᆷ을 낫ᄒᆞ내ᄂᆞᆫ 풍속을 비호기들을 간졀히 볼ᄋᆞ노라(〈독립신문〉 1897년 8월 24일자 잡보)

4

요다음 토요일은 예수 크리스도 탄일이라 셰계만국이 이 늘을 일년에 뎨일 가는 명일노 아ᄂᆞᆫ 고로 이늘은 사ᄅᆞᆷᄆᆞ다 직업을 쉬고 명일노 지내ᄂᆞᆫ디 우리 신문도 그 늘은 츌판 아니 ᄒᆞᆯ터이요 이십 팔일에 다시 츌판 ᄒᆞᆯ터인직 그리들 아시오(〈독립신문〉 1897년 12월 23일자 모두의 사고社告)

5

우리 신문이 오늘 ᄒᆞᆫ 살이 되야 첫돌을 지내니 우리 신문 보ᄂᆞᆫ 니게 우리가 이러케 졈졈 ᄌᆞ라가는 거슬 치하ᄒᆞ노라"(〈독립신문〉 1897년 4월 8일자 모두의 사고社告)

"오늘 오후 두시에 종로에서 유명훈 유지작 훈이들이 죠흔 연셜을 훈다고 뜻
잇는 군즈들을 쳥 훈엿다더라(〈독립신문〉 1898년 3월 10일자 잡보)

6

죠션 공스 민영환씨와 일힝이 오늘 졔물포로 쩌나는디 공스 일힝도 쟝긔로 가
거긔셔 불란셔 우편션을 타고 구라파로 향훈다더라(〈독립신문〉 1897년 3월 25일
자 잡보)

오늘이 대졍동 비지 학당 협셩회 뎨 일쥬년 돌 눌인디 오후 두시에 회원들이
모혀 특별훈 회를 열고 회긔 되는 표를 긔렴 ᄒ랴고 연셜들 훈다는디 쟈미 잇는
말이 미우 만히 잇다더라(〈독립신문〉 1897년 11월 30일자 잡보)

7

오늘은 북미 공화 합즁국 독립훈 지 일빅이십일년 환갑이라 셔울 잇는 미국
인민들이 오늘 독립일 경축회를 대졍동 비지 학당 압희셔 홀터인디 여러히 연셜도
홀 터이요 쏘 이국가로 노러홀 터이라 이 경축회에 오라고 눕흔 너외국민들의게
편지들을 ᄒ엿고 오늘 져녁에는 미국 공스 시일 씨와 공스 부인이 너외국 친구들을
쳥ᄒ야 립식회를 한다더라(〈독립신문〉 1896년 7월 4일자 잡보)

8

젼라 북도 관출스 리완용씨는 오늘 젼쥬로 쩌나는디 졔물포로 몬져 가셔 게셔
해룡환을 타고 군산으로 가셔 게셔 젼주로 간다더라 리씨가 외방으로 가는 ᄭᆞ닭
에 젼라북도 인민 ᄭᆞ닭에는 다힝훈 일이나 독립 협회 회원들과 기외 리씨의 친구
들이 다 셥셥히 녁히며 어졋ᄭᅴ 독립 협회에서 특별 회를 ᄒ고 춍뎌 위원을 명
ᄒ야 리씨를 강두 ᄭᆞ지 가셔 쟉별 ᄒ게 ᄒ엿다더라(〈독립신문〉 1898년 3월 24일
자 잡보)

9

어졋긔 오후 훈 시에 젼 남별궁 안 명션루에 불이 나셔 다 타졋다더라(〈독립신
문〉 1898년 6월 18일자 잡보)

리일 오후 세시 반에 정동 청년회에서 남녀 간에 살님을 능히 홀만혼 연후에 혼인 홈이 가 홈으로 쟉뎡 혼다는 문제를 가지고 새 회당에서 연셜 혼다 ᄒᆞ니 그리로 가셔 방청들 ᄒᆞ시오(〈독립신문〉 1898년 3월 24일자 잡보)

어졋긔 민회에서 의론ᄒᆞ기를 우리가 오눌 민영긔씨를 고등지판쇼에 고발ᄒᆞ엿 눈디 모러ᄭᆞ지믄 기다려 보아셔 ᄯᅩ 이리 뎌리 밀고 지판 아니ᄒᆞ거든 그 째는 그 법관도 그디로 둘 슈 업거니와 그 간흉을 우리 빅셩이라도 죠쳐홀 슈 잇눈디로 쥬션ᄒᆞ자 ᄒᆞ엿다더라(〈독립신문〉 1898년 12월 21일자 잡보)

10

미국셔 뎐보가 왓눈디 이달 삼일에 전국 인민이 투표ᄒᆞ야 새 대통령을 ᄲᅩᆸ앗눈 디 오하요에 쇼통령 믹킨늬 씨가 ᄲᅩᆸ혀다더라(〈독립신문〉 1896년 11월 7일자 잡보)

11

너일은 대군쥬 폐하 탄신이라 우리는 경츅홈을 이기지 못ᄒᆞ야 오늘 신문에 만만세를 미리 부르고 폐하의 셩톄가 안강ᄒᆞ시고 죠션 인민이 부강케 되기를 츅슈 ᄒᆞ노라(〈독립신문〉 1896년 9월 1일자 논설)

12

어격긔 모화관에서 셔울 아쇼 교회 교원들이 대군쥬 **탄신 경츅회**를 ᄒᆞ엿눈디 사롬들이 근쳔명이 모혀 익국가들 ᄒᆞ고 하ᄂᆞ님긔 긔도ᄒᆞ기를 대군쥬 폐하의 셩톄 안강ᄒᆞ심과 죠션 인민의 부강홈을 츅슈ᄒᆞ고 전국 인민이 동심 합력ᄒᆞ야 서로 돕고 서로 ᄉᆞ랑ᄒᆞ야 아모ᄶᅩ록 죠션이 ᄌᆞ쥬 독립이 되고…….(〈독립신문〉 1896년 9월 3일자 논설)

13

ᄉᆞ월 팔일에 혹ᄀᆞ마루가 부산 고베 등지에 가고 ᄉᆞ월 구일 견ᄱᅵ마루가 지부 쳔진 등지에 가고 ᄉᆞ월 구일에 삿쥬마루가 가나가사기 힝항 등지에 간다더라.(〈독립신문〉 1896년 4월)

14

모히는 시간 오젼 칠시 십시 오후 일시 스시

젼호는 시간 오젼 구시 졍오 십이시 오후 삼시 륙시

한셩 인쳔 간 보내는 시간 오젼 구시

오는 시간 오후 오시 삼십분

한셩 개셩간 보내는 시간 오젼 구시

오는 시간 오후 이시 삼십분

한셩 유원 공쥬 젼쥬 남원 나쥬 간 보내는 시간 오젼 구시

오는 시간 오후 삼시

한셩 츙쥬 안동 대구 동내 간 보내는 시간 오젼 구시 오는 시간 오후 삼시

(〈독립신문〉 1896년 4월)

15

사롬이 시계를 살 째에 사롬마다 긔계 쇽을 몰은 즉 시계 죳코 아니 죠흔것을
아는 도리는 다만 젼면에 바눌 둘이 시간과 분과 각을 올케 굴ㅇ치는지 아니 굴ㅇ
치는지 ㅎ는것을 가지고 아는지라 그것과 ㅈ치 사롬을 올코 그른것을 아는것은
그 사롬의 ㅎ는 힝스를 가지고 알기 외에는 다른 도리가 업는 것이라 셜령 시계가
보기에 훌륭 ㅎ고 금과 보셕으로 꿈인 시계나 그 시계가 시를 못쵸지 아니 홀것
ㅈㅎ면 그것은 시계가 아니라 일긔 갑진 물건이라 금과 보셕을 팔면 돈은 싱길지
언뎡 시계로 쓸것은 못 되니 그것과 ㅈ치 사롬도 외양이 죳코 의복을 잘 입어 보기
에는 죠흔 사롬 ㅈㅎ 보히나 즈긔 못흔 직무를 못 홀 디경이면 무용지 안이라 그러
ㅎ기에 시계 살 째에 외양과 모양은 엇더 ㅎ엿던지 시문 잘 맛쵸면 그 물건이
쓸디 잇는 물건이요 사람도 디톄가 업고 모양이 쥰슈치 안트리도 못흔 직무문
챡락 업시 홀것 ㅈㅎ면 그 사롬이 보비로은 사롬이라(〈독립신문〉 1898년 2월
8일자 논셜)

16

사롬의 사롬됨이 시계의 긔계와 ㅈㅎ니 박휘와 유샤와 터엽이 구비흔 즁에
흔 가지만 업셔도 병신이 되야 쓸디 업실 것이오 사롬이 스지 빅톄와 이목구비

중에 혼 가지믄 병들어도 완젼혼 사룸이 되지 못홀지라 긔계가 각각 뎌홀 직분을
다혼 연후에 그 시계가 스시 쥬야를 물론ᄒ고 운동ᄒ야 졔 시한을 맛칠것이오 사룸
도 쟝부와 긔혈이 고른 연후에야 운동과 힝위를 임의로 ᄒ지 만일 병이 잇스면
셰샹 만스에 아모 싱각이 업슬지니 무슴 스업에 경영을 홀 수 잇스리오(〈독립신문〉
1899년 10월 3일자 논설)

17

영어 학교에셔 학도의 공부ᄒᄂ 시간을 ᄆ일 오젼 아홉시로 졍ᄒ고 만일 늣게
오ᄂ 학도가 잇스면 ᄆ명에 벌금 십젼식 물니고 혹 무고이 올 날을 아니오ᄂ 학도
가 잇스면 ᄆ명에 벌금 십오젼식 물니ᄂ 고로 형셰 구챠혼 학도들은 ᄆ우 감당키
어렵다고 ᄒ나 학교에 규칙이 엄ᄒ여야 학도들이 ᄆ음을 겨울니 아니 먹고 졍혼
시간 안에 진즉들 다닐터이니 영어 교스 헐치신씨의 학교에 규칙을 이럿타시 엄히
셰운 일은 공부에 유익홀 터이니 ᄆ우 치샤홀만 ᄒ더라(〈독립신문〉 1897년 1월
30일자 잡보)

18

셔양 말에 시간이 돈이라 ᄒ고 동양 말에 마디만혼 그늘을 앗긴다 ᄒ엿스며
ᄯᅩ 말ᄒ기를 사룸이 슈고로은즉 싱각을 ᄒ나니 싱각혼즉 착혼 ᄆ음이 나고 편안혼
즉 음란ᄒ나니 음란혼즉 못된 마음이 난다 ᄒ엿스니 놀고 편이 잇스면 비단 의식
ᄆ 아니 싱길 ᄲᅮᆫ 아니라 허랑혼 싱각이 날것이니 심셩이 마져 변홀지라 셔양 대도
회쳐 길에 다시ᄂ 사룸들을 보거드면 다 시급혼 일이 잇서 가ᄂ 모양이니 그
시급혼 일은 무엇신고 어디가 공부를 ᄒ다던지 어디가 쟝식 노릇을 ᄒ다던지 어느
ᄆ을에 벼슬을 다닌다던지 다 뎡혼 시간이 잇ᄂ 고로 즈연 급ᄒ야 글엇케 다니니
이것믄 보아도 셔양 사룸들의 무단이 놀지 안ᄂ 것은 가히 알겟도다 대한은 놀고
편이 지ᄂᄂ 것이 고질이 되야 시간 뎡ᄒ고 ᄒᄂ 일이 드물고 대로 샹에 힝인을
보드러도 급히 것ᄂ 사룸은 몃이 못되고 다 쇼일노 거르니 그 여럿이 다 노ᄂ 사룸
은 안닐터이나 일 업ᄂ 사룸이 만흔 것은 가히 알지라(〈독립신문〉 1899년 7월
3일자 논설)

19

셔양 쇽담에 골ᄋᆞ디 시간은 곳 돈이라 ᄒᆞ고 동양 글에 골ᄋᆞ디 ᄆᆞ디만 ᄒᆞᆫ 근을 앗기라 ᄒᆞ엿스니 그 말슘은 ᄀᆞᆺ지 아니 ᄒᆞ나 쇽 뜻인즉 셔로 ᄀᆞᆺ흔 것이 무슴 일이젼디 게을니 ᄒᆞ지 말고 부지런히 힘써 ᄒᆞ야 ᄉᆞ업을 셩취ᄒᆞ라 홈이라 …… 사롬이 부지런 ᄒᆞᆫ ᄆᆞ음이 업스면 셰상 만ᄉᆞ에 ᄒᆞ나도 셩취 홀것이 업고 편히 놀며 잠자기에 졸업이 되야 부모의 봉양도 홀슈 업고 님군을 도아 빅셩을 다ᄉᆞ릴슈도 업고 친구의게 신의를 직혀 샹죵홀슈도 업고 쳐ᄌᆞ의 의식을 벌어 먹이며 ᄀᆞᄅ칠슈도 업실 디경이니 사롬이 희타ᄒᆞ고 보면 실샹은 벌녀지만도 못ᄒᆞ고 즘싱만도 못홀지라 벌녀지에도 검의 ᄀᆞᆺ흔 것은 쳐마긋과 공활ᄒᆞᆫ 곳에 금을을 베프러 리왕ᄒᆞᄂᆞᆫ 나뷔와 쳥명의 등물을 잡아 먹기로 싱이ᄒᆞ되 그물을 미질 ᄯᅢ에 심히 공교ᄒᆞ며 부지런ᄒᆞ고 즘싱에도 다람쥐 ᄀᆞᆺ흔 것은 샹슈리와 실과를 구멍에 져축ᄒᆞ야 겨을 량식을 에비ᄒᆞ고 가마귀ᄂᆞᆫ 능히 제 부모를 도로 먹이며 개미와 벌은 능히 장슈를 호위ᄒᆞᄂᆞ니 가히 사롬으로써 금슈와 벌녀지만 못ᄒᆞ리오(〈독립신문〉 1899년 9월 23일자 논설)

20

이 뎐긔 긔운은 百리 밧게도 가고 슈千리 밧게도 가ᄂᆞᆫ디 머나 갓가오나 그 긔운의 힘이 다 ᄀᆞᆺ흔지라 이 긔운으로 긔계를 운동 ᄒᆞ야 무슴 필육을 ᄶᅡ던지 솜을 피우던지 나무를 버히던지 금 은 동 텰을 달으던지 무엇을 ᄒᆞ던지 못 홀것이 업스며 셕탄불 긔운으로 화륜을 돌게 ᄒᆞ야 긔계를 부리ᄂᆞᆫ 것 보다 편리 ᄒᆞ고 부비와 시간이 ᄆᆡ 오젹게 드ᄂᆞᆫ 고로 이 긔계에 졔죠ᄒᆞᆫ 물건은 무셩이더닛 달은 긔계에 졔죠ᄒᆞᆫ 물건 보다 갑이 젹다더라 지금 부강 문명ᄒᆞᆫ 나라들은 져졀노 그럿케 부강 ᄒᆞ여진 것이 아니라 그 나라에셔 인민들을 잘 교육식힌 고로 이ᄀᆞᆺ치 유식ᄒᆞᆫ ᄉᆞ업들을 ᄒᆞ야 싱지를 만히 ᄒᆞᄂᆞᆫ ᄯᆞᆰ이라 무슴 졔죠 물이던지 인력과 시간을 젹게들여 가지고 만히 ᄆᆞᆫ들어야 부비가 젹게 들것이요 부비가 젹게 들어야 그 물건이 쌀것이요 물건이 ᄊᆞ야 만히 팔닐것이요 물건이 만히 팔녀야 그 싱업이 홍왕 홀지라

대한에ᄂᆞᆫ 무명 ᄶᅡᄂᆞᆫ 것 ᄒᆞᆫ가지믄 보아도 ᄒᆞᆫ필즘 ᄶᅡ라면 긔계로 멋万통 ᄶᅡᆯ 시간을 허비 ᄒᆞ며 그럿케 시간을 허비 ᄒᆞ고도 물건이 졍미치 못 ᄒᆞ며 시간을 대단히 허비 홈으로 부비가 만히 들어 갑이 빗싼고로 넓히 팔니지 못 ᄒᆞ야 그것이나마

점점 업셔져 가니 답답지 아니 ᄒ리오 인민들이 버러 먹을 도리가 업셔 이리 뎌리 다니며 남의 것으로 엇더케 살야고 ᄒ지 말고 대한에셔도 이런 ᄉ업들을 만히 ᄒ엿 스면 인민의 싱업들을 만히 ᄒ엿스면 인민의 싱업이 넉넉히 싱길터이요 참으로 부강을 긔약홀 도리가 잇슬이로다(〈독립신문〉 1899년 4월 6일자 논설)

21

ᄌ선 사ᄅ들은 싱각이 너일은 엇지 ᄒ엿던지 당쟝만 싱각ᄒ고 일을 ᄒᄂ 고로 조션 사ᄅ ᄒᄂ 일이라고 모도 보거드면 모도 목젼만 위ᄒ셔 ᄒᆫ 일이요 후일 싱각은 도모지 업ᄂ지라 그런 고로 ᄒ가 갈쇼록 나아가ᄂ거슨 업고 점점 조라 가ᄂ 거시 그 ᄭᄃ닭이라 남의 나라에셔ᄂ 사ᄅ들이 암만 가란ᄒ고 궁ᄒ드러도 긔여 히 학교에 가셔 공부를 ᄒ고 만일 학교에 다닐 형셰가 못 되거드면 시간을 졍히 노코 멋시 동안은 일을 ᄒ야 버리를 ᄒ고 멋시 동안은 학교에 가셔 공부를 ᄒ야 무슴 학문이던지 ᄒᆫ가지를 비호랴 ᄒᄂ 거슨 다름이 아니라 당쟝은 가란ᄒ고 곤ᄒ 고 돈을 덜 벌드리도 학문 ᄒ나를 비화 노커드면 일후에 사ᄅ이 더 놉고 돈을 더 놉고 돈을 더 벌게 될거슬 아ᄂ ᄭᄃ닭이라(〈독립신문〉 1896년 9월 24일자 논설)

22

외면으로ᄂ 나라이 ᄌ쥬 독립이 되고 문명 긔화ᄒ야 셰계 각국과 ᄀ치 되야 국태 민안ᄒ고 진보ᄒ야 가ᄂ 부강ᄒ 나라이 되겟다고 원ᄒ면셔 쇽으로ᄂ 이 일에 모도 반디ᄒᄂ 경영만 ᄒ고 싱각인즉 구습만 가지고 ᄒ다던지 쇽으로ᄂ 나라이 문명진보ᄒᄂ 거시 조ᄒᆫ 줄노 알면셔 외면으로ᄂ 구습을 가지고 말도 ᄒ고 일도 ᄒᄂ 사ᄅ은 둘이다 안과 밧ᄭ 다른 사ᄅ이라 조션 말에도 사ᄅ이 안과 밧ᄭ 다르 면 그 사ᄅ을 쇼인이라 ᄒ고 쳔히들 싱각ᄒᄂ지라 우리 싱각에ᄂ 차라리 완고당이 되던지 긔화ᄒᆫ 사ᄅ이 되던지 두 가지 중에 ᄒᆫ 가지 사ᄅ이 되야 안밧ᄭ ᄀ튼 사ᄅ 이 될지언졍 쇼인 노릇 ᄒ기ᄂ 쳔히 너일 듯ᄒ다(〈독립신문〉 1897년 2월 27일자 논설)

1

그 담 밧끠 잇는 허다훈 경치와 산쳔 풍토의 긔긔 묘묘훈 리치는 훈나 볼 수 업고 드를수도 업고 알 수도 업스리니 …… 이대리 사룸 마고부루씨가 동양ᄭᅩ지 와셔 산쳔 풍쇽을 보는디로 긔록ᄒᆞ야 셔칙을 만드럿더니 그 후에 코럼버씨가 그 셔칙을 보고 디구의 둥근 리치를 터득ᄒᆞ야 …… 놉히 올라갈스록 산쳔초목과 허다 풍물이 눈에 더 보히리니……(〈독립신문〉 1899년 9월 9일자 논설)

2

……도화살과 양인살이 잇는 날은 혼인을 ᄒᆞ지 모스고 쥬당살과 호츙살을 범ᄒᆞ는 상쥬는 부모의 신톄를 화곤홀 쌔에 보지 못훈다 ᄒᆞ나니 피흉취길 ᄒᆞ는 법과 우샹의게 졔ᄉᆞ홈과 산쳔 귀신의게 긔도홈과 형형식식의 허무훈 일이로다(〈독립신 문〉 1899년 9월 12일자 논설)

3

아라샤 정부에서 졍령 ᄒᆞ나와 위관 둘과 ᄒᆞᄉ 열을 죠션 정부에 빌녀 죠션 륙 군과 무관 학도들을 ᄀᆞᄅ치니 우리가 ᄇᆞ라건디 외국 군졔들을 비화 …… 우희로 는 님군을 보호ᄒᆞ고 아래로는 젼국 인민을 안돈ᄒᆞ야 국민이 태평ᄒᆞ게 되기를 ᄇᆞ 라노라(〈독립신문〉 1896년 12월 23일자 논설)

4

관인이 이 못싱긴 ᄆᆞ옴을 둔 즉 졍부가 잘못되고 국민이 못 싱긴 ᄆᆞ옴을 둔 즉 온 나라가 빈약ᄒᆞ리니……(〈독립신문〉 1896년 12월 23일자 논설)

5

……오직 공변된 리익을 홈끠 보는 것만 싱각ᄒᆞ야 ᄆᆞ옴을 밋고 몸을 단합ᄒᆞ여 뜻은 단군 긔즈의 녯 강토를 회복ᄒᆞᄂᆞ디 잇고 하눌을 ᄀᆞᄅ치고 희을 밍셰ᄒᆞ야 ᄆᆞ옴은 동족의 멸망ᄒᆞ는 거슬 구원ᄒᆞᄂᆞ디 잇셔셔 협회를 조직ᄒᆞ야 환난을 셔로

구졔ㅎ며 신문샤를 창셜ㅎ야 여럿의 뜻을 열니게ㅎ고 학비를 연조ㅎ야 인지를 양성ㅎ니……(〈대한매일신보〉 1908년 1월 11일자 논설)

6

오호라 우리대한 인종이 적어 그러ㅎ고 아니라 남과 ㄱㅊ치 인종이 만ㅎ며 사롬마다 인의례지츙셩 다ㅎ여 황인죵즁에 상등인종이라 홀만ㅎ도다 강토가 적어 그러ㅎ고 삼쳔리강산이 편편ㅎ 빅옥ㄱ치고 금은 동텰과 산림어치가 키는곳마다 니러나고 심으는곳마다 번셩ㅎ도다(〈대한매일신보〉 1907년 2월 29일자 논설)

7

외짜로 섯는 솔나무를 만지고 방황ㅎ며 조국산쳔을 브라보니 통ㅎㅎ도다 우리 한국 반도가 강포ㅎ 범의 입에 드럿고 오오ㅎ 동포의 졍경은 가마안의 고기와 흡ㅅ하고 신셩ㅎ 뎨국은 리웃나라의 굴네속에 잇도다 슯고 통ㅎㅎ도다 혈루가 잇고 혈셩이 잇는 한국민족이여 긴밤에 취ㅎ 꿈을 어셔 씨여 뎌 광명ㅎ 일월을 ㅎ번 볼지어다(〈대한매일신보〉 1908년 1월 9일자)

8

그러ㅎ 이들은 혼ㅈ도 국민의 열심을 흥긔ㅎ며 의긔를 격동ㅎ야 강토를 회복ㅎ며 싱명을 보젼ㅎ야 ㅈ유 독립을 반셕우헤 굿게 ㅎ엿스니 우리 이쳔만 동포의 ㅈ격이 모다 그 사롬들과는 ㄱ다홀 수는 업스나 여러 사롬의 ㅁ옴을 합ㅎ면 지략과 능력이 엇지 그 혼사롬만 ㄱ지못ㅎ다ㅎ리오마는 일반 인민들이 ㅈ유의 졍신은 반뎜도 업고 노례의 셩질만 ㄱ득ㅎ면 ㅈ유를 차줄날이 언졔오(〈대한매일신보〉 1907년 10월 25일자 논설)

9

사롬이 만일 혼이 업스면 죽는것 ㄱㅊ치 국민의게 만일 나라혼이 업스면 곳 망국이 되는거슨 헌연ㅎ 리치라 대뎌 나라혼이라ㅎ는 거슨 일반국민의 ㅅ샹이 내몸과 나라ㅅ이에 관계 된거슬 확실히 씨다라 내가 곳 나라히오 나라히 곳 내라 나라히 흥ㅎ면 나도 흥ㅎ고 나라히 망ㅎ면 나도 망 ㅎ는 리유를 뢰슈졍신에 삭여

나와 나라 스이에 관계 된거시 일호라도 용납홀 틈이 업는거슬 확실히 안후에 출 ᄒ리 몸을 죽일지 언뎡 나라의 터려 ᄀᆞ흔 슈치라도 도라 오지 안케홀 ᄆᆞ음으로 죽는 것 보기를 도라가ᄃᆞ시 ᄒ는고로 나라혼이 잇는 나라에는 ᄌᆞ유와 독립을 누리고 나라혼이 업는 그 나라에는 노례와 어육을 면치 못 ᄒ는지라(〈대한매일신보〉 1907년 7월 30일자)

10

민족이란거슨 다만 ᄀᆞ흔 조샹의 ᄌᆞ손에 미인 쟈ㅣ 며 ᄀᆞ흔 디방에 사는 쟈ㅣ 며 ᄀᆞ흔 력ᄉᆞ를 가진 쟈ㅣ 면 ᄀᆞ흔 종교를 밧드는 쟈ㅣ 며 ᄀᆞ흔 말을 쓰는 쟈ㅣ 곳 이민족이라 칭ᄒ는 바ㅣ 어니와 국민이라는 거슬 이와ᄀᆞ치 히셕ᄒ면 불가홀지라

대뎌 ᄒ 조샹과 력ᄉᆞ와 거디와 종교와 언어의 ᄀᆞ흔거시 국민의 근본은 아닌거시 아니언마는 다만 이것이 ᄀᆞ다ᄒ야 믄득 국민이라 홀 수 업ᄂᆞ니 비유ᄒ면 근골과 믹락이 진실노 동물되는 근본이라 홀지나 허다히 버려잇는 근골믹락을 ᄒ곳에 모도와 놋코 이것을 싱긔잇는 동물이라고 억지로 말홀 수 업는 것과 ᄀᆞ치 뎌 별과 ᄀᆞ치 허여져잇고 모리ᄀᆞ치 모혀 사는 민족을 가르쳐 국민이라 홈이 엇지 가ᄒ리오 국민이란 쟈는 그 조샹과 력ᄉᆞ와 거디와 종교와 언어가 ᄀᆞ흔외에 ᄯᅩ 반듯시 ᄀᆞ흔 졍신을 가지며 ᄀᆞ흔 리해를 취ᄒ며 ᄀᆞ흔 힝동을 지어서 그 닉부에 조직됨이 ᄒ몸에 근골과 ᄀᆞ흐며 밧글 더흔 졍신은 ᄒ 영문에 군디ᄀᆞ치 ᄒ여야 이거슬 국민이라 ᄒᆞ느니라(〈대한매일신보〉 1908년 7월 30일자 논설)

7장 근대적인 역사 개념의 고고학

1

공립신보 긔쟈왈 이 청국사롬의 중셔 일보에 긔지흔 죠션 력ᄉᆞ가 ᄉᆞ실은 혹 샹좌ᄒ나 일반국민의 노례셩질을 토론ᄒ 것은 과연 올토다 우리 나라이 건국흔지 ᄉᆞ쳔년에 노례셩질이 본죠에 와셔 더옥 심ᄒ도다(〈대한매일신보〉 1907년 7월 7일자 별보)

2

오됴약 칠협약이 다 된이후에라도 예비만ᄒ엿스면 오히려 군디히산이 아니되고 ᄉ법권이 쎅앗기지 아니ᄒ엿슬지어눌 이제 작일에도 예비치못ᄒ고 금일에도 예비치못ᄒ며 ᄯ 명일에도 예비치못ᄒ여 ᄉ쳔지 력ᄉ가 마귀의 굴혈노 점점 쩌러져드러가도 분발ᄒ고 힘쓸줄을 모르며……(〈대한매일신보〉 1909년 12월 21일자 논설)

3

삼천리 강토의 흥망이 그디네 억기에 실녀잇고 ᄉ쳔년 력ᄉ의 존망이 그디네 손에 둘녓스니 그디네가 이거슬 담임치 아니ᄒ면 한국의 강토는 영영 멸망ᄒ리니 그디네는 이거슬 ᄇ리고 어디로 가고져ᄒ느뇨(〈대한매일신보〉 1908년 12월 24일자)

4

뎌 외국을 슝비ᄒ는 편벽된 소견으로 독립졍신을 말살ᄒ 쟈ㅣ 력ᄉ의 죄인이오며 신라말년에 최치원등이 글ㅅ ᄌ나 ᄒ는 적은 지됴를 품고 당나라에 과거를 보와 등과ᄒ고 당나라 옷을 닙고 당나라 ᄯ에서 살다가 ᄌ긔싱쟝ᄒ 조국을 견혀 니져ᄇ리고 오죽 당나라롤 놉히더니……(〈대한매일신보〉 1908년 8월 8일자 논설)

5

이러므로 졍치가와 교육가와 법률가와 실업가의 만반 ᄉ업이 날노 나아가고 둘노 더ᄒ야 부강ᄒ 긔초와 문명ᄒ 졍도가 불이 ᄐ고 시암이 소사나는 것 ᄀ흐니 누가 능히 막으리오 이거시 진보ᄒ는 ᄎ셔라 그 근인을 궁구ᄒ진디 나라마다 나라 일이 샹등샤회와 하등샤회의 일심으로 단합ᄒ는디 잇는지라(〈대한매일신보〉 1907년 10월 1일자 논설)

6

대져 새로온 것은 만물의 근뎌ㅣ라 우쥬간에 잇는 모든 물건과 모든 일이 다 ᄯᅢᄯᅢ로 변환ᄒ며 다 날날이 진보ᄒ야 늙은 것을 버리고 새것을 취ᄒ느니 만일

그러치 아니ᄒᆞ면 이 셰계가 모도 문허지고 우리 인류가 다 업셔졋슨지 벌셔 오랫
슬진뎌(〈대한매일신보〉 1909년 1월 1일자 논설)

7

녯적에ᄂᆞᆫ 부강ᄒᆞ야 강ᄒᆞᆫ 뎌덕을 항복밧고 토디를 기쳑ᄒᆞ엿거ᄂᆞᆯ 이졔난 엇더케
되엿스며 전에ᄂᆞᆫ 문명ᄒᆞᆫ 바롬이 니웃나라ᄭᆞ지 젼포ᄒᆞ엿거ᄂᆞᆯ 이졔ᄂᆞᆫ 엇더케 되엿
스며 전에ᄂᆞᆫ 셩명지산을 능히 보젼ᄒᆞ엿거ᄂᆞᆯ 이졔ᄂᆞᆫ 엇더케 되엿ᄂᆞᆫ가 ᄉᆞ쳔여년을
퇴보ᄒᆞᆫ ᄭᆞ닭으로 오늘날 우리나라이 이 디경에 니ᄅᆞᆫ거시 아닌가 그런즉 오늘날도
오히려 퇴보ᄒᆞ니 러일 우리나라ᄂᆞᆫ 오늘날만도 못ᄒᆞᆯ지며 금년에도 오히려 진보치
아니ᄒᆞ니 명년에ᄂᆞᆫ 금년만도 ᄯᅩ 못ᄒᆞᆯ지니 졔군은 진보ᄒᆞᆯ지어다(〈대한매일신보〉
1909년 9월 29일자 긔셔)

8

ᅟ오호 졔군이여 졔군은 곳 한국이오 한국은 곳 졔군이라 졔군의 진보홈이 곳
한국의 진보ㅣ 오 졔군의 퇴보홈이 곳 한국의 퇴보ㅣ 며 …… 한국의 진보됨도
졔군에게 잇고 퇴보됨도 졔군에게 잇ᄉᆞ니 진보를 ᄒᆞᆯ지어다(〈대한매일신보〉 1908
년 9월 27일자 긔셔)

9

후셰ㅅ사롬이 녯사롬보다 크게 낫기를 닷토며 후셰ㅅ사롬이 녯사람보다 ᄲᅱ
여 나기를 쯰ᄒᆞ여 녯사롬의 지은 말을 후셰ㅅ사롬이 곳치며 녯사람이 셜립ᄒᆞᆫ ᄉᆞ
업을 후셰ㅅ사롬의 교졍ᄒᆞ야 사롬마다 진보ᄒᆞ기를 힘쓰ᄂᆞᆫ 고로 샤회도 이ᄀᆞᆺ치
진보가 되고 국가도 이ᄀᆞᆺ치 진보가 됨이어ᄂᆞᆯ(〈대한매일신보〉 1908년 7월 25일자
긔셔)

10

진보ᄒᆞ라 졔군이여 구미각국은 우리보다 슈빅년을 몬져 진보ᄒᆞ고 일본은 우리
보다 수십년을 몬져 진보ᄒᆞ엿스니 뎌희ᄂᆞᆫ 일보를 나아가거든 우리ᄂᆞᆫ 수십보 수빅
보를 더 나아가도 뎌희를 ᄯᆞ르기 어렵거든 ᄒᆞ믈며 쥬져쥬져ᄒᆞ야 나아가지 아니ᄒᆞ

니 쟝촛 엇지홀가 졔군은 어서 급히 나아갈지어다(〈대한매일신보〉 1908년 9월 29일자 긔셔)

11

인심을 썰져셔 희망흐는 ᄆᆞ옴을 품고 날노 문명에 나아가셔 나라롤 황금셰계가 되게흔다 흐는 것은 진보케흔다는 말이오 인심을 져샹케흐야 슯흔 광경을 니르키고 날노 흑암흔 디로 향흐야 마귀디옥에 ᄲᅡ지게 흔다 흐는 것은 감쇠케흔다는 말이라(〈대한매일신보〉 1908년 8월 13일자 논설)

12

황금이 츙만흐고 금슈가 찬란흔거시 대한 국민의 목뎍디며 긔화이초ᄂᆞᆫ 쓸에 ᄀᆞ득흐고 향긔가 방에 ᄀᆞ득흔거시 대한국-민의 목뎍디라. 그 문은 독립이오 그 길은 ᄌᆞ유ㅣ니 국가롤 위흐야 졍신을 가다듬고 모든 ᄉᆞ업을 국가로 위흐야 힝흐여 신셩흔 국가롤 보젼흐는 거시 대한국-민의 목뎍디니라(〈대한매일신보〉 1908년 5월 24일자 논설)

13

대뎌 텬디간에 녜나 이졔나 목뎍 두 글ᄌᆞ만 업스면 산 사름이 죽은 귀신이 될 거시며 셰계가 디옥이 되어 범샹흔 사름도 업고 영웅도 업스며 력ᄉᆞ도 업고 셰계도 업스리니……(〈대한매일신보〉 1908년 5월 26일자 논설)

14

인류의 진보흠이 시디롤 ᄯᅡ라셔 다른고로 샹고ㅅ젹 시디가 변흐여 즁고가 되며 즁고ㅅ젹 시디가 변흐여 근세가 된바ㅣ라 그 진보된 샹퇴가 번다흐여 이로 다 말흐기 어려우나 이졔 흔 가지 지나간 ᄉᆞ젹을 지목흐여 ᄀᆞᆯᄋᆞ디 이거시 진보된 거시라흐며 흔 가지 결과된 ᄉᆞ건을 지목흐여 ᄀᆞᆯᄋᆞ디 이거시 진보된 거시라 흠은 불가흐니 만일 부득이흐여 그 즁에 몃가지 됴건만 ᄲᅡ셔 인류의 력ᄉᆞ샹 진보된 샹황을 증거흐고져 홀진디 긔쟈는 몬져 몸과 집과 나라 세가지 졍황의 변쳔된 거스로써 보고져 흐노라(〈대한매일신보〉 1909년 7월 15일자 논설)

15

이 네가지 시긔의 시이가 그년더의 오리기는 오륙쳔년에 지나더 사룸의 진보된 샹틱는 대략이 몸과 집과 국가 세가지에 더 지나지 못ᄒ여 뎨일긔에는 ᄌ긔몸만 싱각ᄒ엿고 뎨이긔에는 ᄌ긔의 집만 싱각ᄒ올 ᄲᅵᆫ이며 뎨삼긔는 집과 나라 두 가지 싱각이 홈ᄭᅴ 잇셧고 뎨스긔에 니ᄅᆞ러셔 비로소 국가의 싱각이 크게 셩ᄒ엿도다 (〈대한매일신보〉 1909년 7월 17일자)

16

인구는 더디로 몃 빅ᄉ식 느러나가는 것이라 ᄒᆞᆫ 사람의 소싱이 ᄒᆞᆼ샹 두 사롬식 만 되면 쳔년이 지나지 못ᄒ아셔 ᄒᆞᆫ 시조의 ᄌ손이 디구에 편만ᄒ리라ᄒ니 한국 의 력스가 잇슨후ᄉ 년더로만 말ᄒ야도 이믜 스쳔여년이 될지라(〈대한매일신보〉 1910년 1월 9일자 논설)

17

ᄶᅡ위인씨가 나기에 밋쳐셔는 세계의 진리를 솗히며 력스의 공변된 전례를 미 루워 인류는 원리 진보ᄒᆞ는 거시오 퇴보ᄒᆞ는 거시 아님을 발명ᄒᆞᆫ지라(〈대한매일 신보〉 1909년 8월 11일자 논설)

18

한국 민족이 직금 이 모양의 눌니여셔 일향 침몰ᄒᆞᆯ ᄲᅵᆫ인가 혹 디리샹이나 력스 샹의 발젼됨을 ᄯᅡ러셔 졈졈 압흐로 진보가 될가 일폭 디도를 잡고 쟝릭의 ᄭᅮᆷ을 말ᄒ노라(〈대한매일신보〉 1910년 2월 20일자)

19

대한 인죵은 본릭 단군과 긔ᄌ의 셩신 후예로 셩질이 온화ᄒ고 졍직ᄒ며 풍쇽이 진실ᄒ고 슌후ᄒ야 스쳔년릭에 례의 렴치를 슝샹ᄒ던 나라이라(〈대한매일신보〉 1907년 8월 22일자 논설)

20

세계에 나가셔 흔 나라를 볼진뒨 나라는 곳 흔집 가족이라 단군과 부루왕이
곳 공능의 혈쪽 조샹이오 부분노와 을지문덕이 다 그딕네 션딕ㅅ명조이오 수쳔년
력수가 곳 젼력호는 족보디오 삼쳔리 강산이 다 세젼호는 뎐로이니 이쳔만 형뎨주
미즁에 그 뉘가 텬륜지친이 아니리오(〈대한매일신보〉 1908년 6월 11일자)

21

주긔 나라의 언어로써 주긔 나라의ㅅ 문주를 문둘고 주긔 나라에셔 문둔 문주로
써 주긔 나라의 력수와 디지를 편즙호야 젼국 인민을 ᄀᄅ치기도 호고 비호기도
호여야 그 텬셩으로 잇는 국가의ㅅ 졍신을 보젼호며 슌젼호 익국심을 분발케 홀지
어눌 어제 한국인을 볼작시면 지나의ㅅ 요 슌을 주긔 나라의ㅅ 단군과 부루보다
더 앙모호며 지나의ㅅ 은탕과 쥬문왕을 주긔 나라의ㅅ 혁거셰와 동명왕보다 더
존슝호며 한무뎨와 당태종은 텬하에 업는 큰 영웅으로 알되 광긔토왕과 태종 문무
왕은 불과 쇼국의 변변치 아니흔 인물노 알며……(〈대한매일신보〉 1908년 3월
21일자 논설)

22

우리나라이 비록 바다ㅅ 모통이에 잇셔셔 짜이 좁으나 례악법도와 의관문물을
일쳬로 즁화의 졔도를 쥰힝호여 즁화ㅅ사름이 닐ᄋ기를 적은 즁화ㅣ라 호니 이거
시 엇지 긔주의 씻치신 교화가 아넌가 차홉다 너희 쇼주들은 맛당히 보고 감동호야
홍긔홀진뎌 호엿슨즉 풍쇽과 의관을 즁화와 ᄀᆺ치 호여 즁화ㅣ라 호는 일홈을 엇은
거슬 됴와호는 국민이 무숨 영광을 나타내리오 호엿더라 …… 한무뎨의 수군을
차흔 거슨 다만 긔씨와 위씨의 여얼을 구츅홈이라 한국사름의 조샹되는 부여국
사름에게는 샹관이 업거늘 뎌ㅣ 이거슬 인증호야 한국이 이왕 강흔 쟈에게 굴복흔
수실을 지엇스니 이거시 흔가지 허무흔 말이오……(〈대한매일신보〉 1909년 1월
28일자 논설)

23

성호션싱이 닐ᄋ딕 우리나라이 다만 쌍이 적고 빅셩이 간난홀 뿐 아니라 긔주이

리로 문화가 쓴허지지 아니ᄒᆞ야 모다 례의지방이라 일ᄏᆞ럿느니 문화를 슝샹ᄒᆞ면
무비가 약히지는 것은 ᄌᆞ연ᄒᆞᆫ ᄉᆞ셰라(〈대한매일신보〉 1909년 10월 2일자 논설)

24

오호 ㅣ 라 한국동포여 그ᄃᆡ네ᄂᆞᆫ ᄉᆞ쳔년 신셩ᄒᆞᆫ 력ᄉᆞ즁 인죵이 아닌가 그ᄃᆡ네가
삼쳔리 텬부금탕을 웅거ᄒᆞ여 사는 인민이 아닌가 그ᄃᆡ네ᄂᆞᆫ 총명영오ᄒᆞᆫ 황인죵즁
샹등인이 아닌가 그ᄃᆡ네가 문명ᄒᆞᆫ 단군의 ᄌᆞ손이 아닌가 그ᄃᆡ네가 례의지방으로
ᄌᆞ칭ᄒᆞᄂᆞᆫ 죠선사ᄅᆞᆷ이 아닌가 그ᄃᆡ네가 수쳔년젼에 문명이 이믜 열녀셔 일본을 교
도ᄒᆞ던 삼한 민족이 아닌가(〈대한매일신보〉 1908년 7월 28일자 논설)

25

…한반도 ㅣ 여 너도 녯날시ᄃᆡ에ᄂᆞᆫ 영웅도 낫고 부강도 ᄒᆞ엿스며 문명도 ᄒᆞ여셔
지나와 인도가 홈끠 그 국광을 나타내일 적에 너도 ᄀᆞᆺ치 니러낫스며 일본 ᄀᆞᆺᄒᆞᆫ
나라는 초챵ᄒᆞ여 나라 일홈도 업셧슬 ᄯᅢ에 너ᄂᆞᆫ 이믜 문화의 발달홈이 나타낫스니
…… 엇지 이제를 당ᄒᆞ여 녯젹 영광은 모다 업셔지고 그 비참ᄒᆞᆫ 운슈롤 맛남이
이에 니ᄅᆞ럿ᄂᆞᆫ가(〈대한매일신보〉 1909년 3월 27일자)

26

한국은 만가지 ᄉᆞ업이 모다 진보ᄒᆞ고 긔화ᄒᆞᄂᆞᆫ 것과 뒤잡혀셔 녜를 싱각ᄒᆞ고
이졔롤 보믹 후셰ㅅ 사ᄅᆞᆷ으로 ᄒᆞ여곰 ᄒᆞᆫ탄ᄒᆞᄂᆞᆫ 눈물이 흐름을 긋지 못ᄒᆞ게 ᄒᆞᄂᆞ니
곳 졔조ᄒᆞᄂᆞᆫ 미슐품들도 다 이와 일톄라 …… 수쳔년젼 한인의 조샹들은 그 지됴와
싱각이 엇지 그리 쟝ᄒᆞ며 수쳔년 후 그 ᄌᆞ손되ᄂᆞᆫ 한인들은 그 우미홈이 엇지 그리
심ᄒᆞ고(〈대한매일신보〉 1909년 9월 17일자)

27

한국 사ᄅᆞᆷ은 동양 삼국 즁에 우등ᄒᆞᆫ 인죵이라 크게 진보홀 희망이 잇다ᄒᆞ니
이로 볼진ᄃᆡ 우리 대한민족이 원릭 야만이 아니오 실샹 탕션ᄒᆞᆫ 종족인 거슬 ……
몸을 단합ᄒᆞ여 뜻은 단군 긔ᄌᆞ의 녯 강토를 회복ᄒᆞᄂᆞᄃᆡ 잇고 하늘을 ᄀᆞᄅᆞ치고
희을 밍셰ᄒᆞ야 ᄆᆞ음은 동족의 멸망ᄒᆞᄂᆞᆫ 거슬 구원ᄒᆞᄂᆞᄃᆡ 잇셔셔……(〈대한매일신

보〉 1908년 1월 11일자 별보)

28

시조 단군이 태빅산에서 탄싱ᄒ샤 이나라롤 긔창ᄒ샤 후셰 ᄌ손에게 씻쳐 주시니 삼쳔리 강토ᄂ 곳 그집 산업이오 ᄉ쳔년 력ᄉᄂ 곳 그집 족보ㅣ며 럭디 뎨왕은 곳 그집 종통이오 디경을 둘너잇ᄂ 산하ᄂ 곳 그집 울타리라 오직 이 이쳔만 ᄌ손이 여긔셔 나셔 여긔셔 자라고 여긔셔 홈ᄭᅴ 살고 여긔셔 홈ᄭᅴ 의지싁지ᄒ고 여긔셔 즐기고 슬허홈을 홈ᄭᅴᄒᄂ니 집과 나라이 무엇이 다르리오(〈대한매일신보〉 1908년 7월 31일자 논설)

29

나라ᄂ 곳 ᄒ집 가족이라 단군과 부루왕이 곳 공능의 혈족 조샹이오 …… ᄉ쳔년 력ᄉ가 곳 젼리ᄒᄂ 족보디오 삼쳔리 강산이 다 셰젼ᄒᄂ 뎐로이니 이쳔만 형뎨 ᄌ미즁에 그 뉘가 텬륜지친이 아니리오 그런고로 리해를 셔로 ᄒᆞᆷ히고 고락을 셔로 관계ᄒ야 동도의 민족이 환난을 혹독히 밧으미 셔도의 민족이 홀노 리익홀 수 업스며 남도의 민족이 비운을 졸디에 맛ᄂ미 북도의 민족이 홀노 안락할 수 업슴은 텬디간에 ᄒ큰 원측이니……(〈대한매일신보〉 1908년 6월 11일자 논설)

30

우리 대한민족도 ᄯᅩᄒ 황인죵의 일파로 인민이 이쳔만에 달ᄒ고 나라된지가 ᄉ쳔년이 지낫스며 ᄯᅩ 우리 민족을 종파로 보든지 언어로 보든지 풍쇽으로 보든지 력ᄉ로 보든지 그외에 어듸로 보든지 결단코 뎌 라틴 민족과 스클라부 민족이 모혀셔 오디리국 인민이 된 것이나 뎌 희랍족과 토이기족이 모혀셔 토이기국 인민이 된 것 ᄀᆞᆺ치 지나에셔도 건너오고 인도에셔도 건너오며 일본에셔도 건너와셔 우리 국민을 일운거시 아니오 명명빅빅ᄒ게 ᄀᆞᆺᄒᆞᆫ 조샹의 ᄌ손으로 ᄂ려오ᄂ 일파종족이 아셰아 동북에셔 굴긔ᄒ여 졈졈 동남으로 발달ᄒ 쟈ㅣ라"(〈대한매일신보〉 1910년 5월 11일자 긔셔)

31

민족이란거슨 다만 ズ흔 조샹의 즈손에 미인 쟈ㅣ며 ズ흔 디방에 사는 쟈ㅣ며 ズ흔 력스롤 가진 쟈ㅣ며 ズ흔 종교롤 밧드는 쟈ㅣ며 ズ흔 말을 쓰는 쟈ㅣ 곳 이민족이라 칭ㅎ는 바ㅣ 어니와 국민이라는 거슬 이와ズ치 히셕ㅎ면 불가홀지라 …… 국민이란 쟈는 그 조샹과 력스와 거디와 종교와 언어가 ズ흔외에 또 반듯시 ズ흔 졍신을 가지며 ズ흔 리해롤 취ㅎ며 ズ흔 힝동을 지어서 그 니부에 조직됨이 흔몸에 근골과 ズ흐며 밧글 디흔 졍신은 흔 영문에 군디ズ치 ㅎ여야 이거슬 국민이라 ㅎㄴ니라

32

합심동력만 ㅎ고 보면 스쳔년 력스샹 우리 동포의 뇌슈에 굿은 익국셩으로 엇지 이 나라를 일죠에 국가 명의가 업셔지게 ㅎ겟는가 우리 민족이 잇고야 우리 한국을 엇던 나라이던지 병탄케ㅎ겟는가 우리 동포가 유슌ㅎ나 의리를 위ㅎ는 곳에는 싱명을 앗기지 아니ㅎ니 가샹ㅎ도다 대한 인죵이여 쟝ㅎ도다 대한민족이여 우리 국민은 덕의를 슝샹ㅎ는 민족이라 강국이 우리 한국을 병탄ㅎ고 우리 민족을 진멸코져 ㅎ여도 결단코 하늘이 노ㅎ샤 허락지 아니ㅎ시리로다(〈대한매일신보〉 1908년 2월 12일자 긔셔)

역사의 공간

지은이 | 이진경

1판 1쇄 발행일 2010년 1월 25일
1판 2쇄 발행일 2010년 8월 2일

발행인 | 김학원
편집인 | 선완규
경영인 | 이상용
편집장 | 정미영 최세정 황서현 유소영
기획 | 임은선 진현휘 박인철 김은영 박정선 김서연 정다이
마케팅 | 하석진 김창규
디자인 | 김태형 유주현
저자 · 독자 서비스 | 조다영 함주미(humanist@humanistbooks.com)
스캔 · 출력 | 이희수 com.
조판 | 홍영사
용지 | 화인페이퍼
인쇄 | 청아문화사
제본 | 정민제책

발행처 | (주)휴머니스트 출판그룹
출판등록 | 제313-2007-000007호(2007년 1월 5일)
주소 | (121-869) 서울시 마포구 연남동 564-40
전화 | 02-335-4422 팩스 | 02-334-3427
홈페이지 | www.humanistbooks.com

ISBN 978-89-5862-301-4 03100

만든 사람들

기획 | 선완규(swk2001@humanistbooks.com), 김서연
편집 | 임미영
디자인 | 민진기디자인